JOACHIM GOEBEL

Der Nießbrauch an Personengesellschaftsanteilen

Schriften zum Bürgerlichen Recht

Band 287

Der Nießbrauch an Personengesellschaftsanteilen

Zugleich ein Beitrag zur Dogmatik des Außeneinflusses im Personengesellschaftsrecht

Von

Joachim Goebel

Duncker & Humblot · Berlin

Die Juristische Fakultät der Universität Regensburg hat diese Arbeit im Jahre 2001 als Teil einer Habilitationsschrift angenommen.

Bibliografische Information Der Deutschen Bibliothek

Die Deutsche Bibliothek verzeichnet diese Publikation in der Deutschen Nationalbibliografie; detaillierte bibliografische Daten sind im Internet über <http://dnb.ddb.de> abrufbar.

Fremddatenübernahme: Klaus-Dieter Voigt, Berlin
Druck: Berliner Buchdruckerei Union GmbH, Berlin
Printed in Germany

ISSN 0720-7387
ISBN 3-428-11215-6

Gedruckt auf alterungsbeständigem (säurefreiem) Papier
entsprechend ISO 9706 ♾

Internet: http://www.duncker-humblot.de

Vorwort

Diese Arbeit ist ein nunmehr selbständig erscheinender und erweiterter Teil einer umfangreichen Untersuchung zum Thema Testierfreiheit und Ehegattenschutz, die im Sommersemester 2001 von der Juristischen Fakultät der Universität Regensburg als Habilitationsschrift angenommen worden ist. In den letzten Jahren hat sich die Literatur zum Nießbrauch an Personengesellschaftsanteilen kraftvoll entwickelt. Verwunderlich ist dies nicht, bietet doch gerade der Anteilsnießbrauch einen plastischen „Probierstein", anhand dessen grundlegende Wertungsmodelle in der Dogmatik des Gesellschafts- und Sachenrechts nachgezeichnet und erprobt werden können. Die vorliegende Untersuchung möchte hierzu einen kleinen Beitrag beisteuern.

Meinem akademischen Lehrer, Herrn Prof. Dr. Peter Gottwald, danke ich herzlich für das gezeigte Vertrauen, die unermüdliche Geduld und die beharrliche Gesprächsbereitschaft. Mein Dank gilt auch der Deutschen Forschungsgemeinschaft, die mit der Gewährung eines Habilitationsstipendiums und einer Druckkostenbeihilfe zu dem Gelingen des Gesamtwerks beigetragen hat. Die Studie ist gewidmet Frank Weyers und Regina Keller.

Köln, im März 2003 *Joachim Goebel*

Inhaltsübersicht

Kapitel 4

Mitverwaltungsrechte und Gesellschaftsverfassung 202

Kapitel 5

Sonstiges zur Mitgliedschaft – Außenhaftung – Verlusttragung 287

Kapitel 6

Versorgungsnießbrauch und der Nießbrauch bei der GmbH & Co. KG 378

Kapitel 7

Schluß 395

Inhaltsverzeichnis

Kapitel 2

Kapitel 3

Kapitel 4

Mitverwaltungsrechte und Gesellschaftsverfassung 202

Kapitel 5

Einleitung

§ 1 Einführung – Erkenntnisinteresse

I. Einführung

Der Nießbrauch ist ein traditionsreiches Instrument der Privatrechtsordnung. Insbesondere bei Vereinbarungen unter Angehörigen und bei der vorweggenommenen Erbfolge spielt er eine herausragende Rolle[1]. Als dingliche Form der Nutzungsüberlassung gibt es für ihn mangels gleichwertiger Konstruktionsalternativen auch bei vollhaftenden Anteilen an einer Personengesellschaft in der Praxis keine Alternativen[2]. Ein Blick auf die Unternehmensnachfolge von Todes wegen zeigt dies anschaulich. Soweit der Erblasser unternehmerisch tätig ist und seine Nachfolge avisiert, wird er sich typischerweise sowohl der Versorgung des überlebenden Ehegatten und der Abkömmlinge widmen als auch versuchen, für eine reibungslose Unternehmensnachfolge ohne Probleme in der Unternehmensleitung und gefährliche Liquiditätsverluste bsp. aufgrund von Abfindungen weichender Erben im Rahmen der Erbauseinandersetzung Sorge zu tragen. Geht es um die Versorgungsfrage, will der Erblasser seinem überlebenden Ehegatten typischerweise die materiellen Lebensgrundlagen erhalten. Hinsichtlich einer derartigen Versorgung des Überlebenden hat die Kautelarjurisprudenz zahlreiche Lösungsvorschläge sowohl im Bereich der einzelkaufmännischen Unternehmen als auch bei Beteiligungen an Kapital- und Personengesellschaften erarbeitet, angefangen beim schuldrechtlichen Ertragsvermächtnis über Nießbrauchsvermächtnisse in ganz unterschiedlichen Formen – Grundstücksnießbrauch, quotaler Ertragsnießbrauch, Nießbrauch an Personengesellschaftsanteilen und an GmbH-Anteilen – bis hin zum Rentenvermächtnis und Versorgung qua stille Beteiligung oder Unterbeteiligung[3].

---

[1] Siehe nur *Spiegelberger,* Vermögensnachfolge, Rn. 290.

[2] Während *Teichmann* vor bald 30 Jahren der Bestellung eines Nießbrauchs an Gesellschaftsanteilen eine bloß untergeordnete Rolle zugemessen hatte (ZGR 1972, 1), wird später zumeist die große praktische Bedeutung dieser Gestaltung betont, so etwa bei Schlegelberger-*Karsten Schmidt,* vor § 335 HGB Rn. 3; Großkomm-*Ulmer,* § 139 Anm. 82; *ders.,* FS Fleck, 383 (386); *Blaurock,* Unterbeteiligung, 76; *Bechtold,* Nießbrauch, 15 f.; *Fleck,* FS Fischer, 107 (108). Repräsentative rechtstatsächliche Untersuchungen zur Praxisrelevanz des Nießbrauchs fehlen – soweit ersichtlich – bisher; die Untersuchung von *Mentz,* Nießbrauch, 60 ff., ist nicht repräsentativ.

Welche Gestaltung der Erblasser im einzelnen wählt, hängt naturgemäß von der Interessenlage ab. Oft wird ihm daran gelegen sein, daß der andere Gatte an dem Gewinn des von einem Dritten, gemeinhin des Erben, geführten Unternehmens oder dem Ertrag[4] einer Gesellschaftsbeteiligung partizipieren kann, ohne mit den Schwierigkeiten des unternehmerischen Handelns belastet zu sein. Oft wird der Erblasser zudem nicht nur auf irgendeine Partizipation am Ertrag, sondern auf eine sichere Teilhabe zielen. In diesem Falle soll der überlebende Teil an dem Unternehmens- oder dem Beteiligungsgewinn so teilhaben können, daß er auch gegenüber Nachfolgern in der Unternehmensträgerschaft oder in die Gesellschaftsbeteiligung, gegenüber Gläubigern des Unternehmers und gegenüber in das Unternehmen deliktisch eingreifende Dritte hinreichend geschützt ist. Eben dies leistet der Nießbrauch. Gerade im Bereich der Nachfolge in die Unternehmerstellung (sei es als einzelkaufmännischer Unternehmer, sei es als Personengesellschafter) ist der Nießbrauch daher eine Rechtsfigur von hohem praktischen Reiz. Dieser findet freilich durchaus seine Entsprechung in der Dogmatik. Denn trotz all seiner praktischen Relevanz ist die dogmatische Grundlegung des Nießbrauchs und seine Einordnung in das Gesamtgeflecht privatrechtlicher Wertung hoch umstritten. Der Nießbrauch an einer Mitgliedschaft situiert quasi im Schnittfeld nießbrauchsrechtlicher und gesellschaftsrechtlicher Überlegungen. Interne Verwerfungen in der Dogmatik sind daher nicht weiter erstaunlich, geben aber ob ihrer Komplexität auch Anlaß, in einem Beitrag monographischen Zuschnitts die Voraussetzungen und Grenzen dieser Rechtsfigur näher zu studieren.

II. Allgemeines

Das Herrschaftsrecht des Nießbrauchs beinhaltet die Befugnis, die Nutzungen aus dem belasteten Gegenstand zu ziehen, § 1030 I BGB (Sachnießbrauch), §§ 1068 II, 1030 I BGB (Rechtsnießbrauch). Damit dem Nießbraucher dies möglich ist, erhält er das Recht, die Sache zu bewirtschaften, § 1036 I BGB. Dabei hat er die bisherige Bestimmung des Belastungsgegenstands aufrechtzuerhalten und nach den Regeln einer ordnungsgemäßen Wirtschaft zu verfahren, § 1036 II BGB.

---

[3] Vgl. aus der reichhaltigen Literatur nur die Übersichten bei *Langenfeld,* Ehegattentestament, Rn. 457 ff.; sowie *Fasselt,* Nachfolge in Familienunternehmen, insbes. Rn. 54 ff., und passim.

[4] Normalerweise wird unter Gewinn die Differenz zwischen Ertrag und Aufwand verstanden. Der Begriff etwa eines „Ertragsnießbrauch" wäre damit ungenau. Nun ist dieser Begriff aber gut eingeführt. Im weiteren werden daher durchweg die Begriffe „Ertrag" und „Gewinn" bedeutungsgleich verwendet.

1. Die Motive zur Bestellung eines Nießbrauchs an der Mitgliedschaft

Mit Blick auf diese Befugnisse sind die Motive einer Nießbrauchsbestellung am Anteil einer Personengesellschaft vielfältig. Herkömmlich werden vier Gestaltungsmotive unterschieden[5]: der Vorbehalts- und der Versorgungsnießbrauch, der Sicherungsnießbrauch sowie der Nießbrauch zwecks Ertragsverlagerung. Bei dem Vorbehaltsnießbrauch überträgt der aus der Gesellschaft rückzugswillige Gesellschafter im Wege der vorweggenommenen Erbfolge schon zu Lebzeiten seinen Anteil schenkungsweise auf seinen Nachfolger und behält sich zur materiellen Absicherung den Nießbrauch am Anteil vor. Zudem will er zumeist seine wohlerworbenen Rechte in der Personengesellschaft nicht vollends aufgeben und strebt daher eine weitere mitgliedschaftliche Mitsprache und Mitverwaltung an, um Einfluß auf die Geschicke der Gesellschaft nehmen zu können. Der Versorgungsnießbrauch unterscheidet sich von dem Vorbehaltsnießbrauch durch seine zumeist vermächtnisweise angeordnete Bestellung, also durch seine causa, und durch die anders gelagerten Interessen. Der zu Versorgende soll in erster Linie materiell gesichert sein, ohne zugleich – wie beim Vorbehaltsnießbrauch typischerweise angestrebt – durch Mitwirkungs- und Verwaltungsrechte auf die Gesellschaft Einfluß nehmen zu können. Der Versorgungsnießbrauch an einem Personengesellschaftsanteil gilt insofern weitgehend als ein probates und in praxi taugliches Mittel zur Versorgung des unternehmerisch selbst nicht tätigen überlebenden Ehegatten durch eine dinglich gesicherte Zuweisung eines Teils der Erträge des Anteils. Ein derartiger Versorgungsnießbrauch wird oft auch als „Ertragsnießbrauch“ bezeichnet; diese Terminologie wird freilich nicht einheitlich verwendet[6]. Bei einem Sicherungsnießbrauch wird schließlich angestrebt, die nach einer Kredithingabe zu tilgende Darlehensschuld durch eine allmähliche Verrechnung mit den An-

---

[5] Dazu und zum folgenden nur *Bechtold,* Nießbrauch, 3 ff.; *Mentz,* Nießbrauch, 37 f.; Großkomm-*Ulmer,* § 105 Rn. 117; MünchHdb-GesR-*Rodin,* § 30 Rn. 7 ff.; *Blaurock,* Unterbeteiligung, 76 f.; *Bunke,* DNotZ 1968, 5; *Finger,* DB 1977, 1033; *Huber,* Vermögensanteil, 417; *Fleck,* FS Fischer, 107 (108); *Kreifels,* Festgabe für Hengeler, 158; *Kruse,* RNotZ 2002, 69 (70); *Sudhoff,* NJW 1974, 2205; *Finger,* DB 1977, 1033; umfassend zum Vorbehaltsnießbrauch *Dippel,* Der Nießbrauchsvorbehalt bei der Übertragung des OHG-Anteils, diss. iur. Regensburg, 1974.

[6] So will *Sudhoff,* NJW 1974, 2205 (2210), den Begriff „Ertragsnießbrauch“ für die Belastung der übertragbaren Vermögensrechte des Gesellschafters reserviert wissen, während bsp. *Bechtold,* Nießbrauch, 68 ff., den Anteilsnießbrauch als Ertragsnießbrauch bezeichnet, wenn der Nießbraucher keinerlei Mitwirkungsrechte in der Gesellschaft geltend machen kann. Ganz allgemein bezeichnet Staud-*Frank,* Anh zu §§ 1068, 1069 Rn. 54, den Ertragsnießbrauch als typische Form des Anteilsnießbrauchs und legt damit die bloße Tatsache, daß der Anteilsnießbrauch den Ertrag der Beteiligung verschafft, der Begriffsbildung zugrunde.

teilsnutzungen dinglich gesichert abzutragen[7], während es bei der Ertragsverlagerung qua Nießbrauch darum geht, einem gesellschaftsfremden Dritten eine eigenständige Einkunftsquelle zu verschaffen, ohne zugleich die Inhaberschaft an der Beteiligung aufzugeben.

Der Versorgungszwecken dienende Nießbrauch wird häufig angeordnet, um der besonderen Nachfolgesituation in die Mitgliedschaft des Erblassers Rechnung zu tragen. Oftmals soll nur ein Erbe in die Stellung des Verstorbenen einrücken. Der Erblasser wird dies durch sog. qualifizierte erbrechtliche Nachfolgeregelungen[8] sicherstellen. In dieser Nachfolgesituation bietet sich der Nießbrauch an der Mitgliedschaft an, um weichende Erben an dem Wert des Anteils partizipieren zu lassen, damit deren Versorgung sichergestellt ist. Der überlebende Teil soll dabei keinerlei Einfluß auf die Geschicke der Gesellschaft qua *gesellschafts*rechtlicher Mitwirkungs- und Verwaltungsbefugnisse erlangen; stellenweise wird sogar dezidiert dafür eingetreten, daß der Nießbraucher derartige Mitwirkungsrechte kraft zwingenden Gesellschaftsrechts auch gar nicht erhalten dürfe[9]. Die Betonung liegt freilich auf der gesellschaftsrechtlichen Einflußnahme. Eine ganz andere – und bisher nicht weiter aufgegriffene – Frage ist es, ob der Versorgungsnießbraucher zwar nicht kraft Gesellschaftsrechts, wohl aber kraft *Nießbrauchs*rechts auf die unternehmerischen Entscheidungen des Erben-Gesellschafters Einfluß nehmen kann. Darüber hinaus wird sich auch zeigen lassen, daß durch ein facettenreiches gesellschaftsrechtliches Instrumentarium der Erblasser dem überlebenden Teil einen – in sich wiederum abgestuft möglichen – unmittelbar gesellschaftsrechtlichen Einfluß auf die gesellschaftsinterne Willensbildung verschaffen kann. Der Überlebende kann dann sein Versorgungsinteresse insoweit unterstützen, als er auf eine versorgungsgerechte Ausübung der Mitgliedschaftsrechte des belasteten Anteils insistiert.

Da der Nießbrauch an der Mitgliedschaft der Versorgung des Überlebenden dienen soll, wird es durchweg nicht so sein, daß der Nießbrauch sämtliche Erträgnisse der Mitgliedschaft erfaßt. Vielmehr wird regelmäßig nur ein Quotennießbrauch bestellt sein. Ein solcher Nießbrauch belastet die ganze Mitgliedschaft, geht aber nur auf die Auskehr eines Teils der Erträge, eben einer Quote. Wird im folgenden die Rede davon sein, dem Nießbraucher stünde in Höhe der Nießbrauchsquote der Ertrag zu, ist damit deshalb nichts anderes gemeint, als daß ein Quotennießbrauch vorliegt und der Nutzungsberechtigte nur auf einen Teil der Erträge zugreifen kann.

---

[7] Zum Sicherungsnießbrauch siehe nur *Bechtold,* Nießbrauch, 13; *Binz,* DB 1987, 1506; *Hadding,* in: ders./Schneider, Gesellschaftsanteile, 37 (66); allg. Staud-*Frank,* Anh zu §§ 1068, 1069 Rn. 63 ff.

[8] Grundlegend BGHZ 68, 225 (236 ff.).

[9] Siehe ausführlich zur Problematik der Zuordnung der Mitgliedschaftsrechte beim Nießbrauch an der Mitgliedschaft unten § 4 bis § 8.

2. Die typischen Beispielsfälle

Den folgenden Überlegungen werden zwei typische Fallgestaltungen zugrundegelegt: Einmal geht es um die Nachfolge in die Gesellschaft von Todes wegen. In diesem Fall ist der Erblasser Mitglied in einer offenen Handelsgesellschaft und hält daher einen nach außen voll haftenden (§ 128 HGB) Anteil an einer Personengesellschaft. Er verstirbt und hinterläßt seinen versorgungsbedürftigen Ehegatten. Er vererbt seine Mitgliedschaft entsprechend den gängigen Vererbungsklauseln[10]. Dem Erblasser kann hierbei zwar daran gelegen sein, daß der überlebende Teil neues Mitglied der OHG werden soll. Er muß hierbei jedoch bei dem anderen Teil ein gewisses Maß an unternehmerischen Fähigkeiten voraussetzen, welches nicht bei jedem Ehegatten eines Unternehmers erwartet werden kann. Zudem kann der überlebende Ehegatte auch altersmäßig nicht mehr willens oder in der Lage sein, der unternehmerischen Verantwortung eines Personengesellschafters Rechnung zu tragen. Im Focus der weiteren Überlegungen wird daher der Fall stehen, daß der Erblasser einem Dritten – zumeist seinem Abkömmling – seine Mitgliedschaft vererbt. Dieser wird allein der Erbe. Vor diesem Hintergrund stellt sich für den Erblasser die Frage, wie der Überlebende gehörig versorgt werden kann. Oftmals wird er hierfür auf den Ertragsnießbrauch an der Mitgliedschaft zurückgreifen wollen. Typischerweise werden die mitgliedschaftsrechtlichen Mitverwaltungsrechte nicht dem rein am Ertrag partizipierenden Nießbraucher, sondern dem Besteller-Gesellschafter zugeordnet sein. Im folgenden wird daher auch untersucht werden, ob sich dieser Nießbrauch als ein geeignetes Instrument ausweist, mit dem das Versorgungsinteresse des überlebenden Teils gehörig befriedigt werden kann.

In der zweiten Fallgestaltung geht es um die Nachfolge in die Personengesellschaft unter Lebenden im Wege der vorweggenommenen Erbfolge. Auch hier wieder soll die Nachfolge in eine vollhaftende Mitgliedschaft (nämlich in einer OHG) im Vordergrund stehen. Wie schon kurz ausgeführt wird der OHG-Anteil auf den Nachfolger schenkweise übertragen. Der Alt-Gesellschafter behält sich einen Nießbrauch am Anteil vor (den sog. Vorbehaltsnießbrauch), um damit weiterhin nicht nur zwecks Sicherstellung seiner (des Nießbrauchers) Versorgung dinglich gesichert am Ertrag partizipieren zu können, sondern um auch in der Zukunft mitgliedschaftliche Mitsprache und Mitverwaltung einzufordern, um damit die Geschicke der Gesellschaft beeinflussen zu können. Typischerweise werden die mitgliedschaftsrechtlichen Mitverwaltungsrechte hier – anders als beim Versorgungsnießbrauch – dem Nießbraucher zugeordnet sein.

---

[10] Diese werden hier nicht näher besprochen, da sie die Art und Weise regeln, in der der Erbe Gesellschafter wird. Im weiteren wird aber davon ausgegangen, daß er Gesellschafter geworden ist.

3. Anlage der weiteren Untersuchung

Ein Gutteil der weiteren Überlegungen wird dem Nachweis gewidmet sein zu zeigen, daß der Nießbrauch hinsichtlich der Befriedigung der Versorgungsmotivation des letztwillig verfügenden Teils und der Motivationen des Vorbehaltsnießbrauchers sehr viel flexibler angelegt ist, als es die bisherigen Deutungen dieses sachenrechtlichen Rechtsinstituts wahrhaben wollen: Er läßt sich durchaus als *das* bestgeeigneste dingliche Recht zur Sicherstellung der Versorgung des Überlebenden bezeichnen, die an der Ertragslage der Personengesellschaft orientiert ist; zugleich stellt diese Rechtsfigur schmiegsamste Möglichkeiten bereit, auf die versorgungsgerechte Ausübung der Mitgliedschaftsrechte des belasteten Anteils Einfluß zu nehmen. Gleiches gilt für die Interessenverwirklichung des Vorbehaltsnießbrauchers. Um dies zu zeigen, ist von dem Nießbrauch an der Mitgliedschaft eines Personengesellschafters als solchem auszugehen und sind von dieser Warte aus die Fragen zu stellen: Wie steht es beim Nießbrauch ganz allgemein mit der Verteilung der vermögensrechtlichen und mitverwaltungsrechtlichen Rechte, der mitgliedschaftlichen Pflichten, der Außenhaftung und der Verlusttragung? Werden diese Fragen beantwortet, ist damit zugleich der zulässige Zuschnitt des Vorbehaltsnießbrauchs geklärt und damit der zweite der beiden gerade vorgestellten Beispielsfälle erläutert. Die Frage, die dann noch zu beantworten bleibt, lautet: Welche Vorkehrungen muß der Erblasser treffen, wenn er mit Blick auf das konkrete Versorgungsinteresse des überlebenden Teil diesen absichern möchte? Die erkenntnisleitende Perspektive liegt damit auf der Hand: Zu untersuchen ist, welche Rechte und Pflichten dem Nießbraucher maximal zukommen können, um sich dann zu fragen, ob und wie diese Rechte- und Pflichtenverteilung interessengerecht zurecht „geschnitten" werden können.

4. Bemerkungen zur Begrifflichkeit: Anteilsnießbrauch und Nießbrauch an der Mitgliedschaft

Die Mitgliedschaft an der Personengesellschaft drückt sich – in der Formulierung Karsten Schmidts – „in unterschiedlichen Positionen aus"[11]. Steht der Inbegriff der mitgliedschaftlichen Rechte und damit die gesamte Beteiligung des Gesellschafters an der Personengesellschaft in Rede, kann Mitgliedschaft auch als „Gesellschaftsanteil" übersetzt werden. Von diesem Gesellschaftsanteil ist der Vermögensanteil als das Spiegelbild der vermögensmäßigen Beteiligung an der Gesellschaft, von diesem wiederum der Kapitalanteil als Rechnungs- oder Bilanzziffer[12], die Aufschluß über den

---

[11] Dazu und zum folgenden *Karsten Schmidt,* GesR, § 47 III 1 a. Grundlegend *Huber,* Vermögensanteil, inbes. 1 ff., 173 ff., 215 ff., und passim.

Vermögensanteil geben soll[13], streng zu unterscheiden. Insofern benennen Vermögens- und Kapitalanteil nur die sich mit einem Gesellschaftsanteil verbindenden kontentechnisch darzustellenden Vermögenspositionen. Im Rahmen dieser Untersuchung wird nicht nur die Begrifflichkeit „Nießbrauch an einer Mitgliedschaft", sondern der Kürze halber auch die Bezeichnung „Anteilsnießbrauch" verwendet. Nur der Form halber sei darauf verwiesen, daß damit keineswegs ein Nießbrauch an dem Vermögens- oder an dem Kapitalanteil angesprochen ist.

---

[12] RG, DR 1941, 1084 (1085); Heymann-*Emmerich,* § 120 HGB Rn. 22; Schlegelberger-*Martens,* § 120 Rn. 25; MünchHdb-GesR-*Falkenhausen,* § 55 Rn. 25; *Karsten Schmidt,* GesR, § 47 III 1 a; *Huber,* Vermögensanteil, 228.

[13] Die ältere Literatur sah demgegenüber im Kapitalanteil ein subjektives Recht, siehe etwa Schlegelberger-*Geßler,* HGB, 4. Aufl. 1963, § 120 Rn. 10; sowie die Übersicht bei *A. Hueck,* OHG, § 16 V 1.

Kapitel 1

Allgemeines zum Nießbrauch an der Mitgliedschaft

§ 2 Grundzüge eines Nießbrauchs an der Mitgliedschaft

I. Die Zulässigkeit des Ertragsnießbrauchs an der Mitgliedschaft: Allgemeines

1. Die herrschende Dogmatik des Anteilsnießbrauchs als Ausdruck von Prinzipienkollisionen

Die Dogmatik des Anteilsnießbrauchs ist in ihrem Aussagengeflecht hochkomplex. Kaum ein Satz ist unbestritten. Dies beginnt bei der Frage nach der generellen Zulässigkeit des Instituts, führt zur Auseinandersetzung über die dogmatische Konstruktion des Nießbrauchstatbestands und endet bei einem Konglomerat diffiziler Rechtsfolgeprobleme. Da früher der Anteilsnießbrauch für unzulässig erachtet wurde, versuchte die Dogmatik zunächst, den Umweg über Ersatzkonstruktionen zu gehen und thematisierte deshalb Figuren wie die Treuhand am Gesellschaftsanteil, den Nießbrauch am Gewinnstammrecht sowie den Nießbrauch an dem Gewinnanspruch und am Auseinandersetzungsguthaben, bis sie sich dann mehr und mehr der Erörterung des Anteilsnießbrauchs als beschränktes dingliches Recht an der Mitgliedschaft selbst zuwandte. Im Kern ging es bei diesen verschlungenen Diskussionen um die rechtlich zulässige Aufteilung der mitwirkungsrechtlichen und vermögensrechtlichen Positionen des belasteten Gesellschaftsanteils[1]. Die hier zu vergegenwärtigenden Probleme wurden weitgehend in zwei große Spannungspole eingestellt: in die sachenrechtliche Dichotomie von Nutzung und Substanz und in die gesellschaftsrechtliche Dichotomie von Mitgliedschaft und Einfluß Dritter auf die Gesellschaft. Diese Dichotomien wurden sodann ihrerseits wiederum in ein Spannungsverhältnis von nießbrauchsrechtlichen und gesellschaftsrechtlichen Strukturprinzipien gesetzt, wobei in der Folge für den Vorrang speziell des Gesellschaftsrecht vor dem Nießbrauchsrecht votiert worden ist[2]. Stellvertretend für viele

---

[1] Vgl. zur Entwicklung nur *Schön,* ZHR 158 (1994), 228 (233 ff.).

sollen hier nur zwei Beispiele stehen. So bemerkt Blaurock, daß die sachenrechtlichen Regelungen über den Nießbrauch nicht auf werbende Gesellschaften zugeschnitten seien[3] und wirbt damit inzident für ein eher gesellschaftsrechtlich orientiertes Verständnis des Nießbrauchsrecht[4]. Desgleichen ordnet Schön den Anteilsnießbrauch in ein Spannungsfeld zwischen unmittelbarem Rechtsnießbrauch und mittelbarer Unternehmensbeteiligung ein[5].

2. Rechtstheoretische Kritik an der herrschenden Problemrekonstruktion

Die gerade geschilderte Rekonstruktion des Anteilsnießbrauchs als Rechtsfigur, welche in ein Spannungsfeld divergierender Rechtsprinzipien eingewoben ist, kann nicht unwidersprochen bleiben. Die Rückführung einer Rechtsfigur auf eine bipolare Spannung zwischen Strukturprinzipien zweier Rechtsgebiete ist zwar unter Systemaspekten von hohem Reiz. Eine derartige Rückführung ist jedoch all zu oft mit der Gefahr verbunden, bei der Argumentation am dogmatischen Detail ein normatives Eigenleben zu entwickeln und hochgradig verwobene Interessengeflechte und normative Wertungen in ein zu weitgehend komplexitätsreduzierendes Schema etwa der Art abzubilden, daß gesellschaftsrechtlichen Wertungen ohne weiteres vorrangig gegenüber nießbrauchsrechtlichen Prinzipien der Dogmatik des Anteilsnießbrauchs zugrundezulegen seien. Hinzukommt, daß bei der Diskussion konkreter dogmatischer Einzelprobleme oft nicht hinreichend klar ist, inwiefern die bloße Tatsache, daß der Anteilsnießbrauch in das o.g. Spannungsfeld eingestellt wird, tatsächlich die konkrete Problemlösung beeinflußt. Diese Beeinflussung kann in den Extremfällen so ausgestaltet sein, daß die konkrete Problemlösung zum einen von der allgemeinen Einordnung des Nießbrauchs unberüht bleibt (reine Autonomie der Problemlösung von ihrer dogmatischen Grundlegung) oder zum anderen gänzlich von der allgemeinen Einordnung abhängt (reine Dependenz der Problemlösung von

---

[2] Siehe etwa *Blaurock,* Unterbeteiligung, 135; *Bechtold,* Nießbrauch, 30 f.; Staud-*Frank,* Anh zu §§ 1068, 1069 Rn. 53; MünchHdb des GesR-*Rodin,* § 30 Rn. 11 ff., 34; *Sudhoff,* NJW 1971, 481 (482); *Vossius,* BB 1988, Beil. 5, 1 (14); das Spannungsverhältnis angedeutet bei *Kreifels,* Festgabe Hengeler, 158 (161); zur Dichotomie von Substanz und Nutzung siehe nur *Hadding,* in: ders./Schneider (Hrsg.), Gesellschaftsanteile, 37 (68); *Wiedemann,* Übertragung, 397 f.

[3] *Blaurock,* Unterbeteiligung, 18.

[4] Das damit angesprochene Verhältnis von „sachlogischen Strukturen" und Interpretation des Rechts berührt einen der prominentesten Problemkreise innerhalb der Theorie und Philosophie des Rechts, der zumeist als „Sein-Sollen-Problematik" verschlagwortet wird.

[5] Schön, ZHR 158(1994), 229 (240).

ihrer dogmatischen Grundlegung); Mischformen werden am wahrscheinlichsten, implizite Dependenz bei expliziter Autonomie wird am mißlichsten sein.

Vor diesem Hintergrund sind zwei Vorentscheidungen unumgänglich. Einmal wird im Rahmen dieser Untersuchung die beschriebene Metaphorik einer Spannung zwischen nießbrauchs- und gesellschaftsrechtlichen Strukturprinzipien aufgebrochen und für eine Rechtsarbeit am dogmatischen Detail votiert. Es geht dann um eine Punkt-zu-Punkt-Zuordnung der beteiligten Interessen, der rechtlichen policy und der gesetzlichen Wertung am konkreten Problem, so daß das Bild einer „Spannung“ zwischen Nießbrauchsrecht und Gesellschaftsrecht stark in den Hintergrund rückt. Zweitens wird die beschriebene Spannungs-Metaphorik nicht nur aufgebrochen, sondern viel grundsätzlicher ganz verlassen. Es wird hier dezidiert bestritten – und im weiteren dann auch nachgewiesen –, daß sich das Nießbrauchs- und das Gesellschaftsrecht so unverbunden gegenüber stehen, wie dies von der weitaus herrschenden Meinung angenommen wird. Die interne Verfaßtheit des Rechts – und damit auch des Nießbrauchsrecht – muß so rekonstruiert werden, daß die Situierung des Rechts in einer Vielfalt von sachlichen Kontexten (also die Polykontexturalität allen Rechts[6]) deutlich wird[7]. Dies heißt nichts anderes, als daß die Fragmentierung der Gesellschaft in eine Vielzahl von sozialen Sektoren ihrerseits in das Recht übersetzt werden muß, damit dieses die in den gesellschaftlichen Sektoren vorfindbare interne Rationalität ebenso wie die in den Sektoren vorhandene Normativität hinreichend reflektieren kann[8]. Insofern sollte versucht werden, eine Nießbrauchsdogmatik zu entwickeln, nach der der geltende Normbestand je nach dem zugrundeliegenden Sachsubstrat unterschiedlich bearbeitet wird: Es gilt ein genuines Nießbrauchsrecht der Personengesellschaft zu entwickeln. An einem Beispiel mag dies erläutert werden. In der Dogmatik des Anteilsnießbrauchs spielt das Problem eine gewichtige Rolle, inwiefern das gesellschaftsrechtliche Abspaltungsverbot einem sich auch auf die gesellschaftsrechtlichen Mitwirkungsrechte erstreckenden Anteilsnießbrauch entgegensteht. Dies ist eine gesellschaftsrechtliche Thematik. Das Problem kann jedoch auch nießbrauchsrechtlich erörtert werden. Denn nießbrauchsrechtlich entscheidet sich die Frage, ob eine konkrete Ausgestaltung

---

6 Zum Konzept der Polykontexturalität siehe nur *Luhmann,* RTh 1986, 171 ff.; *Teubner,* Soziale Systeme 1996, 229 ff.; *ders.,* ZfRSoz 1998, 7 (10 ff.).

7 Dazu siehe allg. *Goebel,* ARSP 2003, 372 (383 f.); *ders.,* Testierfreiheit als Persönlichkeitsrecht, § 1 II 4.

8 So wird es etwa unumwunden für wenig sinnvoll erachtet, das Kindschaftsrecht mit wirtschaftstheoretischen Mitteln zu bearbeiten; die internen Sachlogiken des Wirtschaftssystems gelten als nicht passend auf dieses eher personal erachtete Rechtsgebiet. Systemtheoretisch ausgedrückt, ist das relevante Referenzsystem des Kindschaftsrechts nicht die Wirtschaft, sondern die Familie.

eines Nießbrauchs die Grenze des zwingenden Rechts überschritten hat, nach dem Interesse der Allgemeinheit an einer ökonomisch sinnvollen Ausgestaltung der dinglichen Rechte, also an dem Allgemeininteresse an einer optimalen Gesamtnutzung der Sache, wie dies von Schön mit Blick auf die Teleologie der sachenrechtlichen Typenfixierung und des numerus clausus dinglicher Rechte nachgewiesen worden ist[9]. Zugleich wird auch das Abspaltungsverbot in auffälliger Parallele stellenweise auf das Allgemeininteresse an einer ökonomisch sachgerechten internen Verfassung der Personengesellschaft zurückgeführt. Nichts liegt daher näher zu diskutieren, ob nicht schon das Nießbrauchsrecht einer Einräumung gesellschaftsrechtlicher Mitwirkungsrechte an den Nießbraucher entgegensteht, weil es ansonsten dysökonomisch ausgestaltet wäre. Rechtstechnisch könnte dies anhand der Dichtomie von Nutzung und Substanz (§§ 1068 II, 1030 I BGB) verdeutlicht und eine gesellschaftsrechtliche Mitwirkung durch den Nießbraucher dann als unzulässiger Eingriff in die Substanz der Mitgliedschaft verstanden werden. Das als Spannung zwischen Strukturprinzipien zweier Rechtsgebiete zuvor seitens der h. M. rekonstruierte Sachproblem könnte insoweit zwanglos in das Nießbrauchsrecht selbst rückübersetzt und die Spanung im Gefolge dessen aufgelöst werden.

Nach dem hier vorgeschlagenen Zugang zum Nießbrauchsrecht sollten Nießbrauchsrecht und Gesellschaftsrecht also stärker als bisher bedacht aufeinander bezogen werden. Dieser Zugang muß sich keineswegs in seinen Lösungen von den Vorschlägen der herrschenden Meinung unterscheiden. Ist er hingegen eröffnet, wären die dogmatischen Problemlösungen theoretisch einsichtiger gegründet, da bei der Problemlösung die o. g. implizite Dependenz von allgemeiner theoretischer Grundlegung und konkreter Problemlösung vermieden werden. Nun mag der ein oder andere einwenden, die Entwicklung eines genuinen Nießbrauchsrechts der Personengesellschaft führe zu einer Steigerung der dogmatikinternen Komplexität, die so nicht gewünscht sei. Dies wäre ein eher vordergründiger Einwand. Die herrschende Meinung setzt an dem o. g. Spannungsfeld von Gesellschaftsrecht und Nießbrauchsrecht an. Dieses Spannungsfeld ist nicht notwendigerweise gering-komplexer als der hiesige Problemzugang. Die in der Sache liegende Komplexität wird vielmehr dort in das o. g. Problem ausgelagert, wie nun genau die theoretische Grundlegung und die Lösung konkreter Probleme zusammenhängen, ob dependent, autonom oder in Mischformen. Damit wird jedoch die Komplexität der Dogmatik am falschen Ort abgebildet. All dies ist nur für den ohne jeden Belang, der dem in dieser Arbeit verfolgten Projekt einer entschiedenen Verbindung von Rechtstheorie und Rechtsdogmatik[10] kategorisch ablehnend gegenüber steht und damit schon von dieser

---

[9] *Schön,* Nießbrauch, 247 f.

[10] *Goebel,* Rechtsgespräch und kreativer Dissens, 161 ff.

Warte aus die Praxisrelevanz der Problemumstellung schlichtweg bestreitet. Daß dies nicht der hiesige Standpunkt ist, liegt auf der Hand.

II. Die zulässige Ausformung des Anteilsnießbrauchs

1. Nießbrauch an den „vermögensrechtlichen Bezügen" I: Zuweisung des Zinsertrags

Im Vordergrund des dogmatischen Interesses stand lange Zeit die Frage, wie die Rechtsstellung des Anteilsnießbrauchers rechtlich überhaupt ausgeformt ist. Keine Schwierigkeiten bereitet dabei die Konstellation, daß ein Nießbrauch an den nach § 717 S. 2 BGB, § 105 III HGB übertragbaren Ansprüchen, nämlich an dem Gewinnanteil und an dem Auseinandersetzungsguthaben, bestellt worden ist. Hier handelt es sich um einen reinen Forderungsnießbrauch[11], der auf die Nutzungen aus den Bezügen, also auf die Zinsen aus der Wiederanlage des Guthabens, nicht aber auf den Gewinnanteil bzw. das Auseinandersetzungsguthaben als solchen gerichtet ist, §§ 1075 I, 1076, 1079 BGB. Versorgungstauglich ist ein derartiger Nießbrauch nur, falls die Bezüge die wirtschaftlich erforderliche Höhe erreichen[12]; als Vorbehaltsnießbrauch scheidet er sowieso aus. Zudem ist die Rechtsstellung des Nießbrauchers schwach, da er Änderungen des Gesellschaftsvertrages zu seinen Lasten hinnehmen muß[13]. Auch der Schutz des § 1071 BGB wird ihm erst zuteil, wenn der Gewinn bilanzmäßig festgestellt ist, da der Nießbrauchsgegenstand vor der bilanziellen Feststellung des Gewinns überhaupt nicht existent ist[14]. Hieraus folgt zugleich, daß der Besteller-Gesellschafter an Verfügungen über seinen Anteil nicht gehindert ist; der Erwerber erhält neue unbelastete Bezugsrechte aus dem Anteil[15]. Mit einem Anteilsnießbrauch hat ein derartiger Nießbrauch an den Vermögensrechten aus der Beteiligung allerdings nichts zu tun, da der Anteil selbst nicht belastet ist.

---

[11] Schlegelberger-*Karsten Schmidt,* vor § 335 HGB Anm. 10; MünchHdb-GesR-*Rodin,* § 30 Rn. 17.

[12] *Wiedemann,* Übertragung, 400; MünchHdb-GesR-*Rodin,* § 30 Rn. 20; als untauglich für die Versorgung einschätzend auch *Kruse,* RNotZ 2002, 60 (72).

[13] MünchHdb-GesR-*Rodin,* § 30 Rn. 20; Staud-*Frank,* Anh zu §§ 1068, 1069 Rn. 75; *Teichmann,* ZGR 1972, 1 (15); *Wiedemann,* Übertragung, 400; *Finger,* DB 1977, 1033;

[14] MünchHdb-GesR-*Rodin,* § 30 Rn. 20; *Sudhoff,* NJW 1971, 481 (483).

[15] Staud-*Frank,* Anh zu §§ 1068, 1069 Rn. 75; *Wiedemann,* Übertragung, 401.

2. Nießbrauch an der Mitgliedschaft selbst: Diskussionslinien

Falls die Mitgliedschaft selbst mit einem dinglichen Nutzungsrecht belastet werden soll, wird die Rechtslage komplizierter. Zwei große Diskussionslinien lassen sich unterscheiden. Bei der ersten Linie geht es um die Tauglichkeit des Anteils zur dinglichen Belastung, oder mit anderen Worten: Wie es um die angesichts der §§ 1068 I, 1069 II BGB notwendigen Rechtsgegenständlichkeit und Übertragbarkeit des Anteils bestellt ist. Diese Frage war für die Zulässigkeit des Anteilsnießbrauchs noch für die Erste Kommission zur Ausarbeitung des BGB schlichtweg zentral[16]; der auch lange Zeit nach 1900 die Diskussion bestimmenden gemeinrechtlichen Vorstellung von der Sozietät als Rechtsverhältnis war die Rechtsgegenständlichkeit der Mitgliedschaft sowieso suspekt. Das Bild wandelte sich erst nach der Entscheidung des Großen Zivilsenats des Reichsgerichts aus dem Jahre 1944 zur Übertragbarkeit der Mitgliedschaft[17], die seitdem in ständiger Rechtsprechung des Bundesgerichtshofs anerkannt ist[18]. Die Problematik hat sich in der heutigen Dogmatik tradiert in der Auseinandersetzung um die Rechtsnatur der Mitgliedschaft als Rechtsverhältnis[19] oder als – auch – subjektives Recht[20].

Die zweite Diskussionslinie widmete sich der Frage, welches nun genau der Gegenstand der Nießbrauchsbestellung ist und welche Rechte dem Nießbraucher aus der Bestellung selbst erwachsen. Hier war es anfangs herrschende Meinung in der Literatur, daß ein Anteilsnießbrauch nur in Form einer Anteilsübertragung mit Treuhandschaft zulässig sei. Eine Ausweichlösung wurde in der Konstruktion eines Nießbrauchs am „Gewinnstammrecht" gesucht. Neuere Bestrebungen gehen hingegen deutlich in Richtung eines genuinen dinglichen Nutzungsrechts an der Mitgliedschaft

---

[16] Die Erste Kommission hielt einen Anteilsnießbrauch bei der Personengesellschaft wegen der Unübertragbarkeit von Personengesellschaftsanteilen für unzulässig, siehe Mot. III, 539.

[17] RG, DNotZ 1944, 195.

[18] BGHZ 13, 179; 24, 106; 44, 229; 45, 221. Zur Entwicklung allgemeine siehe nur *Flume,* PersGes., 125 ff.; *Habersack,* Mitgliedschaft, 29 ff.; *Huber,* Vermögensanteil, 349 ff.

[19] Grundlegend *v. Thur,* AllgT I, § 38; heute vor allem Soergel-*Hadding,* § 705 Rn. 46; *ders.,* in: ders./Schneider (Hsrg.), Gesellschaftsanteile als Kreditsicherheit, 37; aus der nießbrauchsrechtlichen Lit. *Klönne,* Nießbrauch, 31.

[20] Etwa *Wiedemann,* GesR, § 2 I b bb; *Huber,* Vermögensanteil, 164 ff.; *Habersack,* Mitgliedschaft, 98 ff.; *Bechtold,* Nießbrauch, 41; Heymann-*Emmerich,* § 109 Rn. 33; Großkomm-*Ulmer,* § 105 Rn. 208; *Lutter,* AcP 180 (1980), 84 (110). Zum Streit siehe nur *Flume,* PersGes, 127 ff.; *Karsten Schmidt,* GesR, § 19 I 3; sowie umfassend *Habersack,* Mitgliedschaft, insbes. §§ 5 und 6; im Kontext des Anteilsnießbrauchs *Hepp-Schwab,* Mitgliedschaft, 73 ff.

selbst. Bevor diese zweite Diskussionslinie näher betrachtet wird, soll ein Blick auf die durch die erste Linie aufgeworfenen Probleme geworfen werden.

3. Nießbrauch an den „vermögensrechtlichen Bezügen“ II: Zuweisung der Erträge aus der Mitgliedschaft

a) Der Ansatz von Hadding: Dispositionsnießbrauch an den vermögensrechtlichen Bezügen

Auch heute noch bestreitet Hadding[21] entschieden, daß die von ihm als Bündel wechselseitiger Rechte und Pflichten, eben als Rechtsverhältnis aufgefaßte Mitgliedschaft ein belastungsfähiges Recht darstelle. Ein Anteilsnießbrauch sei nicht anders zu behandeln, als ein Nießbrauch an einer Vermögensgesamtheit nach den §§ 1085 ff. BGB[22], der nach dem Spezialitätsprinzip an den übertragbaren Rechten – und dies bedeute im Personengesellschaftsrecht: nur an den Vermögensrechten (§§ 1085, 1068 I, 1069 II BGB, §105 III HGB, § 717 S. 2 BGB) – zu bestellen sei. Es käme damit wiederum nur zu einem Nießbrauch an den „vermögensrechtlichen Bezügen“, der vor kurzem schon als nicht versorgungsgerecht bezeichnet worden ist. Nun will Hadding diese mißliche Folge durch ein bestimmtes Verständnis des § 1067 I BGB vermeiden. Bei verbrauchbaren Sachen, zu denen nießbrauchsrechtlich auch der Anspruch auf Auskehr des Gewinns als Geldschuld zu rechnen ist, erwerbe der Nießbraucher das Eigentum gem. § 1075 II BGB; entsprechend würde er bei Forderungen Forderungsinhaber. Zwar sei der Nießbraucher bei Beendigung des Nutzungsrechts entsprechend § 1067 BGB zum Wertersatz verpflichtet. Diese Verpflichtung sei jedoch abdingbar, was beim Anteilsnießbrauch konkludent geschehe. Im Ergebnis erhalte der Nießbraucher damit die Vermögensrechte des Besteller-Gesellschafters erstattungslos zur Disposition[23].

---

[21] *Hadding,* in: ders./Schneider (Hrsg.), Gesellschaftsanteile als Kreditsicherheit, 37 (40, 67); *ders.,* FS Reinhardt, 249 (262); ähnlich *Klönne,* Nießbrauch, 32. Jüngst hat Hadding seine Bedenken jedoch zurückgestellt, siehe *ders.,* FS Lutter, 1261 (1273 Fn. 43).

[22] *Hadding,* in: ders./Schneider (Hrsg.), Gesellschaftsanteile als Kreditsicherheit, 37 (40, 68).

[23] *Hadding,* in: ders./Schneider (Hrsg.), Gesellschaftsanteile als Kreditsicherheit, 37 (73).

b) Kritik I: Unstimmiges Verständnis des § 1067 I BGB und des § 1071 II BGB

Dem Haddingschen Vorschlag kann nicht gefolgt werden. Mit dem Rekurs auf die vermeintliche Disponibilität des § 1067 I BGB geht er den Nießbrauch an den „vermögensrechtlichen Bezügen" aus Sicht des an einer probaten Versorgung interessierten Erblassers oder des seine Versorgung sowie seine weitere Einflußnahme auf die Personengesellschaft avisierenden Vorbehaltsnießbrauchers nur von einer Seite an. Denn gerade[24] wurde schon darauf hingewiesen, daß der Nießbraucher vor Verfügungen des Besteller-Gesellschafters über den Anteil nicht geschützt ist und keinen Einfluß auf die bilanzielle Gewinnfeststellung nehmen kann – ein nicht versorgungsgerechtes Ergebnis. Hinsichtlich dieses Problems will Hadding mit der Regelung des § 1071 II BGB helfen[25]. Danach wäre eine beeinträchtigende Änderung des belasteten Anteils nur mit Zustimmung des Nießbrauchers zulässig. Ein tauglicher Schutz für den Nießbraucher wird über § 1071 II BGB indes nicht erreicht. Hadding verwickelt sich hier einmal in einen Selbstwiderspruch. Er will einerseits die Mitwirkungsrechte ausschließlich dem Besteller-Gesellschafter zubilligen[26]. Andererseits will er eine beeinträchtigende Änderung des belasteten Rechts schon dann ausmachen, wenn der Besteller-Gesellschafter im Rahmen eines Beschlusses der Gesellschafterversammlung die Änderung der belasteten Vermögensrechte wirtschaftlich nachteilig beeinflußt[27]. Dies bedeutet aber nichts anderes, als daß der Besteller-Gesellschafter nicht so stimmen darf, daß sich wirtschaftlich eine Beeinträchtigung der Interessen des Nießbrauchers ergibt. Über § 1071 II BGB werden dem Nießbraucher damit praktisch im Verhältnis zum Besteller-Gesellschafter dessen Mitwirkungsrechte in weiten Bereichen faktisch zugewiesen; der Nießbraucher gibt gewissermaßen die Marschroute vor. Dies ist in dieser Weise zuerst einmal aber nur ein rein konstruktiver Schnitt; die Wertung, warum der Nießbraucher die Marschroute vorgeben darf, bleibt weiterhin nachzuweisen. Es käme mithin darauf an, genau auszuloten, was unter einer „beeinträchtigenden" „Inhaltsänderung" i. S. § 1071 II BGB zu verstehen ist[28]. An dieser Stelle greift das ausschlaggebende Argument gegen Hadding ein. Denn es ist nicht ersichtlich, woran Hadding ohne weitere Kriterien überhaupt festmachen will, daß das bela-

---

[24] Oben § 2 II 1.

[25] *Hadding,* in: ders./Schneider (Hrsg.), Gesellschaftsanteile als Kreditsicherheit, 37 (76 ff.).

[26] *Hadding,* in: ders./Schneider (Hrsg.), Gesellschaftsanteile als Kreditsicherheit, 37 (75 f.).

[27] *Hadding,* in: ders./Schneider (Hrsg.), Gesellschaftsanteile als Kreditsicherheit, 37 (77).

[28] Dazu unten § 7 III, § 7 IV.

stete Recht beeinträchtigt worden ist. Es gibt doch keinen Gewinnanspruch ex natura, sondern nur vor dem Hintergrund unternehmerischer Entscheidungen über Konsum und Investition, die der Gewinnfeststellung vorgelagert sind. Anders wird dies erst dann, wenn nicht mehr auf den Gewinn der Gesellschaft, sondern auf das wirtschaftliche Interesse des Nießbrauchers abgestellt wird, die Rendite aus seiner Investition in das dingliche Nutzungsrecht bestmöglichst zu steigern. Dieses Interesse läßt sich sehr viel klarer bestimmen. Nur kann dieses Interesse nur relevant werden, wenn das dingliche Nutzungsrecht eben nicht mehr auf die Mitgliedschaft bezogen wird (sondern auf irgendetwas anderes). Denn würde es hierauf bezogen, müsste allein auf den Gewinn der Gesellschaft abgestellt werden. Bei Lichte betrachtet wechselt Hadding daher im Rahmen des § 1071 II BGB unterschwellig den Bezugspunkt der dinglichen Belastung aus: Er setzt am Allokationsinteresse des Nießbrauchers an, nicht mehr an dem belasteten Recht selbst.

Abgesehen von diesen Nachteilen scheint der Vorschlag von Hadding – von dem unpraktikablen Erfordernis einer Bestellung an jedem einzelnen übertragbaren Recht einmal abgesehen[29] – dem Nießbraucher die unter Versorgungsgesichtpunkten notwendigen Erträge aus der Mitgliedschaft zu verschaffen. Hadding geht ja von der stillschweigenden Abbedingung des Wertersatzes aus § 1067 I BGB[30] einher mit der Regelung des § 1075 II BGB aus. Hieraus folgt zugleich, daß die Versorgungsgerechtigkeit des Vorschlags zusammenbräche, falls der Wertersatzanspruch zwingend wäre. Genau letzteres ist aber der Fall. Die besseren Gründen sprechen entgegen einigen Stimmen in der Literatur[31] für die zwingende Natur des Wertersatzanspruchs. Der uneigentliche Nießbrauch des § 1067 BGB würde seinen Charakter als zeitlich begrenztes Nutzungsrecht vollends verlieren, wenn dem Nutzungsberechtigten das volle Eigentum zugewandt würde, ohne daß es zu einem Wertersatzanspruch bei Beendigung des Nießbrauchs kommt. Denn für den Nießbrauch ist es ein wesentliches Kennzeichen, daß der Eigentümer bei der Beendigung des Nießbrauchs den belasteten Gegenstand rückgewährt bekommt[32]. Entfällt diese Rückgewähr, weil ausnahmsweise – wie bei § 1075 II BGB – der Nießbraucher ex lege Eigentümer wird, muß

---

[29] Kritisch deshalb auch *Bechtold,* Nießbrauch, 44.

[30] § 1067 BGB ist grundsätzlich abdingbar, siehe nur Staud-*Frank,* § 1067 Rn. 10.

[31] Neben *Hadding* halten MünchKomm-*Petzoldt,* § 1067 Rn. 7, § 1068 Rn. 30; *Finger,* DB 1977, 1033; *Bunke,* DNotZ 1968, 5 (10); *Sudhoff,* Handbuch der Unternehmensnachfolge, § 43 3 b; *Haegele,* BWNotZ 1974, 24 (26); *Bechtold,* Nießbrauch, 145 Fn. 129; und *Klönne,* Nießbrauch, 7, den Wertersatzanspruch für abdingbar.

[32] Der Eigentümer zieht sich im Verhältnis zum Nießbraucher im wesentlichen auf die Stellung zurück, daß er ohne weiteres bei Beendigung des dinglichen Nut-

dieser Verlust des Eigentums durch das wirtschaftlich gesehen funktionale Äquivalent eines Wertersatzanspruchs kompensiert werden[33]. Deutlich wird dies auch dadurch, daß über den nießbrauchsrechtlichen „Kunstgriff" der Abbedingung des § 1067 BGB im Ergebnis die gleichen Rechtsfolgen herbeigeführt werden, als ob es zu einer Vorausabtretung der künftigen Gewinnansprüche bzw. des Anteils am Liquidationserlös gekommen wäre – es liegt hier geradezu auf der Hand, daß der „Schachzug" über die Abbedingung des § 1067 BGB die nießbrauchsrechtlich grundlegende Grenze zwischen Nutzung (durch den Nießbraucher) und Substanzwahrung (des belasteten Gegenstands) verwischt[34]. Zudem wäre bei der von Hadding vorgeschlagenen Ausgestaltung des dinglichen Nutzungsrechts die Optimierung des mit dem Anteil verbundenen Ertrags nicht gesichert, blieben doch die Mitwirkungsrechte bei dem Besteller-Gesellschafter, der aber kaum ein hinreichendes Eigeninteresse mehr aufwenden wird, den Ertrag seines Anteils gehörig zu steigern. Derartige ökonomische Dysfunktionen deuten jedoch stark auf die Indisponibilität einer nießbrauchsrechtlichen Norm hin[35]. Der Wertersatzanspruch aus § 1067 I BGB ist daher zwingender Natur[36] – mit durchschlagenden Folgen für den Haddingschen Vorschlag: Er bricht hinsichtlich seiner Praktikabilität in sich zusammen.

c) Kritik II: Recht und Rechtsverhältnis als Abstraktionsbegriffe

Doch auch ansonsten überzeugt der Vorschlag nicht. Hadding begreift ja die Mitgliedschaft nicht als Recht, sondern als Rechtsverhältnis. Zudem bestreitet er unter Rekurs auf eine vermeintliche Antithetik von Recht und Rechtsverhältnis und der Zuordnung der Mitgliedschaft zur Kategorie des „Rechtsverhältnisses" nichts anderes als die Zulässigkeit eines Anteilsnießbrauchs überhaupt, da Gegenstand eines dinglichen Rechts kein Rechtsverhältnis sein könne[37]. Dieser Rückzug auf dogmatische Grundkategorien

---

zungsrechts die bislang eingeschränkten Befugnisse wieder ausüben kann. Zu dieser Konsolidationslage siehe ausführlich *Schön,* Nießbrauch, 12 ff., 17 ff., 96 f.

33 Auf die Funktionalität von Wertersatz und Substanzerhalt spielt auch Staud-*Frank,* § 1067 Rn. 15, an.

34 Zu Recht deshalb kritisch auch Großkomm-*Ulmer,* § 139 Rn. 87; MünchHdb-GesR-*Rodin,* § 30 Rn. 24.

35 Siehe ausführlich *Schön,* Nießbrauch, 255 ff., der zu Recht den Rekurs auf ein „Wesen" des dinglichen Nutzungsrechts für wenig fruchtbar hält, um den nichtzwingenden oder zwingenden Charakter einer Norm herauszufinden, sondern diesen Charakter anhand des objektiven Interesses an einer Optimierung der Sachnutzung ermitteln will.

36 So auch *Schön,* Nießbrauch, 288 f.; Staud-*Frank,* § 1067 Rn. 15; Großkomm-*Ulmer,* § 139 HGB Rn. 87; *ders.,* FS Fleck, 383 (398); *Queck,* Nießbrauch, 46; siehe auch *Bökelmann,* Nutzungen, 212.

37 Dazu siehe auch schon oben § 2 II 2.

überzeugt in dieser Abstraktheit nicht. Die hochabstrakten dogmatischen Figuren „Recht" und „Rechtsverhältnis" haben eine bestimmte Funktion im Rahmen der Deutung gewisser Erscheinungen des positiven Rechts: Sie sind Theorien über Rechtsinstitute[38], mit denen man in Abstraktion von den Besonderheiten des konkreten Normbestands und konkreter dogmatischer Erscheinungen bsp. einem normativen Systembedürfnis oder auch einem didaktischen Ordnungsbedarf unter einem bestimmten erkenntnisleitenden Blickwinkel habhaft zu werden versucht. Der Streit um die Rechtsnatur der Mitgliedschaft kann insofern verstanden werden als ein Streit um die angemessene Perspektive, welche an die dogmatische Erfassung der Rechtserscheinung „Anteil" anzulegen ist. Dies ist aber keine Frage nach Richtigkeit, sondern nach Angemessenheit und Brauchbarkeit[39]. Die Dogmatik des Gesellschaftsrechts mag hier ihre eigenen theoretischen Schnitte legen, nießbrauchsrechtlich ist hingegen allein relevant, ob die Mitgliedschaft ein sachenrechtstauglicher Belastungsgegenstand ist. Sachenrechtlich darf nicht von rechtlich vermeintlich unverrückbaren Vorgegebenheiten ausgegangen werden, die doch nur den spezifischen Bedürfnissen einer besonderen Dogmatik geschuldet sind[40]. Auch das Einzelunternehmen ist schließlich ein ganzes Konglomerat von Rechtsverhältnissen (vertragliche Rechte und Pflichten im Außenverhältnis des Unternehmens), faktischen Gegebenheiten wie Organisation, Ruf und Lieferbeziehungen, die durch eine in gewisser Weise ausgezeichnete Tätigkeit am Markt zu einem Unternehmen generiert werden[41]. Dennoch ist hier ein Nießbrauch zulässig[42]. Insofern reduzieren

---

[38] Begrifflichkeit nach *Ralf Dreier,* Recht – Moral – Ideologie, 75 f.

[39] Insofern kann *Karsten Schmidt,* GesR, § 19 I 3 a, überzeugend formulieren, daß beide Ansichten über die Rechtsnatur der Mitgliedschaft (also Mitgliedschaft als subjektives Recht und Mitgliedschaft als Rechtsverhältnis) richtig sind.

[40] *Huber,* Vermögensanteil, 413, muß deshalb dezidiert widersprochen werden, wenn er ausführt, ein Nießbrauch an einem Rechtsverhältnis sei schon theoretisch nicht vorstellbar. Was sich gesellschaftsrechtlich als Rechtsverhältnis erweist, braucht nießbrauchsrechtlich noch lange nicht derartig kategorial erfaßt werden. Würde man einen Nießbrauch „an einem Rechtsverhältnis" freilich zulassen, wären große Schwierigkeiten vorprogrammiert, da sich bei einem Nießbrauch „an einem Rechtsverhältnis" zwangsläufig die schwierige Frage stellt – und sie ist bsp. von *Klönne,* Nießbrauch, 57, aufgeworfen worden –, was denn nun die Nutzungen eines derartigen Gegenstands sind. Dies deutet auf die nießbrauchsrechtliche Unangemessenheit einer Verortung des Anteils als „Rechtsverhältnis" hin, falls nicht – wie bei *Hadding,* in: ders./Schneider (Hrsg.), Gesellschaftsanteile als Kreditsicherheit, 37 (72) – der Ausweg im Verständnis des Anteilsnießbrauchs als Nießbrauch an einer Vermögensgesamtheit gesucht wird.

[41] Zum „teleologisch determinierten" (*Karsten Schmidt,* Handelsrecht, § 4 I 1 a) Unternehmensbegriff siehe nur *Karsten Schmidt,* ebda., § 4 I 2 b; vgl. auch umfassend *Raisch,* Geschichtliche Voraussetzungen, 105 ff.

[42] Zum Problem siehe ausführlich *Goebel,* Testierfreiheit und Ehegattenschutz, § 36.

sich, wie Schön richtig dargelegt hat[43], die Bedenken Haddings auf die Frage, ob die in dem Gesellschaftsanteil zusammengefaßten Rechte und Pflichten nutzungsfähig an den Nießbraucher zugewiesen werden können[44]. Dies wiederum ist eine Frage, welche nicht die *Zulässigkeit* des dinglichen Nutzungsrechts betrifft, sondern die *konkrete Ausgestaltung* des Anteilsnießbrauch – also dessen Rechtsfolgen; hier lokalisiert dann auch das eigentliche Anliegen Haddings, der Einordnung des Gesellschafters in das durch die Gesellschaft geschaffene Geflecht vertraglicher Rechten und Pflichten angemessen Rechnung zu tragen.

d) Die sachgerechte Alternative: Mitgliedschaft als Recht und Rechtsverhältnis

aa) Recht und Rechtsverhältnis

Der Auffassung Haddings, die Mitgliedschaft könne einzig als Rechtsverhältnis dogmatisch angemessen begriffen werden, kann zudem auch aus allgemeinen gesellschaftsrechtlichen Überlegungen her angegriffen werden. Zwar ist unbestreitbar, daß jedes subjektive Recht als berechtigende Seite Teil eines Rechtsverhältnisses ist[45], der Satz ist aber nicht umkehrbar: Nicht jedes Rechtsverhältnis ist zugleich subjektives Recht, man denke nur an die von Larenz geprägte Vorstellung vom Schuldverhältnis als „Gefüge", dessen einzelne Elemente subjektive Rechte, Befugnisse, Pflichten und Gebundenheiten in vielfältiger Weise miteinander verbunden sind[46]. Nun eignen der Mitgliedschaft banalerweise nicht nur mitgliedschaftliche Rechte, sondern auch mitgliedschaftliche Pflichten. Sie ist daher zweifellos Rechtsverhältnis. Nur bedeutet dies nicht, daß sie nicht *auch* ein subjektives, belastungsfähiges Recht ist[47]. Die Rechtsordnung kennt schließlich auch sonst subjektive Rechte, mit denen ein komplexes Rechtsverhältnis verbunden ist, wie etwa die familienrechtlichen Rechtsverhältnisse und die gesetzlichen Schuldverhältnisse der beschränkten dinglichen Rechte[48]. Vor diesem Hin-

---

43 *Schön,* ZHR 158 (1994), 229 (238).

44 Siehe auch *Kreifels,* Festgabe Hengeler, 158 (161).

45 Siehe nur *v. Thur,* AllgT I, § 5 II 1.

46 *Larenz/Wolf,* AllgT, § 13 Rn. 5, 10; ausführlich *Gernhuber,* Hdb. des SchuldR Bd. 8, Schuldverhältnis, § 2 I; *Habersack,* Mitgliedschaft, 66 ff.

47 Im übrigen deutet schon die Formulierung, eine Rechtserscheinung „ist" ein subjektives Recht, auf eine ganz und gar verfehlte Perspektive hin. Mit dem Begriff des „Rechts" wird keine Erscheinung der Außenwelt repräsentiert – was am Rande gesagt sowieso nie bei einem Begriff der Fall ist: Begriffe repräsentieren nichts (dazu nur ausführlich *Goebel,* Rechtsgespräch und kreativer Dissens, § 2, § 4, § 5).

48 Ausführlich hierzu *Habersack,* Mitgliedschaft, 70 ff. Gegen diesen Vergleich mit etwa familienrechtlichen Rechtsverhältnisse verfängt nicht der gegen *Habersack*

tergrund ist dann in Anlehnung an die Untersuchungen Habersacks[49] nur noch fraglich, ob im Rahmen des mitgliedschaftlichen Rechtsverhältnisses die mitgliedschaftlichen Befugnisse dominieren und die mitgliedschaftlichen Pflichten als bloßer Annex zu einem subjektiven Recht erscheinen. Ist dies der Fall, spricht nichts dagegen, die Mitgliedschaft als Rechtsverhältnis *und* als Recht dogmatisch zu konstruieren. Hingegen ist es wenig weiterführend, allein schon aufgrund der mittlerweile allgemein anerkannten Übertragbarkeit des Anteils[50] dessen nießbrauchsrechtliche Rechtsgegenständlichkeit anzunehmen[51]. Denn ob und auf welchem konstruktiven Weg die Mitgliedschaft übertragen und belastet werden kann, bestimmt sich nach ihrer Rechtsnatur und nicht umgekehrt nach den Modalitäten ihrer Übertragung[52]. Es ist daher nur folgerichtig, daß Hadding für die Übertragung der Mitgliedschaft auf die für die Übertragung von vertraglichen Rechtsverhältnissen allein zur Verfügung stehende Übertragungsmodalität zurückgreift, nämlich die Vertragsübernahme[53]. Habersack[54] hat zudem mit Recht darauf verwiesen, daß es wenig fruchtbar ist, die Mitgliedschaft ohne Rücksicht auf ihren genauen Rechtscharakter als einen der Verfügung zugänglichen Gegenstand zu verstehen[55]. Zwar liegt dies weniger daran, daß die Mitgliedschaft nur als ein subjektives Recht belastungsfähig ist[56]. Dies zeigt ein Vergleich mit dem Nießbrauch an einem einzelkaufmännischen Unter-

---

gerichtete Einwand *Reuter*s, AcP 197 (1997), 322 (324 f.), die Qualifikation einer Rechtserscheinung als „subjektives Recht“ dürfe nicht von einem Strukturvergleich der Mitgliedschaft mit familien- oder sachenrechtlichen Rechtsverhältnissen abhängig gemacht werden, da der Gesetzgeber die mit einem subjektiven Recht verbundenen Rechtsfolgen (Übertragbarkeit, Vererblichkeit, Belastbarkeit im ganzen) einzelnen Rechtspositionen trotz geeigneter Struktur durchaus auch vorenthalten könne; die Argumentation habe daher nicht struktur- sondern problembezogen zu erfolgen. Darum geht es im Rahmen dieser Untersuchung nicht. Vielmehr gilt es nur, anhand des Vergleichs mit familien- und sachenrechtlichen Rechtsverhältnissen zu zeigen, daß der Satz nicht gilt, die Rechtsordnung weise nie in einer Rechtserscheinung die Kategorie Rechtsverhältnis und die Kategorie subjektives Recht zugleich zu. Eine ganz andere Frage ist es – und hier ist *Reuter* beizupflichten –, ob auch die Mitgliedschaft nicht nur Rechtsverhältnis, sondern auch subjektives Recht ist. Der Strukturvergleich gibt hierfür in der Tat nur insoweit etwas her, als er notwendige Voraussetzungen hierfür abklärt: nämlich daß die Rechtsordnung überhaupt Rechtserscheinungen kennt, die zugleich als Rechtsverhältnis und als subjektives Recht konstruiert sind.

49 *Habersack,* Mitgliedschaft, 74, 75 ff.

50 Siehe nur MünchHdb-GesR-*Rodin,* § 30 Rn. 14.

51 *Flume,* PersGes, 125, zieht hingegen den Schluß von der Übertragbarkeit auf die Rechtsgegenständlichkeit der Mitgliedschaft.

52 *Habersack,* Mitgliedschaft, 63 f.

53 *Hadding,* FS Steindorff, 31 (36 ff.).

54 *Habersack,* Mitgliedschaft, 65.

55 So aber *Flume,* PersGes, § 9, § 17 II; *Lutter,* AcP 180 (1980), 84 (99 ff.).

56 So aber *Habersack,* Mitgliedschaft, 66.

nehmen. Dieser ist nicht etwa deshalb zulässig, weil das Unternehmen ein Recht darstellt – diese Frage nach der „Rechtsqualität" des Unternehmens braucht nießbrauchsrechtlich gar nicht gestellt werden. Vielmehr konnte andernorts gezeigt werden, daß das Sachenrechtssystem um der Systemreinheit willen durchaus mit einem „Platzhalter" „Unternehmen" ausgefüllt werden kann, der – da das Unternehmen nicht unter die gängigen Kategorien von Rechten und Sachen einzuordnen ist – die „Leerstelle" eines belastungsfähigen Gegenstands annimmt[57]. Bei dem Nießbrauch an einem Einzelunternehmen ist ein derartiges Vorgehen aber deshalb möglich, weil anerkanntermaßen das Unternehmen kein „Recht", sondern einen tatsächlichen Zusammenhang widmungsmäßig zusammengefaßter sächlicher und persönlicher Mittel darstellt. Bei der Mitgliedschaft ist dies aber anders; diese ist per se Recht, Rechtsverhältnis oder beides – eine Einordnung, die beim Einzelunternehmen von vornherein unfruchtbar war. Eine um auch konstruktive Genauigkeit bemühte Nießbrauchsdogmatik kann daher einer Auseinandersetzung mit der Rechtsnatur der Mitgliedschaft nicht entgehen. Da bei komplex strukturierten Gegenständen wie der Mitgliedschaft nur aufgrund einer wertenden Gewichtung der berechtigenden und verpflichtenden Komponenten entschieden werden kann, ob der Begriff des „subjektiven Rechts" neben dem des „Rechtsverhältnisses" angewendet werden kann, muß sich die Auseinandersetzung von der Frage leiten lassen, ob bei der Mitgliedschaft die mitgliedschaftlichen Befugnisse dominieren. Dieses wiederum setzt zweierlei voraus. Einmal muß gezeigt werden können, daß hinsichtlich der Berechtigung die Mitgliedschaft als einheitliche Position erfaßt werden kann (dazu bb)). In einem zweiten Schritt ist der Nachweis zu führen, daß diese einheitliche Position gegenüber den mitgliedschaftlichen Befugnissen dominiert (dazu cc)).

bb) Die mitgliedschaftlichen Befugnisse als einheitliche Berechtigung

Nun ist die Gesellschaft nicht nur Vertrag, sondern auch Organisation. Anders gesagt: Die Stellung des Gesellschafters als Partei des Gesellschaftsvertrages erschöpft sich nicht in der Begründung von Rechten und Pflichten, sondern verleiht zugleich die Befugnis, als Teil einer Korporation an der verbandlichen Willensbildung teilzunehmen. Nachdem vor allem Flume diese Betonung der organisationsrechtlichen neben der schuldrechtlichen Seite des Gesellschaftsvertrags auf den Begriff gebracht hat[58], ist

---

[57] Siehe dazu ausführlich *Goebel,* Testierfreiheit und Ehegattenschutz, § 36 V.

[58] *Flume,* PersGes, § 2; sowie ansonsten nur MünchKomm-*Ulmer,* vor § 705 Rn. 122 ff.; Soergel-*Hadding,* vor § 705 Rn. 22 ff.; AK-*Teubner,* vor §§ 705 Rn. 1 ff., § 705 Rn. 1 ff.; *Karsten Schmidt,* GesR, § 5 I; *Wiedemann,* GesR I, § 3 I 1.

heute weitgehend anerkannt, daß zwischen der Stellung einer Person als Partei eines gewöhnlichen Schuldvertrages und derjenigen des Gesellschafters als Partei des Gesellschaftsvertrages ein geradezu fundamentaler Unterschied besteht: Anders als bei einem typischen schuldrechtlichen Austauschverhältnis ist der Mitgliedschaft gewissermaßen eine permanente Gestaltungsbefugnis inhärent[59]. Diese Gestaltungsbefugnis hat ein personenrechtliches und ein vermögensrechtliches Element. In der Teilhabe am Verband entfaltet der Gesellschafter durch die Wahrnehmung der mitgliedschaftlichen Schutz- und Teilhaberechte mediatisiert durch die gemeinschaftliche Interessenverfolgung den wirtschaftenden Teil seiner Persönlichkeit (personenrechtliches Element); in den mitgliedschaftlichen Vermögensrechten aktualisiert sich der Verkehrswert seiner Beteiligung (vermögensrechtliches Element). Zu beachten ist hierbei, daß sich die Mitgliedschaft nicht von ihrem personrechtlichen Element trennen läßt (Abspaltungsverbot). Darüber hinaus läßt sie sich auch hinsichtlich ihrer vermögensmäßigen Berechtigung nicht in ihre einzelnen Bestandteile zerlegen. Hierfür spricht mehreres. Das Gesellschaftsvermögen bildet – erstes Argument – aufgrund der spezifisch gesellschaftsrechtlichen Form der gesamthänderischen Vermögensbindung für eine derartige Zerlegung keinen Ansatzpunkt. Denn nach dieser Vermögensbindung hat der einzelne Gesellschafter richtiger Ansicht nach weder an den einzelnen Gegenständen des Gesellschaftsvermögens, noch an den Gegenständen des Gesellschaftsvermögens in toto einen unmittelbaren Anteil. Die Gesamthandsberechtigung des Gesellschafters erschöpft sich vielmehr darin, Ausdruck des Umstands zu sein, daß „der Gesellschafter zusammen mit den anderen Gesellschaftern die Gesellschaft als Wirkungseinheit und Inhaber der Gegenstände des Gesellschaftsvermögens konstituiert“[60]. Die vermögensrechtliche Seite der Mitgliedschaft läßt sich zudem – zweites Argument – nicht auf die selbständig abtretbaren Ansprüche nach § 717 S. 2 BGB, § 105 III HGB reduzieren[61]. Im Gegenteil ist in Anlehnung an die allgemeine vermögensrechtliche Unterscheidung von Vermögensstammrecht und hieraus folgenden vermögensrechtlichen Ansprüchen die Mitgliedschaft Grundlage der Rechte aus § 717 S. 2 BGB[62]. Die vermögensrechtliche Seite der Mitgliedschaft kann daher als ein einheitliches „Stammrecht“ umschrieben werden.

---

[59] RGZ 57, 414 (415); 97, 197 (200); BGHZ 119, 306 (309 f., 316 ff., 327 ff.); *Habersack,* Mitgliedschaft, 78.

[60] *Habersack,* Mitgliedschaft, 85. Dementsprechend sieht die neuere Gesamthandslehre den Personenverband als solchen als Träger der gemeinschaftlichen Rechte und Pflichten an. Dieser Konzeption hat sich nunmehr für Außengesellschaften auch der II. Zivilsenat des BGH angeschlossen, siehe BGHZ 146, 341.

[61] So aber Soergel-*Hadding,* § 719 Rn. 5.

Die Teilhabe- und Schutzrechte sind unstrittig untrennbar mit der Mitgliedschaft verbunden. Für das vermögensrechtliche „Stammrecht" der Mitgliedschaft wird gleiches freilich durch die Abspaltungsthese Ulmers[63] bestritten, nach der der Vermögenswert der Beteiligung von der Mitgliedschaft abspaltbar sei. Was bedeutet dieser Streit für die hier allein entscheidende Frage, ob die Einheitlichkeit der berechtigenden Bestandteile der Mitgliedschaft begründbar ist? Nun ist Habersack in der Tat der Auffassung, daß die o.g. Einheitlichkeit nur bejaht werden kann, wenn die Abspaltungsthese verworfen wird[64]. Seiner Ansicht sollte nicht gefolgt werden. Die Frage nach der Abspaltbarkeit der Vermögensseite der Mitgliedschaft ist für die „Einheitlichkeitsfrage" nicht relevant. Die Rechtsordnung kennt schließlich auch sonst komplexe Rechte, wie etwa das Recht der Eltern auf elterliche Sorge, aus dem einzelne Befugnisse – bsp. das Aufenthaltsbestimmungsrecht – herausgebrochen werden können (§ 1666 I BGB), ohne daß gleichzeitig angenommen wird, das Recht sei deshalb kein einheitliches Recht. Es kommt daher nicht auf die Abspaltbarkeit als solche, sondern darauf an, ob diese Abspaltbarkeit – gesetzt den Fall, ihre Zulässigkeit wird bejaht – es rechtsdogmatisch unsinnig erscheinen läßt, eine einheitliche Berechtigung anzunehmen. Dies ist eine Frage, die im Ausgangspunkt zuerst einmal im Hinblick auf Wertungen beantwortet werden sollte. Denn da ein Recht kein körperlich faßbarer Rechtsgegenstand darstellt, ist „Einheitlichkeit" notwendigerweise das Ergebnis einer wertenden Zuordnung von Eigenschaften. Diese wertende Zuordnung wiederum erfolgt im Hinblick auf ein bestimmtes Erkenntnisinteresse und – wie vor kurzem schon festgestellt wurde[65] – mit Blick auf die Funktion, die der Topos „Einheitlichkeit" im Rahmen der Deutung gewisser Erscheinungen des positiven Rechts hat. Eine jegliche Verdinglichung nach Art einer „Natur der Sache" muß daher bei der wertenden Zuordnung vermieden werden. Bei der Beantwortung der Frage, ob die Mitgliedschaft als einheitliche Berechtigung zu verstehen ist, spielen daher durchaus Akte rechtlicher Wertung hinein. Hinzukommt jedoch auch, daß die Frage nach der Einheitlichkeit der Mitgliedschaft auch eine solche ist, auf die je nach Erkenntnisinteresse und Funktion des Begriffs „Einheitlichkeit" ganz unterschiedliche Antworten gegeben werden können. Zwei Dinge entscheiden also die „Einheitlichkeitsfrage": die sachgerechte Wertung und das angemessene Er-

---

[62] Dazu ausführlich m.w.Nachw. *Habersack,* Mitgliedschaft, 86 ff.; *Wiedemann,* Übertragung, 36 f.; *ders.,* WM 1992 Beil. 7, 1 (23, 29 ff.); *Huber,* Vermögensrecht, 5 ff.

[63] MünchKomm-*Ulmer,* § 717 Rn. 15, 36, § 719 Rn. 8; *ders.,* FS Schilling, 79 (89 ff.); *ders.,* ZHR 146 (1982), 555 (560 ff.); *ders.,* NJW 1984, 1496 (1500 ff.); *ders.,* NJW 1990, 73 (74 f.).

[64] *Habersack,* Mitgliedschaft, 89 ff.

[65] Oben § 2 II 3 d aa.

kenntnisinteresse. Mit Blick hierauf gilt: Es kommt nicht darauf an, ob „die Mitgliedschaft“ eine einheitliche Berechtigung „ist“, sondern ob die Mitgliedschaft *im Hinblick* (Aspekt des Erkenntnisinteresses) auf die Belastung mit einem Anteilsnießbrauch als einheitliche Berechtigung *konstruiert* werden kann (Aspekt rechtlicher Wertung). Und für eine derartige Konstruktion spricht auch dann vieles, wenn – ceteris paribus hier einmal von der als dogmatisch zulässig unterstellten – Abspaltbarkeit der vermögensrechtlichen Seite der Mitgliedschaft ausgegangen wird. Dies zeigt ein Vergleich mit der Teilabtretung einer nießbrauchsbelasteten Forderung, bei der der Nießbrauch aufgrund seiner dinglichen Natur an den durch die Teilung entstehenden selbständigen Forderungen fortbestehen bleibt[66]. Wenn die Parallele zur Mitgliedschaft gezogen wird, bleibt bei einer Abspaltung der Vermögensrechte von der Mitgliedschaft der Nießbrauch an ihnen erhalten[67]. Der Unterschied zwischen nießbrauchsbelasteter Forderung und nießbrauchsbelasteter Mitgliedschaft besteht nach all dem nur darin, daß bei einer Teilabtretung ein vermögensrechtliches Recht „geteilt“ wird und beim Zedenten ein vermögensrechtliches Recht verbleibt, während bei der Mitgliedschaft nach der Abtretung der Vermögensrechte nur die Teilhabe- und Schutzrechte übrig sind. Wieso aber aufgrund *dieses* Unterschieds allein in der Möglichkeit einer Teilung bzw. Abspaltung bei der Mitgliedschaft nicht von einer einheitlichen Berechtigung ausgegangen werden soll, bei der teilbaren Forderung aber gleichwohl, bleibt unerfindlich. Hieraus kann nur der Schluß gezogen werden, daß es sinnvoll ist, die Mitgliedschaft als ein einheitliches Recht zu konstruieren, wenn es um die Dogmatik des Anteils-

66 Siehe nur Staud-*Frank,* § 1068 Rn. 20, § 1071 Rn. 13.

67 Diese Feststellung setzt zweifellos voraus, daß die Mitgliedschaft in nießbrauchsrechtlicher Perspektive ein einheitliches Recht darstellt, da sie ja sonst nicht dinglich belastet werden könnte. Daraus kann aber nicht der Schluß gezogen werden, die folgende Argumentation sei zirkulär. Das wäre ein Vorwurf rein konstruktiven Charakters, der die Einführung einer normativen Prämisse in den Gedankengang übersehen würde, welche die Zirkularität unterbricht. Denn es geht um eine typische „Als-Ob“-Betrachtung: Es wird untersucht, was geschieht, wenn dies und das angenommen wird. Wenn sich bei einer derartigen ceteris-paribus-Annahme zeigt, daß die Mitgliedschaft ohne größere Probleme als belastungsfähiges Recht erscheint, gibt dies die Grundlage für die die o. g. Zirkularität unterbrechende Wertung, daß nichts *gegen* die Annahme eines einheitlichen Rechts „Mitgliedschaft“ spricht. Die Beantwortung der Frage, was *für* eine solche Annahme angeführt werden kann, ist dann vor allem eine Frage der Praktikabilität: Für eine moderne Wirtschaftsordnung wäre ein dingliches Nutzungsrecht an Personengesellschaftsanteilen ein vorzügliches Gestaltungsmittel zur Erzielung bestimmter Effekte. Wenn die Versorgung aufgrund eines Nießbrauchs betrachtet wird (anhand derer in dieser Untersuchung ja der Anteilsnießbrauch beispielhaft erörtert wird), kann zudem vorgetragen werden, daß nur das dingliche Nutzungsrecht an der Mitgliedschaft ein weitreichendes Spektrum versorgungsgerechter Gestaltungen eröffnet. Die Annahme eines einheitlichen Rechts „Mitgliedschaft“ würde daher auch helfen, gelebte Solidarität unter Ehegatten zu optimieren.

nießbrauchs geht. Dies ist auch mit der Abspaltungsthese Ulmers verträglich. Nach all dem muß die berechtigende Seite der Mitgliedschaft daher insgesamt gesehen als eine einheitliche, sämtliche mitgliedschaftlichen Vermögens-, Teilhabe- und Schutzrechte zusammenfassende Berechtigung verstanden werden[68].

cc) Die Dominanz der mitgliedschaftlichen Befugnisse

„Ist" die Mitgliedschaft daher eine einheitliche Berechtigung, kommt es für die Frage, ob sie zugleich auch als ein subjektives Recht aufgefaßt werden kann, nur noch darauf an, ob die einheitlich zu verstehenden mitgliedschaftlichen Befugnisse gegenüber den mitgliedschaftlichen Pflichten dominieren oder nicht[69]. Dieser Ansatz an der Dominanz der mitgliedschaftlichen Befugnisse ist nicht unumstritten. Stellenweise wird davon ausgegangen, schon die Gegebenheit, daß es mitgliedschaftliche Pflichten gäbe, führe automatisch dazu, daß ein Verständnis der Mitgliedschaft als subjektives Recht ausscheide[70]. Überzeugend ist dies nicht. Die Frage, ob eine Erscheinung des objektiven Rechts als „subjektives" Recht begriffen werden kann, ist eine Frage rechtlicher Wertung unter einem bestimmten Erkenntnisinteresse und im Hinblick auf bestimmte Funktionen, die die Kategorie „subjektives Recht" erfüllen soll. Diese Wertung ergibt, daß die mitgliedschaftlichen Pflichten die Mitgliedschaft nicht dominieren. Einmal liegt dies daran, daß die Außenhaftung des Mitglieds nicht durch die Mitgliedschaft, sondern durch die ein eigenständiges Rechtsverhältnis zwischen Gesellschafter und Gläubiger begründende Norm des § 128 HGB erstellt wird, bei der die Mitgliedschaft nur ein Tatbestandsmerkmal unter anderen darstellt. In anderen Worten: Die Außenhaftung ist keine mitgliedschaftliche Verpflichtung[71]. Neben diesen eher rechtskonstruktiv-technischen Erwägungen spricht gegen eine durch die Außenhaftung herbeigeführte Dominanz mitgliedschaftlicher Pflichten[72] auch folgende Erwägung. Angenommen, aufgrund der Außenhaftung sei von einer Dominanz mitgliedschaftlicher Pflichten auszugehen. Dann müßte konsequenterweise bei den grundsätzlich nicht haftenden Kommanditisten diese Dominanz verneint werden. Die

---

68 So i.E. auch *Habersack,* Mitgliedschaft, 92; *Karsten Schmidt,* GesR, § 19 I 3; *Flume,* Juristische Person, § 8.

69 Siehe nochmals *Habersack,* Mitgliedschaft, 93.

70 So BGHZ 68, 225 (231 f.); *Hadding,* FS Reinhard, 249 (257, 261 f.); *ders.,* FS Steindorff, 31 (38).

71 *Habersack,* Mitgliedschaft, 93 f.

72 Diese kann zwar schon nach dem o.g. rechtstechnischen Schnitt zwischen Außenhaftung und mitgliedschaftlicher Pflicht nicht angenommen werden. Doch hier geht es wieder um eine „Als-Ob"-Betrachtung: Was geschieht, wenn davon ausgegangen wird, als ob die Außenhaftung eine mitgliedschaftliche Verpflichtung sei.

Folge wäre ein „gespaltendes“ rechtsdogmatisches Verständnis der Mitgliedschaft: bei den Komplementären wäre sie kein Recht, bei den Kommanditisten aber sehr wohl. Ein derartiges Verständnis ist aber im Hinblick auf die Belastung der Mitgliedschaft mit einem Nießbrauch nicht sachdienlich, da dann *von vornherein* allein der Komplementäranteil nicht belastungsfähig wäre. Dies sollte man aber nicht von vorgeschalteten konstruktiven Erwägungen, sondern von den Rechtsfolgen abhängig machen, die mit der Rechtsfigur „Anteilsnießbrauch“ verbunden sind. Läßt sich der Rechtsfolgenzuschnitt des Anteilsnießbrauchs in das bestehende System gesellschafts- und nießbrauchsrechtlicher Wertungen einordnen, sollte die Zulässigkeit des Nießbrauchs nicht an der Erwägung scheitern, zumindest beim Komplementär gäbe es aufgrund seiner Außenhaftung keine Mitgliedschaft als subjektives Recht. Der Begriff des „subjektiven Rechts“ ist eben ein Rechtsbegriff – und Rechtsbegriffe sind nun einmal „Funktionsbegriffe und abbreviative Rechtsfolgenverweisungen“, wie Karsten Schmidt[73] prägnant formuliert hat. Die Außenhaftung ist demnach nicht tauglich, eine Dominanz mitgliedschaftlicher Pflichten gegenüber den mitgliedschaftlichen Berechtigungen zu begründen.

Dies gilt auch, soweit der subjektiv-rechtliche Charakter der Mitgliedschaft unter Verweis auf die mitgliedschaftlichen Loyalitäts- und Unterlassungs- sowie den Beitragspflichten verneint werden sollte. Die Loyalitäts- und Unterlassungspflichten bilden nur diejenige Rücksichtnahme auf die schutzwürdigen Belange der Mit-Gesellschafter ab, welche mit Blick auf deren Einbindung in eine gemeinschaftliche Interessenverfolgung geboten ist. Sie schaffen damit einen Ausgleich für die vorhandenen Einwirkungsmöglichkeiten des Mitglieds auf die Rechtsphäre der anderen Mitglieder, welche notwendig aufgrund der Abstimmungsprozesse zwischen den Mitgliedern innerhalb des verbandlichen Handelns mit der Mitgliedschaft verbunden sind. Die Loyalitäts- und Unterlassungspflichten sind daher mit der Mitgliedschaft in der Weise akzessorisch verklammert, daß die mitgliedschaftliche Berechtigung das Primäre der Mitgliedschaft, Loyalität und Rücksichtnahme hingegen das ihr Sekundäre darstellen, welche funktional auf die mit der Berechtigung verbundenen Gefahren ausgerichtet ist[74]. Es bleibt die Beurteilung der Beitragspflichten. Diese Beurteilung ist schwierig, da die Beitragspflichten der Struktur nach den Haupt- und Nebenleistungspflichten eines gewöhnlichen Schuldverhältnisses entsprechen und insofern verhindern könnten, die Mitgliedschaft als subjektives Recht zu begreifen. Die mitgliedschaftlichen Beitragspflichten unterscheiden sich aber von den Hauptleistungspflichten des gewöhnlichen Schuldverhältnisses: Die Beitragspflichten sind die objektive Grundlage, auf der der Verband seine

---

[73] *Karsten Schmidt,* GesR, § 49 II 4 b.

[74] Ähnlich *Habersack,* Mitgliedschaft, 95 f.

Organisation schafft und in Gefolge ihrer die Verwirklichung des Verbandszwecks betreibt. Auch hier wieder haben die Beitragspflichten daher eine primär dienende Funktion im Rahmen der Mitgestaltung in der Gesellschaft. Sie sind insofern notwendig mit dem gemeinschaftlichen Auftreten am Markt verbundene Erscheinungen, welche keinen funktionell auf die Ermöglichung der Gestaltung im Verband losgelösten – also auf die Mitwirkung in den internen Prozessen der Organisation „Personengesellschaft" bezogenen – Eigenwert besitzen. Wird die Personengesellschaft mehr und mehr als verbandliche Organisation und nicht nur als Vertrag verstanden[75], entspricht dem, auch in Ansehung der Beitragspflichten für eine Dominanz der berechtigenden gegenüber der verpflichtenden Seite der Mitgliedschaft zu votieren[76].

Im Ergebnis sollte daher gesellschaftsrechtlich von einer Dominanz der mitgliedschaftlichen Befugnisse innerhalb des Rechtsverhältnisses „Mitgliedschaft" ausgegangen werden, die es erlaubt, die Mitgliedschaft zugleich als subjektives Recht anzusehen[77]. Dieser Befund wird durch das Zwangsvollstreckungsrecht bestätigt. Nach § 859 I ZPO ist die Zwangsvollstreckung in den Anteil eines Gesellschafters am Gesellschaftsvermögen zulässig. Die h. M. versteht dies so, daß in den Gesellschaftsanteil selbst vollstreckt wird und nicht in alle verwertbaren Einzelansprüche nach Art einer globalen Forderungspfändung[78]. Nun ist eine einheitliche Vollstreckungshandlung in ein reines Rechtsverhältnis nicht zulässig. Ist dem so und läßt § 859 I ZPO die Vollstreckung in die Mitgliedschaft zu, ist zumindest zwangsvollstreckungsrechtlich der Anteil als Recht konstruiert. Wieso sollte dem das Gesellschaftsrecht widersprechen? Diesem Resumée kann nicht entgegengehalten werden, es würden unzulässig konkrete Rechtsfolgen aus dem Streit um das rechte Verständnis der Gesamthand gezogen[79]. Diese Befürchtung ist unbegründet. Selbst wenn die Kategorisierung der Mitglied-

---

[75] Die Kennzeichnung der Gesamthandsgesellschaften als Zusammenschluß von Personen zu einer Organisation wird auch von denen bejaht, die ansonsten Tendenzen eher kritisch gegenüber stehen, die Gesamthand rechtlich weitgehend zu verselbständigen (dazu nur die jüngsten Arbeiten von *Raiser,* AcP 194 (1994), 495 ff.; *ders,* FS Zöllner, 469 ff.; *ders.,* AcP 199 (1999), 104 (107 f.); *Ulmer,* AcP 198 (1998), 113 ff.; *Mülbert,* AcP 199 (1999), 38 (47 ff., 62 ff.); *Karsten Schmidt,* GesR, § 8 III; sowie als Grundlage *Flume,* PersGes, § 4 und § 5), worauf jüngst zu Recht *Hueck,* FS Zöllner, 275 (278 f.), aufmerksam gemacht hat.

[76] Ähnlich *Habersack,* Mitgliedschaft, 98 ff.

[77] So auch *Habersack,* Mitgliedschaft, 98; *Wiedemann,* Übertragung, 39 m. w. Nachw. zur älteren Lit.; *Karsten Schmidt,* GesR, § 19 I 3; *Flume,* PersGes, § 9; *Lutter,* AcP 180 (1980), 84 (99 ff.).

[78] Siehe nur *Flume,* PersGes, § 17 III; MünchKomm-ZPO-*Smid,* § 859 Rn. 4.

[79] So allgemein die Befürchtung *Zöllner*s hinsichtlich des Streits um die Rechtssubjektivität der Personengesellschaften, *ders.,* FS Gernhuber, 563 (576 f.); *ders.,* FS Kraft, 701 (718).

schaft als subjektives Recht nur mit einem bestimmten Verständnis der Gesamthand einherginge[80] – wofür letztlich nichts spricht –, würde dies nicht gegen diese Kategorisierung sprechen. Denn in dem Streit um das rechte Verständnis der Gesamthand geht es darum, anhand vorgefundener, bislang nicht strittiger Erscheinungen des Rechts die zutreffende Stellung einer bestimmten Rechtsfigur zu ermitteln. Ist diese Ermittlung abgeschlossen, finden sich in der gefundenen Theorie die unstrittigen Wertungen, aus denen die Theorie kondensiert wurde, quasi wie in einem Prisma gebündelt wieder. Die Theorie ist dann ein hochartizifielles Kürzel für differenzierte Wertungen. Insofern liegt eine Theorie des eher induktiven Typs vor. Wenn die Theorie dann auf ungeklärte Erscheinungen des Rechts übertragen wird, heißt dies nicht, in quasi begriffsjuristischer Manier gefundene und von den Wertungen des Rechts losgelöste Begrifflichkeiten unzulässig auf die Entscheidung von Rechtsfragen zu übertragen, sondern bedeutet nur, daß die ungeklärte Rechtsfrage zu dem ganzen Spektrum von Wertungen, welches die Theorie repräsentiert, ins Verhältnis gesetzt und von dieser Warte aus zu klären versucht wird[81]. Hierin liegt nichts anderes, als in rechter Weise in den hermeneutischen Zirkel eines jeglichen Rechtsverständnisses zu springen. Aus dieser Einsicht folgt, daß auch aus dem Streit um das rechte Verständnis der Gesamthand kein Argument gewonnen werden kann, der Einstufung der Mitgliedschaft als (auch) subjektives Recht zu widerstreiten. Als Endergebnis sei daher notiert, daß die personengesellschaftliche Mitgliedschaft durchaus als ein subjektives Recht aufgefaßt werden kann.

4. Nießbrauchsrechtliche Treuhandschaft – echter Anteilsnießbrauch – Nießbrauch am Gewinnstammrecht

a) Treuhandschaft

Die bisherigen Überlegungen haben gezeigt, daß die Mitgliedschaft für die Belastung mit einem dinglichen Nutzungsrecht einen tauglichen Gegenstand abgibt. Mit dieser grundsätzlichen Klärung ist aber noch keine Aussage darüber getroffen, was es rechtlich genau heißt, wenn von einem „Anteilsnießbrauch" die Rede ist. Die früher herrschende Meinung rekonstruierte den Anteilsnießbrauch im Wertungsnetz der Treuhandschaft: Es heißt, mit der Nießbrauchsverhaftung des Gesellschaftsanteils sei die Übernahme der vollen Gesellschafterstellung gegenüber den Mitgesellschaftern und außenstehenden Dritten durch den Nießbraucher für die Dauer des Nießbrauchs verbunden; der Besteller scheide aus der Gesellschaft aus. Da

---

80 Anklänge bei *Habersack,* Mitgliedschaft, 100 mit Fn. 178.

81 Siehe auch *Ulmer,* AcP 198 (1998), 113 (134); allg. siehe auch *Th. Raiser,* AcP 199 (1999), 104 (130 ff.).

die dem Nießbraucher zustehende Rechtsstellung gemessen an der wirtschaftlichen Intention der Gestaltung dinglich zu stark ist, müßte zugleich im Innenverhältnis zum Besteller die nießbraucherische Rechtsposition treuhänderisch gebunden werden[82]. Wie so oft nannte man diesen Rekurs auf eine fiduziarische Nutzungstreuhand „Treuhandlösung"[83].

Zwei Lesarten der Treuhandlösung sind möglich. In der einen Lesart ist die Treuhandlösung ein *Vorschlag,* den Anteilsnießbrauch als Treuhandschaft zu interpretieren. Dann sieht sie sich aber dem prekären Problem gegenüber, daß dieser Vorschlag häufig nicht den Intentionen der Parteien entsprechen wird, die bei einem Versorgungszwecken dienenden Anteilsnießbrauch den zu versorgenden Teil nicht in die Rolle eines persönlich haftenden[84] Gesellschafters gedrängt wissen wollen[85]. In Frage kommt daher nur eine zweite Lesart der Treuhandlösung. Danach ist die Treuhandlösung kein Gestaltungsvorschlag für die Parteien, sondern zieht ihrem Gestaltungswillen Grenzen. Die Treuhandschaft wäre also beim Anteilsnießbrauch zwingendes Recht. Hierfür werden im wesentlichen zwei Gründe angeführt. Einmal wird – erstes Argument – unterstrichen, ein Dritter könne an einer Personengesellschaft als Leistungs- und Risikogemeinschaft nur partizipieren, wenn er die unternehmerische Rolle in personam selbst übernehme[86]. Dieses Argument ist aber keineswegs zwingend[87]. Eine notwendige Verbindung von Leistung und Risiko und eine notwendige Einbringung derselben in die Personengesellschaft ist gesellschaftsrechtlich nicht zwingend vorgegeben, wie schon die Kommanditeinlage zeigt. Zudem wird auch sonst eine Beteiligung an der Leistung eines Dritten in besonderen gesellschaftsrechtlichen Figuren wie bsp. der Unterbeteiligung oder beim Stillen anerkannt.

---

82 MünchKomm-*Petzoldt,* 2. Aufl., § 1068 Rn. 16; *ders.,* GmbHR 1987, 381 (383); anders nunmehr in der 3. Aufl. des MünchKomm; Großkomm-*Weipert,* 2. Aufl., § 130 HGB Rn. 19; Großkomm-*Fischer,* § 109 HGB Anm. 20; Erman-*Ronke,* § 1069 Anm. 5; *Bunke,* DNotZ 1968, 5 (7 f.); *Sudhoff,* NJW 1971, 481; *ders.,* Handbuch der Unternehmensnachfolge, § 48 I; *A. Hueck,* Recht der OHG, § 27 II 8; Esch/Schulze zur Wiesche-*Esch,* Handbuch der Vermögensnachfolge, 4. Aufl., 1. Buch Rn. 1303. Weitere Nachw bei *Blaurock,* Unterbeteiligung, 135 Fn. 3.

83 Siehe etwa Schlegelberger-*Karsten Schmidt,* Vorbem. § 335 Rn. 10.

84 Siehe zur persönlichen Haftung des Treunehmers-Nießbrauchers nur Schlegelberger-*Karsten Schmidt,* Vorbem. § 335 Rn. 52.

85 Vgl. Staud-*Frank,* Anh zu §§ 1068, 1069 Rn. 63; MünchHdb-GesR-*Rodin,* § 30 Rn. 39; *Blaurock,* Unterbeteiligung, 137; *Queck,* Nießbrauch, 42; *Bender,* DB 1979, 1445; *Finger,* DB 1977, 1033 (1036).

86 *Gösele,* Nießbrauch, 67 f.

87 Vgl. zur Kritik nur Staud-*Frank,* Anh zu §§ 1068, 1069 Rn. 63; *Queck,* Nießbrauch, 63 ff.

Mit dem zweiten Argument wird ein Verstoß gegen das gesellschaftsrechtliche Abspaltungsverbot geltend gemacht, nach dem trotz Zustimmung der Mitgesellschafter mitgliedschaftliche Verwaltungsrechte nicht ohne gleichzeitige Übertragung des Anteils an Dritte abgetreten werden können; Verwaltungsrechte und Mitgliedschaft seien insofern untrennbar[88]. Nun falle dem Nießbraucher aufgrund des ihm zukommenden nießbrauchsrechtlichen Verwaltungsrechts notwendig auch ein Teil der mitgliedschaftsrechtlichen Befugnisse des Besteller-Gesellschafters zu. Eine derartige Abspaltung einzelner Befugnisse sei jedoch nicht zulässig, ergo die Gesellschafterstellung in toto zu übertragen[89].

In der Literatur ist diesem Rekurs auf das Abspaltungsverbot zum Großteil kritisch begegnet worden. Die Kritik argumentierte im wesentlichen entweder mit den Rechtsfolgen des Anteilsnießbrauchs, nach dem die Mitverwaltungsrechte nicht zu den „Nutzungen" i.S. §§ 1030, 99 f. BGB zu rechnen seien, so daß es schon deshalb nicht zu einer „Abspaltung" in der Mitgliedschaft komme[90] – ein Argument, welches mit der Rechtsfolgendogmatik des Anteilsnießbrauchs steht und fällt. Oder es wird zum Vorwurf eines Selbstwiderspruchs gegriffen, indem angeführt wird, Nießbraucher und Gesellschafter stünden in einer Art Rechtsgemeinschaft an dem belasteten Anteil, die nicht Folge einer willkürlichen Abspaltung von Mitgliedschaftsrechten sei, sondern sich aus der Anerkennung des Nießbrauchs als Gestaltungsmittel selbst ergebe: Sei der Anteilsnießbrauch selbst anerkannt, sei die Forderung einer Vollrechtsübertragung selbstwidersprüchlich, letztlich würde durch die Vollrechtsübertragung nur der Weg zu einer sachangemessenen Bewältigung des Spannungsverhältnisses zwischen Sachen- und Gesellschaftsrecht verbaut[91]. Diese Argument ist rechtstechnisch zwar ohne weiteres durchschlagend, da das Anspaltungsverbot *begrifflich* nicht berührt ist[92]; es vernachlässigt aber die Frage, ob nicht die *Wertungen* des Abspaltungsverbots ungeachtet jeder rechtstechnischen Frage bei der dogmatischen

---

88 Siehe nur BGHZ 3, 354 (357); *Karsten Schmidt,* GesR, § 19 III 4; *Flume,* PersGes, § 14 IV, VII; MünchKomm-*Ulmer,* § 717 Rn. 7, 9 ff.; Soergel-*Hadding,* § 717 Rn. 6, 20 ff.

89 Großkomm-*Weipert,* 2. Aufl., § 130 HGB Rn. 19; Soergel-*Stürner,* § 1068 Rn. 7 f.; *Sudhoff,* Handbuch der Unternehmensnachfolge, 302; *Bunke,* DNotZ 1968, 5 (7 f.); *Sudhoff,* NJW 1971, 481 (481 f.); *Petzoldt,* GmbHR 1987, 381 (383). Im einzelnen ist innerhalb der Treuhandlösung jedoch umstritten, ob auch die Beteiligung am Gesellschaftsvermögen mit übertragen wird (so *Bunke,* ebda., 13; *Sudhoff,* ebda., 482; siehe auch *A. Hueck,* Recht der OHG, § 27 II 2) oder ob nur eine Übertragung der Herrschaftsrechte stattfinde (so *v. Godin,* Nutzungsrecht, 89; *v. Schilling,* DB 1954, 561)

90 So etwa *Huber,* Vermögensanteil, 416 f.

91 MünchHdb-GesR-*Rodin,* § 30 Rn. 40 f.; *Flume,* PersGes, § 14 IV; *Karsten Schmidt,* GesR, § 19 III 4 b.

92 Dazu siehe ausführlich unten § 5 I.

Bewältigung des Anteilsnießbrauchs beachtet werden müssen. Darüber hinaus wird seit der Entscheidung des BGH vom 3. Juli 1989[93] der Wertungsabgleich mit der vom BGH zugelassenen Dauertestamentsvollstreckung am Kommanditanteil gesucht. Es heißt, daß die Zulässigkeit einer derartigen Testamentsvollstreckung nur möglich sei, wenn die Wertungen des Abspaltungsverbot dem nicht entgegenstünden; stehen einer Ausübung des Stimmrechts eines voll haftenden Gesellschafters durch den Testamentsvollstrekker aber diese Wertungen entgegen, könne beim echten Anteilsnießbrauch nicht anders entschieden werden[94]. Dies ist zwar ein Argument, welches methodisch einleuchtend eine wertungsharmonische Arbeit am Recht sucht. Es überzeugt dennoch nicht ganz. Denn einerseits ist es nur einsichtig, wenn der o.g. BGH-Entscheidung zum Testamentsvollstreckerrecht zugestimmt werden kann. Andererseits übersieht es im Wertungsabgleich, daß der Vollstrecker den Anteil umfassend verwalten soll, während dem Nießbraucher nur die Nutzungen der Mitgliedschaft zugewiesen sind[95]. Solange also nicht geklärt ist, was Nutzungen mit Verwaltung zu schaffen haben, geht der Wertungsabgleich mit dem Recht der Testamentsvollstreckung ins Leere.

Besser ist es demgegenüber, von den Wertungsvorgaben des Nießbrauchs- und des Gesellschaftsrechts her die Lösung auszuarbeiten. Und diese Lösung kann nur von den Rechtsfolgen des dinglichen Nutzungsrechts her entwickelt werden. Es gilt also die Mitwirkungsrechte in einer derartig akzeptablen Form dem Besteller-Gesellschafter, dem Anteilsnießbraucher oder auch beiden gemeinsam zuzuordnen, daß ein Widerspruch zu den Wertungen des Abspaltungsverbots vermieden werden kann. Das Nießbrauchsrecht kann hier ausweislich der in § 1068 angeordneten bloß „entsprechenden“ Anwendung der §§ 1030 ff. BGB auf den Anteilsnießbrauch durchaus auf gesellschaftsrechtliche Wertungsvorgaben reagieren, um dem komplex strukturierten Recht „Gesellschaftsanteil“ Rechnung zu tragen. Ist dem so, hat der Abspaltungsgedanke daher nichts mit der *Zulässigkeit,* sondern mit der *Ausgestaltung* des Anteilsnießbrauchs zu tun[96]. Sollte sich ergeben, daß der Nießbraucher die Verwaltungsrechte teilweise oder in Gänze

---

[93] BGHZ 108, 187 = NJW 1989, 3152 (3155) mit Hinweis auf die Rechtslage beim Anteilsnießbrauch. So auch nunmehr BFH, NJW 1995, 1918 (1919); siehe auch BGH, NJW 1999, 571.

[94] MünchKomm-*Petzoldt,* 3. Aufl., § 1068 Rn. 16; *ders.,* DStR 1992, 1171 (1173); Staud-*Frank,* Anh zu §§ 1068, 1069 Rn. 65; Schlegelberger-*Martens,* § 109 HGB Rn. 15.

[95] Aus diesem Grunde kritisch gegen die Übertragung der neueren Rechtsprechung zur Dauertestamentsvollstreckung am Kommanditanteil auf den Anteilsnießbrauch zu Recht Staud-*Frank,* Anh zu §§ 1068, 1069 Rn. 70.

[96] So auch Staud-*Frank,* Anh. zu §§ 1068, 1069 Rn. 65; *Queck,* Nießbrauch, 62 f.; *Kruse,* RNotZ 2002, 69 (74).

ausüben könnte, so handelte es sich um das Problem einer Teilrechtsnachfolge, die nicht eo ipso unzulässig wäre, sondern zumindest für den Nießbrauch zum Überdenken anstünde[97]. Es kann also erst entschieden werden, ob die „Treuhandschaft“ für den Anteilsnießbrauch zwingend vorgegeben ist, wenn die Rechtsfolgenseite des dinglichen Nutzungsrechts erörtert worden ist. Mit Rücksicht hierauf wird der Diskussionsfaden zur Notwendigkeit der Treuhandschaft an gegebener Stelle nochmals aufgenommen[98] – das Ergebnis vorwegnehmend sei hier nur gesagt, daß die Rechtsfigur der Treuhandschaft bei einem Nießbrauch an der Mitgliedschaft nicht erforderlich ist.

b) Der Anteilsnießbrauch als beschränktes dingliches Recht

Mit Rücksicht auf die soeben dargelegten Erwägungen zur Treuhandlösung muß es bei dem in § 1069 II BGB niedergelegten Grundsatz verbleiben, daß an dem Gesellschaftsanteil als Recht ein echter Nießbrauch im genuin sachenrechtlichen Sinn bestellt werden kann – immer vorausgesetzt, die gesellschaftsrechtlichen Voraussetzungen einer dinglichen Belastung des Anteils liegen vor. Der Anteil muß mithin gesellschaftsvertraglich belastungsfähig ausgestaltet worden sein oder die Mitgesellschafter müssen der dinglichen Belastung ad hoc gesondert zustimmt haben[99].

Die bisherigen Erörterungen sind noch mit einer Unklarheit behaftet. Es ist noch nicht hinreichend deutlich geworden, welches genau der Gegen-

---

[97] So auch *Harry Westermann,* Handbuch PersGes I, Rn. 335; Staud-*Frank,* Anh zu §§ 1068, 1069 Rn. 65; *Teichmann,* ZGR 1972, 1 (6 ff.). Näheres zum Abspaltungsverbot und den Rechtsfolgen des Anteilsnießbrauchs siehe unten § 5.

[98] Siehe unten § 15 V.

[99] Siehe zur Zulässigkeit des Anteilsnießbrauchs BGHZ 58, 316 ff. (zum Kommanditanteil); in DNotZ 1975, 735 (737) wieder offengelassen; siehe auch BGH, GmbHR 1983, 148 f.; OLG Hamm, OLGZ 1977, 283; aus der Lit.: Staud-*Frank,* Anh zu §§ 1068, 1069 Rn. 61, 67; MünchKomm-*Ulmer,* § 705 Rn. 82; Großkomm-*ders.,* § 105 HGB Rn. 119; *ders.,* FS Fleck, 383 (385 ff.); MünchKomm-*Petzoldt,* 3. Aufl., § 1068 Rn. 16; *ders.,* DStR 1992, 1171 (1171 f.); RGRK-*Rothe,* § 1068 Rn. 8 f.; Palandt-*Bassenge,* § 1068 Rn. 4; Schlegelberger-*Karsten Schmidt,* vor § 335 Rn. 9; *ders.,* GesR, § 61 II 1 b, 2, § 19 III 4; Baumbach-*Hopt,* § 105 HGB Rn. 44; *Flume,* PersGes, § 17 VI; MünchHdb-GesR-*Rodin,* § 30 Rn. 41; *Blaurock,* Unterbeteiligung, 77 f., 137 f.; *Huber,* Vermögensanteil, 413; *Wiedemann,* Übertragung, 399 ff.; *Rohlff,* NJW 1971, 1337 (1341); *Kreifels,* FS Hengeler, 158 ff.; *Finger,* DB 1977, 1033 (1034, 1036); *Teichmann,* ZGR 1972, 1 (3 f., 6); *Schön,* ZHR 158 (1994), 229 (236 ff.); *Paus,* BB 1990, 1675 ff.; *Vossius,* BB 1988, Beil. 5, 1 (13 f.). Anderer Ansicht (Nießbrauchsbestellung ohne Zustimmung der Mitgesellschafter zulässig) aufgrund seines o. g. anderen Ansatzes (Nießbrauch nur an den übertragbaren Vermögensrechten einher mit der Abdingbarkeit des Wertersatzes nach § 1067 BGB) *Hadding,* in: ders./Schneider (Hrsg.), Gesellschaftsanteile als Kreditsicherheit, 37 (70).

stand der dinglichen Belastung ist. Beim Sachnießbrauch wird stellenweise davon ausgegangen, daß das Nutzungsobjekt der Gegenstand des subjektiven Rechts „Eigentum" ist[100]. In Entsprechung hierzu wird in der Literatur teilweise der Gegenstand des Anteilsnießbrauchs in den mitgliedschaftlichen Befugnissen des Gesellschafters gesehen[101]. Auch hierin liegt freilich noch eine gewisse Unschärfe. Denn die genaue Entsprechung zum Sachnießbrauch wäre, als Gegenstand des beschränkten dinglichen Rechts nicht nur die mit der Mitgliedschaft verbundenen Befugnisse, sondern auch die Verpflichtungen anzusehen, da ja das oben erläuterte Verständnis der Mitgliedschaft als subjektives Recht nichts daran ändert, daß ihr auch Verpflichtungen inhärent sind. Falls die mitgliedschaftlichen Pflichten nicht zum Belastungsgegenstand gerechnet würden, bestünde zudem die Gefahr, daß allein schon aufgrund *dieser* Entscheidung die Erfüllung mitgliedschaftlicher Pflichten im Verhältnis zum Besteller-Gesellschafter nicht dem Nießbraucher zugeordnet wird. Dies ist aber eine Frage wertender Zuordnung und sollte nicht schon durch einen besonderen begrifflichen Zuschnitt des Belastungsgegenstands vorentschieden werden.

Nun hängt bei Lichte betrachtet die genaue Erfassung des Nießbrauchsgegenstands von dem sachgerechten Verständnis dinglicher Rechte ab: Wird das dingliche Rechts in herkömmlicher Manier als unmittelbare Sachherrschaft oder sachenrechtliche Zuordnung[102] begriffen, ist beim Sachnießbrauch Nießbrauchsgegenstand der Gegenstand des Eigentumsrechts, mithin die Sache selbst. Entsprechend müßten beim Anteilsnießbrauch die mitgliedschaftlichen Befugnisse und Verpflichtungen Gegenstand der Mitgliedschaft sein. Wenn demgegenüber in einer Art relationaler Konzeption[103] das dingliche Recht „Eigentum" als Bündel von Einzelrechten begriffen wird, welches Verhältnisse zwischen Rechtssubjekten regelt und vor dessem Hintergrund die Sache selbst nur ein Tatbestandsmerkmal etwaiger Verhaltenspflichten der Normadressaten darstellt[104], ändert sich notgedrungen auch

---

[100] Siehe nur *Heck,* Sachenrecht, § 120, 3; *Enneccerus-Nipperdey,* AllgT, § 77 I 5; RGRK-*Rothe,* § 1030 Rn. 2; aA etwa *Wilhelm,* Sachenrecht, Rn. 43 ff.; *v. Lübtow,* FS Lehmann, 328 (379).

[101] So *Hepp-Schwab,* Mitgliedschaft, 135 f.

[102] Dazu nur den Überblick bei *Aicher,* Eigentum als subjektives Recht, 64 ff.; *Fabricius,* AcP 162 (1963), 456 (467 ff.); *Kühne,* AcP 140 (1935), 1 (11 ff.); *Walz,* KritV 1986, 131 (140 ff.); Soergel-*Mühl,* Einl. Sachenrecht Rn. 8.

[103] Dazu *Ladeur,* Postmoderne Rechtstheorie, 197 ff.; *Hecker,* Eigentum als Sachherrschaft, 259 ff.

[104] Die Rechtsfigur des Eigentums wird hier nicht mehr als zweistellige Relation von Person zu Sache begriffen, sondern als eine dreistellige Relation zwischen dem Eigentümer, den Rechtspersonen und der Sache – mithin als Verhältnis freier Personen zueinander, welche sich wechselseitig zum Ausschluß vom Gebrauch der jeweiligen äußeren Gegenstände entschlossen haben. Bei einer derartigen relationalen Konzeption wird das dingliche Recht als Bündel von Einzelrechten begriffen, wel-

der Belastungsgegenstand: Objekt des dinglichen Rechts „Eigentum“ ist dann die allen Rechtsgenossen adressierte Berechtigung, verlangen zu können, dieses Recht nicht zu stören[105]. Belastungsgegenstand eines beschränkten dinglichen Rechts wären dann Aspekte dieser Berechtigung – es fragt sich dann nur, welche Aspekte genau erfaßt sind. Von der Beantwortung dieser Frage hinge der Umfang des jeweiligen beschränkten dinglichen Rechts ab. Dieser Umfang wiederum entscheidet sich vor dem Hintergrund des gesetzlichen Systems der beschränkten dinglichen Rechte und der dort lokalisierten Wertungen und nicht anhand der rechtstheoretischen Konzeption der Figur „dingliches Recht“. Selbst wenn also beim Sachnießbrauch nicht die Sache, sondern die o. g. Berechtigung belastet würde, braucht nicht diskutiert zu werden, ob gleiches beim Nießbrauchsgegenstand „Gesellschaftsanteil“ zu erfolgen hat. Denn selbst wenn mit der Begrifflichkeit „Nießbrauch an der Mitgliedschaft“ eine gewisse begriffliche Unschärfe verbunden sein würde, wäre dies eine Unschärfe, von der nichts abhängt – solange die Belastungstauglichkeit der Mitgliedschaft in Rede steht. Insofern wird im weiteren durchweg von der „Mitgliedschaft“ oder dem „Gesellschaftsanteil“ als Gegenstand des Nießbrauchs die Rede sein – begrifflich ist dies läßlich, konstruktiv nicht schädlich und in der Wertung nicht präjudiziell.

---

ches Verhältnisse zwischen Rechtssubjekten regelt und vor dessem Hintergrund die Sache selbst nur ein Tatbestandsmerkmal etwaiger Verhaltenspflichten der Normadressaten darstellt, so bsp. *Walz,* KritV 1986, 131 (150); *Schwerdtner,* Verzug im Sachenrecht, 59 ff.; *Aicher,* Eigentum als subjektives Recht, 77 f.; *Hadding,* JZ 1986, 926 (927); vgl. auch *Gotthold,* ZHR 144 (1980), 545 (546 f.); *Pawlowski,* AcP 165 (1965), 395 (402 ff.); *Heinz,* RTh 1993, 435 (457); *Dieter Schwab,* Einführung in das Zivilrecht, Rn. 177; *Larenz/Wolf,* AllgT, § 13 Rn. 14; *Fezer,* Teilhabe, 213 Fn. 51; *Rittstieg,* Eigentum als Verfassungsproblem, 206, 316; AKGG-*ders.,* Art. 14/15 Rn. 65, und aus der älteren Literatur *Nawiasky,* Allgemeine Rechtslehre, 201 ff.; *Oertmann,* JherJb 31 (1892), 415 (427 ff.); *Schlossmann,* JherJb 45 (1903), 289 (313 ff.); und auf der Grundlage der Imperativentheorie *Thon,* Rechtsnorm und subjectives Recht, 161 ff., 288 ff. Der Sache nach gibt die Dinglichkeit eines Rechts in dieser Perspektive vornehmlich die Absolutheit des Klageschutzes, dazu nur *Aicher,* ebda., 68 ff. Der Ansatz selbst ist mit den unterschiedlichsten theoretischen Grundlegungen kompatibel. So wendet sich bsp. *Kelsen* gegen eine jegliche Vorstellung eines Herrschaftsrechts, weil das Objekt des Rechts immer nur die Verpflichtung eines anderen sein könne, vgl. Reine Rechtslehre, 135 ff. Diese Ablehnung der Herrschaftslehre ist nicht ein spezifischer Ausdruck der Reine Rechtslehre. Das gleiche Ergebnis gewinnt etwa die ökonomische Analyse, siehe *Walz,* ebda. Objekt des dinglichen Rechts ist dann die Verhaltenspflicht aller, dieses Recht nicht zu stören, deutlich insofern *Schwerdtner,* Verzug im Sachenrecht, 59. Grundeinheit der dinglichen Rechtsschutzes insofern keine Sache, sondern eine im Streitfall rechtlich sanktionierte Handlungsbefugnis, *Walz,* KritV 1986, 131 (150).

105 Deutlich insofern *Schwerdtner,* Verzug im Sachenrecht, 59; *Walz,* KritV 1986, 131 (150).

Die Mitgliedschaft ist nach all dem somit tauglicher Belastungsgegenstand. Dieser Standpunkt wird zumeist als sog. „echte Nießbrauchslösung" bezeichnet. Hinsichtlich der gesellschaftsrechtlichen Voraussetzungen einer Nießbrauchsbelastung des Anteils gilt folgendes: Wenn der Gesellschaftsvertrag eine Klausel enthält, nach der die Übertragbarkeit der Mitgliedschaft zulässig ist, kommt es richtigerweise bei der echten Nießbrauchslösung nicht darauf an, daß die gesellschaftsvertragliche Übertragbarkeitsklausel die Verfügungsmöglichkeit über den Anteil auch ausdrücklich auf eine Nießbrauchsbestellung erstreckt[106]. Die Gegenansicht begründet dies insbesondere mit der Überlegung, nur so sei gesichert, daß die persönliche Bindung der Mitgesellschafter über die dinglich wirkende Einschränkung der wirtschaftlichen Handlungsfreiheit des Besteller-Gesellschafters nicht berührt wird[107]. Befürchtet wird also die Gefahr einer Überfremdung der Personengesellschaft durch den dingliche Nutzungsberechtigten. Bei diesem Überfremdungsschutz handelt es sich aber um ein Scheinproblem, soweit die Zulässigkeit des Anteilsnießbrauchs in Rede steht. Denn die wirtschaftliche Handlungsfreiheit des Bestellers und in Gefolge dessen die Schutzinteressen der Mitgesellschafter werden allenfalls dann tangiert, wenn mit dem Anteilsnießbrauch zugleich auch zwingend eine Ausübung der mitgliedschaftlichen Verwaltungsrechte verbunden wäre[108]. Stehen gesellschaftsrechtliche Wertungen dem entgegen, müßte ggfls. die Rechtsfolgenseite des Anteilsnießbrauchs modifiziert werden[109] – was im Vorgriff auf noch folgende Überlegungen auch der Fall sein wird. Ein Problem der Zulässigkeit der Rechtsfigur „Anteilsnießbrauch" ist dies aber nicht.

c) Nießbrauch am „Gewinnstammrecht"?

Ein echter Anteilsnießbrauch ist nach all dem gesellschafts- wie sachenrechtlich zulässig. Der früher mit im Mittelpunkt des Interesses stehenden

---

[106] So aber *Flume,* PersGes, § 17 VI; *Wiedemann,* Übertragung, 400; *Petzoldt,* DStR 1992, 1171; Großkomm-*Ulmer,* § 105 HGB Rn. 119; *ders.,* FS Fleck, 383 (390); Baumbach-*Hopt,* § 105 HGB Rn. 44; *Schön,* ZHR 158 (1994), 229 (253 f.); *Bechtold,* Nießbrauch, 92.

[107] Etwa *Wiedemann,* Übertragung, 400; *Schön,* ZHR 158 (1994), 229 (253).

[108] Hierauf spielen denn auch bsp. MünchKomm-*Petzoldt,* § 1068 Rn. 12; *ders.,* DStR 1992, 1171, und *Ulmer,* FS Fleck, 383 (390), an. Der von *Petzoldt,* ebda., gezogene Wertungsabgleich mit der Rechtsprechung zur Testamentsvollstreckung am Kommanditanteil (BGHZ 108, 187) reicht nicht hin, da bei der Testamentsvollstreckung eine weitere Mitwirkung des Gesellschafters, dessen Anteil unter Vollstreckung steht, ja ausscheidet.

[109] Anders sieht *Petzoldt,* DStR 1992, 1171 (1171 f.), nicht überzeugend einen Ausweg nur in der treuhänderischen Vollrechtsübertragung. Methodisch überzeugend hingegen *Teichmann,* ZGR 1973, 24 (40 f.), der danach differenziert, ob dem Nießbraucher neben den Vermögensrechten auch Mitverwaltungsrechte zustehen sollen.

Ersatzkonstruktion für die treuhänderische Vollrechtsübertragung, dem durch Siebert[110] ins Werk gesetzten und durch Sudhoff[111] und andere[112] aufgegriffenen Nießbrauch an einem sog. „Gewinnstammrecht“, bedarf es daher nicht. Die mit einem derartigen „Gewinnstammrecht“ verbundene Unterscheidung zwischen einem Quellrecht auf Gewinn und den einzelnen periodisch hieraus hervorgehenden Gewinnansprüchen ist allein einem nur historisch erklärbaren Konstruktionsnotstand geschuldet: Man wollte die vermeintlich unausweichliche Treuhandlösung umgehen. Freilich wich man damit nur – konstruktiv durch die Kreation eines „Gewinnstammrechts“ verbrämt[113] – den mit der Treuhandlösung aufgeworfenen Wertungsfragen aus und stellte sich nicht der Frage, wie es in dem gesellschaftsrechtlichen Spannungsfeld von Mitgliedschaft und dem Einfluß Dritter auf die Gesellschaft mit der Zulässigkeit des Anteilsnießbrauchs aussieht[114]. Dem Fortschritt der Dogmatik halten derartige rechtskonstruktive Anstrengungen nicht stand.

III. Ergebnis

Die bisherigen Überlegungen haben deutlich gemacht, daß die Mitgliedschaft als solche einen mit einem dinglichen Nutzungsrecht belastungsfähigen Gegenstand darstellt. Mit dieser Weichenstellung ist noch keinerlei Aussage verbunden, welche Rechte und Pflichten wem (dem Besteller-Gesellschafter oder dem Nießbraucher) in welcher Weise (ex lege oder qua Vereinbarung) zugeordnet sind, wenn die Mitgliedschaft nießbrauchsbelastet wird. Dies ist eine Frage, die uns sogleich und im weiteren noch ausführlich beschäftigen wird. Es muß nach alldem somit nicht nach Ersatzlösungen wie den Nießbrauch an den vermögensrechtlichen Bezügen, die Treuhandschaft oder der Nießbrauch am Gewinnstammrecht gegriffen werden. Der Nießbrauch ist vielmehr als echter Anteilsnießbrauch rechtlich zulässig.

---

110 *Siebert,* BB 1956, 1126.

111 *Sudhoff,* NJW 1971, 481; *ders.,* NJW 1974, 2205; in der Tendenz wohlwollend *Kreifels,* FS Hengeler, 158 (164 f.).

112 Staud-*Schultze-v. Lasaux,* 10. Aufl., § 719 Rn. 12; Staud-*Keßler,* 12. Aufl., § 717 Rn. 26.

113 Deutlich etwa bei der von *Siebert,* BB 1956, 1126 (1127), vorgenommenen Zuordnung des Gewinnstammrechts zu den nach § 717 S. 1 BGB unübertragbaren Ansprüchen und der zugleich postulierten Ausnahme vom Verbot der Abdingbarkeit dieser Vorschrift.

114 Siehe nur die Kritik bei Schlegelberger-*Karsten Schmidt,* vor § 335 Rn. 9; *Flume,* PersGes, § 17 VI; MünchHdb-GesR-*Rodin,* § 30 Rn. 32; Staud-*Frank,* Anh zu §§ 1068, 1069 Rn. 77; *Habersack,* Mitgliedschaft, 91 f.

§ 3 Drei grundlegende Aussagen zum Recht des Anteilsnießbrauchs

I. Aussage 1: Die Trennung von Anteilsnießbrauch und der Beteiligung am mitgliedschaftlichen Rechtsverhältnis

Bisher konnte gezeigt werden, daß die Mitgliedschaft als subjektives Recht und Rechtsverhältnis begriffen werden kann und daß sie als subjektives Recht einer Belastung mit einem dinglichen Nutzungsrecht offen steht. Die Mitgliedschaft selbst wird also mit einem Rechtsnießbrauch belastet. Nun war die Zuordnung der Mitgliedschaft zur Kategorie des subjektiven Rechts Ergebnis einer wertenden Zuordnung der mit ihr verbundenen berechtigenden und verpflichtenden Komponenten nach dem Kriterium der „Dominanz"[115]. Demnach – so könnte geschlossen werden – sind auch die verpflichtenden Komponenten der Mitgliedschaft von dem Nießbrauch insofern erfaßt, als die Erfüllung dieser Verpflichtungen eine Nutzung des belasteten Gegenstands bedeuten[116]. Dies ist jedoch keineswegs der Fall. Bei Lichte betrachtet sagt die bloße Tatsache, welchen Zuschnitt der Nießbrauchsgegenstand „Mitgliedschaft" nun genau hat (also Mischung von – dominierenden – berechtigenden und – nachrangigen – verpflichtenden Komponenten), gar nichts darüber aus, welche mitgliedschaftlichen Rechte und die Erfüllung welcher mitgliedschaftlichen Pflichten dem Nießbraucher zugeordnet sind und welche nicht. Ansonsten würde schon die Beantwortung der primär konstruktiven Frage, welchen rechtsdogmatischen Zuschnitt die Mitgliedschaft hat (eben: Mitgliedschaft als *auch* subjektives Recht), die Interessensphären von Nießbraucher, Besteller-Gesellschafter, Mit-Gesellschafter und Gesellschaft abstecken. Damit bestünde aber die Gefahr, daß gesellschafts- und nießbrauchsrechtliche Wertungen aufgrund konstruktiver Erwägungen unterlaufen würden. Dies darf beim Anteilsnießbrauch ebensowenig wie beim Nießbrauch am Einzelunternehmen der Fall sein.

In der Literatur wird dies stellenweise ähnlich gesehen. So führt etwa Habersack dezidiert aus, daß die grundsätzliche Eignung der Mitgliedschaft als Gegenstand einer dinglichen Belastung noch nichts darüber besage, wie der Anteilsnießbrauch konkret ausgestaltet sei[117]. Dem kann von der hiesigen Warte aus nur zugestimmt werden. Nur wird diese klare Aussage von

---

[115] Siehe oben § 2 II 3 d.

[116] Freilich trägt schon der Sprachgebrauch, die verpflichtenden Komponenten *„seien"* erfaßt, die Folgerung nicht, auch die Erfüllung der mitgliedschaftlichen Verpflichtungen sei eine Nutzung des Anteils. Denn in den „seien" steckt eine sprachliche Verdinglichung, die die tragenden Wertungen nur verdeckt.

[117] *Habersack,* Mitgliedschaft, 110.

Habersack zugleich wieder mit der Bemerkung zurückgenommen, daß die Einräumung einer dinglichen Berechtigung zwangsläufig nicht nur die subjektiv-rechtliche Seite der Mitgliedschaft erfasse, sondern auch die mit ihr verbundenen Rechtsverhältnisse einbeziehen müsse, da die Mitgliedschaft eben nicht nur subjektives Recht sei, sondern zugleich das Mitglied als Partei eines Rechtsverhältnisses auszeichne; als Folge erlange der Nießbraucher die Stellung eines Beteiligten des mitgliedschaftlichen Rechtsverhältnisses[118]. Dies ist nicht einsichtig. Einmal wird die nun schon öfters angesprochene Notwendigkeit überspielt, durch die *Konstruktion* der Mitgliedschaft als auch subjektives Recht nicht gesellschaftsrechtliche und nießbrauchsrechtliche Wertungen zu unterlaufen. Anders gesagt: Der Nießbraucher wird nicht schon deshalb in das mitgliedschaftsrechtliche Rechtsverhältnis einbezogen, weil der Anteil konstruktiv insgesamt nutzungsbelastet ist. Vielmehr entscheidet sich dies erst aufgrund einer Untersuchung der einschlägigen gesellschafts- und nießbrauchsrechtlichen Wertungen. Darüber hinaus mißachtet Habersack inzident der Grundsatz der Relativität der Rechtsverhältnisse. Es ist eben allein aufgrund der Belastung noch nicht ausgemacht, ob dem Nießbraucher die ihm kraft Anteilsnießbrauch zukommenden Rechte und Pflichten nur im Verhältnis zum Besteller-Gesellschafter oder auch im Außenverhältnis zu den Mit-Gesellschaftern zugewiesen sind. Dies ist eine Frage gesellschafts- und nießbrauchsrechtlicher Wertung. Insgesamt gesehen wird deshalb nicht recht verständlich, warum Habersack[119] die Frage, ob dem Nießbraucher die mitgliedschaftlichen Teilhabe- und Schutzrechte zugeordnet werden können, anhand von Wertungen (hier: § 1066 BGB, Verbandssouveränität, Richtigkeitsgewähr der verbandlichen Willensbildung) diskutiert. Wäre die Konstruktion des Anteilsnießbrauchs als ein auch das Rechtsverhältnis „Mitgliedschaft" belastendes Recht für die Zuordnung der Rechte und Pflichten aus der Mitgliedschaft an den Nießbraucher entscheidend, gäbe es hier nichts zu diskutieren. Nicht ganz klar wird denn auch, warum dem Nießbraucher schon allein aufgrund der Konstruktion des Anteilsnießbrauchs die mitgliedschaftliche Loyalitäts- und Förderungspflichtenstellung zuzuweisen sein soll[120].

Es sollte daher besser *nicht* die Konstruktion des Anteilsnießbrauchs als eines Rechts, welches eben „die Mitgliedschaft" (und damit auch das aus ihr resultierende mitgliedschaftsrechtliche Rechtsverhältnis) belaste, schon zum Anlaß genommen werden, *irgendeine* aus der Mitgliedschaft fließende Berechtigung oder Verpflichtung dem Nießbraucher oder dem Besteller-Gesellschafter zuzuweisen. Diese radikale Trennung zwischen dem Anteilsnießbrauch und der Beteiligung des Nießbrauchers am mitgliedschaftlichen

---

[118] *Habersack,* Mitgliedschaft, 110 f.

[119] *Habersack,* Mitgliedschaft, 111 f.

[120] *Habersack,* Mitgliedschaft, 112.

Rechtsverhältnis hat weitreichende Folgen. Es muß nämlich im weiteren jeweils detailliert begründet werden, warum die eine oder die andere Berechtigung mal dem Nießbraucher, mal dem Besteller-Gesellschafter oder mal beiden (und umgekehrt die Verpflichtungen) zugewiesen wird. Nur dann ist die Gefahr einer konstruktiven Jurisprudenz mit durch die Konstruktion nicht gedeckten und insofern nur verborgen wirkenden Wertungen gebannt.

II. Aussage 2: Die „entsprechende Anwendung" des Sachnießbrauchsrechts im Recht des Anteilsnießbrauchs gem. § 1068 II BGB

§ 1068 II BGB ordnet vorbehaltlich besonderer Regelungen in den §§ 1069 ff. BGB die „entsprechende Anwendung" der für den Sachnießbrauch geltenden Vorschriften der §§ 1030 ff. BGB an. Für das Verständnis des Rechtsnießbrauch ist diese Vorschrift schlichtweg zentral. Was heißt nun „entsprechende Anwendung"?

1. Das herkömmliche Verständnis des § 1068 II BGB

Ein Beispiel hilft hier weiter: Soweit die Anwendung des § 1037 I BGB auf den Anteilsnießbrauch in Rede steht, findet sich diese Vorschrift durchweg nicht in den Katalogen der Kommentarliteratur, die die ausweislich des § 1068 II BGB im Rechtsnießbrauchsrecht anwendbaren Regelungen der §§ 1030 ff. BGB aufzählen[121]. Dies ist auf den ersten Blick auch einsichtig. Denn die h.M. versteht § 1037 I BGB im wesentlichen als Regelung zur Sicherung des *körperlichen* Sachbestands[122] und versucht der Vorschrift damit von der Warte einer phänomenologisch vorgegebenen Körperlichkeit eine griffige Kontur zu verleihen. Ein derartiger Ansatz an der physischen Sachsubstanz als eigenständiges Schutzgut des Nießbrauchsrechts ist schon für den Sachnießbrauch nicht überzeugend, da § 1037 BGB nicht den Erhalt der „Substanz" in den Blick hat, sondern die Funktionstüchtigkeit der Sache nach den Kriterien bestimmungsgemäßer Nutzung sichern will[123]. Bei Rechten scheiden nun jegliche naturalistische Anknüpfungspunkte an einen „Körper" aus. Hierin wird wohl der nähere Grund dafür zu finden sein, daß § 1037 I BGB durchweg nicht in den Reigen der nach § 1068 II BGB anwendbaren Vorschriften aufgenommen wird. § 1037 I BGB verdeut-

---

121 Siehe etwa Staud-*Frank,* § 1068 Rn. 9; MünchKomm-*Petzoldt,* § 1068 Rn. 5.

122 Siehe etwa BayObLGZ 1977, 81 ff.; KG, RPfl 1992, 14 ff.; Soergel-*Stürner,* § 1037 Rn. 1; RGRK-*Rothe,* § 1037 Rn. 1; Planck-*Brodmann,* § 1037 Anm. 1; wohl auch MünchKomm-*Petzoldt,* § 1037 Rn. 2.

123 Siehe nur *Schön,* Nießbrauch, 88 ff.

licht anschaulich, was allgemein gilt: § 1068 II BGB wird als eine Vorschrift verstanden, nach der eine auf die Körperlichkeit des belasteten Gegenstands „Sache" ausgerichtete Regelung des Sachnießbrauchs nur dann angewendet werden kann, wenn dies trotz der Unkörperlichkeit des belasteten Gegenstands „Recht" möglich ist. Dies ist das herkömmliche Verständnis des § 1068 II BGB. So heißt es, die Nichtanwendbarkeit einer Vorschrift der §§ 1030 ff. BGB *könne* sich dann ergeben, soweit sie die Körperlichkeit der Sache voraussetze[124]. Darüber hinaus wird sogar vertreten, die Verweisung gelte *überhaupt nicht,* falls die §§ 1030 ff. BGB die Körperlichkeit der Sache voraussetzen[125]. Das Urteil über die Güte der Verweisung in § 1068 II BGB ist stellenweise sogar vernichtend, wenn etwa gesagt wird, die Verweisung sei noch nicht einmal geeignet, alle Probleme des Rechtsnießbrauchs zu lösen[126].

Dieses herkömmliche Verständnis ist nicht voraussetzungslos. Es setzt voraus, § 1068 II BGB gehe davon aus, daß die jeweiligen Vorschriften des Sachnießbrauchsrechts nur angewendet werden können, wenn – abgesehen von der Eigenschaft des belasteten Gegenstands, ein Recht zu sein – ihr jeweiliger Tatbestand und ihre Rechtsfolge *ohne jede Modifikationen* bei dem Rechtsnießbrauch greifen kann. Mit anderen Worten: Das gesetzliche Merkmal „entsprechend" wird als *„identisch"* gelesen. Zugleich wird in § 1068 II BGB eine ungeschriebene Voraussetzung hineininterpretiert. Nach dieser steht die Anwendung der §§ 1030 ff. BGB unter dem Vorbehalt, daß die jeweilige Norm des Sachnießbrauchs nicht nur bei einem Sachnießbrauch einen Sinn ergeben darf. Bei einem derartigen Verständnis des § 1068 II BGB bleibt eine andere Interpretationsvariante dieser Norm von vornherein außen vor. Es ist dies das Auslegung des Merkmals „entsprechende" Anwendung als „entsprechend auf den Rechtsnießbrauch sinnvoll bezogene" Anwendung der §§ 1030 ff. BGB. „Entsprechend" wird dann nicht als „identisch", sondern dem Wortlaut gemäß tatsächlich als „entsprechend" gelesen.

2. § 1068 II BGB als Schlüssel des Rechts des Anteilsnießbrauchs

In dieser soeben vorgestellten Interpretation der „entsprechenden Anwendung" als wortwörtlich „entsprechende Anwendung" liegt ein überragend wichtiger Schlüssel zum Verständnis des Rechts des Anteilsnießbrauchs überhaupt. Wieso sollte dieser Deutung des § 1068 II BGB aber gefolgt werden? Der Hinweis ist banal, aber dennoch weiterführend: Den

124 So etwa Staud-*Frank,* § 1068 Rn. 9.

125 So etwa MünchKomm-*Petzoldt,* § 1068 Rn. 5.

126 So etwa MünchKomm-*Petzoldt,* § 1068 Rn. 6.

§§ 1030 ff. BGB können Wertungen entnommen werden. Diese Wertungen greifen bei dem Vorliegen gewisser Normmerkmale und sind in gewissen Rechtsfolgen geronnen. Die Wertung selbst kann aber durchaus der Norm derart entnommen werden, daß von den partikularen Eigenarten der Normmerkmale und des Rechtsfolgenzuschnitts abstrahiert wird. Nichts anderes geschieht bei der Prinzipienbildung aufgrund einer Zusammenschau einzelner Normen und bei der objektiv-teleologischen Auslegung. Ist aus dem Normtext die der Norm zugrundeliegende Wertung extrahiert worden, kann ein Ähnlichkeitsvergleich zwischen der Körperlichkeit der Sache und der Unkörperlichkeit des Rechts erfolgen. Und dieser Ähnlichkeitsvergleich kann nicht nur die konkreten Normmerkmale zum Gegenstand haben, sondern auch die der Norm entnommenen Wertung. Das klingt noch alles reichlich abstrakt. Das hier verfolgte Anliegen wird deutlicher, wenn ein Blick darauf geworfen wird, woran angeknüpft werden soll bei der Prüfung der „Entsprechung": an den konkreten Normmerkmalen oder an der der Norm zugrundeliegenden normativen Wertung. Wird an der Wertung angeknüpft, stellt sich bei § 1068 II BGB von vornherein nicht die Frage, ob ein an den konkreten Normmerkmalen orientierter Ähnlichkeitsvergleich zwischen Sachen und Rechten ergibt, daß aufgrund einer Anknüpfung der Normmerkmale an der Körperlichkeit der Sache die sachnießbrauchsrechtlich Norm bei Rechten nicht angewendet werden kann. Im Beispiel des § 1037 I BGB würde also nicht interessieren, ob die „wesentliche Veränderung" i.S. dieser Vorschrift eine Veränderung der stofflichen Beschaffenheit der belasteten Sache darstellt. Relevant wäre vielmehr nur die Frage, ob die in der Sachenrechtsnorm gefundene *Wertung* die Körperlichkeit des belasteten Gegenstands voraussetzt. Setzt die Wertung keine Körperlichkeit voraus, wohl aber die einzelnen Normmerkmale, müssen nach § 1068 II BGB die Normmerkmale eben modifiziert werden. Mittels der Anwendung derartig modifizierter Normmerkmale würde der Wertung selbst dann zu ihrem Recht verholfen werden.

Woran soll also bei § 1068 II BGB angeknüpft werden: an den Normmerkmalen oder an der Normwertung? Die besseren Argumente sprechen für eine Anbindung der „entsprechenden Anwendung" an die Normwertung; vorausgesetzt, die Wertung setzt nicht selbst die Körperlichkeit des belasteten Gegenstands vor. Für dieses Verständnis des § 1068 II BGB spricht entscheidend der Gedanke, daß nur so das Recht des Anteilsnießbrauchs nicht auf freischwebenen Konstruktionen aufgebaut, sondern strikt an diejenigen Wertungen des Sachnießbrauchs angebunden wird, welche für diese Anbindung sachgerecht erscheinen, weil sie eben keine Körperlichkeit des Belastungsgegenstands voraussetzen. Denn wie gesagt: Zumeist wird gesagt, daß die §§ 1030 ff. BGB gar nicht anwendbar sind, falls ihre Normmerkmale die Körperlichkeit des belasteten Gegenstands voraussetzen. Doch was soll dann gelten, etwa freie Wertung? Das hier vorgeschlagene

Verständnis des § 1068 II BGB führt demgegenüber zu einer Entwicklung des Rechts des Anteilsnießbrauchs, die dieses Recht an die die Körperlichkeit des belasteten Gegenstands nicht voraussetzenden Wertungen des Sachnießbrauchs einsichtig rückkoppelt. Im Ergebnis sollte § 1068 II BGB daher auf zweierlei Arten gelesen werden, die beide zum gleichen Ergebnis führen und sich nur konstruktiv unterscheiden: Entweder bedeutet „entsprechende Anwendung" i. S. § 1068 II BGB, daß auf den Rechtsnießbrauch die sachnießbrauchsrechtlichen Vorschriften sachgerecht auf dessen Belange modifiziert angewendet werden. Oder unter „Vorschriften" i. S. § 1068 II BGB sind nicht die konkreten Normen des Sachnießbrauchs zu verstehen, sondern die der Norm zugrundeliegende Wertung[127].

III. Aussage 3: Die Beziehung zwischen Widmung und Anteil

1. Die Mitgliedschaft als teleologisches Gebilde

Mit der soeben skizzierten zweiten grundlegenden Aussage zum Recht des Anteilsnießbrauchs wurde herausgearbeitet, daß sich beim Anteilsnießbrauch – anders als beim Sachnießbrauch – jeglicher Rekurs auf eine „Körperlichkeit" des Belastungsgegenstands verbietet. Noch sehr viel mehr als eine Sache ist eine Mitgliedschaft mithin kein „faßbarer" Gegenstand, sondern eine Erscheinung, welche erst durch das Recht konstituiert wird. Das Gesellschaftsrecht konstituiert die Mitgliedschaft als eine Beteiligung an einem Verband, welcher einen bestimmten Zweck verfolgt, nämlich dem „Betrieb eines Handelsgeschäfts", § 105 I HGB. Auf die Erfüllung dieses Zwecks ist die Tätigkeit der Gesellschafter gerichtet, § 705 BGB. Auch die Mitgliedschaft ist folglich auf den Gesellschaftszweck ausgerichtet. Sie ist gewissermaßen ein durch und durch teleologisches Gebilde; gleichsam mit Teleologie „durchschossen". Sie kann nach der Grundstruktur des Personengesellschaftsrechts gar nicht anders verstanden werden. Für das Nießbrauchsrecht ist dies ein ungemein wichtiger Gedanke. Denn eine Sache kann einfach nur „sein". Ihr wohnt ja nach der Verabschiedung ontologisch angehauchter Entelechien-Lehren kein Zweck mehr inne, auf den hin sie derart ausgerichtet ist, daß ihr dieser Zweck *nicht* von Menschenhand zugeordnet wird. Eine Sache ist also nicht immer ein teleologisch konstituierter Gegenstand. Eine Mitgliedschaft „ist" aber niemals einfach so, sondern sie ist von vornherein teleologisch.

---

[127] Im Ergebnis wohl ebenso *Queck*, Nießbrauch, 193.

2. Der Zweck der Mitgliedschaft und das Nießbrauchsrecht

a) Die Steuerung des Anteilsnießbrauchs über die Anteilswidmung

Das Nießbrauchsrecht zeichnet den teleologischen Charakter der Mitgliedschaft in § 1036 II BGB nach. Nach dieser Regelung hat der Anteilsnießbraucher bei der Ausübung des Nutzungsrechts die Widmung des Anteils aufrechtzuerhalten und nach den Regeln einer ordnungsgemäßen Wirtschaft zu verfahren. An der entsprechenden Anwendbarkeit des § 1036 II BGB gem. § 1068 II BGB bestehen angesichts der überragenden Bedeutung der Regelung für die Aktionsberechtigung des Nießbrauchers keine Zweifel[128]. Insbesondere setzt § 1036 II BGB keine Körperlichkeit des Nießbrauchsgegenstands voraus. § 1036 II BGB ist also auf den Anteilsnießbrauch nach § 1068 II BGB entsprechend anwendbar. Falls nun der Besteller-Gesellschafter die nießbrauchsrechtliche Widmung des belasteten Anteils i. S. § 1036 II BGB für den Nießbraucher bindend festlegen kann, wäre für die Dogmatik des Anteilsnießbrauchs viel gewonnen. Man müßte sich völlig von der Vorstellung frei machen, die Mitgliedschaft würde einfach nur so belastet. Vielmehr würde immer eine einem bestimmten Zweck zu dienen bestimmte Mitgliedschaft dem dinglichen Nutzungsrecht unterworfen. Zwar wird oftmals dieser nießbrauchsrechtlich bestimmte Zweck mit der Zweckförderungspflicht, die zu erfüllen der Anteil ja *gesellschaftsrechtlich* gewidmet ist, übereinstimmen. Es kann jedoch auch sein, daß dem Anteil eine andere Zweckausrichtung verliehen wird, soweit sich dies mit der Zweckförderungspflicht verträgt. In dieser „Doppelspurigkeit" der Anteilswidmung – also der Unterscheidung zwischen dem Zweck im gesellschaftsrechtlichen und im nießbrauchsrechtlichen Sinne, dem die Mitgliedschaft je zu dienen bestimmt ist – liegen für den Anteilsnießbrauch ungeahnte Chancen verborgen, wie im weiteren gezeigt werden wird. Die Doppelspurigkeit macht das Recht des Anteilsnießbrauchs aber auch zu einem hochkomplexen rechtlichen Gebilde. Freilich ist die „Doppelspurigkeit" der Anteilswidmung bisher nur behauptet, nicht jedoch schon erwiesen worden. Ihr könnten gesellschaftsrechtliche und sachenrechtliche Einwände entgegenstehen.

b) Gesellschaftsrechtliche Einwände gegen eine Anteilswidmung durch den Besteller-Gesellschafter?

Der geschilderten subjektiv auf den Anteilsinhaber bezogenen Widmungsbefugnis scheinen gesellschaftsrechtliche Wertungen entgegenzustehen. Man könnte vortragen, der Anteilsinhaber könne nicht einfach ohne

[128] Siehe auch MünchKomm-*Petzoldt,* § 1068 Rn. 5.

Änderung des Gesellschaftsvertrages dem Anteil eine besondere wirtschaftliche Bestimmung beilegen. Die Mitgliedschaft sei eben auf die Erfüllung des Gesellschaftszwecks nach Maßgabe des Gesellschaftsvertrages und nun einmal nicht auf die Erfüllung der durch den Anteilsinhaber erfolgten, eventuell dem Gesellschaftszweck widersprechenden Anteilswidmung bezogen. Der Einwand ist so abstrakt gesehen sicherlich richtig. Nur trifft er die Widmung i.S. § 1036 II BGB i.V.m. § 1068 II BGB überhaupt nicht. Denn bewegt sich diese innerhalb des durch die Zweckförderungspflicht des § 705 BGB gewiesenen Rahmens, bleibt dem Besteller unbenommen, bei der Bestellung des dinglichen Nutzungsrechts festzulegen, welchem Zweck *nießbrauchs*rechtlich die Mitgliedschaft zu dienen bestimmt ist. Der Gesellschaftsvertrag bliebe hier unberührt, da bei einem Vorrang der gesellschaftsrechtlichen Zweckförderungspflicht vor der nießbrauchsrechtlichen Widmung gesellschaftsrechtliche Wertungen durch die Widmung nicht tangiert sein können. Dann können getrost die allgemeinen Regeln des Nießbrauchsrechts greifen. Diese müßten es also zulassen, daß der Besteller die Bestimmung des Belastungsgegenstands festlegt. Lassen sie dies zu, folgt hieraus zwingend, daß das, was der Belastungsgegenstand „Mitgliedschaft" *nießbrauchs*rechtlich „ist", erst durch die Anteilswidmung festgelegt – „konstruiert" – wird.

c) Nießbrauchsrechtliche Einwände gegen eine Anteilswidmung durch den Besteller-Gesellschafter?

aa) Die Bestimmungsbefugnis des Besteller-Eigentümers

Nach § 1036 II BGB ist der Nießbraucher dazu verpflichtet, die bisherige wirtschaftliche Bestimmung des belasteten Gegenstands aufrechtzuerhalten und ihn den Regeln einer ordnungsgemäßen Wirtschaft gemäß gehörig zu nutzen. Was darunter genau zu verstehen ist, hängt von der Beantwortung zweier Fragen ab: Welches ist die wirtschaftliche Bestimmung des belasteten Gegenstands? Und: Nach welchen Kriterien richtet sich die Ordnungsgemäßheit des Wirtschaftens, die der Inhaber des dinglichen Nutzungsrechts als normative Richtschnur seinem Handeln zugrunde legen muß?

Im Recht des Sachnießbrauchs ist es umstritten, was unter der „wirtschaftlichen Bestimmung" i.S. § 1036 II BGB zu verstehen ist. Nach einer eher objektiv ausgerichteten Ansicht richtet sich die wirtschaftliche Bestimmung der nießbrauchsbelasteten Sache nicht nach dem Willen des Eigentümers, sondern nach den zur Zeit der Bestellung objektiv gegebenen Umständen[129]. Andere rücken demgegenüber subjektive Aspekte in den Vor-

---

[129] Soergel-*Stürner,* § 1036 Rn. 3.

dergrund und halten vorrangig den erklärten Eigentümerwillen und nur bei dessen Fehlen die objektiven Umstände für die Widmung des belasteten Gegenstands für relevant[130]. Eine Variante dieses subjektiven Ansatzes gibt darüber hinaus dem Nießbraucher ein Bestimmungsrecht, zusätzliche Nutzungsarten über die vom Eigentümer gewollten einzuführen, wenn dadurch die vom Eigentümer bisher oder künftig verfolgte Nutzung bei Beendigung des Nießbrauchs nicht Schaden nehmen kann und die vom Eigentümer erfolgte wirtschaftliche Bestimmung des belasteten Gegenstands nicht wesentlich verändert wird[131]. Die herrschende Meinung nimmt einen Mittelweg. Nach ihrer gemischt subjektiv-objektiven Lösung ist die bisherige wirtschaftliche Bestimmung diejenige, die der Eigentümer der Sache gegeben hatte und die zur Zeit der Nießbrauchsbestellung bestand[132]. Ansonsten ist man sich weitgehend einig – nur der objektive Ansatz sieht dies anders –, daß durch eine Verfügung von Todes wegen der Handlungsrahmen des Nießbrauchers erweitert werden könne[133]. Der Wille des Erblassers ersetzt dann quasi die Widmung des Gegenstands durch den Erben-Eigentümers, der ja verpflichtet ist, das Vermächtnis zu erfüllen[134]. Übertragen auf den Anteilsnießbrauch bedeutet dies Folgendes: Ist der Zweck, dem der Anteil zu dienen bestimmt ist, festgelegt, steckt diese Anteilswidmung den Rahmen ab, innerhalb dessen sich das Handeln des Nießbrauchers bewegen darf; nur der objektivistische Ansatz sieht dies anders.

Eine Widmung der Mitgliedschaft nach dem Willen des Besteller-Gesellschafters schiede mithin unzweifelhaft dann aus, wenn entsprechend der objektivistischen Ansicht subjektive Momente bei der Festlegung der „wirtschaftlichen Bestimmung“ i. S. § 1036 II BGB irrelevant wären. Dafür ist aber nichts ersichtlich. Schön hat herausgearbeitet[135], daß dem nießbrauchsrechtlichen Bewirtschaftungsverständnis tendentiell das Prinzip zugrundeliegt, die belasteten Wirtschaftsgüter müßten gesamtwirtschaftlich optimal ausgenutzt werden. Es entspricht den Regeln marktwirtschaftlichen Handelns, die Entscheidung, welcher Mitteleinsatz letztlich effizient ist, regelmäßig dem Eigentümer zu überlassen; eine nicht selbstverantworteten Maximen und eigennützigen Interessen gehorchende Nutzenmaximierung ist nach ökonomischen Kriterien grundsätzlich kein ökonomisch sinnvolles Handeln und führt zu gesamtwirtschaftlich negativen Effekten. Diesem

---

130 MünchKomm-*Petzoldt,* § 1036 Rn. 5; *Dernburg,* Bürgerliches Recht III, § 187, 2; *Müller,* Sachenrecht, Rn. 3018.

131 *Schön,* Nießbrauch, 59 f.

132 Staud-*Promberger,* 12. Aufl., § 1036 Rn. 11; Staud-*Frank,* § 1036 Rn. 13; RGRK-*Rothe,* § 1036 Rn. 4; tendentiell auch KG, RPfl 1992, 14 ff.

133 Staud-*Frank,* § 1036 Rn. 13; RGRK-*Rothe,* § 1036 Rn. 4; MünchKomm-*Petzoldt,* § 1036 Rn. 6.

134 Staud-*Frank,* § 1036 Rn. 13.

135 *Schön,* Nießbrauchsrecht, 23 ff., 31 ff., 39 ff.

nießbrauchsrechtlichen Optimierungsprinzip trägt die objektivistische Ansicht nicht hinreichend Rechnung[136]. Sie läßt es zu, daß dem Eigentümer nach Beendigung des Nießbrauchs eine Nutzung angesonnen werden kann, die seiner Vorstellungen von einem ökonomisch effizienten Einsatz der einstmals belasteten Sache zuwiderläuft. Aus diesem Grunde muß eine Anknüpfung der „wirtschaftlichen Bestimmung" i.S. § 1036 II BGB ausschließlich an objektiven Kriterien ausscheiden.

Schließlich kann gegen das hiesig vertretene subjektive Konzept des § 1036 II BGB nicht eingewendet werden, mit ihm sei eine Dritten gegenüber wirkende Abänderung des gesetzlichen Schuldverhältnisses verbunden, die jedoch Offenkundigkeit der Abänderung voraussetze, welche wiederum allenfalls beim Grundstücksnießbrauch ausweislich des Grundbuches hergestellt werden könne[137]. Für den Anteilsnießbrauch gem. §§ 1069 I, 398, 413 BGB ist sowieso kein Publizitätsakt erforderlich. Ein Dritter ist damit nicht in seinem guten Glauben hinsichtlich des Inhalts des gesetzlichen Schuldverhältnisses geschützt[138].

Die „Bestimmung" i.S. § 1036 II BGB richtet sich also durchaus im Grundsatz nach subjektiven Kriterien – es fragt sich nur wessen: die des Nießbrauchers oder die des Bestellers. Die soeben angesprochenen Aspekte gesamtwirtschaftlich optimaler Ressourcennutzung sprechen für die Bestimmungsmacht des Bestellers. Denn könnte der Nießbraucher nach Belieben die Gegenstandswidmung verändern, hätte dies derart starke Auswirkungen auf den Anteil selbst, daß nach dem Ablauf des dinglichen Nutzungsrechts der Besteller-Gesellschafter möglicherweise mit einer Situation konfrontiert wird, die für ihn weitgehend nutzlos ist – was ökonomisch wenig sinnvoll ist. Der Nießbrauchsinteressent kann demgegenüber ja immer noch die Nießbrauchsbestellung ablehnen, wenn ihm die durch den Eigentümer-Besteller des Anteils beigelegte Widmung nicht zusagt. Nur bei einer Befugnis des Bestellers, den zur Belastung anstehenden Gegenstand zu widmen, wird also die Ressourcennutzung insgesamt optimiert.

bb) Die Situation beim vermächtnisweise zugewendeten Versorgungsnießbrauch

Etwas anderes könnte freilich für den Fall gelten, daß der Personengesellschafter von Todes wegen dem überlebenden Ehegatten einen Nießbrauch zu Versorgungszwecken vermächtnisweise zuwendet und dabei bestimmt,

---

136 *Schön,* Nießbrauch, 58.

137 So etwa generell *Janssen/Nickel,* Unternehmensnießbrauch, 26.

138 Siehe zum Problem nur BayObLG, DNotZ 1978, 99; *Queck,* Nießbrauch, 27 f.

daß die auf einen Dritten im Wege der üblichen Klauseln vererbte Mitgliedschaft eben vornehmlich der Versorgung zu dienen bestimmt ist. Hier könnte man einwenden, eine derartige Anteilswidmung sei unzulässig, da sich der Gesellschafter-Erbe im Versterbensfall des überlebenden Ehegatten möglicherweise mit einer Nutzung konfrontiert sehen mag, die seinen Vorstellungen zuwiderläuft und daher ökonomisch unsinnig sei; mithin sei die Anteilswidmung durch den Erben-Gesellschafter festzulegen. Gerade in dezidiert gesamtwirtschaftlicher Perspektive wurde denn auch unter primär ordoliberalistischem Blickwinkel eine Perpetuierung des Erblasserwillens im Unternehmensbereich – und um nichts anderes handelt es sich ja, wenn von kalter Hand die Widmung i. S. § 1036 II BGB festgezurrt ist – kritisch betrachtet[139]. Einem derartigen Generalangriff gegen eine über die Anteilswidmung ins Werk gesetzte Steuerung der unternehmerischen Politik von Todes wegen kann nicht gefolgt werden. Mit ihm würde unterschlagen, daß das moderne Privatrecht in seinen Wertungen sehr viel differenzierter und pluralistischer angelegt ist, als es der ordoliberalistische Ansatz wahrnehmen will[140]. Zudem trägt das Ansinnen, auch die Unternehmenswidmung dürfe allein durch den Erben-Gesellschafter erfolgen, Wertungen aus dem Bereich des Rechts der Wettbewerbssicherung (insbesondere des Kartellrechts) mit quasi usurpatorischer Tendenz auch in solche Rechtsgebiete, deren Eigenwertungen einer Dominanz von Imperativen ökonomischer Provinienz entgegenstehen. Dies zeigt vor allem der Bereich der Testierfreiheit, die richtigerweise als ein funktionales Persönlichkeitsrecht begriffen werden muß, welches rein ökonomischen Erwägungen dezidiert widerstreitet[141]. Bei einem vermächtnisweise dem Nutzungsberechtigten zugewendeten Versorgungsnießbrauch können Interessen des Besteller-Gesellschafters gegen die Vorgabe der Anteilswidmung durch den Erblasser nicht vorgebracht werden. Diese Interessen sind schon bei der Beurteilung der Wirksamkeit der die Anteilswidmung vorgebenden letztwilligen Verfügung nach § 138 I BGB eingeflossen. Ist der Erbe-Besteller mit seiner Bedenkung nicht zufrieden, mag er die Erbschaft ausschlagen. Alles andere würde dem Charakter der Testierfreiheit als funktionalem Persönlichkeitsrecht nicht gerecht werden. Insbesondere spielen Erwägungen ökonomischer Provinienz der Art keinerlei Rolle, es käme zu einer zu starken Herrschaft von kalter Hand. Das Gesetz sieht dies nun einmal aus guten Gründen anders[142]. Zudem könnte der Erblasser dem Erben-Gesellschafter ja auch von Todes wegen etwa per Auflage vorgeben, die Mitgliedschaft nur in einer ganz ge-

---

139 Dazu nur *Reuter,* Privatrechtliche Schranken, insbes. 54 ff., 59 ff., und passim; *ders.,* AcP 181 (1981), 1 ff.; *ders.,* ZGR 1991, 467 ff.; allg. zum Ordoliberalismus unten § 10.

140 Dazu *Goebel,* Testierfreiheit als Persönlichkeitsrecht, § 6 IV 2, § 1 II 4.

141 Zur Personfunktionalität der Testierfreiheit siehe ebda., zur ausführlichen Kritik am ordoliberalen Ansatz siehe im übrigen unten § 10, III, § 10 IV.

wissen Art und Weise auszuüben. Es ist dann aber nicht einsichtig, warum dann auf einmal beim Nießbrauch etwas anderes gelten soll. Das nießbrauchsrechtliche Optimierungsprinzip fordert also keine einzig und allein ökonomischen Maximen geschuldete Nutzungsoptimierung, sondern nur eine Optimierung im Rahmen des rechtlich Möglichen. Mit Blick hierauf ist es rechtlich von vornherein verfehlt, die Relevanz des Erblasserwillens für die Unternehmenswidmung mit dem Argument zu bestreiten, hier käme es zu gesamtwirtschaftlich unerwünschten Effekten. Nach den Kriterien des Wirtschaftssystems mag dies so sein. Nach den Prüfsteinen des Rechtssystems ist aber ein etwaiger wirtschaftlich mißliebiger Effekt gerade nicht „unerwünscht". Nach all dem ist daher von dem grundsätzlichen Vorrang des Erblasserwillens für die Gegenstandswidmung i. S. § 1036 II BGB auszugehen, da typischerweise – soviel hat die bisherige Diskussion ergeben – das nießbrauchsrechtliche Optimierungsprinzip nicht rechtlich relevant angetastet ist. Sachenrechtlich zählt mithin auch beim vermächtnisweise zugewendeten Versorgungsnießbrauch allein der Erblasserwille bei der Anteilswidmung.

d) Causa und dingliches Nutzungsrecht

Gängiger Ansicht nach ist der „Zweck" der gewidmeten Sache i. S. § 1036 II BGB von dem Geschäftszweck des nießbrauchsrechtlichen Grundgeschäfts ebenso streng zu trennen wie der Inhalt des dinglichen Nutzungsrechts vom Bestand seiner causa[143]. Im Beispiel des Versorgungsnießbrauchs: Dieser ist danach „nicht als solcher Versorgungsnießbrauch", vielmehr verdeutlicht „erst die zugrundeliegende causa (...) den subjektiven Zweck, der mit der Zuwendung (...) des Nießbrauchs verfolgt wird"[144]. Diesem Befund scheint die hiesig vorgeschlagene Ausrichtung der Anteilswidmung etwa auf die Versorgung des überlebenden Teils zu widersprechen. In der Tat wird mit der Widmung der Mitgliedschaft zu Versorgungszwecken dem ersten Anschein nach ein Element der causa des dinglichen Nutzungsrechts in das dingliche Recht selbst gezogen. Dies scheint schon deshalb mißlich zu sein, weil causa nichts anderes ist als – verkürzt gesagt – der rechtserhebliche Zweck eines Rechtsgeschäfts[145]. Bei Lichte betrach-

[142] Siehe zum Zusammenhang zwischen der Testierfreiheit und ökonomischen Zweckmäßigkeitserwägungen *Goebel,* Testierfreiheit als Persönlichkeitsrecht, § 7 sowie § 6 IV.

[143] So etwa *Schön,* Nießbrauch, 72, 250.

[144] *Schön,* Nießbrauch, 250.

[145] Jeder „Zweck" eines Handelns ist seinem Wesen nach zugleich „Motiv", vgl. nur *Westermann,* Causa, 99 f.; *Klinke,* Causa, 21; *Hepting,* Ehevereinbarungen, 324; *Kegel,* FS Mann, 57 (59); *Köhler,* Unmöglichkeit, 5 ff. Siehe auch *Goebel,* Testierfreiheit und Ehegattenschutz, § 17 I 2.

tet kommt es jedoch bei einem der Versorgung des Überlebenden dienenden Nießbrauchs zu keiner Verwischung zwischen causa und dinglichem Recht. Eine Widmung des belasteten Gegenstands ist für die Ausübung eines jeden Nießbrauchs unentbehrlich, da ansonsten nicht klar wäre, wie der Gegenstand überhaupt benutzt werden könnte. Überspitzt gesagt, ist sowieso schon jeder Gegenstand zumindest implizit irgendeinem Zweck gewidmet, da er ansonsten schon gar nicht als „Gegenstand" identifiziert werden kann. Kommt es zu einer ausdrücklichen Widmung des Gegenstands, die mit dem Zweck übereinstimmt, der mit dem schuldrechtlichen Grundgeschäft des nießbrauchsrechtlichen Bestellungsakts verfolgt wird, bedeutet dies deshalb nicht, daß es zu der besagten Verwischung von causa und dinglichem Recht kommt, sondern durchweg nur, daß das dingliche Recht überhaupt so bestellt wird, daß es als Erfüllung des schuldrechtlichen Grundgeschäfts angesehen werden kann. Denn eine Zweckausrichtung des belasteten Gegenstands, die dem mit dem Grundgeschäft verfolgten Zweck zuwiderläuft, wird regelmäßig dazu führen, daß das Grundgeschäft nicht gehörig erfüllt sein wird. Ist dem so, spricht auch das Verhältnis zwischen causa und dinglichem Nutzungsrecht nicht gegen die hier vorgeschlagene Lösung, über die Mitgliedschaftswidmung den Anteil etwa auf eine Versorgung des Überlebenden auszurichten.

3. Der zweite Bestandteil des Handlungsrahmens des Nießbrauchers: Die wirtschaftliche Ordnungsgemäßheit seines Handelns

Als zweiten Bestandteil des rechtlichen Rahmens, innerhalb dessen sich die Tätigkeit des Nießbrauchers bewegen darf, nennt § 1036 II BGB die „Regeln einer ordnungsgemäßen Wirtschaft". Maßgeblich sind richtigerweise hierbei nicht die subjektiven Vorgaben des Eigentümers. Dessen Bewirtschaftungsregeln müssen nicht immer mit einer optimalen Gegenstandsnutzung übereinstimmen und können damit gegen das schon genannte nießbrauchsrechtliche Optimierungsprinzip verstoßen[146]. Einschlägig sind vielmehr die Regeln, die ein im wohlverstandenen Eigeninteresse handelnder Eigentümer seinem Handeln zugrundelegen würde[147]. Beim Sachnießbrauch würde ein derartiger Eigentümer die Sache regelmäßig bewirtschaften. Insofern trifft allgemein anerkannt beim normalen Nießbrauch den Nießbraucher die Pflicht zur aktiven Bewirtschaftung, soweit die Regeln einer ordnungsgemäßen Wirtschaft dies erfordern[148]. Da ein Unternehmen ohne werbende Tätigkeit am Markt untergehen wird, ist eine Pflicht zur

---

146 Dazu ausführlich *Schön,* Nießbrauch, 79 ff.

147 *Schön,* Nießbrauch, 82.

148 Siehe nur BayObLGZ 1972, 366; MünchKomm-*Petzoldt,* § 1036 Rn. 7; RGRK-*Rothe,* § 1036 Rn. 5; Staud-*Frank,* § 1036 Rn. 15; *Schön,* Nießbrauch, 82.

aktiven geschäftlichen Tätigkeit des Gesellschafters – immer im Rahmen des Gesellschaftsvertrages und des zwingenden Gesellschaftsrechts – im Regelfall außerhalb der Insolvenznähe folglich generell Ausfluß des Anteilsnießbrauchs.

Die Anwendung der Regeln ordnungsgemäßen Wirtschaftens als solche bewegt sich innerhalb des Rahmens, der durch die wirtschaftliche Bestimmung i. S. § 1036 II BGB des belasteten Anteils gezogen ist. Dies ist nicht unbestritten. So wird stellenweise davon ausgegangen, die Regeln ordnungsgemäßen Handelns seien der wirtschaftlichen Gegenstandsbestimmung vorrangig. Infolgedessen könne der wirtschaftlich Handelnde die wirtschaftliche Bestimmung des belasteten Gegenstands während der Nutzungszeit ändern, wenn die Regeln ordnungsgemäßen Wirtschaften dies erforderten[149]. Verständlich wäre dies freilich nur, wenn zugleich die wirtschaftliche Bestimmung ebenfalls nach objektiven Kriterien gefaßt werden könnte[150]. Gerade dies wurde kürzlich abgelehnt. Der Grund hierfür lag in der Einsicht, daß die subjektive Bestimmung der Widmung des belasteten Gegenstands durch den Besteller das Allgemeininteresse an einer optimalen Gegenstandsnutzung fördert[151]. Dies wiederum könnte hintertrieben werden, wenn der Nutzer des belasteten Gegenstands die Widmung während der Nutzungszeit ändern könnte, weil hierfür gute wirtschaftliche Gründe sprechen. Die subjektive Gegenstandswidmung muß demnach den Rahmen abstecken, innerhalb dessen die Regeln ordnungsgemäßen Wirtschaftens angewendet werden. Dieses Ergebnis wird durch folgende Erwägung bestätigt: Wäre diejenige Bewirtschaftung allein relevant, anhand derer der belastete Gegenstand nach den Regeln der Ökonomie in Ansehung seiner *gewöhnlichen* Widmung optimal genutzt wird, dürfte dem belasteten Gegenstand nur im Rahmen des Üblichen ein Zweck beigelegt werden, da ansonsten sich ja die Bewirtschaftung des Gegenstands notwendigerweise außerhalb der Widmung bewegen würde. Damit geriete man aber mit der generellen Wertentscheidung in Konflikt, daß der Eigentümer mit seinen Gegenständen vorbehaltlich anderweitiger rechtlicher Regelungen nach Belieben verfahren darf. Denn es bliebe unerfindlich, wieso der Eigentümer nur eine dem üblichen Gebrauch gewidmete Sache mit einem Nießbrauch belasten darf, während er bei einer Eigennutzung den Gegenstand einem beliebigen Zweck zuführen kann. Nach all dem einsichtiger ist daher die herrschende Ansicht, die unter der Ordnungsgemäßheit i. S. § 1036 II BGB diejenige Wirtschaftsmethode versteht, die nach objektiven Kriterien zur Verwirklichung *der jeweiligen Gegenstandswidmung* am besten geeignet ist[152].

---

149 Soergel-*Stürner*, § 1036 Rn. 3; *Müller*, Sachenrecht, Rn. 3020.

150 So auch *Schön*, Nießbrauch, 84.

151 Oben § 3 III 2 c aa.

4. Zwischenergebnis

Als Zwischenergebnis bleibt festzuhalten, daß der Besteller-Gesellschafter die Widmung des zu belastenden Anteils im Rahmen des Gesellschaftsvertrages für den Nießbraucher bindend festlegen kann. Gegen diese Rechtsmacht lassen sich weder gesellschaftsrechtliche noch nießbrauchsrechtliche Einwände anführen. Die Widmung gibt zudem den Rahmen vor, innerhalb dessen die Regeln ordnungsgemäßen Wirtschaftens angewendet werden. Unter diesen Regeln muß dabei diejenige Wirtschaftsmethode verstanden werden, die nach objektiven Kriterien zur Verwirklichung *der jeweiligen Gegenstandswidmung* am besten beiträgt.

IV. Zusammenfassung

Die bisherigen Erörterungen haben gezeigt, daß die Dogmatik des Anteilsnießbrauchs drei grundlegende Weichenstellungen zu beachten hat. Einmal darf sie die mit dem Verständnis der Mitgliedschaft als auch subjektives Recht verbundene konstruktive Belastungsfähigkeit des Anteils nicht dazu benutzen, Wertung durch Konstruktion zu ersetzen. Insofern muß radikal zwischen der nießbraucherischen Belastung der Mitgliedschaft und der Beteiligung am mitgliedschaftlichen Rechtsverhältnis getrennt werden. Dies zieht das Erfordernis nach sich, Punkt für Punkt jegliche mitgliedschaftliche Befugnis und Verpflichtung danach zu untersuchen, ob sie dem Nießbraucher, dem Besteller-Gesellschafter oder beiden zuzuordnen ist.

Darüber hinaus darf im Recht des Anteilsnießbrauchs die Unkörperlichkeit des Belastungsgegenstands nicht übersehen und in Folge dessen irgendwelche Parallelen zur Körperlichkeit der Sache gezogen werden. Sedes materiae dieses „Parallelisierungsverbots“ zwischen unkörperlichem Recht und körperlicher Sache ist § 1068 II BGB, der nicht eine „identische“, sondern die „entsprechende“ Anwendung der Regeln über den Sachnießbrauch auf den Anteilsnießbrauch anordnet. „Entsprechende Anwendung“ i.S. § 1068 II BGB heißt dann entweder, daß die sachnießbrauchsrechtlichen Vorschriften für die Belange des Rechtsnießbrauchs adäquat zugeschnitten werden, oder daß „Vorschriften“ i.S. § 1068 II BGB nicht die konkreten Normen des Sachnießbrauchs sind, sondern die den Normen zugrundeliegenden Wertungen.

Schließlich ist zu beachten, daß nießbrauchsrechtlich nicht einfach die Mitgliedschaft belastet wird, sondern daß Gegenstand des Nießbrauchs eine einem bestimmten Zweck zu dienen bestimmte Mitgliedschaft ist. Diese

---

[152] Planck-*Brodmann,* § 1036 Rn. 4; Staud-*Frank,* § 1036 Rn. 15; *Schön,* Nießbrauch, 84 ff.; siehe auch OLG Zweibrücken OLGZ 1984, 460 ff.

nießbrauchsrechtliche Anteilswidmung wird oft identisch sein mit der gesellschaftsrechtlichen Anteilswidmung. Dies muß aber nicht so sein, falls sich die nießbrauchsrechtliche Zweckbestimmung der Mitgliedschaft im Rahmen der gesellschaftsrechtlichen Zweckförderungspflicht verhält. Diese drei Grundaussagen werden die weiteren Ausführungen zur Dogmatik des Anteilsnießbrauchs leiten.

Kapitel 2

Allgemeines zur Zuordnung der Mitverwaltungsrechte

§ 4 Allgemeines zur Zuordnung der Mitverwaltungsrechte

I. Überblick über die Mitverwaltungsrechte

1. Interessenlage

Für die Versorgungstauglichkeit eines Anteilsnießbrauchs ist es eine überaus wichtige Frage, wem die Erträgnisse aus der Mitgliedschaft in welchem Umfang zustehen. Unter dem Aspekt einer gehörigen Versorgung des Nutzungsberechtigten stehen die Zuordnung der entnahmefähigen und der thesaurierten Gewinnanteile, der Erträge aus „Kapitalerhöhung", die Behandlung der Entnahmen sowie der Zugriff auf das Auseinandersetzungsguthaben im Vordergrund des Interesses. Darüber hinaus ist jedoch auch die Zuordnung der Mitwirkungsrechte innerhalb der Gesellschaft und hier insbesondere des Stimmrechts für den Nießbraucher von erheblicher Bedeutung – und zwar nicht nur für den Vorbehaltsnießbrauch, wo diese Bedeutung auf der Hand liegt. Evidentermaßen bestimmt die Bilanzpolitik, die Feststellung des Bilanzgewinns einschließlich der Entscheidung über eine etwaige Thesaurierung und der Gewinnverteilungsbeschluß die Gewinnausschüttung und damit auch den Umfang der vermögensmäßigen Partizipation des Nießbrauchers an der Nutzung des belasteten Gegenstands. Der Gewinn einer Personengesellschaft ist im wesentlichen – so sich überhaupt ein positives Jahresergebnis ergeben hat – ein normatives, in der Handelsbilanz festgestelltes Konstrukt einer Abwägung von Konsum und Investition. Dem Zugriff auf den Gewinn ist daher die Frage nach dem Zugriff auf diese Abwägungsentscheidung und damit das Problem der Zuordnung der gesellschaftsrechtlichen Mitwirkungsrechte an den Nießbraucher vorgelagert. Die Ausübung gesellschaftsrechtlicher Mitwirkungsrechte kann daher einen erheblichen Einfluß auf den Zuschnitt der Erträgnisse aus der Beteiligung haben.

Die Interessen des Nießbrauchers gehen darauf, einen – auf die Laufzeit des Nießbrauchsrechts bezogenen – möglichst hohen Ertrag der Beteiligung erwirtschaftet zu bekommen. Demgegenüber schaut der Besteller-Gesellschafter nicht nur auf den Ertrag während der Laufzeit des Nutzungsrechts, sondern möchte auch den Wert des Anteils als solchen, also die nießbrauchsrechtliche Substanz, gesteigert sehen. Die Interessen beider sind demnach nicht nur hinsichtlich des Zugriffs auf den Ertrag des Anteils, sondern auch hinsichtlich der Zuordnung der Mitverwaltungsrechte teilweise gegensätzlich ausgerichtet[1]. Der Nießbraucher möchte für die Zeit des dinglichen Nutzungsrechts den Ertrag maximieren und wird an einer Steigerung des Werts des Gesellschaftsvermögens über die Zeit der dinglichen Belastung hinaus typischerweise nicht interessiert sein, während dem Besteller-Gesellschafter gerade diese Wertsteigerung und damit eine Verschiebung des Periodengewinns angelegen sein wird, um den Nießbrauch zu schmälern. In dieser „Rivalität zwischen Kapitalansammlung und Ausschüttung“[2] ist im Grundsatz eine strukturelle Konfliktssituation zwischen Nießbraucher und Besteller-Gesellschafter angelegt.

Diese Konfliktsituation sollte bei einem Versorgungsnießbrauch nicht überschätzt werden. Einmal können die Gesellschafter keine verringerte Gewinnausschüttung auf die belastete Beteiligung beschließen, da hiermit ein Verstoß gegen den Gleichbehandlungsgrundsatz verbunden wäre[3]. Die übrigen Gesellschafter werden daher – worauf Wiedemann[4] zu Recht hinweist – in der Regel nicht gewillt sein, ihre eigene Gewinnquote zu schmälern, nur um dem Gewinnminimierungsinteresse des Bestellers während des dinglichen Nutzungsrechts entgegenzukommen. Zweitens dürfte der Konflikt zwischen Kapitalansammlung und Ausschüttung um so weniger spannungsreich sein, je stärker der Besteller-Gesellschafter aufgrund eines auf die Ausschüttung bloß eines Teils des Ertrags gerichteten, also quotalen Nießbrauchs während des Bestehens des Nutzungsrechts an dem Ertrag partizipiert. Die Situation ähnelt dann mehr und mehr einer Beteiligung mehrerer Gesellschafter oder einer Bruchteilsgemeinschaft an einer Mitgliedschaft. Da bei einem Versorgungsnießbrauch jedoch oftmals eine bloß quotale Belastung gewählt werden wird, verringert sich insofern die Konfliktsituation zwischen Besteller und Nießbraucher. Es kann sogar zu einem Gleichlauf der Interessen kommen, so etwa falls bei einem für die Lebenszeit des Berechtigten bestellten Nießbrauch zu ½ des Ertrags auch nicht überschlägig absehbar ist, ob der Nießbraucher in naher Zukunft versterben wird und daher beide, der Besteller-Gesellschafter wie der Nießbraucher, davon ausgehen dürfen, daß eine karge Dividende in dem einen Jahr sich auf lange Sicht gesehen in anderen Jahren für beide wird ausgleichen lassen. Auf der anderen Seite sollte die Möglichkeit eines derartigen

---

[1] Dazu nur *Wiedemann,* Übertragung, 410 f.

[2] *Wiedemann,* Übertragung, 410.

[3] *Wiedemann,* Übertragung, 410.

[4] *Wiedemann,* Übertragung, 410.

Gleichlaufs wiederum nicht überschätzt werden. Bei dem typischen Versorgungsnießbrauch ist das Ableben des versorgungsbedürftigen Nießbrauchers oftmals nahfristig erwartbar, der Anreiz zum Verschieben des Periodengewinns durch den Besteller demgemäß augenfällig. Zudem sollte auch nicht darauf verwiesen werden, der Besteller sei durch familiare, affektive Verbundenheit zum Nießbraucher zur Solidarität engagiert und infolge dessen auf eine ausgewogene Verteilung von Kapitalansammlung und Ausschüttung bedacht. Das kann so sein, muß aber nicht immer vorliegen. Es dürfte durchaus ein Gebot wirtschaftlicher Vernunft sein, Solidaraffekten des Erben-Gesellschafters durchaus zu mißtrauen. Im ganzen gesehen dürfte der Interessengegensatz zwischen Kapitalakkumulation und Gewinnausschüttung daher tendentiell bestehen.

Bei einem vermächtnisweise dem Ehegatten zu Versorgungszwecken zugewandten Anteilsnießbrauch ändert sich zwar nicht dieser Interessengegensatz als solcher, wohl aber möglicherweise dessen rechtliche Bewertung. Bei einem derartigen Versorgungsnießbrauch ist nicht ohne weiteres ausgemacht, daß das Interesse des Besteller-Gesellschafters an einer ordentlichen Kapitalakkumulation auch rechtlich geschützt ist. Der Besteller-Gesellschafter erwirbt schließlich seine Beteiligung von Todes wegen von vornherein unter Belastung mit einem Nießbrauchsvermächtnis. Für die Beantwortung der Frage, ob das auf Kapitalakkumulation gerichtete Interesse des Besteller-Gesellschafters überhaupt schutzwürdig ist, kommt es mithin nicht auf allgemeine Erwägungen zur wirtschaftlichen Sachgerechtigkeit eines derartigen Interesses oder auf ähnliche Erwägungen, sondern darauf an, wie der Erblasser dessen Schutzwürdigkeit bewertet hat. Dem Besteller-Gesellschafter stehen daher nur dann schutzwüdrige Interessen zur Seite, wenn dies dem Willen des Erblassers entspricht, wie er sich im Nießbrauchsvermächtnis und in der hieraus resultierenden besonderen Vermögensordnung post mortem niedergeschlagen hat. Nur dies entspricht der grundlegenden Wertung des Erbrechts, dem Erblasserwillen eine so unerhört starke Stellung im Gesamtsystem des Bürgerlichen Rechts zu verleihen. Diese Stellung wiederum kann nur dann ohne Wertungswidersprüche in das Gesamtsystem des Bürgerlichen Rechts eingeordnet werden, wenn die Testierfreiheit nicht mehr als fortgesetzte Eigentümerfreiheit begriffen, sondern als ein Mittel interpretiert wird, welches funktional auf den Schutz der Persönlichkeit des Testierenden ausgerichtet ist und daher Ausdruck eines funktionalen Persönlichkeitsrechts ist – eines Persönlichkeitsrechts, welches sich gegen Interessen des Erben derart schlagkräftig durchsetzt, daß diese weitgehend nur noch über § 138 I BGB im Grundsatz geschützt sind[5]. Zeichnet der Erblasser insofern die auf gehörige Gewinnausschüttung gerichteten Nutzungsinteressen des überlebenden Ehegatten als vorrangig gegenüber dem

[5] Siehe dazu umfassend *Goebel,* Testierfreiheit als Persönlichkeitsrecht, passim.

Kapitalakkumulationsinteresse des Bestellers aus, ist der Erben-Gesellschafter schon deshalb nicht schutzwürdig, weil entsprechend den erbrechtlichen Wertungen der Personfunktionalität der Erblasserwille vorrangig ist. Interessen des Erben werden dann *erb*rechtlich nur (*gesellschafts*rechtlich mag etwas anderes gelten!) im Rahmen des § 138 I BGB berücksichtigt.

2. Überblick über die Mitgliedschaftsrechte

Die Mitgliedschaft in einer Personengesellschaft umfaßt die Rechtsstellung einer Person, die auf der Zugehörigkeit zu einem Verband beruht. Verband ist dabei nichts anderes als eine durch Gesellschaftsvertrag verfaßte Organisation, die einem gemeinsamen Zweck dient, typischerweise über ein Sondervermögen verfügt und insofern gegenüber den Mitgliedern verselbständigt ist[6]. Ganz gleich ob die Mitgliedschaft als subjektives Recht oder als Rechtsverhältnis beschrieben wird[7], ist der Verband prägender Bezugspunkt für das Recht der Mitgliedschaft[8]. Diese begründet richtiger Ansicht nach als verbandsrechtliche Rechtsfigur nicht nur Sonderrechtsbeziehungen zwischen den Gesellschaftern, sondern darüber hinaus auch eine Sonderrechtsbeziehung zwischen dem Mitglied und dem Verband[9]. Aus diesen Sonderrechtsbeziehungen erwachsen Mitgliedschaftsrechte und Mitgliedschaftspflichten, wie etwa die Beitrags- und die Treuepflicht.

Bei den Mitgliedschaftsrechten lassen sich wiederum solche Rechte unterscheiden, die allgemein jedem Gesellschafter zukommen, und solche, die einem Mitglied durch Gesellschaftsvertrag eingeräumt werden und die ihm eine unentziehbare Vorzugsstellung einräumen. Zu derartigen Vorzugsrechten zählen etwa Mehrstimmrechte, der Schutz durch einen erschwerten Ausschluß oder Gewinnvorzugsrechte. Zu den allgemeinen Mitgliedschaftsrechten rechnen einmal die Teilhaberechte, unter denen wiederum eigennützige Teilhaberechte, die vorwiegend der Verfolgung der privaten Interessen der Gesellschafter dienen (bsp. das Stimmrecht, das Kontroll- und das Informationsrecht, das Recht zur Teilnahme an Gesellschafterversammlungen) und gemeinnützige Teilhaberechte (vor allem: das Geschäftsführungsrecht) zu unterscheiden sind[10]. Im Hinblick auf die Durchsetzungsfähigkeit des Gesellschafters lassen sich beim Stimmrecht – verstanden als Befugnis des

---

[6] Siehe dazu nur *Karsten Schmidt,* GesR, §§ 7 I 1, 19 I 1 b; *Wiedemann,* Übertragung, 23 ff.; *Habersack,* Mitgliedschaft, 16 ff.; *Lutter,* AcP 180 (1980), 84 (86 ff.).

[7] Dazu oben § 2 II 3 d.

[8] Dazu umfassend *Habersack,* Mitgliedschaft, 16 ff.

[9] Siehe zu dieser Lehre von der einheitlichen Struktur der Mitgliedschaft in Personengesellschaften und in juristischen Personen *Karsten Schmidt,* GesR § 19 III 1; *Wiedemann,* GesR, § 2 I 1; *Lutter,* AcP 180 (1980), 84 (129 f.).

Mitglieds zur Teilnahme und zur Mitwirkung an der kollektiven Willensbildung des Verbandes[11] – Unterschiede feststellen[12]. Das Stimmrecht ist *Mitwirkungs*recht, wenn seine Ausübung sich als bloße Willenskundgabe im Rahmen der kollektiven Willensbildung anläßlich eines Gesellschafterbeschlusses darstellt. Das Stimmrecht verleiht hier die Befugnis, an der internen Rechtssetzung mitzuwirken. Das Stimmrecht gewährleistet hingegen dann eine *Mitbestimmungs*befugnis des stimmberechtigten Gesellschafters, wenn gegen dessen dissentierenden Willen ein Gesellschafterbeschluß keine normative Wirkung entfalten kann. Zuweilen wird dann von einem Zustimmungsrecht gesprochen, das von dem bloßen Stimmrecht abzugrenzen sei[13]; die Unterscheidung ist nicht zwingend, wenn das Sachproblem, auf dessen Bewältigung die Unterscheidung vor allem abzielt (Schutz vor einem unzulässigen Eingriff durch Gesellschafterbeschluß in den unentziehbaren Kernbereich der Mitgliedschaft ohne Zustimmung des betroffenen Gesellschafters), nicht aus den Augen verloren geht. Stimmrechtliches Mitwirkungsrecht und stimmrechtliches Mitbestimmungsrecht verbürgen also den Einfluß des Gesellschafters auf die verbandliche Willensbildung, unterscheiden sich aber in der Stärke, mit der der Einfluß gesichert wird. Im Personengesellschaftsrecht decken sich beide unter der Geltung des Einstimmigkeitsprinzips des § 119 I HGB, falls keine Mehrheitsherrschaft gesellschaftsvertraglich eingeführt worden ist. Sodann zählen zu den allgemeinen Mitgliedschaftsrechten die Klagrechte der Mitglieder sowie die Vermögensrechte (vor allem: Beteiligung am Gewinn und am Liquidationserlös)[14]. All diese Rechte bedürfen bei der Belastung der Mitgliedschaft mit einem dinglichen Nutzungsrecht der genauen Zuordnung an den Nießbraucher oder an den Besteller-Gesellschafter, so daß die im weiteren interessierende Frage lautet: Wer ist für die Wahrnehmung des Rechts jeweils zuständig, (i) der Nießbraucher, (ii) der Besteller-Gesellschafter, (iii) der eine oder der andere je nach den Gegenstand, auf den sich das Mitwirkungsrecht bezieht, oder (iv) gar immer beide?

---

[10] Dazu nur statt vieler Soergel-*Hadding,* § 705 Rn. 59; Großkomm-*Ulmer,* § 105 HGB Rn. 239 f.; *Westermann,* Vertragsfreiheit, 149 f.; *Wiedemann,* Übertragung, 32 ff.; *ders.,* WM 1992, Sonderbeil. 7, 1 (23); MünchHdb-GesR-*Weipert,* § 50 Rn. 1 ff.

[11] Zum Begriff des Stimmrechts siehe nur *Karsten Schmidt,* GesR, § 21 II 1 a; *Wiedemann,* GesR I, § 7 II 1 vor a; MünchKomm-*Ulmer,* § 709 Rn. 57; *Zöllner,* Schranken, 11.

[12] Dazu und zum folgenden siehe nur *Zöllner,* Schranken, 109 ff.; *Wiedemann,* Übertragung, 33; *ders.,* WM 1992, Sonderbeil. 7, 1 (24).

[13] *Wiedemann,* Übertragung, 33; *ders.,* WM 1992, Sonderbeil. 7, 1 (24).

[14] Siehe nur den Überblick bei *Karsten Schmidt,* GesR, § 19 III 3.

II. Das Stimmrecht und das Zustimmungsrecht: Allgemeines

Ob und inwieweit die Ausübung der gesellschaftlichen Mitwirkungsrechte dem Nießbraucher zugeordnet ist, wird stellenweise als das eigentliche Problem des Anteilsnießbrauchs verortet[15]. Der nießbrauchsrechtliche Normenbestand gibt für die Zuordnung des Stimmrechts keine deutlichen Hinweise. Das Gesetz regelt nur rudimentär die Folgen, die auftreten, wenn eine Beteiligung an einer dinglichen Vergemeinschaftung von Rechtsgütern – wie die Bruchteilsgemeinschaft, die Gesellschaft des bürgerlichen Rechts oder die Personengesellschaft – mit einem Nießbrauch belastet wird. Es nimmt sich nur des Problems an, wie in Miteigentümergemeinschaften die Verwaltungsbefugnisse zu verteilen sind, siehe § 1066 BGB. Für personengesellschaftliche Beteiligungen lassen sich allenfalls drei Anhaltspunkte ausmachen, die für die Verteilung der Herrschaftsrechte Fingerzeige geben könnten: die Frage, ob mitwirkungsrechtliche Befugnisse „Nutzungen" oder „Gebrauchsvorteile" des Anteils darstellen, sodann die Schwierigkeit, ob die Wahrnehmung des Stimmrechts durch den Nießbraucher nicht zur „Bewirtschaftung" des Gesellschaftsanteils rechnet, schließlich ob nicht aus der Regelung des § 1071 BGB Fingerzeige hinsichtlich der Zuordnung des Stimmrechts erwachsen können.

1. Das Stimmrecht und das Zustimmungsrecht als Nutzung oder Gebrauchsvorteil

Der erstgenannte Anhaltspunkt (Mitwirkungsrecht = Nutzung?) hilft kaum weiter. Den Vorschriften der §§ 99, 100 BGB kann weder eine positive noch eine negative Aussage zur Teilhabe des Nießbrauchers an der gesellschaftlichen Willensbildung entnommen werden. In der Literatur wird dies allerdings stellenweise anders gesehen und jeweils für und gegen eine Subsumtion der Mitwirkungsrechte unter die nießbrauchsrechtliche Begrifflichkeit von Nutzung und Gebrauchsvorteil votiert. Die einen wollen das Stimmrecht als Gebrauchsvorteil des Anteils ansehen, da die Teilhabe an der Verwaltung der Personengesellschaft den Ertrag des Anteils entscheidend beeinflussen kann[16]. Gegen diese Überlegung spricht schon die Tatsa-

---

[15] So etwa von Großkomm-*Ulmer,* § 105 Rn. 115; *Mentz,* Nießbrauch, 178; *Finger,* DB 1977, 1033 (1035); *Schüller,* MittRhNotK 1980, 97 (103).

[16] So etwa *Bender,* DB 1979, 1445 (1446); *Enneccerus-Nipperdey,* § 127 IV. Kritisch hierzu *Klönne,* Nießbrauch, 61 f.; *Teichmann,* Gestaltungsfreiheit, 233; *Wiedemann,* Übertragung, 411. Das RG (in RGZ 118, 266 (269)) hat hingegen entgegen Stimmen in der Literatur (bsp. Soergel-*Mühl,* § 99 Rn. 12; *Enneccerus-Nipperdey,* ebda.; *Teichmann,* Gestaltungsfreiheit, 233) nicht das Stimmrecht als Gebrauchsvorteil angesehen. In der Entscheidung im 118. Band war nur die Frage zu klären, ob

che, daß nach weit überwiegender Ansicht die mit der Beteiligung verbundenen Herrschaftsrechte einen integrierenden Bestandteil des belasteten Anteils selbst darstellen und mit diesem untrennbar verbunden sind[17]. Dieses Abspaltungsverbot hat Gründe. Diese Gründe mit einem einfachen Rekurs auf das Nießbrauchsrecht zu überspielen, geht nicht an. Falls jede aus einem Recht fließende Einzelbefugnis ein Vorteil wäre, würde zudem die an der Differenzierung von Substanz und Nutzung orientierte gesetzliche Aufteilung der Befugnisse zwischen Besteller und Nießbraucher unterlaufen[18]. Das Stimmrecht kann daher dem Nießbraucher nicht schon *allein* aufgrund der einfachen Überlegung zustehen, es sei ein Gebrauchsvorteil des belasteten Rechts.

Teile der Literatur gehen genau anders vor. Sie wollen die mitwirkungsrechtlichen Befugnisse schon allein deshalb nicht dem Nießbraucher, sondern dem Besteller-Gesellschafter zuweisen, weil sie nicht als „Nutzungen" oder „Gebrauchsvorteile" i.S. §§ 1068 II, 1030 BGB i.V.m. §§ 99, 100 BGB angesehen werden können[19]. Dem Nießbrauchsrecht wird also eine klare Entscheidung gegen die Zuordnung des Stimmrechts zu dem Nießbraucher entnommen. Auch dies überzeugt nicht. Mit einem rein nießbrauchsrechtlichen Problemzugang wird das Problem der Zuordnung des Stimmrechts verkürzt. Beim normalen Nießbrauch trennt § 1039 BGB die dem Nießbraucher zukommende Aktionsberechtigung, also „sein Tun oder Unterlassen in bezug auf den Gegenstand" von der Vermögensberechtigung, die „den Umfang der ihm gebührenden Nutzungen"[20] absteckt[21]: Sofern es „infolge eines besonderen Ereignisses notwendig geworden" oder infolge ordnungswidriger Wirtschaft geschehen ist, muß der Nießbraucher den Wert der gezogenen Übermaßfrüchte nach Ablauf des Nutzungsrechts herausgeben. § 1039 BGB gibt demnach gewissermaßen eine Aktionsberechtigung, das Eigentum an den übermäßig gezogenen Früchten zu erwerben. § 1030 BGB hat demgegenüber nur die „Vermögensberechtigung" und nicht die „Aktionsberechtigung" des Nießbrauchers zum Gegenstand. Nach der Vermögensberechtigung entscheidet sich der Umfang der Früchte und Gebrauchsvorteile, die dem Nießbraucher anläßlich der Bewirtschaftung der belasteten Sache *endgültig* zufallen sollen, während die Aktionsberechtigung den Handlungsrahmen des Nießbrauchers zur Sachbewirtschaftung im

auch Vorteile aus dem Stimmrecht als Gebrauchsvorteile des Anteils selbst verstanden werden dürfen. Das Problem, ob das Stimmrecht als Gebrauchsvorteil aufgefaßt werden dürfe, stand hingegen nicht zur Debatte.

17 Siehe nur *Karsten Schmidt,* GesR, § 19 III 4.

18 *Wiedemann,* Übertragung, 411.

19 So etwa *Huber,* Vermögensanteil, 416; *Wiedemann,* Übertragung, 276.

20 *Schön,* Nießbrauch, 78 (beide Zitate).

21 Dazu *Schön,* Nießbrauch, 78 f., 86 f.

Rahmen des umfassenden Besitzrechts des § 1036 I BGB und des nießbrauchsrechtlichen gesetzlichen Schuldverhältnisses vorgibt und sich allein nach den §§ 1036 ff. BGB bestimmt. Nun dürfte zwar das Stimmrecht eher zur Aktionsberechtigung zu rechnen sein[22]. Dennoch folgt aus dieser Feststellung nicht, daß § 1030 BGB i. V. m. §§ 99 f. BGB überhaupt nicht die Frage regelt, ob das Stimmrecht eine „Nutzung" des Anteils sei. Denn § 1030 BGB ist auf den Sachnießbrauch zugeschnitten[23]. § 1068 II BGB ordnet aber nur eine „entsprechende" Anwendung der Sachnießbrauchsvorschriften auf den Rechts- und damit den Anteilsnießbrauch an und läßt damit Raum für eine sachangemessene Modifikation der sachnießbrauchsrechtlichen Regelungen[24]. Wie diese Modifikationen letztendlich aussehen können, läßt sich § 1068 II BGB hingegen nicht entnehmen. Im Ergebnis können den §§ 1068 II, 1030 I BGB i. V. m. §§ 99 f. BGB somit weder für noch gegen eine Zuordnung des Stimmrechts an den Nießbraucher Belege entnommen werden[25].

2. Die Bedeutung der Aktionsberechtigung des Nießbrauchers für dessen Stimmrecht

Angesichts der Tatsache, daß der Nutzungsbegriff und die darin verkörperte Vermögensberechtigung des Nießbrauchers keinen rechten Fingerzeig hinsichtlich der Zuordnung des Stimmrechts gibt, liegt die Überlegung nahe, die Vorschriften über die Aktionsberechtigung des Nießbrauchers, also die Regelungen im Hinblick auf die „Bewirtschaftung" des Gesellschaftsanteils, auf Wertungen hinsichtlich der Stimmrechtszuordnung durchzumustern. Mehrere Regelungen bieten sich hier an: § 1036 I BGB, § 1036 II BGB, § 1066 I BGB, § 1071 BGB und die §§ 1074, 1078, 1079, 1083 BGB.

Nach § 1036 I ist der Sachnießbraucher zum Besitz der Sache berechtigt. Sachbesitz korrelliert jedoch naturgemäß mit dem Verwaltungsrecht, da typischerweise nur der Sachbesitzer zur Verwaltung imstande ist. Daneben hat nach der beim Sachnießbrauch zentralen[26] Regelung des § 1036 II BGB der Nießbraucher bei der Ausübung seines Nutzungsrechts die wirtschaftliche Bestimmung der Sache aufrechtzuerhalten und nach den Regeln einer ordnungsgemäßen Wirtschaft zu verfahren. Beim Nießbrauch an einem Handelsgeschäft führt diese Vorschrift zusammen mit den sonstigen Regelungen des Nießbrauchsrechts dazu, daß der Nießbraucher als Kaufmann im

---

22 Ausführlich hierzu überzeugend *Schön,* ZHR 158 (1994), 229 (248 f.).

23 Unklar insoweit *Schön,* ZHR 158 (1994), 229 (249).

24 Siehe dazu näher oben § 3 II 2.

25 So auch *Schön,* ZHR 158 (1994), 229 (249).

26 *Schön,* Nießbrauch, 51 ff.

Rechtsverkehr auftritt und die Stellung des Unternehmers einnimmt[27]. Er muß damit das Unternehmen selbst „bewirtschaften", während der Besteller eigene unternehmerische Handungen nicht erbringen muß. Kann dies beim Anteilsnießbrauch anders sein? Ein Blick auf sonstige nießbrauchsrechtliche Figuren hilft hier als erster Einstieg in die Problemlösung. Bei dem Nießbrauch an einem Eigentumsbruchteil nach § 1066 I BGB übt der Nießbraucher die Verwaltungsrechte gemeinsam mit den übrigen Bruchteilsgemeinschaftern aus. Bei einer Personengemeinschaft erkennt das Gesetz damit zumindest bei im Eigentum mehrerer stehenden Sachen eine Verwaltung des Nießbrauchers an[28]. Die §§ 1074, 1078, 1079, 1083 BGB lassen bei einem Forderungsnießbrauch eine Verwaltungsbefugnis des Nießbrauchers allein (1074 BGB) oder zumindest zusammen mit dem Forderungsinhaber (§§ 1078, 1079, 1083 BGB) zu[29]. Und für den Sonderfall der Aufgabe oder Änderung des Anteils scheint § 1071 BGB sogar ausdrücklich ein Mitbestimmungsrecht des Nießbrauchers vorzusehen. Insgesamt gesehen kann damit beim Sach-, Bruchteils- und Forderungsnießbrauch die Zuweisung der Verwaltungsrechte zur Nutznießung als genuines Kennzeichen des dinglichen Nutzungsrechts angesehen werden. Eine vorsichtige Übernahme dieses Kennzeichens auf den Anteilsnießbrauch aufgrund der in § 1068 II BGB angeordneten „entsprechenden" Anwendung der Sachnießbrauchsregeln hält nun eine gewichtige Meinung im Schriftum für durchaus angezeigt und weist infolge dessen dem Nießbraucher die laufende Verwaltung der Beteiligung zu[30].

Überzeugt diese Anknüpfung an den die Aktionsberechtigung des Nießbrauchers regelnden Normbestand? Zweifelhaft erscheint schon die Anknüpfung an § 1071 BGB, der vielerorts[31] als ausdrückliche Regelung eines Mitspracherechts des Nießbrauchers für den Sonderfall der Aufgabe oder Änderung des Anteils verstanden wird. Denn falls die These stimmig ist, nach der der Anteilsnießbrauch in ein normatives Spannungsfeld von Gesellschafts- und Nießbrauchsrecht – also von abspaltungsgeschützter Mitgliedschaft und nießbrauchsrechtlich drohendem Dritteinfluß in die Gesellschaft – eingebunden ist[32], kann eine singuläre nießbrauchsrechtliche Norm, wie § 1071 BGB, schwerlich aus diesem Wertungsfeld gelöst, sondern

27 Dazu nur *Karsten Schmidt,* Handelsrecht, § 6 III 2 a; zu Einzelheiten *Goebel,* Testierfreiheit und Ehegattenschutz, § 27 II.

28 Soegel-*Stürner,* § 1068 Rn. 7f, weist folgerichtig auf das konstruktive Vorbild des § 1066 BGB für eine Stimmrechtszuordnung an den Nießbraucher hin.

29 Dazu nur Staud-*Frank,* § 1068 Rn. 13.

30 Staud-*Promberger,* 12. Aufl., Anh zu §§ 1068, 1069 Rn. 51; Großkomm-*Ulmer,* § 105 HGB Rn. 124; *ders.,* FS Fleck, 383 (393 ff.); *Flume,* PersGes, § 17 VI; *Bechtold,* Nießbrauch, 159; siehe auch *Gschwendtner,* NJW 1995, 1875 (1876).

31 Etwa bei *Ulmer,* FS Fleck, 383 (393).

32 Dazu oben § 2 I.

müßte gegebenenfalls teleologisch reduziert werden, falls vorrangige gesellschaftsrechtliche Wertungen dies erfordern. § 1071 BGB gibt daher bei Lichte betrachtet für die Stimmrechtszuordnung nichts her.

Ähnlich ergeht es dem Rekurs auf den Besitz und dem daraus folgenden Verwaltungsrecht beim Sachnießbrauch (§ 1036 I BGB). Die quasi naturwüchsige Verbindung von Sachverwaltung und Sachbesitzt beruht auf der Möglichkeit, bei einer belasteten Sache die Verwaltung zur Nutzung und die Verwaltung der Substanz klar zu trennen[33]. Der Zustand der Sache, die Sachsubstanz also, soll hier jeweils erhalten bleiben (§§ 1034, 1037 mit 1036, 1041, 1044 BGB). Ein Unternehmen und auch eine Personengesellschaft ist jedoch weitgehend zweckgerichtete *Tätigkeit. Unternehmerische* Entscheidungen, die sich nicht auch auf den Zustand des Unternehmens auswirken können, dürften praktisch kaum auszumachen sein. Insofern kann sich jede Abstimmung bsp. über die Jahresbilanz, über die Aufnahme eines Kredits, über langfristige Lieferverträge sowie über Kapitalerhöhungen auf die Substanz und auf den Ertrag auswirken, wie Wiedemann zu Recht bemerkt[34]. Wertungsparallelen zum Sachnießbrauch sind vor diesem Hintergrund beim Anteilsnießbrauch allenfalls dann tragfähig, wenn geklärt ist, daß die durch das Stimmrecht berührten Interessen der Mitgesellschafter und die objektiven Ordnungsstrukturen des Personengesellschaftsrechts durch die Zuweisung des Stimmrechts an den Nießbraucher nicht berührt sind. In gleicher Weise findet dann auch die Berufung auf § 1036 II BGB und auf § 1066 BGB ihre Grenze. Die in § 1036 I, II BGB und § 1066 BGB durchschimmernden Wertentscheidungen des Nießbrauchsrecht werden bei der Beteiligung demnach quasi durch die Organisationsverfassung der Personengesellschaft mediatisiert.

Aus diesem Befund kann nun aber nicht geschlossen werden, daß sich die Teilhabe des Nießbrauchers an den Mitwirkungsrechten und damit am Stimmrecht ausschließlich nach Gesellschaftsrecht vollzieht[35]. Denn den Vorschriften, welche die Aktionsberechtigung des Sach-, Bruchteils- und Forderungsnießbrauchs regeln, kann durchaus ein allgemeiner nießbrauchsrechtlicher Grundgedanke entnommen werden. Nach diesem Grundgedanken ist die Verwaltung des belasteten Gegenstand insoweit dem Nießbraucher zugewiesen, als er berechtigterweise seine Nutzungen aus eben diesen Gegenstand zieht. Falls gesellschaftsrechtliche Wertungen einer Übertragung dieses Grundgedankens auf den Anteilsnießbrauch nicht entgegenstehen, folgt hieraus für das Stimmrecht gem. § 1068 II BGB zweierlei: Einmal baut das Nießbrauchsrecht keine Sperre gegen die Ausübung des

---

33 *Wiedemann,* Übertragung, 412.

34 *Wiedemann,* Übertragung, 412.

35 So aber *Schön,* ZHR 158 (1994), 229 (250).

Stimmrechts durch den Nießbraucher auf. Und zweitens wird nießbrauchsrechtlich ein Stimmrecht des Nießbrauchers sogar positiv bewertet, da ein Stimmrecht des Nießbrauchers dem soeben genannten nießbrauchsrechtlichen Grundgedanken entspricht. Dem Nießbrauchsrecht kommt so gewissermaßen wertungsmäßig eine Auffangfunktion zu: Falls sich das Gesellschaftsrecht hinsichtlich der Zuordnung der Mitwirkungsrechte indifferent verhalten sollte, folgt hieraus zugleich qua Nießbrauchsrecht die Zuweisung des Stimmrechts an den Nießbraucher – und zwar gem. § 1068 II BGB aus dem o. g. allgemeinen Grundgedanken, welcher aus den die Aktionsberechtigung des Sach-, Bruchteils- und Forderungsnießbrauchs regelnden Vorschriften gewonnen worden ist.

3. Streitstand – These

a) Streitstand zur Stimmrechtszuordnung

Gesellschaftsrechtlich interessiert nach dem zuvor Gesagten somit, ob das Gesellschaftsrecht eine Zuordnung des Stimmrechts an den Nießbraucher untersagt, ob das Stimmrecht beiden, dem Besteller wie dem Nießbraucher zukommt, oder ob es schließlich nur dem Nutzungsberechtigten zugeordnet werden kann. Die Vorschläge zur Zuordnung des Stimmrechts reichen hierbei von den beiden Extremlösungen (Stimmrecht allein bei dem Gesellschafter, aber interne Bevollmächtigung des Nießbrauchers zur Stimmrechtswahrnehmung zulässig, noch h. M.[36] – Stimmrecht allein bei dem Nießbraucher[37]) über vermittelnde Auffassungen, nach denen entweder das Stimmrecht sowohl dem Gesellschafter als auch Nießbraucher zukommt[38] oder je nach Beschlußgegenstand entschieden werden muß[39], bis

---

36 OLG Koblenz, NJW 1992, 2163 (2164 f.) für den Nießbrauch am GmbH-Anteil; Staud-*Frank,* Anh zu §§ 1068, 1069 Rn. 70; Soergel-*Stürner,* § 1068 Rn. 7 f.; Heymann-*Emmerich,* § 105 HGB Rn. 68; *Karsten Schmidt,* GesR, § 61 II 3; *ders.,* ZGR 1999, 601 (609 f.); *Blaurock,* Unterbeteiligung, 144; *Huber,* Vermögensanteil, 413 ff.; *Teichmann,* Gestaltungsfreiheit, 232 ff.; *Wiedemann,* Übertragung, 412 ff.; *Finger,* DB 1977, 1033 (1038 f.); *Kruse,* RNotZ 2002, 69 (75).

37 BFH, NJW 1995, 1918 (1919), zumindest für das Stimmrecht bei Beschlüssen der Gesellschafter über die laufenden Angelegenheiten; ansonsten siehe Palandt-*Bassenge,* § 1068 Rn. 4; Großkomm-*Ulmer,* § 105 HGB Rn. 126, anders § 139 HGB Anm. 94; *Flume,* PersGes, § 17 VI; *Gschwendtner,* NJW 1995, 1875 (1876); obiter auch BGHZ 107, 187 ff.

38 *Klönne,* Nießbrauch, 117, wenn ausdrücklich so vereinbart.

39 Je nachdem, ob der Gegenstand der Beschlußfassung mehr die „Nutzungen" (dann Stimmrecht beim Nießbraucher) oder die „Substanz" der Gesellschaft (dann Stimmrecht beim Gesellschafter) betrifft, schlagen eine Aufteilung des Stimmrechts vor: Schlegelberger-*Karsten Schmidt,* vor § 335 HGB Rn. 16 („sympathisierend" in *ders.,* ZGR 1999, 601 (608 Fn. 28)); Baumbach-*Hopt,* § 105 HGB Rn. 46; *Hepp-*

hin zu Ansätzen, die das Stimmrecht des Besteller-Gesellschafters quasi „vergemeinschaften“ und insofern entweder auf seine gemeinsame Ausübung durch Gesellschafter und Nießbraucher[40], auf die Bestellung eines gemeinsamen Vertreters[41] oder auf die Notwendigkeit insistieren, sich auf eine einheitliche Ausübung des Stimmrechts einigen zu müssen[42].

b) These

Sämtliche Ansätze vermögen nicht – wie im folgenden gezeigt werden wird – zu überzeugen. Ganz abstrakt (und so natürlich noch relativ unverständlich gesagt) hängt die Stimmrechtszuordnung vielmehr a) vom Willen des Nießbrauchers und des Besteller-Gesellschafters ab und ist b) je nach gewählter Stimmrechtsverfassung durch diverse gesellschaftsrechtliche Schutzinstrumentarien zu ergänzen. Das heißt genauer: Erstens: Das Stimmrecht kann dem Anteilsnießbraucher unter Ausschluß des Besteller-Gesellschafters zugeordnet werden. Zweitens: Diese Stimmrechtszuordnung ist keine Folge schon der Nießbrauchsbestellung als solche, sondern Folge einer spezifischen Anordnung im Bestellungsvertrag. Die Stimmrechtszuordnung kann also je nach den Willen von Besteller und Nutzungsberechtigten vereinbart und dementsprechend ganz verschiedenartig ausgestaltet werden[43]. Drittens: Diese Vereinbarung ist nicht voraussetzungslos möglich. Erste Voraussetzung ist, daß einer Stimmrechtszuordnung an den Nießbraucher die übrigen Mit-Gesellschafter zustimmen. Zweite Voraussetzung ist, daß der Stimmrechtszuordnung je spezifisch zugeschnittene Instrumente zur Seite gestellt werden, mittels derer die privatautonome Selbstbestimmung des Besteller-Gesellschafters und persongesellschaftliche Strukturvorgaben gesichert werden. Viertens: Wenn eine vollständige Zuordnung des Stimmrechts und des Zustimmungsrechts an den Nießbraucher unter Verdrängung des Besteller-Gesellschafters zulässig ist, sind erst Recht andere Zuordnun-

Schwab, Mitgliedschaft, 181; *Fleck,* FS Fischer, 107 (125). Ähnlich *Flume,* PersGes, § 17 VII, für den der Besteller-Gesellschafter für alle Akte zuständig bleibt, die die Mitgliedschaft selbst betreffen (also Änderung des Gesellschaftsvertrags, Auflösungsbeschluß, Geschäftsübernahme etc.).

40 *Wiedemann,* Übertragung, 413 ff., kann so gelesen werden, da er den Gesellschafter gleichsam als „geborenen Vertreter“ des Nießbrauchers ansieht.

41 So für das Aktienrecht *Peters,* Die Ausübung des Stimmrechts bei nutznießungsbelasteten Aktien, 1952, 25 ff.

42 So jüngst *Schön,* ZHR 158 (1994), 229 (261 f.).

43 Etwa Stimmrecht für Änderungen des Gesellschaftsvertrages außerhalb der Reichweite des § 1071 BGB beim Besteller-Gesellschafter, Rest beim Nießbraucher. Oder: Gemeinschaftliche Ausübung des Stimmrechts für derartige Änderungen des Gesellschaftsvertrages bei beiden, Rest beim Besteller-Gesellschafter, und ähnliche Kombinationen mehr.

gen gestattet. Dieser vierte Bestandteil der These leuchtet unmittelbar ein. Er trägt auch zur Vereinfachung der Diskussion über die Stimmrechts- und Zustimmungsrechtszuordnung bei. Insofern wird im folgenden primär untersucht, inwieweit eine Zuweisung des Stimmrechts- und des Zustimmungsrechts an den Anteilsnießbraucher zulässig ist.

c) Die Arbeitsplattform: Mögliche Wirkungen einer Stimmrechtszuordnung an den Anteils-Nießbraucher

Was heißt nun genau „Stimmrechtszuordnung an den Anteilsnießbraucher"? Dies hängt augenscheinlich von den Wirkungen ab, die mit einer derartigen Stimmrechtszuordnung verbunden sind, wenn ihre Voraussetzung – die Bestellung eines dinglichen Nutzungsrechts an der Mitgliedschaft – unverändert bleibt. Es ist forschungsmethodisch fruchtbar, ganz unabhängig von den Fragen nach der Zulässigkeit einer Stimmrechtszuordnung an den Nießbraucher zunächst die größtmöglichen Wirkungen einer derartigen Zuordnung analytisch zu skizzieren, um von dieser Warte aus etwaige Einschränkungen dieser Wirkungen zu formulieren und sodann die Zulässigkeit diverser Gestaltungen zu studieren. Die größtmöglichen Wirkungen der Stimmrechtszuordnung können in den topoi „Verdrängend", „Weisungsungebunden", „Unwiderruflich" und „Vollmachtswirkung" verschlagwortet werden. Was heißt das?

Es war schon des öfteren die Rede davon, daß bei einer Stimmrechtszuordnung an den Anteilsnießbraucher dieser und nicht der Besteller-Gesellschafter das Stimmrecht im „Außen"-Verhältnis zu den Mit-Gesellschaftern ausübt. Zudem soll eine Stimmabgabe durch den Besteller-Gesellschafter keine Wirkungen haben. Der Besteller-Gesellschafter würde also aus der Stimmrechtsausübung im Außenverhältnis zu den Mit-Gesellschaftern in toto verdrängt; die Stimmrechtszuordnung kann insofern als „verdrängend" bezeichnet werden. Nun würde der Besteller-Gesellschafter bei einer verdrängenden Stimmrechtszuordnung an den Anteilsnießbraucher nicht nur von der Ausübung seines Stimmrechts ausgeschlossen. Vielmehr nähme der Nießbraucher die Ausübung des Stimmrechts wahr. Forschungsmethodisch sei angenommen, es sei sowohl eine Wahrnehmung des stimmrechtlichen Mitwirkungsrechts als auch des stimmrechtlichen Mitbestimmungsrechts durch den Nutzungsberechtigten möglich. Das Stimmrecht des Anteils des Besteller-Gesellschafters verlöre also nicht nur wie bsp. bei einem herkömmlichen Stimmrechtsverzicht seine Wirkungsfähigkeit im Rahmen der gesellschaftlichen Beschlußfassung[44], sondern behält weiterhin seine Ein-

---

[44] Zu dieser Wirkung der Stimmrechtszuordnung ausführlich unten § 6.

flußfähigkeit auf den Gesellschafterbeschluß. Die Stimmrechtszuordnung an den Nießbraucher wirkt damit für die Dauer des dinglichen Nutzungsrechts wie eine Vollmacht. Insofern hat die Stimmrechtszuordnung „Vollmachtswirkung“ [45].

Die Stimmrechtszuordnung an den Anteilsnießbraucher wirkt jedoch nicht wie der Grundtypus einer Vollmacht, die zumeist jederzeit widerruflich ist und die der Vollmachtnehmer im Innenverhältnis zum Vollmachtgeber weisungsgebunden ausüben muß. Vielmehr wirkt sie einmal wie eine unwiderrufliche Vollmacht, da die Stimmrechtszuordnung – je nach Konstruktion, die noch näher zu klären sein wird – Ausfluß des dinglichen Nutzungsrechts selbst oder zumindest Bestandteil des nießbrauchsrechtlichen gesetzlichen Schuldverhältnisses wäre. Insofern kann von einer „unwiderruflichen“ Stimmrechtszuordnung gesprochen werden. Darüber hinaus soll die Stimmrechtszuordnung an den Anteilsnießbraucher – wieder sei forschungsmethodisch einmal davon ausgegangen, diese sei zulässig – auch dazu führen, daß eine Abhängigkeit des Anteilsnießbrauchers von Weisungen des Besteller-Gesellschafters hinsichtlich der Stimmrechtsausübung ausgeschlossen ist. Insofern wirkt die Stimmrechtszuordnung an den Anteilsnießbraucher wie eine „weisungsungebundene“ Vollmacht. Kurz gesagt wirkt also die Stimmrechtsausübung durch den Nießbraucher im weitest möglichen Falle sowohl bei Mitwirkungs- als auch bei Mitbestimmungsgegenständen wie eine unwiderrufliche, verdrängende und weisungsungebundene Stimmrechtsvollmacht. Im folgenden muß daher untersucht werden: Sind derartige Wirkungen akzeptabel? Und falls nicht: Sind sie gänzlich inakzeptabel? Oder lassen sich Schattierungen ausmachen, die die Stimmrechtszuordnung in ihrer verdrängenden, weisungsungebundenen, unwiderruflichen und vollmachtsähnlichen Ausgestaltung zwar modifizieren, aber im Grundsatz unangetastet lassen?

§ 5 Die Stimmrechtszuordnung und die Wertungen des Abspaltungsverbots

I. Die Relevanz des Wertungsvorbildes „Abspaltungsverbot“

Im historischen Rückblick auf den rechtsdogmatischen Ausgangspunkt für die Beurteilung der gesellschaftsrechtlich zulässigen Stimmrechtszuord-

---

[45] Dies ist ja auch der Grund, warum oftmals der rechtspraktische Stellenwert der Stimmrechtszuordnungsproblematik mit dem Hinweis zu relativieren versucht wird, der Besteller-Gesellschafter könne dem Nießbraucher Vollmacht zur Ausübung des Stimmrechts erteilen, so etwa *Karsten Schmidt,* GesR, § 61 II 3; *Westermann,* Vertragsfreiheit, 419; allg. zur Vollmacht zur Ausübung von Mitgliedschaftsrechten *Westermann,* ebda., 402 ff.; *Wiedemann,* Übertragung, 349 ff.

nung beim Anteilsnießbrauch war das in § 717 S. 1 BGB niedergelegte Abspaltungsverbot am wirkmächtigsten. Danach ist eine „Abspaltung“ einzelner mitgliedschaftlicher Positionen, wie bsp. des Stimmrechts, sowie des in der Beteiligung verkörperten Vermögensanteils des Gesellschafters von dem Anteil selbst ausgeschlossen[46]. Ausdruck des Abspaltungsverbots war das schon eingangs diskutierte Petitum, daß ein Nießbrauch an Personengesellschaftsanteilen nur in der Form der treuhänderischen Vollübertragung der Beteiligung zulässig sei[47]. Dazu ist schon bemerkt worden, daß richtigerweise die Frage, welche Auswirkungen das Abspaltungsverbot auf den Anteilsnießbrauch hat, nicht bei den tatbestandlichen Voraussetzungen des dinglichen Nutzungsrechts, sondern bei seinen Rechtsfolgen – und hier vor allem hinsichtlich der Verteilung des Stimmrechts – anzusiedeln ist[48]. Nun wird aber gerade hinsichtlich des richtigen Rechtsfolgenzuschnitts des Anteilsnießbrauch ausgeführt, eine Stimmbefugnis des Nießbrauchers sei mit dem Abspaltungsverbot nicht zu vereinbaren[49]. Andere wiederum sehen zwar eine Abspaltung, lassen aber Durchbrechungen des Abspaltungsverbots beim Anteilsnießbrauch zu[50].

Voraussetzung für einen Verstoß einer Stimmrechtszuordnung an den Nießbraucher gegen das Abtretungsverbot ist, daß dieses durch die Stimmrechtszuordnung überhaupt berührt ist. Abspaltung eines Stimmrechts von einem Gesellschaftsanteil heißt nichts anderes als a) die Trennung dieses Mitverwaltungsrechts von der Mitgliedschaft als dem Inbegriff der mitgliedschaftlichen Rechte und b) ihre Übertragung oder dauernde Ausübungsüberlassung an einen der Gesellschaft außenstehenden Dritten. Nun wird bei der Begründung eines Anteilsnießbrauchs ein beschränktes dingliches Recht begründet. Zum Verständnis dieses beschränkten dinglichen Rechts sind in der Literatur verschiedene Metaphoriken entwickelt worden, die im Kontext der Abspaltungsdebatte eine geradezu persuasive Wirkung ausüben[51]. Am verbreitesten ist die Rede von der „Abspaltung“ oder „Aufteilung“ von

---

[46] Zum gesellschaftsrechtlichen Abspaltungsverbot grundlegend BGHZ 3, 354 (357; 20, 363 (364); sowie eingehend *Karsten Schmidt,* GesR, § 19 III 4; *Wiedemann,* Übertragung, 274 ff.; *Westermann,* Vertragsfreiheit, 388 ff.; *Habersack,* Mitgliedschaft, 78 ff.; *Fleck,* FS R. Fischer, 107 ff. (zur GmbH); *Reuter,* ZGR 1978, 633 (634 ff.); *Ulmer,* FS Fleck, 383 (387 ff.).

[47] Siehe oben § 2 II 4 a.

[48] Siehe oben § 2 II 4 a.

[49] So vor nicht allzu langer Zeit das OLG Koblenz, GmbHR 1992, 464 (465 m. w. Nachw.).

[50] So *Fleck,* FS Fischer, 107 (117); *Hepp-Schwab,* Mitgliedschaft, 191, wohl anders 138 ff. (keine Abspaltung, sondern Ausübungsüberlassung).

[51] *Daß* derartige Metaphoriken entwickelt worden sind, ist freilich nichts Negatives. Es ist durchaus einsichtig zu behaupten, die Rechtsprache als solche sei durchweg metaphorisch verfaßt, siehe dazu nur *Somek,* Gegenstand, 25 ff., 31 ff.

Nutzungsbefugnissen[52] oder der „Teilung“ der Zuordnung des subjektiven Rechts[53]. Es ist kein Wunder, daß sich aufgrund sprachlicher Parallelen und der mit ihnen verbundenen suggestiven Kraft ein Verstoß gegen das Abspaltungsverbot geradezu aufdrängt.

Diese Sogwirkung des Sprachlichen wird gemildert, wenn die Belastung mit dem dinglichen Nutzungsrecht als „Teilung nach dem Interessegehalt“ umschrieben wird[54]; sie wird verlassen, wenn der Nießbrauch als Ausübungsüberlassung beschrieben wird, der allein die Ausübung des belasteten Rechts einschränke, das Recht selbst aber inhaltlich nicht begrenze[55]. Nun wird beim Anteilsnießbrauch die Mitgliedschaft zur Gänze dinglich belastet[56]. Die dingliche Belastung führt also zu einer unmittelbaren Mitberechtigung des Nießbrauchers am Anteil im ganzen. Um in der metaphorischen Bildersprache zu bleiben: Es kommt nicht zu einer „Abspaltung“ der Rechte des Besteller-Gesellschafters, sondern zu ihrer *Überlagerung*. Vor diesem Hintergrund haben Wiedemann[57] schon vor längerer Zeit, sodann Flume[58], Ulmer[59] und kürzlich erst Schön[60], Habersack[61], Karsten Schmidt[62] sowie andere Stimmen in der Literatur[63] darauf hingewiesen, daß die Einräumung mitgliedschaftlicher Verwaltungsrechte an den Anteilsnießbraucher nicht mit einer Verselbständigung gegenüber dem Anteil verbunden sei und insofern das Abspaltungsverbot unberührt lasse[64].

---

[52] So etwa *Wilhelm,* Sachenrecht, Rn. 42 ff.; *Wolf-Raiser,* Sachenrecht, § 120, § 175 I; *Bechtold,* Nießbrauch, 55; *Teichmann,* ZGR 1972, 1 (4); *Heß,* AcP 198 (1998), 489 (492); *Kruse,* RNotZ 2002, 69 (75). Allgemein zur Teilungsmetapher *Heck,* Sachenrecht, § 21; siehe auch *Sojka,* Schutz, 16 ff.

[53] So etwa H. Westermann-*Pinger,* Sachenrecht, § 137 I 1; *Wieling,* Sachenrecht, § 1 II 3 d; *Wiedemann,* Übertragung, 397 f.

[54] So etwa bei *Forkel,* Übertragungen, 33 ff., 42 ff.; *Heck,* Sachenrecht, § 21.

[55] So etwa *Wieling,* Sachenrecht, § 8 II 1 c; *v. Lübtow,* FS Lehmann, 328 (378 f.); *Hepp-Schwab,* Mitgliedschaft, 138 ff. m. w. Nachw., 140 ff.

[56] Ablehnend zur Vorstellung, Nießbrauchsgegenstand sei die Mitgliedschaft, *Hepp-Schwab,* Mitgliedschaft, 135 f., der die mitgliedschaftlichen Befugnisse als Belastungsgegenstand ansieht.

[57] *Wiedemann,* Übertragung, 411, 416; *ders.,* WM 1992, Sonderbeil. 7, 1 (26).

[58] *Flume,* PersGes, § 17 VI; *ders.,* FS Larenz, 769 (782 ff.); ausdrücklich zustimmend *Karsten Schmidt,* GesR, § 19 III 4 b, mißverständlich dann aber § 21 II 1 b und d.

[59] *Ulmer,* FS Fleck, 383 (388 f.); zuvor schon in Großkomm-*ders.,* § 139 HGB Rn. 93 ff.; MünchKomm-*ders.,* § 705 Rn. 82.

[60] *Schön,* ZHR 158 (1994), 259 (252 f.), der darauf hinweist, daß dies schon der Redaktor für den Vorentwurf des Sachenrechts, *Reinhold Johow,* erkannte.

[61] *Habersack,* Mitgliedschaft, 110 f.

[62] *Karsten Schmidt,* ZGR 1999, 601 (607 f.).

[63] *Kreifels,* FS Hengeler, 158 (162 f.); *Rohlff,* NJW 1971, 1337 (1339); Schlegelberger-*Martens,* § 109 HGB Rn. 15; *H. P. Westermann,* Handbuch der PersGes, I Rn. 335; *Noack,* Gesellschaftervereinbarungen, 151; *Queck,* Nießbrauch, 60 f.

Rechtstechnisch-konstruktiv ist damit ein schlagendes Argument gegen den Einwand formuliert, eine Stimmrechtszuordnung an den Anteilsnießbraucher verstieße gegen das Abspaltungsverbot. Nur hilft dieses Argument für die eigentliche Problemlösung kaum weiter. Denn bei Lichte betrachtet kommt es *nur zu einem Wechsel in der Metaphorik,* mit der das Problem aufbereitet wird – eine Metaphorik zudem, welche einen primär technisch-konstruktiven Einschlag aufweist: Statt *Abspaltung* von Rechten steht nun die *Überlagerung* von Rechten zur Rede. Wieso sollten sich hier aber wegen der verschiedenen *Konstruktion* der Wirkungen des dinglichen Nutzungsrechts – hier „Abspaltung", dort „Überlagerung" – auf einmal auch in der *Wertung* Unterschiede ergeben dürfen, wenn diese rechtstechnisch von der Abspaltung zu trennende Überlagerung zu ganz ähnlichen Folgen wie eine Stimmrechtsabspaltung führt? Schließlich wird auch sonst das Abspaltungsverbot zur Prüfung der Zulässigkeit einer Gestaltung herangezogen, bei der der Gesellschafter zwar formal Inhaber des Mitverwaltungsrechts bleibt, bei der aber im Ergebnis die Gestaltung einer Stimmrechtsabtretung nahekommt, wie etwa bei der unwiderruflichen verdrängenden Stimmrechtsvollmacht[65]. Wie man es auch dreht und wendet, es bleibt immer noch aufgegeben, die Wertungsgrundlagen des Abspaltungsverbots darauf durchzumustern, ob sie einer Stimmrechtszuordnung an den Nießbraucher im Wege stehen oder zumindest zu Modifikationen in der Art und Weise der Stimmrechtszuordnung führen. Zudem geht es auch um die präzise organisationsrechtliche Einpassung des Anteilsnießbrauchs in das Kompetenzgefüge der Personengesellschaft. Die Wertungen des Abspaltungsverbots können hier als Richtschnur dienen.

Freilich bleibt *ein* Unterschied zu einer unmittelbaren Geltung des Abspaltungsverbots bestehen: Wenn sich zeigt, daß die dem Abspaltungsverbot zugrundeliegenden Wertungen gegen eine Stimmrechtszuordnung an den

---

[64] Höchstrichterlich ist die Rechtsfrage tragend noch nicht entschieden worden, obiter hat der BGH im Rahmen seiner Entscheidung zur Dauertestamentsvollstrekkung über die Kommanditbeteiligung vom 9.7.1989 (BGHZ 108, 187) jedoch ausgeführt, daß bei der Nießbrauchsbestellung einzelne Rechte nicht abgespalten werden, da die Mitgliedschaftsrechte – jedenfalls grundsätzlich – insgesamt von einem Dritten ausgeübt würden.

[65] Siehe nur BGHZ 3, 354 (357 ff.); OLG Koblenz, GmbHR 1992, 464 (465 f.); MünchKomm-*Ulmer,* § 717 Rn. 16; Schlegelberger-*Martens,* § 109 HGB Rn. 14; Heymann-*Horn,* § 164 HGB Rn. 16; Großkomm-*Schilling,* § 161 HGB Rn. 37. Zum Problem siehe auch *Westermann,* Vertragsfreiheit, 428 ff., 442, der die verdrängende Stimmrechtsvollmacht mit dem Abspaltungsverbot deshalb für kompatibel hält, weil er dem Abspaltungsverbot einen primar rechtskonstruktiven Gehalt zumißt. Dann ist klar, daß bei Auswechselung der Konstruktion das Abspaltungsverbot keine Rolle mehr spielt. Um diesen Schluß ziehen zu können, mußte *Wiedemann* sich aber erst einmal den Wertungsgrundlagen des Abspaltungsverbots widmen.

Anteilsnießbraucher sprechen, wäre damit – *falls* das Abspaltungsverbot im Rahmen der Stimmrechtszuordnung auch rechtstechnisch greifen würde, was hier ja bestritten wird – zugleich diese Stimmrechtszuordnung wegen Verstosses gegen § 717 S. 1 BGB unzulässig. Dies liegt einfach daran, daß § 717 S. 1 BGB eine „Regel“[66] (in anderer Diktion: eine „Struktur“[67]) darstellt – und Regeln oder Strukturen zeichnen sich dadurch aus, daß sie nicht wie Prinzipien (als das Gegenstück der Regeln) oder Werte (als das Gegenstück der Strukturen) durch Gegengründe relativiert werden können[68]. Wird – wie beim Anteilsnießbrauch – das Abspaltungsverbot rechtstechnisch richtigerweise nicht berührt, so daß die „Regel“ des § 717 S. 1 BGB also gar nicht greift, zieht ein Verstoß gegen die Wertungen des Abspaltungsverbots eine automatische Unzulässigkeit der Stimmrechtszuordnung hingegen nicht nach sich, da ja kein Verstoß gegen § 717 S. 1 BGB vorliegt und insofern dessen Regelhaftigkeit nicht einschlägig ist. Sollen die Wertungen des Abspaltungsverbots beim Anteilsnießbrauch daher wie eine „Regel“ oder wie eine „Struktur“ des geltenden Rechts wirken, müssen sie daher methodentheoretisch erst an einer geschriebenen oder ungeschriebenen Privatrechtsnorm „aufgehangen“ werden, um einer Stimmrechtszuordnung entgegenzustehen. Es gilt also: Die Wertungsgrundlagen des Abspaltungsverbots müssen dahingehend durchgemustert werden, ob sie Fingerzeige für eine unzulässige Stimmrechtszuordnung an den Nießbraucher enthalten[69]. Hinzutritt: Lassen sich derartige Fingerzeige nachweisen, müssen diese in das System der nießbrauchs- und gesellschaftsrechtlichen Normen eingeordnet werden, damit sie als Regeln oder Strukturen ohne Relativierung durch Gegengründe einer Zuordnung des Stimmrechts an den Nießbraucher entgegenstehen können.

Die weiteren Überlegungen dienen nach dem zuvor Gesagten mithin dazu, die tragenden Wertungen des Abspaltungsverbots zu entschlüsseln, um diese auch für die Stimmrechtszuordnung fruchtbar zu machen. Was die Figur „Abspaltungsverbot“ nun genau bedeutet, wird unterschiedlich beurteilt. Mehrere Ansätze lassen sich unterscheiden[70]: ein „phänomenologi-

---

[66] Und nicht als „Prinzip“ i.S. der Regel-Prinzipien-Dichotomie im Gefolge *Alexys*, siehe dazu nur umfassend *Sieckmann,* Regelmodelle und Prinzipienmodelle des Rechtssystems, passim, sowie jüngst *Jansen,* Die Struktur der Gerechtigkeit, 76 ff.

[67] Und nicht als „Wert“ i.S. der Struktur-Wert-Dichotomie von *Behrends,* siehe dazu *ders.,* in: Rechtsdogmatik und praktische Vernunft, 138 ff. Eine Struktur in diesem Sinn ist nach *Behrends* alles, „was in einer rechtlich geordneten sozialen Wirklichkeit einem Modell folgend als eine geschlossene Form betrachtet und als tatsächlich vorhanden behandelt wird“, wobei der Zweck einer derartigen Struktur ist, „eine Berechtigung zu formalisieren“, *ders.,* ebda., 154.

[68] Zum Unterschied zwischen Regeln und Prinzipien siehe nur *Jansen,* Die Struktur der Gerechtigkeit, 76 ff.; sowie *Enderlein,* Abwägung, 49 ff., 90 ff., 96 ff.

[69] Ebenso *Queck,* Nießbrauch, 207 f.

scher" (Rekurs auf das Wesen der Personengesellschaft, dazu unten § 5 II), ein privatautonomistischer (Schutz der Mit-Gesellschafter, dazu unten § 5 V), ein rechtspaternalistischer (Schutz des Besteller-Gesellschafters, dazu unten § 5 VI), ein rechtskonstruktivistischer (Schutz des Systems dinglicher Rechte und der mit ihnen verbundenen Rechtserscheinungen, dazu unten § 5 IV) und ein funktionalistischer (in je verschiedener Ausprägung: Schutz der Wirtschaftsverfassung, Schutz der Verbandssouveränität, Schutz des Gesellschaftsinteresses, Schutz der gesellschaftlichen Funktion der Personengesellschaft, dazu unten § 9 II, § 10, § 11).

II. Das Abspaltungsverbot und das „Wesen" der Personengesellschaft

Vor allem die ältere Rechtsprechung des Bundesgerichtshof deduzierte das Abspaltungsverbot unmittelbar aus dem „Wesen" der Gesellschaft[71]. Teile der Literatur haben sich dem angeschlossen und das Abspaltungsverbot als Ausdruck der unselbständigen, von der Mitgliedschaft als Stammrecht nicht trennbaren „Natur" der einzelnen Mitgliedschaftsrechte angesehen[72] oder eine Parallele dazu gezogen, daß der Herausgabeanspruch nach § 985 BGB vom Sacheigentum auch nicht getrennt werden könne[73]. Das Abspaltungsverbot erscheint so als Ausdruck einer primär rechtstechnischen Sichtweise mit „metaphorischem Einschlag": die Mitgliedschaft ist einheitlich gebaut, konstruktive Schnitte – „Spaltungen" – durch sie hindurch sind unzulässig. Tragfähig ist diese Begründung des Abspaltungsverbots indes nicht. Argumentationen mit dem „Wesen" eines Rechtsinstituts oder der „Natur" eines Rechts überzeugen allenfalls dann, wenn mit dem „Wesen" oder der „Natur" das Ergebnis eines zuvor stattgefundenen Argumentationsprozesses kurz und bündig zusammengefaßt wird. Eigenständige Folgerungen aus dem „Wesen" eines Rechtsinstituts verdecken insofern nur, daß die eigentlichen Beweggründe einer Entscheidung nicht offengelegt werden. Deutlich wird dies, wenn dem Bild von der nicht „durchtrennbaren" Einheitlichkeit der Mitgliedschaft ein anderes Bild entgegengehalten wird, das deutlich macht, daß mit der rein konstruktiven Metaphorik einer „Trennung" von Mitgliedschaftsrechten von der Beteiligung die Problematik des Anteilsnießbrauchs gar nicht richtig erfaßt wird. Schließlich spalten der Gesellschafter und der Nießbraucher die Mitgliedschaft bei der Bestellung des dinglichen Nutzungsrechts nicht auf, sondern belasten die Mitgliedschaft in toto[74]. Das Bild einer „Verlagerung" von Mitgliedschaftsrechten auf gesell-

70 Dazu auch unten § 5 III.

71 BGHZ 3, 354 ff.; BGH LM § 105 HGB Nr. 6; LM § 109 HGB Nr. 6.

72 MünchKomm-*Ulmer,* § 717 Rn. 7.

73 *Westermann,* Handbuch der Personengesellschaft, I 321, S. 394 ff.

schaftsfremde Dritte paßt hier demnach zumindest dann nicht, wenn dem das Bild einer „Belastung der Mitgliedschaft im ganzen“ entgegengehalten wird. Dieses Ausspielen „Bild“ gegen „Bild“ zeigt schon, daß die Argumentation auf dieser Ebene nicht weiterführt: Nicht „Bilder“ von dem, was geschieht, wenn ein Anteil mit einem Nießbrauch belastet wird, sind relevant, sondern allein die materiellen Wertungsgrundlagen, auf denen das Abspaltungsverbot beruht.

III. Materielle Begründungen des Abspaltungsverbots: Überblick

Diese materiellen Wertungsgrundlagen des Abspaltungsverbots sind freilich ihrerseits Gegenstand heftiger Kontroversen. Das Meinungsspektrum kann in drei große Stränge aufgefächert werden. Der erste Begründungsstrang verortet das Abspaltungsverbot als Ausdruck einer sinnvollen Rechtszuordnung im Kontext einer funktionsgerechten Ausgestaltung subjektiver Rechte und rekurriert vor allem auf die Wertungen, die der Einrichtung des numerus clausus dinglicher Rechte zugrundeliegen. Der zweite Begründungsstrang setzt das Abspaltungsverbot in bezug auf den Schutz der Selbstbestimmung der Mitgesellschafter oder des Besteller-Gesellschafters. Schließlich wird in einem dritten Begründungsstrang das Abspaltungsverbot mit überindividuellen Ordnungsstrukturen des Gesellschaftsrechts in Verbindung gebracht. Es wird sich zeigen, daß der zweite Begründungsstrang und dort der Rekurs auf das Selbstbestimmungsrecht des Besteller-Gesellschafters den gehaltvollsten Ansatz für eine sachgerechte Stimmrechtszuordnung liefert.

IV. Abspaltungsverbot und der numerus clausus dinglicher Rechte

1. Die Einheit von Rechtsbefugnis und Rechtszuständigkeit

Vor allem Wiedemann[75] hat das Abspaltungsverbot im wesentlichen im gleichen Gedanken gegründet, der auch den numerus clausus der dinglichen Rechte tragen soll: Die inhaltlichen Befugnisse eines Rechts könnten nicht

---

[74] Dazu *Wiedemann,* Übertragung, 397 f., 411; *Flume,* PersGes, § 17 VI; *ders.,* FS Larenz, 769 (782 ff.); Großkomm-*Ulmer,* § 105 HGB Rn. 114; MünchKomm-*ders.,* § 717 Rn. 12; *ders.,* FS Fleck, 383 (383 f.); siehe auch *Karsten Schmidt,* GesR, § 19 III 4 b; *Fleck,* FS Fischer, 107 (108).

[75] Dazu und zum folgenden *Wiedemann,* Übertragung, 283 ff.; siehe auch schon *v. Tuhr,* AllgT I, § 1 IV; zustimmend zum Ansatz *H. P. Westermann,* Vertragsfreiheit, 396 ff.

verselbständigt werden, ohne daß das Recht selbst (paradigmatisch: das Eigentum) durch den dauernden Entzug der Herrschaftsmacht wirtschaftlich ausgehöhlt würde. Diesem Gedanke läge auch der Regelung des § 137 BGB zugrunde, nach der der privatautonom gewollte Ausschluß der Verfügungsmacht zum Schutz der Verkehrsfähigkeit der Güter und der Funktionalität der auf freier Warenzirkulation beruhenden Marktwirtschaft nicht möglich sei[76]. Entsprechend würden auch die beschränkten dinglichen Rechte entweder mit der Geltendmachung erlöschen oder seien von vornherein unveräußerlich und unvererblich und insofern in ihren wirtschaftsdysfunktionalen Folgen eingegrenzt. Hieraus folge zugleich, daß es außerhalb der beschränkten dinglichen Rechte zu keinen Handel mit Rechtsbefugnissen kommen dürfe; Verwaltungsbefugnisse seien insofern nicht sonderrechtsfähig. Zudem korreliere die Verantwortung über die Sache mit dem Eigentum an der Sache; unbillig wäre es deshalb, dem Eigentümer auch dann noch die Verantwortung über die Sache aufzubürden, wenn er auf die Art der Rechtsausübung aufgrund einer vorherigen Übertragung der Handlungsbefugnis nicht mehr einwirken könne. Insofern gelte auch für das Gesellschaftsrecht die Erkenntnis, daß einzelne Funktionen des subjektiven Rechts nicht herausgebrochen werden könnten, ohne den gerade beschriebenen Sinn der Rechtszuordnung zu zerstören. Mit diesem Rekurs auf den Wertungsgleichklang mit dem numerus clausus dinglicher Rechte seien zugleich die Grenzen des Abspaltungsverbots beschrieben: Eine Abspaltung von Rechtsbefugnissen sei zulässig, wenn sie in den Formen beschränkter dinglicher Rechte stattfinde. Es überrascht daher nicht, daß im Ergebnis nach Wiedemann das so gegründete Abspaltungsverbot durchweg einer Zuordnung des Stimmrechts an den Nießbraucher als Inhaber eines beschränkten dinglichen Rechts nicht entgegenstehen soll.

2. Kritik am Rekurs auf Praktikabilität und rechtssichernder Stimmrechtszuordnung

Ob und inwieweit die von Wiedemann als Ausgangspunkt genommene Verbindung von Verwaltungsrecht und Eigentum überzeugt, mag dahingestellt sein[77]. Interessant ist nur, daß er die Frage, wie das Stimmrecht beim Anteilsnießbrauch zugeordnet werden kann, nicht mehr vor dem Hintergrund des Abspaltungsverbots, sondern anhand anderer Kriterien beantwortet. Relevant sind für ihn praktikabilitätsorientierte Ordnungsgesichtspunkte

---

[76] In der Sicherung der Verkehrsfähigkeit der Güter erblicken den Normzweck des § 137 BGB ebenfalls *Liebs,* AcP 175 (1975), 1 (37 f.); MünchKomm-*Mayer-Maly,* § 137 Rn. 4; *Berger,* Verfügungsbeschränkungen, 74 ff.

[77] Kritisch zum Zusammenhang zwischen Verwaltungsrecht und Eigentum bsp. *Knieper,* Gesetz und Geschichte, 166 ff.

wie die Sinnhaftigkeit der Stimmrechtsverteilung und die Bedeutung einer rechtssichernden Zuordnung des Stimmrechts[78]. Die sich hierbei ergebenden Schwierigkeiten liegen auf der Hand: Haben diese Ordnungsgesichtspunkte einen rein *appellativen* Charakter, daß sie die Gesellschafter zu einer rechtssichernden Ausgestaltung des gesellschaftlichen Innenverhältnisses zu motivieren suchen, die diesem Appell aber nicht zu folgen brauchen? Oder wohnt ihnen auch eine rechtlich *zwingende* Tendenz inne, so daß sie als Bestandteil des geltenden Rechts selbst erscheinen und auch gegen eine abweichende Motivation ihren Geltungsanspruch durchsetzen wollen?[79]

Die Antwort auf diese Fragen ist schwierig. In ihnen schimmert ein grundlegendes Methodenproblem des Gesellschaftsrechts auf. Dieses Problem besteht darin, daß aus Sicht der Praxis das Recht einerseits auf die „sachlogischen Ordnungsstrukturen" der sozialen Wirklichkeit Rücksicht nehmen soll und daß andererseits das Recht ja seinem ureigenem Anspruch nach auf genau diese Praxis und auf die ihr inhärenten „Sachlogiken" einwirken und sie ggfls. auch verändern soll. Anders gesagt: Es steht das Verhältnis des neuen Naturrechts „Gebot der Berücksichtigung wirtschaftlicher Sachzwänge" zum positiven Privatrecht in Rede. Ein etwaiger Vorhalt, die ein oder andere Überlegung sei zu theoretisch, da sie die relevanten Praxisbedingungen etwa des Wirtschaftsrechts verfehle, reklamiert bei Lichte betrachtet eben nur das neue Natur-Recht „Gebot der Berücksichtigung wirtschaftlicher Sachzwänge"[80], ohne zu thematisieren, inwiefern derartige Sachzwänge und die damit verbundene Perspektive, das Verständnis rechtlicher Normierung sei spezifischen Ordnungsvorstellungen zu unterwerfen (mithin: methodisches Gebot einer Ökonomisierung des Rechts), rechtlich überhaupt relevant sind[81].

---

[78] So *Wiedemann,* Übertragung, 411, 416.

[79] Verneinend *Huber,* Vermögensanteil, 395 Fn. 54.

[80] Der Vorwurf, der Rekurs auf ökonomische Grundsätze würde rechtsintern als eine Art neues Naturrecht rekonstruiert werden, wird des öfteren erhoben, siehe etwa *Wiedemann,* Übertragung, 328. Auch rechtstheoretisch ist der Rekurs auf das „wirtschaftlich Vertretbare" oder auf „ökonomische Sachzwänge" *als solcher* wenig einsichtig. Denn mit bloßen *Zweckmäßigkeits*erwägungen läßt sich ja nicht hinreichend einsichtig machen, wieso sie vor dem Forum *rechtlicher* Argumente überzeugungskräftig erscheinen können. Aus Sicht des Rechts könnte man ja immer einwenden, man verfolge mit den Zweckmäßigkeitserwägungen ein Ziel, welches mit wohlbegründeten Rechten unvereinbar ist. Rechte haben gegenüber Zielen dann den Charakter von „Trümpfen". Dazu siehe auf der Basis von *Dworkin* nur *Somek,* Rechtssystem, 241.

[81] Zur wirtschaftlichen Betrachungsweise im Privatrecht siehe ausführlich *Christian Müller,* Die wirtschaftliche Betrachtungsweise im Privatrecht, insbes. Kap. 4 und 5.

Beantwortet werden muß diese Frage nach dem rechten gesellschaftsrechtlichen Methodenverständnis hier nicht. Denn der einfache Ausweis von Praktikabilität und Verweis auf Rechtssicherheit einer bestimmten Gestaltung kann nicht dazu führen, abweichende Gestaltungen schlichtweg zu verwerfen. Es kommt damit darauf an, dem Gedanken einer rechtssichernden Zuordnung mitgliedschaftlicher Rechte einen genuinen dogmatischen Ort zu geben, von dem aus er überhaupt zur Begrenzung privatautonomer Gestaltungsfreiheit tauglich ist. Der Hinweis auf die Praktikabilität der Gestaltung geht gänzlich ins Leere, wenn nicht das Gesetz selbst hierzu Fingerzeige gibt. Denn über die Praktikabilität einer Gestaltung können die Beteiligten zumeist am besten befinden. Insofern besteht kein Anlaß, hier zu ihrem Schutz einzugreifen. Falls hingegen mit dem Verweis auf Praktikabilität auf eine sinnvolle Ordnung des verbandlichen Innenrechts Bezug genommen wird, ist „Praktikabilität" viel zu weit, als daß damit irgendwelche relevanten Strukturen in das verbandliche Innere gezogen werden könnten. Der Hinweis auf „Praktikabilität" der Stimmrechtszuordnung beim Anteilsnießbrauch führt somit nicht weiter. Bei dem Bemühen um Rechtsklarheit der Stimmrechtszuordnung ist dies anders. Er zumindest kann – wie sogleich gezeigt wird – dogmatisch sinnvoll „aufgehängt" werden.

3. Die Klarheit der korporationsrechtlichen Gestaltung der Mitgliedschaftsrechte

Stellenweise wird einer Stimmrechtszuordnung an Gesellschaftsfremde mit dem Hinweis auf die rechtlich gewünschte Klarheit institutionell gezogener Grenzen für die korporationsrechtliche Gestaltung der Mitgliedschaftsrechte widersprochen[82]. Während bei dem soeben besprochenen Wiedemannschen Rekurs auf den numerus clausus dinglicher Rechte die Stimmrechtszuordnung beim Anteilsnießbrauch ebenfalls durch die Vorgabe einer rechtsichernden Zuordnung mitgliedschaftlicher Rechte geregelt wurde, diese Vorgabe aber innerhalb des Topos „numerus clausus" keinen rechten Platz fand, findet mit der Gründung des Abspaltungsverbots im „Klarheitsgedanken" der Gehalt einer rechtssichernden Stimmrechtszuordnung einen genuin dogmatischen Ort: Dem § 717 S. 1 BGB eignet selbst einen Bezug zu einer rechtssichernden Ausgestaltung von Rechtsbefugnis und Rechtszuordnung.

Mit der Ausrichtung des Abspaltungsverbots an dem Aspekt „Klarheit der korporationsrechtlichen Gestaltung der Mitgliedschaftsrechte" ist eine Stimmrechtszuordnung an den Nießbraucher ohne weiteres vereinbar. Zwar

[82] So *Zöllner,* ZHR 155 (1991), 168 (181). Siehe auch *Klönne,* Nießbrauch, 97 f.; *Wiedemann,* Übertragung, 413; *Karsten Schmidt,* ZGR 1999, 601 (608); anders noch Schlegelberger-*ders.,* Vorbem. § 335 HGB Rn. 16.

wird diese nirgendwo durch einen Publizitätsakt dem Rechtsverkehr offenbart. Doch ist dies allgemein ein Kennzeichen des Rechtsnießbrauch (§ 1069 I BGB) und schadet deshalb nicht. Und die Interessen der Mit-Gesellschafter werden – wie sogleich gezeigt werden wird – dadurch hinreichend geschützt, daß sie der Nießbrauchsbestellung zustimmen müssen. Gegen diese Argumentation kann auch nicht eingewendet werden, mit der gleichen Begründung käme eine Stimmrechtsabspaltung auch bei einer Stimmrechtsvollmacht in Betracht. Zwar stehen funktional beide Formen (Abspaltung und Stellvertretung) nahe beieinander[83]. Dennoch ist es aufgrund des vor kurzem anhand der Überlegungen Wiedemanns dargelegten grundsätzlichen Verbots der Rechtsordnung, außerhalb beschränkter dinglicher Rechte Rechtsbefugnis und Rechtszuständigkeit zu trennen, richtig, zwischen vollständiger Übertragung und obligatorischer Bindung des Stimmrechts einen Unterschied zu machen. Nach all dem spricht der numerus clausus der dinglichen Rechte und der Gedanke einer rechtsklaren Zuordnung der Mitgliedschaftsrechte nicht gegen eine Stimmrechtszuordnung an den Nießbraucher.

V. Das Abspaltungsverbot und der Schutz der Privatautonomie der Mitgesellschafter

1. Die mitgesellschafterliche Zustimmung zur Nießbrauchsbestellung als unabdingbare Voraussetzung des Anteilsnießbrauchs

Der zweite materielle Begründungsstrang gründet das Abspaltungsverbot im individuellen Schutz der Gesellschafter. Dieser Schutz wird aus zwei Perspektiven für die Gründung des Abspaltungsverbots bemüht. In der ersten Perspektive geht es um den Schutz des Besteller-Gesellschafters. Dies wird noch interessieren. Hier steht zuerst einmal nur die zweite Perspektive zur Rede, die den Schutz der Mitgesellschafter vor einer Überfremdung des auf eine eher personale Bindung angelegten Kreis der Gesellschafter zum Gegenstand hat[84]. Es wird gesagt, ein Handeln im Interesse der Gesellschaft zeichne sich durch eine Gleichgerichtetheit der Interessen und durch eine Identität von Rechtsinhaberschaft und Rechtsausübung aus, ergo dürfe eine Abspaltung zumindest dann nicht erfolgen, wenn nicht sämtliche Ge-

---

[83] MünchKomm-*Ulmer,* § 717 Rn. 24; Erman-*Westermann,* § 709 Rn. 21; MünchKomm-*Reuter,* § 32 Rn. 24; *Noack,* Gesellschaftervereinbarungen, 150; *Priester,* FS Werner, 657 (669).

[84] Dazu BGH, BB 1953, 717 f.; BGH LM § 105 HGB Nr. 6; *Wiedemann,* Übertragung, 280 f.; Staud-*Promberger,* 12. Aufl., Anh zu §§ 1068, 1069 Rn. 88; *Westermann,* Handbuch der Personengesellschaft, I 321; siehe auch *Sudhoff,* NJW 1974, 2205 (2208).

sellschafter der Wahrnehmung der Mitwirkungsrechte durch Dritte zustimmen[85]. Diese Fundierung des Abspaltungsverbots unter anderem im Gedanken der Selbstbestimmung der Mitgesellschafter überzeugt. Sie ist Ausdruck der einen Seite des personengesellschaftlichen „Sozietätsmodells“[86]: der Erklärung der Gesellschaft aus dem Vertrag und des damit verbundenen Votums für den grundsätzlichen Vorrang der Selbstbestimmung[87]. Freilich darf neben diesem Personalitätsprinzip die andere Seite des gesellschaftsrechtlichen Sozietätsmodells nicht vergessen werden: der die Selbstbestimmung einschränkende sachliche Gehalt gesellschaftsrechtlicher Strukturprinzipien und des zwingenden Rechts. Hierauf wird noch zurückzukommen sein.

Für den Anteilsnießbrauch scheint nun mit diesem Rekurs auf das Selbstbestimmungsrecht der Mitgesellschafter zumindest für die gerade beschriebene, auf die Erklärung der Gesellschaft aus dem Vertrag bezogene Seite des Sozietätsmodell „Personengesellschaft“ schon deshalb eine gewichtige Weichenstellung verbunden zu sein, weil die Mitgliedschaft nur dann gem. § 1069 II BGB überhaupt belastungsfähig ist, wenn sie gesellschaftsvertraglich oder per Gesellschafterbeschluß übertragbar ausgestaltet ist. Aus § 1069 II BGB könnte daher gefolgert werden, die Gesellschafter hätten schon aufgrund der Übertragbarkeit des Anteils einer Zuordnung der Mitwirkungsrechte an den Nießbraucher quasi zugestimmt, da die Übertragung des Anteils ein Mehr gegenüber dessen Belastung darstelle[88]; das Abspaltungsverbot sei damit aus dem Weg geräumt. Davon kann jedoch nicht die Rede sein. Die Übertragung eines Anteils und die Belastung eines Anteils können nicht im Verhältnis eines Mehr und Weniger zueinander geordnet werden. Bei einer Anteilsübertragung wird weder die Zahl der Beteiligten erhöht, noch die Organisationsstruktur der Gesellschaft verändert. Bei der Bestellung eines Anteilsnießbrauchs ist dies anders. Hier tritt zur Person des Mitgesellschafters noch der Nießbraucher hinzu. Darüber hinaus ist zu befürchten, daß sich Differenzen zwischen Nießbraucher und Besteller-Ge-

---

85 So deutlich *Wiedemann,* Übertragung, 280 f.; allg. *Weber,* Privatautonomie, 258 ff.

86 So die Charakterisierung der Personengesellschaft bei *Karsten Schmidt,* GesR, § 8 IV 2.

87 Dazu nur *Wiedemann,* ZGR 1996, 286 ff.; *ders.,* in: Gestaltungsfreiheit im Gesellschaftsrecht, ZGR-Sonderheft 13 (1998), 5 (6).

88 So Schlegelberger-*Karsten Schmidt,* vor § 335 HGB Rn. 11; Soergel-*Stürner,* § 1068 Rn. 7 c; *Haegele,* BWNotZ 1974, 24 (27); *Teichmann,* ZGR 1973, 24 (40); *Jansen-Jansen,* Nießbrauch, Rn. 53. Ebenso entscheiden sich diejenigen, die schon aus anderen Gründen entweder dem Nießbraucher nicht die gesellschaftsrechtlichen Mitwirkungsrechte zubilligen wollen (wie bsp. *Huber,* Vermögensanteil, 413) oder die sowieso nur eine treuhänderische Anteilsübertragung zulassen, wie bsp. *Sudhoff,* NJW 1971, 481; *Bunke,* DNotZ 1968, 5 (7); MünchKomm-*Petzoldt,* 2. Aufl., § 1068 Rn. 12.

sellschafter auch auf die Willensbildungsprozesse innerhalb der Gesellschaft auswirken. Damit stünde aber das Interesse der Mitgesellschafter an einer schlagkräftigen Unternehmensführung auf dem Spiel.

Die Interessen der Mitgesellschafter sind nach all dem nur gewahrt, wenn sie entweder schon im Gesellschaftsvertrag nicht nur eine Übertragbarkeit des Anteils, sondern auch dessen Belastung mit einem Nießbrauch zulassen oder zumindest zu einer konkret anstehenden Nießbrauchsbestellung ihre Einwilligung erklären[89]. Ausreichend ist hierbei im Zweifel schon, daß der Gesellschaftsvertrag die Belastung des Anteils allgemein, also auch bsp. dessen Verpfändung, gestattet[90], da hier aus Sicht der Interessen der Mit-Gesellschafter gleiche Gefahren für die Gesellschaft auf dem Spiel stehen. Da die Zustimmung der Mit-Gesellschafter zur Nießbrauchsbestellung nicht deshalb erforderlich ist, weil es um den Kern ihrer Mitgliedschaft geht, sondern weil die Zustimmung Ausdruck des Vertraglichen der Personengesellschaft ist, genügt eine mehrheitliche Beschlußfassung, falls der Gesellschaftsvertrag für den Beschlußgegenstand „Anteilsbelastung" eine Mehrheitsentscheidung vorsieht[91] – ob dies der Fall ist, richtig sich wiederum nach den allgemeinen gesellschaftsrechtlichen Auslegungsgrundsätzen[92]. Eine Einwilligung in die Nießbrauchsbestellung kann hingegen nicht allein schon darin gesehen werden, daß der Gesellschaftsvertrag eine die Nachfolge von Todes wegen aufgreifende Nachfolgeklausel enthält, wonach nach dem Tode eines Gesellschafters die Gesellschaft mit dessen Erben oder mit den in der letztwilligen Verfügung genannten Personen fortgesetzt wird[93]. Bei einer Anteilsnachfolge von Todes wegen kommt es nicht zu den gleichen Rechtsfolgen wie bei einer Vernießbrauchung der Mitgliedschaft. Von der einen Zustimmung kann daher nicht auch auf die andere geschlossen werden[94]. Nach all dem gilt also: Liegt eine Zustimmung der

---

[89] So auch Großkomm-*Ulmer,* § 105 HGB Rn. 119; *ders.,* FS Fleck, 383 (390); Baumbach-*Hopt,* § 105 HGB Rn. 44; MünchKomm-*Petzoldt,* 3. Aufl., § 1068 Rn. 12; *ders.,* DStR 1992, 1171 (1171 f.); *Flume,* PersGes, § 17 VI; *Wiedemann,* Übertragung, 400; *Bechtold,* Nießbrauch, 92; *Schön,* ZHR 158 (1994), 229 (253).

[90] *Petzoldt,* DStR 1992, 1171; *Mentz,* Nießbrauch, 128; *Bechtold,* Nießbrauch, 93.

[91] So auch MünchKomm-*Petzoldt,* § 1068 Rn. 14; *ders.,* DStR 1992, 1171 (1172); *Bechtold,* Nießbrauch, 90.

[92] Damit ist nur die Banalität angesprochen, daß die Mehrheitskompetenz nicht weiterreichen kann als die ihr zugrunde liegende Ermächtigung, *Karsten Schmidt,* ZHR 158 (1994), 205 (215); *Hermanns,* ZGR 1996, 103 (106). Insofern relativiert sich auch der Bestimmtheitsgrundsatz. Zur Auslegung von Personengesellschaftsverträge ansonsten siehe nur *Coing,* ZGR 1978, 659 ff.; *Grunewald,* ZGR 1995, 68 ff.

[93] So aber Esch/Schulze zur Wiesche-*Esch,* Handbuch der Vermögensnachfolge, Rn. I 1291.

[94] So auch *Petzoldt,* DStR 1992, 1171 (1172); *Bechtold,* Nießbrauch, 93 f.

Mit-Gesellschafter zur Nießbrauchsbestellung vor, kann das Abspaltungsverbot zumindest dann nicht einer Zuordnung des Stimmrechts an den Nießbraucher entgegenstehen, wenn es mit den Selbstbestimmungsinteressen der Mitgesellschafter begründet wird.

2. Einflußnahmemöglichkeit der Mitgesellschafter auf den Nießbrauchsinhalt

Die Mit-Gesellschafter können nicht nur in toto einer Nießbrauchsbestellung zustimmen, sondern können dem Besteller-Gesellschafter aufgrund des vertraglichen Charakters des Zustimmungsvorbehalts sowie aufgrund ihres Zustimmungsverweigerungsrechts a maiore ad minus auch Vorgaben hinsichtlich der näheren Ausgestaltung des Anteilsnießbrauchs machen. Sind derartige Vorgaben aber nicht ersichtlich, ist bei einem vermächtnisweise zu Versorgungszwecken dem überlebenden Ehegatten zugewendeten Nießbrauch im Zweifel davon auszugehen, daß der Besteller-Gesellschafter das dingliche Nutzungsrecht mit dem Inhalt bestellen muß, wie ihn der Erblasser vermächtnisweise vorgegeben hat. Für diese Zweifelsregelung spricht, daß die Mit-Gesellschafter nicht schutzwürdig sind, wenn sie ihrem Willen keinen hinreichend deutlichen Ausdruck verleihen. Gleiches gilt für den Besteller-Gesellschafter, der durch die Vorgaben des Erblassers gebunden ist und seine Eigeninteressen einzig im Rahmen des § 138 I BGB dem Nießbrauchsvermächtnis entgegensetzen kann. Im übrigen entspricht die Zweifelsregelung dem Aspekt familiarer Solidarität, da sie einen Gleichklang zwischen der von Todes wegen konzipierten postmortalen Versorgung des überlebenden Teils und ihrer tatsächlichen Implementierung herzustellen sucht.

VI. Das Abspaltungsverbot und der paternalistische Schutz der Privatautonomie des Besteller-Gesellschafters

1. Die Struktur des Arguments: Die Notwendigkeit einer rechtspaternalistischen Gewichtung

Die soeben beschriebene Begründung des Abspaltungsverbots mit den Selbstbestimmungsinteressen der Mitgesellschafter deckt – wie gesagt – nur eine Perspektive ab, unter der der Topos „Schutz der Selbstbestimmung der Gesellschafter" untersucht werden kann, nämlich den Aspekt des Vertraglichen der Personengesellschaft. Aus einem anderen Blickwinkel gesehen reicht es für den Schutz der Selbstbestimmung und für die Beantwortung der Frage, ob das Abspaltungsverbot einer Zuordnung des Stimmrechts an den Nießbraucher entgegensteht, gerade nicht aus festzustellen, daß der

Betroffene der Nießbrauchsbestellung zustimmt. Dieser andere Blickwinkel greift immanente Schranken der Selbstbestimmung auf. Der Sache nach werden Überlegungen auf das Abspaltungsverbot übertragen, die vor allem an dem Problem der verdrängenden oder unwiderruflichen Stimmrechtsvollmacht entwickelt und die auch bsp. für die Begründung des Prinzips der Selbstorganschaft bestimmend geworden sind[95]. Es heißt dann, der Besteller-Gesellschafter dürfe sich nicht anhand einer Abspaltung der Mitwirkungsrechte der Möglichkeit begeben, innerhalb seines gesellschaftlichen Betätigungsfeldes autonom zu handeln. Der Privatautonomie sei insofern – so paradigmatisch das Votum von Flume[96] – ein Verbot einer Beteiligung gesellschaftsfremder Dritter an der Willensbildung der Gesellschaft als Verbot des Verzichts auf Selbstbestimmung zumindest dann immanent, wenn der Dritte aufgrund eigenen, nicht jederzeit durch die Gesellschafter entziehbaren Rechts an der Willensbildung beteiligt sein solle[97].

Die Argumentstruktur, die sich hinter dieser Gründung des Abspaltungsverbots verbirgt, wird deutlich, wenn ein Blick auf die jüngste Diskussion zum Rechtspaternalismus geworfen wird. In rechtspaternalistischer Sicht hat der zwingende Schutz der Selbstbestimmung des Gesellschafters auch gegen seinem dissentierenden Willen einen rechtspaternalistischen Charakter. Das bedeutet, zum (vermeintlichen?) Wohle der von der paternalistischen Norm betroffenden Person wird für einen Schutz auch gegen den Willen des zu Schützenden plädiert[98]. Oder in anderen Worten: Die gegenwärtige Wahlfreiheit, sich derzeit autonom künftig einer autonomen Entscheidung zu begeben, wird der zukünftigen Wahlfreiheit untergeordnet, nunmehr auch im Widerspruch zur früheren autonomen Willensbekundung autonom handeln zu können. Die das formale Privatrecht durchgängig durchziehende Konstruktion des einzelnen als autonomen Agenten selbstgesetzter Ziele wird insofern für einen bestimmten Fall des Präferenzwandels negiert[99].

Diese Aufbereitung des Problems „Schutz der Mit-Gesellschafter“ mit dem Etikett „paternalistisch“ ist nicht voraussetzungslos. Sie setzt ein bestimmtes Politikverständnis voraus. Dieses Politikverständnis geht dahin, der „Politik des Gesetzes“ (Steindorff) die Berechtigung abzusprechen, den Präferenzwandel der autonom rechtlich Handelnden unter Schutzgesichtspunkten zu beeinflussen *und* diese Steuerung zugleich *nicht*-paternalistisch

---

[95] Siehe dazu BGHZ 33, 105 (108); *Karsten Schmidt,* GesR, § 14 II 2 e.

[96] *Flume,* PersGes, § 14 VII.

[97] Siehe auch *Huber,* Vermögensanteil, 50 ff.; tendentiell ähnlich *Hermanns,* MittRhNotK 1999, 235 (236).

[98] Zur Definition des Paternalismus siehe nur *Eidenmüller,* Effizienz, 359; präziser *Enderlein,* Rechtspaternalismus, 8.

[99] Freilich nur, wenn man die Möglichkeit zur Selbstbindung nicht ihrerseits von vornherein als Ausdruck der Autonomie der Rechtsperson begreift, dazu sogleich.

zu nennen[100]. Man muß dem nicht folgen. Für die hier allein interessierende Untersuchung der Argumentstruktur des Selbstbestimmungs-Arguments ist es aber zweckmäßig, den gesellschaftsrechtlichen Selbstbestimmungsschutz als „paternalistisch" zu kennzeichnen, um damit den Anschluß an rechtspaternalistische Analysen zu gewinnen. Denn diese Analysen haben verdeutlicht, daß der Rekurs auf den zwingenden Schutz der Selbstbestimmung auch gegen den Willen des Selbstbestimmenden eine begründete Gewichtung gegenwärtiger und künftiger Wahlfreiheit erfordert[101]. Es kommt also auf den Zeitpunkt an, zu dem in rechtlicher Perspektive das Rechtssubjekt als selbstbestimmt ausgezeichnet werden soll. Diese zeitpunktbezogene Betrachtungsweise ist unabhängig von der Frage, wie das Verhältnis zwischen privatautonomer Freiheit und Selbstbindung für die Zukunft nun genau zu verstehen ist[102], ob also gegenwärtige Selbstbindung Verwirklichung von Selbstbestimmung[103] oder Ausdruck von heteronomer Zurechnung ist. Diese Frage kann auf sich beruht bleiben. Denn es geht wie gesagt nur darum, an die Argumentationsweise der rechtspaternalistischen Diskussion anzuknüpfen, also an die Einsicht, daß notwendigerweise eine Gewichtung künftiger und gegenwärtiger Wahlfreiheit erforderlich ist, um einen rechtspaternalistischen Selbstbestimmungsschutz als akzeptabel oder als inakzeptabel auszuweisen. Diese Gewichtung wiederum kann nicht ohne Blick auf Vorentscheidungen der Rechtsordnung und der damit verbundenen Einbettung in vergleichbare Wertungen geschehen. Und dies wiederum setzt voraus, daß herausgearbeitet wird, wo genau nicht mehr akzeptable Gefahren für die Selbstbestimmung des Gesellschafters bei der Stimmrechtsabspaltung und des Besteller-Gesellschafters bei einer Stimmrechtszuordnung an den Anteilsnießbraucher auftauchen können.

Flume sieht in der durch eine Stimmrechtsabspaltung hervorgerufenen bindenden Festlegung der künftigen Handlungsfreiheit des Gesellschafters den nicht-dispositionsfähigen Urgrund der Selbstbestimmung berührt. Begründet wird dies mit der Erwägung, die Unwirksamkeit des gänzlichen

---

100 *Eidenmüller* zieht hier die US-amerikanische Diskussion zur Kontroverse zwischen „Republikanismus" und „Liberalismus" heran, siehe *Eidenmüller,* Effizienz, 370 ff.

101 Zum Problem allg. *Enderlein,* Rechtspaternalismus und Vertragsrecht, 60.

102 Die Diskussion des Problems unter dem Etikett „Rechtspaternalismus" dürfte um so weniger attraktiv sein, desto mehr der Grund der Selbstbindung nicht in der Ausübung von Selbstbestimmung, sondern etwa in Vertrauen und anderen Zurechnungskriterien gesehen wird, zu diesem Problemkreis nur *Enderlein,* Rechtspaternalismus, 85 ff.

103 Geht es um Selbstbestimmung in *kant*ischen Sinne, erschiene der künftig auftretende Wille, im Widerspruch zur früheren Bindung zu handeln, im Kontext dieses ethischen Personalismus insofern nur als unbeachtlicher Ausdruck der „Triebstrukturen" des Menschen. Er könnte aber nur schwerlich als Wille der Rechtsperson gedeutet werden.

oder teilweisen Verzichts auf die rechtsgeschäftliche Handlungsfähigkeit sei selbstverständlicher Inhalt des Grundsatzes der Privatautonomie[104]. Die Gewichtung gegenwärtiger und künftiger Wahlfreiheit wird von Flume also im Topos „selbstverständlich" abgebildet. So selbstverständlich freilich die Unzulässigkeit eines rechtlichen Verzichts auf rechtsgeschäftliche Handlungsfähigkeit auch ist, so wenig selbstverständlich ist das Urteil, ob ein derartiger Verzicht bei einer Stimmrechtsabspaltung überhaupt gegeben ist. Dies liegt schon daran, daß der durch Flume angesprochene Konnex zwischen Stimmrechtsabspaltung, Selbstbestimmung und Verzicht auf Handlungsfähigkeit selbst interpretationsfähig ist. Zwei Interpretationsvarianten lassen sich anführen. Diese Varianten werden im folgenden nicht abstrakt im Hinblick auf eine generell einsichtige Gründung des Abspaltungsverbots – darum geht es im Rahmen dieser Untersuchung ja nicht –, sondern nur im Hinblick auf die Stimmrechtsverteilung beim Anteilsnießbrauch diskutiert.

2. Die erste Interpretationsvariante: Stimmrechtsabspaltung als rechtlicher Verlust künftiger privatautonomer Handlungsfähigkeit

In der ersten Interpretation – und nur diese wird Flume wohl gemeint haben – wird unter einem Verzicht auf die Handlungsfähigkeit des Gesellschafters der *rechtliche* Verlust verstanden, *künftig* privatautonom gestalten zu können. Ein paternalistischer Eingriff hat in dieser Perspektive einen freiheitsfördernden Effekt, indem er einen für nicht hinnehmbar erachteten Freiheitsverlust verhindert. In diesem allgemein-abstrakten Verständnis wird man dem sicherlich zustimmen können. Die Frage ist nur, ob ein derartiger Verlust künftiger Selbstbestimmung im Fall der Stimmrechtsabspaltung wirklich vorliegt. Denn eine Argumentation mit einem nicht hinnehmbaren rechtlichen Selbstbestimmungsverlust ist nicht bedenkensfrei[105]. Sie verleitet dazu, die Entscheidung des Gesellschafters, sein Stimmrecht abzuspalten, schon deshalb rechtlich nicht anzuerkennen, weil die Entscheidung bestimmten moralischen und wirtschaftlichen Vernunftstandards widerspricht[106], sie also allgemein als „unvernünftig" oder als „nicht sachgerecht" angesehen wird. Es kommt jedoch nicht darauf an, ob die Entscheidung des Abspaltungswilligen widersprüchlich ist zu derart allgemeinen, quasi „lebensweltlich" ohne weiteres akzeptierten Maßstäben eines „or-

---

[104] *Flume,* PersGes, § 14 VII.

[105] Diskutiert wird der rechtliche Verlust von Handlungsfähigkeit bsp. an solchen Extrembeispielen wie der Fall des eigenen Verkaufs in die Sklaverei, siehe etwa *Eidenmüller,* Effizienz, 383 ff. Dies ist nicht abwegig, sondern dient der Problemschärfung. Die Stimmrechtsabspaltung bewegt sich freilich auf anderen Ebenen.

[106] Siehe auch *Enderlein,* Rechtspaternalismus, 26.

dentlichen" Handelns – hier gilt in der Tat stat pro ratione voluntas[107]. Vielmehr kann einzig relevant sein, ob die Entscheidung des Gesellschafters sich in Widerspruch setzt zu den internen Wertungsdifferenzierungen bzw. Vorentscheidungen des Rechtssystems.

Eine wichtige einschlägige Vorentscheidung der Rechtsordnung befindet sich im Sachenrecht. Es ist nun einmal die Eigenart der beschränkten dinglichen Rechte, hinsichtlich der Ausübung bestimmter Facetten des belasteten Rechts (etwa des Eigentums) die Rechtsausübung von der Rechtsinhaberschaft zu trennen. Hierauf hat im Rahmen der Diskussion um die Wertungsgrundlagen des Abspaltungsverbots eindringlich Wiedemann hingewiesen[108]; hiervon war im übrigen schon die Rede[109]. Beim Sachnießbrauch wird dementsprechend die Entscheidung über die Nutzungen dem Eigentümer im Grundsatz für die Dauer des dinglichen Rechts entzogen, Rechtsausübung und Rechtsinhaberschaft insoweit dinglich getrennt. Nicht hinnehmbare Einschränkungen der Selbstbestimmung werden hier nicht ausgemacht. Wenn *Flume* nun für den Bereich der Personengesellschaft in der Trennung zwischen Rechtsausübung und Rechtsinhaberschaft etwas Mißliches ausmachen will, kann er dies nicht allein aufgrund der Trennung selbst begründen – diese ist ja nach ausdrücklicher sachenrechtlicher Vorentscheidung zulässig –, sondern muß zusätzlich zu dieser Trennung Gründe vortragen, warum manchmal in der Trennung ein rechtlicher Verlust der Selbstbestimmung gesehen werden kann. Gerade dies geschieht aber nicht. Vielmehr weist Flume im Ergebnis das Stimmrecht dem Nießbraucher zu. Er begründet dies mit der Erwägung, das Abspaltungsverbot sei von einen Nießbrauch gar nicht berührt. Denn das Stimmrecht des Bestellers beruhe „nicht auf einer Abspaltung von dem Mitgliedschaftsrecht des Gesellschafters, sondern auf dem Nießbrauchsrecht, das durch die Nießbrauchsbestellung als eine konstitutive Rechtsübertragung der Mitgliedschaft entsteht"[110]. Diese Formulierung ist zwar mißverständlich. Aus dem weiteren Zusammenhang wird aber deutlich, daß Flume hier nicht für die treuhänderische Anteilsübertragung unter völliger Verdrängung des Bestellers aus seiner Gesellschafterstellung votiert[111]. Vielmehr ordnet er dem Nießbraucher die Verwaltungsrechte zu, da der Nießbrauchsbesteller für die Dauer des Nießbrauchs nach allgemeinen Regeln nur das nudum ius behielte, während der Nießbraucher die Herrschaftsrechte ausübe und insofern der „Nähere" für die Ausübung der Verwaltungsrechte sei. Ausgenommen hiervon werden die Entscheidungen über alle Akte, die die Mitgliedschaft

---

107 Siehe die bekannte Diktion von *Flume,* AT II, § 1, 5.

108 *Wiedemann,* Übertragung, 276 ff.

109 Siehe oben § 5 IV.

110 *Flume,* PersGes, § 14 IV.

111 Dezidiert ablehnend hierzu *Flume,* PersGes, § 17 VI.

selbst betreffen, wie Änderung des Gesellschaftsvertrags, Kündigung, Auflösungsbeschluß oder die Geschäftsübernahme nach § 142 HGB, die nach Flume dem Besteller-Gesellschafter verbleiben[112].

Der Grund für diese Zuweisung der Entscheidung über mitgliedschaftsrelevante Dinge an den Besteller-Gesellschafter dürfte eine Anlehnung an die nießbrauchsrechtliche Dichotomie von Substanz (also: mitgliedschaftsrelevante Akte) und Nutzung (also: sonstige Akte) zu sehen sein. Bei Lichte betrachtet verbirgt sich hinter dieser Unterscheidung zwischen Akten, die die Mitgliedschaft selbst betreffen, und sonstigen Akten aber auch ein Mittel, zu einer bestimmten Gewichtung gegenwärtiger und künftiger Selbstbestimmung im Sinne des o. g. rechtspaternalistischen Denkschemas zu gelangen: Bei den mitgliedschaftsrelevanten Akten wird quasi die künftige Selbstbestimmung des Besteller-Gesellschafters für höherrangig eingestuft als seine etwaige Selbstbestimmung im Zeitpunkt der Nießbrauchsbestellung, dem Nießbraucher auch die künftige Entscheidung über mitgliedschaftsrelevante Akte zukommen zu lassen. Auch die Flumesche Lösung der Haftungsproblematik kann in rechtspaternalistischen Kategorien gelesen werden: Nach Flume soll der Besteller-Gesellschafter für die Zeit des Nießbrauchs trotz Zuordnung des Verwaltungsrechts an den Nießbraucher für die in dieser Zeit begründeten Verbindlichkeiten der Gesellschaft neben dem Nießbraucher haften; begründet wird dies anhand eines Vergleichs mit der ja zulässigen Haftung des von der Geschäftsführung ausgeschlossenen Gesellschafters oder des Kommanditisten, soweit die Einlage nicht geleistet ist; es ginge bei einer Personengesellschaft eben nicht – wie bei einem nießbrauchsbelasteten Einzelunternehmen – um die Haftung für Verbindlichkeiten des Nießbrauchers, sondern um die Haftung für Verbindlichkeiten der Gesellschaft[113]. Flume kommt also zu einer Zuordnung des Stimmrechts je nach Beschlußgegenstand und einer Doppelhaftung von Nießbraucher und Besteller-Gesellschafter. In diesem Rechtsfolgenzuschnitt wird also eine derart ausgewogene Austarierung der gegenwärtigen Wahlfreiheit und des Schutzes künftiger Wahlfreiheit gesehen, daß mögliche Einwände gegen das Stimmrecht des Nießbrauchers, die mit dem Schutzgedanken der Privatautonomie des Bestellers vorgetragen werden könnten, als erledigt angesehen werden.

Dies überrascht jedoch, wenn – wie hier – davon ausgegangen wird, daß die das Abspaltungsverbot tragenden Wertungsgrundlagen auch für die Zuordnung der gesellschaftsrechtlichen Verwaltungsrechte wegweisend sein können. Denn die Unterschiede zwischen einem Anteils- und einem Sachnießbrauch sind augenfällig, versteht sich doch die Zuständigkeit des Sach-

---

[112] *Flume*, PersGes, § 17 VI.

[113] *Flume*, PersGes, § 17 VI.

nießbrauchers für die Verwaltung sogar bei der Bruchteilsgemeinschaft quasi von selbst (§ 1066 BGB)[114], während dies mit Blick auf die werbende Tätigkeit der Personengesellschaft am Markt und der hieraus resultierenden Verpflichtungswirkung des personengesellschaftlichen Handelns für die Gesellschafter (§ 128 HGB) gerade umgekehrt ist. Die Klarheit in der Wertung, die bei der den beschränkten dinglichen Rechten immanenten Trennung zwischen Rechtsinhaberschaft und Rechtsausübung zumindest für den Sachnießbrauch so augenfällig ist, ist daher für den Anteilsnießbrauch nicht ohne weiteres gegeben. Auch für den Flumeschen Ansatz, das Abspaltungsverbot auf dem Verbot eines rechtlichen Verzichts auf privatautonome Handlungsfähigkeit zu gründen, bleibt daher beim Anteilsnießbrauch weiterhin zu begründen aufgegeben, warum und inwieweit dieses Verbot bei einer Zuordnung der Mitgliedschaftsrechte an den Anteilsnießbraucher bei dem – ceteris paribus einmal angenommenen – Ausschluß des Besteller-Gesellschafters von der Mitwirkung nicht verletzt wird. Diese Begründung fällt jedoch nicht schwer. Denn beim Anteilsnießbrauch wäre die Flumesche Gründung des Abspaltungsverbots viel zu abstrakt, als daß sie der besagten Stimmrechtszuordnung entgegenstehen könnte. Die privatautonome Handlungsfähigkeit des Besteller-Gesellschafters als solche wird schließlich durch die Stimmrechtszuordnung an den Nießbraucher nur insofern berührt, als der Besteller-Gesellschafter nur nicht mehr an der Willensbildung der Gesellschaft teilnehmen könnte. Dies ist aber keine Frage des – sicherlich unzulässigen – völligen rechtlichen Verlusts der Handlungsfähigkeit, sondern eine Einschränkung der Handlungsfähigkeit. Formal ist diese Einschränkung durch die beschriebene Eigenart beschränkter dinglicher Rechte gerechtfertigt, Rechtsinhaberschaft und Rechtsausübung zulässig zu trennen. Ob sie auch mit Blick auf den Schutz der Selbstbestimmung des Besteller-Gesellschafters auch materiell gerechtfertigt ist, ist hingegen keine Frage mehr, die mit der Flumeschen Gründung des Abspaltungsverbots beantwortet werden kann. Hier hilft allenfalls die weitere, im folgenden zu besprechende Variante weiter, wie die Gründung des Abspaltungsverbots auf dem Selbstbestimmungstopos begriffen werden kann. Zumindest bleibt festzuhalten: Die Wertungsgrundlagen des Abspaltungsverbots stehen einer Zuordnung der Mitwirkungsrechte an den Anteilsnießbraucher unter Ausschluß des Besteller-Gesellschafters zumindest dann nicht entgegen, wenn das Abspaltungsverbot mit dem Schutz des Gesellschafters vor einem *rechtlichen* Verlust privatautonomer Handlungsfähigkeit begründet wird.

---

[114] Hierauf weist auch *Flume* hin, siehe *ders.*, PersGes, § 17 VI.

3. Die einsichtigste Interpretationsvariante: Die Einheit von Herrschaft, Haftung und Personalität in Selbstbestimmungsperspektive

a) Allgemeines

Der Besteller-Gesellschafter soll auch dann Gesellschafter bleiben, wenn das Stimmrecht ausschließlich dem Anteilsnießbraucher zugeordnet wird; es soll ja gerade untersucht werden, ob die Treuhandlösung vermieden werden kann. Er haftet daher weiterhin gem. § 128 HGB für Verbindlichkeiten der Gesellschaft. Vor diesem Hintergrund kann in einer zweiten Interpretationsvariante der Rekurs auf den Selbstbestimmungstopos als Wertungsgrundlage des Abspaltungsverbots auch so verstanden werden, daß es nicht angeht, jemanden in die Haftung nach §§ 124, 128 HGB zu nehmen, ohne daß dieser an den rechtsgeschäftlichen Vorgängen, die die Grundlage zu dieser Haftung gelegt haben, (abgesehen von der Abspaltung selbst) mitgewirkt hat[115]. Über diesen Haftungsaspekt hinaus kann der Rekurs auf den Selbstbestimmungstopos auch grundsätzlicher verstanden werden. Es steht dann nicht mehr die Einheit von Herrschaft und Haftung in Rede, sondern die Frage, ob und inwieweit aufgrund der weitreichenden Einflußlosigkeit des Besteller-Gesellschafters auf die Geschicke seiner Gesellschaft, die bei einer verdrängenden Stimmrechtszuordnung an den Nießbraucher ins Werk gesetzt würde, nicht das Selbstbestimmungsrecht des Besteller-Gesellschafters untragbar verletzt wird. Diese Frage nach der – so kann man sagen – „Einheit von Herrschaft und Personalität" stellt sich in zweierlei Hinsicht. Einmal könnte dem Besteller-Gesellschafter bei einer Stimmrechtszuordnung an den Nießbraucher nach Beendigung des dinglichen Nutzungsrechts eine Personengesellschaft gegenüberstehen, deren rechtliche Verfaßtheit und wirtschaftlichen Zustand er nicht mehr als Ausdruck seines eigenverantwortlichen Schaffens begreifen kann, so daß er die Gesellschaft am liebsten verlassen würde. Hier interessiert die Frage: Ist ihm der Zustand der Gesellschaft zuzumuten und als nießbrauchsrechtliches Risiko zu tragen zugewiesen? Darüber hinaus geht es aber auch ganz grundsätzlich um den Aspekt, ob die Einheit von Herrschaft und Personalität bereits während des Bestehens des dinglichen Nutzungsrechts nicht allein deshalb schon zu fordern ist, weil sie als unabdingbarer Bestandteil einer Persönlichkeitsentfaltung in einer personengesellschaftlichen Gemeinschaft rechtskulturell und rechtsdogmatisch begriffen werden muß. Es geht also um zwei Problemkreise: erstens um die Einheit von Herrschaft und Haftung und zweitens um die Einheit von Herrschaft und Personalität in Selbstbestimmungsperspektive.

---

115 So etwa BGHZ 20, 363 (368); MünchHdb-GesR-*Weipert,* § 50 Rn. 5; *Wiedemann,* Übertragung, 329 f.

b) Problemanalyse

aa) Die Einheit von Herrschaft und Haftung

Die Analyse des ersten Problemkreises – nämlich der Vorstellung der „Einheit von Herrschaft und Haftung“ – ist relativ einfach. Das Verhältnis von Haftung und Herrschaft hat einen janusköpfigen Charakter. Auf der einen Seite kann es unter Selbstbestimmungsaspekten untersucht werden, auf der anderen Seite kann es aber auch als ein objektives Strukturprinzip des Personengesellschaftsrechts begriffen werden. Hier interessiert zunächst nur der Selbstbestimmungsaspekt[116]. Unter Selbstbestimmungsgesichtspunkten kommt es bei dem rechtspaternalistischen Denkschema darauf an, die aus Gründen des Schutzes der Selbstbestimmung vorgenommene rechtliche Nichtanerkennung einer privatautonomen Gestaltung auf die stärkere Gewichtung der Sicherung künftiger gegenüber dem Schutz der gegenwärtigen Wahlfreiheit zurückzuführen. Es kommt für dieses Gewichtungsproblem insofern präzise nicht nur darauf an, daß der Besteller-Gesellschafter künftig während der Zeit des Nießbrauchs nicht mehr seine Mitwirkungsrechte wahrnehmen kann, und daß insofern seine künftige Freiheit beschnitten ist, neugesetzte Ziele seinen Handlungen zugrundezulegen[117], sondern darauf, daß nicht nur dies der Fall ist, sondern daß sich der Besteller-Gesellschafter darüber hinaus auch noch in die Haftung gestellt sieht. Reicht dies dazu hin, nunmehr auf einer rechtlichen „Zwangsfürsorge“[118] über den Besteller-Gesellschafter zu insistieren?

Nun dürfte Einigkeit insofern bestehen, daß die Einräumung unbegrenzter Gestaltungsmacht einer uneingeschränkten Unterwerfung unter einen

---

[116] Zum objektiven Strukturaspekt siehe vor allem unten § 10 IV 3 sowie § 11 I 2 b.

[117] Die Problemaufbereitung ist zumindest für denjenigen reichlich befremdlich, der vertragliche Bindung als Ausdruck privatautonomer Selbstbestimmung versteht. In diesem Verständnis wäre dann praktisch der Vorrang der gegenwärtigen Wahlfreiheit ohne weiteres schon kraft der Autonomie selbst erst einmal gegeben und die Lösung von der Bindung ein Problem, das zumindest nicht zu allererst unter Selbstbestimmungsgesichtspunkten, sondern etwa unter als heteronom aufgefaßten Schutzaspekten thematisiert werden sollte. Das rechtspaternalistische Denkschema trägt jedoch auch hier zur Problemanalyse bei, indem es hilft, Wertungen aufzudecken. Insofern sollte ihm auch hier gefolgt werden. Es kommt dann entsprechend darauf an, inwieweit die durch die Nießbrauchsbestellung hervorgerufene Bindung, daß die Mitwirkungsrechte dem Nießbraucher für die Zeit des Nießbrauchs zugeordnet werden (wenn dies ceteris paraibus einmal so angenommen wird), mit Rücksicht auf die dann eintretende Verhaftung des Besteller-Gesellschafters mit Blick auf den Selbstbestimmungsschutz zu akzeptieren ist.

[118] *Teichmann,* Gestaltungsfreiheit, 120; übernommen von *Karsten Schmidt,* Gesellschaftsrecht, § 14 II 2 e, je zur Selbstorganschaft.

Fremdwillen gleichkommt und deshalb vor der Wertung des § 138 I BGB keinen Bestand haben wird[119]. Einmütigkeit dürfte wohl auch darüber zu erzielen sein, daß es aus Sicht des Besteller-Gesellschafters unbeachtlich ist, ob dieser sich bsp. über die Implementierung einer Mehrheitsherrschaft der Gestaltungsmacht seiner Mit-Gesellschafter – freilich beschränkt durch das gesellschaftsrechtliche Minderheitsschutzprogramm – unterwirft, oder ob er sich der Gestaltungsmacht des Nießbrauchers unterwirft, wenn zwischen ihm und dem Nießbraucher solche Instrumentarien greifen, die dem gesellschaftsrechtlichen Minderheitenschutz im Verhältnis zwischen dem Besteller-Gesellschafter und den Mehrheitsgesellschaftern gleichkommen. Es ist daher eine inhaltliche Begrenzung der Gestaltungsbefugnis des Anteilsnießbrauchers im Verhältnis zum Besteller-Gesellschafter erforderlich. Insofern heißt es zu Recht, aufgrund der unbeschränkten Haftung müsse es den Gesellschaftern verwehrt sein, sich dem unbeschränkten Einfluß außenstehender Dritter zu unterwerfen[120]. Die Frage ist nur: Was ist „unbeschränkt"? Strittig ist nun, wie die erforderlichen Beschränkungen auszusehen haben. Sicherlich läge die stringenteste Beschränkung eines möglichen Dritteinflusses darin, zur Sicherheit schon das Stimmrecht nicht dem Nießbraucher zuzuordnen. Nur wäre damit gerade der Frage ausgewichen, ob sich Begrenzungen der Gestaltungsmacht des Nießbrauchers finden lassen, falls diesem das Stimmrecht unter Ausschluß des Besteller-Gesellschafters zugeordnet wird. Und allein diese Frage ist doch interessant: Läßt sie sich verneinen, muß zwingend das Stimmrecht beim Besteller-Gesellschafter verbleiben. Läßt sie sich bejahen, kann gegen eine Stimmrechtszuordnung an den Nießbraucher zumindest nicht ein unzulässiger Eingriff in das Selbstbestimmungsrecht des Besteller-Gesellschafters eingewendet werden.

bb) Die Einheit von Herrschaft und Personalität

Für den zweiten o. g. Problemkreis – der einer Einheit von Herrschaft und Personalität – gelten die gleichen Überlegungen, die für die Vorstellung einer Einheit von Herrschaft und Haftung angeführt wurden: Daß es zulässige Einflußnahmen auf den Prozeß der personalen Entfaltung des unternehmerisch Tätigen gibt, ist angesichts der anerkannten Rechtsfigur schuldrechtlicher Stimmbindungen[121] eine Banalität. Auch beim zweiten Problem-

---

119 Dazu siehe nur im Rahmen des Personengesellschaftsrechts *Teichmann,* Gestaltungsfreiheit, 152; aus den allgemeinen Lehren des Privatrechts nur *Flume,* Rechtsgeschäft, 370; MünchKomm-*Mayer-Maly,* § 138 Rn. 61 ff., 78 ff.

120 Etwa Schlegelberger-*Martens,* § 109 Rn. 2.

121 Zu Zulässigkeit von Stimmbindungen siehe nur *Flume,* PersGes, § 14 VI; *Noack,* Gesellschaftervereinbarungen, 67 ff.; *Teichmann,* Gestaltungsfreiheit, 226 ff.; *Weber,* Privatautonomie, 92 ff. (allg.), 338 ff. (Stimmbindung und Außeneinfluß); *Zöllner,* ZHR 155 (1991), 168 ff.

kreis muß mithin geklärt werden, wann eine unzulässige „unbeschränkte“ Einflußnahme Dritter auf die Gesellschaft gegeben ist.

VII. Mögliche Wertungsvorbilder

Die soeben beschriebene Problematik kann nur mit Blick auf Vorentscheidungen der Rechtsordnung in vergleichbaren Fallgestaltungen entschieden werden. Stellenweise wird es hier schon für hinreichend erachtet, auf die Privatautonomie der Gesellschafter zu verweisen. Es heißt dann, die Einbeziehung Dritter in den Kreis der gesellschaftlich Entscheidungsberechtigten beruhe auf der autonomen Entscheidung der Gesellschafter. Wenn nun kraft richterlicher Entscheidung den Gesellschaftern der Einbezug Dritter verbieten würde, würde dies voraussetzen, daß das Gericht besser als die Gesellschafter wissen könnte, was für die Gesellschaft vorteilhaft wäre. Der Richter müßte mithin ein objektives Gesellschaftsinteresse formulieren können – ein Vorhaben, welches ersichtlich nur möglich sei, wenn man für ein normatives Verständnis von Privatautonomie votiere, welches die Ausübung privatrechtlicher Gestaltungsmacht diversen ordnungspolitischen Vorstellungen unterwerfe. Dies wiederum wäre – so würde weiter ausgeführt – nichts anderes, als Ausdruck einer „Zwangsfürsorge“, eines überzogenen paternalistischen Denkens[122]. Dies ist ein durchaus ernst zu nehmender Einwand gegen eine zu rigide Beschränkung der gesellschafterlichen Privatautonomie. Im Zusammenhang mit der Diskussion ordoliberalistischer Ordnungsvorstellungen wird auf ihn zurückzukommen sein[123]. Eines hindert der Einwand jedenfalls nicht: Den Einbezug sonstiger Vorentscheidungen der Rechtsordnung in die Entscheidung, wie das Stimmrecht beim Anteilsnießbrauch zugeordnet werden soll. Denn ansonsten wäre bei einem bloßen Verweis auf die Privatautonomie der Gesellschafter nicht gesichert, daß Wertungswidersprüche zur Gesamtrechtsordnung vermieden werden[124].

Die Auswahl derartiger Vorentscheidungen muß sachgerecht sein – und dies heißt: unter Berücksichtigung eines einsichtigen Bezugspunktes, auf den hin ein Wertungsabgleich stattfindet. Bevor die für den Wertungsabgleich einschlägigen Vorentscheidungen ausgewählt werden, muß somit zuvor analysiert werden, was genau geschieht, wenn das Stimmrecht dem Nießbraucher unter Verdrängung des Besteller-Gesellschafters zugeordnet wird. Es war schon die Rede davon[125], daß eine Stimmrechtszuordnung an den Anteilsnießbraucher für den Besteller-Gesellschafter wie eine verdrän-

---

[122] So dezidiert jüngst *Weber,* Privatautonomie, 174.

[123] Zum Ordoliberalismus unten § 10.

[124] Es verwundert daher nicht, daaß auch *Weber,* Privatautonomie, 212 ff., den Wertungsabgleich mit Vorentscheidungen der Rechtsordnung sucht.

[125] Oben § 4 II 3 c.

gende, weisungsungebundene und unwiderrufliche Stimmrechtsvollmacht wirkt. Hinsichtlich ihrer verdrängenden Wirkung wirkt die Stimmrechtszuordnung wie ein Ausschluß vom Stimmrecht. Da der Stimmrechtsausschluß aufgrund des Bestellungsakts des dinglichen Nutzungsrechts – und damit freiwillig – herbeigeführt ist, wirkt die Zuordnung genauer gesagt wie ein Stimmrechtsverzicht. Insofern gilt: Da die verdrängende Stimmrechtszuordnung an den Anteilsnießbraucher wie ein Stimmrechtsverzicht wirkt, ist sie auch nur unter den Voraussetzungen eines Stimmrechtsverzichts zulässig, es sei denn, es fänden sich Gründe, die ausnahmsweise eine Abweichung vom Wertungsvorbild zulassen.

Nun hat die Stimmrechtszuordnung einen gegenüber dem Stimmrechtsverzicht überschießenden Gehalt: Sie wirkt wie eine unwiderrufliche und weisungsungebundene Stimmrechtsvollmacht. Vor diesem Hintergrund bietet sich ein Wertungsabgleich mit der Dogmatik der unwiderruflichen Vollmacht und mit dem Recht der Stimmrechtsvollmacht an[126]. Ausgeschlossen werden kann hingegen ein Wertungsabgleich mit der Haftung eines Kommanditisten, der die Einlage noch nicht geleistet hat. Zwar wird hier unbeschränkt ohne Einfluß auf die Geschäftsführung gehaftet. Da die Haftungsbeschränkung jedoch durch ein rein faktisches Handeln (Einlageleistung) herbeigeführt werden kann, ist dies mit der durch die auch durch faktisches Handeln nicht beeinflußbaren Stimmrechtszuordnung an den Nießbraucher herbeigeführten Trennung von Herrschaft und Haftung beim Anteilsnießbrauch nicht vergleichbar. Nach alldem sind als Wertungsvorbilder zu untersuchen: die Zulässigkeit des Stimmrechtsverzichts, die Zulässigkeit der unwiderruflichen Vollmacht und die Zulässigkeit der unwiderruflichen, verdrängenden und weisungsungebundenen Stimmrechtsvollmacht.

---

[126] Die Ähnlichkeit mit der Stimmrechtszuordnung beim Anteilsnießbrauch an den Nießbraucher unter Ausschluß des Besteller-Gesellschafters liegt hier darin, daß auch dort dieser für einen ganzen Lebensbereich, nämlich für den durch den Gesellschaftszweck umschriebenen Lebenssachverhalt, die Entscheidungskompetenz einbüßen würde. Deshalb sind auch Überlegungen, ein Wertungsabgleich mit den §§ 315 ff. BGB könne bei der Suche nach den Wertungsgrundlagen des Abspaltungsverbots hilfreich sein (so etwa BGH, JZ 1960, 490), nicht stimmig, da zum einen die betroffenen Lebensbereiche durchweg unterschiedlich groß sein werden und zum anderen der Rekurs auf §§ 315 ff. BGB die Gesellschaftlichkeit der Personengesellschaft unterschlägt, die nun einmal nicht nur Schuldverhältnis ist. Zum Problemkreis siehe nur *Flume,* PersGes, § 14 VII; *Wiedemann,* Übertragung, 29; *ders.,* WM 1992 Sonderbeil. 7, 1 (12); *Zöllner,* Schranken, 24 ff.; *Hermanns,* Mitverwaltungsrechte, 86.

Kapitel 3

Mitverwaltungsrechte und Schutz der Selbstbestimmung

Die Überlegungen des vorangegangenen Kapitels haben gezeigt, daß der Schutz der Selbstbestimmung des Gesellschafters eine der gehaltvollsten materiellen Wertungsgrundlagen des Abspaltungsverbots darstellt. Diese materielle Wertung kann bei der Stimmrechtszuordnung beim Anteilsnießbrauch als Leitfaden genommen werden, die mit einer Stimmrechtszuordnung an den Anteilsnießbraucher verborgenen Gefahren für die Selbstbestimmung des Besteller-Gesellschafters auszuloten und von dieser Warte aus die Stimmrechtszuordnung zu begrenzen und mit Blick auf den Selbstbestimmungsschutz auch abzusichern[1]. Dies wiederum setzt – das war das Ergebnis des vorangegangenen Kapitels – eine Einbettung der Stimmrechtszuordnung in diverse Vorentscheidungen der Rechtsordnung voraus: das Wertungsvorbild des Stimmrechtsverzichts, das Wertungsvorbild der unwiderruflichen Vollmacht und das Wertungsvorbild der unwiderruflichen, verdrängenden und weisungsungebundenen Stimmrechtsvollmacht.

§ 6 Das Stimmrecht und der Wertungsabgleich mit dem Stimmrechtsverzicht

I. Allgemeines

Die Praxis setzt sich in Fragen der gesellschaftsinternen Meinungsbildung und Beschlußfassung in sehr weitem Maße und mit gutem Grund über die dispositiven (§ 109 HGB) gesetzlichen Vorgaben des gesellschaftsrechtlichen Innenrechts hinweg[2]. Häufig kommt es in Abweichung von den §§ 114 f. HGB zu der Vereinbarung des Mehrheitsprinzips für Beschlüsse der Gesellschafter[3]. Gilt dieses Mehrheitsprinzip, tritt die akzessorische Gesellschafterhaftung nach den §§ 128, 124 HGB auch dann ein, wenn der

---

[1] Siehe für die Relevanz des Rekurs auf die Wertungsgrundlagen des Abspaltungsverbots oben § 5 I.

[2] Dazu siehe nur *Wiedemann,* WM 1992, Sonderbeil. 7, 1 (27 ff.).

[3] Dazu nur *Leenen,* FS Karl Larenz, 1983, 371; *Marburger,* NJW 1984, 2252 (2253); Details zur Praxis der Mehrheitsherrschaft bei *Karl-Heinz Horst,* Geschäfts-

haftende Gesellschafter dem zur Haftung führenden Gesellschafterbeschluß nicht zugestimmt hat. Nun stiftet das Mehrheitsprinzip für die konkrete Beschlußsituation schon dann einen hinreichenden Zusammenhang von „Herrschaft und Haftung", wenn die Gesellschafter an der *Prozedur* der gesellschaftlichen Willensbildung qua Abstimmung teilhaben, mag auch im konkreten Fall der einzelne Gesellschafter als Minderheitsgesellschafter unterlegen. Hinreichende Herrschaft heißt dann einfach: Einbindung in eine Prozedur qua Möglichkeit zur Abstimmung bei einem konkreten Beschluß. Aus diesem Gedanken folgt zugleich, warum aus der Zulässigkeit des Mehrheitsprinzips kein positives Argument dafür gewonnen werden kann, daß das Stimmrecht gänzlich dem Anteilsnießbraucher zugeordnet werden darf. Denn würde es so zugeordnet, wäre der Besteller-Gesellschafter ja noch nicht einmal in die Prozedur der gesellschaftlichen Willensbildung qua Abstimmung bei einem konkreten Beschluß eingebunden. Es kommt daher darauf an, ein Wertungsvorbild zu finden, bei dem ein Gesellschafter an der Abstimmung selbst schon nicht teilnehmen darf. Tragfähig als Wertungsvorbild für die Frage der Stimmrechtszuordnung beim Anteilsnießbrauch ist mithin allein das Institut des Stimmrechtsverzichts[4].

II. Meinungsbild zur Zulässigkeit des Stimmrechtsverzichts

Rechtsdogmatisch sind die Zulässigkeit und die Grenzen eines gesellschaftsvertraglichen Stimmrechtsauschlusses umstritten. Die Diskussion wird zumeist unter dem Blickwinkel geführt, wo die Grenzen einer Selbstentmündigung im Personengesellschaftsrecht verlaufen. Der BGH hat die Möglichkeit des Stimmrechtsausschlusses grundsätzlich für den GmbH-Gesellschafter[5] und für den Kommanditisten[6] bejaht. Hierbei wurde vor allem darauf abgestellt, daß bei beiden wegen ihrer auf die Einlage beschränkten Haftung die Auswirkungen eines ohne ihre Mitwirkung gefaßten Beschlusses überschaubar bleiben und daher aus der Sicht des Selbstbestimmungsschutzes keine Bedenken gegen den Stimmrechtsauschluß auszumachen seien. Mittlerweile hat der BGH[7] obiter zwar dargelegt, daß diese Überlegungen für persönlich haftende Gesellschafter und Komplementäre

---

führung, Vertretung und Beschlußfassung bei Personenhandelsgesellschaften, 1981, 533 ff.

[4] *Flume,* PersGes, § 17 VI, bemüht als Argument für eine Zulässigkeit einer Stimmrechtszuordnung an den Anteilsnießbraucher trotz Haftung des Besteller-Gesellschafter einen Wertungsabgleich mit der Haftung des von der Geschäftsführung (aber eben nur dieser) ausgeschlossenen persönlich haftenden Gesellschafters.

[5] BGHZ 14, 264 (268 ff.).

[6] BGHZ 20, 363 (366 ff.), bestätigt in BGH, WM 1985, 195 und 256 (beide Publikumsgesellschaft); WM 1987, 689 (690) (GbR).

[7] in NJW 1993, 2100.

nicht zutreffen; er hat sich aber zugleich einer Stellungnahme enthalten, ob hier ein Stimmrechtsausschluß generell unzulässig oder ob er bei Vorliegen von Gründen oder allgemein zuzulassen ist.

Die Literatur bietet ein disparates Bild. Zumeist wird unter Verweis auf die Vertragsfreiheit ein Stimmrechtsausschluß auch bei persönlich haftenden Gesellschaftern bis zur Grenze der Sittenwidrigkeit für zulässig erachtet, solange die Beschlußfassung nicht in die unentziehbare Rechtsstellung stimmrechtsloser Gesellschafter, also dem Kernbereich der Mitgliedschaft[8], eingriffe oder der Gleichbehandlungsgrundsatz verletzt wird[9]. Daneben finden sich Stimmen, die den Stimmrechtsausschluß eines persönlich haftenden Gesellschafters für grundsätzlich unzulässig erachten[10]. Das Hauptargument hierfür lautet: Haftung korreliere mit Verantwortung; dementsprechend dürfe der Gesellschafter von den Entscheidungen, die diese Haftung begründen, nicht völlig ausgeschlossen sein[11].

III. Gründe für die Zulässigkeit des Stimmrechtsverzichts

Die gegen die Zulässigkeit des Stimmrechtsverzichts vorgetragenen Argumente überzeugen nicht. Gegen den Stimmrechtsverzicht ist vorgetragen worden, wäre er zulässig, käme es zu einem nicht hinnehmbaren Wertungswiderspruch mit dem Verbot einer Stimmrechtsabtretung. Dem Abspaltungsverbot läge das Bedürfnis zugrunde, Herrschaft und Haftung zusammenzuhalten; es könne deshalb nicht sein, daß es aufgrund eines Stimmrechtsverzichts zu einer „herrschaftslosen Haftung" käme[12]. Dem kann

---

8 Die Grenze nach § 138 I BGB ist freilich dann mit der des Kernbereichschutzes identisch, wenn der Kernbereich als eine besondere Ausprägung des § 138 I BGB verstanden wird, wie dies etwa bei *Westermann,* Vertragsfreiheit, 352 f., geschieht. Unentziehbarkeit wäre dann in diesen Fällen zugleich auch Unverzichtbarkeit.

9 So etwa Großkomm-*Fischer,* § 119 HGB Rn. 23; MünchKomm-*Ulmer,* § 709 Rn. 58; Staud-*Keßler,* § 709 Rn. 6; Soergel-*Hadding,* § 709 Rn. 30; *Flume,* PersGes, § 14 II; MünchHdb-GesR-*Weipert,* § 51 Rn. 16 ff.; *A. Hueck,* OHG, 169; *Huber,* Vermögensanteil, 44 ff.; *Teichmann,* Gestaltungsfreiheit, 207 ff.; *Zöllner,* Schranken, 194; *ders.,* FS 100 Jahre GmbH, 85 (121 f.); *Immenga,* ZGR 1974, 385 (415 ff.); *Martens,* DB 1973, 413 (417); wohl auch *Karsten Schmidt,* GesR, § 21 II 4 a cc; siehe auch *Lutter,* AcP 180 (1980), 84 (147 ff.).

10 Etwa Schlegelberger-*Gessler,* § 119 Rn. 1; Großkomm-*Schilling,* § 163 HGB Rn. 10, 6 f.; *Wiedemann,* GesR I, 368 ff.; *Larenz,* SchuldR II, § 60 II b; einschränkend auch Schlegelberger-*Martens,* § 119 HGB Rn. 37 f., § 161 Rn. 70 f., § 163 Rn. 3.

11 Heymann-*Emmerich,* § 118 HGB Rn. 18; *Wiedemann,* GesR I, 367 f.

12 So Heymann-*Emmerich,* § 119 HGB Rn. 25. Baumbach-*Hopt,* § 119 Rn. 119 HGB Rn. 13, folgt entgegen MünchHdb-GesR-*Weipert,* § 51 Rn. 17, dem Argument *Emmerich*s nicht, sondern stellt nur den Streitstand dar.

jedoch schon deshalb nicht gefolgt werden, weil der Einwand in einen argumentativen Zirkel führt, ist es doch gerade die Frage, wie das Verhältnis von Herrschaft und Haftung beschaffen ist[13]. Ist eine Stimmrechtsabtretung aus anderen Gründen als dem Schutz der Selbstbestimmung des Abtretungswilligen unzulässig, so entfällt schon ein Wertungswiderspruch zum Verbot der Stimmrechtsabtretung.

Darüber hinaus steht und fällt das von den Gegnern des Stimmrechtsausschlusses bemühte und aus Gründen des Selbstbestimmungsschutzes als unabweislich bewertete Prinzip einer Korrelation von Haftung, Verantwortung und Herrschaft mit dem Nachweis, daß dieses Prinzip überall dort belegbar ist, wo Haftung durch rechtsgeschäftliches Handeln für Dritte begründet wird. Nun wird sehr häufig von einem strikten Nexus zwischen dem Ausüben freien Beliebens und dem Einstehen für die Auswirkungen dieses Ausübens ausgegangen[14]. In der Verantwortlichkeit des Eigentümers für die Folgen der Rechtsausübung wird das Eigentum in einen besonderen Legitimationszusammenhang gestellt und erscheint – als normativer Entwurf, nicht in der realen Wirtschaftsverfassung – insofern als „Selbst-Begegnung der Person mit der Attribution der Folgen seiner sozialen Handlung als einer Art alter ego“[15]. Im Rahmen eines derartigen Nexus erscheint eine Norm wie § 114 II HGB als ausgesprochener Fremdkörper. Der Gedanke, es käme beim Eigentum zu einer „Selbst-Begegnung der Person mit der Attribution der Folgen seiner sozialen Handlung“, ist daher aus rechtsdogmatischer Sicht viel zu abstrakt: § 114 II HGB unterbricht den Legitimationszusammenhang von Eigentum und Verantwortung, indem diese Vorschrift die Möglichkeit eröffnet, durch einen Verzicht auf das Geschäftsführungsrecht persönliche Haftung und Administrativbefugnisse zu entkoppeln[16].

---

13 Der Verweis auf einen Wertungswiderspruch zur unzulässigen Stimmrechtsabtretung spiegelt insofern nur die paradoxale Struktur einer jeden Argumentation mit dem Recht wider: Natürlich könnte auch umgekehrt eingewendet werden, daß der Stimmrechtsausschluß keine taugliche Wertungsvorlage für den Umfang des Abspaltungsverbots gibt. Daß gleichwohl hier so verfahren wird, darin scheint ja gerade die paradoxale Gründung des Rechts auf. Die Paradoxie löst sich dann insoweit auf, als die Wertungen gleichsam „prozediert“ werden: Sie werden kleingearbeitet. Ansonsten käme man nur in eine unendliche Schleife.

14 Paradigmatisch: *Suhr,* Entfaltung, 199 ff.

15 *Ladeur,* Postmoderne Rechtstheorie, 190, siehe auch 198.

16 Diese Einsicht kann nicht mit der Überlegung bestritten werden, Geschäftsführung und Stimmrechtsausübung seien kategorial voneinander zu scheidende Dinge – denn wieso sollte dies so sein. Im übrigen: Kein relevantes Argument gegen den Einwand, es bestehe eine Korrelation zwischen Haftung, Verantwortung und Herrschaft, ist die Erwägung, der Stimmrechtsausschluß berühre gar nicht die zur Haftung im Außenverhältnis führende Herrschaftsmacht, die nur durch Geschäftsführungs- und Vertretungsbefugnisse, nicht hingegen durch Gesellschafterbeschlüsse

Die Ausübung von Geschäftsführungsbefugnissen ist jedoch unzweifelhaft von haftungsrechtlicher Relevanz. Sedes materiae des Selbstbestimmungsschutzes ist insofern bei Geschäftsführungsmaßnahmen nicht ein vermeintlicher Rechtssatz einer Einheit von Herrschaft und Haftung, sondern vor allem das unabdingbare Kündigungsrecht aus wichtigem Grund nach § 723 BGB bzw. das Klagerecht aus § 133 HGB[17]. Es wird sich noch zeigen, daß hier auch der Ansatzpunkt besteht, im Rahmen der Stimmrechtszuordnung im Anteilsnießbrauchsrecht die Selbstbestimmung des Besteller-Gesellschafters zu wahren[18]. Dem Personengesellschaftsrecht kann daher das behauptete Prinzip einer Korrelation von Haftung, Verantwortung und Herrschaft so nicht entnommen werden[19]. Die im allgemeinen Vertragsrecht durchaus im Grundsatz bestehende Konnexität von Freiheit und Verantwortung wird im Personengesellschaftsrecht insofern durch die Einbindung in die Sozietät mediatisiert und zugleich differenzierten Kautelen wie bsp. der Regelung des § 114 II HGB unterworfen[20].

Nun könnte gegen die Kritik an dem Satz, es bestünde ein notwendiger Zusammenhang von Herrschaft und Haftung, eingewendet werden, auch die von der Geschäftsführung ausgeschlossenen persönlich haftenden Gesellschafter könnten per Weisung im Innenverhältnis auf die geschäftsführenden Gesellschaftern in der Art einwirken, daß ihre Herrschaft zwar durch die Notwendigkeit einer Weisung mediatisiert wäre, aber immer doch Herrschaft sei. Nun stimmt dies schon dann nicht, wenn im Innenrecht der Gesellschaft das Mehrheitsprinzip gilt und der von der Geschäftsführung ausgeschlossene Gesellschafter in der Abstimmung über die Weisung unterliegt. Darüber hinaus wäre es auch ganz ungereimt und lebensfremd, wenn ein Gesellschaftsvertrag *jede* einzelne Geschäftsführungsmaßnahme von einer Weisung im Innenverhältnis abhängig machen ließe. Nur dann wäre

---

ausgeübt würden (so aber MünchHdb-GesR-*Weipert,* § 51 Rn. 17). Rechtstechnisch ist diese Differenzierung sicherlich zutreffend. Nur läßt sich durch Rechtstechnik nicht das Wertungsproblem unterlaufen: Gesellschafterbeschlüsse können schließlich zu Weisungen an die geschäftsführenden Gesellschafter führen und sind daher ebenso geeignet, Haftung, Verantwortung und Herrschaft zu verknüpfen, wie die Geschäftsführung selbst. In dieser Perspektive wird die Sachgerechtigkeit der Differenzierung selbst daher zum Problem. Die Überlegung, der Gesellschafterbeschluß sei im Ergebnis eine Ausübung von Mitgliedschaftsrechten, während der Geschäftsführungsakt rechenschaftspflichtige Amtsausübung sei (MünchHdb-GesR-*Weipert,* § 51 Rn. 2, § 50 Rn. 1, 3 f.), hilft dann nicht weiter.

[17] Siehe auch *Flume,* PersGes, § 14 II.

[18] Siehe unten § 13 V 2.

[19] So auch *Flume,* PersGes, § 17 VI, § 14 II; MünchKomm-*Ulmer,* § 709 Rn. 58; *Westermann,* Vertragsfreiheit, 418 f.; *Röttger,* Kernbereichslehre, 150; *Teichmann,* Gestaltungsfreiheit, 177; *Hermanns,* Mitverwaltungsrechte, 107; *Michalski,* Gestaltungsmöglichkeiten, 181; i.E. auch *Huber,* Vermögensanteil, 46 f.

[20] Ganz anders sieht dies folgerichtig *Suhr,* Entfaltung, 210.

aber mediatisierte Herrschaft und Haftung wieder gleichgeschaltet. Zudem zeigt die rechtliche Zulässigkeit der privatautonomen Einräumung von Gestaltungsmöglichkeiten, wie sie etwa im Recht der Austauschverträge in den §§ 315 ff. BGB vorgesehen sind[21], daß Haftung und Herrschaft nicht als unumwunden verbundene Kategorien begriffen werden können. Anders wäre dies nur, wenn gesellschaftsrechtliche Unterschiede ausnahmsweise Wertungsdifferenzierungen zu dem austauschvertragliche Instrumentarium der §§ 315 ff. BGB tragen würden. Dies ist aber aus zwei Gründen nicht der Fall. Zwar dürfte – erster Grund – bei Abgabe der Erklärung nach § 315 BGB zumeist wesentlich genauer als in den hier zur Beurteilung anstehenden Fallgestaltungen abschätzbar sein, mit welchen Konsequenzen die aus § 315 BGB resultierende Kompetenz ausgeübt werden wird[22]. Dies muß aber nicht so sein. Denn es gibt keine subjektive Grenze der Anwendbarkeit des § 315 BGB der Art, daß der Umfang der aus der Entscheidungsdelegation folgenden Konsequenzen in etwa überschaubar ist. In der Wertung kann § 315 BGB daher auch im Personengesellschaftsrecht durchaus als Wertungsvorbild dienen. Zudem ist der Wertungsabgleich mit § 315 BGB auch deshalb für Personengesellschaften einsichtig, weil – zweiter Grund – es das Personengesellschaftsrecht durch die nach ganz überwiegender Meinung zulässige Implementierung mehrheitlicher Entscheidungsmacht[23] zuläßt, Gestaltungsmöglichkeiten an Mitgesellschafter einzuräumen. Nach all dem bleibt es dabei, daß eine Einheit von Herrschaft und Haftung als geltendes persongesellschaftliches Rechtsprinzip *zumindest aus Selbstbestimmungssicht* nicht behauptet werden kann.

---

[21] Auf den Rechtsgedanken des § 315 BGB bezieht sich im Rahmen der Diskussion um Mehrheitsmacht im Personengesellschaftsrecht bsp. *Huber,* Vermögensanteil, 43; vgl. auch *Adomeit,* FS Hans Kelsen, 9 (19); *Hermanns,* Mitverwaltungsrechte, 106 f., 121 f.; auf die §§ 317 ff. BGB bezieht sich *Eduard Bötticher,* Gestaltungsrecht, 30 f. Kritisch zur Rechtfertigung der Mehrheitsmacht mittels eines Verweises auf §§ 315 ff. BGB zumindest für Vertragsänderungen *Flume,* PersGes, § 14 III.

[22] Mit dieser Begründung lehnt ein Teil der Literatur die Bezugnahme auf § 315 BGB als Rechtfertigungsargument für die Zulässigkeit der Mehrheitsherrschaft ab, siehe nur *Wiedemann,* GesR I, 162; wohl auch *Hermanns,* Mitverwaltungsrechte, 86.

[23] Siehe allgemein zur ganz herrschenden Meinung, die selbst eine mehrheitlich beschlossene Änderung des Gesellschaftsvertrags für zulässig hält, nur die st. Rspr. seit RGZ 91, 166; BGHZ 8, 35; sowie aus der Lit. nur MünchKomm-*Ulmer,* 3. Aufl. 1997, § 709 Rn. 49; *H. P. Westermann,* in: Handbuch der Personengesellschaften, begründet von Harry Westermann, Bd. 1, 4. Aufl., Rn. I 274; *U. Schneider,* ZGR 1972, 363 mzahlrNachw zur älteren Rspr.; sowie aus neuerer Zeit nur *Göbel,* Mehrheitsentscheidungen, 28 ff. Die abweichende Meinungen *Flume*s, PersGes, § 14 III, das Mehrheitsprinzip könne nur für korporative Elemente der Gesellschaft greifen, ansonsten – soweit Vertragsänderungen also in die Rechtsstellung des einzelnen Gesellschafters eingreifen – bleibe es bei Einstimmigkeit, überzeugt in dieser Grundsätzlichkeit nicht, siehe zur Kritik nur *Göbel,* ebda., 32 ff., 132 ff.

Die Einräumung von Gestaltungsmöglichkeiten an die Mitgesellschafter qua Implementierung der Mehrheitsherrschaft und qua Stimmrechtsverzicht sind bezogen auf den Schutz der Selbstbestimmung des Minderheitengesellschafters bzw. des Stimmrechtsverzichtenden grundsätzlich wertungsmäßig gleich. Denn das Stimmrecht des unbeschränkt haftenden Gesellschafters ist bei der Geltung des Mehrheitsprinzips überhaupt kein taugliches Mittel, ihn vor den nachteiligen Folgen von solchen Gesellschaftsbeschlüssen zu schützen, die gegen seinen Willen gefaßt worden sind[24]. Insofern kann sich der Spannungsbogen von Fremd- und Selbstbestimmung beim Stimmrechtsausschluß nicht anders darstellen als bei den Mehrheitsbeschlüssen[25]: Aus Sicht der unterlegenen Interessen ist die Unterworfenheit unter die Entscheidung bei Mehrheitsbeschlüssen für den Minderheitengesellschafter mit der Unterworfenheit kraft Stimmrechtsausschluß für den jeweiligen *konkreten* Beschlußgegenstand für die fehlgeschlagene Interessendurchsetzung selbst identisch. Damit ist ein weiteres Argument für die Zulässigkeit des Stimmrechtsverzichts gegeben: Er scheint zulässig zu sein, damit ein Wertungswiderspruch mit der Zulässigkeit der Mehrheitsherrschaft vermieden wird. Ob dieses Argument trägt, ist im weiteren zu diskutieren.

IV. Die Zulässigkeit eines Wertungsabgleichs mit der Dogmatik der Mehrheitsherrschaft

Das gerade vorgetragene Argument, der Stimmrechtsverzicht müsse zulässig sein, damit ein Wertungswiderspruch mit der Zulässigkeit der Mehrheitsherrschaft vermieden wird, steht und fällt mit der Annahme, daß zwischen einem Gesellschafterbeschluß *gegen* den Willen eines Gesellschafters und einem Gesellschafterbeschluß *ohne* den Willen eines Gesellschafters bezogen auf das Selbstbestimmungsrechts des je unterlegenden bzw. stimmrechtsverzichtenden Gesellschafters kein wertungsmäßig relevanter Unterschied besteht. Nun gilt der Stimmrechtsausschluß nicht nur für den jeweilig *konkret* zur Entscheidung anstehenden Beschlußgegenstand, sondern für *sämtliche* Beschlußgegenstände außerhalb unentziehbarer Mitgliedschaftsrechte, während bei der Mehrheitsherrschaft wenigstens theoretisch die Möglichkeit wechselnder Mehrheiten besteht. Dies wurde stellenweise zum Anlaß genommen, die Sinnhaftigkeit eines Wertungsabgleichs zwischen der Zulässigkeit der Mehrheitsherrschaft und des Stimmrechtsverzichts zu bestreiten. Es heißt dann, aus der Zulässigkeit der Mehrheitsherrschaft könne

---

24 *Huber,* Vermögensanteil, 46 f.

25 *Flume,* PersGes, § 14 II. Zu beachten ist, daß Flume bei Änderungen des Gesellschaftsvertrages schon eine mehrheitliche Entscheidung für unzulässig hält, siehe *ders.,* ebda., § 14 III.

nichts für den Stimmrechtsverzicht gefolgert werden[26]. Hierfür wurden vor allem zwei Gründe angeführt.

1. Mehrheitsherrschaft und antizipierte Zustimmung zum Beschlußgegenstand

Einmal wird in der Vereinbarung einer Mehrheitsklausel eine antizipierte Zustimmung zum jeweiligen mehrheitlich gefaßten Gesellschafterbeschluß gesehen. Die Einführung des Mehrheitsprinzips bedeute dann nur die Verabredung eines besonderen Verfahrens der Beschlußfassung[27]. Eine Veränderung der Rechte des Gesellschafters sei insofern mit der Mehrheitsklausel nicht verbunden, was beim Stimmrechtsverzicht anders sei[28]. Dieses Argument überzeugt nicht. Einmal ist es schon nicht einsichtig, die personengesellschaftliche Legitimation der Mehrheitsherrschaft in einer antizipierten Zustimmung der Gesellschafter zu sehen. Denn wie sollen diese einer Regelung zugestimmt haben, deren Inhalt sie noch nicht einmal kennen[29]? Man käme also zu weitreichenden Willensfiktionen. Wenn derartige Fiktionen vermieden werden sollen, muß die gesellschaftsvertragliche Mehrheitsklausel derartig hochgradig bestimmt sein, wie dies bei einer bedingten oder vorvertraglichen Bindung der Fall ist. Dann aber liegt kein Mehrheitsbeschluß vor, sondern nur die mehrheitlich gesteuerte rechtstechnische Durchführung einer bereits im Gesellschaftsvertrag vereinbarten Regelung[30]. Der Sache nach läge dann Einstimmigkeit in den entscheidenden

---

[26] *Wiedemann,* GesR I, 368 f.; *Hermanns,* Mitverwaltungsrechte, 110 f., verneinen mit der o.g. Begründung etwa die argumentative Kraft eines Wertungsabgleichs mit der Zulässigkeit der Mehrheitsherrschaft.

[27] So in der Tat *Martens,* DB 1973, 413 (415); *Immenga,* ZGR 1974, 385 (419); *Wiedemann,* GesR, § 8 I 2 a; *ders.,* JZ 1978, 612.

[28] *Hermanns,* Mitverwaltungsrechte, 112.

[29] *Hüffer,* ZHR 151 (1987), 396 (407); *Mecke,* BB 1983, 2258 (2260); *Menk,* Das Verhältnis des Bestimmtheitsgrundsatz zur Kernbereichslehre im Recht der OHG, 1975, 71; *Hermanns,* ZGR 1996, 103 (105 f.). Allgemein verweist *Bötticher,* FS Hans Dölle, Bd. 1, 1963, 41 (46), darauf hin, daß man mit der Rechtsfigur einer antizipierten Zustimmung leicht in die Gefahr gerät, ein „Denken in Gestaltungsrechten" durch ein „Denken in Anwartschaftsrechten" zu ersetzen. Dies wäre bsp. dann der Fall, wenn bei der Ausübung eines vertraglich vereinbarten Rücktrittrechts die Ausübung des Rücktritts als Annahme eines vorab schon in dem das Rücktrittsrecht gewährenden Vertrag abgegebenen Angebots auf Vertragsaufhebung angesehen wird. Treffend formuliert im übrigen der BGH, daß die Auswirkungen einer Mehrheitsregelung außerhalb eines konkreten Anlasses typischerweise nicht erfaßt werde und angesichts der Unvorhersehbarkeit der Entwicklung auch gar nicht erfaßt werden können, BGH WM 1994, 2244 (2245).

[30] Überzeugend *Flume,* Die Personengesellschaft, 219; *Karsten Schmidt,* ZHR 158 (1994), 205 (212 f.); vgl. auch *ders.,* GesR, § 16 III 3 b dd; MünchKomm-

Sachfragen vor; ein Konzept zur Legitimierung von Mehrheitsmacht qua antizipierter Zustimmung würde insofern letztlich irrelevant[31].

Doch selbst wenn von der Lehre der antizipierten Zustimmung ausgegangen würde, träfe das Argument nicht zu, zwischen der Rechtfertigung der Mehrheitsmacht und des Stimmrechtsverzichts lägen Welten. Denn ein Stimmrechtsverzicht kann im Rahmen der Lehre von der antizipierten Zustimmung ohne weiteres als ein besonders weitgehender Grenzfall der antizipierten Zustimmung zum Beschluß konstruiert werden, kombiniert mit einer Verfahrensregel, die Zustimmung schon vorab beim Stimmrechtsverzicht erteilt zu haben. Dies liegt einfach daran, daß die Lehre von der antizipierten Zustimmung dem Zustimmenden eine sehr weitgehende Willensfiktion unterschiebt, antizipiert zuzustimmen, ohne daß dies in irgendeiner Weise durch phänomenologisch einsichtige Überlegungen zur tatsächlichen Wahrscheinlichkeit eines derartigen Willens untermauert wird. Wird der Wille aber in dieser Weise über alle Maßen fiktional, liegt die Konstruktion des Stimmrechtsverzichts als Grenzfall der Mehrheitsklausel nahe – die genannte Verfahrensregel, die Mitwirkung an der konkreten Abstimmung sei ebenfalls zu antizipieren, liegt dann in der inneren Logik der Fiktionalität der Lehre von der antizipierten Zustimmung selbst[32].

2. Die faktische Relevanz gesellschaftlicher Abstimmungsverfahren

Als zweiter Einwand gegen einen Wertungsabgleich zwischen der Legitimation der Mehrheitsherrschaft und des Stimmrechtsverzichts wurde die Überlegung bemüht, in der Beratungssituation sei es für den Minderheitengesellschafter psychologisch einfacher, Einfluß auf eine fest gefügte Mehrheit zu erlangen, wenn ihm überhaupt ein Stimmrecht zukomme[33]; die Teilhabe an formalisierten Abstimmungsverfahren sei wirkmächtiger als die Teilnahme an informellen Abstimmungsprozessen. Dies mag so sein. Wieso dieser psychologische Befund aber rechtlich relevant sein sollte, ist nicht

---

Ulmer, § 709 Rn. 75; *Leenen,* FS Larenz, 371 (376); *Marburger,* NJW 1984, 2252 (2254).

[31] Zur Kritik an der Lehre von der antizipierten Zustimmung siehe im übrigen nur BGH WM 1994, 2244 (2245); *Flume,* PersGes, 219; *Karsten Schmidt,* ZHR 158 (1994), 205 (212 f.); vgl. auch *ders.,* GesR, § 16 III 3 b dd; MünchKomm-*Ulmer,* § 709 Rn. 75; *Menk,* Verhältnis, 71; *Bötticher,* FS Hans Dölle, Bd. 1, 1963, 41 (46); *Hüffer,* ZHR 151 (1987), 396 (407); *Mecke,* BB 1983, 2258 (2260); *Leenen,* FS Larenz, 371 (376); *Marburger,* NJW 1984, 2252 (2254); *Hermanns,* ZGR 1996, 103 (105 f.).

[32] *Hermanns,* Mitverwaltungsrechte, 111, hält ohne nähere Begründung eine derartige Verfahrensregel wohl für unzulässig.

[33] Hierauf stellen *Wiedemann,* GesR I, 369; *Hermanns,* Mitverwaltungsrechte, 110 f., ab.

erkennbar[34]. Zudem verbleiben dem Stimmrechtsverzichtenden unverzichtbar das Recht zur Teilnahme an der Gesellschafterversammlung sowie sein Äußerungsrecht und damit die Möglichkeit, die Mitgesellschafter durch die Kraft argumentativer Rede zu beeinflussen[35].

3. Ergebnis

Der Wertungsabgleich mit der Legitimation der Mehrheitsherrschaft ist für die Dogmatik des Stimmrechtsverzichts nach all dem daher *im Grundsatz* tragfähig. Warum dies so ist, wird zudem deutlich, wenn die gesellschaftsvertragliche Vereinbarung des Mehrheitsprinzips als abstrakte und formelle Ermächtigung begriffen wird, die an ein in seiner Zusammensetzung noch unbestimmtes Gremium gerichtet ist[36] – abstrakt, weil sie sich nicht auf eine konkrete künftige Regelung bezieht, und formell, weil sie den Mehrheitsbeschluß selbst mit seinen jeweiligen Auswirkungen auf das betroffene Mitglied nicht materiell rechtfertigt[37]. Dann erscheint die Ermächtigung an die Mehrheitsgesellschafter, ohne den Willen des Stimmrechtsverzichtenden zu entscheiden, durchaus sinnvoll als ein Grenzfall gegenüber der Ermächtigung, gegen den Willen des Minderheiten-Gesellschafters zu beschließen[38] – und zwar ohne den Zugriff auf Willensfiktionen, wie dies oben der Fall war. Insofern besteht zwischen einem Stimmrechtsausschluß, wie er praktisch bei der Zuordnung des Stimmrechts allein an den Nießbraucher erfolgt, und einer Minderheitenposition nur ein gradueller Unterschied[39].

---

[34] Siehe auch *Huber,* Vermögensanteil, 44, 46.

[35] Siehe auch Schlegelberger-*Martens,* § 161 Rn. 67; *Wiedemann,* GesR I, 366 f.; *Hermanns,* Mitverwaltungsrechte, 107 f.; *Nitschke,* Personengesellschaft, 282; *Teichmann,* Gestaltungsfreiheit, 210; *Comes,* DB 1974, 2189 (2195); *Immenga,* ZGR 1974, 385 (414).

[36] Grundlegend *Bötticher,* Gestaltungsrecht und Unterwerfung im Privatrecht, 28 ff.; *ders.,* FS Dölle, Bd. 1, 41 ff.; darüber hinaus vgl. nur *Karsten Schmidt,* GesR, § 16 II 2 c, d; *ders.,* ZHR 158 (1994), 205 (214 ff.); *Hermann,* ZGR 1996, 103 (105) (anders noch *ders.,* Mitverwaltungsrechte, 111 f.); *Röttger,* Kernbereichslehre, 90; *Göbel,* Mehrheitsentscheidungen, 128 ff.; mit Unterschieden im einzelnen schon *Menk,* Verhältnis, 62 ff.; *Thiele,* Die Zustimmungen in der Lehre vom Rechtsgeschäft, 1966, 46 ff.; in unstimmiger Verbindung mit dem Gedanken der antizipierten Zustimmung auch *Martens,* DB 1973, 413 (415); i.E. ebenso, aber in Vermischung des Legitimationsproblems mit Fragen des Minderheitenschutzes *Marbuger,* NJW 1984, 2252 (2254); zustimmend aus dem Lager der Kritiker des Bestimmtheitsgrundsatzes bsp. *Mecke,* DB 1988, 2258 (2261).

[37] *Hermanns,* ZGR 1996, 103 (105).

[38] So auch *Huber,* Vermögensanteil, 44.

[39] So auch BGHZ 14, 264 (271), zur GmbH, aufgegriffen in BGHZ 20, 363 (367 f.) zum Stimmrechtsauschluß beim Kommanditisten.

Doch wie dies mit Grenzfällen so ist: Es können Situationen auftauchen, in denen der Grenzfall eine neue, vom Grundfall unterschiedene Qualität gewinnt. Falls daher im Rahmen des Wertungsabgleichs dennoch einmal ein Unterschied zwischen einer Beschlußfassung ohne und gegen den Willen des Gesellschafters relevant wird, spricht dies nicht gegen die Einsichtigkeit des Wertungsabgleichs zwischen Stimmrechtsverzicht und der Implementierung einer Mehrheitsherrschaft, sondern deckt nur die Art und Weise offen, in der ein jeder Wertungsabgleich erfolgt: Wertungen werden durch Ähnlichkeitsvergleiche füreinander fruchtbar gemacht. Anders gesagt: Wertungen werden im Modus analogen Denkens verglichen[40]. Bei einem derartigen Denken können Flexibilisierungen in den dogmatischen Regeln, welche als Frucht eines Wertungsabgleichs gewonnen werden, nicht ausgeschlossen werden. Hiervon wird noch die Rede sein[41].

V. Die Grenzen mehrheitlicher Entscheidungsmacht als Mindestgrenzen eines Stimmrechtsverzichts

Vor dem zuvor formulierten Hintergrund bilden die Grenzen mehrheitlicher Beschlußfassung die *Mindest*grenzen eines Stimmrechtsverzichts. Dies wiederum bedeutet, daß für den Stimmrechtsverzicht das gesellschaftsrechtliche Minderheitenschutzprogramm fruchtbar gemacht werden muß – was nichts anderes heißt, als den Bestimmtheitsgrundsatz, die gesellschaftsrechtliche Treuepflicht, den Gleichbehandlungsgrundsatz und den Kernbereich der mitgliedschaftsrechtlichen Stellung der Gesellschafter für den Stimmrechtsverzicht durchzudeklinieren[42].

1. Grenze 1: Bestimmtheitsgrundsatz

Bei der Auslegung von gesellschaftsvertraglichen Mehrheitsklauseln differenziert die Rechtsprechung nach der Bedeutung der jeweiligen Beschlußgegenstände. Dem liegt die Annahme zugrunde, das Schutzbedürfnis der Minderheitengesellschafter sei um so größer, je intensiver die Mehrheit auf die rechtliche Stellung der Minderheit Einfluß nehmen könne. Dem liegt inzident die Meinung zugrunde, die mehrheitliche Beschlußfassung sei dem Topos „Fremdbestimmung" zuzuordnen[43]. Von dieser Warte aus war es nur

---

40 Dazu nur *Arthur Kaufmann,* Analogie und Natur der Sache, passim.

41 Siehe sogleich unten § 6 V 3.

42 Zum eher programmatisch denn regelhaft umrissenen gesellschaftsrechtlichen Minderheitenschutz vgl. allg. nur *Karsten Schmidt,* Gesellschaftsrecht, § 16 III; *Wiedemann,* Gesellschaftsrecht, 1980, § 8 II; *Roitzsch,* Der Minderheitenschutz im Verbandsrecht, insbes. 38 ff.; *Göbel,* Mehrheitsentscheidungen, 41 f.; *Weber,* Privatautonomie, 266 ff.

ein kleiner Schritt zur Überlegung, angesichts der Vielgestaltigkeit und unterschiedlich weitreichenden Bedeutung der einzelnen Beschlußgegenstände könne nicht ohne weiteres davon ausgegangen werden, die Gesellschafter hätten sich unbegrenzt dem Willen der Mehrheit unterworfen[44]. Vielmehr sei der Gesellschaftsvertrag unter Einbeziehung aller Umstände des Einzelfalles auszulegen. Und hier gelte – so die Rechtsprechung – der Grundsatz, daß Mehrheitsklauseln in Verträgen von Personengesellschaften einen konkreten Beschlußgegenstand nur dann erfassen, wenn – notfalls als Frucht auch tieferen interpretatorischen Bemühens[45] – hinreichend deutlich geworden sei, daß der betreffende Gegenstand unter die Klausel fallen solle; im Zweifel sei dies nicht der Fall[46].

Das hierbei in jahrzehntelanger Praxis entwickelte, dreifach abgestufte Interpretationsmodell von Mehrheitsklauseln unterschied (1) einfache Mehrheitsklauseln (Folge: im Zweifel Mehrheitsmacht nur für Geschäftsführungsmaßnahmen)[47], (2) solche hinsichtlich der Änderung des Gesellschaftsvertrags (Folge: im Zweifel Mehrheitsmacht nur für übliche Vertragsänderungen)[48] und (3) Mehrheitsklauseln für außergewöhnliche und solche Vertragsänderungen, bei denen das Gesetz dispositiv Einstimmigkeit vorsieht (Folge: Mehrheitsmacht nur, wenn der Beschlußgegenstand ohne Zweifel von der Klausel erfaßt wird)[49]. Darüber hinaus wurde eine Abweichung von dieser Auslegungstrias dann zugelassen, wenn die Realstruktur der jeweiligen Gesellschaft[50] oder sonstige Gründe[51] eine Abweichung an-

---

43 Vgl. nur BGHZ 8, 35 (41); 48, 251 (253); BGH WM 1973, 990 (991).

44 BGHZ 8, 35 (41 f.); *Marburger,* NJW 1984, 2252 (2253).

45 BGH WM 1973, 100 (102).

46 St. Rspr. seit RGZ 91, 166 (167 f.). Aus der Rspr. des RG vgl. nur RGZ 114, 393 (395); 151, 321 (327); 163, 385 (391). Aus der Rspr. des BGH vgl. nur BGHZ 8, 35 (41 f.); 48, 251 (253); 66, 82 (85); 69, 160 (165 f.); 71, 53 (57); 85, 350 (355 f.); BGH NJW 1985, 972 (973); BGH NJW-RR 1987, 285 (286); BGH NJW 1988, 411; 1995, 194 ff. Vgl. zur Entwicklung und Konsolidierung der Rechtsprechung den Überblick bei *Göbel,* Mehrheitsentscheidungen, 46 ff.; *Brändel,* FS Walter Stimpel, 1985, 95 ff.

47 BGH, WM 1961, 303 (304).

48 BGHZ 8, 35 (41).

49 BGHZ 8, 35 (41 f.).

50 Die beiden bedeutensten Fälle stellen bekanntlich Publikumsgesellschaften (BGHZ 66, 82 (85)) und körperschaftlich verfaßte Familiengesellschaften (BGHZ 85, 350 (355 f.)) dar.

51 Bsp. die Sachgerechtigkeit eines Gleichlaufs von Mehrheitsklauseln bei den Verträgen der GmbH und der KG einer GmbH & Co. KG, dazu *Karsten Schmidt,* ZHR 158 (1994), 205 (223 f.). Weitere Gründe könnten bsp. dann vorliegen, wenn durch einen Beschluß schutzwürdige Minderheitsinteressen nicht berührt werden. Die Frage ist dann nur, ob dies abstrakt ex ante für den jeweiligen Beschlußgegenstand oder konkret im Zeitpunkt des Beschlusses für den jeweiligen Beschlußinhalt zu bestimmen ist.

gelegen erscheinen lassen. Teile der Literatur haben sich der Rechtsprechung angeschlossen und verlangen eine hinreichend bestimmte gesellschaftsvertragliche Verankerung des Mehrheitsprinzips der Art, daß eine gegenständliche Präzisierung der mehrheitlich beschlußfähigen Gegenstände im Gesellschaftsvertrag vorliegen müsse[52] – die Folgen sind die bekannten umfänglichen, auf bestimmte Änderungen des Gesellschaftsvertrags bezogenen Kataloge der Formularbücher.

Nun geht es bei der Zulässigkeit des Mehrheitsbeschlusses letztlich nur um die „Banalität", daß die Mehrheitskompetenz nicht weiterreichen kann als die ihr zugrunde liegende Ermächtigung [53]: „Es geht um die formelle Kongruenz von Ermächtigung und Beschluß"[54]. Ob eine solche Kongruenz vorliegt, ist eine Frage der Auslegung der Mehrheitsklausel, nicht eine solche des Schutzes der unterlegenden Minderheit. Denn wenn die Ermächtigung zum mehrheitlichen Entscheiden fehlt, ist der Mehrheitsbeschluß auch denen gegenüber unzulässig, die für den Beschluß gestimmt haben. Fehlt es zudem an der erforderlichen Zustimmung eines in seinen mitgliedschaftlichen Rechten betroffenen Minderheitengesellschafters[55], so ist es seine Sache, ob er die ihn nicht verpflichtenden Beschlußfolgen hinnimmt oder

---

[52] Vgl. nur *Wiedemann,* GesR, § 8 I 2 a; *ders.,* JZ 1978, 612; *A. Hueck,* Das Recht der offenen Handelsgesellschaften, 3. Aufl. 1964, 130 f.; *Hennerkes/Binz,* BB 1983, 713 (714); *Immenga,* ZGR 1974, 385 (419); *Martens,* DB 1973, 413 (414).

[53] *Karsten Schmidt,* ZHR 158 (1994), 205 (215), dort auch das Zitat; *Hermanns,* ZGR 1996, 103 (106).

[54] *Karsten Schmidt,* ZHR 158 (1994), 205 (218).

[55] Diese Zustimmung kann freilich schon antizipiert im Gesellschaftsvertrag erteilt worden sein – diesbezüglich muß jedoch eine derartig hinreichende Bestimmtheit verlangt werden, die einen Schluß auf einen Willen des einzelnen zur Zustimmung zum *konkreten* Beschluß zuläßt. Die an diese antizipierte Zustimmung zu stellenden Anforderungen sind mit dieser Formulierung noch nicht ausgemacht. Insbesondere ist der Schluß von der Tatsache, daß in einem Gesellschaftsvertrag diverse mehrheitlich traktierbare Beschluß*gegenstände* aufgeführt worden sind, auf den Willen der Gesellschafter, auch hinsichtlich der jeweiligen, in ihre Rechte (mithin in den Kernbereich ihrer Mitgliedschaft) eingreifenden Beschluß*inhalte* antizipiert zuzustimmen, angesichts der Gefahr, in Willensfiktionen abzugleiten, nur bei weiteren Anhaltspunkten angängig. In der Literatur wird hierfür gefordert, daß die gesellschaftsvertragliche Klausel neben dem Beschlußgegenstand zumindest auch die wesentlichen Folgen des künftigen Eingriffs konkret umschreibt, so MünchKomm-*Ulmer,* § 709 Rn. 76 f.; *Winter,* GesRZ 1986, 74 (83); *Mecke,* BB 1988, 2258 (2263 f.); *Hüffer,* ZHR 151 (1987), 396 (408); umfassend dazu *Göbel,* Mehrheitsentscheidungen, 109 ff.; vgl. auch *Leenen,* FS Larenz, 371 (376); *Flume,* Die Personengesellschaft, 219 f.; *Löffler,* NJW 1989, 2656 (2661); *Röttger,* Die Kernbereichslehre im Recht der Personengesellschaften, 147 f. Es wird dann auch deutlich, warum die soeben genannten Autoren die Bedeutung des Bestimmtheitsgrundsatzes im Kernbereich der Mitgliedschaft ansiedeln. Terminologisch besser ist es demgegenüber von der Notwendigkeit einer antizipierten Zustimmung zu sprechen, da darin der Willensbezug deutlicher zum Ausdruck kommt. Weiterreichend *Karsten*

nicht[56]; der Mehrheitsbeschluß kann hier nicht allein mit der Begründung zu Fall gebracht werden, er sei mehrheitlich getroffen worden. Es bleibt daher festzuhalten: Die Zulässigkeit des Mehrheitsbeschlusses aufgrund Auslegung des Gesellschaftsvertrages und ein etwaiger Eingriff in Minderheitenrechte durch einen mehrheitlich gefaßten Beschluß sind entgegen vielfältig geäußerter Meinung zwei nicht ineinander verwobene Rechtsfragen. Karsten Schmidt[57] trennt insofern zu Recht zwischen der Zulässigkeit des Mehrheitsbeschlusses als solcher auf der einen Seite und der Zulässigkeit eines Eingriffs in Rechte von Minderheitengesellschaftern durch den Mehrheitsbeschluß auf der anderen Seite.

Vor diesem Hintergrund einer strikten Trennung zwischen dem Auslegungsproblem (Zulässigkeit des Mehrheitsbeschlusses) und dem Problem des Minderheitenschutzes ist zweifelhaft, ob die oben vorgestellte gestufte Auslegungstrias der Rechtsprechung Bestand haben kann[58]. Diese fußt ersichtlich auf einer Korrelation von Mehrheitsmacht und Fremdbestimmung und der daraus als unvermeidlich erscheinenden – man möchte beinahe sagen: fast schon persuasiv aufbereiteten – Option in der Wertung: Vorrang für die Selbstbestimmung, im Zweifel daher Einstimmigkeit. Damit wird aber das Wertungsproblem nur in den unbestimmten Topos „Selbstbestimmung“ verschoben, der sich aber als zweischneidiges Schwert erweist: Wenn für den jeweiligen Beschlußgegenstand das Mehrheitsprinzip wirksam vereinbart worden ist, so kann der überstimmte Gesellschafter zumin-

---

Schmidt, ZHR 158 (1994), 205 (227 f.): bloßer Katalog der Beschlußgegenstände ist für den Schluß auf eine antizipierte Zustimmung hinreichend.

[56] *Karsten Schmidt,* ZHR 158 (1994), 205 (217). Insofern geht es hier dann um die Instrumente, in denen die Kritiker des Bestimmtheitsgrundsatzes den Minderheitenschutz verorten wollen: Im Vordergrund steht durchweg die Beschlußkontrolle anhand des § 138 I BGB, anhand des gesellschaftsrechtlichen Gleichbehandlungsgrundsatzes, anhand eines Erfordernisses der sachlichen Rechtfertigung des Mehrheitsbeschlusses oder anhand einer stärkeren Betonung der gesellschaftsrechtlichen Treuepflicht der Gesellschaftermehrheit der Minderheit gegenüber, vgl. dazu nur den Überblick bei *Göbel,* Mehrheitsentscheidungen, 82 ff., mit zahlreichen weiteren Nachweisen.

Der Bestimmtheitsgrundsatz hat vor diesem Hintergrund auch keine Warnfunktion, wie dies stellenweise (so bsp. von *H. P. Westermann,* Vertragsfreiheit und Typengesetzlichkeit im Recht der Personengesellschaften, 1970, 222; Erman-*ders.,* § 709 Rn. 30; *Wiedemann,* GesR, § 7 I 1 b aE, § 8 I 2 a; *ders.,* in: Gestaltungsfreiheit im Gesellschaftsrecht, ZGR-Sonderh. 13 (1998), 5 (28 f.); *Immenga,* ZGR 1974, 385 (418); *U. Schneider,* ZGR 1972, 357 (366)) angenommen worden ist. Verständlich wäre dies nur bei einem zwingend erforderlichen Katalog von Beschlußgegenständen – und genau dies ist ja nicht der Fall. Zur Kritik an der Warnfunktion vgl. im übrigen nur *Göbel,* Mehrheitsentscheidungen, 163 f.; *Leenen,* FS Larenz, 371 (388 f.); *Mecke,* BB 1988, 2258 (2262).

[57] In ZHR 158 (1994), 205 (214 ff., 224 ff.).

[58] Siehe auch *Göbel,* Mehrheitsentscheidungen, 162 ff.

dest dann nicht gegen den seine Unterwerfung unter den Mehrheitswillen aktualisierenden *konkreten* Beschluß die Verletzung seines Selbstbestimmungsrechts einwenden, wenn der Grund der personengesellschaftsvertraglichen Bindung Ausdruck der Selbstbestimmung des sich selbst Bindenden ist. Man kommt dann geradewegs wieder in die Antinomien der Rechtfertigung vertraglicher Bindung. So kann etwa eine Verletzung des Selbstbestimmungsrechts der *in concreto* überstimmten Gesellschafter – in den Worten Leenens[59] – „nicht ernsthaft zur Diskussion stehen", wenn der Grund der gesellschaftsvertraglichen Bindung an die Mehrheitsherrschaft gerade auf Autonomie, auf Selbstbestimmung zurückgeführt wird. Der Selbstbestimmungsgedanken gibt daher für die Frage, wann eine Mehrheitsherrschaft gesellschaftsvertraglich verankert worden ist, bei Lichte betrachtet nichts her. Richtigerweise kann es vielmehr nur darauf ankommen, wie die Gesellschafter das Verhältnis von Veränderungs- und Verharrungsinteressen austariert haben[60], da das Einstimmigkeits- und das Mehrheitsprinzips jeweils entweder Veränderung oder Verharrung prämieren[61].

Der Bestimmtheitsgrundsatz gibt für *diese* Frage nach der Austarierung von Veränderungs- und Beharrungsinteressen nichts her. Dies heißt jedoch nicht, daß er für die *hier* allein interessierende Frage nach dem Stimmrechtsverzicht ebenfalls nichts hergibt. Denn anders als bei einer Mehrheitsklausel, die die Rechtsstellung aller Gesellschafter insofern in gleicher Weise berührt, als jeder Gesellschafter ex ante sowohl zum Gestaltungsbefugten wie zum Gestaltungsunterworfenen wird, jeder Gesellschafter damit ex ante von den Vor- und Nachteilen mehrheitlicher Entscheidungsmacht gleich profitiert[62], wird der Stimmrechtsverzichtende schon ex ante zum Gestaltungsunterworfenen. Insofern kann beim Verzicht gerade nicht gesagt werden, Verzichtender und Mit-Gesellschafter würden von den Vor- und Nachteilen des Verzichts ex ante betrachtet in gleicher Weise profitieren, wie bei der Mehrheitsherrschaft die Mehrheitsunterworfenen. Zwar kann ebenfalls nicht gesagt werden, beim Stimmrechtsverzicht läge tendentiell ein größerer Nach-

---

[59] FS Larenz, 371 (381).

[60] Vgl. dazu *Leenen,* FS Larenz, 371 (382 ff.).

[61] Siehe auch *Leenen,* FS Larenz, 371 (383); *Lutter,* AcP 180 (1980), 84 (91); *Zöllner,* Anpassung, 35 f.

[62] *Leenen,* FS Larenz, 371 (378); *Karsten Schmidt,* GesR, § 16 II 2 c; vgl. auch *Walz,* in: Ott/Schäfer (Hrsg.), Ökonomische Analyse des Unternehmensrechts, 50 (68). Gegen diese Argumentation würde wohl vorgetragen werden, sie übersehe festgefügte Mehrheitsblöcke und sei insofern sträflich praxisfremd – Stichwort: Konzernrecht (Anklänge in diese Richtung bei *Marbuger,* NJW 1984, 2252 (2254)). Dies wäre jedoch kein durchschlagendes Argument: Rechtlich bleibt den Minderheitsgesellschaftern natürlich die Möglichkeit, zur Mehrheit zu gelangen; nur wird dies im jeweiligen Beschluß bei festgefügten Blöcken kaum der Fall sein. Nur ist dies eine Frage des Minderheitenschutzes hinsichtlich des *konkreten* Beschlusses. Hier geht es jedoch um eine abstrakte ex ante Betrachtung.

teil beim Verzichtenden vor. Denn der Verzichtende wird sich zum Verzicht durchweg nur qua Gegenleistungen bewegen lassen und in der Gegenleistung den zu erwartenden Nachteil kalkuliert haben. In rechtspaternalistischer Perspektive[63] ist diese Kalkulation jedoch irrelevant, wenn der Schutz des künftigen, auf Stimmrechtsabgabe bedachten Willens gegenüber dem Schutz des sich im aktuellen Willen manifestierenden Kalküls zumindest insoweit als vorrangig gewichtet werden kann, als gefordert wird, der aktuelle Wille müsse so klar und deutlich erklärt worden sein, daß bei Zweifeln davon auszugehen sei, ein Stimmrechtsverzicht läge nicht vor. Der „Bestimmtheitsgrundsatz" würde sich beim Stimmrechtsverzicht dann in einer Zweifelsregelung erschöpfen: im Zweifel kein Stimmrechtsverzicht[64].

Eine derartige Zweifelsregelung ist sinnvoll. Denn zum Schutz des Verzichtenden ist ein Stimmrechtsverzicht angesichts der Vielgestaltigkeit und unterschiedlich weitreichenden Bedeutung der einzelnen Beschlußgegenstände nur tragbar, wenn er ohne jeden Zweifel der Verzichtsklausel entnommen werden kann. In die Verzichtsklausel müssen hingegen keine Kataloge von Beschlußgegenständen übernommen werden. Zwar erleichtern derartige Kataloge oftmals das Auslegungsgeschäft, ihr Fehlen hindert es jedoch nicht. Es kommt möglicherweise nur rechtstatsächlich öfters zur Anwendung der Zweifelsregel. Der im Modus der Analogizität prozedierte[65] Wertungsabgleich des Stimmrechtsverzichts mit der Zulässigkeit der Mehrheitsherrschaft findet also in der o.g. Zweifelsregelung seine Grenze. Anders gesagt: Es liegt doch ein Unterschied zwischer einer Entscheidung ohne (Fall: Stimmrechtsverzicht) oder gegen (Fall: Mehrheitsbeschluß) den Willen eines Gesellschafters vor. Die erste Grenze des Stimmrechtsverzichts liegt nach all dem daher darin, daß er ohne jeden Zweifel erklärt sein muß. Hieraus folgt für den Wertungsabgleich einer Stimmrechtszuordnung an den Nießbraucher: Bei Zweifeln über den Umfang der Stimmrechtszuordnung gilt die o.g. abgestufte Trias der Rechtsprechung; ist schon die Stimmrechtszuordnung an den Nießbraucher selbst zweifelhaft, verbleibt es bei der Zuordnung des Stimmrechts an den Besteller-Gesellschafter.

2. Grenze 2: Treuepflicht

Der Stimmrechtsverzicht unterliegt – dies war der Ausgangspunkt – mindestens den gleichen Grenzen, die auch die Mehrheitsherrschaft erst erträg-

[63] Dazu siehe oben § 5 VI 1.

[64] Dies ist keine Auslegungsregel. Denn Anknüpfungpunkt für die Zweifelsregel ist nicht die hohe phänomenologische Wahrscheinlichkeit eines bestimmten inneren Willens, sondern Überlegungen zum Schutz des Erklärenden.

[65] Dazu siehe oben § 6 IV 3.

lich machen. Insofern müssen die Stimmberechtigten der Treuepflicht unterliegen, dürfen nicht ohne Zustimmung des stimmrechtslosen Mitgesellschafters in den Kernbereich der Mitgliedschaft eingreifen und müssen das Belastungsverbot beachten. Die einfache Frage lautet daher: Lassen sich im Recht des Anteilsnießbrauchs Instrumentarien ausmachen, die funktional *im Innenverhältnis zwischen Nießbraucher und Besteller-Gesellschafter* der Treuepflicht, dem Kernbereichsschutz und dem Belastungsverbot im Verhältnis zwischen den Gesellschaftern entsprechen? Es kann im weiteren gezeigt werden, daß genau dies der Fall ist.

Gerade die Treuepflicht stellt eine gewichtige Voraussetzung eines Stimmrechtsverzichts dar. Leenen hat die Bedeutung der Treuepflicht treffend umschrieben: „Je stärker die Gefahren fremder Gestaltungsmacht durch Treuebindungen entschärft werden, desto geringere Kautelen sind bei der *Begründung* fremder Gestaltungsmacht angebracht“[66]. Dem Maß des Einflusses korrespondiert also das geforderte Maß an Rücksichtnahme und Verantwortung[67]. Wegen der hohen Einwirkungsmöglichkeiten des Stimmberechtigten auf die Mitgliedschaft und der damit verbundenen Schutzbedürftigkeit der Mitglieder bedarf es daher eines Korrektivs, welches über die in einem herkömmlichen Schuldverhältnis herrschenden Rücksichtnahmepflichten weit hinausgeht und welches in den Treuepflichten des Verbandsrechts implementiert ist[68]. Dies kann nicht anders sein, wenn es um das Innenverhältnis zwischen Besteller-Gesellschafter und Nießbraucher geht, da aus Sicht des Besteller-Gesellschafters die Einwirkungsmöglichkeit des Nießbrauchers sich nicht anders darstellt, als ob ein Mit-Gesellschafter sein Stimmrecht wahrnehme; dieser wäre aber an die Treuepflicht gebunden.

Der Anteilsnießbraucher muß daher zumindest gegenüber dem Besteller-Gesellschafter der Treuepflicht unterliegen. Wie soll aber die Treuepflichtkeit des Anteilsnießbrauchers begründet werden? Ein einfacher Hinweis, aus der Belastung der Mitgliedschaft folge gleichsam naturwüchsig auch die Treuepflichtigkeit des Anteilsnießbrauchers[69], überzeugt ja nicht, da ge-

---

[66] *Leenen,* FS Larenz, 371 (390), Hervorhebung i. O.

[67] Dies wurde schon früh durch *Zöllner,* Schranken, 337, 344 ff., 349 ff., herausgearbeitet; ähnlich *Immenga,* Die personalistische Kapitalgesellschaft, 264 ff., 274. Siehe auch BGHZ 65, 15 (19); BGH, WM 1979, 937 ff.; *Lutter,* AcP 180 (1980), 84 (114 ff.); *Wiedemann,* GesR I, § 8 II 3 b.

[68] So *Lutter,* AcP 180 (1980), 84 (114 ff., 121); *Habersack,* Mitgliedschaft, 95 m. w. Nachw. Die auf das Maß des Einflusses ausgerichtete Korrekturfunktion der Treuepflicht ist mit jeder dogmatischen Gründung der Treuepflicht verträglich, zur ihrer dogmatischen Legitimation siehe nur den Überblick bei *Göbel,* Mehrheitsentscheidungen, 97 f. m. w. Nachw.; ansonsten siehe nur zur Treuepflicht und einer Stimmrechtsausübung durch Nichtgesellschafter *Weber,* Privatautonomie, 266 ff.

[69] So etwa *Finger,* DB 1977, 1033 (1037); *Queck,* Nießbrauch, 140.

rade derartige Folgerungen aus der Anteilsbelastung allein nicht gezogen werden können[70]. Es muß vielmehr ein Ansatzpunkt für die Treuepflichtigkeit gefunden werden, der gesellschafts- und nießbrauchsrechtliche Wertungen in sich aufnehmen kann. Einen derartigen Ansatzpunkt für ein funktional der Einbindung in die Treuepflicht entsprechendes Instrument bietet § 1036 II BGB[71]. Danach hat bei der Ausübung des Nutzungsrechts der Anteilsnießbraucher die Widmung des Anteils aufrechtzuerhalten und nach den Regeln einer ordnungsgemäßen Wirtschaft zu verfahren[72]. Mit Blick hierauf lauten die hier vertretenen Thesen: Erstens: Der Besteller-Gesellschafter kann den Anteil in der Weise widmen, daß der Nießbraucher bei der Ausübung des dinglichen Nutzungsrechts den Anforderungen der gesellschaftlichen Treuepflicht unterliegt. Zweitens: Eine derartige Widmung ist mit den Regeln ordnungsgemäßer Wirtschaft i. S. § 1036 II BGB vereinbar.

Zur ersten These: Kann der Besteller-Gesellschafter die nießbrauchsrechtliche Zweckbestimmung des Anteils festlegen, kann er die Mitgliedschaft so widmen, daß sie auf die Erfüllung der gesellschaftlichen Treuepflicht ausgerichtet ist. Diese nießbrauchsrechtliche Widmung bewegt sich innerhalb des durch die gesellschaftsrechtliche Zweckförderungspflicht gezogenen Rahmens, in den der Anteil gesellschaftsrechtlich eingespannt ist. Denn sie holt die gesellschaftsrechtliche Treuepflicht ja gewissermaßen in den „Innenbereich“ des Anteilsnießbrauchs. Die Widmungsbefugnis des Anteilsinhaber ist daher zumindest bei der auf die Erfüllung der Treuepflicht bezogenen Widmung gesellschaftsrechtlich unbedenklich.

Zur zweiten These: Unter Regeln ordnungsgemäßer Wirtschaft i. S. § 1036 II BGB sind solche Regeln zu verstehen, die ein im wohlverstandenen Eigeninteresse handelnder Eigentümer seinem Handeln zugrundelegen würde[73]. Diese Regeln sind – auch dies wurde schon herausgearbeitet[74] – auf die Sachwidmung bezogen. Bezogen auf den Anteilsnießbrauch heißt dies, daß der Nießbraucher seiner Nutzung diejenigen Regeln zugrundelegen muß, die nach objektiven Kriterien die Anteilswidmung am besten erfüllt. Es liegt auf der Hand, daß angesichts der auf die Einbindung in die gesellschaftliche Treuepflicht ausgerichtete Widmung auch hier wieder gesellschaftsrechtliche Wertungen gegen ein derartiges Verständnis der Regeln ordnungsgemäßer Wirtschaft nicht angeführt werden können.

---

70 Siehe dazu nur oben § 3 I.

71 Ansätze hierzu bei *Queck*, Nießbrauch, 140 f., 213, der primär nicht auf die Anteilswidmung, sondern auf die Regeln ordnungsgemäßer Wirtschaft abstellt und hierin zusammen mit weiteren Erwägungen eine Treupflichtbindung des Nießbrauchers skizziert.

72 Siehe zur Anwendbarkeit dieser Vorschrift oben § 3 III.

73 Siehe oben § 3 III 3.

74 Siehe oben § 3 III 3.

Zumindest bei entsprechender Anteilswidmung steht der Anteilsnießbraucher daher ohne weiteres – wenigstens im Verhältnis zum Besteller-Gesellschafter – aufgrund des Nießbrauchsrechts so da, *als ob* er selbst der gesellschaftsrechtlichen Treuepflicht des Besteller-Gesellschafters unterliegen würde. Die Treuepflichtigkeit des Anteilsnießbrauchers ist quasi streng akzessorisch zur gesellschaftsrechtlichen Treuepflicht des Besteller-Gesellschafters. Sie kann daher auch nur aus den gesellschaftlichen Verhältnissen und der Perspektive des Besteller-Gesellschafters her beurteilt werden. Die oft aufgeworfene Frage, ob der Anteilsnießbraucher in die Treuepflicht „eingebunden" ist[75], ist daher aus nießbrauchsrechtlicher Sicht in dieser Weise unpräzise gestellt. Ob die Mit-Gesellschafter indes eine gehörige Erfüllung der auf die Einhaltung der Treuepflicht ausgerichteten Verpflichtung des Anteilsnießbrauchers aus § 1036 II BGB einfordern können, ist hingegen eine ganz andere Frage, auf die noch zurückzukommen sein wird[76]. Abschließend bleibt festzuhalten: Die beschriebene Anteilswidmung ist Voraussetzung der Treuepflichtigkeit des Nießbrauchers, diese wiederum Grundlage einer Stimmrechtszuordnung an ihn. Fehlt demnach eine entsprechende Anteilswidmung, scheidet eine Stimmrechtszuordnung an den Nießbraucher zwingend aus.

3. Grenze 3: Kernbereich und Belastungsverbot

Als dritte Voraussetzung für einen wirksamen Stimmrechtsverzicht dürfen die Stimmberechtigten ihr Stimmrecht nicht so ausüben, daß der Kernbereich der Mitgliedschaft des Verzichtenden[77] und das Belastungsverbot verletzt wird[78], also das Verbot, qua Generalklausel aufgrund eines Mehrheitsbeschlusses dem Mitglied zusätzliche Beitragspflichten gegen seinen Willen aufzuerlegen[79]. Somit heißt die im folgenden hinsichtlich der Zuordnung des Stimmrechts an den Anteilsnießbraucher unter Ausschluß des Besteller-Gesellschafter interessierende Frage: Gibt es im Recht des Anteilsnießbrauchs Instrumentarien – und daß es sie gibt, ist die These –, die funktional *im Innenverhältnis zwischen Nießbraucher und Besteller-Gesellschafter* dem Kernbereichsschutz und dem Belastungsverbot im Verhältnis zwischen den Gesellschaftern entsprechen?

---

75 Dazu nur Großkomm-*Ulmer,* § 163 HGB Rn. 15; MünchKomm-*ders.,* § 705 Rn. 78; *Finger,* DB 1977, 1033 (1037).

76 Unten § 11 I 2 a.

77 Siehe zur inhaltlichen Spezifizierung des Kernbereichs ausführlich den Überblick bei *Göbel,* Mehrheitsentscheidungen, 116 ff., 178 ff.

78 Wegen der Geltung des Kernbereichsprinzips wird zu Recht auch hinsichtlich der Grundlegung des Abspaltungsverbots ausgeführt, der Selbstschutzgedanke sei für das Abspaltungsverbot unfruchtbar, siehe etwa *Bälz,* ZGR 1980, 1 (72).

79 *Wiedemann,* GesR I, 393; *Karsten Schmidt,* GesR, § 16 III 3 b cc.

Hinsichtlich des Kernbereichs lassen sich unentziehbare und unverzichtbare Elemente unterscheiden[80]; beide Male steht der Schutz vor rechtsverkürzenden und vor pflichtenerhöhenden Beschlüssen in Rede. Bei dem unentziehbaren, aber nicht unverzichtbaren Kernbereich der Mitgliedschaft ist ein Stimmrechtsverzicht zumindest dann wirksam, wenn das verzichtende Mitglied dem möglichen Eingriff durch einen künftigen Beschluß der Stimmrechtsberechtigten ausdrücklich antizipiert zugestimmt hat[81]. Unter den gleichen Voraussetzung ist die Auferlegung zusätzlicher Lasten auf das stimmrechtslose Mitglied zulässig.

Es bleibt die Frage, ob es einen verzichtsfesten Kernbereich der Mitgliedschaft gibt, bei dem ein Stimmrechtsverzicht von der Rechtsordnung nicht gebilligt wird. Die Frage ist in dieser abstrakten Weise einfach zu beantworten: Ein derartiger verzichtsfester Kernbereich ist schon allein deshalb anzunehmen, weil eine schrankenlose Beschränkung privatautonomer Gestaltungsmacht auch für einzelne Lebensbereiche durch das Verbot der Selbstentmündigung ausgeschlossen ist[82], mag auch ansonsten die Rechtsordnung durch die Einrichtung von Personengesellschaften zeigen, daß sie für einen durch den Gesellschaftszweck definierten Lebensbereich den mit dem Engagement des Gesellschafters in einer Personengesellschaft verbundenen Verzicht auf eine *alleinige* rechtliche Formung seiner Lebensumstände nicht negativ bewertet[83]. Diese Feststellung ist auf diesem abstrakten Niveau eher banal. Nicht mehr banal ist hingegen, wie das Prinzip unzulässiger Selbstentmündigung auf der einen und die zulässige Einbindung eines jeden Gesellschafters in die „Formationen der Macht“ innerhalb der Personengesellschaft auf der anderen Seite ausbalanciert werden muß.

Zwei Arbeitsvarianten bieten sich hinsichtlich dieser Ausbalancierung an. Die erste Variante sucht die Konkretisierung in der Angabe relativ präzis

---

[80] Siehe nur *Karsten Schmidt,* GesR, § 16 III 3 b bb. Ablehnend zu dieser Unterscheidung *Göbel,* Mehrheitsentscheidungen, 183 f.

[81] Siehe allg. dazu nur *Karsten Schmidt,* GesR, § 16 III 3 b bb cc. Zur dogmatischen Genese, die anfangs auf § 53 Abs. 3 GmbHG rekurrierte, siehe nur ausführlich *Hermanns,* Mitverwaltungsrechte, 116 ff. Die Zustimmung kann schon im Gesellschaftsvertrag erteilt werden. Angesichts der Geltung der o.g. Zweifelsregelung sind jedoch an den Erklärungsgehalt hohe Anforderungen zu stellen. Zudem ist immer nach allgemeinen Regeln der Fall möglich, daß grundsätzliche Verzichtbarkeit von Rechten in eine ausnahmsweise Unverzichtbarkeit umschlägt, wenn das Ausmaß des Verzichts zur wirtschaftlichen Knebelung führt. Sedes materiae ist insofern § 138 I BGB, dazu siehe ausführlich *Lockowandt,* Stimmrechtsbeschränkungen, 120 ff., 132 ff.

[82] Siehe allg. nur *Flume,* AT II, 370; MünchKomm-*Mayer-Maly,* § 138 Rn. 27; bezogen auf das Gesellschaftsrecht *Wiedemann,* JZ 1990, 695 (697); *ders.,* WM 1992 Sonderbeil. 7, 1 (20).

[83] *Wiedemann,* Übertragung, 29; *ders.,* WM 1992, Sonderbeil. 7, 1 (12); *Zöllner,* Schranken, 24 ff.

definierter Beschlußgegenstände, bei denen ein Stimmrechtsverzicht unwirksam wäre. Der Sache nach läge hier eine Typisierung vor, bei denen aufgrund des Vorliegens objektiver, materieller Kriterien (Beschlußgegenstände) darauf geschlossen wird, das personenbezogene Merkmal der unzulässigen Selbstentmündigung läge vor. Die komplexe, einzelfallbezogene Abwägung zwischen unzulässiger Selbstentmündigung und zulässiger Einbindung in die Sozietät gerinnt dann gleichsam in die starre Gestalt einer abstrakten Regel, welche heißen würde: „Bei diesem oder jenem Beschlußgegenstand ist ein Stimmrechtsverzicht unumwunden unzulässig". Paradigmatisch für eine derartig objektivierende Methode steht die Auffassung, ein verzichtsfester Kernbereich könne für das Stimmrecht in „Grundlagen- und Strukturentscheidungen" gefunden werden[84], die dann im Näheren bsp. die Änderung des Gesellschaftsvertrags und hier insbesondere des Gesellschaftszwecks sowie die Wahl der Geschäftsleitung umfassen[85]. Gegen die erste Variante spricht, daß es durchweg nicht möglich sein wird, die Typisierung so zu präzisieren, daß die durch sie gewonnene Regel tatsächlich „Regel" ist. So ändert sich auf der einen Seite bsp. bei einer Verpachtung des einzigen Geschäftsbetriebs einer KG, die dadurch zur Gesellschaft bürgerlichen Rechts wird, der Gesellschaftszweck der KG. Ob darin unumwunden der Kernbereich der Mitgliedschaft berührt ist, ist umstritten[86]. Wie wenig die Änderung des Gesellschaftsvertrags immer zugleich eine Grundlagenentscheidung darstellt, zeigt das weitere Beispiel der Änderung des im Gesellschaftsvertrags festgelegten Publikationsorgans der Gesellschaft oder der Änderung kleinerer Förmlichkeiten der Gesellschafterversammlung[87]. Auf der anderen Seite kann die Änderung des Gesellschaftszwecks in anderen Aspekten selbstverständlich durchaus Momente beinhalten, vor deren Hintergrund eine Mitbestimmung der Gesellschafter unabweislich ist.

Es kommt demnach darauf an, das Regelhafte der Typisierung nicht überzubetonen. Geleistet wird dies in der zweiten der o. g. beiden Arbeitsvarianten. In dieser zweiten Variante wird die Ausbalancierung der Aspekte „unzulässige Selbstentmündigung" und „zulässige Einbindung in die Gesellschaft" gewissermaßen flexibilisiert, indem die konkrete Ausbalancierung selbst der Bewertung der Umstände des Einzelfalls anvertraut wird, gängigerweise kombiniert mit einem ganzen Spektrum von Bewertungstopoi, in denen sich dann bsp. auch die bei der ersten Version im Vordergrund stehenden Grundlagenentscheidungen als Abwägungstopoi wiederfinden. Frei-

---

[84] So etwa *Hermanns,* Mitverwaltungsrechte, 124 ff.

[85] Zur Begrifflichkeit von „Grundlagen- und Strukturentscheidungen" siehe *Wiedemann,* GesR I, 323; *ders.,* WM 1992, Sonderbeil. 7, 1 (22).

[86] Verneinend bsp. *Göbel,* Mehrheitsentscheidungen, 197.

[87] Etwa *Lockowandt,* Stimmrechtsbeschränkungen, 146, sieht hier zu Recht das Selbstbestimmungsrecht der Gesellschafter im Kern nicht berührt.

lich geht hier wiederum das Stück Rechtssicherheit verloren, welches in der ersten Variante in der regelbezogenen Typisierung eingefangen wird. Es gilt daher mittels Fallgruppenbildung zu versuchen, die Abwägung im Einzelfall wieder in Richtung einer (flexiblen) Regelbildung zu re-dogmatisieren[88]. Angeknüpft werden kann hier insbesondere am Wertungsvorbild des Verbots einer sittenwidrigen Knebelung[89]. All dies gilt es im weiteren zu beachten. Welches sind nun die Instrumentarien im Recht des Anteilsnießbrauchs, die funktional *im Innenverhältnis zwischen Nießbraucher und Besteller-Gesellschafter* dem Kernbereichsschutz und dem Belastungsverbot im Verhältnis zwischen den Gesellschaftern entsprechen? Diese Frage wird im weiteren zu untersuchen sein.

VI. Ergebnis zu dem Wertungsabgleich mit der Zulässigkeit eines Stimmrechtsverzichts

Es gilt festzuhalten: Aus dem Wertungsabgleich mit der Dogmatik des Stimmrechtsverzichts folgt, daß eine Stimmrechtszuordnung an den Nießbraucher *zumindest* folgendes voraussetzt: Die Zuordnung muß erstens ohne jeden Zweifel erklärt sein, ansonsten verbleibt es bei der Zuordnung des Stimmrechts an den Besteller-Gesellschafter. Darüber hinaus ist zweitens der Gesellschaftsanteil bei der Bestellung des dinglichen Nutzungsrechts so zu widmen, daß die Bewirtschaftung des Anteils (und damit auch die Ausübung des Stimmrechts) beinhaltet, der gesellschaftsrechtlichen Treuepflicht Folge zu leisten. Fehlt eine dementsprechende Anteilswidmung, scheidet eine Stimmrechtszuordnung an den Nießbraucher zwingend aus. Schließlich müssen im Recht des Anteilsnießbrauchs drittens Instrumentarien lokalisiert sein, die funktional im Innenverhältnis zwischen Nießbraucher und Besteller-Gesellschafter dem Kernbereichsschutz und dem Belastungsverbot, welche im Verhältnis zwischen den Gesellschaftern gelten, entsprechen. Eine Antwort hierauf gibt – wie gleich gezeigt werden wird – ein Rekurs auf die Regelung des § 1071 II BGB. Dieser Rekurs ist eingebettet in die umfassendere Frage, wie die Stimmrechtszuordnung bei den Grundlagengeschäften ausgestaltet ist. Von dieser Warte aus werden sich dann auch die Kernbereiche der Mitgliedschaft einordnen lassen. Im folgenden muß daher untersucht werden, ob das Nießbrauchsrecht den Aspekt einer gesellschafts-

[88] Eine derartige Re-Dogmatisierung mittels Fallgruppenbildung wird stellenweise auch kritisch betrachtet, wenn etwa auf die gesellschaftliche Funktion von Generalklauseln verwiesen wird, die sie nur bei weitreichender Unbestimmtheit erfüllen könnten (*Teubner,* ZHR 1982, 624 (626 f.) zu § 242 BGB). Generell gegen eine Fallgruppenbildung votiert *Weber,* AcP 1992 (1992), 516 (535 ff.); hiergegen siehe nur *Mayer-Maly,* AcP 194 (1994), 105 (133 ff.).

[89] Dazu ausführlich *Lockowandt,* Stimmrechtsbeschränkungen, 147 ff.

rechtlichen unzulässigen Selbstentmündigung gleichsam in sich aufnimmt und sich zu eigen macht, wenn bei dem Anteilsnießbrauch die Zuordnung des Stimmrechts zu dem Anteilsnießbraucher in Rede steht. Der Ausgangspunkt für diese Erörterungen sind dabei die gesellschaftsrechtlichen Grundlagengeschäfte. Diese sind gewissermaßen der „Probierstein“, an dem sich der Zusammenhang erweisen läßt, der zwischen dem Verbot der Selbstentmündigung der Rechtsperson und der Stimmrechtszuordnung an den Nießbraucher besteht.

§ 7 Nießbrauchsrechtlich funktionale Äquivalente zum Kernbereichsschutz

Grundlagengeschäfte sind solche, die das Gesellschaftsverhältnis und seine Gestaltung qua Gesellschaftsvertrag betreffen[90]. Bei diesen Geschäften sind grundlegende Zweifel angebracht, ob eine Stimmrechtszuordnung an den Anteilsnießbraucher mit dem unabdingbar im Rahmen unserer Rechtskultur für erforderlich erachteten Selbstbestimmungsschutz des Besteller-Gesellschafters vereinbar ist. Besonders greifbar wird dies, wenn hinsichtlich der Grundlagengeschäfte zwischen solchen Geschäften, bei denen eine Verpflichtung der Gesellschafter zur Leistung persönlicher Dienste in Rede steht, und sonstigen Grundlagengeschäften unterschieden wird.

I. Problemeinführung: Der Beschluß über die Einführung von Dienstleistungen als Gesellschafterbeitrag

Zur Problemeinführung sollen die Grundlagengeschäfte erörtert werden, bei denen bsp. aufgrund einer anstehenden Änderung des Gesellschaftsvertrags die Implementierung einer Gesellschafterverpflichtung zur persönlichen Dienstleistung in Rede steht. Bei derartigen Grundlagengeschäften kann wegen des personalen Bezugs einer jeden Dienstleistung die Beziehung zwischen Selbstbestimmung und Stimmrechtszuordnung besonders plastisch verdeutlicht werden. Es wurde schon oben dargelegt, daß die Einheit von Herrschaft und Haftung nicht als rechtliches Prinzip dem Personengesellschaftsrecht unterstellt werden kann, *wenn* es *allein* mit Argumenten aus dem *Selbstbestimmungsschutz* der Gesellschafter begründet wird; auf die obigen Ausführungen sei hier verwiesen[91]. Überzeugt daher (in

---

[90] Vgl. zur Abgrenzung der Grundlagengeschäfte nur Schlegelberger-*Martens*, § 114 HGB Rn. 5; Baumbach-*Hopt*, § 114 HGB Rn. 3; § 116 HGB Rn. 3; MünchHdb-GesR I-*v. Ditfurth*, § 47 Rn. 7.

[91] Oben § 6 III.

Selbstbestimmungsperspektive) nicht das Prinzip einer Einheit von Herrschaft und Haftung, bedeutet dies aber nicht, daß nicht ein Rechtsprinzip der Einheit von Herrschaft und der Möglichkeit, zu *personalen* Diensten verpflichtet zu werden, anerkannt werden muß, die von einer unbeschränkten *Vermögens*haftung aufgrund gewöhnlicher Geschäftsführungsmaßnahmen zu trennen ist. Was heißt das? Die Diskussion einer Einheit von Herrschaft und Haftung betont einseitig die auf das Vermögensrisiko bezogene Seite der Rechtsfigur „Haftung" und läßt damit von vornherein ein breites Feld im Dunkel, nämlich die ganze Bandbreite sonstiger Verpflichtungen jenseits bloßer Vermögenshaftung und hier vor allem mögliche Verpflichtungen zur Dienstleistung, wie sie bsp. bei einer anstehenden Änderung, Teilaufhebung oder Erweiterung der gesellschaftsvertraglichen Beitragspflichten zu persönlichen Diensten i.S. §§ 105 III HGB, 706 III BGB im Raume stehen. Dieses Dunkelfeld ist umso weniger verständlich, als die Personengesellschaft nach dem gesetzlichen Leitbild ja vor allem wirtschaftende *Tätigkeit* am Markt ist.

Nun ist auch die ökonomisch ausgerichtete Dienstleistung des Gesellschafters Bestandteil seines personalen Selbstverständnisses als beruflich handelndes Rechtssubjekt; Berufsausübung, Freiheit der Persönlichkeit und Menschenwürde sind insofern auf das engste miteinander verquickt[92]. Mit Blick hierauf darf sich niemand für einen noch unbestimmten, nämlich auf die Laufzeit des Nutzungsrecht und damit bei einem Versorgungs- oder Vorbehaltsnießbrauch zumeist auf den zeitlich nicht genau absehbaren Tod des Nießbrauchers ausgerichteten Zeitraum so in die Hände eines anderen begeben, daß dieser ihn (etwa durch die Mitwirkung bei der gesellschaftlichen Beschlußfassung) zu persönlichen Diensten gegenüber einem Dritten (eben der Gesellschaft) verpflichten kann, ohne daß der Betroffene den anderen anweisen, gegenüber dem Dritten seiner Verpflichtung widersprechen oder zumindest den Umfang seiner Verpflichtung in etwa vorhersehen kann. Daran ändert auch die Tatsache nichts, daß die Art der möglichen Dienstleistung für den Besteller-Gesellschafter zumindest insofern abschätzbar ist, als die ihm drohenden Dienstpflichten, um die es hier geht, für die Erreichung des Gesellschaftszwecks tauglich sein müssen (§§ 105 III HGB, 705 BGB). Denn auch dadurch kann der Besteller-Gesellschafter nur all zu grob einschätzen, was ihm möglicherweise an Dienstverpflichtung erwarten kann. Nach all dem ist eine Stimmrechtszuordnung hinsichtlich des Be-

---

[92] Dazu nur etwa BVerfGE 30, 292 (334); 41, 251 (263 f.); 63, 266 (286); aus der Lit. nur *Häberle,* JZ 1984, 345 (350 ff.); *Morlok,* Selbstverständnis, 126 ff. Das Thema war im übrigen Gegenstand der Staatsrechtslehrertagung 1984 (siehe hierzu den Beitrag von *Schneider,* VVDStRL 43 (1985), 7 (18 f.)). Auch im gesellschaftsrechtlichen Schriftum ist es ein Gemeinplatz, daß die Mitglieder in einer durch die Gesellschaft mediatisierten Form anhand ihrer gesellschaftlichen Tätigkeit ihre Persönlichkeit gestalten, siehe nur *Habersack,* Mitgliedschaft, 78.

schlußgegenstands „Änderung des Gesellschaftsbeitrags durch Einführung einer Dienstleistungspflicht der Gesellschafter“ allein an den Anteilsnießbraucher zwingend in der Tat mit dem Selbstbestimmungsrecht des Besteller-Gesellschafters unvereinbar.

Scheidet danach bei den gerade genannten Beschlußgegenständen eine Stimmrechtszuordnung *allein* an den Anteilsnießbraucher aus, ist damit noch nicht automatisch gesagt, daß nunmehr umgekehrt ausschließlich dem Besteller-Gesellschafter das Stimmrecht in diesen Angelegenheiten zukommen kann. Als Alternative kommt vielmehr auch eine Vergemeinschaftung des Stimmrechts zwischen Nießbraucher und Besteller-Gesellschafter in Betracht. Eine derartige Vergemeinschaftung hätte zur Folge, daß die Stimme verfällt, wenn eine einheitliche Stimmabgabe nicht zustande kommt[93]. Damit entfiele aber auch eine Zustimmung des belasteten Anteils für die zur Beschlußfassung anstehende Änderung der Beitragspflicht. Eine derartige Zustimmung ist aber nach dem auch im Personengesellschaftsrecht richtigerweise geltenden Verbot, dem Mitglied qua Mehrheitsbeschluß zusätzliche Leistungen aufzuerlegen, für die Wirksamkeit des Beschlusses erforderlich[94]. Die Beitragsänderung würde damit fehlschlagen; das Selbstbestimmungsrecht des Besteller-Gesellschafters wäre insoweit gewahrt.

Bei einer Vergemeinschaftung des Stimmrechts könnte freilich der Besteller-Gesellschafter eine Beitragsänderung auch nicht gegen den Willen des Anteilsnießbrauchers bewerkstelligen. Ihm wäre somit die Chance genommen, einzig aufgrund seines und der Willen seiner Mit-Gesellschafter den Gesellschaftszweck durch die Implementierung von Dienstleistungspflichten zu fördern. Dies spricht unter Selbstbestimmungsaspekten jedoch nicht gegen eine Stimmrechtsvergemeinschaftung. Denn unannehmbar ist allein die zustimmungslos ins Werk gesetzte Dienstleistungspflicht, nicht jedoch die mangelnde Chance, sich qua alleiniger Entscheidung zur Dienstleistung selbstbestimmt zu verwirklichen. Wenn das Stimmrecht dem Nieß-

---

93 So auch *Schön,* ZHR 158 (1994), 229 (262).

94 Zwar gilt dies richtigerweise zumindest dann im Grundsatz nicht, wenn der Gesellschaftsvertrag im zulässigen Umfang auch für eine Änderung der Beitragspflichten eine Mehrheitsentscheidung zugelassen hat (siehe allgemein zur ganz herrschenden Meinung, die eine mehrheitlich beschlossene Änderung des Gesellschaftsvertrags für zulässig hält, nur die st. Rspr. seit RGZ 91, 166; BGHZ 8, 35; sowie aus der Lit. nur MünchKomm-*Ulmer,* § 709 Rn. 49; *H. P. Westermann,* Handbuch der Personengesellschaften, Bd. 1, Rn. I 274; *Schneider,* ZGR 1972, 363 mzahlr-Nachw zur älteren Rspr.; sowie aus neuerer Zeit nur *Göbel,* Mehrheitsentscheidungen, 28 ff.). Bei einer Einführung von konkreten Dienstleistungspflichten über die allgemeine Zweckförderungspflicht hinaus dürften aber aus den schon eingangs geäußerten Überlegungen zur Verknüpfung von Personalität, beruflicher Tätigkeit und Arbeit eine Mehrheitsentscheidung ausnahmsweise zwingend ausscheiden. Siehe zum Belastungsverbot ansonsten nur *Karsten Schmidt,* GesR, § 16 III 3 b cc.

braucher im Bestellungsvertrag zugeordnet worden ist, hat sich ja der Besteller-Gesellschafter durch die Bestellung des Nutzungsrechts zumindest der Tendenz nach dafür entschieden, die Mitgliedschaft in der Personengesellschaft für die Zeit des dinglichen Nutzungsrechts nicht mehr so stark mit seinem personalen Selbst zu verbinden und eher die Stellung eines Kapitalgebers einzunehmen. Selbst für den Fall, daß der Besteller-Gesellschafter die Einführung einer Beitragspflicht in Form persönlicher Dienstleistung will, wird sein Selbstbestimmungsrecht also durch die Vergemeinschaftung des Stimmrechts nicht über Gebühr strapaziert. Der Schutz der künftigen Wahlfreiheit des Besteller-Gesellschafters, einer Beitragspflicht alleinig zustimmen zu dürfen, kann daher nicht gegenüber seiner gegenwärtigen Wahlfreiheit, das Stimmrecht so weit wie möglich dem Nießbraucher zuzuordnen, höher gewichtet werden. Eine Stimmrechtsvergemeinschaftung reicht hier zur Austarierung gegenwärtiger und künftiger Wahlfreiheit aus.

Zusammenfassend gilt also: Gründe des Selbstbestimmungsschutzes des Besteller-Gesellschafters stehen zwar einer alleinigen Zuweisung des Stimmrechts bei Beschlußgegenständen, die die Einführung einer in der Leistung persönlicher Dienste bestehenden Beitragspflicht der Gesellschafter betreffen, an den Nießbraucher entgegen. Die Parteien des dinglichen Nutzungsrechts können aber – zumindest nach *bisherigem* Diskussionsstand! – im Bestellungsvertrag vorsehen, daß das Stimmrecht für diese Beschlußgegenstände zwischen dem Nutzungsberechtigten und dem Besteller-Gesellschafter vergemeinschaftet wird.

II. Problemnäherung: Der angemessene Sitz nießbrauchsrechtlicher Wertungen

Wie steht es nun bei den anderen Grundlagengeschäften? Hier ist die gerade erwähnte rechtskulturell unterfütterte Wertung keineswegs so klar einleuchtend, daß aus Gründen des rechtspaternalistisch unabdingbaren Schutzes der Selbstbestimmung des Besteller-Gesellschafters gleichfalls allenfalls eine Vergemeinschaftung des Stimmrechts, nicht aber eine alleinige Zuweisung des Stimmrechts an den Nießbraucher in Frage kommt.

1. Die Unbrauchbarkeit der Dichotomie von Nutzung und Substanz als Richtschnur für die Stimmrechtszuordnung bei Grundlagengeschäften

Es liegt auf den ersten Blick nahe, die Stimmrechtszuordnung bei den Grundlagengeschäften anhand eines Rückgriffs auf die nießbrauchsrechtliche Dichotomie von Nutzung (dann Stimmrecht beim Nießbraucher) und Substanz (dann Stimmrecht beim Besteller-Gesellschafter) zu bewältigen.

Sinnvoll ist dies jedoch nicht. Eine strikte Aufteilung des Anteils in Substanz und Nutzung läßt sich für Unternehmensbeteiligungen nicht durchführen[95]. Dies liegt nicht allein daran, daß schon die Dichotomie selbst einem Begriffsverständnis geschuldet ist, das quasi aus sprachlichen Verdinglichungen Wertungen entnehmen will und deshalb einer wertenden Rechtsdogmatik schwerlich Vorbild und einer hilfesuchenden Rechtspraxis kaum Handlungsanleitung sein kann und darf. An der mangelnden Brauchbarkeit der Dichotomie ändert sich auch nichts, wenn statt „Nutzung und Substanz" auf die Vorstellung von „Kapital (zugewiesen: dem Besteller) und Rente (zugewiesen: Nießbraucher)" zurückgegriffen wird. Denn selbst beim Sachnießbrauch kann für das Verhältnis von Nießbraucher und Eigentümer von einer nießbraucherischen Pflicht zur Erhaltung der „Substanz" oder des „Kapitals" keine Rede sein. Schön[96] hat dies für den Sachnießbrauch eingehend unter Zuhilfenahme makroökonomischer Argumente und einer ausführlichen Analyse der Genese der Gesetzgebungsgeschichte gezeigt. Danach nimmt die ökonomische Konzeption der §§ 1030 ff. BGB auf das individuelle Interesse des Eigentümers am Sacherhalt nur wenig Rücksicht, sondern erklärt die Sachnutzung, die sowohl das gesamtwirtschaftliche Interesse an einer sinnvollen Güternutzung als auch die durch den Besteller der Sache beigelegte wirtschaftliche Bestimmung am besten erfüllt, zum vorrangigen Maßstab des Nießbrauchsrechts. Nießbrauchsrechtliche Richtschnur ist vor diesem Hintergrund daher, daß der Nießbraucher den wirtschaftlichen Bestand der Sache bewahrt, der sich durch ein ordnungsgemäßes Wirtschaften ergibt; daneben finden sich in § 1039 I BGB und in § 1067 BGB rentenmäßige Residuen, die subsidiär zur von Schön herausgearbeiteten Idee der gesamtwirtschaftlich vorteilhaften Maximierung des Sachnutzens das Verständnis des Nießbrauchs als einer Kapitalrente stützen[97].

Ist daher schon für den Sachnießbrauch die Dichotomie von Nutzung und Substanz für wertende Unterscheidungen nicht tragfähig, gilt dies erst recht für den Anteilsnießbrauch. Denn für den Sachnießbrauch ist der Einfluß von Verwaltungsmaßnahmen auf den Bestand und die qualitative Beschaffenheit der belasteten Sache eher die Ausnahme, für die Anteilsverwaltung aber die Regel[98]: Dort hat jede Maßnahme Auswirkungen auf den Bestand der Personengesellschaft, da diese ja im wesentlichen *Tätigkeit* ist[99]. Für die Frage nach der Stimmrechtszuordnung gibt daher die Dichotomie von Nutzung und Substanz nichts her.

---

[95] Dazu schon oben § 4 II 2.

[96] *Schön,* Nießbrauch, 31 ff., 39 ff., 49 f.

[97] Siehe zudem schon oben § 3 III 2 c aa.

[98] Siehe nur *Finger,* DB 1977, 1033 (1035); *Schön,* ZHR 158 (1994), 229 (261).

[99] Wiederum: Dazu schon oben § 4 II 2.

2. Das Wertungsvorbild des § 1071 II BGB

Einen wichtigen Fingerzeig für die Grenzen einer verdrängenden, weisungsungebundenen und unwiderruflichen Stimmrechtszuordnung an den Nießbraucher gibt § 1071 II BGB. Diese Regel ist eine Schutznorm zugunsten des Nießbraucher[100]. Nach ihr kann eine den Nießbrauch beeinträchtigende Inhaltsänderung des belasteten Rechts nur mit Zustimmung des Nießbrauchers erfolgen. Es liegt auf der Hand, daß die Konstellation, die § 1071 BGB im Blick hat, überhaupt nur bei einer Stimmrechtszuordnung an den Besteller-Gesellschafter relevant wird, da ansonsten ja der Anteilsnießbraucher ohne weiteres durch eine entsprechende Ausübung des ihm zugeordneten Stimmrechts des belasteten Anteils einer Rechtsbeeinträchtigung vorbeugen könnte, soweit ihm dies möglich ist. Wenn aber nun umgekehrt der Nießbraucher stimmberechtigt sein soll, stünde der Besteller-Gesellschafter in der gleichen Lage, in der sich der Nießbraucher gestellt sieht, wenn der andere Teil abstimmen darf. Es könnte durch die Stimmrechtsausübung durch den Nießbraucher zu einer den Anteil beeinträchtigenden Änderung des belasteten Rechts kommen. Der Besteller-Gesellschafter ist hier im Hinblick auf eine mögliche beeinträchtigende Inhaltsänderung ebenso schutzwürdig wie der Nießbraucher ausweislich des § 1071 BGB, da Differenzierungskriterien, die eine andersgeartete Gewichtung der Interessen angelegen erscheinen lassen, nicht in Sicht sind. Insofern müßte § 1071 II BGB bei einer Stimmrechtszuordnung an den Nießbraucher entsprechend zugunsten des Besteller-Gesellschafters angewendet werden, um einen Wertungswiderspruch zur spiegelverkehrten Konstellation (Stimmrechtszuordnung an den Besteller-Gesellschafter) zu vermeiden.

Nun ist die entsprechende Anwendung einer Norm ein „Vergleich mit sehr komplexer Struktur"[101] und setzt wie jeder Vergleich zuerst einmal Klarheit nicht nur über das tertium comparationis – das hier einfach ist: Grad der Interessengefährdung durch beeinträchtigende Inhaltsänderungen des belasteten Rechts –, sondern auch über das voraus, was verglichen werden soll. Insofern gilt es, sich zunächst des ganz normalen Anwendungsgebiets des § 1071 II BGB beim Anteilsnießbrauch zu vergewissern. Und dies heißt: Was ist unter einer beeinträchtigenden Inhaltsänderung des Nießbrauchs zu verstehen, wenn das Stimmrecht dem Besteller-Gesellschafter zugeordnet ist? Es geht also zum einen um den Topos „Inhaltsänderung", zum anderen um die Frage, wann von einer „Beeinträchtigung" die Rede ist. Nun wird unter einer Inhaltsänderung im Rahmen des Bürgerlichen Rechts (§§ 877, 1180 BGB) gemeinhin jede nachträgliche Abwandlung der sich aus der Rechtsbegründung ergebenden Befugnisse des Berechtigten verstanden,

---

[100] RGRK-*Rothe*, § 1071 Rn. 1.

[101] *Arthur Kaufmann*, Das Verfahren der Rechtsgewinnung, 59.

die unter Aufrechterhaltung der Identität des Rechts weder Begründung oder Belastung noch Aufhebung oder Übertragung ist[102]. Dies ist eine durchaus einsichtige Begriffsbestimmung, da die Übertragung oder die Belastung im nachfolgenden Rang das beschränkte dingliche Recht selbst nicht berührt und die Regelung der Rechtsaufhebung durchweg anderen als die Inhaltsänderung betreffenden Vorschriften anvertraut ist. Es fragt sich nur, ob dieses Verständnis des § 1071 II BGB auch dem Anteilsnießbrauch als Richtschnur des Normverständnisses zugrundegelegt werden kann? Rechnen zu Inhaltsänderungen i.S. § 1071 II BGB jede Änderung des Gesellschaftsvertrages, die Kündigung der Mitgliedschaft, die Mitwirkung beim Auflösungsbeschluß und die Antragstellung zur Auflösungsklage nach § 133 HGB? Die Antwort auf diese Frage scheint schon deshalb schwierig zu sein, weil § 1071 BGB gewichtiger Ansicht nach auf die Mitgliedschaft in einer Personengesellschaft überhaupt nicht gemünzt ist[103]. Dem kann sicherlich zugestimmt werden, soweit eine klare und entscheidungssichernde Handlungsanleitung erwartet wird. Offensichtlich gibt § 1071 II BGB wenig Fingerzeige, wie die Begrifflichkeit von „Rechtsänderung“ und „Nießbrauchsbeeinträchtigung“ bei belasteten Mitgliedschaften genau zu verstehen ist. Das ist interpretatorisches Risiko, zugleich aber auch gestalterische Chance, da die in § 1071 II BGB verwendete Begrifflichkeit ein breites Feld eröffnet, in das der Spannungsbogen zwischen den schutzwürdigen Interessen des Nießbrauchers und des Besteller-Gesellschafters unter Berücksichtigung der gesellschaftsrechtlichen Besonderheiten eingespannt und bewältigt werden kann. Zu untersuchen ist daher im weiteren, wie § 1071 II BGB beim Anteilsnießbrauch genau zu verstehen ist, wenn dem Besteller-Gesellschafter das Stimmrecht zugeordnet ist (dazu unten § 7 III bis V), und ob § 1071 II BGB zugunsten des Besteller-Gesellschafters analog angewendet werden kann, wenn das Stimmrecht dem Anteilsnießbraucher zusteht (dazu unten § 7 VI).

III. Problemlösung Teil I: Materialisierung des § 1071 II BGB hinsichtlich des Topos „Inhaltsänderung“

Die folgenden Ausführungen dienen nur dazu, die Analogie zu § 1071 II BGB zugunsten des Besteller-Gesellschafters vorzubereiten, wenn dem Anteilsnießbraucher das Stimmrecht zugeordnet ist. Diese Vorbereitung setzt voraus – das wurde soeben ausgeführt –, daß zuvor erörtert worden ist, wie § 1071 II BGB beim Anteilsnießbrauch zu verstehen ist, *wenn das Stimm-*

---

102 BayObLG, NJW 1960, 1155; BayObLGZ 74, 226; KG, OLGE 43, 2; MünchKomm-*Wacke,* § 877 Rn. 4; Staud-*Gursky,* § 877 Rn. 5; Soergel-*Stürner,* § 877 Rn. 1; RGRK-*Augustin,* § 877 Rn. 9; Palandt-*Bassenge,* § 877 Rn. 3.

103 So *Flume,* PersGes, § 17 VI.

recht dem Besteller-Gesellschafter zukommt. Im folgenden wird also zuerst einmal von der Fallkonstallation ausgegangen, *daß der Nießbraucher das Stimmrecht des belasteten Anteils nicht ausüben kann.* Erst danach wird unter § 7 VI thematisiert, wie über § 1071 II BGB der Schutz des Besteller-Gesellschafters ins Werk gesetzt werden kann, *wenn dem Nießbraucher das Stimmrecht des Anteils zugeordnet ist.*

1. Die unstrittigen Anwendungsfälle des § 1071 II BGB

Wie sieht nun das Anwendungsfeld des § 1071 II BGB im einzelnen aus? Einigkeit dürfte zunächst darüber bestehen, daß der Nießbraucher solche den belasteten Anteil betreffenden Änderungen hinzunehmen hat, die – unter der Geltung des Mehrheitsprinzips – von der Gesellschaftermehrheit beschlossen worden sind, ohne daß es auf die Stimme des Besteller-Gesellschafter ankommt. Denn die Nießbrauchsbestellung verschafft dem Nutzungsberechtigten keine gesellschaftsrechtlich relevanten Sonderrechte und gibt den Nutzungsberechtigten daher nicht etwa ein erweitertes, sondern allenfalls dasjenige Vetorecht, welches schon dem belasteten Anteil zukam; fehlt ein solches, hat auch der Nießbraucher kein Vetorecht[104]. Insofern kann sich der Nießbraucher auch nicht dagegen wehren, daß der Besteller-Gesellschafter durch seine Mit-Gesellschafter hinausgekündigt wird; die Rechte der Mit-Gesellschafter werden ja durch den Nießbrauch nicht eingeschränkt[105]. Konsens besteht auch darüber, daß eine Herabsetzung des Gewinnbezugsrechts und der Quote am Liquidationserlös zustimmungsbedürftig ist[106]. Ein Mitspracherecht des Nießbrauchers muß auch bei denjenigen Gegenständen entfallen, die zum Schutze des Gesellschafters diesem zwingend zur alleinigen Entscheidung zugewiesen sind, wie dies bei den außerordentlichen Gestaltungsrechten aus §§ 133, 139 HGB der Fall ist[107]. Kann der Besteller-Gesellschafter jedoch seine Mitgliedschaft ohne Zustimmungsvorbehalt des Nießbrauchers außerordentlich kündigen, ist er unter der Voraussetzung des Vorliegens eines wichtigen Grundes a maiore ad minus und als Ausdruck des Vorrangs von Anpassungsmaßnahmen berechtigt, den Ge-

---

[104] Allgemeine Meinung: MünchKomm-*Ulmer,* § 705 Rn. 83a; Großkomm-*ders.,* § 105 HGB Rn. 125; *ders.,* FS Fleck, 383 (394); MünchKomm-*Petzoldt,* § 1068 Rn. 19; MünchHdb-GesR-*Rodin,* § 60 Rn. 25; *Flume,* PersGes, § 17 VI; *Wiedemann,* Übertragung, 417; *Schön,* ZHR 158 (1994), 229 (269); *Teichmann,* ZGR 1972, 1 (15); *Hadding,* in: ders./Schneider (Hrsg.), Gesellschaftsanteile, 37 (77).

[105] *Schön,* ZHR 158 (1994), 229 (268). Der Nießbraucher kann freilich einer Kündigung durch den Pfändungspfandgläubiger des Besteller-Gesellschafters oder durch dessen Insolvenzverwalter widersprechen, wenn der Nießbrauch der Position des Gläubigers vorgeht oder in der Insolvenz erhalten bleibt, siehe *Schön,* ebda.

[106] Siehe nur *Wiedemann,* Übertragung, 419.

[107] Dazu unten § 13 V.

sellschaftsvertrag zu ändern[108], wenn ihm ein wichtiger Grund hierfür zur Seite steht, wenn also der Gesellschaftszweck nachhaltig beeinträchtigt ist und die Fortsetzung der Gesellschaft oder ein Fortbestehen des Gesellschaftsvertrags ohne Änderung deshalb dem Gesellschafter unzumutbar ist[109]. Der wichtige Grund ist – dies ist, wie noch gezeigt werden wird, für das Verständnis des gesetzlichen Systems des Schutzes des Besteller-Gesellschafters wichtig – auf die Verhältnisse in der Gesellschaft bezogen. Es gilt also im Recht des Anteilsnießbrauchs: Wenn dem Besteller-Gesellschafter ein wichtiger, auf die Verhältnisse in der Gesellschaft bezogener Grund zur Seite steht, ist er zur Stimmabgabe hinsichtlich der Änderung des Gesellschaftsvertrages berechtigt, ohne daß der Nießbraucher hier in irgendeiner Weise mitwirkungsberechtigt ist.

2. Streitstand ansonsten

Ansonsten kann ein weitgehender Konsens über den Anwendungsbereich des § 1071 II BGB nicht festgestellt werden. Das Meinungsbild changiert zwischen verschiedenen Problemzugängen, eher konstruktiv ausgerichteten Lösungsvorschlägen, nicht sehr einsichtigen Wertungsabgleichen und diversen Verschiebungen der Wertungsproblematik auf nicht weiter ausgeführte Begriffsebenen. Im weiteren muß daher ein klares teleologisch ausgerichtetes Bild der Norm gezeichnet werden, das der weiteren Rechtsanwendung Stütze und Richtschnur sein kann.

Eine Veräußerung des Anteils unterfällt nach einhelliger Meinung nicht dem Zustimmungsvorbehalt des § 1071 II BGB, da aufgrund der Dinglichkeit des Nutzungsrechts der Nießbrauch gegen den Erwerber durchgesetzt werden kann[110]. Die Einigkeit zerbricht aber schon bei der Frage, ob über die oben schon angesprochenen Fälle einer Kündigung aus wichtigem Grund (§ 133 HGB) hinaus das einseitige Lösungsrecht nicht vollends von den Beschränkungen des § 1071 BGB hinauszunehmen ist. Da dieses Problem für die hier allein zur Rede stehende Frage, ob § 1071 II BGB als ein funktionales Äquivalent für den Kernbereichsschutz verstanden werden kann, kaum eine Rolle spielt, wird es erst später näher behandelt werden[111].

---

108 Der Gesellschafter muß als gegenüber der Auflösungsklage milderes Mittel in eine Änderung des Gesellschaftsvertrages einwilligen, wenn ihm dies zumutbar ist; siehe nur Baumbach-*Hopt,* § 133 HGB Rn. 6; im einzelnen ist vieles streitig.

109 Siehe nur *Karsten Schmidt,* GesR, § 52 III 7 b m. w. Nachw.

110 Siehe nur *Schön,* ZHR 154 (1994), 229 (267).

111 Siehe unten § 13 V.

3. Die Zustimmigkeitsbedürftigkeit von Grundlagengeschäften

Ungeklärt ist des weiteren die Zustimmungsbedürftigkeit von Grundlagengeschäften. So will Teichmann[112] dem Nießbraucher unter Rückgriff auf den Wortlaut des § 1071 BGB zumuten, zumindest solche auch gegen seinen Willen beschlossene Grundlagengeschäfte hinzunehmen, die nicht den Kernbereich der Mitgliedschaft zum Gegenstand haben, da hier erst der Gesellschafterbeschluß, nicht jedoch schon das Abstimmungsverhalten des Besteller-Gesellschafters zu einer Änderung des Anteils führe. Dementsprechend ist es für Teichmann unbeachtlich, ob der Gesellschafter bei dem Beschluß mitwirken konnte und wie er abgestimmt hat. Genannt werden in diesem Zusammenhang als Beispiele die Einziehung des Anteils, die Kündigung der Mitgliedschaft oder der Beschluß über die Auflösung oder die Verschmelzung mit einer anderen Gesellschaft. Marginal andere Schnitte legt Flume, wenn aus dem Zustimmungserfordernis des § 1071 II BGB solche Gesellschafterbeschlüsse genommen werden, die nicht nur den belasteten Anteil, sondern die Gesellschaft als Ganzes betreffen[113]. Wiedemann wiederum sieht das ausschlaggebende Kriterium für die Zustimmungsbedürftigkeit darin, ob die Änderung den dinglich Berechtigten unmittelbar schädigt oder nicht und verortet sodann die Unmittelbarkeit darin, ob sich die beeinträchtigenden Wirkungen aus der Verfügung selbst ergeben[114].

Überzeugen kann dies alles nicht. Die Unterscheidung zwischen einer durch die Gesellschaft herbeigeführten und daher unbeachtlichen und der durch den Besteller-Gesellschafter ins Werk gesetzten und deshalb i. S. des § 1071 II BGB beachtlichen Rechtsbeeinträchtigung (Teichmann), zwischen einer beeinträchtigenden Wirkung als Folge der Verfügung selbst und unbeachtlichen mittelbaren Verfügungen (Wiedemann) oder zwischen Anteilsbetroffenheit und Gesellschaftsbetroffenheit (Flume) ist primär konstruktiv angelegt, ohne daß ein überschießender teleologischer Gehalt erkennbar ist, der den Sinn der Unterscheidung plastisch werden ließe und ihn tragen könnte. So bleibt etwa bei Teichmann und ähnlich bei Wiedemann die entscheidende Wertungsfrage im Dunkeln, wieso der Besteller-Gesellschafter sich von dem Zustimmungserfordernis allein schon deshalb befreit sehen soll, weil für die Rechtsänderung ein Gesellschafterbeschluß notwendig ist und das für die Rechtsbeeinträchtigung mitwirkende Handeln des Besteller-

---

112 So etwa *Teichmann,* ZGR 1972, 1 (15).

113 So etwa ohne nähere Begründung *Flume,* PersGes, § 17 VI. Ähnlich *Hepp-Schwab,* Mitgliedschaft, 178, der das Vermögen der Gesellschaft und deren Organisation von der Nutzung des Anteils trennt und in Folge dessen die Geschäftstätigkeit der Gesellschaft als Voraussetzung, nicht aber als Nutzung des Anteils ansieht.

114 *Wiedemann,* Übertragung, 419.

Gesellschafters (seine Stimmabgabe) deshalb sowieso nur durch das Prozedere der verbandlichen Willensbildung mediatisiert sein kann. Der Wortlaut des § 1071 BGB gibt entgegen Teichmann für diese Wertungsfrage nichts her. Dort ist eben gerade nicht die Rede davon, daß die Rechtsbeeinträchtigung rechtstechnisch Rechtsfolge des Handelns des Besteller-Gesellschafters sein muß, sondern nur von einer „Änderung des Rechts" (folglich im Wortlaut offen: durch wen). Auch die – sicherlich einleuchtende – Einschränkung, daß der Besteller-Gesellschafter für die Rechtsänderung zumindest einen abstimmungsmäßig kausalen Beitrag hat leisten müssen, die Notwendigkeit mithin, daß seine Stimme überhaupt im Ergebnis eine Auswirkung auf den Gesellschafterbeschluß gehabt hat[115], kann dem Wortlaut der Regelung nicht entnommen werden. Auch die durch Flume eingeführte Unterscheidung von Anteilsbetroffenheit und Gesellschaftsbetroffenheit ist wenig einsichtig. Dies ist eine Unterscheidung, die überhaupt nur aus der Perspektive der Gesellschaft verständlich ist. Die zwangsläufig sich stellende Frage ist: Wo bleibt das Verhältnis Nießbraucher – Besteller-Gesellschafter, auf das sich ja § 1071 BGB systematisch zu erst einmal bezieht?

Einen anderen Weg nimmt Ulmer[116]: Er lädt die für die Anwendung des § 1071 II BGB so wichtige Abgrenzungsproblematik von beeinträchtigender und nicht-beeinträchtigender Rechtsänderung mit materiellen Kriterien auf, indem solche Beschlüsse, die die Gesellschaft als Ganzes betreffen und im Wiedemannschen Sinn nicht unmittelbar auf den Anteil einwirken, zumindest dann unter den Zustimmungsvorbehalt fallen sollen, wenn die Mitgliedschaft durch den Beschluß wesentlich umgestaltet wird. Das Abgrenzungskriterium ist damit die „Wesentlichkeit" der Rechtsänderung. Mit dieser Materialisierung des § 1071 II BGB ist durchaus eine einsichtige Richtung gewiesen. Denn der Ertrag des Anteils – also eine nießbrauchsrechtliche Größe – hängt nachgerade davon ab, welchen Veränderungen der Gesellschaftsanteil im Laufe der Zeit im Bereich der Grundlagengeschäfte unterliegt – und zwar ganz unabhängig von der Unterscheidung zwischen einer primären „Anteilsbetroffenheit" und einer primären „Gesellschaftsbetroffenheit" oder der eher rechtstechnisch ausgerichteten Unterscheidung von unmittelbarer und mittelbarer Beeinträchtigung. Dennoch überzeugt der Ansatz von Ulmer nicht. Einmal bleibt offen, ob sich die Wesentlichkeit allein nach Kriterien richtet, die im Rahmen der Personengesellschaft eine Rolle spielen, ob die Wesentlichkeit allein von dem Verhältnis Nießbraucher – Besteller-Gesellschafter abhängen oder ob nur ein Mischungsverhältnis zwischen beiden Perspektiven die angemessene Richtschnur der Verteilung des Veränderungsrisikos nach § 1071 II BGB abgibt. Darüber hinaus ist auch generell unklar, was überhaupt unter der „Wesentlichkeit" einer In-

115 Dazu siehe schon soeben § 7 III 1.

116 *Ulmer,* FS Fleck, 383 (394).

haltsänderung zu verstehen ist. Bei Lichte betrachtet wird mit diesem Blankettbegriff das Wertungsproblem, ob die jeweilige Änderung der Mitgliedschaft nur das dem Nießbraucher durch § 1071 II BGB als tragbar zugewiesene Veränderungsrisiko realisiert (Folge: keine Zustimmung erforderlich) oder nicht (Folge: Zustimmung erforderlich), auf eine inhaltlich nicht hinreichend ausgewiesene Ebene verschoben.

Die bisherige Diskussion zur Auslegung des § 1071 II BGB überzeugt nach all dem nicht. Im weiteren wird versucht, über eine Rückbesinnung auf die beiden Bestandteile des § 1071 II BGB – auf das Erfordernis einer „Inhaltsänderung des belasteten Rechts" und auf die Unumgänglichkeit einer durch diese herbeigeführten „Nießbrauchsbeeinträchtigung" – ein sinnvolles Verständnis des § 1071 II BGB zu erreichen.

4. Lösungsvorschlag

a) Änderung des Gesellschaftsvertrags

Das nießbrauchsbelastete Recht ist die Mitgliedschaft. Die Mitgliedschaft begründet Rechte und Pflichten der Mitglieder[117] – und zwar ganz unabhängig von der umstrittenen Frage, ob die Mitgliedschaft als subjektives Recht oder als Rechtsverhältnis dogmatisch zu rekonstruieren ist[118]. Die Rechte und Pflichten wiederum beruhen teils auf dem Gesetz, teils auf dem Gesellschaftsvertrag[119]. Beruhen sie auf dem Gesetz, können die Rechte und Pflichten gesellschaftsvertraglich dispositiv sein oder nicht. Sind sie es nicht, können sie nur durch eine Änderung des positiven Rechts selbst geändert werden. Es ist klar, daß § 1071 II BGB diesen Fall nicht im Blick hat. Es verbleiben die dispositiv ausgestalteten Rechte und Pflichten. Regelt hier der Gesellschaftsvertrag eine Sachmaterie nicht, gilt das dispositive Gesetzesrecht. Solche Rechte und Pflichten, die aus diesem dispositiven Gesetzesrecht fließen, können nur geändert werden, wenn der Gesellschaftsvertrag geändert wird. Hat der Gesellschaftsvertrag etwas abweichend vom dispositiven Recht geregelt, ändern sich die Rechte und Pflichten der Gesellschafter wiederum nur aufgrund einer Änderung des Gesellschaftsvertrages. Sieht der Gesellschaftsvertrag für einige Sachverhalte schließlich Leistungsbestimmungsklauseln nach § 315 BGB vor, so ist die Ausübung des Leistungsbestimmungsrecht keine Änderung der Rechte und Pflichten der Gesellschafter, sondern rechtsgeschäftliches Handeln im Rahmen des Gesellschaftsvertrages. Aus all dem folgt also, daß außerhalb des zwingen-

---

[117] *Karsten Schmidt,* GesR, § 19 III 3 a.

[118] Dazu oben § 2 II 3 d.

[119] *Karsten Schmidt,* GesR, § 19 III 3 a.

den Rechts eine Änderung der aus der Mitgliedschaft folgenden Rechte und Pflichten eine Änderung des Gesellschaftsvertrages voraussetzt.

Nun spricht § 1071 II BGB nicht von einer Änderung der aus dem belasteten Recht fließenden Rechte (so es solche geben mag), sondern von einer Änderung des belasteten Rechts selbst – übertragen auf die belastete Mitgliedschaft ist also nicht von einer Änderung der aus der Mitgliedschaft fließenden Rechte und Pflichten, sondern von einer Änderung der Mitgliedschaft selbst die Rede. Ein sachlicher Unterschied liegt darin freilich nicht. Änderung der Mitgliedschaft heißt schlicht Änderung der aus ihr resultierenden Rechte und Pflichten. Und Voraussetzung dieser Änderung wiederum ist die Änderung solcher Klauseln des Gesellschaftsvertrags, die die Rechtsstellung des Besteller-Gesellschafters konstituiert, wie vornehmlich die Bestandteile des Kernbereichs seiner Mitgliedschaft. Ist damit jede Änderung des Gesellschaftsvertrags zugleich eine Änderung des belasteten Rechts i.S. § 1071 II BGB – wenigstens soweit korporative Bestandteile des Gesellschaftsvertrages novelliert werden[120], also solche, die nicht bloß äußerlich mit der Satzungsurkunde verbunden sind, sondern echte Organisationsregeln enthalten? Dafür spricht mehreres. Einmal führt ein derartiges Verständnis des Begriff der „Inhaltsänderung" i.S. § 1071 II BGB zu einer rechtssichernden Handhabe dieses Merkmals, da sich allein schon anhand des Beschlußgegenstandes deutlich ausmachen läßt, ob der Anwendungsbereich des § 1071 II BGB eröffnet ist oder nicht. Darüber hinaus verhindert die Gleichsetzung von „Inhaltsänderung" mit „Änderung des Gesellschaftsvertrags" nicht den sachgerechten Schutz der Interessen des Nießbrauchers und des Besteller-Gesellschafters. Denn die Ausbalancierung dieser Interessen kann immer noch dem Merkmal der „beeinträchtigenden" Inhaltsänderung anvertraut werden. Schließlich trägt das hier vorgeschlagene Verständnis von „Inhaltsänderung" dem Gedanken Rechnung, daß die Mitgliedschaft ein in sich verwobenes systemisches Gespinnst darstellt[121], welches durch jede einzelne gesellschaftsvertragliche Regelung konstituiert und welches durch die dogmatische Kategorie des „Rechtsverhältnisses" abzubilden versucht wird. Insofern führt also eine „Abstimmung immer bei allen Gegenständen (zu einer) Änderung der Mitgliedschaftsbeziehungen"[122]. Unter diesem systemischen Aspekt kann daher keine gesellschaftsvertragliche Einzel-

---

120 Siehe zur Unterscheidung zwischen korporativen und nichtkorporativen Bestandteilen eines Gesellschaftsvertrages nur *Karsten Schmidt,* GesR, § 5 I 1 d.

121 Eine derartige wirtschaftliche Betrachtungsweise spielte bsp. auch im Rahmen der Diskussion um die Vererbung des Personengesellschaftsanteils eine Rolle, siehe etwa *Säcker,* Nachfolge in Gesamthandsmitgliedschaften, 54, 63 f.

122 *Heck,* Sachenrecht, § 120, 11. Für die weitere Folgerung *Heck*s, deswegen sei für jeglichen Beschlußgegenstand eine Stimmrechtsvergemeinschaftung erforderlich, gibt der nießbrauchsrechtliche Normenbestand jedoch nichts her, wie noch gezeigt werden wird. Sie ist auch nach der Interessenlage nicht erforderlich.

regelung aus dem Vertrag herausgelöst daraufhin untersucht werden, ob sie primär mitgliedschaftlicher oder etwa primär verfahrensorganisatorischer Natur ist. Damit wird gleichzeitig der auf den Schutz des dinglich Berechtigten ausgerichteten Teleologie des § 1071 II BGB Rechnung getragen, da die Wahrscheinlichkeit dessen Schutzes um so höher ist, desto größer der Kreis der für § 1071 II BGB relevanten Änderungen des Gesellschaftsvertrages zugeschnitten wird. Es bleibt also festzuhalten: Unter einer Inhaltsänderung i.S. § 1071 II BGB ist zumindest eine Änderung der durch den Gesellschaftsvertrag konstituierten mitgliedschaftlichen Stellung des Besteller-Gesellschafters zu verstehen. Die nunmehr interessierende Frage lautet: Ist das alles, was unter § 1071 II BGB fällt? Oder muß es zu einem eher materialen Verständnis des § 1071 II BGB kommen, so daß auch Geschehnisse außerhalb der Änderung der gesellschaftsvertraglich konstituierten Stellung des Besteller-Gesellschafters eine „Inhaltsänderung" i.S. § 1071 II BGB darstellen können?

b) Die maßgebliche Frage: Ein materiales Verständnis des § 1071 II BGB?

Die Mitgliedschaft konstituiert nicht nur Rechte und Pflichten, sondern auch die Zugehörigkeit zu einem Verband, der korporativ handelnd am Markt zur Förderung eines bestimmten Zwecks auftritt. Dieses Handeln wird nicht nur durch den normativen Rahmen des Gesellschaftsstatuts mehr oder weniger determiniert, sondern wird auch durch Grundlagenentscheidungen und außergewöhnliche oder laufende Maßnahmen der Geschäftsführung bestimmt. Außergewöhnliche Maßnahmen der Geschäftsführung sind dabei gemeinhin solche, die nach Inhalt und Zweck über den Rahmen des bisherigen Geschäftsbetriebs[123] hinausgehen oder die durch ihre Bedeutung und die damit verbundenen Risiken Ausnahmecharakter haben[124]; maßgebend sind hierbei die konkreten Verhältnisse der jeweiligen Gesellschaft[125].

[123] Richtigerweise muß sich entgegen *Karsten Schmidt,* GesR, § 47 V 1 c; Großkomm-*Fischer,* § 116 HGB Anm. 2 a; Heymann-*Emmerich,* § 116 Rn. 3, die Geschäftsführungsmaßnahme selbst im Rahmen des Gesellschaftszwecks bewegen, da die Geschäftsführung der Erreichung des Gesellschaftszwecks dient und damit durch diesen begrenzt wird, so auch Schlegelberger-*Martens,* § 116 HGB Rn. 5. *Martens* (ebda., Rn. 6) weist aber zugleich darauf hin, daß in der Praxis sich diese Einschränkung schon deshalb relativiert, weil oftmals die an sich zweckfremde Maßnahme als bloßes untergeordnetes Hilfsgeschäft innerhalb einer zweck- oder gegenstandskonformen Gesamtplanung in einem funktionalen Zusammenhang mit dem Gesellschaftszweck steht.

[124] RGZ 158, 302 (308); BGH, LM Nr. 1 zu § 116 HGB.

[125] Schlegelberger-*Martens,* § 116 HGB Rn. 4.

Zu den Grundlagenentscheidungen werden in der Literatur über die Änderung des Gesellschaftsvertrags hinaus zumeist solche Entscheidungen gerechnet, die unmittelbar das Rechtsverhältnis zwischen den Gesellschaftern berühren oder die wesentliche Struktur- und Organisationsänderungen der Gesellschafter betreffen[126]. In Anlehnung an Entwicklungen im Kapitalgesellschaftsrecht – dort speziell im Aktienrecht – wird das maßgebliche Kennzeichen von Grundlagenentscheidungen oftmals darin gesehen, daß sie der Sache nach auf eine Änderung des Gesellschaftsvertrages hinauslaufen und demnach in ihrer Wirkung von satzungsgleicher oder satzungsähnlicher Bedeutung sind[127]. Unmittelbar das Rechtsverhältnis zwischen den Gesellschaftern berührende Maßnahmen wurden insofern in der Feststellung – nicht der Aufstellung – der Bilanz[128], der Organisation der Geschäftsführung einschließlich der Verleihung und Entziehung von Geschäftsführungs- und Vertretungsbefugnissen[129], in der Entscheidung über den Austritt und der damit verbundenen Abfindung[130] oder des Eintritts von Gesellschaftern[131] sowie die Genehmigung über die Veräußerung eines nach dem Gesellschaftsvertrags übertragbaren Gesellschaftsanteils gesehen[132]. Die Abgrenzung zu Geschäftsführungsmaßnahmen ist fließend[133]. Dem entspricht es, daß bei zahlreichen Punkten keine Einigkeit erzielt werden konnte, ob ein Grundlagengeschäft in Form einer wesentlichen Strukturentscheidung vorliegt[134]. Als Beispiele für derartige Punkte seien nur genannt die Veräu-

---

[126] Siehe nur Schlegelberger-*Martens,* § 114 Rn. 5 ff.

[127] RGZ 136, 236 (242 f.); 151, 321 (327 ff.); 162, 370 (372 ff.); BGHZ 76, 160 (164 f.); 76, 338 (342); Schlegelberger-*Martens,* § 114 Rn. 5 ff.

[128] BGHZ 76, 338 (342); Schlegelberger-*Martens,* § 114 HGB Rn. 6, § 116 HGB Rn. 12; § 167 HGB Rn. 5 ff.; Heymann-*Emmerich,* § 116 Rn. 5.

[129] Heymann-*Emmerich,* § 114 Rn. 4.

[130] RGZ 114, 393 (395).

[131] BGHZ 76, 160 (164).

[132] Siehe nur den Überblick bei Schlegelberger-*Martens,* § 114 HGB Rn. 6.

[133] *Wiedemann,* GesR, § 6 III.

[134] Da Grundlagengeschäfte kein Teil der Geschäftsführung sind (BGHZ 76, 164; Baumbach-*Hopt,* § 114 HGB Rn. 3), steht eine derartig flexibilisierte Ausgrenzung der Grundlagengeschäfte im Grundsatz in einen Spannungsverhältnis zum Schutz berechtigter Verkehrsinteressen, wenn nicht ausnahmsweise die Abgrenzung zwischen Grundlagengeschäft und Maßnahme der Geschäftsführung im Außen- und Innenverhältnis je nach Grad der Berührung externer Drittinteressen unterschiedlich beurteilt werden muß (dazu nur Schlegelberger-*Martens,* § 114 HGB Rn. 5). Diese Schwierigkeiten brauchen hier nicht weiter zu interessieren. Es kommt hier nur darauf an, wie bei Grundlagengeschäften die Stimmrechtszuordnung im Hinblick auf den Schutz der Selbstbestimmung des Besteller-Gesellschafters aussehen muß. Es gilt also nur, den in Literatur und Rechtsprechung als satzungsänderungsgleiche Maßnahmen beurteilten Kranz von Gesellschafterentscheidungen zu extrahieren. Die Probleme von Geschäftsführung und Vertretung, die mit diesem Kranz verbunden sind, sind dann irrelevant.

ßerung des gesamten Gesellschaftsvermögens[135], der Abschluß eines Unternehmenspachtvertrages[136], die Begründung der konzernrechtlichen Abhängigkeit von einem anderen Unternehmen[137] oder Maßnahmen, die dem Zweck der Gesellschaft fremd sind[138].

Grundlagenentscheidungen sowie Maßnahmen der Geschäftsführung beeinflussen in hohem Maße den wirtschaftlichen Wert der Mitgliedschaft und die darin verkörperten Vermögensinteressen (ökonomisches Moment) sowie den weiteren Prozeß der beruflichen Entfaltung der Gesellschafter (personales Moment). Sind vor diesem Hintergrund zumindest im Hinblick auf die mögliche Veränderung des Werts der Mitgliedschaft und des mit ihr verknüpften Ertrags schon derartige Grundlagenentscheidungen und Geschäftsführungsmaßnahmen eine Inhaltsänderung i. S. § 1071 II BGB? Wenigstens für Grundlagenänderungen scheint die Sachlage klar zu sein: Hier findet sich stellenweise der Hinweis, es bestünde Einigkeit, daß bei Grundlagenänderungen der Zustimmungsvorbehalt des § 1071 II BGB eingreift[139]. Nur: Wirklich bei jeder Grundlagenänderung – obwohl § 1071 II BGB zwischen der „Inhaltsänderung" und ihrer „beeinträchtigenden" Wirkung auf den Nießbrauch unterscheidet? Schaut man näher hin, werden durchweg als Fallgruppen nur die Übertragung und Kündigung der Mitgliedschaft, die Auflösung der Gesellschaft sowie die Änderung des Gesellschaftsvertrages diskutiert[140], oder es ist ganz allgemein von „Verfügungen über die Mitgliedschaft" die Rede[141] – Grundlagenänderungen, die nicht aus einer Änderung des Gesellschaftsstatuts bestehen, werden weithin nicht thematisiert. Die Frage, ob *derartige* Grundlagenänderungen zustimmungspflichtig i. S. § 1071 II BGB sind, gewinnt somit einen besonderen Stellenwert.

Wenn eine „Inhaltsänderung" i. S. § 1071 II BGB nur vorliegen soll, wenn es zu einer sachenrechtlichen Verfügung über das belastete Recht kommt, ist die Antwort ein klares Nein. Denn konstruktiv-formal als Verfügung verstanden ist Inhaltsänderung allein eine Änderung des die Mitglied-

---

135 Für Einordnung als Grundlagengeschäft: RGZ 162, 370 (372); Schlegelberger-*Martens,* § 114 HGB Rn. 7; gegen Einordnung als Grundlagengeschäft: KG, OLGZ 42, 196.

136 Für Einordnung als Grundlagengeschäft: Schlegelberger-*Martens,* § 114 HGB Rn. 7; Baumbach-*Hopt,* § 114 HGB Rn. 3, § 126 HGB Rn. 3; offen gelassen von BGH, NJW 1982, 1818 f.

137 Für Einordnung als Grundlagengeschäft: Baumbach-*Hopt,* § 114 Rn. 3.

138 Für grundsätzliche Einordnung als Grundlagengeschäft: Schlegelberger-*Martens,* § 116 Rn. 5; gegen Einordnung als Grundlagengeschäft: *Karsten Schmidt,* GesR, § 47 V 1 c; Großkomm-*Fischer,* § 116 HGB Anm. 2 a; Heymann-*Emmerich,* § 116 Rn. 3.

139 So dezidiert *Schön,* ZHR 158 (1994), 229 (269).

140 So bei *Schön,* ZHR 158 (1994), 229 (269 ff.)

141 So bei Schlegelberger-*Karsten Schmidt,* vor § 335 Rn. 7.

schaft konstituierenden Rechtsregimes und deckt sich damit mit der Änderung des dieses Regimes begründenden Gesellschaftsvertrags. Das gesellschaftliche Handeln, das nicht Änderung des Gesellschaftsvertrags ist, wäre dann Rechtsausübung; Änderungen in diesem Handeln wären daher nicht Rechtsänderung, sondern Änderung der Rechtsausübung. Die Interpretation des § 1071 II BGB würde dann mit dem weitgehend technisch-formalen Verständnis des § 877 BGB[142] gleichgeschaltet – ein in systematischer Perspektive durchaus einsichtiges Unterfangen. Fraglich ist nur, ob es hierbei sein Bewenden haben kann und ob nicht ein material angereichertes Verständnis von „Inhaltsänderung“ dem § 1071 II BGB nicht besser gerecht wird. Oder in anderen Worten: Kann in § 1071 II BGB eine materiale Deutung der Art implementiert werden, daß das formal als bloße Änderung der Ausübung gesellschaftlicher Rechte rekonstruierte gesellschaftliche Handeln ab einen gewissen Punkt zumindest nießbrauchsrechtlich qualitativ in eine Änderung des Rechts selbst umschlagen kann? Und falls ja: Welches ist dann dieser Punkt?

c) Zustimmungsbedürftigkeit bei Beschlüssen über Maßnahmen der Geschäftsführung?

Eine derartige materiale Lesart des § 1071 II BGB scheidet bei Maßnahmen der gewöhnlichen Geschäftsführung sicherlich aus, da dann überhaupt kein Unterschied mehr zwischen Rechtsausübung und Rechtsänderung bestehen würde, der Schutzzweck des § 1071 II BGB ins Unbestimmte ausgedehnt und die Norm damit ihre Konturen vollends verlieren würde. Es verbleiben die Maßnahmen der außergewöhnlichen Geschäftsführung und derjenigen Grundlagengeschäfte, für die eine Änderung des Gesellschaftsvertrages nicht erforderlich ist. Außergewöhnliche Geschäftsführungsmaßnahmen sollten nicht zu den Inhaltsänderungen i. S. § 1071 II BGB gerechnet werden. Dafür sprechen zwei Gründe. Der erste Grund versucht die ökonomische Konzeption des Gesetzes für die Gestaltung des Rechtsinstituts „Nießbrauch“ für die Auslegung des § 1071 II BGB fruchtbar zu machen, nach der – davon war nun schon des öfteren die Rede[143] – durch den Nießbrauch die optimale Nutzung des belasteten Gegenstands im Rahmen

---

142 Im Rahmen des § 877 BGB werden zwar stellenweise solche Inhaltsänderungen als bloß geringfügig zu wertende Maßnahmen aus dem Kreis der von § 877 BGB ansonsten erfaßten Verfügungen herausgenommen, die den Inhalt des Rechts nicht berühren, sondern nur dessen Realisierung betreffen, wie bsp. die freiwillige Unterwerfung unter die Zwangsvollstreckung (KG, HRR 1931, A 1705; aA OLG Colmar, OLGE 14, 136). Damit wird aber keineswegs von einem formalen Verständnis des § 877 BGB angerückt, sondern nur die Norm im Rahmen ihres formalen Verständnisses teleologisch reduziert.

143 Oben § 7 II 1; siehe auch unten § 13 I 2 b aa.

der durch den Besteller festgelegten Gegenstandswidmung gesichert werden soll. Käme es nun zu der Notwendigkeit, daß der Besteller-Gesellschafter einer Maßnahme der außergewöhnlichen Geschäftsführung nur zustimmen könnte, wenn zuvor der Nießbraucher ihr zugestimmt hat, käme es bei Lichte betrachtet zu so etwas wie einer Stimmrechtsvergemeinschaftung. Schon Wiedemann[144] sah in einer derartigen Stimmrechtsvergemeinschaftung keine optimalen Nutzung des belasteten Anteils, da sich die Beteiligten bei Konflikten gegenseitig blockieren und im Fall des bleibenden Dissenses die Stimme gänzlich verfallen würde. Erträglich wäre all dies äußerstenfalls, wenn der Schutz des Nießbrauchers bei Maßnahmen der außergewöhnlichen Geschäftsführung ein Mitbestimmungsrecht zwingend erfordert. Davon kann jedoch bei Beschlußgegenständen über Geschäftsführungsmaßnahmen anders als bei den sogleich zu erörternden Grundlagengeschäften nicht die Rede sein.

Auf einen zweiten Grund gegen eine Einbeziehung außergewöhnlicher Geschäftsführungsmaßnahmen in den Zustimmungsvorbehalt des § 1071 II BGB hat in anderen Zusammenhängen schon früh Finger aufmerksam gemacht[145]. Er kritisiert die gerade unter Verweis auf die Wiedemannschen Überlegungen konstatierte Gefahr gegenseitiger Stimmrechtsblockierungen als eher pauschalierend und zu pessimistisch. Finger verweist vielmehr auf die Kontrollinstanz der von den anderen Gesellschaftern gebildeten (Teil-) Öffentlichkeit, die ein besonderes Verständnis für irgendwelche Sonderinteressen, die im Innenverhältnis zwischen Besteller-Gesellschafter und Nießbraucher angesiedelt sind, kaum aufbringen wird. Sicherlich bleibt die theoretische Gründung dieses Konzepts eher im Dunklen; Anklänge bestehen wohl zu institutionalistischen Positionen in Parallele zur staatsrechtlichen Kategorie des Öffentlichen[146]. Dennoch überzeugt der Verweis auf die (Teil-)Öffentlichkeit der Mit-Gesellschafter für den Typus einer nicht kapitalistisch strukturierten oder in festgefügte Machtblöcke eingeschlossenen Personengesellschaft. Diese Teil-Öffentlichkeit wird durchweg dafür sorgen, daß der Besteller-Gesellschafter keine gesellschaftsfremden Sonderinteressen verfolgt. Zwar ist dies – wenn ein Blick auf die Gesellschaftspraxis geworfen wird – ein eher schwacher Schutz. Dennoch besteht zumindest die Chance, daß der Nießbraucher geschützt werden kann. Dies gilt selbst dann, wenn die Gesellschaft durch festgefügte Machtblöcke gekennzeichnet ist und falls der Besteller-Gesellschafter zudem noch die Mehrheit der Anteile hält. Selbst dort hat der Minderheitengesellschafter zumindest die Möglichkeit zur Kritik und kann so auf den stimmberechtigten Besteller-Gesellschafter einwirken. Auch von dem Aspekt der gesellschaftlichen

144 *Wiedemann,* Übertragung, 413 f.; ihm folgend *Teichmann,* ZGR 1972, 1 (12).

145 *Finger,* DB 1977, 1033 (1038).

146 Dazu siehe unten § 9 II.

Teilöffentlichkeit her spricht mithin nichts dafür, außergewöhnliche Geschäftsführungsmaßnahmen zum Kreis der Inhaltsänderungen i. S. § 1071 II BGB zu zählen. Nach alldem bleibt es damit dabei: Beschlüsse über Maßnahmen der außergewöhnlichen Geschäftsführung sind nicht dem Zustimmungsvorbehalt des § 1071 II BGB unterworfen.

d) Die Zustimmungsbedürftigkeit bei Beschlußgegenständen über Grundlagengeschäfte

Wie steht es nun mit den Grundlagengeschäften, bei denen (1) entweder der Gesellschaftsvertrag nicht geändert oder (2) dieser zwar geändert wird, es aber um gesellschaftsvertragliche Klauseln geht, die nicht unmittelbar die Rechtsstellung des Besteller-Gesellschafters und hier vornehmlich den Kernbereich seiner Mitgliedschaft regeln, die also bsp. die Mitgliedschaft eines anderen Gesellschafters regeln? Funktional gesehen stehen die zuerst genannten Grundlagengeschäfte einer Änderung des Gesellschaftsvertrags gleich. Dies war ja gerade der Anlaß, sie aus dem Kreis der Geschäftsführungsmaßnahmen heraus zu nehmen und sie dem Anwendungsbereich des § 119 HGB zuzuweisen. Nun wäre es unter dem teleologischen Gesichtspunkt des Schutzes des Nießbrauchers ungereimt, Änderungen des Gesellschaftsvertrags zu Inhaltsänderungen nach § 1071 II BGB zu rechnen, ihnen funktional gleichkommende Erscheinungen im Rechtsleben einer Personengesellschaft aber nicht. Ähnliche teleologisch ausgerichtete Überlegungen greifen bei den an zweiter Stelle genannten Grundlagengeschäften, bei denen die Änderung des Gesellschaftsvertrages die Rechtsstellung des Besteller-Gesellschafters nicht unmittelbar berührt. Auch hier kann unter Schutzgesichtspunkten nicht unterschlagen werden, daß die Mitgliedschaft ein in sich verwobenes systemisches Gespinnst darstellt, welches durch *jede* einzelne gesellschaftsvertragliche Regelung konstituiert wird. Unter diesem systemischen Aspekt wäre es daher ungereimt, nur deshalb eine Inhaltsänderung der Mitgliedschaft des Besteller-Gesellschafters zu verneinen, weil die Änderung des Gesellschaftsvertrags sich Klauseln annimmt, die bsp. unmittelbar nur die Mitgliedschaft eines anderen Gesellschafters regeln. Auch hier geht es wiederum nicht an, eine gesellschaftsvertragliche Einzelregelung aus dem Vertrag herauszulösen.

Nun gewährleistet die Strenge der sachenrechtlichen Figuren und die Technizität ihrer Anwendung ein hohes Maß an Rechtssicherheit, die das Sachenrecht grundsätzlich nicht entbehren kann. In sachenrechtlichen Zusammenhängen wird es daher durchweg weniger als in anderen Rechtsgebieten zu einer „Materialisierung“ der Tatbestandsmerkmale einer Norm mit Blick auf die ihr zugeschriebene Teleologie kommen. Im Kontext des § 1071 II BGB verschlägt dieses besondere Gewicht der Aspekte „Rechtssicherheit" und „Technizität" aber zumindest dann nicht, wenn § 1071 II BGB als Abbreviatur für den komplexen juristischen Sachverhalt des Schutzes der Selbstbestimmung des durch die Inhaltsänderung Betroffenen figuriert. Denn ist ein Selbstbestimmungsschutz erforderlich, schlägt er sich auch dann Bahn, wenn die sachenrechtliche Norm sich ihm in herkömmlicher Interpretation versperrt. Es würde dann nur zu anderen Instrumentarien – wie zum Rechtsmißbrauch oder zum Sittenwidrigkeitsverdikt – gegriffen. Der aus sachenrechtlicher Sicht negativ konnotierte Verlust an Rechtssicherheit bliebe aber auch dann erhalten. Insofern steht zumindest der Rechtssicherheitsgedanke einer Anwendung des § 1071 II BGB auch auf Grundlagengeschäfte, für die nicht eine Änderung des Gesellschaftsvertrags erforderlich ist, nicht entgegen. Es bleibt die Frage, ob hier eine direkte oder analoge Anwendung der Vorschrift greift. Im Kontext herkömmlichen Methodenverständnisses käme nur eine Analogie zu § 1071 II BGB in Frage. Denn man würde vornehmlich den systematisch-argumentativen Abgleich mit dem eher technizistisch-formal verstandenen § 877 BGB suchen und von dieser Warte aus den genuinen „unmittelbaren" Anwendungsbereich des § 1077 II BGB auf Änderungen des Gesellschaftsvertrages beschränken wollen. Doch wie sonst auch ist die Frage nach Analogie der Norm oder extensiven Normverständnis eher sekundär; entscheidend ist, daß die jeweilige Wertung dem Gesetz entnommen und die Wertung zugleich in das innere System des Rechts untergebracht werden kann. Vor diesem Hintergrund gilt also, daß neben solchen Grundlagengeschäften, für die der Gesellschaftsvertrag nicht geändert werden muß, nicht nur die Änderung solcher Klauseln des Gesellschaftsvertrags, die die Rechtsstellung des Besteller-Gesellschafters unmittelbar konstituieren, sondern schon die Änderung des Gesellschaftsvertrags als solchen eine Inhaltsänderung i. S. § 1071 II BGB darstellt[147].

Eine Ausnahme von einem Einbezug sämtlicher Grundlagengeschäfte in den Anwendungsbereich des § 1071 II BGB ist freilich zu machen. Es war schon die Rede davon, daß bei Vorliegen eines wichtigen, aus dem Verhältnis zur Gesellschaft resultierenden Grundes dem Besteller-Gesellschafter die Zustimmung zu einer Änderung des Gesellschaftsvertrages auch dann nicht verwehrt ist, wenn der Nießbraucher der Zustimmung nicht beipflichten will[148]. Änderungen des Gesellschaftsvertrags, für die ein wichtiger Grund besteht, fallen deshalb aus dem Anwendungsbereich des § 1071 II BGB heraus. Da solche Grundlagengeschäfte, für die keine Änderung des Gesellschaftsvertrages notwendig ist, einer Änderung des Gesellschaftsvertrags funktional gleichkommen, wäre es ungereimt, diese Grundlagengeschäfte nicht ebenfalls aus dem Anwendungsbereich des § 1071 II BGB zu

[147] Ebenso *Ulmer*, FS Fleck, 383 (394).

[148] Siehe oben § 7 III 1.

entfernen. Es gilt daher insgesamt der Satz, daß der Besteller-Gesellschafter über Grundlagengeschäfte alleine ohne Stimmrechtsvergemeinschaftung entscheidet, wenn das Grundlagengeschäft durch einen wichtigen, auf die Verhältnisse der Gesellschaft bezogenen Grund gerechtfertigt ist.

e) Insbesondere: Die Zustimmungsbedürftigkeit zu Verfügungen über Gegenstände des Gesellschaftsvermögens

Anhand dieser Lesart des § 1071 II BGB kann auch die umstrittene Frage einfach beantwortet werden, ob bei Verfügungen über die Gegenstände des Gesellschaftsvermögens die Zustimmung des Nießbrauchers erforderlich ist. Obwohl es sein kann, daß aufgrund der Verfügung eventuell der Marktwert des belasteten Anteils vermindert wird, verneint die Literatur überwiegend ein Zustimmungsrecht des Nießbrauchers. Sie begründet das mit dem Gedanken, wegen der Rechtsfigur der Gesamthand müsse sachenrechtlich streng zwischen der Beeinträchtigung der Mitgliedschaft und des Gesamthandsvermögens unterschieden werden[149]. Demgegenüber will das OLG Hamm[150] unter Verweis auf die herrschend zum Nießbrauch am Erbteil vertretenen Grundsätze[151] die Verfügung über Einzelgegenstände des Gesellschaftsvermögens von der Zustimmung des Nießbrauchers abhängig machen und sieht hierfür sogar die Eintragung einer Verfügungsbeschränkung im Grundbuch eines der Gesellschaft gehörenden Grundstücks vor. Der überwiegenden Ansicht in der Literatur sollte im Ergebnis Beifall gezollt werden. Nur ihre Begründung verschlägt nicht. Denn richtigerweise wäre nicht auf die sachenrechtlichen Folgen gesamthänderischer Vermögensbindungen abzustellen, sondern die Frage zu beantworten, ob die Veräußerung von Gegenständen des Gesellschaftsvermögens ein Grundlagengeschäft sein kann. Und dies ist durchweg zu verneinen. Die Trennlinie bei derartigen Veräußerungen wird vielmehr danach gezogen, ob es sich um Maßnahmen der gewöhnlichen oder der außergewöhnlichen Geschäftsführung handelt[152]. Mit Grundlagengeschäften haben derartige Maßnahmen grundsätzlich nichts zu tun – mit der Folge, daß ein Zustimmungsvorbehalt

---

[149] Siehe etwa Staud-*Frank,* Anh zu §§ 1068, 1069 Rn. 73; Schlegelberger-*Karsten Schmidt,* vor § 335 HGB Rn. 17.

[150] OLG Hamm, OLGZ 1977, 376.

[151] Beim Nachlaßnießbrauch wendet die h. M. § 1071 II BGB auf Verfügungen der Miterben über Nachlaßgegenstände entsprechend mit der Begründung an, ansonsten bestünde die Gefahr, daß durch derartige Verfügungen der Erbteil in seiner Substanz gemindert würde, vgl. RGZ 90, 232; KG, KGj 38, 232; BayObLGZ 1959, 50 (57) – je zum Pfandrecht an einem Erbteil –; zum Nießbrauch an einem Erbteil: OLG Hamm, OLGZ 1977, 283; *v. Lübtow,* ErbR, 820; Soergel-*Stürner,* § 1089 Rn. 4; Erman-*Michalski,* § 1089 Rn. 1; MünchKomm-*Petzoldt,* § 1089 Rn. 3; Staud-*Frank,* § 1089 Rn. 30.

des Nießbrauchers nach § 1071 II BGB sowohl direkt als auch entsprechend ausscheidet.

f) Die außerordentliche Kündigung durch den Besteller-Gesellschafter

Die Kündigung durch den Besteller-Gesellschafter oder eine Auflösungsklage aus wichtigem Grund bleibt diesem immer auch ohne Zustimmung des Nießbrauchers unbenommen. Andernfalls käme es zu einem Wertungswiderspruch zu der Entscheidung, daß Änderungen des Gesellschaftsvertrages und Grundlagengeschäfte zustimmungsfrei sind, wenn im Verhältnis zwischen Besteller-Gesellschafter und Gesellschaft ein wichtiger Grund vorliegt[153], diese Geschäfte vorzunehmen. Es tritt Surrogation am Abfindungs- oder Auseinandersetzungsguthaben ein[154].

5. Zusammenfassung: Inhaltsänderungen i.S. § 1071 II BGB

Das Ergebnis der bisherigen Überlegungen zum Verständnis des § 1071 II BGB ist nach all dem einfach: Beim Anteilsnießbrauch liegt eine Änderung der belasteten Mitgliedschaft schon, aber auch nur bei Grundlagengeschäften vor. Ein Zustimmungsvorbehalt des Nießbrauchers entfällt nur, wenn die Grundlagenänderung auf einen wichtigen, aus dem *Verhältnis des Besteller-Gesellschafters zur Gesellschaft* folgenden Grund basiert. Hierbei ist es unbeachtlich, ob das Grundlagengeschäft in der Änderung des Gesellschaftsvertrags liegt oder ob ohne Änderung des Gesellschaftsvertrags die Grundlagen der Gesellschaft neu gestaltet werden. Der Einbezug dieser zuletzt genannten Ausprägung der Grundlagengeschäfte in den Kreis der von dem Begriff „Inhaltsänderung" abgegrenzten Geschäfte war möglich, da § 1071 II BGB materialisiert und insofern das Verständnis der Tatbestandsmerkmale diese Norm und auf die Teleologie des § 1071 II BGB ausgerichtet werden konnte. Eine Inhaltsänderung scheidet hingegen sowohl bei

---

[152] Die Veräußerung von Vermögensgegenständen des Gesellschaftsvermögens ist zumindest dann nicht ungewöhnlich, wenn es sich um ein solches Betriebsvermögen handelt, welches zum Umsatz bestimmt ist und keinen – gemessen an der Vermögensstruktur der jeweiligen Personengesellschaft – ungewöhnlichen Wert aufweist. In einer Veräußerung von Gegenständen liegt freilich dann eine außergewöhnliche Maßnahme, wenn der konkrete Vermögensgegenstand der Risikovorsorge dienen soll, einem bestimmten Zweck gewidmet war und nunmehr aus anderen Gründen veräußert wird oder von hohem Verkehrswert ist, vgl. hierzu Schlegelberger-*Martens,* § 116 Rn. 10.

[153] Dazu oben § 7 III 4 d; zur außerordentlichen Kündigung siehe ansonsten auch unten § 13 V 1.

[154] Dazu ausführlich unten § 13 IV 1.

Maßnahmen der gewöhnlichen als auch bei Maßnahmen der außergewöhnlichen Geschäftsführung aus. Damit ist der eine Teil der Interpretation des § 1071 II BGB abgeschlossen: Das Verständnis des Begriffs „Inhaltsänderung".

IV. Problemlösung Teil II: Formalisierung des § 1071 II BGB hinsichtlich des Topos „Beeinträchtigung"

Bisher war nur die Rede von dem einen Tatbestandsmerkmal des § 1071 II BGB, der Inhaltsänderung des belasteten Rechts. Bei § 1071 II BGB muß jedoch nicht nur – wie bei § 877 BGB – eine Änderung des Rechts im Raum stehen, diese Änderung muß vielmehr darüber hinaus den Nießbrauch auch beeinträchtigen. Was ist unter einer derartigen „Beeinträchtigung" genau zu verstehen? Die Lehrbücher und Kommentare des Sachenrechts schweigen hierzu durchweg; auch die sonstige Literaturausbeute und das Rechtsprechungsmaterial ist nicht ergiebig. Die richtige Richtung weist die auf den Schutz des Nießbrauchers ausgerichtete Teleologie des § 1071 II BGB. Weit kommt man damit freilich nicht. Dies liegt einfach daran, daß der Topos „Schutz des Nießbrauchers" zu wenig greifbar ist, als daß er über die Vorgabe der Marschrichtung hinaus eine gehaltvolle interpretatorische Richtschnur abgeben könnte. Es gilt daher, Art und Maß des erforderlichen Schutzes, also das richtige „Schutzniveau", genauer zu eruieren. Dieses Schutzniveau hängt banalerweise von dem subjektiven Recht „Nießbrauch" ab. Wird dieses subjektive Recht im Gefolge Jherings in die Sprache der rechtstheoretischen Interessentheorie übersetzt, richtet sich das Schutzniveau nach den rechtlich geschützten Interessen des Nießbrauchers. Rechtlich geschützt ist aber nicht irgendein Interesse, sondern nur das Ertragsinteresse des Nutzungsberechtigten. Auf dieses ist daher das Schutzniveau des § 1071 II BGB zu beziehen. Die Beeinträchtigung i. S. § 1071 II BGB muß somit an die Auswirkungen einer Inhaltsänderung auf das nießbraucherische Ertragsinteresse geknüpft werden.

Eine derartige Anknüpfung ist schwierig. Es müßte bsp. bei einer Änderung des Gesellschaftsvertrags die jeweilig zur Änderung anstehende Klausel daraufhin untersucht werden, ob das Ertragsinteresse des Nutzungsberechtigten gemindert wird. Bei Änderungen im rein organisatorischen Bereich wird dies – so könnte man mutmaßen – weniger anzunehmen sein als bsp. bei der Änderung von Gewinnbezugsrechten. Durchweg wird es aber kaum möglich sein, prognostisch eine einsichtige Verbindung zwischen der geänderten Klausel und dem erwartbaren Ertrag der Gesellschaft herzustellen und gleichzeitig eine rechtssichernde Handhabe des Beeinträchtigungs-Merkmals i.S. § 1071 II BGB zu gewährleisten. Die Förderung einer rechtssichernden Handhabe des Sachenrechts ist aber – davon war schon des öfteren die Rede – zumindest dann ein ausschlaggebender Interpretationsgesichtspunkt, wenn teleologische Gesichtspunkte einer derartige Förderung nicht entgegenstehen. Das beste Verständnis des Begriffs „beeinträchtigend" gewinnt man also dann, wenn auf der einen Seite sowohl das teleologische Schutzmotiv des § 1071 II BGB als auch die rechtssichernde Anwendung des Sachenrechts maximiert wird und auf der anderen Seite durch diese Maximierung schützenswerte Interessen des Besteller-Gesellschafters nicht relevant tangiert werden. In diesem Sinne ist der größtmögliche Schutz des Nießbrauchers im Rahmen des § 1071 II BGB gegeben, wenn in einem ersten Schritt erst einmal jede relevante Änderung der Mitgliedschaft – und dies war nach dem Ergebnis der bisherigen Überlegungen: jedes Grundlagengeschäft – als den Nießbrauch beeinträchtigend angesehen wird und in einem zweiten Schritt dieses Schutzniveau wieder auf ein akzeptables Maß heruntergefahren wird. Nicht mehr akzeptabel wäre dabei sicherlich ein Schutz auch vor solchen Grundlagengeschäften, die für die belastete Mitgliedschaft lediglich rechtlich vorteilhaft sind. Eine rechtliche Beeinträchtigung ist hier nicht ersichtlich. Lediglich rechtlich vorteilhaft für die belastete Mitgliedschaft wäre es, wenn durch die Grundlagenänderung dem belasteten Anteil ein Recht zugewendet würde. Darüber hinaus wäre für den belasteten Anteil lediglich rechtlich vorteilhaft auch, wenn nur den Anteilen der Mit-Gesellschafter Pflichten zugeordnet oder ihre Rechte beschnitten würden. Dies resultiert aus der einfachen Überlegungen, daß die Verteilung von Rechten und Pflichten reziproker Natur ist: Was dem einen genommen wird, wird notwendigerweise dem anderen zugeordet. Ein Rechtsverlust bei einem Mit-Gesellschafter korrespondiert demnach ein Rechtsgewinn bei den anderen Gesellschaftern. Ein Rechtsgewinn ist aber immer lediglich rechtlich vorteilhaft.

Fraglich ist dann nur noch, ob über lediglich rechtlich vorteilhafte Grundlagengeschäfte hinaus eine Herunterstufung des Schutzniveaus einsichtig ist. Dies muß verneint werden. Denn die Mitgliedschaft ist – auch davon war schon des öfteren die Rede[155] – wirtschaftlich ein in sich verwobenes systemisches Gespinnst, rechtlich ein Recht und ein Rechtsverhältnis. Das Ertragsinteresse des Nießbrauchers, auf dessen Minderung ja der Topos der „Beeinträchtigung" i. S. § 1071 II BGB zu beziehen ist, ist aber wirtschaftlich ausgerichtet. Falls daher über den Ausschluß lediglich rechtlich vorteilhafter Grundlagengeschäfte aus dem Kreis der beeinträchtigenden Inhaltsänderungen hinaus die „Beeinträchtigung" eingegrenzt werden soll, müßten aus dem wirtschaftlichen Gespinnst „Mitgliedschaft" einzelne Stränge herausgelöst und mal als ertragsmindernd, mal als ertragsfördernd und mal als ertragsneutral angesehen werden. Doch wie soll dies gehen? Hier wäre eine

---

[155] Oben § 2 II 3 d.

rechtssichernde Handhabe des § 1071 II BGB nicht ersichtlich. Vor diesem Hintergrund sollte die „Beeinträchtigung" i. S. § 1071 II BGB rein formal bestimmt werden: Ein Grundlagengeschäft beeinträchtigt nur dann nicht den Anteilsnießbrauch, wenn es für die belastete Mitgliedschaft lediglich rechtlich vorteilhaft ist. Interessen des Besteller-Gesellschafters können gegen ein derartig formales Verständnis des Schutzniveaus des § 1071 II BGB nicht angeführt werden. Durch die durch § 1071 II BGB ins Werk gesetzte Stimmrechtsvergemeinschaftung wird ein Ausgleich zwischen den Interessen des Nießbrauchers und des Besteller-Gesellschafters gesucht, mit dem beide Interessen optimiert werden sollen, ohne daß das eine auf Kosten des anderen Interesses vernachlässigt wird. Dem Besteller-Gesellschafter ist es insofern zuzumuten, zumindest bei nicht lediglich rechtlich vorteilhaften Grundlagengeschäften nur im Konsens mit dem Nießbraucher sein Stimmrecht auszuüben.

V. Ergänzungen

1. Ergänzung I: Zweifelsregelung zugunsten des Nießbrauchers

Einige Ergänzungen sind zum bisherigen Verständnis des § 1071 II BGB nachzutragen. Die erste Ergänzung ist unmittelbar einsichtig: Verbleiben Zweifel, ob ein Geschäft zu den zustimmungspflichtigen Geschäften i. S. § 1071 II BGB zu rechnen ist, ist von einer Zustimmungspflichtigkeit der Stimmrechtsausübung auszugehen. Ansonsten würde das Zweifelsrisiko dem Nießbraucher zugewiesen; dies widerspricht aber dem Schutzzweck des § 1071 II BGB[156].

2. Folgen einer fehlgeschlagenen Einigung zwischen Besteller-Gesellschafter und Nießbraucher

Die zweite Ergänzung betrifft die Folgen einer fehlgeschlagenen Einigung zwischen Besteller-Gesellschafter und Nießbraucher. Wenn der stimmberechtigte Besteller-Gesellschafter trotz fehlender und gem. § 1071 II BGB erforderlicher Zustimmung des Nießbrauchers von seinem Stimmrecht Gebrauch macht, ist fraglich, welche Rechtsfolgen dies im einzelnen hat. Betrifft dieser Mangel lediglich das Innenverhältnis zwischen Nießbraucher und Besteller-Gesellschafter?[157] Oder ist dem Nießbraucher ein „verding-

---

[156] Eine ähnliche Zweifelsregelung zugunsten des Nießbrauchers schlägt für den von ihm vertretenen Ansatz (Stimmrechtsverteilung anhand der Dichotomie von Nutzung und Substanz) *Ulmer* (MünchKomm-*ders.*, § 705 Rn. 83) vor. Aus der Wertung der §§ 1036, 1066 BGB soll sich ergeben, daß die Verwaltungsrechte im Zweifel dem Nießbraucher zugewiesen sind.

lichter“ Einfluß auf die innerverbandliche Willensbildung eröffnet, mithin, ist die abgegebene Stimme unwirksam?[158] Ist vielleicht eine differenzierende Betrachtung anzulegen, wonach bei einem Nießbrauch, der ausschließlich in einem verdinglichten Gewinnbezugsrecht ohne irgendeine Teilhabe an den Mitverwaltungsrechten des Anteils besteht – also bei einem reinen Ertragsnießbrauch –, der Besteller-Gesellschafter lediglich schuldrechtlich im Innenverhältnis zum Nießbraucher verpflichtet ist, die Zustimmung des Nießbrauchers einzuholen, während bei einem Nießbrauch, bei dem dem Nießbraucher auch ein Teil der Mitverwaltungsrechte zugeordnet ist, der Nießbraucher seinen Zustimmungsvorbehalt auch gegenüber den Mit-Gesellschaftern durchsetzen kann?[159] Es sollte die harrsche Sanktion der Unwirksamkeit einer ohne die nach § 1071 II BGB erforderliche Zustimmung des Nießbrauchers abgegebenen Stimme vorgesehen werden. Nur dies entspricht dem Schutzzweck des § 1071 II BGB. Zudem ist der Besteller-Gesellschafter aufgrund seiner Mißachtung des Zustimmungsvorbehalts des § 1071 II BGB nicht schutzwürdig. Gleiches gilt für die Mit-Gesellschafter aufgrund ihrer Zustimmung zur Nießbrauchsbestellung.

Freilich scheint gegen die Unwirksamkeitsfolge zu sprechen, daß nicht schon die Stimmabgabe, sondern erst der Gesellschafterbeschluß das nachteilige Rechtsgeschäft i. S. § 1071 II BGB darstellen mag. Die einzelne Stimmabgabe ist Willenserklärung[160]. Diese fließt zusammen mit den Stimmabgaben der anderen Gesellschafter in den Beschluß als Rechtsgeschäft sui generis ein[161]. Hieraus wird zugleich deutlich, warum für § 1071 II BGB auf die Stimmabgabe des belasteten Anteils als benachteiligendes Rechtsgeschäft abzustellen ist. Denn die einzelne Stimme kann ja durchweg eine Auswirkung auf den Beschluß selbst besitzen; dann wäre aber schon die Stimmabgabe der benachteiligende Akt. Doch selbst wenn dies nicht so wäre, muß die Stimmabgabe den für § 1071 II BGB einschlägigen Belastungsakt darstellen, da ansonsten der Nießbraucher gegenüber dem Bestel-

---

157 So tendentiell BFH, NJW 1995, 1918 (1920); Staud-*Frank,* Anh zu §§ 1068, 1069 Rn. 73; MünchKomm-*Petzoldt,* § 1071 Rn. 2 (allg. für den Rechtsnießbrauch, anders für den Anteilsnießbrauch); *ders.,* GmbHR 1987, 381 (384); RGRK-*Rothe,* § 1071 Rn. 1; Erman-*Michalski,* § 1071 Rn. 2; *Jansen/Jansen,* Nießbrauch, Rn. 56; *Wiedemann,* Übertragung, 417 f.; *Mühl,* in: Hadding/Schneider (Hrsg.), Gesellschaftsanteile, 129 (161) (für nießbrauchsbelastete GmbH-Anteile); *Sudhoff,* NJW 1971, 481 (482); *ders.,* NJW 1974, 2205 (2210) (im Rahmen der Treuhandlösung).

158 So Großkomm-*Ulmer,* § 105 Rn. 114; *ders.,* FS Fleck, 383 (394); MünchKomm-*Petzoldt,* § 1068 Rn. 18; *Queck,* Nießbrauch, 234 ff.; *Finger,* DB 1977, 1033 (1040).

159 So Soergel-*Stürner,* § 1068 Rn. 7e; *Schön,* ZHR 158 (1994), 229 (267).

160 Siehe nur RGZ 118, 67 (69); BGHZ 14, 264 (267); 48, 163 (173); *Karsten Schmidt,* GesR, § 15 I 2 b.

161 Dazu nur *Karsten Schmidt,* GesR, § 15 I 2 a; *Wiedemann,* GesR I, § 3 III 1 b.

ler-Gesellschafter vollkommen schutzlos wäre. Dieser könnte ja immer einwenden, die Benachteiligung des dinglichen Nutzungsrechts sei erst durch den Gesellschafterbeschluß selbst ins Werk gesetzt worden. Hätte der Besteller-Gesellschafter mit diesem Vorhalt Erfolg, liefe der § 1071 II BGB im Ergebnis praktisch leer. Denn es kann ja nicht ernstlich davon ausgegangen werden, der Nießbraucher könne sich kraft § 1071 II BGB dann eben gegen den Gesellschafterbeschluß selbst wenden. Ein solcher Zustimmungsvorbehalt würde dem Nießbraucher ein Sonderrecht verschaffen, welches über die Position des unbelasteten Gesellschafters hinausginge; er wäre daher unzulässig[162]. Ist dem so, widerspricht es der Schutzfunktion des § 1071 II BGB, wenn das „Rechtsgeschäft" i. S. dieser Vorschrift nicht auf die Stimmabgabe durch den Besteller-Gesellschafter bezogen wird.

Die einzelne Stimmabgabe ist – wie schon gesagt – Willenserklärung. Nach allgemeinen Regeln müßte der Nießbraucher daher die trotz einer fehlenden Zustimmung abgegebene Stimme rückwirkend genehmigen können, §§ 182 I, 184 I BGB, da der Beschluß auf der Grundlage heutiger Rechtsgeschäftslehre als ein auf die verbindliche kollektive Willensbildung im Verband gerichtetes mehrseitiges Rechtsgeschäft eigener Art einzuordnen ist[163] und die einzelne Stimme daher rechtskonstruktiv nicht als einseitige Willenserklärung verstanden werden kann. Die Folgen wären freilich mehr als nur mißlich, da der Nießbraucher im Falle der Geltung des § 184 I BGB die Genehmigung bis zur Grenze der Verwirkung noch nach Jahr und Tag erklären und damit Wirkungen hinsichtlich des gefaßten Beschlusses setzen könnte[164]. In dieser Situation wird man daher davon auszugehen haben, daß eine rückwirkende Genehmigung nicht zulässig ist, so daß im Grundsatz eine Stimmabgabe unter Mißachtung des Zustimmungsvorbehalts zur Unwirksamkeit der Stimme führt, die damit verfällt. Eine derartige teleologische Reduktion des § 184 I BGB ist mit Blick auf eine schlagkräftige Struktur der verbandlichen Willensbildung sinnvoll. Die absolute Unwirksamkeit der Stimme scheint aber mißlich zu sein, weil sich dann auch der dem Zustimmungsvorbehalt des § 1071 II BGB zuwiderhandelnde Besteller-Gesellschafter auf die Unwirksamkeit berufen könnte. Im Rahmen der Interpretation des § 1071 II BGB wird allgemein (also außerhalb der Dogmatik des Anteilsnießbrauchs) gegen alle rechtskonstruktiven Bedenken gegen den relativen Fortbestand dinglicher Rechte dafür plädiert, dem § 1071 II BGB keine absolute, sondern nur relative Wirkung zuzumes-

162 Hierauf verweist *Bechtold,* Nießbrauch, 177; *Schön,* ZHR 158 (1994), 229 (268); *Queck,* Nießbrauch, 237; siehe auch Großkomm-*Ulmer,* § 105 HGB Rn. 125; *ders.,* FS Fleck, 383 (394).

163 Siehe nur *Karsten Schmidt,* GesR, § 15 I 2 a.

164 Allg. siehe dazu nur OLG Stuttgart, NJW 1954, 36; Palandt-*Heinrichs,* § 184 Rn. 1.

sen[165]. Ob dem allgemein gefolgt werden kann, mag dahingestellt bleiben; für das persongesellschaftliche Innenrecht muß es hingegen bei einer absolut wirkenden Unwirksamkeit bleiben. Alles andere wäre mit klaren gesellschaftlichen Verhältnissen nicht zu vereinbaren.

Auf die Stimmabgabe werden nach all dem die Regeln angewendet, die für einseitige Rechtsgeschäfte gelten, bei denen nach einem allgemeinen ungeschriebenen Rechtsgrundsatz eine rückwirkende Genehmigung ebenfalls ausgeschlossen ist[166]. Es ist dann aber auch nur konsequent davon auszugehen, daß entsprechend § 180 S. 2 BGB[167] die Mit-Gesellschafter sich mit der Stimmabgabe ohne die an sich erforderliche Einwilligung des Nießbrauchers einverstanden erklären können; die Stimme ist dann bis zur Genehmigung durch den Nießbraucher schwebend unwirksam. Dennoch ist hier im Interesse eines sachgerechten verbandlichen Innenrechts und aufgrund der vergleichbaren Schutzbedürftigkeit der Mit-Gesellschafter die Zweiwochenfrist der §§ 108 II, 177 II, 1366 III BGB analog anzuwenden. Die Mit-Gesellschafter haben es daher in der Hand, den Schwebezustand beenden zu können, falls der Nießbraucher nicht willens ist, sich zu erklären.

Ist die Stimme schließlich mangels erklärter Zustimmung unwirksam, verfällt sie. Auswirkungen auf die Rechtswirksamkeit des Beschlusses selbst hat dies – bei Vorliegen einer Mehrheitsherrschaft – nicht; vielmehr müssen Besteller-Gesellschafter und Nießbraucher den ohne die Stimme des belasteten Anteils gefaßten Beschluß hinnehmen. Sie sind schon deshalb geschützt, weil der materielle Schutz des Gleichbehandlungsgebots und die Unentziehbarkeit von Sonderrechten die Mit-Gesellschafter daran hindern, die Stimmrechtslage einseitig zum Nachteil des belasteten Anteils auszunutzen[168]. Letztlich kann die durch die Wertung des § 1071 II BGB ins Werk gesetzte Stimmrechtszuordnung durchaus als „Stimmrechtsvergemeinschaftung" in den Grundlagengeschäften bezeichnet werden. Eine derartige Vergemeinschaftung ist nicht ungewöhnlich, wie schon § 72 II VerglO zeigt, dessen Rechtsgedanke ausweislich der Materialien der InsO in den neuen § 76 II InsO eingeflossen ist[169].

---

165 Siehe etwa Soergel-*Stürner,* § 1071 Rn. 1; RGRK-*Rothe,* § 1071 Rn. 1; anders (absolute Wirkung): Mot 3, 463, 541; Prot 3, 415 f.; Staud-*Spreng,* 11. Aufl., § 1071 Bem. 1; Planck-*Brodmann,* § 1071 Bem. 1.

166 Dazu nur RGZ 146, 316; Palandt-*Heinrichs,* § 181 Rn. 5.

167 Richtigerweise ist bei einseitigen Rechtsgeschäften § 180 S. 2 BGB entsprechend anzuwenden, siehe nur MünchKomm-*Schramm,* § 182 Rn. 22; Palandt-*Heinrichs,* § 181 Rn. 5.

168 So auch *Schön,* ZHR 158 (1994), 229 (262).

169 Der RegE sah zwar in § 76 III RegE-InsO eine dem § 72 II VerglO entsprechende Regelung vor, die dann vom Rechtsausschuß gestrichen worden ist. Dies

VI. Der Schutz der Mitgliedschaft des Besteller-Gesellschafters im Falle einer Zuordnung des Stimmrechts an den Nießbraucher

1. Die Zulässigkeit einer Stimmrechtsvergemeinschaftung bei nicht lediglich rechtlich vorteilhaften Grundlagengeschäften

Die bisherigen Überlegungen haben *für den Fall einer Stimmrechtszuordnung an den Besteller-Gesellschafter* gezeigt, daß gem. § 1071 II BGB (ob unmittelbar oder analog, kann dahingestellt bleiben) zur Ausübung des Stimmrechts bei sämtlichen Grundlagengeschäften, die für die belastete Mitgliedschaft nicht lediglich rechtlich vorteilhaft sind, die Zustimmung des Anteilsnießbrauchers erforderlich ist. Eine Ausnahme war nur für den Fall zu machen, daß dem Besteller-Gesellschafter für die Grundlagenänderung ein wichtiger, aus seinem Verhältnis zur Gesellschaft folgender Grund zur Seite steht; hier entscheidet der Besteller-Gesellschafter allein. *Ist nun gerade umgekehrt das Stimmrecht dem Nießbraucher zugeordnet,* muß um der Vermeidung eines Wertungswiderspruchs willen Gleiches für den Besteller-Gesellschafter gelten. Denn die bisherigen Ausführungen haben ja auch gezeigt, daß § 1071 II BGB keineswegs eine Norm ist, die ausschließlich die Interessen des Nießbrauchers schützen will. Sie regelt vielmehr den Interessenausgleich zwischen Nießbraucher und Besteller-Gesellschafter. Ist dem so, ist es für die Anwendung der Norm aber unbeachtlich, wer das Stimmrecht ausübt, solange das durch § 1071 II BGB ins Werk gesetzte Schutzniveau des je anderen Teils gewahrt bleibt. Es gilt also bei einer Stimmrechtszuordnung an den Anteilsnießbraucher, daß dieser das Stimmrecht des belasteten Anteils bei nicht lediglich rechtlich vorteilhaften Grundlagengeschäften nur mit Zustimmung des Besteller-Gesellschafters ausüben kann, es sei denn, er könne sich auf einen wichtigen Grund berufen. Insofern kann von einer Stimmrechtsvergemeinschaftung bei Grundlagengeschäften die Rede sein. Können sich beide nicht einigen, verfällt entsprechend den gerade erwähnten Überlegungen grundsätzlich die Stimme. Der Besteller-Gesellschafter ist demnach nicht nur hinsichtlich seines Kernbereichs, sondern weit darüber hinaus geschützt. Diese Lösung widerspricht einer jüngst ergangenen Entscheidungen des BGH zum Recht der Gemeinschaft des bürgerlichen Recht. Der BGH führte ohne nähere Begründung aus, daß „jedenfalls die Kompetenz des Gesellschafters, bei Beschlüssen, welche die Grundlagen der Gesellschaft betreffen, selbst abzustimmen, (...)

---

geschah freilich nicht, weil der Ausschuß dem Rechtsgedanken des § 72 II VerglO kritisch gegenüber stand, sondern weil er die Vorschrift aufgrund einer weiteren von ihm initiierten Änderung des RegE für nunmehr entbehrlich hielt, siehe *Kraemer* (Bearb.), Das neue Insolvenzrecht, 190.

ihm durch die Einräumung eines Nießbrauchs an seinem Anteil grundsätzlich nicht genommen" wird[170]. Überzeugend ist dies nach dem zuvor Gesagten nicht.

2. Möglicher Einwand: Vernachlässigung einer funktionalen Struktur der verbandlichen Willensbildung

Gegen die hier vorgeschlagene Stimmrechtsvergemeinschaftung bei nicht lediglich rechtlich vorteilhaften Grundlagengeschäften wird zumeist vorgetragen, sie führe zu nicht hinnehmbaren Unzuträglichkeiten und Verkomplizierungen der gesellschaftlichen Willensbildung[171]. Dieser Einwand überzeugt letztlich nicht. Dabei soll hier noch nicht einmal das schon angesprochene Problem[172] aufgegriffen werden, ob es überhaupt angängig ist, die Ordnungsgesichtspunkte von „Unzuträglichkeit" und „Verkomplizierung" als Bestandteil des geltenden Rechts auszuweisen und ihnen damit einen rechtlich zwingenden Charakter zuzubilligen, ohne ihnen nicht nur einen rein appellativen Charakter der Art beizumessen, daß sie die Gesellschafter zu einer rechtssichernden Ausgestaltung des gesellschaftlichen Innenverhältnisses zu motivieren suchen. Denn bei näherer Betrachtung lassen sich die beklagten Unzuträglichkeiten gar nicht ausmachen. Die Unterscheidung von Grundlagengeschäften und sonstigen Geschäften bereitet durchweg weniger Schwierigkeiten als die ansonsten vorgeschlagenen Differenzierungen nach scheinbar objektiven Maßstäben wie die von „Nutzung und Substanz"[173]. Und die Stimmrechtsvergemeinschaftung als solche wird die Beschlußfähigkeit der Gesellschaft durchweg nicht relevant tangieren, da bei fehlgeschlagener Einigung die Stimme verfällt. Der Einigungszwang wiederum wirkt sich im Innenverhältnis zwischen Besteller-Gesellschafter tendentiell sogar heilsam aus und vermindert insofern das mit dem Anteilsnießbrauch verbundene Konfliktpotential für die Gesellschaft. Insofern führt Schön[174] zu Recht aus, daß die Stimmrechtsvergemeinschaftung Nießbraucher und Besteller-Gesellschafter dazu zwingt, sich eine gemeinsame Entscheidung zu erarbeiten, dabei ihre jeweiligen Interessen an der Investition und Ausschüttung von Gewinnen[175] zu bewerten und etwaig durch freiwillige Ausgleichszahlungen auszutarieren.

---

[170] BGH, NJW 1999, 571 (572); zustimmend *Hermanns,* MittRhNotK 1999, 235 (236).

[171] *Wiedemann,* Übertragung, 412 ff.; Schlegelberger-*Karsten Schmidt,* vor § 335 Rn. 16; *Queck,* Nießbrauch, 197 ff.

[172] Oben § 5 IV 2.

[173] *Schön,* ZHR 158 (1994), 229 (261 f.).

[174] *Schön,* ZHR 158 (1994), 229 (261 f.).

3. Der zwingende Gehalt des durch § 1071 II BGB gegebenen Wertungsvorbildes

An der leitenden Stringenz des Wertungsvorbildes des § 1071 II BGB für die Stimmrechtszuordnung unter dem Gesichtspunkt des Schutzes der Selbstbestimmung des Besteller-Gesellschafters könnte dennoch mit der Begründung gezweifelt werden, § 1071 II BGB habe dispositiven Charakter. Erklären sich Nutzungsberechtigter und Besteller mit einer Stimmrechtszuordnung an den Nießbraucher in der Weise einverstanden, daß der Besteller-Gesellschafter auch zu Geschäften i. S. § 1071 II BGB nicht zustimmen muß, wäre § 1071 II BGB inzident abbedungen. Ist es in diesem Falle nicht so, daß die durch § 1071 II BGB gesetzte Wertung nicht mehr ihre schützende Kraft entfalten kann? Der Einwand schlägt letztlich nicht durch. Schon der Schutzzweck des § 1071 II BGB spricht dagegen, von der Dispositivität der Vorschrift auszugehen[176]. Ansonsten liefe sie in der Praxis aufgrund anderer Vereinbarungen zumeist leer.

Doch auch ganz abgesehen von der Frage, ob § 1071 II BGB letztendlich dispositiv ist und der etwaigen Folgefrage, wie es dann um den zwingenden Charakter des nichtzwingenden Rechts bestellt sein kann, gibt § 1071 II BGB ein probates Vorbild für eine selbstbestimmungsschutzgerechte Stimmrechtszuordnung ab. Denn es galt – soviel im Rückblick –, in rechtspaternalistischer Absicht den Schutz der gegenwärtigen und der künftigen Wahlfreiheit des Besteller-Gesellschafters einsichtig gegeneinander zu gewichten[177]. Und diese Gewichtung hängt von gesetzlichen Wertungsvorbilder ab, mögen diese nun dispositiv sein oder nicht. Die letztlich durch § 1071 II BGB ins Werk gesetzte Stimmrechtsvergemeinschaftung bei nicht lediglich rechtlich vorteilhaften Grundlagengeschäften läßt sich insofern auch als Ergebnis einer rechtspaternalistischen Gewichtung zwischen den Wahlfreiheiten lesen, die anhand des § 1071 II BGB nur angestoßen und als durch das Gesetz selbst als „gute" Gewichtung herausgestellt worden ist.

VII. Ergebnis: § 1071 II BGB als funktionales Äquivalent zum Kernbereichsschutz

Wenn nochmals der Anlaß ins Gedächtnis zurückgerufen wird, aufgrund dessen hier in der gegebenen Breite die Probleme des § 1071 II BGB diskutiert worden sind, bleibt festzuhalten: Als Frucht eines Wertungsabgleichs mit der Dogmatik des Stimmrechtsverzichts ergab sich, daß eine Stimm-

---

175 Wie erinnerlich: Die Bilanzfeststellung unterfällt als Grundlagengeschäft dem Zustimmungsvorbehalt des § 1071 II BGB.

176 So auch Staud-*Frank,* vor § 1030 ff. Rn. 11.

177 Dazu oben § 5 VI 1.

rechtszuordnung an den Nießbraucher *zumindest* voraussetzt, daß diese Zuordnung erstens ohne jeden Zweifel erklärt sein muß und daß darüber hinaus der Gesellschaftsanteil bei der Bestellung des dinglichen Nutzungsrechts so zu widmen ist, daß bei der Bewirtschaftung des Anteils (und damit auch die Ausübung des Stimmrechts) der gesellschaftsrechtlichen Treuepflicht Rechnung zu tragen ist. Darüberhinaus galt es, im Recht des Anteilsnießbrauchs drittens Instrumentarien aufzuzeigen, die funktional im Innenverhältnis zwischen Nießbraucher und Besteller-Gesellschafter dem Kernbereichsschutz und dem Belastungsverbot, welche im Verhältnis zwischen den Gesellschaftern gelten, entsprechen. Dieses Instrument konnte sodann in der Regelung des § 1071 II BGB gefunden werden. Ist dem Nießbraucher das Stimmrecht zugeordnet, kommt es nach dieser Regelung zu einer Stimmrechtsvergemeinschaftung zwischen dem Nutzungsberechtigten und dem Besteller-Gesellschafter bei nicht lediglich rechtlich vorteilhaften Grundlagengeschäften. Die Frage, die sich jetzt noch stellt, liegt auf der Hand: Reicht der durch die Wertungen des § 1071 II BGB implementierte Schutz des Besteller-Gesellschafters hin, nunmehr davon auszugehen, eine aus rechtspaternalistischen Motiven eingerichtete Sperre für eine Stimmrechtszuordnung an den Nießbraucher sei nunmehr nicht mehr erforderlich? Ein Blick etwa auf das Wertungsvorbild des Stellvertretungsrechts belehrt, daß die Frage noch nicht einfach bejaht werden kann. Bevor die weiteren einschlägigen Wertungsvorbilder für die Stimmrechtszuordnung das leitende Thema der weiteren Überlegungen sein werden, muß zuvor noch eine Überlegung diskutiert werden, die – so sie zuträfe – eine Stimmrechtszuordnung an den Anteilsnießbraucher durchweg zu Fall bringen würde: Es muß noch eine Auseinandersetzung mit den Wertungen des Rechts der Stimmrechtsvollmacht erfolgen.

§ 8 Weitere Überlegungen zur Zuordnung des Stimmrechts

I. Wertungsabgleich mit der Stimmrechtsvollmacht

1. These: Die Dogmatik der Stimmrechtsvollmacht als untaugliches Wertungsvorbild

Mit dem soeben ins Werk gesetzten Wertungsabgleich mit dem Recht des Stimmverzichts und den damit verbundenen Rekurs auf die Vorschrift des § 1071 II BGB, welche funktional eine dem gesellschaftsrechtlichen Kernbereichsschutz und dem Belastungsverbot äquivalente Regelung implementiert, ist es noch nicht getan. Denn die Stimmrechtsausübung durch den Nießbraucher wirkt – wie schon ausgeführt[178] – im Grundsatz wie eine verdrängende, weisungsungebundene und für die Zeit des dinglichen Nutzungsrechts unwiderrufliche Stimmrechtsvollmacht; bei Grundlagengeschäften kommt es zu einer Vergemeinschaftung des Stimmrechts. Die Folgefrage ist einfach: Muß es nicht auch bei Maßnahmen, die nicht Grundlagengeschäfte sind, zumindest zu einer Stimmrechtsvergemeinschaftung kommen? Damit Wertungswidersprüche zu dem bestehenden Kranz rechtliche Vorentscheidungen vermieden werden, soll zur Beantwortung dieser Frage erneut der Wertungsabgleich mit Vorentscheidungen der Rechtsordnung gesucht werden. Als Vorentscheidung bietet sich die Stimmrechtsvollmacht[179] und hier wiederum nur die den bevollmächtigenden Gesellschafter verdrängende Vollmacht in unwiderruflicher und weisungsungebundener Ausformung an. Denn zum einen hat nur die Unwiderruflichkeit einer Vollmacht hinsichtlich der Selbstbestimmung ähnlich weitreichende Folgen, wie eine Stimmrechtszuordnung an den Nießbraucher für die Zeit des Nutzungsrechts. Zum anderen steht im Vordergrund des hiesigen Interesses als extremer „Testfall" möglicher Stimmrechtszuordnungen die von Weisungen des Besteller-Gesellschafters freie verdrängende Stimmrechtszuordnung an den Anteilsnießbraucher zur Rede. Wie bei der Vollmacht im Vertragsrecht[180] täuscht freilich auch hier die Kennzeichnung als „unwiderruflich" über die Tatsache hinweg, daß eine Widerruflichkeit aus wichtigem Grund aus allgemein anerkannten Gründen des Schutzes der Privatautonomie unabdingbar ist[181].

Die für den Wertungsabgleich relevante Frage lautet: Ist eine unwiderrufliche – also nur aus wichtigem Grund widerrufliche –, weisungsungebundene Stimmrechtsvollmacht aus Gründen des Schutzes der Selbstbestimmung des bevollmächtigenden Gesellschafters – und nur um diesen Schutz geht es ja an dieser Stelle der Untersuchung[182] – auch in Bereichen außerhalb der Grundlagengeschäfte zulässig? Da diese Frage losgelöst von nießbrauchsrechtlichen Fragestellungen durchweg mit einem klaren Nein beant-

---

178 Oben § 4 II 3 c.

179 Zur umstrittenen Frage, ob eine derartige Stimmrechtsvollmacht zulässig ist, siehe nur MünchKomm-*Ulmer,* § 717 Rn. 10; Staud-*Keßler,* § 709 Rn. 10; MünchHdb-GesR-*Weipert,* § 50 Rn. 75 ff.; *Karsten Schmidt,* GesR, § 21 II 1 d; *Flume,* PersGes, § 14 VII; *Nitschke,* Personengesellschaft, 286 ff.

180 Auch nach den Überlegungen *Flume*s, Rechtsgeschäft, § 53, 3 und 4, welcher ansonsten eine Strimmrechtszuordnung an den Nießbraucher als zulässig ansieht, dürfte eine Vollmacht ohne Widerruflichkeit bei einer Vollmacht für einen ganzen Lebensbereich die Grenze zulässigen privatautonomen Handelns überschreiten.

181 Siehe nur *Westermann,* Vertragsfreiheit, 412 f., 418 f., 431; *Wiedemann,* Übertragung, 364 f.

182 Nochmals sei gesagt, daß es an dieser Stelle – noch – nicht zur Rede steht, ob nicht aus Gründen der Organisationsverfassung und der Verbandssouveränität eine unwiderrufliche Stimmrechtsvollmacht unzulässig ist. Dies interessiert erst später, siehe unten § 9 bis § 11.

wortet wird[183], scheint damit aufgrund des Wertungsabgleichs des Rechts des Anteilsnießbrauchs mit dem Recht der Stimmrechtsvollmacht das Folgeproblem (Zulässigkeit der verdrängenden Stimmrechtszuordnung an den Nießbraucher außerhalb der Grundlagengeschäfte) gelöst zu sein: Die Stimmrechtszuordnung wäre – so könnte man meinen – unzulässig, zumindest sei sie nur in Form einer Stimmrechtsvergemeinschaftung möglich. Soweit trägt der Wertungsabgleich mit der Stimmrechtsvollmacht aber nicht. Denn bei Lichte betrachtet gibt das Recht der Stimmrechtsvollmacht – so die hiesige These – überhaupt kein taugliches Wertungsvorbild für die Stimmrechtszuordnung; die Diskussion stellt sich gegenüber dem Problem der Stimmrechtszuordnung gewissermaßen neutral dar. Diese These verblüfft nur auf den ersten Blick. Ein zweiter Blick wird sich genau die Argumente anschauen müssen, die dazu führen, daß durchweg die Zulässigkeit einer unwiderruflichen, verdrängenden und weisungsungebundenen Stimmrechtsvollmacht abgelehnt wird. Denn der Streit um die Zulässigkeit dieser Rechtsfigur wird nur teilweise mit dem Argument geführt, ihre Gestattung stünde im Widerspruch zum unabdingbar notwendigen Schutz der Selbstbestimmung des Bevollmächtigenden. Im weiteren wird zudem klar werden, daß die Ablehnung dieser sehr weitreichenden Stimmrechtsvollmacht mit Wertungen begründet wird, die mit Selbstbestimmung zwar etwas zu tun haben, aber trotzdem hinsichtlich der sachgerechten Stimmrechtszuordnung beim Anteilsnießbrauch nicht weiterhelfen.

2. Die Zulässigkeit einer unwiderruflichen Stimmrechtsvollmacht

Im allgemeinen Vertretungsrecht steht die weitaus herrschende Ansicht einer unwiderruflichen, verdrängenden Vollmacht ablehnend gegenüber[184]. Im Personengesellschaftsrecht finden sich nur vereinzelt Stimmen, die eine derartige Vollmacht grundsätzlich zulassen[185], während sie herrschend als unzulässig erachtet wird[186]. Weitgehende Einigkeit dürfte nur darüber bestehen, daß auch bei einer sog. unwiderruflichen Stimmrechtsvollmacht

[183] Die Frage nach der Zulässigkeit einer unwiderruflichen, zugleich verdrängenden und zugleich weisungsungebundenen Stimmrechtsvollmacht wird kaum thematisiert, wohl auch deshalb, weil schon bsp. die Legitimation der obligatorischen Gruppenvertretung ganz wesentlich von der Weisungsabhängigkeit des Gruppenvertreters abhängig gemacht wird, siehe etwa *Karsten Schmidt,* ZHR 146 (1982), 525 (531 f.).

[184] Siehe nur Soergel-*Hefermehl,* § 137 Rn. 10; *Flume,* AllgT, § 53, 6; *Liebs,* AcP 175 (1975), 1 (41). *Müller-Freienfels,* Vertretung beim Rechtsgeschäft, 129 ff., hält hingegen eine derartige Vollmacht unter Rekurs auf ihre mögliche Funktion als Sicherungsmittel für zulässig; differenzierend *Gernhuber,* JZ 1995, 381 (385 ff.).

[185] Bei *Westermann,* Vertragsfreiheit, 421 ff., 428 ff.

[186] BGHZ 3, 354 (359); 20, 363 (364); *Flume,* PersGes, § 14 V; *Karsten Schmidt,* ZHR 146 (1982), 525 (531).

zwingend ein Widerrufsgrund aus wichtigen Grund besteht[187]. Es besteht im übrigen kein Anlaß, in weitreichende Analysen einzutreten, inwieweit der eine oder der andere Ansatz im allgemeinen überzeugt. Vielmehr steht an dieser Stelle nur zur Rede – dies sei nochmals in Erinnerung gerufen –, aus dem Recht der Stimmrechtsvollmacht Fingerzeige für ein Wertungsvorbild für das eigentlich interessierende Problem zu gewinnen, inwieweit die Notwendigkeit eines rechtspaternalistischen Schutzes des Selbstbestimmungsrecht des Besteller-Gesellschafters außerhalb der Grundlagengeschäfte einer Stimmrechtszuordnung an den Nießbraucher entgegensteht. Derartige Fingerzeige liegen aber nur dann vor, wenn die jeweils für die eine oder die andere Ansicht vorgetragenen Argumente einen Bezug zum Selbstbestimmungstopos aufweisen. Im wesentlichen lassen sich zwei Argumentationsstränge unterscheiden, die im Recht der Stimmrechtsvollmacht vorgetragen werden. Der eine Strang rekurriert dabei primär auf § 137 S. 1 BGB, während der andere primär auf ein Verstoß gegen das Abspaltungsverbot oder auf allgemeine Überlegungen zum unabweislichen Selbstbestimmungsschutz setzt.

a) Stimmrechtsvollmacht und § 137 S. 1 BGB

Überwiegend wird die Ablehnung der unwiderruflichen und zugleich verdrängenden Vollmacht mit andernfalls zu vergegenwärtigenden Einpassungsschwierigkeiten in das Recht des gutgläubigen Erwerbs, in das Grundbuchrecht und in das Zwangsvollstreckungs- und Insolvenzrecht, vor allem aber unter Rekurs auf § 137 S. 1 BGB begründet, nach dem eine Trennung von Recht und Verfügungsbefugnis unzulässig ist, falls das Gesetz sie nicht ausdrücklich eröffnet[188]. All dies sind keine Gesichtspunkte, die auf die Selbstbestimmung des Vollmachtgebers abstellen. Nur an einer Stelle werden auch Selbstbestimmungsargumente in die Diskussion eingeführt, und zwar bei der Frage nach dem Telos des § 137 S. 1 BGB. Der Normzweck des § 137 S. 1 BGB wird zumeist im rechtssichernden Schutz objektiver Erfordernisse einer verkehrsfähigen Marktwirtschaft festgemacht[189]. Dar-

---

[187] Siehe nur *Westermann,* Vertragsfreiheit, 412 f., 418 f., 431; *Wiedemann,* Übertragung, 364 f.

[188] Siehe nur Soergel-*Hefermehl,* § 137 Rn. 10; *Flume,* AllgT, § 53, 6; *Westermann,* Vertragsfreiheit, 421 ff.

[189] Soweit der Normzweck des § 137 S. 1 BGB nicht im Freiheitsschutz des Eigentümers verankert wird, finden sich folgenden Normzwecke: Verhinderung, daß durch Rechtsgeschäft res extra commercium geschaffen werden; einhergehend damit Schutz vor der Bildung von Fideikommissen und Garantie des freien Güterverkehrs; Schutz des numerus clausus der dinglichen Rechte und der Typen des Gesellschaftsrechts; Wahrung der Funktion der Zwangsvollstreckung; Gewährleistung der Orientierungssicherung im Rechtsverkehr, siehe als Überblick nur MünchKomm-*Mayer-*

über hinaus finden sich aber auch Stimmen, die § 137 S. 1 BGB als Grundnorm zum Schutz der Freiheit des Einzelnen[190], als Mittel zur Verhinderung der Selbstentmündigung des privatautonom Handelnden[191] oder als Schutznorm der Rechts- und Handlungsfähigkeit des privaten Rechtssubjekts[192] verstehen. Hiergegen wird freilich zu Recht eingewandt, daß es mit diesem Telos nicht weit her sein kann, wenn angesichts des § 137 S. 2 BGB eine dem Verfügungsverbot im Hinblick auf die Beeinträchtigung der Selbstbestimmung funktional äquivalente Verpflichtung zulässig ist, eine Verfügung zu unterlassen; von der Sicherung der Verfügungsfreiheit zu sprechen, ergibt zumindest dann ein schiefes Bild, wenn diese Freiheit nur um des Preises eines schuldrechtswidrigen Handelns verwirklicht werden kann[193]. In Selbstbestimmungsperspektive muß vielmehr § 137 S. 1 BGB mit § 138 BGB zusammen gelesen werden, wie dies in den Worten Harm Peter Westermanns zum Ausdruck kommt: „Die Einschränkung der privaten Rechtsmacht durch autonome Erklärung muß einheitlich bewertet werden, und zwar aus der Sicht des Rechtssubjekts nach Maßgabe des § 138 BGB, aus der Sicht des Rechtsverkehrs im Rahmen des § 137 BGB"[194]. Zudem erklärt erst eine derartige Verklammerung des § 137 BGB mit der flexiblen Regelung des § 138 BGB den Umstand, daß § 137 als starre Norm konzipiert ist, die die im Bereich rechtlicher Freiheit erforderlichen Differenzierungen nicht leisten kann und sich daher – etwa im Vergleich mit der schattierenden Vorschrift des § 74 a HGB – als auch technisch für eine sachgerechte Freiheitssicherung ungeeignete Norm erweist[195]. Für den Schutz der Selbstbestimmung bedarf es deshalb der Regelung des § 137 S. 1 BGB nicht[196].

Daraus folgt: (1) Wird § 137 S. 1 BGB als Ausdruck eines Verbots der Trennung von Verfügungsbefugnis und Recht verstanden, welches nur dann nicht greift, wenn ein beschränktes dingliches Recht vorliegt[197], und wird

---

Maly, § 137 Rn. 2 ff.; Soergel-*Hefermehl,* § 137 Rn. 1; ausführlich *Liebs,* AcP 175 (1975), 1; *Berger,* Verfügungsbeschränkungen, 60 f., 66 ff.

[190] *Baur,* JZ 1961, 334 (335).

[191] *Raible,* Vertragliche Beschränkungen der Übertragbarkeit von Rechten, 83 ff.; *Schlosser,* NJW 1970, 681 (683 f.); *Weitnauer,* FS Weber, 429 (434); *Baur,* JZ 1061, 334 (335).

[192] *Weitnauer,* FS Weber, 429 (431).

[193] *Westermann,* Vertragsfreiheit, 422 f.; *Berger,* Verfügungsbeschränkungen, 68 ff.

[194] *Westermann,* Vertragsfreiheit, 423; zustimmend *Berger,* Verfügungsbeschränkungen, 70.

[195] *Berger,* Verfügungsbeschränkungen, 70.

[196] So auch Soergel-*Hefermehl,* § 137 Rn. 1; *Weber,* Privatautonomie, 223 ff.; *Westermann,* Vertragsfreiheit, 423, 425; *Liebs,* AcP 175 (1975), 1 (10).

[197] Dazu siehe schon oben § 5 IV 1.

eine Stimmrechtszuordnung an den Nießbraucher als Zuordnung qua dingliches Recht „Nießbrauch" konzipiert, steht zumindest § 137 S. 1 BGB einer derartigen Stimmrechtszuordnung nicht entgegen. (2) Wird die Ablehnung der Rechtsfigur der unwiderruflichen und zugleich verdrängenden Vollmacht nicht mit Argumenten aus dem Umfeld des Selbstbestimmungsschutzes, sondern anhand der Wertung des § 137 S. 1 BGB begründet, ist die unwiderrufliche und verdrängende Vollmacht notwendigerweise kein taugliches Wertungsvorbild für eine verdrängende Stimmrechtszuordnung an den Anteilsnießbraucher, soweit der Schutz der Selbstbestimmung des Besteller-Gesellschafter in Rede steht. Vielmehr wird man (3) wieder an den Anfang unserer Überlegungen zurückgeworfen: Die Frage muß beantwortet werden, ob die Gewichtung gegenwärtiger und künftiger Wahlfreiheit ergibt, daß der Schutz der Ausübung der künftigen Wahlfreiheit höher gewichtig ist als der Schutz der Ausübung der gegenwärtigen Wahlfreiheit.

b) Stimmrechtsvollmacht, Abspaltungsverbot und Selbstbestimmung

Für das soeben angesprochene Gewichtungsproblem scheint nun die Begründung der h. M. für die Ablehnung einer unwiderruflichen und verdrängenden Stimmrechtsvollmacht Fingerzeige zu geben. Denn zur Begründung dieser h. M. wird – soweit es um die Unwiderruflichkeit geht – zumeist ein Verstoß gegen das Abspaltungsverbot herangezogen. So heißt es bei Flume – auf der Grundlage seiner Lehre von der unwiderruflichen Vollmacht als von der widerruflichen Vollmacht streng zu trennenden Rechtsfigur[198] –, der unwiderruflich Bevollmächtigte sei in Wahrheit nicht mehr Vertreter des Gesellschafters, sondern bediene sich nur der Rechtsform des Vertretungshandelns, in Wahrheit liege ein Eigenhandeln primär im Interesse des Bevollmächtigten vor[199]. Karsten Schmidt hat sich dem angeschlossen und vermißt bei der unwiderruflichen Stimmrechtsvollmacht die „virtuelle Innehabung des wahrgenommenen Rechts durch die Gesellschafter"[200]. Mit dieser Begründung ist aber kein tauglicher Hinweis für die Beantwortung der Frage gewonnen, ob eine unwiderrufliche Stimmrechtsvollmacht aus Gründen des unabweislichen Selbstbestimmungsschutzes des bevollmächtigenden Gesellschafters unzulässig ist. Denn wird das Abspaltungsverbot mit dem Gedanken des Selbstbestimmungsschutzes begründet – wie bei Flume[201] –, kann die unwiderrufliche Stimmrechtsvollmacht – wenn nicht formell, so doch materiell – gegen das Abspaltungsverbot verstoßen. Es stellt sich dann nur die Frage, ob materiell das durch das Abspaltungsver-

---

198 *Flume,* AllgT, § 53, 1.

199 *Flume,* PersGes, § 14 V.

200 *Karsten Schmidt,* ZHR 146 (1982), 525 (531).

201 Siehe oben § 5 VI 1.

bot geforderte Schutzniveau der Selbstbestimmung durch die Stimmrechtsvollmacht verletzt worden ist. Für Flume ist dies der Fall. Nur wird nicht näher begründet, warum dies der Fall ist. Auch hier wird man daher wieder auf die Eingangsfrage zurückgeworfen: Ergibt die Gewichtung gegenwärtiger und künftiger Wahlfreiheit, daß der Schutz der Ausübung der künftigen Wahlfreiheit höher gewichtig ist als der Schutz der Ausübung der gegenwärtigen Wahlfreiheit? Wird das Abspaltungsverbot hingegen nicht mit dem Selbstbestimmungsschutz begründet, gibt ein etwaiger Verstoß der Stimmrechtsvollmacht gegen dieses Verbot überhaupt keinen Hinweis, ob die Stimmrechtsvollmacht auch gegen den unabweislichen Gehalt der Selbstbestimmung verstößt. Vor diesem Hintergrund verstellt ein Rekurs auf das Abspaltungsverbot nur den Zugang zu der eigentlichen Frage, ob tatsächlich in der unwiderruflichen Stimmrechtsvollmacht die zulässigen Grenzen einer privatutonomen Selbstbeschränkung künftiger Selbstbestimmung (künftige Stimmrechtsausübung) durch ein gegenwärtiges privatautonomes Handeln (Vollmachtserteilung) überschritten worden sind. Und diese Frage beantwortet sich in rechtspaternalistischer Diktion danach, ob aufgrund einer begründeten Gewichtung der gegenwärtigen gegenüber der künftigen Wahlfreiheit die Ausübung der künftigen Wahlfreiheit gegenüber der Ausübung der gegenwärtigen Wahlfreiheit gesichert werden soll.

Es ist auch wenig weiterführend, die Stimmrechtsvollmacht mit dem Hinweis zu verteidigen, diese sei nicht zu beanstanden, wenn sie freiwillig erteilt werde[202]. Damit wird nur inzident zum Ausdruck gebracht, daß im Rahmen der o. g. Gewichtung gegenwärtiger und künftiger Wahlfreiheit für den Schutz der gegenwärtigen Wahlfreiheit optiert wird. Warum dies der Fall sein soll, bleibt indes auch hier wieder offen. Das Meinungsspektrum zur Zulässigkeit der Stimmrechtsvollmacht ist nach all dem daher relativ ernüchternd, soweit es um die Frage nach der Statthaftigkeit der Unwiderruflichkeit geht: Sowohl die ablehnenden als auch die der Stimmrechtsvollmacht wohlwollend gegenüber eingestellten Stimmen in der Literatur begründen nicht hinreichend, warum jeweils entweder die künftige (so die h. M.) oder die gegenwärtige (so die Mindermeinung) Wahlfreiheit vorrangig Schutz verdient.

Die nunmehrige These lautet: Selbst die Wertung, bei der unwiderruflichen Stimmrechtsvollmacht sei das Niveau des unabdingbar notwendigen Selbstbestimmungsschutzes verlassen, kann nicht als Wertungsvorbild für die anteilsnießbrauchsrechtliche Stimmrechtszuordnung dienen. Denn dieses Wertungsvorbild ist in sich nicht schlüssig. Warum dies so ist, wird deutlich, wenn das Innen- und das Außenverhältnis bei der Vollmacht aufeinander bezogen werden. Ist die unwiderrufliche Vollmacht weisungsgebunden, er-

---

[202] So *Westermann,* Vertragsfreiheit, 419.

schöpft sich die Gefahr für die Selbstbestimmung des Gesellschafters darin, daß bei einer weisungswidrigen Handhabung der Stimmrechtsvollmacht der Gesellschafterbeschluß möglicherweise für und gegen ihn wirkt. Der unabweisbare Schutz der Selbstbestimmung kann folglich nur dann angemessen untersucht werden, wenn klar geworden ist, welche Auswirkungen eine weisungswidrig ausgeübte Stimmrechtsvollmacht auf das Außenverhältnis zur Gesellschaft hat. Schlügen Mängel aus dem Innenverhältnis immer auf das Außenverhältnis durch, stiege das Anfechtungs- und Nichtigkeitsrisiko bei Gesellschafterbeschlüssen an, da bei Personengesellschaften nach noch herrschender[203], wenngleich mit einsichtigen Gründen bestrittener[204] Auffassung jede relevante Fehlerhaftigkeit eines Beschlusses zu dessen Nichtigkeit führt.

Nun wird im Recht der obligatorischen Gruppenvertretung davon ausgegangen, daß bei einem weisungswidrigen Gebrauch der Vollmacht die vom Vertreter abgegebene Stimme nur dann übergangen werden muß, wenn die Gesellschafter die Weisungswidrigkeit kennen oder erkennen mußten[205]. Der Grund hierfür dürfte in der Wertung des § 173 BGB liegen, nach dem fehlende Gutgläubigkeit hinsichtlich des zwischenzeitlichen Erlöschens der Vollmacht dem Dritten schadet. Zwar steht nicht das Erlöschen der unwiderruflichen Stimmrechtsvollmacht, sondern der weisungswidrige Gebrauch einer bestehenden Vollmacht zur Debatte, so daß § 173 BGB unmittelbar unzweifelhaft ausscheidet. Aus Sicht der beteiligten Interessen kann dieser Unterschied aber vernachlässigt werden. Denn der Bevollmächtigte ist nicht schützenswert, wenn er weisungswidrig im Innenverhältnis trotz Vertretungsmacht im Außenverhältnis handelt; hieraus ergibt sich zugleich die Vorrangigkeit der Interessen des Vollmachtgebers gegenüber denen des Vollmachtsnehmers. Und die Mit-Gesellschafter als außenstehende Dritte sind nur schützenswert, solange sie auf die Weisungsgemäßheit der Vollmacht vertrauen und vertrauen dürfen; insofern wird der Anschein einer bestehenden Vollmacht dem Anschein einer bestehenden Weisungsgemäßheit gleichgesetzt[206].

Etwas anderes würde nur gelten, wenn die Unwiderruflichkeit der Vollmacht im Interesse der Mit-Gesellschafter vereinbart worden ist, weil diesen an einer rechtssichernden Handhabung der Vertretung und im Gefolge

---

[203] BGH, BB 1966, 1169; NJW-RR 1990, 474 (475); 1992, 227; KG, NJW-RR 1995, 1442; *Hueck,* oHG, § 11 V 2; Heymann-*Emmerich,* § 119 HGB Rn. 10 ff.; Baumbach-*Hopt,* § 119 HGB Rn. 31; Kerrl/Roth/Morck-*Koller,* § 119 Rn.11.

[204] *Karsten Schmidt,* GesR, §§ 15 II 3, 47 V 2 c m.w.Nachw.

[205] *Karsten Schmidt,* ZHR 146 (1982), 525 (554).

[206] Mit dieser Formulierung wird nicht auf den bekannten Streit, ob § 173 BGB Ausdruck des Rechtsscheinsprinzips ist, Bezug genommen, siehe nur *Canaris,* Vertrauenshaftung, 504; *Flume,* AllgT, § 51, 9.

an der Wirksamkeit eines Gesellschafterbeschlusses gelegen ist. Das Interesse an klaren Vertretungsverhältnissen würde dann ein Durchschlagen von Weisungen aus dem Innenverhältnis auf das Außenverhältnis im Grundsatz[207] hindern. Derartige im Interesse der Mit-Gesellschafter als unwiderruflich ausgestaltete Stimmrechtsvollmachten können als Wertungsvorbild für die Stimmrechtszuordnung beim Anteilsnießbrauch außen vor bleiben. Denn im Rahmen eines dem Anteilsnießbrauch dienlichen Wertungsabgleichs interessieren nur Stimmrechtsvollmachten, deren Unwiderruflichkeit allein dem Interesse des Bevollmächtigten dient, da die anteilsnießbrauchsrechtliche Stimmrechtszuordnung an den Nutzungsberechtigten auch nur in dessen Interesse[208], keinesfalls aber im Interesse der Mit-Gesellschafter erfolgt. Ist dem so, bleibt es daher dabei, daß für die Zwecke des Wertungsabgleichs zwischen dem Recht der Stimmrechtsvollmacht und dem Recht der nießbrauchsrechtlichen Stimmrechtszuordnung der Anschein einer bestehenden Vollmacht dem Anschein einer bestehenden Weisungsgemäßheit gleichgesetzt werden darf. Das Innen- und das Außenverhältnis werden daher über den subjektiven Tatbestand der Mit-Gesellschafter koordiniert.

Vor diesem Hintergrund läßt sich die entscheidende Frage präziser formulieren: Ist die Selbstbestimmung des bevollmächtigenden Gesellschafters durch die Unwiderruflichkeit der Stimmrechtsvollmacht unzulässig beeinträchtigt, obgleich es für den Vollmachtgeber-Gesellschafter zu keinen relevanten Nachteilen kommt, wenn bei der konkreten Beschlußfassung die Mit-Gesellschafter die weisungswidrige Handhabe der Vollmacht kennen oder kennen müssen? Die Frage muß verneint werden. Denn das Informationsrecht und das Recht auf Teilnahme an den Gesellschafterversammlungen ist den Gesellschaftern unabdingbar gegeben[209]. Dem bevollmächtigenden Gesellschafter ist es deshalb ein Leichtes, die Mit-Gesellschafter in der Sitzung bösgläubig zu machen, wenn er den Bevollmächtigten konkret zu einer bestimmten Ausübung des Stimmrechts anweist. Schwierig würde es allenfalls dann, wenn der Stellvertretene an der Teilnahme an der Gesell-

---

[207] Ausnahmen mögen nach allgemeinen Regeln bei kollisiven Zusammenwirken der Beteiligten und ähnliches gegeben sein.

[208] Nach h.M. ist im der Vollmacht zugrundeliegenden Rechtsverhältnis ein sachlicher Grund für die Unwiderruflichkeit erforderlich, damit diese zulässig ist; zumindest müsse – so der BGH – die Vollmacht einem besonderen Interesse des Bevollmächtigten dienen, siehe nur *Larenz/Wolf,* AllgT, § 47 Rn. 52 m.w.Nachw. Entsprechendes müßte beim Anteilsnießbrauch gelten. Ob der h.M. gefolgt werden muß, kann dahingestellt bleiben, da ein derartig sachlicher Grund im Anteilsnießbrauch auf jeden Fall gegeben ist: Es geht bei der Stimmrechtszuordnung an den Anteilsnießbraucher darum, diesem nicht nur den Einzug des Ertrags am Anteil, sondern auch die unternehmerische Tätigkeit selbst zu ermöglichen.

[209] *Wiedemann,* Übertragung, 391 f.

schafterversammlung gehindert ist. Dieses Risiko ist von ihm jedoch beherrschbar, es ist ihm daher im Zweifel auch zugewiesen.

Ist damit ein Wertungsvorbild gewonnen, das die Beantwortung der Frage ein Stückchen voranbringt, ob eine den Besteller-Gesellschafter ausschließende Stimmrechtszuordnung an den Nießbraucher unter Selbstbestimmungsaspekten zu beanstanden wäre? Die Antwort ist – und hier bestätigt sich die eingangs vorgestellte These – ein schlichtes Nein. Denn die ablehnende Haltung hinsichtlich der Zulässigkeit einer unwiderruflichen und verdrängenden Stimmrechtsvollmacht wurde zwar mit Argumenten aus dem Umfeld des Selbstbestimmungsschutzes begründet. Ein näherer Blick zeigte aber, daß diese Argumente – so plausibel sie auf den ersten Blick auch waren – nicht überzeugen können, da es zu keiner relevanten Beeinträchtigung des Selbstbestimmungsrechts kommen kann. Die Tatsache, daß durchweg die unwiderrufliche und verdrängende Stimmrechtsvollmacht abgelehnt wird, stellt daher kein taugliches Wertungsvorbild für die Stimmrechtszuordnung an den Anteilsnießbraucher bereit. Auch hier wieder ist man damit auf die Ausgangsfrage zurückgeworfen: Wie ist das Verhältnis zwischen dem Schutz der gegenwärtigen und der künftigen Wahlfreiheit zu gewichten?

3. Die Zulässigkeit einer weisungsungebundenen Stimmrechtsvollmacht

Als ein weiteres Wertungsvorbild kann die Diskussion dienen, ob eine Stimmrechtsvollmacht zulässig ist, bei der der Vollmachtgeber den Stellvertreter intern keine Weisungen erteilen kann. Wegweisend für die Entscheidung dieser Frage ist das Recht der obligatorischen Gruppenvertretung. Bei der obligatorischen Gruppenvertretung wird das Stimmrecht mehrerer Personengesellschafter zur Verhinderung einer zumeist im Wege des Erbgangs zu befürchtenden Aufsplitterung der Mitgliedschaftsrechte durch einen Vertreter wahrgenommen[210]. Derartige Klauseln sind im Grundsatz zulässig[211]. Zu beachten ist hierbei freilich, daß Entscheidungen über Beeinträchtigungen des unentziehbaren, aber verzichtbaren Kernbereichs der Mitgliedschaft des Vertretenen allein dem Gesellschafter überlassen bleiben und daher einer Stellvertretung nicht offen stehen[212]. Darüber hinaus sollen die Grenzen

---

[210] Dazu nur *Karsten Schmidt,* GesR, § 21 II 5.

[211] BGHZ 46, 291 (294 ff.); OLG Zweibrücken, OLGZ 1975, 402 (404); *Flume,* PersGes, § 14 V; *Wiedemann,* GesR I, § 7 II 1 b; *Karsten Schmidt,* GesR, § 21 II 5; *ders.,* ZHR 146 (1982), 525 (530 f.); *Michalski,* Gesellschaftsrechtliche Gestaltungsmöglichkeiten, 171 ff. Anderer Ansicht ist insbes. *Reuter,* Privatrechtliche Schranken, 212 ff.; MünchKomm-*ders.,* § 32 Rn. 3, auf der Grundlage ordoliberalistischen Denkens, dazu unten § 10.

einer obligatorischen Gruppenvertretung darin zu finden sein, daß in der Weisungsgebundenheit des Gruppenvertreters eine ganz wesentliche Legitimationsvoraussetzung der Stimmrechtsvollmacht gesehen wird[213]. Andere hingegen wollen den Gruppenvertreter vorbehaltlich einer anderen Regel in der Vertreterklausel als weisungsfrei ansehen[214]. Sieht man genauer hin, wird Weisungsfreiheit freilich auch hier immer mit Abberufbarkeit des Vertreters, sprich Widerruflichkeit der Vollmacht, gekoppelt[215]. Abberufbarkeit nach Belieben läuft aber faktisch auf Weisungsgebundenheit hinaus, da der Vertreter sein Amt gefährdet, kommt er den Bitten der vertretenen Gruppe nicht nach[216]. Unwiderruflichkeit und Weisungsungebundenheit schließen sich damit – die herrschende Ansicht folgerichtig zu Ende gedacht – gegenseitig aus.

Es steht hier nicht zur Debatte, ob dies so generell im Personengesellschaftsrecht behauptet werden kann und ob sich dies anhand von Argumenten aus objektiven Strukturprinzipien der Gesellschaft überzeugend begründen läßt. Zumindest soweit es um die an *dieser* Stelle der Untersuchung *allein* interessierende Frage nach dem unabdingbaren Niveau des Selbstbestimmungsschutzes des Besteller-Gesellschafters bei einer Zuordnung seines Stimmrechts an den Nießbraucher geht, gibt die persongesellschaftliche Diskussion um die Zulässigkeit einer weisungsungebundenen Stimmrechtsvollmacht keinen rechten Fingerzeig. Denn auch hier wieder fehlt weitgehend, was es näher aufzuzeigen gälte: Eine begründete Gewichtung des Schutzes gegenwärtiger und künftiger Wahlfreiheit. Dieser Gewichtung kann man sich auch nicht dadurch entziehen, daß einfach auf die Wertungsvorentscheidung hinsichtlich der herrschend angenommenen Unzulässigkeit der weisungsungebundenen Stimmrechtsvollmacht verwiesen und einfach gefolgert wird: Was dort nicht zulässig ist, ist beim Anteilsnießbrauch auch nicht zulässig. Denn bei Lichte betrachtet gibt es keine derartige Wertungsvorentscheidung, sondern nur eine Wertungsbehauptung, da ja die begründete Gewichtung des Schutzes gegenwärtiger und künftiger Wahlfreiheit bisher noch fehlt.

---

212 So etwa Heymann-*Emmerich,* § 114 HGB Rn. 59; *Karsten Schmidt,* GesR, § 21 II 5; *Flume,* PersGes, § 14 V (auf der Grundlage seiner Ansicht, eine Mehrheitsherrschaft sei für eine Änderung des Gesellschaftsvertrages nicht zulässig); *Westermann,* Vertragsfreiheit, 432, 351 ff.; *Wiedemann,* Übertragung, 391

213 So etwa *Karsten Schmidt,* ZHR 146 (1982), 525 (531 f.); *Wiedemann,* Übertragung, 389.

214 So etwa *Teichmann,* Gestaltungsfreiheit, 207.

215 Siehe *Teichmann,* Gestaltungsfreiheit, 207; sowie allg. Heymann-*Emmerich,* § 114 HGB Rn. 42, 59; *Michalski,* Gestaltungsmöglichkeiten, 181 f.; *Westermann,* Vertragsfreiheit, 349 ff.; *Wiedemann,* Übertragung, 390 ff.; *Karsten Schmidt,* ZHR 146 (1982), 525 (533 ff.).

216 *Reuter,* Privatrechtliche Schranken, 223.

4. Ergebnis

Als Ergebnis sei nach alldem daher notiert: Das Recht der Stimmrechtsvollmacht scheidet als taugliches Wertungsvorbild für die Stimmrechtszuordnung beim Anteilsnießbrauch aus. Bevor weiterere Wertungsvorbilder diskutiert werden, sei zuvor ein Blick auf die Geschäfte geworfen, die bisher noch weitgehend[217] außen vor blieben, nämlich die Geschäfte der Gesellschaft, die nicht Grundlagengeschäfte sind. Erst wenn hierzu geklärt ist, welche Risiken für den Besteller-Gesellschafter zu vergegenwärtigen sind, wenn es zu einer Stimmrechtszuordnung hinsichtlich der diese Geschäfte betreffenden Beschlußgegenständen kommt, kann sinnvoll überhaupt die Gewichtung des Schutzes gegenwärtiger und künftiger Wahlfreiheit angegangen werden.

II. Die Stimmrechtszuordnung außerhalb der Grundlagengeschäfte

Bei den Grundlagengeschäften kommt es – soviel haben die bisherigen Überlegungen ergeben – zu einer Vergemeinschaftung des Stimmrechts zwischen Besteller-Gesellschafter und Anteilsnießbraucher[218]. Es verbleiben die Maßnahmen der Geschäftsführung. Wie steht es hier mit der Stimmrechtszuordnung? Bei der Stimmrechtsausübung in Geschäftsführungsangelegenheiten kann der Personengesellschafter darauf hinwirken, daß seine Vorstellungen von einem sachgerechten Handeln am Markt umgesetzt werden. Bei einer Stimmrechtszuordnung an den Nießbraucher wird dem Besteller-Gesellschafter diese Einwirkungschance genommen. Auf der anderen Seite werden ihm nicht nur Chancen genommen, er muß vielmehr darüber hinaus auch die ihm per akzessorischer Haftung zugewiesenen Vermögensrisiken der Geschäftsführung tragen, ohne daß dies durch eine Einflußnahme auf die Geschäftsführungsentscheidungen aufgewogen wird. Insgesamt gesehen werden daher Einwirkungschancen entzogen und Vermögensrisiken zugewiesen.

---

[217] Abgesehen von der Diskussion um das rechte Verständnis des § 1071 II BGB, dazu § 7 III 4 c.

[218] Siehe oben § 7 III 4, § 7 IV.

1. Die Zuweisung von Vermögensrisiken

a) Das „Vermögensmäßige“ am Vermögensrisiko

Zunächst soll nur die Zuweisung des Vermögensrisikos interessieren. Ist dies im Hinblick auf den Schutz der Selbstbestimmung tragbar? Es wurde schon oben dargelegt, daß dem Personengesellschaftsrecht die Einheit von Herrschaft und vermögensrechtlicher Haftung nicht als rechtliches Prinzip unterstellt werden kann, soweit diese Einheit aus dem Perspektive des Selbstbestimmungsschutzes des Gesellschafters betrachtet wird[219]. Dem Gesellschafter ist daher ausweislich des § 114 II HGB das Risiko zugewiesen, mit seinem Vermögen für Gesellschaftsschulden auch dann akzessorisch zu haften, wenn ihm eine Herrschaft über die Umstände, die zur akzessorischen Haftung führen, also bsp. über eine konkrete gewöhnliche Geschäftsführungsmaßnahme, versagt ist. Tragbar ist dies nur, weil das Geschäftsführungsrecht ein pflichtgebundenes Recht ist, bei dessen Ausübung der Geschäftsführungsberechtigte nicht eigene, sondern die Belange der Gesellschaft im Auge haben muß[220]. Der persönlich haftende Gesellschafter trägt also das mit der gewöhnlichen Geschäftsführung verbundene Vermögensrisiko seiner Beteiligung. Trägt der Gesellschafter aber auch ohne „Herrschaft“ das Vermögensrisiko seiner Beteiligung, welches sich aufgrund von gewöhnlichen Geschäftsführungsmaßnahmen realisieren kann, so ist für dieses Risiko klargestellt, daß hinsichtlich der es betreffenden Entscheidungen eine verdrängende Stimmrechtszuordnung an den Nießbraucher ohne weiteres in Frage kommt, wenn – entsprechend der Uneigennützigkeit der Geschäftsführerstellung – der Nießbraucher aufgrund der besonderen Gestaltung der Anteilswidmung an die gesellschaftsrechtliche Treuepflicht gebunden ist, was ja möglich ist[221]. Die Frage ist dann nur noch, ob Ausnahmen von dieser Risikozuweisung anzuerkennen sind.

Die bisherigen, die Wertung des § 114 II HGB fruchtbar machenden Überlegungen betrafen Maßnahmen der gewöhnlichen Geschäftsführung. Die Wertung des § 114 II HGB können aber nicht ohne weiteres auf außergewöhnliche Geschäftsführungsmaßnahmen übertragen werden, da § 116 II HGB hier ausdrücklich das Mitspracherecht sämtlicher Gesellschafter als gesetzlichen Regelfall normiert[222]. § 116 II HGB ist jedoch abdingbar, da selbst Änderungen des Gesellschaftsvertrages bei entsprechender Einfüh-

---

[219] Oben § 5 VI 3.

[220] Vgl. zur Bindung des Geschäftsführenden an das Gesellschaftsinteresse nur *Karsten Schmidt,* GesR, § 47 V 1 c; Großkomm-*Fischer,* § 114 Anm. 5; MünchHdb-GesR I-*v. Ditfurth,* § 47 Rn. 11.

[221] Dazu siehe oben § 6 V 2.

[222] Siehe nur Baumbach-*Hopt,* § 116 Rn. 5.

rung des Mehrheitsprinzips mehrheitlich getroffen werden können[223]. Hinsichtlich der Stimmrechtszuordnung für Maßnahmen der außergewöhnlichen Geschäftsführung kann daher durchaus davon ausgegangen werden, daß zwar nicht als gesetzlicher Regelfall, wohl aber privatautonom eine dem § 114 II HGB äquivalente Risikozuweisung implementiert werden kann. Ist dem so, verdeutlicht das Gesetz zugleich, daß es eine Zuweisung des mit den Maßnahmen der außergewöhnlichen Geschäftsführung verbundenen Vermögensrisikos an den Gesellschafter auch dann nicht negativ bewertet, wenn er selbst nicht entscheidet. Die Folge ist, daß auch eine im Hinblick auf die Zuweisung des Vermögensrisikos funktional äquivalente Stimmrechtszuordnung an den Nießbraucher im Bereich der außergewöhnlichen Geschäftsführung im Grundsatz – von Ausnahmen wird noch die Rede sein – zulässig ist.

Der Einwand, der sich bei dieser Problemlösung aufdrängt, liegt auf der Hand: Die durch § 114 II HGB mögliche Risikozuweisung an den von der Geschäftsführung ausgeschlossenen Gesellschafter eröffnet an sich nur die Kombination „Haftung des Gesellschafters ohne Herrschaft dieses Gesellschafters“, nicht aber die Kombination „Haftung des Gesellschafters ohne Herrschaft dieses Gesellschafters, aber mit Herrschaft des Nießbrauchers“. Der mögliche Einwand lautet dann: Anders als bei einem Ausschluß von der Geschäftsführung könne der Ausgeschlossene überhaupt nicht mehr geschäftsführend handeln, während bei einer Stimmrechtszuordnung an den Anteilsnießbraucher dieser doch das Stimmrecht des Besteller-Gesellschafters ausübe und damit das entscheidende „Zünglein an der Waage“ sein könne. Dieser Einwand wiegt schwer. Letztlich greift er aber nicht durch. Denn der Einwand reformuliert nur das oben schon bei dem Wertungsabgleich mit den Grenzen der Mehrheitsherrschaft vorgetragene Argument, eine Beschlußfassung ohne die Stimme des dissentierenden Gesellschafters sei von einer Beschlußfassung gegen dessen Stimme verschieden[224]. Nur heißt das Argument nun, daß eine Beschlußfassung ohne Stimme des Dissentierenden von einer Beschlußfassung mit einer vom Nießbraucher abgegebenen Stimme des Besteller-Gesellschafters zu unterscheiden sei. Sicherlich ist hier ein Unterschied nicht zu verkennen; Abstimmung ohne und Abstimmung mit Stimme ist auch dann für den betroffenen Gesellschafter etwas anderes, wenn nicht er, sondern ein anderer die Stimme abgibt. Nur ist der Unterschied aus der Sicht der Selbstbestimmung des Besteller-Gesellschafters – und nur diese Sicht ist ja hier einstweilen[225] relevant – bedeutungslos. Denn wenn das Gesetz selbst für den Fall der Selbstbestim-

---

[223] Siehe oben § 6 I.

[224] Dazu siehe oben § 6 IV.

[225] Andere Perspektiven werden erst später aufgegriffen, siehe unten § 9 bis § 11.

mung des hoffnungslos ständig unterlegenen und deshalb besonders schutzwürdigen Minderheitsgesellschafters, bei dem es im Ergebnis nicht darauf ankommt, ob ohne oder gegen sein Stimme ein Beschluß gefällt wird, zeigt, daß es einen Zusammenhang von Herrschaft und Haftung nicht anerkennt, muß diese Wertung doch erst recht für einen Gesellschafter gelten, der nicht von vornherein in der unterlegenden Minderheitenposition ist. Für Gegenstände der gewöhnlichen und der außergewöhnlichen Geschäftsführung, über die ein Gesellschafterbeschluß ansteht, gilt daher im Grundsatz, daß eine Stimmrechtszuordnung an den Nießbraucher nicht allein aufgrund der Zuweisung des Vermögensrisikos an den Besteller-Gesellschafter gegen dessen Selbstbestimmungsrecht verstößt – von etwaigen Ausnahmen wird noch die Rede sein.

b) Das „Personale" am Vermögensrisiko

Vermögen bleibt Vermögen und wird gemeinhin vom Personalen getrennt; die Dichotomien von Vermögens- und Personenrecht oder – subjektiv gewendet – von Vermögensrechten und Persönlichkeitsrechten geben hier die Marschroute vor. Doch wie das mit Unterscheidungen so ist: Ein „re-entry" der Unterscheidung in das Unterschiedene (Luhmann, George Spencer Brown) führt oftmals zu fruchtbaren Einsichten. So ist es auch bei der Dichotomie von Vermögen und Person, wenn *innerhalb* des Vermögensrisiko wiederum ein Bereich des Personalen unterschieden wird: Im Rahmen des § 138 I BGB werden u. a. unter den Stichworten Sicherung personaler Autonomie und Kontrolle ökonomischer Macht Standortbestimmungen hinsichtlich des rechtskulturell als unabweislich angesehenen Schutzes der Selbstbestimmung (personales Moment) im Rahmen ökonomischer Zusammenhänge (vermögensmäßiges Moment) diskutiert. Ökonomische Macht wiederum handelt weitgehend von der Beherrschung von Vermögensrisiken zu Lasten Dritter. Zwangsläufig ist damit die Frage aufgeworfen, ob die Stimmrechtszuordnung an den Nießbraucher, die damit verbundene Kumulation von Vollmachtswirkung, Weisungsungebundenheit, Verdrängungswirkung und Unwiderruflichkeit und die hieraus resultierende ökonomische Abstimmungsmacht des Nutzungsberechtigten nicht doch mit einer nicht hinnehmbaren Beeinträchtigung der personalen Autonomie des Besteller-Gesellschafters in Verbindung gebracht werden kann, die die Wertungskraft der Risikozuweisung des § 114 II BGB letzten Endes verblassen läßt.

Jede Maßnahme der Geschäftsführung hat Auswirkungen auf den wirtschaftlichen Wert der Mitgliedschaft und damit auf das mit ihr verbundene Vermögensrisiko; bei Maßnahmen der gewöhnlichen Geschäftsführung typischerweise weniger als bei Maßnahmen der außergewöhnlichen Geschäftsführung. Soll diese Risikotragung im Hinblick auf den Schutz der *personalen* (nicht der vermögensmäßigen) Autonomie des Besteller-Gesellschafters untragbar sein, muß eine einsichtige Verbindung zwischen dem Vermögensrisiko der Beteiligung und dem Personalen hergestellt werden. Herkömmlich wird dem Vermögen um so mehr ein personaler Bezug zugesprochen, desto eher die theoretische Rechtfertigung des Vermögens in dem Erwerb des Vermögensgegenstands qua geleisteter Arbeit gesehen wird[226]. Von dieser „Arbeitstheorie des Vermögens" aus wäre es daher nicht sehr schwierig, den Konnex zwischen Vermögensrisiko und Personalität zu begründen. Zugleich würde der Konnex aber um so brüchiger, desto mehr von der naturrechtlichen Gründung der „Arbeitstheorie" im Vernunftrecht der Aufklärung Abstand genommen und auf die Rechtfertigung des Vermögens als Artefakt einer bestehenden Rechtsordnung rekurriert wird[227]. Denn es ist offensichtlich, daß das Vermögen nicht allein als Produkt von Arbeit und der in ihr eingeschlossenen Personalität, sondern nur als Folge zahlreicher Faktoren begriffen werden kann. Letztlich gilt es also, sich darüber zu verständigen, wie die Verbindungslinien zwischen personaler Freiheit und Vermögen zu denken sind: Was rechnen wir im Vermögen in unserer Rechtskultur dem einzelnen als Ausdruck seiner Personalität als unentziehbares Eigen zu? Die inhaltliche Antwort selbst kann hier nicht gegeben werden; hierfür würde Raum für mehr als nur eine eigenständige Untersuchung notwendig sein. Es kann aber der konstruktive Ort aufgezeigt werden, an dem die Frage nach

---

[226] Der personale Bezug des Vermögens gründet vornehmlich auf der sog. Arbeitstheorie des Eigentums, die den Legitimationsgrund für den Eigentumserwerb in der in der Sache vergegenständlichten Arbeit sah, wie dies im Anschluß an *John Locke Fichte, Schopenhauer* und *Hegel* in das deutsche rechtsphilosophische Schrifttum eingeführt haben, und wie es in der bundesverfassungsgerichtlichen Diskussion um den tragenden Gedanken des Privateigentums durchscheint, siehe dazu *Goebel,* Testierfreiheit als Persönlichkeitsrecht, § 5 III, § 6, und darüber hinaus umfassend *Brocker,* Arbeit und Eigentum, 1992; sowie aus privatrechtstheoretischer Sicht nur *Fezer,* Teilhabe, 466 f.; und aus verfassungstheoretischer Sicht *Häberle,* Arbeit als Verfassungsproblem, JZ 1984, 345 ff., der eindringlich eine Integrierung der Arbeit in das Menschenwürde-Konzept und die Freiheits- und Eigentumsklausel anmahnt. Person und Vermögen werden damit quasi ebenso „kurzgeschlossen", wie die im Haupttext begründete Trennung zwischen personaler Verpflichtung und Vermögenshaftung konterkarriert wird. Man entkommt eben nicht der paradoxalen Gründung des Rechts, die hier wiederum anklingt; vielmehr gilt es nur, die Einheit der Unterscheidung zwischen personaler Verpflichtung und Vermögenshaftung, nämlich das Personale, nicht durchschimmern zu lassen, sondern abzuschatten, wie es in der Trennung zwischen personaler Verpflichtung und Vermögenshaftung geschieht. Oder in anderen Worten: Man muß „mit Hilfe von Gegenparadoxierungen einen weniger schmerzhaften Ort suchen, an dem das Problem bis auf weiteres toleriert werden kann", wie dies überaus treffend und einfühlsam zugleich *Luhmann,* Beobachter, 121, beschreibt.

[227] Dazu nur umfassend *Brocker,* Arbeit und Eigentum, 388 ff., 399 ff., sowie *Goebel,* Testierfreiheit als Persönlichkeitsrecht, § 6 II.

dem Verhältnis von Personalität und Vermögen aufscheint. Bevor dies näherhin erläutert wird, soll noch ein Blick auf ein weiteres Risiko neben einem etwaigen Eingriff in die Personalität des Besteller-Gesellschafters geworfen werden, das mit einer Stimmrechtszuordnung an den Nießbraucher in gewöhnlichen Geschäftsführungsmaßnahmen verbunden ist: Der Verlust von Einwirkungschancen. Hier wird sich zeigen, daß wieder einmal die Frage auftaucht, wie es mit der sachgerechten Gewichtung zwischen der gegenwärtigen und der künftigen Wahlfreiheit bestellt ist.

2. Der Verlust von Einwirkungschancen

Bei einer Stimmrechtszuordnung an den Anteilsnießbraucher wird dem Besteller-Gesellschafter nicht nur das Vermögensrisiko der Mitgliedschaft ohne Kompensation qua Herrschaft zugewiesen. Er werden ihm zugleich auch Einwirkungschancen auf die Willensbildung der Gesellschaft entzogen. Nun kann allgemein gesehen das qua Stimmrechtsausübung ins Werk gesetzte ökonomische Handeln des Personengesellschafters durchaus als Ausdruck seiner personalen Autonomie verstanden werden. Das ökonomische Handeln des Gesellschafters ist Bestandteil seines personalen Selbstverständnisses als beruflich handelndes Rechtssubjekt; Berufsausübung, Freiheit der Persönlichkeit und Menschenwürde sind insofern auf das engste miteinander verquickt[228] – soweit der Grundsatz. Beim Anteilsnießbrauch ist die Sachlage aber anders. Hier hat sich der Besteller-Gesellschafter durch die Bestellung des Nutzungsrechts und der gewollten Stimmrechtszuordnung an den Nießbraucher dafür entschieden, die Mitgliedschaft in der Personengesellschaft zumindest für die Zeit des dinglichen Nutzungsrechts nicht mehr mit seinem personalen Selbst zu verbinden. Und diese Entscheidung ist in rechtspaternalistischen Kategorien grundsätzlich zu akzeptieren. Denn der Besteller-Gesellschafter sieht sich allenfalls für die Zeit nach der Beendigung des Nießbrauchs in die Situation versetzt, in einer Gesellschaft mitzuarbeiten, die er so, wie er den Anteil vom Nießbraucher übernommen hat, nicht persönlich in den Geschäftsführungsmaßnahmen geprägt hat. Dies ist jedoch nicht mißlich, wie ein Blick auf die Geschäftsführung in der Personengesellschaft zeigt: Derjenige Gesellschafter, der der Geschäftsführung entsagt hat, sieht sich immer stärker in eine Gesellschaft eingebunden, in die er selbst sich in die laufenden Außenkontakte nicht eingebracht und die er damit auch nicht geprägt hat. Irgendwelche Überlegungen zum Schutz der Selbstbestimmung des Nichtgeschäftsführenden spielen

---

[228] Dazu nur etwa BVerfGE 30, 292 (334); 41, 251 (263 f.); 63, 266 (286); aus der Lit. nur *Häberle,* JZ 1984, 345 (350 ff.); und mit dem Schwerpunkt auf der Verklammerung von Eigentum und Arbeit *Goebel,* Testierfreiheit als Persönlichkeitsrecht, § 6 II.

durchweg keine Rolle. Aus dem Gesichtspunkt, daß der Besteller-Gesellschafter seine Einwirkungschancen auf die Geschicke der Gesellschaft verlustig geht, wenn das Stimmrecht allein dem Nutzungsberechtigten zugeordnet wird, scheint daher nichts gegen diese Zuordnung gewonnen werden zu können. Zweifel verbleiben dennoch. Denn bei dem Rückzug aus der Geschäftsführung kann der von der Geschäftsführung ausgeschlossenen Gesellschafter immer noch mittels der Teilnahme an Gesellschafterbeschlüsse auf die Geschäftsführung einwirken. Bei der Stimmrechtszuordnung an den Anteilsnießbraucher wäre ihm aber auch dies genommen. Insofern ist man auch hier auf die nun schon so häufig als relevant ausgewiesene Frage zurückgeworfen: Welche Auswirkungen hat die Kumulation von Vollmachtswirkung, Weisungsungebundenheit, Verdrängungswirkung und Unwiderruflichkeit auf die Bewertung der Tatsache, daß dem Besteller-Gesellschafter die Einwirkungschance auf die Geschicke der Gesellschaft bei einer Stimmrechtszuordnung an den Nießbraucher entzogen wird.

3. Wertungsabgleich mit dem Stellvertretungsrecht: Die „Temporalisierung" des Selbstbestimmungsschutzes

Es geht letztlich also um die Bewertung der Kumulation von Vollmachtswirkung, Weisungsungebundenheit, Verdrängungswirkung und Unwiderruflichkeit, welche bei einer Stimmrechtszuordnung an den Nießbraucher gegeben ist. Hier steht die Frage nach dem Maß eines rechtspaternalistischen Schutzes der Selbstbestimmung des Besteller-Gesellschafters bei den Maßnahmen der Geschäftsführung nach wie vor im Raum. Zur Beantwortung hilfreich ist ein Wertungsabgleich mit dem Recht der unwiderruflichen Vollmacht. Dieser Wertungsabgleich wird zeigen, daß es dem Besteller-Gesellschafter zumindest bei Vorliegen eines wichtigen Grundes offen steht, eine etwaige Stimmrechtszuordnung an den Anteilsnießbraucher auch bei Angelegenheiten der Geschäftsführung rückgängig zu machen[229].

a) Die Temporalisierung des Selbstbestimmungsschutzes im Stellvertretungsrecht

Die Rechtsordnung ermöglicht bei einer auf einen ganzen Lebensbereich gerichteten Vollmacht eine sehr weitreichende Verpflichtung des Vollmachtgebers und damit auch eine Haftung des einzelnen durch privatautonomes Handeln Dritter. Der Ausgleich mit dem Schutz der Selbstbestimmung des

---

[229] Ähnliche Überlegungen würden greifen, wenn die Grenzen dauernder und umfassender schuldrechtlicher Stimmrechtsbindungen im Rahmen eines Konsortialvertrages als Wertungsvorbild diskutiert würden, siehe dazu eingehend *Herfs*, Einwirkung Dritter, 364 ff.

Verpflichteten resp. Haftenden wird durch die zwingende Vorgabe der Widerruflichkeit aus wichtigen Grund zumindest einer für einen ganzen Lebensbereich erteilten Vollmacht gesucht[230]. Der hierin liegende stellvertretungsrechtliche Selbstbestimmungsschutz wird im Stellvertretungsrecht damit quasi zeitlich aufgeschoben, da durch den Rekurs auf den Topos „wichtiger Grund" die Wertung selbst, also die angemessene Gewichtung gegenwärtiger und künftiger Wahlfreiheit, ja auf die Beurteilung des konkreten Einzelfalles vertagt wird. Dies heißt aber nichts anderes, als daß dem Schutz der Selbstbestimmung schon dann hinreichend Rechnung getragen ist, wenn die Möglichkeit, zwischen gegenwärtiger und künftiger Wahlfreiheit zu gewichten, erhalten bleibt. In dem Zeitpunkt, in dem der Vollmachtgeber vorträgt, die Gewichtung habe nun zu erfolgen[231], muß mithin die stattgefundene Gewichtung dazu führen *können,* daß der Vollmacht ihre Wirkung versagt wird. Der Schutz der Selbstbestimmung wird dann gleichsam „temporalisiert".

b) Möglichkeiten des Einbaus einer stellvertretungsrechtlichen Temporalisierung im Nießbrauchsrecht

Die Frage, die sich sogleich aufdrängt, ist einfach: Läßt sich im Recht des Anteilsnießbrauchs eine funktional dem Vollmachtswiderruf äquivalente Temporalisierung des Selbstbestimmungsschutzes einbauen? Die maßgebliche Wertung für die Beantwortung dieser Frage selbst liegt fest: Gründe, warum das Nießbrauchsrecht eine derartige „Temporalisierung des Selbstbestimmungsschutzes" ähnlich dem Stellvertretungsrecht verbieten sollte[232], sind nicht ersichtlich, die Wertung selbst also auch für die Stimmrechtszuordnung an den Anteilsnießbraucher maßstabsbildend. Hieraus folgt: Lassen

---

[230] Ganz hM, siehe nur BGH, WM 1969, 1009; OLG Hamburg, MDR 1962, 217; Soergel-*Leptien,* § 168 Rn. 26; MünchKomm-*Schramm,* 3. Aufl., § 168 Rn. 39; Staud-*Schilken,* § 168 Rn. 14; *Larenz/Wolf,* BGB-AT, § 47 Rn. 55; einschränkend MünchKomm-*Thiele,* 2. Aufl., § 168 Rn. 39. Insofern dürfte auch nach den Überlegungen *Flumes*, Rechtsgeschäft, § 53, 3 und 4, eine Vollmacht ohne Widerruflichkeit bei einer Vollmacht für einen ganzen Lebensbereich die Grenze zulässigen privatautonomen Handelns überschreiten.

[231] In anderen Worten: in dem Zeitpunkt, in dem der Vollmachtgeber vorträgt, ein wichtiger Grund läge vor.

[232] Insbesondere wird die Stimmrechtszuordnung an den Anteilsnießbraucher durchweg in dessen Interesse erfolgen. Damit kann gegen einen Wertungsabgleich mit dem Recht der unwiderruflichen Vollmacht nicht angeführt werden, dieser Wertungsabgleich vernachlässige die Voraussetzungen, unter denen die unwiderrufliche Vollmacht überhaupt zulässig ist. Denn diese Vorrausetzungen sind eben nach h. M.: das Bestehen eines dem Interesse des Vollmachtgebers zumindest gleichrangigen Interesses des Vollmachtnehmers an der Unwiderruflichkeit, siehe nur BGH, WM 1971, 956; Soergel-*Leptien,* § 168 Rn. 22; aA *Flume,* AllgT II, § 53, 3.

sich nießbrauchsrechtliche Regeln nicht finden, die der Wertung rechtstechnisch zu ihrem Recht verhelfen, käme allenfalls die Möglichkeit in Betracht, auf die allgemein anerkannten Grundsätze über die Kündigung von Dauerschuldverhältnissen aus wichtigem Grund (nunmehr § 314 BGB), die ja beim Recht der unwiderruflichen Vollmacht entsprechend angewendet werden und zur zwingenden Widerruflichkeit aus wichtigem Grund geführt haben[233], auch im Recht des Anteilsnießbrauchs entsprechend zurückzugreifen. Diese Möglichkeit hätte aber den Nachteil, daß das Nießbrauchsrecht wiederum zumindest rechtstechnisch mit dem Vorwurf leben müßte, es regele den Anteilsnießbrauch nur „unvollständig“, „nicht sachangemessen“ oder müsse sowieso dem Wertungsprimat anderer Teilrechtsordnungen, wie insbesondere des Gesellschaftsrechts, weichen. Ein derartiger Vorwurf ist aber ungereimt. Er würde das interpretatorische Potential unterschätzen, das in den nießbrauchsrechtlichen Normenbestand eingelassen ist. Wie sich sogleich im Anschluß zeigen lassen wird, hilft § 1036 II BGB weiter – was wiederum bestätigt, daß diese Regelung einen überaus zentralen Stellenwert im Nießbrauchsrechts einnimmt. Zudem wird sich zeigen lassen, daß erst der Rekurs auf das Nießbrauchsrecht den Boden bereitet, den Topos „wichtiger Grund“ auch so in das gesellschaftliche Prozedere einzuführen, daß die Rechtssicherheit der verbandlichen Willensbildung nicht Schaden nimmt – auch hier wird sich daher ein weiteres Mal erweisen, daß das Nießbrauchsrecht aus gesellschaftsrechtlicher Sicht zu Unrecht durchweg unterschätzt worden ist. Es gilt also, das Nießbrauchsrecht auf seine „Temporalisierungen“ zu untersuchen. Ausdrückliche nießbrauchsrechtliche Regelungen, die sich der Temporalisierung des Selbstbestimmungsschutzes annehmen, finden sich nicht. Die Temporalisierung ist vielmehr reichlich versteckt in § 1036 II BGB und in § 1053 BGB geregelt.

c) Selbstbestimmungsschutz und Regeln ordnungsgemäßer Wirtschaft i.S. § 1036 II BGB

Der Nießbraucher muß seinem Stimmverhalten gem. §§ 1068 II, 1036 II BGB die Regeln ordnungsgemäßer Wirtschaft zugrundelegen, da die Stimmabgabe selbstverständlich Ausübung des dinglichen Nutzungsrechts ist, falls dem Nießbraucher das Stimmrecht zugeordnet ist. Ist es nun mit § 1036 II BGB vereinbar, daß der Nießbraucher bei Vorliegen eines wichtigen Grundes seines Stimmrechts mit der Folge entsagen muß, daß nunmehr wieder der Besteller-Gesellschafter das Stimmrecht ausübt? Dabei käme je nach Inhalt und Gewicht des wichtigen Grundes eine ständige Neuzuordnung des Stimmrechts an den Besteller-Gesellschafter oder nur eine Neuzuordnung für den konkret zur Entscheidung anstehenden Beschlußgegenstand

233 *Larenz/Wolf,* BGB-AT, § 47 Rn. 55.

in Frage. Es gilt also zu prüfen, ob die Regeln ordnungsgemäßer Wirtschaft auf den unabdingbaren Selbstbestimmungsschutz zurechtgeschnitten werden können.

Nun wurde festgestellt, daß eine wirtschaftlich ordnungsgemäße Ausübung des Nutzungsrechts dann gegeben ist, wenn eine Wirtschaftsmethode angelegt wird, die nach objektiven Kriterien zur Verwirklichung der jeweiligen Gegenstandswidmung am besten geeignet ist[234]. Die Widmung des belasteten Gegenstands „Mitgliedschaft“ kann so aussehen, daß mit ihr allein der Gesellschaftszweck gefördert werden soll. Schwierigkeiten bei der Einbettung des Anteilsnießbrauchs in die Personengesellschaft gäbe es dann nicht, da der Anteilsnießbraucher seinem Handeln die Kautelen zugrundelegen müßte, die auch für die Gesellschafter gelten. Ist die Widmung auf die Förderung eines Zwecks gerichtet, der nicht der Gesellschaftszweck ist, wäre eine derartige Widmung aus gesellschaftsrechtlichen Gründen unzulässig. Denn selbst im Bereich des eigennützigen Gesellschafterhandelns bildet die Tauglichkeit des Handelns zur Förderung des Gesellschaftszwecks und die Einbindung in die Treuepflicht den Rahmen, innerhalb dessen sich der Eigennutz des einzelnen Gesellschafters nur artikulieren darf. Könnte demnach der Nießbraucher kraft § 1036 II BGB rechtswirksam auf eine Zweckverfolgung festgelegt werden, die gesellschaftsrechtlich unstatthaft wäre, hätte es der Besteller-Gesellschafter in der Hand, zu Lasten der Mit-Gesellschafter das Handeln des Nießbrauchers so zu beeinflussen, daß es dem Gesellschaftszweck zuwiderläuft. Dies kann nicht sein. Es muß also quasi eine Komplementarität von Anteilswidmung und mitgliedschaftlicher Bindung gegeben sein[235]. Fraglich ist dann nur noch, ob der Besteller-Gesellschafter den Anteil auch so widmen kann, daß der Anteil neben der Förderung des Gesellschaftszwecks und der Treuepflicht auch anderen Zwecken zu dienen bestimmt ist, die der Nießbraucher dann gem. § 1036 II BGB mit dem Gegenstand „Mitgliedschaft“ zu verfolgen hat. Werden so Zwecke kumuliert, gilt, daß der Besteller-Gesellschafter den Nießbraucher nicht auf eine Widmung festlegen darf, die zu rechtlich untragbaren Zuständen führt. Ein derartig untragbarer Zustand wäre – bei gleichzeitiger Stimmrechtszuordnung an den Nießbraucher – die Widmung „Erreichung des Gesellschaftszwecks ohne irgendeine Mitsprachemöglichkeit durch den Besteller-Gesellschafter bei Geschäftsführungsmaßnahmen“. Denn dann käme es zu genau der Situation, die einer vollständig unwiderruflichen Vollmacht entspräche. Dies kann ausweislich des Wertungsabgleichs mit dem Stellvertretungsrecht nicht

---

[234] Siehe oben § 3 III 3.

[235] Eine ähnliche Komplementarität wird als Komplementarität von Stimmbindung und mitgliedschaftlicher Bindung auch im Recht der Stimmbindungsverträge diskutiert, siehe allg. dazu *Priester,* FS Werner, 657 (insbes. 659 ff.); kritisch zur Komplementarität *Zöllner,* ZHR 155 (1991), 168 (172 ff.).

sein. Folglich ist dem Besteller-Gesellschafter zwingend die Möglichkeit genommen, seine Mitgliedschaft wie gerade beschrieben zu widmen.

In die Widmung der Mitgliedschaft ist daher zwingend die Möglichkeit eingeschrieben, daß dem Besteller-Gesellschafter bei einer Stimmrechtszuordnung eine Mitsprachemöglichkeit in der gesellschaftlichen Willensbildung verbleibt, wenn ein „wichtiger Grund" gegeben ist. Bei diesem Rekurs auf einen „wichtigen Grund" schadet es nicht, daß damit ein sehr unbestimmter Rechtsbegriff zum Schutz der Selbstbestimmung des Besteller-Gesellschafters bemüht wird. Unbestimmte Rechtsbegriffe sind auch sonst im Gesellschaftsrecht nichts Ungewöhnliches, wie das Institut der Treuepflicht zeigt, deren Umfang und Intensität erst allmählich durch die Entwicklung der Verbandsorganisation konkretisiert und aktualisiert werden muß[236]. So ist es auch bei dem Verständnis dessen, was unter dem Begriff des „wichtigen Grundes" subsumiert werden soll. Die Unbestimmtheit des Begriffs und die hieraus erwachsene Möglichkeit einer an individualisierenden Maßstäben sich orientierenden Entscheidung sollten daher eher als Chance[237] begriffen werden, aufgrund einer flexiblen, der Vielfalt der Vertragsgestaltungen, Gesellschaftsstrukturen und Interessenlagen gerecht werdenden Betrachtung Sachgerechtigkeit und Ausgewogenheit in das Stimmverhalten des Nießbrauchers zu implementieren. Es bleibt also dabei: Der Gesellschaftsanteil ist qua zwingendes Recht so gewidmet, daß der Besteller-Gesellschafter das Stimmrecht des Anteils zumindest dann ausüben kann, wenn ihm ein wichtiger Grund zur Seite steht, mag auch im übrigen das Stimmrecht gänzlich dem Nießbraucher zugeordnet sein.

d) Die rechtssichernde Ausübung des Stimmrechts

Es bleibt das Problem einer rechtssichernden Ausübung dinglicher Rechte. Falls die wegen des Vorliegens eines wichtigen Grundes erforderliche Mitwirkung des Besteller-Gesellschafters an der Beschlußfassung fehlt und dieses Manko zur Unwirksamkeit des Beschlusses führen würde, wäre eine rechtssichernde Handhabung des Nießbrauchs nicht gegeben. Im Außenverhältnis zu den Mit-Gesellschaftern ist demnach der trotz der unberechtigten Mitwirkung des Nießbrauchers zustandegekommene Gesellschafterbeschluß grundsätzlich wirksam und zieht nur Schadensersatzfolgen im Innenverhältnis zwischen Nießbraucher und Besteller-Gesellschafter aus Verletzung des gesetzlichen Schuldverhältnisses nach sich. Das entspricht

---

236 Zur Unbestimmtheit bei den Treuepflichten siehe nur *Habersack,* Mitgliedschaft, 97 f.

237 Siehe zur Problemlösung durch Steigerung der Unbestimmtheit von Recht im Kontext der Generalklauseln nur *Teubner,* ZHR 1982, 624 (626 f.).

auch den allgemeinen Regeln des Stellvertretungsrechts[238]. Dies ist der Grundsatz. Hiervon gibt es zwei Ausnahmen.

aa) Mißbrauch der Stimmrechtsbefugnis

Die erste Ausnahme folgt aus den Grundsätzen über den Mißbrauch der Vertretungsmacht[239]. In Rechtsprechung und Schriftum hat sich der Grundsatz durchgesetzt, daß bei der Stellvertretung ein Geschäft nicht die gewollten Rechtsfolgen zeitigt, wenn (i) der Vertreter seine Vertretungsmacht pflichtwidrig gebraucht und (ii) dies entweder mit Wissen des Geschäftsgegners geschieht oder sich diesem die Pflichtwidrigkeit auf Grund aller ihm bekannter Umstände aufdrängen muß, sie also offenkundig ist. Bei all dem kommt nicht darauf an, ob der Vertreter sich selbst der Pflichtwidrigkeit seines Handelns bewußt ist oder nicht. Bei bewußten Zusammenwirken mit der Absicht, den Vertretenen zu schädigen, ist das Rechtsgeschäft zudem schon nach § 138 I BGB wegen Kollusion nichtig. Da die Stimmrechtszuordnung an den Anteilsnießbraucher wie eine Vollmacht wirkt, kann nichts anderes beim Anteilsnießbrauch gelten. Falls demnach ein wichtiger Grund für einen Entzug der Stimmrechtsbefugnis des Nießbrauchers gegeben ist, hat die Stimmrechtsabgabe durch den Nießbraucher bei einem Mißbrauch der Stimmrechtsbefugnis durch ihn keine Rechtsfolgen. Da die Interessen der Mit-Gesellschafter wegen des Mißbrauchs nicht schutzwürdig sind[240], wirkt der Mißbrauch auch ihnen gegenüber; die Stimme zählt daher nicht mit.

Richtigerweise ist die Stimme jedoch nicht ex lege unwirksam. Ihrem Zählwert steht vielmehr der Einwand der unzulässigen Rechtsausübung gem. § 242 BGB entgegen. Einmal entspricht diese „Einwendungslösung" auch der Rechtslage bei einem Vollmachtsmißbrauch, bei dem der Vertretene gegen eine Inanspruchnahme durch den Geschäftsgegner die Einwendung der unzulässigen Rechtsausübung besitzt[241]. Darüber hinaus stehen der Einwendungslösung auch keine Gründe aus dem verbandlichen Innenrecht entgegen. Wenn Unsicherheit über die Rechtswidrigkeit des Beschlusses herrscht, wird klageweise entweder der Beschluß angefochten[242] oder –

---

[238] Dazu nur *Larenz/Wolf,* BGB-AT, §§ 46 VII, 47 IV, 48 I.

[239] Dazu und zum folgenden siehe nur *Larenz/Wolf,* AllgT, § 46 Rn. 148 f.; *Flume,* AllgT II, § 45 II 3; MünchKomm-*Schramm,* § 164 Rn. 100 ff.; Soergel-*Leptien,* § 177 Rn. 15 ff.

[240] Bei der Rechtsfigur des Vollmachtsmißbrauchs geht es nur um den Schutz des Vertrauens des Geschäftsgegners, BGH, NJW 1988, 3012 (3013); *Flume,* AllgT II, § 45 II 3; MünchKomm-*Schramm,* § 164 Rn. 100 ff. Liegt daher ein Vollmachtsmißbrauch vor, heißt dies zugleich, daß der Geschäftsgegner nicht schutzwürdig ist.

[241] Siehe nur *Larenz/Wolf,* AllgT, § 46 Rn. 150 m. w. Nachw.

so die h. M.[243] – zur Feststellungsklage hinsichtlich der Beschlußwirksamkeit gegriffen werden müssen. Hier wie dort kann die Entscheidung, ob der in der Stimmabgabe liegende Verstoß gegen das Selbstbestimmungsrecht des Besteller-Gesellschafter durch diesen geltend gemacht wird oder nicht, durchaus dem Besteller-Gesellschafter anvertraut werden. Sein Selbstbestimmungsrecht würde insofern aufgrund dieser Vermehrung an Entscheidungsmöglichkeiten optimal geschützt, ohne daß irgendwelche Abstriche hinsichtlich der Rechtssicherheit der verbandlichen Willensbildung gemacht werden müßten. Bei Geltung des Mehrheitsprinzips ist der Beschluß hingegen dennoch wirksam, wenn es im Ergebnis auf die Stimme des belasteten Anteils nicht ankam und der Gegenstand einer mehrheitlichen Beschlußfassung offen stand. Ist der Beschlußgegenstand mehrheitsfest und mußte der belastete Anteil dem Beschluß zustimmen, ist indes nicht nur die Stimme, sondern auch der Beschluß selbst unwirksam. Die Folgen für den Beschluß richten sich dann nach den allgemeinen Regeln zur Beurteilung fehlerhafter Beschlüsse[244].

bb) Umbau der actio negatoria in Richtung Selbstbestimmungsschutz

Die zweite Ausnahme von dem o. g. Grundsatz eröffnet § 1053 BGB. Diese Vorschrift ermöglicht es, in das Nießbrauchsrecht eine dem Vollmachtswiderruf funktional äquivalente weitere Temporalisierung des Selbstbestimmungsschutzes einzubauen. Nach § 1053 BGB kann der Eigentümer gegen eine Verletzung seiner Rechte durch Unterlassungsklage vorgehen. § 1053 BGB ist nur hinsichtlich des Erfordernisses der Abmahnung lex speciales gegenüber dem negatorischen Anspruch aus § 1004[245]. Für diesen ist anerkannt, daß auch eine erstmals drohende Beeinträchtigung des Eigentums eine vorbeugende Unterlassungsklage gibt[246]. Übertragen auf den Anteilsnießbrauch hieße dies mit Blick auf die Vermeidung eines Wertungswiderspruchs mit dem Stellvertretungsrechts, daß der Besteller-Gesellschafter bei Vorliegen eines wichtigen Grundes im Wege der Unterlassungsklage dem Nießbraucher die Ausübung des Stimmrechts künftig untersagen kann.

---

242 Falls der Ansicht gefolgt wird, die Anfechtungsklage müsse auf alle rechtswidrige Mehrheitsbeschlüsse in parteifähigen Verbände, also auch auf die Personengesellschaft, ausgedehnt werden (so *Karsten Schmidt,* GesR, § 15 II 3 b; *ders.,* FS Stimpel, 217 ff.).

243 Statt aller Baumbach-*Hopt,* § 119 Rn. 32; umfassender Überblick bei *Noack,* Fehlerhafte Beschlüsse, 169 ff.

244 Dazu nur *Karsten Schmidt,* GesR, § 15 II.

245 Siehe dazu *Goebel,* Testierfreiheit und Ehegattenschutz, § 29 I; sowie Staud-*Frank,* § 1053 Rn. 1; RGRK-*Rothe,* § 1053 Rn. 1; *Schön,* Nießbrauch, 203.

246 BGH, LM § 1004 Nr. 27, 32, § 906 Rn. 19; BayObLG, NJW-RR 1987, 1040; OLG Zweibrücken, NJW 1992, 1242; MünchKomm-*Medicus,* § 1004 Rn. 80.

Der Weg hierzu scheint nur den ersten Anschein nach verbaut zu sein. Zwar handeln § 1053 BGB als besondere Ausprägung der actio negatoria von der Verletzung des Eigentumsrechts des Bestellers, *nicht* hingegen von der Verletzung seines Selbstbestimmungsrechts, um dessen Schutz es allein geht. Dies heißt jedoch nicht, daß die §§ 1053, 1054 BGB beim Anteilsnießbrauch nicht auch in Richtung Selbstbestimmungsschutz ausgebaut werden können. Denn der Gesellschaftsanteil bietet die Möglichkeit zur privatautonomen Tätigkeit am Markt. Ihm ist daher die Ausübung von Selbstbestimmung praktisch inhärent. Insofern kann unter einem unbefugten „Anteilsgebrauch" i.S. §§ 1053, 1068 II BGB durchaus eine Ausübung der gesellschaftlichen Mitwirkungsrechte verstanden werden, die hinsichtlich des Schutzes der Selbstbestimmung des Besteller-Gesellschafters untragbar ist. Der Selbstbestimmungsschutz würde dann entsprechend dem Stellvertretungsrecht temporalisiert und personenbezogen ausgerichtet.

Eine Ungereimtheit gilt es freilich noch auszuräumen. § 1053 BGB gibt auf den ersten Blick nur einen Unterlassungsanspruch, nicht jedoch eine Stimmrechtszuordnung vom Nießbraucher weg zum Besteller-Unternehmer. Das an den Nießbraucher gerichtete Gebot, künftig eine Ausübung des Stimmrechts zu unterlassen, würde jedoch faktisch bedeuten, daß das Stimmrecht des belasteten Anteils überhaupt nicht mehr wahrgenommen werden könnte, wenn es nicht gleichzeitig dem Besteller-Gesellschafter zugeordnet würde. Es käme also praktisch zu so etwas wie einen Stimmrechtsausschluß. Eine derartig einschneidende und für persönlich haftende Gesellschafter in der Literatur sehr kontrovers diskutierte Folge würde das Instrument des § 1053 BGB praktisch entwerten. Mit Blick hierauf dürfte die Rechsfolge des § 1053 BGB auf die spezifischen Bedingungen des Anteilsnießbrauchs anzugleichen sein. Mangels Alternative kommt nur die Übertragung des Stimmrechts vom Nießbraucher auf den Besteller-Gesellschafter in Betracht. Zwar ist damit § 1053 BGB recht flexibel auslegt. Methodisch unzulässig ist dies aber nicht. Denn die §§ 1053 f. BGB finden ausweislich § 1068 II BGB nur entsprechende Anwendung auf den Anteilsnießbrauch. Und entsprechend heißt: sachgerecht, und kann nicht allein von dem wirtschaftlichen Zweck des Rechtsnießbrauchs abhängig gemacht werden[247]. Vielmehr müssen grundlegende Wertungen der Rechtsordnung (wie dem unabdingbaren Schutz der Selbstbestimmung) mit in die Entscheidung über die „entsprechende" Anwendung einbezogen werden. So ist es hier. Bei einem wichtigen Grund kommt somit ein Anspruch auf Unterlassen

---

[247] Zum Einfluß des wirtschaftlichen Zwecks des Rechtsnießbrauchs auf die Entscheidung über die entsprechende Anwendbarkeit der Vorschriften über den Sachnießbrauch siehe nur Staud-*Frank,* § 1068 Rn. 18; MünchKomm-*Petzoldt,* § 1068 Rn. 6. Im übrigen siehe zur „entsprechenden Anwendung" des Sachnießbrauchsrechts im Rahmen des § 1068 II BGB oben § 3 II 2.

einer Stimmrechtsausübung bei Beschlußgegenständen der Geschäftsführung in Betracht; insofern liegt ein „unbefugter" Gebrauch i.S. § 1053 BGB vor. Das Stimmrecht würde dann *für diesen* Beschlußgegenstand dem Besteller-Gesellschafter zugeordnet. Liegt ein Urteil vor, ist die befürchtete unsichere Handhabe des dinglichen Nutzungsrechts gegenstandslos. Eine trotz Unterlassungsurteils erfolgte Stimmausübung durch den Nießbraucher ist dann auch gegenüber den Mit-Gesellschaftern unwirksam. Hinsichtlich des Beschlusses gelten die bei den oben hinsichtlich des Mißbrauchs der Stimmrechtsbefugnis erfolgten Ausführungen entsprechend.

4. Ergebnis

Eine detaillierte Untersuchung der im Nießbrauchsrecht aufscheinenden Interpretationschancen des gesetzlichen Normenbestandes hat gezeigt, daß das Nießbrauchsrecht eine „Temporalisierung" des Selbstbestimmungsschutzes des Besteller-Gesellschafters bereit stellt, die dem des Stellvertretungsrechts mit seiner zwingenden Widerruflichkeit einer unwiderruflichen Vollmacht bei Vorliegen eines wichtigen Grundes funktional äquivalent ist. Einmal ist der Anteil zwingend so gewidmet, daß der Nießbraucher bei Vorliegen eines wichtigen Grundes sich einer Ausübung des Stimmrechts des belasteten Anteils enthalten muß und insofern den Besteller-Gesellschafter abstimmen läßt. Freilich wirkt ein diesbezüglicher Verstoß des Nießbrauchers grundsätzlich nicht auch gegen die Mit-Gesellschafter. Falls jedoch die Grundsätze über den Mißbrauch der Stimmrechtsbefugnis greifen oder ein Unterlassungsurteil vorliegt, sind sowohl die Mit-Gesellschafter als auch die Strukturen der verbandlichen Willensbildung nicht schützenswert. Die Stimmabgabe durch den Nießbraucher ist dann im Verhältnis zu den Mit-Gesellschaftern unwirksam; der Besteller-Gesellschafter kann sich einwendungsweise hierauf berufen. Bei Geltung des Mehrheitsprinzips ist der Beschluß hingegen dennoch wirksam, wenn es im Ergebnis auf die Stimme des belasteten Anteils nicht ankam und der Gegenstand einer mehrheitlichen Beschlußfassung offen stand. Ist der Beschlußgegenstand mehrheitsfest und mußte der belastete Anteil dem Beschluß zustimmen, ist indes nicht nur die Stimme, sondern auch der Beschluß selbst unwirksam. Die Folgen für den Beschluß richten sich dann nach den allgemeinen Regeln zur Beurteilung fehlerhafter Beschlüsse[248].

248 Dazu nur *Karsten Schmidt*, GesR, § 15 II.

III. Bedenken aufgrund der Kumulation von Wirkungen

Bedenken gegen eine Stimmrechtszuordnung an den Anteilsnießbraucher könnten sich letztendlich nun nur noch aus der Überlegung ergeben, daß das geltende Recht nun einmal eine nur aus wichtigem Grund widerrufliche, verdrängende und weisungsungebundene Vollmacht nicht anerkenne, ergo sei um der Vermeidung eines Wertungswiderspruchs willen eine Stimmrechtszuordnung an den Anteilsnießbraucher unwirksam, da sonst grundsätzliche Unwiderruflichkeit, Verdrängung und Weisungsungebundenheit kumuliert wären. Wäre dieser Einwurf überzeugend, würde selbst eine Stimmrechtszuordnung an den Nießbraucher bei Beschlüssen über Geschäftsführungsmaßnahmen nicht zulässig sein. Der Einwand überzeugt jedoch nicht. Er übersieht den Sinn des konstruktiven Unterschieds zwischen einer Bevollmächtigung und einer Nießbrauchsbestellung: Dem Nießbrauch wohnt als beschränktem dinglichem Recht von Gesetzes wegen eine Vollmachtswirkung im Sinne einer Trennung von Verwaltungsbefugnis und Rechtszuordnung bei[249]. In dieser konstruktiven Unterscheidung zwischen Bevollmächtigung und dinglichem Nutzungsrecht scheint zugleich – und dies ist für die Zugkraft des Wertungsabgleichs mit dem Vollmachtsrecht wichtig – eine materielle Wertung auf: Die Trennung von Verwaltungsbefugnis und Rechtszuordnung ist nicht nur ein rechtstechnischer Mechanismus zur Erzielung bestimmter ökonomischer Effekte, sondern auch ein Mittel, beim Versorgungsnießbrauch die familiar geschuldete Solidarität unter Ehegatten auch post mortem dinglich gesichert weiterhin tradieren zu können, wenn dies der Erblasser in Ausübung seines erbrechtlichen Persönlichkeitsrechts so will. Auch hier wiederum findet sich ein „Einsatzpunkt" der das gesamte Erbrecht durchziehenden Wertung der Personfunktionalität. Es ist klar, daß das Erbrecht sich auch den rechtstechnischen Formen des Sachenrechts bedienen muß, um seine Wertungen im Rechtsleben aktualisieren zu können. Insofern verschlägt es nichts, wenn der Aspekt erbrechtlicher Personfunktionalität nicht nur das Verständnis des Erbrechts selbst erleichtert, sondern auch auf andere Rechtsmaterien in der Wertung ausstrahlt. So ist es im Nießbrauchsrecht, so ist es auch sonst im Sachenrecht. Ein derartiges Rechtsdenken mag ungewöhnlich sein. Unzulässig ist es aber nicht. Nach all dem übersieht der eingangs vorgestellte Einwand, die mit einer Stimmrechtszuordnung an den Anteilsnießbraucher verbundene Kumulation von Unwiderruflichkeit, Verdrängung und Weisungsungebundenheit der Stimmrechtsausübung ziehe die Unzulässigkeit der Stimmrechtszuordnung nach sich, den Eigengehalt der beschränkten dinglichen Rechte und kann deshalb nicht überzeugen.

---

[249] Siehe dazu schon oben § 5 IV 1.

IV. Ergebnis: Die rechtspaternalistische Gewichtung

1. Das vierstufige gesetzliche Modell zum Schutz des Selbstbestimmungsrechts des Besteller-Gesellschafters

Die bisherigen Erörterungen haben ergeben, daß das Recht der Stimmrechtsvollmacht als taugliches Wertungsvorbild für die Unzulässigkeit einer verdrängende Stimmrechtszuordnung an den Anteilsnießbraucher ausscheidet. Der Wertungsabgleich mit der Dogmatik des Stimmrechtsverzichts war hingegen ergiebig. Es zeigte sich, daß der Besteller-Gesellschafter über Auslegungsregeln und über eine sachgerechte, also auf die Verpflichtung auf die Einhaltung der gesellschaftlichen Treuepflicht durch den Nießbraucher bezogene Anteilswidmung geschützt ist[250]. Zudem konnte anhand der Wertungen des § 1071 II BGB eine Stimmrechtsvergemeinschaftung zwischen Besteller-Gesellschafter und Nießbraucher für den Bereich der Grundlagengeschäfte als äußerste Grenze privatautonomer Stimmrechtszuordnung begründet werden[251]. Schließlich steht dem Besteller-Gesellschafter bei Vorliegen eines wichtigen Grundes die Möglichkeit zur Seite, ausnahmsweise selbst das Stimmrecht auszuüben[252]. Die Diskussion des nießbrauchsrechtlichen Schutzpotentials hat nach all dem ergeben, daß dem Besteller-Gesellschafter ein abgestuftes und sehr differenziertes Instrumentarium zur Seite steht, mittels dessen seine Selbstbestimmung entsprechend vergleichbaren Wertungsvorgaben der Rechtsordnung angemessen geschützt werden kann. Mehrere Ebenen des Selbstbestimmungsschutzes lassen sich unterscheiden.

Ebene 1:
Einmal greift eine Zweifelsregelung ein. Bei Zweifeln über den Umfang der Stimmrechtszuordnung gilt die im Rahmen des gesellschaftsrechtlichen Bestimmtheitsgrundsatzes durch die Rechtsprechung entwickelte abgestufte Trias von Auslegungsregeln; ist schon die Stimmrechtszuordnung an den Nießbraucher selbst zweifelhaft, verbleibt es bei der Zuordnung des Stimmrechts an den Besteller-Gesellschafter.

Ebene 2:
Darüber hinaus kann der Anteilsnießbraucher über die Widmung des belasteten Anteils gem. § 1036 II BGB darauf verpflichtet werden, die durch die gesellschaftsrechtliche Treuepflicht notwendigen Vorgaben an die Ausübung seiner gesellschaftlichen Rechte zu erfüllen. Ist der Anteil nicht derartig gewidmet, ist eine Stimmrechtszuordnung an den Nießbraucher unzulässig.

---

250 Siehe oben die Zusammenfassung in § 6 VI.

251 Oben § 7.

252 Dazu oben § 8 I, II.

Ebene 3:
Schließlich ist der Besteller-Gesellschafter im Bereich der Grundlagengeschäfte durch eine anhand des § 1071 II BGB begründete Stimmrechtsvergemeinschaftung geschützt. Können sich Besteller-Gesellschafter und Nießbraucher nicht über die Stimmausübung einigen, verfällt die Stimme. Steht dem Besteller-Gesellschafter ausnahmsweise ein wichtiger, *aus seinem Verhältnis zur Gesellschaft folgender* Grund zur Seite, entscheidet er allein über die anstehende Grundlagenänderung.

Ebene 4:
Der Anteil ist zwingend so zu widmen, daß der Nießbraucher bei Vorliegen eines wichtigen, *aus seinem Verhältnis zum Besteller-Gesellschafter folgenden* Grundes das Stimmrecht des belasteten Anteils nicht ausüben darf, sondern gem. § 1036 II BGB dem Besteller-Gesellschafter überlassen muß. Ein Verstoß hiergegen wirkt zwar grundsätzlich nur im Innenverhältnis zum Besteller-Gesellschafter. Bei Vorliegen eines Mißbrauchs der Stimmrechtsbefugnis oder eines Unterlassungsurteils kann der Besteller-Gesellschafter die Rechtswidrigkeit der Stimmabgabe durch den Nießbraucher jedoch einwendungsweise auch den Mit-Gesellschaftern entgegensetzen. Bei Geltung des Mehrheitsprinzips ist der Beschluß hingegen dennoch wirksam, wenn es im Ergebnis auf die Stimme des belasteten Anteils nicht ankam und der Gegenstand einer mehrheitlichen Beschlußfassung offen stand.

2. Gewichtung der gegenwärtigen und der künftigen Wahlfreiheit

Die vor dem Hintergrund dieses vierstufige Instrumentarium nunmehr interessierende, so häufig nun schon aufgeworfene Frage lautet: Reicht dieses vierstufige Instrumentarium hin, begründet zu behaupten, nunmehr könne guten Gewissens der Schutz der gegenwärtigen gegenüber dem Schutz der künftigen Wahlfreiheit als höherrangig mit der Folge gewichtet werden, daß die beim Bestellungsakt gegenwärtige privatautonome Entscheidung des Besteller-Gesellschafters, sein Stimmrecht verdrängend, weisungsungebunden und für die Zeit des dinglichen Nutzungsrechts unwiderruflich dem Nießbraucher zuzuordnen, nicht durch einen Rekurs auf einen vermeintlich notwendigen Schutz der künftigen Selbstbestimmung, sprich Änderung der alten Entscheidung, wieder konterkariert werden darf?

a) Gründe für einen Vorrang des Schutzes der gegenwärtigen Wahlfreiheit

Die Frage sollte nunmehr bejaht werden. Durch die aufzeigten vier Ebenen wird ein derartig dichter Schutz der Selbstbestimmung des Besteller-Gesellschafters gewährleistet, daß ein rechtspaternalistischer Eingriff in seine privatautonome Entscheidung, das Stimmrecht dem Nießbraucher zuzuordnen, nicht mehr gerechtfertigt werden kann. Durch das Vierebenenmodell werden die Interessen des Besteller-Gesellschafters sowohl im Verhältnis zum Nießbraucher als auch im Verhältnis zur Gesellschaft oder zu den Mit-Gesellschaftern angemessen geschützt, da der Besteller-Gesellschafter bei Vorliegen eines wichtigen Grundes das Stimmrecht wieder „zurückholen" und allein ausüben kann[253]. Dies gilt sowohl für den Fall, daß sich der wichtige Grund aus dem Verhältnis des Besteller-Gesellschafters zum Nießbraucher ergibt – soviel folgte aus dem Wertungsabgleich mit dem Stellvertretungsrecht –, als auch – soviel zeigte die Diskussion zum § 1071 II BGB – beim Vorliegen eines wichtigen Grundes, der sich aus Verhältnissen in der Gesellschaft ergibt. Bei Vorliegen eines wichtigen Grundes entscheidet der Besteller-Gesellschafter somit immer zwingend alleine, mag auch das Stimmrecht in toto im Bestellungsakt dem Anteilsnießbraucher überantwortet worden sein. Wo sollten sich angesichts dessen noch Anhaltspunkte für die Notwendigkeit rechtspaternalistischen Schutzes ergeben?

b) Der Stellenwert eines Nießbrauchsvermächtnisses: Zwang für den Besteller?

Die bisherigen Erwägungen waren allgemein auf den Anteilsnießbrauch gemünzt. Bei einem in Erfüllung eines Vermächtnisses durch den Erben-Gesellschafter bestellten Versorgungsnießbrauchs an der Mitgliedschaft könnte eine andere Wertung angängig sein. Hier könnte der Einwand vorgetragen werden, das Selbstbestimmungsrecht des Besteller-Gesellschafters müsse schon deshalb bei einem von Todes wegen zugewendeten Anteilsnießbrauch sehr viel stärker geschützt werden als sonst, weil dem Besteller-Gesellschafter als Erbe des Erblasser-Gesellschafters doch überhaupt keine Wahl verbliebe, das Stimmrecht auch anders zuzuordnen. Insofern ginge es beim Anteilsnießbrauch von Todes wegen gar nicht um die Gewichtung der gegenwärtigen mit der künftigen Wahlfreiheit, sondern allein um die Gewichtung der künftigen Selbstbestimmung[254]. Dieser Einwand greift nicht durch. Die Frage, ob die aus einem Vermächtnis folgende Verpflichtung des

---

[253] Dies entspricht der Situation bei der Verleihung eines *zusätzlichen* Stimmrechts an einen Gesellschaftsfremden, die der BGH zugelassen hat, wenn das Stimmrecht zumindest aus wichtigen Grund entzogen werden kann, BGH, JZ 1960, 490 (491). Dies blieb selbstverständlich nicht unumstritten, zur Kritik siehe nur die Übersicht bei *Kemen,* Stimmrecht, 32 ff.

[254] Oder anders gewendet: Da die Stimmrechtszuordnung an den Anteilsnießbraucher vollmachtsähnliche Wirkungen hat, kann man ihr schon dann kritisch gegenüber stehen, wenn abgelehnt wird, daß der Erblasser bei einer über den Tod hinaus wirkenden Vollmacht die Person des Vertreters letztwillig bestimmen könne, so etwa *Flume,* PersGes, 223; *ders.,* AllgT II, § 51, 5 a.

Erben, so und so zu handeln, im Grundsatz dazu führt, daß sein Handeln nicht als eigenes privatautonom freies Handeln rechtsdogmatisch aufgefaßt werden kann und muß, wird im geltenden Recht einzig im Rahmen der Prüfung der Sittenwidrigkeit einer Verfügung von Todes wegen nach § 138 I BGB diskutiert[255]. Der Selbstbestimmungsschutz des Erben wird erbrechtlich insofern vorverlagert, als nur untersucht wird, ob der Erblasser bei seinen letztwilligen Verfügungen die Grenze des § 138 I BGB überschritten hat. Ist diese Grenze nicht überschritten, bleibt es dabei, daß die Bestellung des Anteilsnießbrauchs und der damit etwaig verbundenen Stimmrechtszuordnung an den Nutzungsberechtigten Ausdruck der privatautonomen Selbstbestimmung des Besteller-Gesellschafters ist, mag er dazu auch von Todes wegen verpflichtet sein.

Mit dieser Weichenstellung wird nicht auf die von Flume geprägte Figur eines „Gesellschafters minderen Rechts" rekurriert. Flume ficht mit Verve für den Gedanken, die Unentgeltlichkeit des Erwerbs einer Gesellschaftsbeteiligung führe bsp. zu einem erleichterten Abfindungsausschluß; der Gesellschafter habe insofern von vornherein nur eine Gesellschafterstellung minderen Rechts erlangt[256]. Flume richtet damit das Ordnungsproblem von Gesellschaft und Vererbung an der Unentgeltlichkeit aus und prämiert auf diese Weise erbrechtliche Wertungen. Die herrschende Ansicht[257] steht einer derartigen Rechtsfigur ablehnend gegenüber und wertet gerade umgekehrt: Sie votiert für die primäre Beachtung der gesellschaftsrechtlichen Wertungen und blendet folgerichtig die Erbrechtsakzessorietät des Erwerbs der Mitgliedschaft aus ihrem theoretischen Bezugsrahmen aus. Bei der Rechtsfigur des „Gesellschafters minderen Rechts" geht es um eine bestimmte Zuordnung von Befugnissen im Verhältnis zwischen den Gesellschaftern. Der rechtliche Schutz der Interessen des Besteller-Gesellschafters lokalisiert hingegen im Grundsatz auf der ganz anderen Ebene des Verhältnisses zum Nießbraucher. Mit einem „Gesellschafter minderen Rechts" hat dies nichts zu tun. Es bleibt also dabei, daß einsichtige Gründe für ein rechtspaternalistisches Eingreifen nicht ersichtlich sind.

---

[255] Dazu umfassend *Goebel,* Testierfreiheit und Ehegattenschutz, § 15; *ders.,* Testierfreiheit als Persönlichkeitsrecht, § 12.

[256] *Flume,* Die Personengesellschaft, § 12 III; *ders.,* NJW 1979, 902 ff. Zustimmend *U. Huber,* ZGR 1980, 177 (191 ff.); *Eiselt,* Festgabe Lübtow, 642 f.

[257] Vgl. nur BGH, NJW 1989, 2685 (2686) für den Fall einer halben Buchwertabfindung; MünchKomm-*Ulmer,* § 738 Rn. 38; *ders.,* Wirksamkeitsschranken gesellschaftsvertraglicher Abfindungsklauseln, NJW 1979, 81 (84); *Fischer,* ZGR 1979, 251 (263 f.); *Wiedemann,* FS Fischer, 883 (898); aus ordoliberalistischer Sicht – nicht verwunderlich – *Reuter,* in: DJT 55 (1984), B 51 Fn. 144; *ders.,* AG 1979, 321 (322 Fn. 22, 324).

c) Die antipaternalistische Grundwertung

Falls keine eindeutigen Gründe vorgetragen werden können, die für einen paternalistischen Schutz der künftigen Selbstbestimmung sprechen, muß von einem Eingreifen in die gegenwärtige Selbstbestimmung abgesehen werden. Dies entspricht der von Enderlein[258] in das deutsche Schriftum eingeführten sog. „antipaternalistischen Grundwertung" und der mit ihr verbundenen besonderen Begründungslasten für einen rechtspaternalistischen Eingriff. Diese Grundwertung beruht auf dem im deutschen Privatrecht getroffenen Entschluß, grundsätzlich den privatautomon Handelnden an seine Entscheidung zu binden, auf seine zukünftige Freiheit etwa durch eine bestimmte Stimmrechtszuordnung Einfluß zu nehmen. Diese privatrechtliche Grundnorm wird durch ein ganzes Spektrums verschiedenster theoretischer Ansätze geltungstheoretisch erklärt, an deren einem Ende die Bindung als Spiegelung der Achtung des einzelnen als Vernunftsperson im Gefolge des ethischen Personalismus Kants aufgefaßt wird und an deren anderem Ende eine funktionalistische Verortung der Bindung als Kennzeichen organisatorisch-technischer Überlegungen steht[259]. Mit diesen verschiedenen Ansätzen ist die antipaternalistische Grundwertung verträglich; ihr sollte daher gefolgt werden. Da somit kein durchschlagender Grund ersichtlich ist, den Schutz der Ausübung der zukünftigen Selbstbestimmung gegenüber der Ausübung der gegenwärtigen Wahlfreiheit höher zu gewichten, ist die Selbstbestimmung des Besteller-Gesellschafter bei einer Stimmrechtszuordnung an den Anteilsnießbraucher gewahrt, wenn das oben beschriebene vierstufige Schutzmodell beachtet wird.

3. Das vierstufige Modell als nießbrauchsrechtliche Mindestvoraussetzung einer Stimmrechtszuordnung an den Anteilsnießbraucher

Die jetzt noch offene Frage ist, ob – erste Möglichkeit – die soeben beschriebenen Anforderungen (Beachtung der mit der Widmung des Anteils verbundenen Grenzen für die Stimmrechtsausübung, Respektierung der unentziehbaren Mitgliedschaftsrechte) die Mindestvoraussetzungen festschreiben, unter denen unter Selbstbestimmungsaspekten eine Stimmrechtszuordnung an den Anteilsnießbraucher zulässig sind, ob – zweite Möglichkeit – dies nur „Zumindest"-Voraussetzungen sind, Voraussetzungen also, unter denen zumindest eine derartige Zuordnung erfolgen kann, eine Stimmrechtszuordnung, die die aus dem Gedanken des Selbstbestimmungsschut-

---

[258] *Enderlein,* Rechtspaternalismus, 56 f.

[259] Wegweisend und grundlegend hierzu: *Jürgen Schmidt,* Vertragsfreiheit und Schuldrechtsreform, 1985.

zes fließenden Grenzen nicht beachtet, mit Rücksicht auf andere Gründe oder unter anderen Gegebenheiten aber weiterhin möglich ist, oder ob – dritte Möglichkeit – die aufgrund eines Abgleichs mit gesellschafts- und stellvertretungsrechtlichen Wertungen gewonnenen Vorgaben für eine Stimmrechtszuordnung eo ipso nicht nießbrauchsrechtlich unbeachtlich sind.

Einsichtig ist nur die erste Möglichkeit. Der aufgewiesene Standard des Selbstbestimmungsschutzes ist aus Sicht des Gesellschafts- und Stellvertretungsrechts ein Mindeststandard. Einschränkungen dieses Mindeststandards wären nur dann hinnehmbar, wenn Wertungen außerhalb des Gesellschafts- und Stellvertretungsrechts eine derartige Einschränkung notwendig machen. Hinsichtlich der Stimmrechtszuordnung kommen allenfalls Wertungen aus dem Recht des Anteilsnießbrauchs oder allgemeine Prinzipien des Sachenrechts in Betracht. Derartige Wertungen sind aber nicht ersichtlich. Insbesondere kann gegen eine Implementierung des Selbstbestimmungsschutzes in das Recht des Anteilsnießbrauchs nicht eingewendet werden, dieser verstoße gegen das wichtige nießbrauchsrechtliche Prinzip einer optimalen Nutzung des belasteten Rechts[260]. Denn selbst wenn dies der Fall wäre – wofür nichts spricht –, würde eine Prinzipienabwägung zwischen dem Allgemeininteresse an einer optimalen Nutzung und dem Schutzinteresse des Besteller-Gesellschafters ergeben, daß das individuelle Schutzinteresse überwiegt. Denn im Wertungszusammenhang der Privatrechtsordnung hat der aufgezeigte gesellschafts- und stellvertretungsrechtliche Mindestschutz der Selbstbestimmung einen derartig hohen Stellenwert, daß ein bloßer Verweis auf ein möglicherweise tangiertes Optimierungsinteresse der Allgemeinheit kaum zur Einschränkung dieses Mindestschutzes hinreichen dürfte. Es bleiben Prinzipien des Sachenrechts und hier vor allem die rechtssichernde Handhabe beschränkter dinglicher Rechte. Diesen Prinzipien ist schon im Rahmen der Diskussion des Selbstbestimmungsschutzes selbst Rechnung getragen worden; man denke etwa an die Neuzuordnung aus wichtigen Grund des anfänglich dem Anteilsnießbraucher zugeordneten Stimmrechts an den Besteller-Gesellschafter. Den Mit-Gesellschaftern gegenüber war diese Neuzuordnung aus Gründen der sachenrechtlichen Rechtssicherheit erst wirksam bei zusprechenden Urteil nach § 1054 BGB oder bei einem Mißbrauch der Stimmrechtsbefugnis. Vor diesem Hintergrund scheidet die o. g. dritte Möglichkeit aus.

Es bleibt die zweite Möglichkeit. Sicherlich wäre es analytisch denkbar, eine Stimmrechtszuordnung, die die aus dem Gedanken des Selbstbestimmungsschutzes fließenden Grenzen nicht beachtet, mit Rücksicht auf diverse Gründe zu implementieren. Derartige Gründe sind jedoch nicht er-

---

[260] Zu diesem Prinzip siehe oben § 3 III 2 c aa.

sichtlich. Die zweite Möglichkeit entfällt damit schon deshalb. Insgesamt gesehen bleibt damit nur die erste Möglichkeit übrig: Es liegen hinsichtlich des Schutzes des Selbstbestimmungsrechts des Besteller-Gesellschafters *Mindestvoraussetzungen* vor, unter denen eine alleinige Zuordnung des Stimmrechts an den Nießbraucher auch nießbrauchsrechtlich zulässig ist.

Kapitel 4

Mitverwaltungsrechte und Gesellschaftsverfassung

Der Rekurs auf den Schutz der Selbstbestimmung des Besteller-Gesellschafters hat ein differenziertes Bild davon ergeben, wie das Nießbrauchs- und das Gesellschaftsrecht die Stimmrechtszuordnung unter dem Blickwinkel des Selbstbestimmungsschutzes des Besteller-Gesellschafters regeln. Damit sind die Schwierigkeiten einer Stimmrechtszuordnung an den Nießbraucher aber noch nicht sämtlich aus dem Weg geräumt. Denn die Selbstbestimmung innerhalb einer Organisation, wie sie die Personengesellschaft darstellt, hat auch einen institutionellen Aspekt: Die Personengesellschaft ist nicht nur Vertrag, sondern auch Organisation und wird insofern in überindividuelle Ordnungsstrukturen des objektiven Gesellschaftsrechts eingespannt. Die nunmehr zu diskutierende Frage lautet daher: Ergeben sich aus der objektiven Ordnungsfunktion der Gesellschaftsverfassung Anhaltspunkte, die gegen eine Stimmrechtszuordnung an den Anteilsnießbraucher ins Feld geführt werden können?

§ 9 Die funktional sinnvolle Ordnung der Gesellschaftsverfassung

I. Die andere Seite der Personengesellschaft: die Organisation

Aufgrund überindividueller Ordnungsinteressen kann es in Organisationen angezeigt sein, für ein bestimmtes Maß an unentziehbarer Selbstbestimmung auch dort zu plädieren, wo unter einem rein individuellen Schutzkonzept der Grad einer untragbaren Einschränkung privatautonomer Freiheit noch nicht erreicht ist. Eine Argumentation mittels überindividueller Schutzinteressen begreift den Schutz des Besteller-Gesellschafters bei einem Anteilsnießbrauch insofern allerdings rein funktional als Mittel zur Erreichung der anzustrebenden Ordnungsstruktur der Gesellschaft. Der Bestellerschutz ist damit gegebenenfalls nur ein Hilfsmittel unter mehreren, mit dem überindividuelle Ordnungsstrukturen im Gesellschaftsrecht ins Werk gesetzt werden.

Auf derartige überindividuelle Ordnungsstrukturen ist auch das Abspaltungsverbot gegründet worden. Es heißt dann, es gäbe ein öffentliches Interesse an derartigen Ordnungsstrukturen. Dann ergibt sich freilich als erster Schritt sofort die Schwierigkeit, das öffentliche Interesse auch nur einigermaßen mit Aussicht auf Konsens zu fixieren, um sodann in einem zweiten Schritt funktionale Mechanismen zur Interessenverfolgung zu entwerfen und in diesen dann die überindividuellen Ordnungsstrukturen verwirklicht zu sehen. Keine Lösung ist es, in die Gesellschaft gewisse Ordnungsstrukturen als Ausdruck des überindividuellen Interesses der Allgemeinheit an einer funktionsfähigen Unternehmensstruktur einzuziehen[1], wird doch damit nur der Topos „öffentliches Interesse" durch „Funktionsfähigkeit" ersetzt. Da jede funktionale Betrachtung jedoch einen Bezugspunkt voraussetzt, auf den hin die Funktionalität eines Instituts untersucht wird[2], fragt sich sofort, welches der Bezugspunkt der Funktionsfähigkeit ist: etwa das öffentliche Interesse? Wenig hilfreich ist es auch, den Grund des Abspaltungsverbots darin zu sehen, daß die rechtliche Ordnung der Gesellschaftsinterna Anreize zu wechselseitigen Blockaden und Schikanen der Mitwirkungsbefugten verhindern soll. In diesem Sinne hat der BGH[3] ausgeführt, die Mitgliedschaft sei „auf eine in sich abgestimmte Einheit von Rechten, Pflichten und Verantwortung hin angelegt", diese Einheit würde „durch eine dauernde, von seiten des Gesellschafters unabänderliche Abspaltung eines wesentlichen Mitgliedschaftsrechts – wie des Stimmrechts – oder dessen beständige Ausübung durch einen Nicht-Gesellschafter nachhaltig gesprengt", was „zu erheblichen Störungen des gesellschaftlichen Gefüges wie auch zur Rechtsunsicherheit führen könnte". Das ist zu ungenau. Was heißt „erhebliche Störungen des gesellschaftlichen Gefüges" und „in sich abgestimmte Einheit von Rechten, Pflichten und Verantwortung"? Ab wann beginnt die „Erheblichkeit" der Störung? Und was heißt es, die o. g. Einheit sei „in sich" abgestimmt? Das sind einerseits Blankettbegriffe, die mehr verdecken als erhellen. Und andererseits wird die Gesellschaftsverfassung implizit eine auf Konsens zwischen den Gesellschaftern ausgerichtete Blickrichtung untergelegt, ohne daß der durchaus auch fruchtbare Gehalt konfliktiven Zusammenwirkens näher thematisiert wird. In der Literatur ist denn auch versucht worden, den sachlichen Gehalt einer „funktionsfähigen Gesellschaftsstruktur" näher herauszuarbeiten. Vier Ansätze stehen im Vordergrund: der Institutionalismus, der Ordoliberalismus, der Verweis auf den Gedanken der Verbandssouveränität und schließlich der Rekurs auf die Richtigkeitsgewähr der verbandlichen Willensbildung.

---

[1] So etwa *Schön,* ZHR 158 (1994), 229 (257).

[2] In der Begrifflichkeit teleologischen Denkens: eine Zweck-Mittel-Relation, allg. dazu *Luhmann,* Zweckbegriff und Systemrationalität, 18 ff., 166 ff.

[3] In DB 1976, 2295.

II. Die Funktionalität der Gesellschaftsverfassung und der gesellschaftsrechtliche Institutionalismus

Der erste Ansatz, für den paradigmatisch die Überlegungen Teichmanns stehen, bewertet die Funktionsfähigkeit der Gesellschaft anhand des Maßstabs *legitimer* demokratischer Willensbildung im Verband. Danach setze das von Teichmann[4] als „politisch" apostrophierte Recht der aktiven Mitwirkung in einer Personengesellschaft zwingend die Mitgliedschaft des Mitwirkenden voraus, da Mitwirkung nur durch Mitgliedschaft legitimiert sei[5]. Ein Stimmrecht des Nießbrauchers sei damit unverträglich[6]. Diese Argumentation überrascht nur dann, wenn übersehen wird, daß sie dem institutionellen Rechtsdenken und seiner Erklärung gesetzlicher Einzelregelungen „aus Sinnzusammenhängen des durch sie gebildeten Normenkomplexes mit einem sozialen Lebensbild"[7] verpflichtet ist. Nach dem institutionellen Gesellschaftsrechtsdenken soll das Privatrecht sich nicht nur des Prinzips individueller Freiheit annehmen, sondern zugleich freiheitlich geordnete Lebensbereiche gewährleisten, die sich in Institutionen als „kürzelhafte" Verdichtungen der Freiheits- und Gleichheitswerte niederschlagen: Insofern ist Privatrecht nicht nur Instrument privater Interessenten, sondern zugleich Gestaltungselement zur Durchsetzung geltender Rechtsprinzipien[8]. Das soziale Lebensbild verortet der gesellschaftsrechtliche Institutionalismus dann bsp. in den für eine wirksame Tätigkeit einer werbenden Gesellschaft am Markt sachnotwendigen Sozialstrukturen[9] – letztlich daher in einem bestimmten Bild von Wirtschaftsverfassung. Doch genau hier liegt hinsichtlich der Gründung des Abspaltungsverbots das Problem. Demokratietheoretische Ordnungsvorstellungen können nicht auf Unternehmensorganisationen übertragen werden, ohne den sachlichen Unterschied zwischen privativer und staatlicher Ordnung zu verwischen[10]. Die „Sozialstruktur des Politischen" kann in dieser Weise gerade nicht Vorbild der Wirtschaftsverfassung außerhalb öffentlicher Verbände[11] sein.

---

[4] *Teichmann,* Gestaltungsfreiheit, 191.

[5] *Teichmann,* Gestaltungsfreiheit, 114, 191 ff., 217 ff., abgeschwächt in 200 f.; *ders.,* ZGR 1972, 1 (11).

[6] Siehe nur *Teichmann,* ZGR 1972, 1 (11 f.).

[7] So die treffende Kurzcharakterisierung des institutionellen Rechtsdenkens bei *H. P. Westermann,* AcP 175 (1975), 375 (395).

[8] Vgl. *Großfeld,* Zivilrecht als Gestaltungsaufgabe, 82.

[9] Dazu *Teichmann,* Gestaltungsfreiheit, 49 ff.

[10] So auch *Reuter,* Privatrechtliche Schranken, 173 f.; *ders.,* ZGR 1978, 633 (639 f.); *Weber,* Privatautonomie, 179.

[11] Dazu nur *v. Arnim,* Gemeinwohl und Gruppeninteresse, passim; *Kübler,* Rechtsfähigkeit und Verbandsverfassung, 17 f.

Scheidet demnach eine Parallelität zwischen der internen Verfaßtheit privater Verbände und demokratischer Willensbildung aus, heißt dies noch nicht, daß der institutionelle Ansatz im übrigen zur Grundlegung des Abspaltungsverbots nichts beitragen könnte. So könnte versucht werden, anhand institutionalisierter Wertungskomplexe etwas über den Grund in Erfahrung zu bringen, welcher für eine strenge Zuordnung des Stimmrechts an die Gesellschafter sprechen könnte. Überzeugend wäre dies freilich schon aus allgemeinen Gründen nicht. Zwar orientiert sich der gesellschaftsrechtliche Institutionalismus strikt normativ am geltenden Recht – und nicht an sozial vorfindlichen Verhaltensmustern oder an ideologischen Vorgaben –, indem er zu einer Auslegung der jeweiligen Einzelvorschriften des geltenden Rechts, beim Abspaltungsverbot also des § 717 S. 1 BGB, „aus Sinnzusammenhängen des durch sie gebildeten Normenkomplexes mit einem sozialen Lebensbild“[12] findet[13]. Damit soll das Privatrecht sich nicht nur des Prinzips individueller Freiheit annehmen, sondern zugleich freiheitlich geordnete Lebensbereiche gewährleisten, die sich in Institutionen als „kürzelhafte“ Verdichtungen der Freiheits- und Gleichheitswerte niederschlagen. Insofern ist Privatrecht – nochmals sei es gesagt – nicht nur Instrument privater Interessenten, sondern zugleich Gestaltungselement zur Durchsetzung geltender Rechtsprinzipien[14].

Mit dieser theoretischen Anlage kommt der gesellschaftsrechtliche Institutionalismus jedoch nicht weit. Einmal traktiert das institutionalistische Rechtsdenken – zumindest im Gesellschaftsrecht mit seinem ausgefeilten Normenbestand[15] – letztlich nur in besonderer Weise die Systematik und Teleologie des Rechts. Es findet dabei aber zu einem ganz bestimmten Mischungsverhältnis zwischen einer starren Konstanz der rechtlichen Wertungen und den notwendigen Flexibilisierungen und Dynamisierungen im rechtlichen Wertungssystem. Denn die Grenzen privatautonomen Handelns im Gesellschaftsrecht werden vom Institutionalismus in institutionalisierten Wertungskomplexen mit der Folge verortet, daß die relativ flexible Typik des Gesellschaftsrechts tendentiell eher zu einem unterschwellig wirkenden harschen Typenzwang umgebaut wird. Damit tendiert er nach Meinung vieler zu Recht zu stark dazu, gesellschaftsrechtliche Wertungen rigide festzu-

---

[12] Nochmals: *Westermann,* AcP 175 (1975), 375 (395).

[13] Vgl. allg. zu der von *Rüther*s vorgeschlagenen Unterscheidung zwischen einem faktischen, einem metaphysischen und einen normativen Institutionenbegriff nur *Bernd Rüthers,* Institutionelles Rechtsdenken im Wandel der Verfassungsepochen, 1970, 34 ff.; Soergel-*Teichmann,* § 242 Rn. 14 ff.

[14] Vgl. *Großfeld,* Zivilrecht als Gestaltungsaufgabe, 82.

[15] Im Verfassungsrecht mag hier – genannt sei nur das Werk *Peter Häberle*s – anderes gelten. Vgl. zur Bedeutung des institutionellen Rechtsdenken im Verfassungsrecht nur kritisch *Friedrich Müller,* Strukturierende Rechtslehre, 178 ff., 426 ff.; *ders.,* Juristische Methodik, 102 f.

zurren[16]; zudem wird ihm vorgeworfen, er arbeite mit zu vielen juristisch nicht hinreichend ausgewiesenen Prämissen[17]. Die Problematik läßt sich noch verschärfen: Allein mittels des Rekurs auf Institutionenmißbrauch und Institutionenschutz können die sich praktisch selbst organisierenden Konventionen im Gesellschaftsrecht nicht mehr hinreichend bewertet werden[18]. Denn dies setzt einen stabilen Bezugsrahmen des Rechts voraus, dessen sich der Rechtsanwender im Zuge einer immer stärker werdenden Erschütterung der rechtlichen Rationalität mit der Folge der Notwendigkeit einer stärkeren Prozeduralisierung des Rechts immer weniger vergewissern kann[19]. Letztlich heißt das Problem dann, die Prinzipien einer gesellschaftsrechtlichen Ordnung vor dem Hintergrund der inneren Konsistenz der Privatrechtsordnung herauszuarbeiten, die sich zudem in der dogmatischen Detailarbeit auch wiederfinden lassen. Ein strikt institutionelles Rechtsdenken trägt hierfür nicht notwendig etwas bei.

§ 10 Gesellschaftsverfassung und wirtschaftsrechtlicher Ordo

I. Stimmrecht und Gesellschaftsinteresse

Der zweite, vor allem durch Reuter ins Werk gesetzte Ansatz greift auf den Funktionszusammenhang zurück, in den die Privatautonomie im Kontext der heutigen Wirtschaftsordnung zur Sicherung der als wirtschaftliche Freiheit gedachten Selbstbestimmung des einzelnen gestellt sei. Die etwa von Flume gehegte Vorstellung, es bräuchte nur die Privatautonomie bsp. durch den Rekurs auf immanente Schranken einer privatautonomen Begebung selbstbestimmter künftiger Interessenwahrnehmung durchgesetzt werden, um effektiv Freiheit und materielle Gerechtigkeit zu sichern, wird von Reuter als Ausdruck einer Sozialphilosophie verstanden, die der moderne Wirtschaftsrechtsgesetzgeber schon längst verabschiedet habe. Die Zuordnung von Mitwirkungsrechten an Gesellschaftsfremde müsse sich vielmehr den Wertungen der Wirtschaftsrechtsordnung und den dort lokalisierten

---

[16] Zur Kritik, das institutionelle Rechtsdenken führe zu einem zu stark verstandenen gesellschaftsrechtlichen Typenzwang, vgl. nur *Karsten Schmidt,* GesR, § 5 III 2 c, 3 a.

[17] Dazu nur *Wiethölter,* FS Ludwig Raiser, 645 (661 ff.). *Teichmann,* Gestaltungsfreiheit, 51 f., verwehrt sich freilich gegen diesen Vorwurf strikt.

[18] Anders die Einschätzung jüngst bei *Weber,* Privatautonomie, 155, der dem institutionalistischen Rechtsdenken im Gesellschaftsrecht attestiert, daß es für die genauere Untersuchung der Frage, wieweit in *konkreten* Fragestellungen, die Privatautonomie einzuschränken sei, durchaus hilfreich sei.

[19] *Ladeur,* in: Hart (Hrsg.), Privatrecht im „Risikostaat“, 137 (152). Allg. dazu auch *Goebel,* Rechtsgespräch und kreativer Dissens, passim.

Funktionsbedingungen stellen. Insofern streitet Reuter dezidiert für ein ordnungspolitisch orientiertes gesellschaftsrechtliches Organisationsrecht[20]. Vor diesem Hintergrund steht er im Grundsatz einer Teilnahme Gesellschaftsfremder an der verbandlichen Willensbildung äußerst kritisch gegenüber, falls diese Teilnahme nicht jederzeit durch die Gesellschafter beendet werden kann[21]. Eine Ausnahme erkennt er allenfalls in den Fällen an, in denen ein Dritter – wie etwa der Geber eines ungesicherten Sanierungskredits – „so stark am unternehmerischen Risiko der Gesellschaft beteiligt ist, daß er materiell als Inhaber eines Gesellschaftsinteresses" anzusehen ist[22]. Den schillernden Begriff des Gesellschaftsinteresses bezieht Reuter auf das Interesse der Gesellschaftergesamtheit an einer langfristigen Optimierung des Unternehmensertrags[23].

Mit den Reuterschen Vorgaben würde eine gesicherte Stimmrechtszuordnung an den Anteilsnießbraucher praktisch zusammenbrechen, da die Gesellschafter es immer in der Hand haben müßten, dem Nießbraucher das Stimmrecht wieder zu entziehen. In der Rechtswirklichkeit würde wegen dieser Unwägbarkeiten dann wohl nur noch ein rein auf die Vermögensrechte bezogener Nießbrauch eine relevante Rolle spielen. Auf den Anteilsnießbrauch übertragen – Reuter selbst enthält sich diesbezüglich einer Stellungnahme – würde Reuter eine Zuordnung der Mitwirkungsrechte an den Anteilsnießbraucher wohl allenfalls dann akzeptieren, falls der Nießbraucher faktisch die Gesellschafterstellung eingeräumt erhielte. Reuter nähert

---

[20] Dieses Primäranliegen wird von *Reuter* anhand des Problems der Vererbung größerer Gesellschaftsanteile oder Unternehmen in seiner Untersuchung Privatrechtliche Schranken der Perpetuierung von Unternehmen, 1973, diskutiert. Im Kern geht es ihm um die – schon vor ihm intensiv erörterte (man denke nur an die groß angelegten Untersuchungen von *Immenga,* Die personalistische Kapitalgesellschaft, 1970; *Nitschke,* Die körperschaftlich strukturierte Personengesellschaft, 1970; *H. P. Westermann,* Vertragsfreiheit und Typengesetzlichkeit im Recht der Personengesellschaften, 1970) – Frage, inwieweit eine zwar nicht rechtlich zwingende, wohl aber faktisch wirksame Sperre des Personengesellschaftsrechts für körperschaftlich strukturierte Personenvereinigungen zum Betrieb eines Unternehmens de lege lata zulässig ist.

[21] *Reuter* erörtert das Problem weitgehend anhand des Prinzips der Selbstorganschaft sowie der Stimmrechtsvereinbarungen und nicht am Abspaltungsverbot, siehe *ders.,* Privatrechtliche Schranken, 172 ff., 178 ff.; *ders.,* ZGR 1978, 633 (638 ff.). Siehe aber auch *ders.,* Privatrechtliche Schranken, 213, 218.

[22] *Reuter,* Privatrechtliche Schranken, 199.

[23] *Reuter,* Privatrechtliche Schranken, 154; so auch etwa Schlegelberger-*Martens,* § 114 Rn. 15. Diese Einordnung des Gesellschaftsinteresses ist voraussetzungsreich, auch wenn im Personengesellschaftsrecht die im Kapitalgesellschaftsrecht geführten intensiven Diskussionen um das Unternehmensinteresse (dazu nur *Flume,* Juristische Person, § 2 VII 3; *Thomas Raiser,* FS Kim, 167 (171 ff.); *Teubner,* ZHR 149 (1985), 470 ff.) so nicht Platz greifen, dazu siehe auch *Weber,* Privatautonomie, 209 ff.

sich damit der Forderung, einen Anteilsnießbrauch nur in Form einer treuhänderischen Anteilsübertragung zuzulassen[24]. Der Grund hierfür liegt darin, daß Reuter den Einfluß von gesellschaftsfremden Dritten auf die Personengesellschaft generell begrenzen will, um durch einen bestimmten Zuschnitt des zwingenden Personengesellschaftsrechts einen faktischen Druck aufzubauen, die einem Dritteinfluß offeneren Gesellschaftsformen des Kapitalgesellschaftsrechts zu wählen, falls ein weitreichender Einfluß Gesellschaftsfremder gewünscht sein sollte. Vor allem aber wäre nach Reuter eine Stimmrechtszuordnung an den Anteilsnießbraucher untragbar, wenn dieser nicht zugleich nach außen gem. § 128 HGB haften würde; insofern erhält der Grundsatz der Einheit von Herrschaft und Haftung eine nicht nur wirtschaftlich, sondern auch rechtliche Dignität[25]. Im Ergebnis wäre damit der Anteilsnießbrauch in Form der echten Nießbrauchslösung praktisch am Ende und nur der Ausweg der treuhänderischen Anteilsübertragung eröffnet, falls der Nießbraucher stimmberechtigt sein soll.

Abgesehen von der Problematik der Stimmrechtszuordnung unterläuft der Reutersche Ansatz auch aus einem anderen Grunde das im Rahmen dieser Untersuchung auch verfolgte Ziel einer adäquaten Absicherung des überlebenden Ehegatten. Die auf eine Partizipation am Ertrag einer Personengesellschaftsbeteiligung ausgerichtete Versorgung könnte zusammenbrechen, wenn dem Besteller-Gesellschafter zwingend stets ein kurzfristiges Austrittsrecht aus dem Verband zur Seite stünde. Er hätte es dann in der Hand, die Befriedigung der Versorgungsinteressen des überlebenden Ehegatten oder des Vorbehaltsnießbrauchers von einem Nutzungsrecht an der Mitgliedschaft auf ein regelmäßig weniger wertvolles Nutzungsrecht an der Abfindung umzustellen. Bei der hier vorgeschlagenen Interpretation des § 1071 II BGB[26] kann der Besteller-Gesellschafter die Mitgliedschaft ordentlich hingegen nur mit Zustimmung des Anteilsnießbrauchers kündigen. Reuter würde dies anders sehen. Er gewährt den in wirtschaftlichen Vereinigungen Tätigen ganz unabhängig von ihrem mehr vereins- oder mehr personengesellschaftsrechtlichen Charakter das kurzfristige Austrittsrecht nach § 39 BGB[27]. Ein Zustimmungsvorbehalt nach § 1071 II BGB würde dem diametral entgegenstehen – mit all den negativen Folgen für den Schutz des Anteilsnießbrauchers.

Mit Blick auf diese beiden einschneidenden Punkte (Abwehr der Stimmrechtszuordnung an den Nießbraucher und Ablehnung des hier vorgeschla-

---

[24] Dazu oben § 2 II 4.

[25] Andere Ordoliberalisten sehen dies ähnlich, siehe etwa *Immenga,* Kapitalgesellschaft, 117 ff.

[26] Siehe oben § 7 III, § 7 IV.

[27] Siehe nur *Reuter,* AcP 181 (1981), 1 (7 ff.); MünchKomm-*ders.,* § 39 Rn. 2 f.; *ders.,* in: 55. DJT 1984, B 1 (B 57 ff.); *ders.,* AG 1979, 321 (325 ff.).

genen Verständnisses des § 1071 II BGB) kann einer eingehenden Auseinandersetzung mit dem Reuterschen Ansatz nicht ausgewichen werden. Der theoretischen Komplexität des Ansatzes selbst muß die Kritik angemessen sein. Insofern gilt es zunächst, die theoretischen Ausgangsbedingungen des Entwurfs von Reuter zu rekonstruieren, um sodann die Kritik sachgerecht plazieren zu können.

II. Der ordoliberalistische Hintergrund des Stimmrechtsausschlusses

1. Die ordoliberalistische Konstruktion der Privatautonomie

Die Ansicht Reuters ist in ein hochartifizielles sublimes theoretisches Umfeld eingebunden. Reuter setzt bei einem bestimmten Verständnis von Privatautonomie an.[28] Er will einerseits die von ihm beklagten Vereinseitigungen eines streng personalen Denkens[29] vermeiden, das Privatautonomie allein in dem vornehmlich der kantischen Tradition entspringenden Postulat der Selbstbestimmung und nicht *auch* in ihrer Funktion zur Bewältigung des Gerechtigkeitsproblems gründe: Privatautonomes Handeln dürfe eben nicht nur als rein privates Phänomen, sondern müsse als Bestandteil einer vielfältig vernetzten Volkswirtschaft verstanden werden. Zugleich wendet sich Reuter gegen Überlegungen im Anschluß an Schmidt-Rimpler, Privatautonomie schlechthin instrumentell zu wenden und *allein* als Mittel zu sehen, ohne hoheitliche Intervention in dem Sinne richtige Regelungen zu gewährleisten, daß sich Verträge reibungslos in die Gesamtordnung einfügten[30]. Bei dem Schmidt-Rimplerschen Ansatz würde Privatautonomie vom Gedanken der Selbstbestimmung völlig abgelöst und den Imperativen konkreter Gemeinschaftsordnungen überantwortet.

---

[28] Dazu und zum folgenden *Reuter,* Privatrechtliche Schranken, 32 ff.

[29] Paradigmatisch steht für ein derartiges, von *Jürgen Schmidt,* Vertragsfreiheit, 84 ff., treffend als nicht-naturalistische regel-deontologische Theorie einer personalistischen Rechtfertigung des Rechtsinstituts der Vertragsfreiheit bezeichnetes Verständnis von Privatautonomie *Flume,* AllgT II, § 1, 5.

[30] *Reuter* interpretiert *Schmidt-Rimpler* damit als Theoretiker eines über-individuellen Ordnungsdenkens, während für viele *Schmidt-Rimpler* eher die Folie bereitstellt, den Vertrag in den Dienst eines vertraglichen Interessenausgleichs zu überführen, womit Richtigkeit dann primär als Vertragsgerechtigkeit gelesen wird. Soweit keine eher historisch-exegetisch orientierte Frage nach der autorbezogenen Authenzität einer Werkinterpretation angelegt wird, spielen derartige Interpretationsgegensätze keine Rolle. Werkinterpretation dient außerhalb auktorialer Authenzität der Entfaltung des eigenen Ansatzes zur Problemlösung. Ein etwaiger Einwand, man habe nicht verstanden, was der Autor hat aussagen wollen, ergibt daher bei systematisch angelegten Problemlösungswegen keinen rechten Sinn.

Demgegenüber will Reuter im Gesellschaftsrecht sowohl dem Gedanken der Selbstbestimmung als auch den politischen Folgen privaten Handelns Rechnung tragen[31]. Nun versteht Reuter Privatautonomie als eine – und im Rahmen freiheitlicher Rechtsordnungen als eine der Selbstbestimmung gemäße – Technik nichthoheitlicher Rechtsetzung[32]. Wenn nichthoheitliche und hoheitliche Rechtsetzung die Richtigkeit der Gesamtordnung gewährleisten sollen, müßten beide Rechtserzeugungsarten auf ein die Zusammenhänge der Erzeugungsmodi verdeutlichendes einheitliches Sozialmodell der Gesellschaft[33] bezogen werden. Entsprechend der ordnungstheoretischen Deutung der Wirtschaftsverfassung als Gesamtentscheidung zugunsten der Wettbewerbswirtschaft[34] entspricht nach Reuter der Rechtserzeugungsmethode „Vertragsfreiheit“ das Sozialmodell „Wettbewerbswirtschaft“. Allein hier sei die relative Machtlosigkeit der Vertragspartner und eine Regelung allein des Verhältnisses der Vertragspartner untereinander ohne faktische „Außenwirkung“ auf Annexinteressen[35] institutionell verbürgt, damit die Funktionsbedingungen der Vertragsfreiheit gesichert und – hier schließt sich der Kreis – die Selbstbestimmung des einzelnen im einem ausgewogenen Verhältnis von „gesellschaftlicher Selbstorganisation und staatlichem Ordnungswillen“[36] gewahrt[37]: Ordnung als Voraussetzung des freien Spiels der Kräfte.

---

[31] Dazu und zum folgenden *Reuter,* Privatrechtliche Schranken, 35 ff.

[32] Vgl. dazu *Reuter,* Privatrechtliche Schranken, 35 ff. *Reuter* trat später auch *Bucher,* Das subjektive Recht als Normsetzungsbefugnis, 55 ff., bei, vgl. MünchKomm-*Reuter,* vor § 21 Rn. 5, ohne sich jedoch mit der Kritik an *Buchner* (dazu nur *Fezer,* Teilhabe, 343 ff.) näher auseinander zu setzen.

[33] *Reuter* schließt hier an die durch *Wieacker,* Sozialmodell, 1953, geprägte und von vielen Seiten positiv konnotierte *Begrifflichkeit* an, ohne den Synkretismus selbst zu übernehmen, der dem *Wieacker*schen Konzept des Sozialmodells als dem geheimen Entwurf einer geschichtlichen Rechtsordnung und ihres Wandels zugrundeliegt. Die gegen *Wieacker* formulierte Kritik (dazu aus der reichhaltigen Literatur nur *Assmann,* Wirtschaftsrecht in der mixed economy, 26 ff.; *Joerges,* in: Simon (Hrsg.), Rechtswissenschaft in der Bonner Republik, 311 (331 f.); *Jürgen Schmidt,* Vertragsfreiheit, 17 ff.; *Zöllner,* Privatrechtsgesellschaft, 31 ff.) verfängt daher bei *Reuter* nicht.

[34] Lokalisiert in den § 1 GWB und § 1 StabG, vgl. *Reuter* Privatrechtliche Schranken, 40. Ähnlich meint *Fikentscher,* Umweltsoziale Marktwirtschaft, 11, § 1 StabG und Art. 8 a II EWGV verpflichteten die Bundesrepublik bzw. die EU auf eine rechtliche Rahmenordnung, die der „unsichtbaren Hand“ entspräche.

[35] *Reuter,* Privatrechtliche Schranken, 53. *Reuter* thematisiert hier das Problem, inwieweit ein Vertrag Dritte auch außerhalb einer Belastung mit Rechtspflichten unzulässig belasten kann, dazu nur MünchKomm-*Gottwald,* § 328 Rn. 145; *Rebe,* Privatrecht und Wirtschaftsordnung, 213 ff.; *Fikentscher,* FS Hefermehl, 1971, 41 (44 f.); sowie ausführlich *Habersack,* Vertragsfreiheit und Drittinteressen, 1992; *Martens,* AcP 177 (1977), 113 (164 ff.).

[36] *Reuter,* AcP 181 (1981), 1 (28).

[37] *Reuter,* Privatrechtliche Schranken, 38.

2. Das Verhältnis von Institutionenschutz und Individualschutz

Es geht Reuter also um die Sicherung der Funktionsfähigkeit des Wettbewerbs. Diese Sicherung hängt von der Steuerbarkeit der Wirtschaftssubjekte durch die vom Markt signalisierten Gewinnchancen und Verlustrisiken, diese Steuerbarkeit wiederum von der Empfänglichkeit der Marktteilnehmer für Marktanreize und der Möglichkeit ab, ihr jeweiliges wirtschaftliches Eigeninteresse überhaupt wahrzunehmen. Aufgabe der „sichtbaren Hand des Rechts"[38] ist es vor diesem Hintergrund, das Sozialmodell der Wettbewerbswirtschaft gegen die Paradoxie der sich mit ihren eigenen Mitteln selbst beschränkenden Vertragsfreiheit zu retten – womit der Weg zu den Grenzen privatautonomen Handelns gewiesen ist. Die Fundamentalprämissen des Altliberalismus werden damit genau umgekehrt und dessen liberales Ordnungsmodell mit seiner idealtypischen Verortung des Marktes als eines durch spontane Erfahrungen und Handlungen generierten anarchischen Zusammenhangs von Individuen als für die heutige Gesellschaft untauglich angesehen.

Das subjektive Privatrecht ist für Reuter damit nicht nur Mittel im Dienste der privaten Interessen ihrer Inhaber (Iheringsche Tradition) oder Ausdruck ihrer Willensmacht (Savignysche Tradition), sondern stellt zugleich ein konstitutives Element einer herrschaftsfreien Ordnung dar und wird *insofern* spezifisch instrumentalisiert: Institutionenschutz ist Individualschutz *und umgekehrt*[39]. Das formale Privatrecht mit seinem klassisch als selbstregulierend gedachten Autonomiebereich und seiner Idee der Vergesellschaftung über staatlich nicht umhegten Markt und Wettbewerb wird damit nicht durch direkte rechtliche Steuerungsintervention, sondern durch eine Reformalisierung des Vertragsrechts bei *gleichzeitiger* Beschneidung privatautonomen Handelns auf wettbewerbzuträgliches Handeln quasi „materialisiert"[40].

Kurzgefaßt ist der Reutersche Ansatz daher aus der Perspektive der *Privatautonomie* ein funktionalistischer Vorstoß, da er die Privatautonomie im Hinblick auf die Erfordernisse der Wirtschaftsordnung funktionalisiert. Zugleich geht er aber aus der Perspektive der Selbstbestimmung streng a-funktionalistisch vor, da er Selbstbestimmung nicht unter dem Gesichtspunkt analysiert, welche Folgen sie für etwas hat. Erreicht wird dies durch eine

---

[38] *Mestmäker,* Die sichtbare Hand des Rechts, 1978.

[39] Derartige Erkenntnisse sind freilich nicht auf den Ordoliberalismus beschränkt, man denke nur an die Lehre von der Doppelfunktion der Privatautonomie von *Ludwig Raiser,* dazu nur *ders.,* Die Aufgabe des Privatrechts, insbes. 62 ff.; dazu siehe im Vergleich zur ordoliberalistischen Rechtstheorie nur *Steindorff,* in: FS L. Raiser, 621 ff.

[40] *Hart,* AG 1984, 66 (72 f.).

zweifache Unterscheidung: Erstens wird in typisch liberalistischer Manier der Topos der *Selbstbestimmung* als dem Rechtlichen vorgelagerte, insofern rechts*externe* Figur, *Privatautonomie* im Gegensatz hierzu als Prinzip des geltenden Rechts und insofern als rechts*interne* Figur verstanden. Reuter instrumentalisiert also das subjektive Recht auf die Anforderungen einer als *vor*rechtlich gedachten liberalen Freiheit und verschiebt daher die Selbstbestimmung in den Bereich des Vorrechtlichen, wo sie für den *liberalen Theoretiker* immer schon hingehört. Damit schlagen zugleich die Rationalitätskriterien des Objektsbereichs, der die vorrechtliche liberale Freiheit sichern soll (eben die Wettbewerbsordnung), unvermittelt auf das instrumentell verstandene *Recht* durch[41] – und verkürzen es damit. Zweitens wird vom Träger der Selbstbestimmung insofern abstrahiert, als es nicht um die Sicherung der Selbstbestimmung der Gesellschafter, sondern ganz allgemein um die Sicherung der Selbstbestimmung *aller* am Rechtsverkehr teilnehmenden Individuen geht, die notfalls auch durch die die Privatautonomie der Gesellschafter regelnden zwingenden Normen geschützt werden müsse. Das zwingende Recht hat hier demnach einen freiheitsschützenden Gehalt. Insofern geht es also in rechtsextern orientierter Sicht um den Schutz der Selbstbestimmung aller und in rechtsinterner Sicht um die Funktionalisierung des Gesellschaftsrechts und der Privatautonomie der Gesellschafter auf den Schutz rechtsexterner Freiheit.

3. Die wettbewerbszuträgliche Reformalisierung des Privatrechts

Es fällt nicht schwer, hinter einer derartigen Materialisierung des Privatrechts anhand seiner wettbewerbszuträglichen Reformalisierung[42] ordoliberales Gedankengut in nuce formuliert zu finden. Privatrecht als rechtlich vorgängiges Lenkungsinstrument in der Privatrechtsgesellschaft[43], der Rekurs auf die Rechtsordnung als ein Sinnganzes und auf die wettbewerbsbe-

---

41 Die Gefahr, daß bei einem rein instrumentellen Verständnis des Rechts die Rationalitätskriterien des jeweiligen Objektsbereichs leicht auf das Recht durchschlagen, ist oft beschrieben worden, vgl. nur bsp. *Assmann,* Wirtschaftsrecht in der mixed economy, 220.

42 Rechtstheoretisch steht der Ordoliberalismus übrigens nicht allein. Auch die Systemtheorie sieht Formen direkter Marktsteuerung eher pessimistisch. Es verwundert vor diesem Hintergrund nicht, daß der Ordoliberalismus stellenweise auch als „camouflierte Systemtheorie" beschrieben wurde, deren Akzent auf den mehr individualistischen als systemischen Aspekt eher eine Geschmackssache darstelle, so *Klaus Günther,* RJ 11 (1992), 473 (496 f. Fn. 65); *Michael Lehmann,* JZ 1990, 61 (63); *Reich,* Markt und Recht, 35; *Jürgen Schmidt,* Vertragsfreiheit, 214 Fn. 706; kritisch dazu *Rebe,* Privatrecht und Wirtschaftsordnung, 80 Fn. 260, 83 Fn. 265; allg. siehe auch *Luhmann,* Die Wirtschaft der Gesellschaft, 91 ff.

43 Nach einem bekannten Aphorismus von *Franz Böhm* ist die Privatrechtsordnung keine vom Recht geschaffene, sondern eine vom Recht *entdeckte* Ordnung, zu

zogene[44] Funktionalität der einzelnen Rechtsinstitute[45], die „strukturelle Entsprechung von marktwirtschaftlichem System und Privatrechtsordnung“[46], die Identifizierung des Gesellschaftlichen mit der Wettbewerbswirtschaft sowie die Interdependenz der Rechts- und Wirtschaftsordnung[47] im Rechtsstaat mit klaren Vorrang der Ökonomie vor der Politik geben hier die wichtigsten Stichworte des sich sowohl gegen einen totalitären Planungsstaat als auch gegen einen Laissez-faire-Liberalismus sowie gegen einen verfassungspolitisch neutralen Interventionismus abgrenzenden ordoliberalistischen Programms vor[48]. In den Worten Böhms: „Die Privatautonomie darf kein Titelchen Befehls- und Steuerungsgewalt enthalten“[49]. Gerade dies wäre aber aus Sicht der Ordoliberalen der Fall, wenn die privatautonom ins Werk gesetzte Abspaltung von Mitwirkungsrechten zulässig wäre.

III. Kritik am ordoliberalistischen Programm

Der ordoliberale Zugriff auf das Privatrecht fasziniert durch sein in naturrechtlicher Manier gegründetes striktes Freiheitsethos, das er – in selten erreichter systematischer Geschlossenheit[50] – als hoch komplexe Interpreta-

---

dieser Paradoxie vgl. nur *ders.,* in: Reden und Schriften, hrsg. v. *Mestmäker,* 158 (173 f.).

[44] Zum Problem der „Integrationswirkung des GWB“, siehe nur *H. P. Westermann,* Vertragsfreiheit, 90; *Reuter,* Privatrechtlicher Schranken, 39 ff. Vgl. aus ordoliberaler Sicht auch *Rebe,* Privatrecht und Wirtschaftsordnung, Zweiter Teil, sowie 176 ff.; *Bydlinski,* System und Prinzipien des Privatrechts, 607 f.

[45] *Reuter,* FS Mestmäker, 271 (274).

[46] *Mestmäker,* in: ders., Recht und ökonomisches Gesetz, 11 (15); *Böhm,* Ordo 17 (1966), 75 ff., wiederabgedruckt in: ders., Freiheit und Ordnung in der Marktwirtschaft, 1980, 105 ff.

[47] Grundlegend zur Interdependenz der Ordnungen *Eucken,* Grundsätze der Wirtschaftspolitik, 21 ff., 124 ff.

[48] Vgl. allg. zur – in sich heterogenen – ordoliberalistischen Rechtstheorie nur *Assmann,* in: ders./Kirchner/Schanze (Hrsg.), Ökonomische Analyse des Rechts, 21 (22 ff., 30 ff.); *ders.,* in: ders. u. a., Wirtschaftsrecht als Kritik des Privatrechts, 239 (280 ff.); *Haselbach,* Autoritärer Liberalismus und Soziale Marktwirtschaft, 1991; *Wiethölter,* in: Görlitz (Hrsg.), Handlexikon, 531 (534 ff.); *Streit,* ZgS 148 (1992), 675 ff.; im Gesamtkontext der Entwicklung des Privatrechts nach 1945 *Joerges,* in: Simon (Hrsg.), Rechtswissenschaft in der Bonner Republik, 311 (343 ff.).

Zur kaum übersehbaren Literatur zum Verhältnis von Rechts- und Wettbewerbstheorie im Kontext des Wirtschaftsrechts vgl. nur die Lehrbücher und Kommentare zum Kartell- und Wirtschaftsrecht (bsp. *Emmerich,* Kartellrecht, 6 ff.; *I. Schmidt,* Wettbewerbspolitik und Kartellrecht, 4. Aufl. 1993, insbes. 14 ff.; *Fikentscher,* Wirtschaftsrecht, Bd. 2, § 20 II, IV; *Tilman,* Wirtschaftsrecht, § 2).

[49] *Böhm,* Ordo 17 (1966), 75 ff., wiederabgedruckt in und hier zitiert nach: ders., Freiheit und Ordnung in der Marktwirtschaft, hrsg. v. Mestmäker, 1980, 105 (124).

tionstheorie des geltenden Rechts durch die „sichtbare Hand des Rechts" verwirklicht sehen will. Zudem ist für ihn das Konzept der Privatrechtsgesellschaft schlichtweg zentral, deren Institutionen – entgegen zahlreichen Stimmen[51] – die Freiheitlichkeit der Gesellschaft quasi im Alleingang garantieren soll[52]. Innerhalb dieses Konzepts identifiziert der Ordoliberalismus die Privatrechtsordnung mit der Wirtschaftsordnung und verortet damit das Privatrecht als Teil einer wertgebundenen, auf den Prinzipien der Rechtsgleichheit und Herrschaftsfreiheit aufbauenden Ordnung vor dem Hintergrund eines bestimmten, durch ein striktes Denken vom Markt und nicht von politischer Herrschaft her geprägtes verfassungspolitischen Verständnisses von der Rolle des Staates[53]. Der Ordoliberalismus setzt damit einen Kontrapunkt gegenüber den geläufigen älteren Klagen über den Funktionsverlust eines vom Öffentlichen Recht umklammerten Privatrechts[54]. Es verwundert daher nicht, daß das Konzept einer Privatrechtsgesellschaft derzeit eine bemerkenswerte Renaissance erlebt[55], wenn auch nur in modifizierter, fast schon einer materiellen Begriffstransformation gleichkommen-

---

[50] So auch die Einschätzung bei *Assmann,* Wirtschaftsrecht in der mixed economy, 168.

[51] Siehe bsp. nur *Damm,* in: Hart (Hrsg.), Privatrecht im „Risikostaat", 13 (38).

[52] Dazu nur *Mestmäker,* RJ 11 (1992), 177 ff.

[53] Vgl. grundlegend *F. Böhm,* Ordo 1966, 75 ff., wiederabgedruckt in: ders., Freiheit und Ordnung in der Marktwirtschaft, 105 ff.; *Mestmäker,* ZHR 137 (1973), 97 ff., wiederabgedruckt in: ders., Recht und ökonomisches Gesetz, 11 ff.; sowie kürzlich *ders.,* RTh 1989, 273 (insbes. 281 f.); *ders.,* RJ 10 (1991), 177 ff.; in Auseinandersetzung mit *K. W. Nörr ders.,* RabelsZ 60 (1996), 58 ff.

[54] Vgl. zur etwas älteren Diagnose des Funktionsverlusts der Privatrechtsordnung mit je unterschiedlichen Ausgangspunkten und Therapievorschlägen nur *Wieacker,* Sozialmodell, 3 ff.; *ders.,* Industriegesellschaft und Privatrechtsordnung, 36 ff.; *Ludwig Raiser,* Die Aufgaben des Privatrechts, 124 ff.; *ders.,* Die Zukunft des Privatrechts, 7 ff.; *Kramer,* Krise, 9 ff.; *Kübler,* Über die praktischen Aufgaben zeitgemäßer Privatrechtstheorie, 7 ff.; *Wiethölter,* FS L. Raiser, 645 (654 ff.); *Eike Schmidt,* JZ 1980, 153 ff.; *Hart,* KritJ 1974, 274 ff.

[55] Den Begriff der Privatrechtsgesellschaft greifen auf: *Bydlinski,* Das Privatrecht im Rechtssystem einer „Privatrechtsgesellschaft", insbes. 62 ff.; *ders.,* FS Raisch, 7 ff.; anders noch *ders.,* FS Wilburg, 53 (64); *ders.,* Fundamentale Rechtsgrundsätze, 46; dazu *ders.,* Das Privatrecht im Rechtssystem einer „Privatrechtsgesellschaft", 63 Fn. 84; *Canaris,* FS Lerche, 873 ff.: fundamentales Strukturmerkmal der Gesellschaft (881); *K. Hesse,* Verfassungsrecht und Privatrecht, 11; *Oechsler,* Gerechtigkeit im modernen Austauschvertrag, 142; *Reichold,* in: Rechtsfortbildung jenseits klassischer Methodik, 63 (insbes. 72 ff.); *ders.,* Betriebsverfassung als Sozialprivatrecht, 403 ff.; *Zöllner,* JuS 1988, 329 (330, 335 f.); *ders.,* AcP 188 (1988), 85 (93 ff.); *ders.,* Die Privatrechtsgesellschaft im Gesetzes- und Richterstaat, insbes. 20 ff., 48 f.; *ders.,* AcP 196 (1996), 1 (3).

Die Ökonomie entdeckt die ordoliberale Konzeption gerade für sich neu, vgl. *Klaus Mayer/Jörg Scheinpflug,* Privatrechtsgesellschaft und die Europäische Union, bsp. 6. Nur die Terminologie aufgreifend mit ansonsten großen Unterschieden in der Grundlegung *Fezer,* Teilhabe und Verantwortung, 363, gegenüber 366, 383 f.

den Form, in der das Konzept der Privatrechtsgesellschaft primär als normativer Entwurf gelesen wird, welcher das Zusammenspiel von Freiheit, Markt und Demokratie erfassen soll und insofern quasi als regulative Idee – vergleichbar mit der Normativierung der Natur im neuzeitlichen Vernunftrecht – der Heuristik eines speziell konturierten bürgerlichen Freiheitsethos dient. Mit anderen Worten: Es geht dann um die Bereitstellung einer normativen Folie zur Rekonstruktion der Rechtskategorie[56]. Der ordoliberalistische Ansatz ist alles in allem daher sehr ernst zu nehmen.

Dennoch ist er vor allem innerhalb des wertungsjurisprudentiellen Rechtsdenkens durchweg kritisch aufgenommen worden[57]. Hinsichtlich der Frage nach der Zuordnung des Stimmrechts beim Anteilsnießbrauch besteht die Kritik zu Recht. Nur zwei Argumente seien genannt. Mit dem ersten Argument wird dem ordoliberalistischem Problemdenken vorgeworfen, solche rechtliche Wertungen nicht hinreichend zu berücksichtigen, welche sich in den pluralen Diskursformationen des Rechtssystems finden lassen. Beispielhaft hierfür steht das rechtliche Verständnis solcher Institute des Sachenrechts, die der Versorgung zu dienen bestimmt sind (wie etwa ein Versorgungsnießbrauch). Das zweite Argument greift den für den Ordoliberalismus zentralen Nexus zwischen Herrschaft und Haftung auf und zeigt, daß der Ruf nach einer normativen Einheit von Herrschaft und Haftung keinen Satz des geltenden Rechts für sich reklamieren kann.

---

[56] Modifiziert insofern, als das Konzept der Privatrechtsgesellschaft auch von denjenigen (Nachw siehe soeben) rehabilitiert wird, die selbst dem ordoliberalen Gedankengut, dem das Konzept der Privatrechtsgesellschaft ja entstammt, eher abhold sind. Soweit es um die Bereitstellung einer normativen Folie zur Rekonstruktion der Rechtskategorie geht, muß sich das Konzept der Privatrechtsgesellschaft als Regulativum dann aber um so eher um seine Praxistauglichkeit sorgen, wie die Idealisierungen des Modells offen zu Tage treten, dazu nur *Brüggemeier,* Die Entwicklung des Rechts im organisierten Kapitalismus, Bd. 1, 18 ff., Bd. 2, 291 ff.; *Gotthold,* Wirtschaftliche Entwicklung und Verfassungsrecht, 1975; *Hart,* ZHR 140 (1976), 31 ff.; *Reich,* Markt und Recht, 1977; *Knieper,* Gesetz und Geschichte, 42 ff.

[57] Als Beispiele für die zumeist vorgebrachte Kritik siehe nur – stellvertretend für viele – *Karsten Schmidt,* GesR, § 5 III 2 b; *Michalski,* Gesellschaftsrechtliche Gestaltungsmöglichkeiten, insbes. 86 ff.; *Reinhardt,* ZGR 1975, 367 (369 ff., 382 ff.); *H. P. Westermann,* AcP 175 (1975), 375 (412 ff.); zustimmend zumindest vom Grundanliegen her bsp. *Paulick,* ZHR 138 (1974), 387 (398).

1. Ordoliberalismus und das Übergewicht wirtschaftssystematischer Wertung

a) Die ordoliberalistische Öffnung des Rechtssystems: Unausgeglichene strukturelle Kopplungen über Rezeptionsbegriffe

Mit dem Ordoliberalismus wäre eine Stimmrechtszuordnung an den Anteilsnießbraucher durchweg nicht verträglich. Er würde hier – siehe oben – darauf drängen, daß dem Nießbraucher die Gesellschafterstellung eingeräumt wird. Dem Ordoliberalismus kann hier jedoch nicht gefolgt werden. Zwar stellt er mit seinem Ausgangspunkt – der ordoliberalen Machtfrage – durchaus ein berechtigtes Anliegen zur Diskussion, da die Gewährleistung subjektivrechtlicher Rechtsmacht *ohne Abstufung* nach der wirtschaftlichen Macht der Rechtsperson „nicht ein constituens des subjektiven Rechts (ist) (...), sondern Folge seiner strukturbestimmenden Funktionalität in der Kultur des frühliberalen Ordnungsmodells einer Verkehrswirtschaft“[58]. Und diese Kultur hat sich unbestreitbar geändert und ihre frühliberale Kontur verloren[59]. Insofern legitimiert zwar das subjektive Recht die Privatheit der Wirtschaft als eine grundsätzlich private Veranstaltung der Wirtschaftssubjekte, doch tabuisiert es nicht das Phänomen wirtschaftlicher Macht privater Subjekte[60].

Der Ordoliberalismus überzeugt trotz der richtigen Problemdiagnose dennoch nicht. Zwar muß hier eine nähere Auseinandersetzung mit den zahlreichen Gegenentwürfen[61] zum ordoliberalistischen Programm ausscheiden –

---

58 *Fezer,* Teilhabe und Verantwortung, 341 f.

59 Das book of authority hierzu: *Wieacker,* Das Sozialmodell der klassischen Privatrechtsgesetzbücher und die Entwicklung der modernen Gesellschaft, 1953, wiederabgedruckt in: Industriegesellschaft und Privatrechtsordnung, 9 ff. Die hiergegen vorgebrachte Kritik von *Jürgen Schmidt,* Vertragsfreiheit, 17 ff.; *Zöllner,* Privatrechtsgesellschaft, 31 ff., ist eher dem modelltheoretischen Ansatz und nicht der Diagnose geschuldet.

60 *Fezer,* Teilhabe und Verantwortung, 342.

61 Als kursorischer Überblick: (1) Gegenentwürfe in gesellschaftstheoretischer Perspektive mit materialistischer Variante (paradigmatisch: mit großen Unterschieden im einzelnen *Brüggemeier,* in: Assmann/ders./Hart/Joerges (Hrsg.), Wirtschaftsrecht als Kritik des Privatrechts, 9 ff.; *ders.,* Entwicklung des Rechts im organisierten Kapitalismus, Bd. 1 1977, Bd. 2 1979; *ders.,* JRR 8 (1982), 60 ff.; *Reifner,* Alternatives Wirtschaftsrecht am Beispiel der Verbraucherverschuldung, insbes. 68 ff.) und mit systemtheoretischer Variante (paradigmatisch: *Assmann,* Wirtschaftsrecht in der Mixed Economy, 157 ff., 229 ff.);

(2) Gegenmodelle aus demokratietheoretischer Sicht mit je verschiedenen Versionen bsp. aus dem Blickwinkel der politologischen Pluralismustheorie (paradigmatisch: *Friedrich Kübler,* Über die praktischen Aufgaben zeitgemäßer Privatrechtstheorie, insbes. 42 ff.; *ders.,* FS L. Raiser, 697 ff.; *Ott,* Recht und Realität der Unternehmenskorporation, 1977), einer materialen Verfassungstheorie des Sozialstaats

dies würde angesichts der tiefreichenden geistesgeschichtlichen Grundlagen des Ordoliberalismus[62, 63] die Kapazitäten dieser Untersuchung weit überschreiten. Auch ist hier kein Raum für das Für[64] und Wider[65] eines funktionalistischen, bei Reuter[66] als „normatives" Verständnis der Privatautonomie auftretenden Zugriffs auf das Privatrecht[67]. Schließlich kann auch nicht auf

---

(paradigmatisch: *Wiethölter,* in: Abendroth u. a., Der Kampf um das Grundgesetz, 158 ff.; *Brüggemeier,* ARSP 64 (1978), 87 ff.; *Helmut Ridder,* Die soziale Ordnung des Grundgesetzes, insbes. 94 ff.) oder der deliberativen Demokratietheorie (paradigmatisch: *Gerstenberg,* in: Jahrbuch junger Zivilrechtswissenschaftler 1993, 25 ff.; *ders.,* Bürgerrechte und deliberative Demokratie, 38 ff.);

(3) die dem Ordoliberalismus nicht wohlgesinnten Gegenprojekte historisch-kritischer (paradigmatisch: *Rolf Knieper,* Gesetz und Geschichte, insbes. 178 ff.; *ders.,* JRR 8 (1982), 116 ff.), institutionalistischer (paradigmatisch: *Ludwig Raiser,* Die Zukunft des Privatrechts, insbes. 24 ff.; *ders.,* Die Aufgabe des Privatrechts, 62 ff.), wirtschaftstheorie-kritischer (paradigmatisch mit erheblichen Unterschieden im einzelnen: *Norbert Reich,* Markt und Recht, insbes. 43 ff.; *Christian Joerges,* Verbraucherschutz als Rechtsproblem, inbes. 50 f., 106 ff., 126 f.), „pluralistischer" (paradigmatisch: *Karl-Heinz Fezer,* Teilhabe und Verantwortung, insbes. 362 ff.), diskurstheoretischer (paradigmatisch: *Habermas,* Faktizität und Geltung, 1992) oder prozeduralistischer (paradigmatisch *Karl-Heinz Ladeur,* Postmoderne Rechtstheorie, 1992; *ders.,* in: Preuß (Hrsg.), Zum Begriff der Verfassung, 304 (insbes. 319 ff.); *ders.,* JRR 8 (1982), 74 ff.; im Kontext des Unternehmensrechts: *ders.,* in: Dieter Hart (Hrsg.), Privatrecht im „Risikostaat", 137 (insbes. 145 ff.)) Provenienz.

62 Dazu nur *Mestmäker,* Recht und ökonomisches Gesetz, 1978; *Möschel,* FS Pfeiffer, 707 (716); sowie ausführlich *D. Haselbach,* Autoritärer Liberalismus und Soziale Marktwirtschaft, 1991, mit Übersicht zu den jeweiligen Ansätzen. Allg. zum geistesgeschichtlichen Umfeld des Ordoliberalismus kritisch *Runge,* Antinomien des Freiheitsbegriffs im Rechtsbild des Ordoliberalismus, 1971; die sonstigen kritischen Äußerungen der Literatur sind Legion, vgl. bsp. nur *Reich,* Markt und Recht, 39, der das brüchige Freiheitspathos des Ordoliberalismus betont und zudem eine autoritäre Staats- und Rechtsauffassung ausmacht.

63 Prominentestes ebenfalls der ökonomischen Rationalität verpflichtetes Gegenmodell: die dem Utilitarismus nahekommende Ökonomische Analyse des Rechts, dazu aus der überbordenden Literatur nur *Peter Behrens,* Die ökonomischen Grundlagen des Rechts, 1986; sowie *Horst Eidenmüller,* Effizienz als Rechtsprinzip, 1995.

64 Dazu – neben den hier nicht weiter nachgewiesenen Vertretern einer systemtheoretisch orientierten Rechtstheorie oder einer funktionalistischen Privatrechtstheorie – explizit bezogen auf *Reuter* vgl. nur *Lieb,* GmbH-Rdsch 1973, 274 (279: tendentiell beifallswürdig).

65 Als konsequenter Gegenentwurf zu einem jeglichen Funktionalismus im Recht vgl. nur die personale Rechtslehre *Arthur Kaufmann*s oder die pluralistische Privatrechtstheorie *Karl-Heinz Fezer*s (Teilhabe und Verantwortung, insbes. 358 ff., 362 ff.); sowie – mehr bezogen auf die Thematik des Ordoliberalismus – nur *Enderlein,* Rechtspaternalismus und Vertragsrecht, 113 ff., 153 f.; *Kübler,* FS Steindorff, 687 (693 f.); *Müller-Freienfels,* FS Rittner, 423 (449 f.); *K. W. Nörr,* Die Leiden des Privatrechts, 154 f., 222 ff.; *Reich,* Markt und Recht, 39 (gegen die Einseitigkeiten des ordoliberalen Funktionalismus); *Runge,* Antinomien des Freiheitsbegriffs, 148 f., 172. Allg. dazu auch *Knieper,* Gesetz und Geschichte, 12 ff., 172 ff.

66 *Reuter,* Privatrechtliche Schranken, 32 ff., 35 ff.

die dem Ordoliberalismus zugrundeliegende Theorie des subjektiven Rechts[68], auf die Möglichkeit einer empiristischen Kritik eines ökonomischen Modells[69] und der Stringenz der empiristischen Kritik an Reuter[70], auf die ordoliberalistische Rekonstruktion des Verhältnisses von Staat und Gesellschaft[71] als Verhältnis der Trennung[72] und die damit zusammenhän-

---

[67] Zur „gesellschaftlichen Funktion der Institution Privatautonomie" vgl. nur *Mestmäker,* Recht und ökonomisches Gesetz, 325 ff.; zur Wandlung des Rechtssubjekts als „Funktionär der Gesamtrechtsordnung" *Biedenkopf,* FS Böhm, 1965, 113 (116 ff., 133 f.); zur „Unvertretbarkeit" der Deutung des Privatrechts als in sich begründete Regelung von Freiheitsräumen im Gefolge *Kants* und *Savignys* vgl. *Fikentscher,* Wirtschaftsrecht, Bd. 1, 33 f.; zur Orientierungsgröße der „Wahrung der Funktionsvoraussetzungen einer dezentral gesteuerten Verkehrswirtschaft" *Rebe,* Privatrecht und Wirtschaftsordnung, 79 f., 88 ff.

[68] Zum Vorwurf einer Aufhebung der Kategorie des subjektiven Rechts durch den Ordoliberalismus vgl. nur *Runge,* Antinomien des Freiheitsbegriffs, 149 ff.; *Jürgen Schmidt,* Vertragsfreiheit, 173 f.

[69] *Reuter* formuliert seinen Ansatz auf der Basis eines ökonomischen Modells, also einer gedanklichen Konstruktion mit einem hohen Abstraktionsgrad, bei der bestimmte Aspekte isoliert werden. Nun ist es eines der zentralen Aussagen der Wissenschaftstheorie nach *Thomas S. Kuhn,* daß sich Modelle nicht durch Erfahrung widerlegen lassen, sondern nur durch andere Modelle. Vor diesem Hintergrund müßte eine Kritik an *Reuter* entweder innerhalb seines Modells arbeiten, sich eines anderen Modells der bestehenden Modellorthodoxien bedienen (bsp. das Modell der mixed economy) oder ein neues Modell entwickeln. Eine sofort rein empiristisch orientierte Kritik gegen ein Modell (wie sie bsp. *Michalski,* Gesellschaftsrechtliche Gestaltungsmöglichkeiten, insbes. 60 ff., 90 ff., vorgelegt hat) ginge danach grundsätzlich zuerst einmal ins Leere und könnte *Reuter* allenfalls einen gewissen Modellplatonismus vorwerfen. Vgl. auch *Jürgen Schmidt,* Vertragsfreiheit, 214; allg. auch *Eidenmüller,* Effizienz als Rechtsprinzip, 39 ff.

[70] Generell wird gegen *Reuter* eingewandt, die Verwirklichung seiner Vorschläge würde die Existenz kleiner und mittler Unternehmen sowie die Wettbewerbswirtschaft insgesamt zerstören, so bsp. *Flume,* Personengesellschaft, 190; *Michalski,* Gesellschaftsrechtliche Gestaltungsmöglichkeiten, 54 ff.; *Wiedemann,* FS Fischer, 883 (896). Vgl. zu diesem Vorwurf, die Praxis habe hier die Theorie längst überholt, die Replik von *Reuter,* AcP 181 (1981), 1 ff., der auf die dringend notwendige Revision von Praxis verweist. Vgl. zur Notwendigkeit, eine Praxisbewertung zu betreiben, die der theoretischen Komplexität des ordoliberalistischen Programms entspricht, immer noch treffend *Assmann,* Wirtschaftsrecht in der mixed economy, 390 Fn. 83. Zudem geht die Kritik an *Reuter* nicht darauf ein, daß dieser seine Überlegungen auf *Unternehmen* beschränkt. Und das sind nach seiner Diktion nur solche, bei denen sich die Zukunft des Geschäftsbetriebs insofern abstrakt planen läßt, als eine Trennung von Unternehmen und Unternehmensträger überhaupt einen Sinn macht – also gerade nicht bsp. beim Handwerksbetrieb oder beim minderkaufmännischen Gewerbe, vgl. nur *Reuter,* AcP 181 (1981), 1 (16): *ders.,* AG 1979, 321 (327); MünchKomm-*ders.* vor § 21 Rn. 80.

[71] Dazu *Böhm,* Ordo 17 (1966), 75 (76, 81, 84 f., 86); *Mestmäker,* Recht und ökonomisches Gesetz, 11 ff., 29 ff.

[72] Die Diskussion ist naturgemäß weitest gefächert. Zustimmend zum Trennungsdogma von Staat und Gesellschaft: Vgl. nur im Rahmen der Diskussion um die Pri-

gende ordoliberal-spezifisch[73] verstandene Kategorie des Öffentlichen[74] sowie schließlich und endlich auf die Frage nach der Steuerbarkeit der Gesellschaft[75] durch Recht[76] eingegangen werden. Dies kann und braucht hier nicht geleistet zu werden.

---

vatrechtsgesellschaft *Bydlinski,* FS Raisch, 9 (15 f.); ders., FS Wilburg, 52 (62 ff.); *Zöllner,* Die Privatrechtsgesellschaft im Gesetzes- und Richterstaat, 22 f.; sowie ansonsten nur *Rupp,* Die Unterscheidung von Staat und Gesellschaft, in: Josef Isensee/Paul Kirchhof (Hrsg.), Handbuch des Staatsrechts, Bd. 1, 1987, § 28 (unter Rezeption der Gedanken *v. Hayeks*). Selbstverständlich ist auch verfassungstheoretisch dem Trennungsdogma applaudiert worden, und dies ebenso selbstverständlich nicht nur in der Tradition *Kants* (wie der Ordoliberalismus), sondern auch bsp. in der Nachfolge *Hegels*, so bsp. *Böckenförde,* Die verfassungstheoretische Unterscheidung von Staat und Gesellschaft als Bedingung individueller Freiheit, 1973; *ders.,* Recht, Staat, Freiheit, 42 ff., 170 ff., 209 ff.; dazu siehe auch *Olaf Köppe,* KritJ 1997, 45 ff.

Zur Kritik an dem Trennungsdogma vgl. aus den verschiedensten Richtungen nur *Assmann,* Wirtschaftsrecht in der mixed economy, insbes. 198 ff., 228 ff.; *Brüggemeier,* JRR 8 (1982), 60 ff.; *ders.,* in: Assmann u. a. (Hrsg.), Wirtschaftsrecht als Kritik des Privatrechts, 9 ff.; *Gotthold,* Wirtschaftliche Entwicklung und Verfassungsrecht, 1975; *Großfeld,* Zivilrecht als Gestaltungsaufgabe, 78; *Hart,* KritJ 1974, 274 ff.; *Knieper,* JRR 8 (1982), 116 (119 f.); *Ladeur,* JRR 8 (1982), 74 ff.; *Ogorek,* RJ 9 (1990), 403 (425 ff.); *W. Schmidt,* AöR 101 (1976), 24 (insbes. 39 ff.); *Wiethölter,* FS Böhm, 41 (insbes. 50); *ders.,* JRR 8 (1982), 38 (44); *ders.,* in: Gunther Teubner (Hrsg.), Entscheidungsfolgen als Rechtsgründe, 89 (117 f.). Aus der verfassungstheoretischen Literatur seien nur die Namen *Abendroth, Ehmke, Habermas, Häberle, Hesse, Ridder* und *Preuß* erwähnt.

Die ablehnenden Stimmen werfen dem Ordoliberalismus oftmals zudem vor, er habe aus den Traditionen der westlichen liberalen Demokratien nur das liberale, nicht aber das republikanische Element der politischen Selbstregierung übernommen, verkürze insofern in nicht einsichtiger Weise Autonomie auf das Private und fände daher zu einem pathologischen Gegensatz zwischen Privatautonomie und Staatsbürgerautonomie, zwischen bourgeois und citoyen, dazu nur *Klaus Günther,* RJ 11 (1992), 473 (476 ff., 489 ff.); *Habermas,* Faktizität und Geltung, insbes. 109 ff., 468 ff.; *ders.,* in: Preuß (Hrsg.), Zum Begriff der Verfassung, 82 (88 ff., 90 ff.); *Damm,* in: Dieter Hart (Hrsg.), Privatrecht im „Risikostaat", 13 (39 f.), auf der einen und bsp. *Knieper,* Gesetz und Geschichte, insbes. 52 f., 132 ff., auf der anderen Seite. Allg. dazu kritisch *Rupp,* in: Isensee/Kirchhof (Hrsg.), Handbuch des Staatsrechts, Bd. 1, § 28 Rn. 18 ff., 25 ff.

[73] Vgl. zum ordoliberalen Primat der Ökonomie gegenüber der Politik nur *Mestmäker,* Recht und ökonomisches Gesetz, 29 ff., 65 ff.

[74] Vgl. zu anderen Ansätzen zum Problem von Recht, Verfassung, Politik und Gesellschaft hier aus der überbordenden Diskussion nur *H. P. Westermann,* AcP 175 (1975), 375 (397 f.); *Kübler,* Privatrechtstheorie, 37 f., 42 ff.; *Gerstenberg,* Jahrbuch junger Zivilrechtswissenschaftler 1993, 25 (32 f.); *Runge,* Antinomien des Freiheitsbegriffs im Rechtsbild des Ordoliberalismus, 170 ff.

[75] Die Steuerbarkeit gesellschaftlicher Prozesse setzt ein hinreichendes Maß an Prognosewissen voraus. In einem Stadium der gesellschaftlichen Differenzierung, in dem der überschaubare Raum des zweckrationalen Handelns einer endlosen Vernetzung und Verschleifung hochkomplexer Handlungsketten ohne jede Aussicht auf Folgengewißheit im Handeln gewichen ist, wird Steuerung aber mehr und mehr

Entscheidend ist vielmehr, daß der Ordoliberalismus nicht versucht, die Einheit des Rechts in positivistischer Manier dadurch zu bewerkstelligen, daß das Rechtssystem intern geschlossen wird und sich auf seine eigenen Wertungen besinnt. Er bemüht sich vielmehr darum, das Recht zu einer ökonomischen Theorie des Rechts[77] und zu der in ihr verkörperten Rationalität hin zu öffnen. Ein Beispiel hierfür bietet der als Rezeptionsbegriff für außerrechtliche Wertungen konzipierte Begriff des „Gesellschaftsinteresses"[78]. Mit dieser Theorienanlage kommt es also zu so etwas wie einem usurpatorischen Übergreifen wirtschafts- und insbesondere kartellrechtlicher Wertungen auf das Privatrecht. Damit wird aber die Argumentationsfigur der Einheit der Rechtsordnung unausgewogen konzipiert, da ja die mit den rechtsdogmatischen Rezeptionsbegriffen wie „Gesellschaftsinteresse" hergestellte strukturelle Koppelung von Wirtschafts- und Rechtssystem noch nichts über die rechtssystemimmanente Gewichtung einzelner wirtschaftlicher Einflußfaktoren aussagt[79]. Allgemein gesagt, kann der Ordoliberalismus dem Einwand nichts entgegensetzen, das Zivilrecht habe die Eigenver-

---

zum Problem. Die hier plazierte Steuerungsdebatte formiert zwischen dem ganzen Spektrum von Steuerungspessimismus [paradigmatische Theorievariante: systemtheoretische Rechtskonzeption *Luhmann*scher Prägung (vgl. nur *ders.,* Die Wirtschaft der Gesellschaft, 324 ff.); Gegenkonzept zur direkten Steuerung: prozedurale Mechanismen], Steuerungspragmatismus und Steuerungsoptimismus [paradigmatische Theorievariante: ökonomische Analyse des Rechts, Ordoliberalismus] und trifft sich mit dem vieldiskutierten Problem der Folgenorientierung in der Rechtsentscheidung, dazu nur kürzlich *Martina Renate Deckert,* Folgenorientierung in der Rechtsanwendung, 1994. *Luhmann* diagnostiziert bei einer folgenorientierten juristischen Entscheidungspraxis mittlerweile „schier unbegreiflich(e) Illusionen" (*Luhmann,* Die Gesellschaft der Gesellschaft, 391 Fn. 350). Allg. zur Steuerungsdebatte vgl. aus dem überbordenden Schrifttum nur aus jüngerer Zeit *Damm,* in: Hart (Hrsg.), Privatrecht im „Risikostaat", 13 (17 ff.); *ders.,* Risikosteuerung im Privatrecht, in: Hoffmann-Riem/Schmidt-Aßmann (Hrsg.), Öffentliches Recht und Privatrecht als wechselseitige Auffangordnungen, 1996, 85 (99 ff.); sowie den Überblick zum älteren Schrifttum bei *Dieter Grimm,* Entscheidungsfolgen als Rechtsgründe, in: G. Teubner (Hrsg.), Entscheidungsfolgen als Rechtsgründe, 1995, 139 Fn. 1.

[76] Die Steuerungsfrage kann hierbei in die Frage nach dem angemessenen Verständnis von Wirtschaftsrecht übersetzt werden, wie dies bsp. geschieht, wenn Bescheidenheit in Fragen rechtlicher Wirtschaftslenkung durch „lenkungsoffenes" Privatrecht angemahnt wird, wie bsp. etwa bei *Tilmann,* Wirtschaftsrecht, 41 f. Als paradigmatisch dem Ordoliberalismus entgegengesetzte Modellorthodoxie hierzu: *Assmann,* Wirtschaftsrecht in der mixed economy, insbes. 167 ff. zur Kritik am Ordoliberalismus.

[77] Die freilich von der Ökonomischen Analyse des Rechts zu unterscheiden ist, siehe dazu *Ulrich,* ARSP-Beih. 62 (1995), 33.

[78] Gesellschaftsinteresse ist für *Reuter* das Interesse der Gesellschaftergesamtheit an einer langfristigen Optimierung des Unternehmensertrags, siehe oben § 10 I. Hierzu wäre manches zu sagen, siehe zur Kritik etwa *Teubner,* ZHR 149 (1985), 470 ff.; *ders.,* ZGR 1986, 565 (568 f.).

[79] *Luhmann,* Das Recht der Gesellschaft, 452 ff.

antwortlichkeit aller Marktbürger zu respektieren und eine Kontrolle ökonomischer Macht grundsätzlich dem Wettbewerbsrecht zu überlassen[80]. Es kommt vielmehr zu einem klassischen argumentativen Patt in der Dogmatik – wenn nicht auf einer abstrakteren rechtstheoretischen und sozialphilosophischen Ebene weiterdiskutiert werden soll, was hier nicht geleistet werden kann.

Auch das ordoliberalistische Verständnis des rechten Verhältnisses von Privatrecht und Öffentlichen Recht ist unausgewogen. Dieses Verhältnis ist eher als ein solches von wechselseitigen Auffangordnungen und nicht als ein solches der Vorgängigkeit des Privatrechts zu rekonstruieren[81]. Auch ist heute weitgehend anerkannt, daß nicht nur die Legalität, sondern auch die Legitimität des Privatrechts nur im Rahmen der Verfassung besteht; zudem wird der Vorstellung weitgehend beigepflichtet, dem Verfassungsrecht komme gegenüber dem Zivilrecht eine Schutz-, Richtlinien- und Impulsfunktion zu[82] – damit ist aber ein Konzept unvereinbar, bei dem (wie in der ordoliberalistischen Rechtstheorie) das „nicht-private Privatrecht" als der Verfassung vorgelagert gedacht wird[83]. Ein derartiges Primat des Wirtschaftsrechts geht auch für das Verhältnis von Nießbrauchsrecht und Gesellschaftsrecht nicht an.

---

[80] Siehe etwa *Lieb,* AcP 183 (1983), 327 (362 ff.); dazu auch *Rittner,* AcP 188 (1988), 101 ff.; allg. *Teubner,* ARSP-Beih. 65 (1996), 199 ff.

[81] Dazu vgl. nur die Beiträge in dem von *Wolfgang Hoffmann-Riem* und *Eberhard Schmidt-Aßmann* hrsg. Sammelband Öffentliches Recht und Privatrecht als wechselseitige Auffangordnungen, 1996 (darin bsp. die Arbeiten von *Damm,* ebda., 85 (137 ff.); *Hoffmann-Riem,* ebda., 261 (268 f.); und *Trute,* ebda., 167 (171)); sowie bezogen auf die Diskussion um die Privatrechtsgesellschaft und die Auswirkungen dieses Konzepts auf das Verhältnisproblem *Stolleis,* RJ 11 (1992), 500 (505 ff.); *Günther,* RJ 11 (1992), 473 (insbes. 494 ff.); *Ogorek,* RJ 9 (1990), 403 (425 f.); vgl. auch *Ladeur,* in: Preuß (Hrsg.), Zum Begriff der Verfassung, 304 (319 ff.); *Großfeld,* Zivilrecht als Gestaltungsaufgabe, 81 f.

Demgegenüber wird neuerdings wieder stärker an die ordoliberale Auffassung von der Vorgängigkeit des Privatrechts – vor allem im Zusammenhang mit der Diskussion um die Drittwirkung der Grundrechte und der Geltung des Verhältnismäßigkeitsprinzips im Zivilrecht – angeknüpft, so bsp. bei *Rittner,* FS Müller-Freienfels, 1986, 509 ff.; *Bydlinski,* AcP 194 (1994), 319 ff.; *ders.,* Das Privatrecht im Rechtssystem einer Privatrechtsgesellschaft, insbes. 73 ff.; zu diesem Problem ausführlich *Müller-Freienfels,* FS Rittner, 1991, 423 ff.

[82] Vgl. nur *Dieter Schwab,* Einführung in das Zivilrecht, 11. Aufl. 1993, Rn. 85; *K. Hesse,* Verfassungsrecht und Privatrecht, 40 f.; *Alexy,* Theorie der Grundrechte, 493 f.

[83] *Mestmäker* ficht für ein derartiges Konzept, vgl. nur *Mestmäker,* Recht und ökonomisches Gesetz, 297 ff., 325 ff. Dazu in anschaulicher Akzentuierung *Radbruch,* Rechtsphilosophie, 226 ff.; zustimmend zu *Mestmäker* bsp. *Oechsler,* Gerechtigkeit im modernen Austauschvertrag, 142.

Der vom Ordoliberalismus reklamierte Vorrang der vorrechtlichen Selbstbestimmung und des „nicht-privaten Privatrechts“ vor sonstigen die Handlungsfreiheit des Marktbürgers bestimmenden Rechtsmaterien kann auch auf einer noch abstrakteren Ebene kritisiert werden. Diese Kritik greift den Umstand auf, daß Recht – wenn es nicht nur als Ausdruck bloßer Macht, als „auctoritas“ im Hobbesschen Sinne verstanden werden will – so ausgestaltet sein muß, daß es „allgemein“ ist. Denn nur ein allgemeines Recht sichert das demokratische Projekt, daß sich die Bürger als gemeinsame Autoren des Rechts letztendlich begreifen dürfen[84] – ein Projekt, das man als Vision einer kantischen Republik bezeichnen kann. Würde nun der vom Ordoliberalismus reklamierte Vorrang des in den Denkzusammenhängen der Wirtschaftstheorie ausgeformten Privatrechts rechtlich wirklich werden, würde damit die Allgemeinheit des Rechts verloren gehen. Denn angesichts der fortgeschrittenen Partikularisierung der Gesellschaft in ausdifferenzierte Subsysteme und der Spezifizierung des Rechts muß sich das Privatrecht den einzelnen Segmenten und Funktionssystemen der Gesellschaft öffnen, wenn es seine normative Kraft wahren und als *allgemeines* Recht gelten will – es darf sich also nicht den Denkzusammenhängen eines Subsystems, nämlich der Wirtschaft, allein verschreiben. Das demokratische Projekt einer auf die Bedingungen heutiger Gesellschaften geläuterten kantischen Republik, in der sich die Bürger als gemeinsame Autoren des Rechts begreifen können, kann nur noch in den Binnenräumen gesellschaftlicher Teil-Einheiten aufgegriffen werden[85]. Es kommt also darauf an, ein den einzelnen gesellschaftlichen Teilsystemen adäquates Recht zu entwickeln, welches die gesellschaftlichen Diskurspluralitäten nachzuzeichnen im Stande ist[86]. Als historisches Vorbild für das Verhältnis des Rechts zu den Autonomiebereichen der Zivilgesellschaft dient die bemerkenswerte Responsivität, die das Privatrecht in der Vergangenheit gegenüber den Bedürfnissen des Wirtschaftssystems entwickelt hat[87]. Diese Präferenz für ein

---

[84] Zur Allgemeinheit des Rechts und der Autorenschaft der Bürger sowie der auch im System privatrechtlicher Wertung aufscheinenden demokratischen Genese des Rechts siehe *Goebel,* ARSP 2003, 372 (373 ff., 375 ff.); *ders.,* Testierfreiheit als Persönlichkeitsrecht, § 1 II 3.

[85] *Maus,* Zur Aufklärung der Demokratietheorie, 224 f.

[86] Siehe zu diesem von *Teubner* entwickelten Rechtskonzept *Teubner,* Recht als autopoietisches System, 123 ff.; *ders.,* ARSP-Beih 65 (1996), 199 ff.; *ders.,* Soziale Systeme 2 (1996), 229 ff.; *ders.,* ZfRSoz 1998, 8 ff. Ein ähnliches, wenngleich in der Grundlegung unterschiedliches Konzept entwickelt *Wiethölter,* siehe *Wiethölter,* KritV 1988, 1 ff. Selbstverständlich ist auch der *Teubner*sche Ansatz nicht unumstritten, siehe zur Kritik nur jüngst *Habermas,* Die Einbeziehung des Anderen, 370 ff. Ansonsten siehe zur Einbettung des *Teubner*schen Konzepts in die Frage nach der Allgemeinheit des Rechts *Goebel,* ARSP 2003, 372 (383 f.); *ders.,* Testierfreiheit als Persönlichkeitsrecht, § 1 II 4.

[87] *Teubner,* ZfRSoz 1998, 8 (14 f.).

Recht der Teilsysteme kann auch so gelesen werden, daß damit die angemessene Bildung eines gemeinschaftlich geteilten Vokabular des Guten zur Rede steht, welches gleichwohl nicht vergißt, daß Recht allgemein – allen Bürgern als Autoren gemein – sein muß. Eine derartige „Polykontexturalität" allen Rechts[88] heißt dann nichts anderes, als daß die Fragmentierung der Gesellschaft in eine Vielzahl von sozialen Sektoren ihrerseits in das Recht übersetzt werden muß, damit dieses eben um des Gleichbehandlungsgrundsatzes willen[89] die interne Rationalität der gesellschaftlichen Sektoren ebenso wie deren interne Normativität hinreichend reflektieren kann – ansonsten könnten die Angehörigen dieser gesellschaftlichen Sektoren das Recht weder als das ihrige begreifen, noch könnte das Recht jemals innerhalb der Sektoren hinreichend verhaltssteuernd wirken. Würde auf einen Einbezug sektorialer Rationalität und Normativität in das Recht verzichtet, wäre beispielsweise die rechtliche Abbildung der privatautonomen Gestaltungsfreiheit so abstrakt, daß sie im Endeffekt keine adäquate Handlungsform innerhalb einer extrem differenzierten Zivilgesellschaft bereitstellt und damit ihren freiheitssichernden Sinn verliert. Nichts anderes geschieht ja auch in den Dogmatiken des Wirtschaftsrechts, des Rechts der Intimbeziehungen, des Medien- oder des Kunstrechts, bei denen es oft um eine Anpassung des allgemeinen Normbestands an sektorale Anforderungen partikularer Normativität geht. Das Privatrecht darf danach nicht nur von seiner Nähe zur Wirtschaft, sondern muß auch aus der Perspektive der verschiedenen autonomen Sektoren der Zivilgesellschaft (wie Intimbeziehung, Kunst, Medien etc.) bearbeitet werden, für die es jeweils adäquate Handlungsformen bereitstellt. Übertragen auf die Stimmrechtszuordnung beim Anteilsnießbrauch bedeutet dies, daß es nicht hinreicht, einfach die Vertragsfreiheit mit dem Sozialmodell der Wettbewerbswirtschaft zu korrellieren, um die vermeintlichen Funktionsbedingungen der Vertragsfreiheit zu sichern und um sodann von diesem Plateau aus Grenzen der Stimmrechtszuordnung zu konstruieren. Es verwundert daher nicht, daß Reuter vorgeworfen worden ist, seine Theorie vernachlässige die angemessenen Differenzierungen des Gesellschaftsrechts[90]. Allgemein gesagt, würde der in den einzelnen Sekto-

---

[88] Zum Konzept der Polykontexturalität siehe nur *Luhmann,* RTh 1986, 171 ff.; *Teubner,* Soziale Systeme 1996, 229 ff.; *ders.,* ZfRSoz 1998, 7 (10 ff.).

[89] *Teubner* verweist denn auch explizit auf die Gleichbehandlungsproblematik als generativen Mechanismus der Rechtsproduktion, siehe etwa *ders.,* ARSP-Beih 65 (1996), 199 (209).

[90] Wie *Wiedemann,* GesR, 75, es zutreffend ausdrückt: Das ordnungspolitische Credo sei zur Beurteilung der vielfältigen Interessenbezüge des Gesellschaftsrechts zu einseitig ausgelegt. Andererseits darf nicht verhehlt werden, daß eine ökonomischen Imperativen – also Sachzwängen – gehorchende Praxis nicht unbedingt die rechtlich sinnvollen Differenzierungen gleich mitliefert – dies anzunehmen ist die ständige Gefahr eines gesellschaftsrechtlichen Instrumentalismus, der wirtschaftlichen Sachzwängen häufig den Status eines quasi-naturrechtlichen Arguments einzu-

ren der Zivilgesellschaft lokalisierte normative Eigensinn nicht erfaßt. Am Beispiel des vermächtnisweise zugewendeten Versorgungsnießbrauchs kann dies besonders plastisch verdeutlicht werden:

b) Als Beispiel: Die ordoliberalistische Reformalisierung des Privatrechts und die Materialisierung der Testierfreiheit

Einer der Sektoren der Zivilgesellschaft wird durch den solidarischen Zusammenhang affektiv verbundener Personengruppen gebildet, seien es Ehegatten, seien es in sonstiger Weise sich in Solidarität und Intimität zugewandte Kleingruppen. Im Erbrecht findet dies seinen Ausdruck in dem positiv bewerteten Aspekt familiarer Solidarität, wenn sich der Erblasser solidarisch gegenüber seinem anderen Gatten auch nach seinem Tode verbunden zeigen will und ihm daher vermächtnisweise einen Versorgungsnießbrauch an der Mitgliedschaft zuwendet. Wenn sich nun Solidarität in einer bestimmten Versorgung des überlebenden Ehegatten ausdrücken soll, die dieser auch eigenverantwortlich – bsp. durch die Wahrnehmung von Stimmrechten in einer Personengesellschaft – wahrnehmen soll, muß sich der letztwillig Verfügende des Instrumentariums bedienen, das ihm durch die Rechtsordnung bereit gestellt wird (hier also die vermächtnisweise zugewandten beschränkten dinglichen Rechte). Damit ist aber noch lange nicht *zugleich* ausgemacht, daß die rechtliche Ausformung dieses Instrumentariums *allein* durch die Gepflogenheiten des Wirtschaftssystems dominiert wird. Reuter verneint jedoch der Tendenz nach jegliche familiar-solidarische Dimensionen des Rechts, da im Verweisungszusammenhang des Ordoliberalismus die sich gegen das Gesetz der Ökonomie durchsetzende Familiensolidarität ihren theoretischen und damit für einen Ordoliberalen auch rechtlich-normativen Ort verliert: Wo sich die ordoliberale Machtfrage stellt, kann auch der Rekurs auf familiare Solidarität eine Zuweisung des Stimmrechts an den Nießbraucher nicht retten. Reuter ebnet damit aber (erb-)*rechtliche* Differenzierungen ein. In dieser Dominanz des Wirtschaftssystems[91] spiegelt sich die – für den die Einheit von Wettbewerbsrecht und Privatrechtsordnung reklamierenden Ordoliberalismus ja entscheidende – Einheit der Rechtsordung und ihrer Wertungen daher nicht angemessen wider. Anders gesagt steht die Gefahr im Raum, daß es aufgrund des zu undifferenzierten Verdikts von der „Einheit der Rechtsordnung" zu einer

räumen gewillt ist. Vor diesem Hintergrund geht es *Reuter* darum, herauszufinden, inwieweit von der Praxis als „unabweisbar" ausgezeichnete Bedürfnisse auch rechtlich geschützt sind. Der Ideologie-Vorwurf verschiebt sich dann in die ihre Bedürfnisse nicht transzendierende Praxis.

[91] Geradezu entlarvend ist insofern *Immenga,* Kapitalgesellschaft, 125, der rundweg nur von „wirtschaftlicher Freiheit" spricht.

rechtssystematisch ungerechtfertigten Dominanz einzelner Normgruppen sowie zu normzweckspezifischen Funktionsverfehlungen kommt[92].

Schließlich kann auch ganz abgesehen von dem Gedanken der sich gegen das Gesetz der Ökonomie durchsetzenden Familiensolidarität gegen den ordoliberalistischen Zugriff auf das Privatrecht zumindest in erbrechtlichen Kontexten eingewendet werden, daß der Ordoliberalismus für einen Begriff der Selbstbestimmung ficht, von dem sich das Erbrecht abgewendet hat. Denn der Ordoliberalismus kann Selbstbestimmung nur im Gesamtzusammenhang einer Eigentums-Marktgesellschaft begreifen. Er formuliert den Selbstbestimmungsgedanken damit in der Tradition der – wenn auch in einen Ordo eingebundenen – Eigentümerfreiheit. Das Erbrecht konzipiert die Privatautonomie im erbrechtlichen Bereich (die Testierfreiheit) aber gerade nicht als fortgesetzte Eigentümerfreiheit, sondern begreift sie als ein funktionales Persönlichkeitsrechts des Erblassers, der sich mit Blick auf den eigenen Tod Rechenschaft über sich selbst und sein Nachleben gibt[93]. Angesichts dieser Personfunktionalität der Testierfreiheit liegt auf der Hand, warum es privatrechtlich zu einer Überwältigung der pluralen Rationalitäten der verschiedenen autonomen Sektoren der Zivilgesellschaft kommt, wenn der Ordoliberalismus sich anschickt, in einer Art „diskursiven Hegemonie"[94] sich als Leitsemantik des Privatrechts etablieren zu wollen: Es werden gerade die tragenden Wertungen bsp. des Erbrechts eingeebnet, vor deren Hintergrund es als ein kohärentes und konsistentes System rechtlicher Wertungen verstanden und damit erst als Recht begriffen werden kann. Anders gesagt: Kommt es zu einem ordoliberalistischen Denken im Rahmen erbrechtlicher Problemstellungen, kann das Recht notwendig nur mehr als das begriffen werden, was es möglichst nicht sein soll: als Frucht reiner auctoritas.

Diese Kritik am Ordoliberalismus sollte nicht mißverstanden werden. Keinesfalls geht es darum, die gesellschaftsrechtliche Typik mit Rücksicht auf die Versorgungsmotivation letztwillig Verfügender umzubauen. Es geht nur darum, die theoretische Herangehensweise an das Gesellschaftsrecht aufzubrechen, wenn diese Herangehensweise rechtliche Differenzierungen außerhalb des Gesellschaftsrechts nicht aus gesellschaftsrechtlichen, sondern aus wirtschaftstheoretischen Gründen nicht nachzeichnen will. Oder in anderen Worten: Gesellschaftsrechtliche Wertungen sollen über die Stimmrechtsverteilung entscheiden, nicht allgemeine theoretische Ansätze. Es gilt also, den Ordoliberalismus nicht als Interpretationstheorie des geltenden

---

92 Dazu nur *Damm,* in: Hart (Hrsg.), Privatrecht im „Risikostaat", 13 (40 ff.); sowie ausführlich *Hans-Leo Weyers,* Der Schleier der Rechtswidrigkeit, in: Liber Amicorum Josef Esser, 1995, 231 ff.

93 Dazu umfassend *Goebel,* Testierfreiheit als Persönlichkeitsrecht, passim.

94 *Reese-Schäfer,* Grenzgötter, 485.

Rechts zu lesen, sondern als Bewertungsmodus der Folgen des hier vorgeschlagenen Verständnisses des positiven Rechts, um sich dann zu fragen: Sind diese Folgen aus Sicht des Rechts aushaltbar? Nach Ansicht des Ordoliberalismus ist dies wegen des mit der Stimmrechtszuordnung verbundenen Machtzuwachses zugunsten des Nießbrauchers nicht der Fall. Doch dieser Folgenbewertung sollte nicht zugestimmt werden. Denn der Machtzuwachs des Nießbrauchers ist in rechtlicher Sicht akzeptabel, da er durch die familiare Versorgungsgerechtigkeit der Nießbrauchsgestaltung aufgewogen wird. Dieses Argument ist zudem nicht auf den von Todes wegen zugewendeten Versorgungsnießbrauch beschränkt, sondern greift auch bei dem Vorbehaltsnießbrauch. Auch hier geht es um die Sicherung der Versorgung in der Generationenfolge; auch hier steht familiare Solidarität sowie der Respekt vor der Lebensleistung des zurücktretenden Alt-Gesellschafters in Rede. Nur wird das diese Generationenfolge rechtlich verbindende Band nicht durch eine Verfügung von Todes wegen, sondern weitgehend funktional äquivalent durch Nachfolgemodi unter Lebenden gewoben. Insofern bricht ein Aspekt aus der Diskursumwelt des Ordoliberalismus (nämlich der Aspekt: rechtliche Tradierung familiarer Solidarität post mortem oder vorweggenommen) in die ordoliberalistische Theorie ein und beschneidet ihren Geltungsanspruch für den Teilbereich der Ehegattenversorgung von Todes wegen und der vorweggenommenen Erbfolge. Etwas pointiert ausgedrückt kommt es zu einer „“Versklavung“ fremder Rationalitäten zugunsten des Rechtssystems“[95]. Alles andere wäre kaum begründbar. Denn falls das Rechtssystem sich den Imperativen anderer gesellschaftlicher Teilsysteme, etwa des Wirtschaftssystems, öffnet, muß es dies in gleicher Weise gegenüber den anderen gesellschaftlichen Diskursen tun[96], wenn – so wäre hinzuzufügen – diese Öffnung sich mit dem bestehenden Normmaterial in Einklang bringen läßt. Genau dies ist aber bei den Imperativen familiarer Solidarität der Fall, wenn diese Solidarität der Erblasser in Ausprägung seines letzten Willens zeigen will. Insofern gilt es, das Privatrecht vor einer diskursiven Überwältigung durch ordoliberalistische Eigenlogiken zu schützen. Für den Anteilsnießbrauch sollte der ordoliberalistische Ansatz Reuters damit verworfen werden.

2. Allgemeine Schwierigkeit einer Kritik am ordoliberalen Programm

Doch greift die bisher geäußerte Kritik überhaupt den Ordoliberalismus an? Bedenken ergeben sich hier schon aus der Tatsache, daß bei allen hochkomplexen, in sich geschlossenen Ansätzen Kritik schon der Gefahr unter-

---

[95] *Teubner,* ARSP-Beih. 65 (1996), 199 (210).

[96] *Teubner,* ARSP-Beih. 65 (1996), 199 (216).

liegt, nicht mehr kritisch sein zu können. Denn die jeweilige kritisierte Rechtstheorie (hier also der Ordoliberalismus) kann zwar von außerhalb ihres kategorialen Bezugsrahmens beobachtet und damit auch kritisiert werden. Und mit einer derartigen Beobachtung zweiter Ordnung sieht der Beobachter auch immer mehr als der Beobachtete – nämlich *wie* der beobachtete Theoretiker beobachtet[97]. Nur heißt dies im Hinblick auf die Stringenz von Kritik noch nichts, solange der kritisierende Theoretiker nur sein Paradigma[98] und damit nur die harschen Fronten innerhalb einer – auch der Rechtswissenschaft nicht fremden[99] – „multiplen Paradigmatase“ (Luhmann) beschwört. Letztlich würde Kritik sich dann nur innerhalb der Grenzen von Lebensformen bewegen, die in sich abgeschlossen sind und nur innerhalb derer Argumente allein schon wegen des zwangslosen Zwangs ihrer selbst überzeugend sind, ansonsten jedoch nur qua Überredung, nicht qua Begründung zur Übernahme eines Vorschlags zu motivieren vermögen[100]. Und wenn eine Übernahme eines Vorschlags nicht gelingt, wird häufig zum methodischen Instrument der Polemik oder zum Ideologievorwurf[101] gegriffen, weil die Theorie nicht die angemessenen Differenzierungen des Gesellschaftsrechts[102] oder des Rechts überhaupt[103] nachzeichne. Eine derartige Ideologiekritik kann sich aber leicht den Vorwurf einhandeln,

---

97 Vgl. dazu nur *Luhmann,* Die Wissenschaft der Gesellschaft, 60 ff., 68 ff., 114 ff.; sowie *ders.,* in: ders., Soziologische Aufklärung 5, 31 ff. (insbes. 46).

98 In der Nachfolge *Kuhn*s (Struktur wissenschaftlicher Revolutionen, 1973) werden unter Paradigmen zumeist spezifische Problemstellungen und Methoden im Rahmen einer gemeinsamen Forschungstradition verstanden. Sie ähneln damit Lebensformen in der Tradition des späten *Wittgenstein*s.

99 Es sprechen gute Gründe für die Annahme, daß die Entwicklung der Rechtswissenschaft zwar als *Abfolge* von Paradigmen rekonstruiert werden kann (wie dies bsp. bei *Mittenzwei,* Teleologisches Rechtsverständnis, 1988, geschieht), daß aber zugleich die Situation heutiger Rechtswissenschaft nicht mehr unter der Prärogative der Identität des wissenschaftlichen Zugriffs auf das Recht, sondern „nur“ noch als multiple, plurale Veranstaltung angemessen verstanden werden kann.

100 Vgl. zu dieser Erkenntnis in der Tradition des späten *Wittgenstein*s nur *Ludwig Wittgenstein,* Über Gewißheit, §§ 612, 262.

101 So gegen *Reuter* bsp. *Karsten Schmidt,* GesR, § 5 III 2 b; *ders.,* JZ 1984, 771 (781); *Flume,* Personengesellschaft, § 13 I. In die gleiche Richtung zielt der Vorwurf eines „doktrinären Eifers“, so explizit *Wiedemann,* FS R. Fischer, 883 (896), der aber ansonsten dem *Reuter*schen Ziel einer Harmonisierung der gesellschaftsrechtlichen Gestaltungsfreiheit mit dem Sozialmodell der Wettbewerbsordnung Beifall zollt, vgl. *Wiedemann,* GesR, 75 f., vgl. auch *ders.,* FS R. Fischer, 883 (894 ff.). Vgl. allg. zum Problem des Ideologieverdachts *Friedrich Kübler,* in: Liber Amicorum Josef Esser, 1995, 91 (insbes. 102 ff.).

102 Siehe nochmals *Wiedemann,* GesR, 75.

103 Die von *Reuter* propagierte Festlegung auf das Ideal einer formalen Freiheitsethik (dazu *Reuter,* AcP 189 (1989), 199 ff.) wird bsp. als nicht angängige Reduktion der pluralistischen Prinzipienschicht der Rechtsordnung auf ein Prinzip angegriffen, so bsp. bei *Bydlinski,* System und Prinzipien des Privatrechts, 135 Fn. 133.

sie kapriziere sich auf die – nicht weiter begründbare – *Entscheidung* für ein Paradigma und kritisiere daher etwas, was mit den Mitteln des je eigenen Paradigmas gar nicht angegriffen werden könne[104]. Man gerät dann leicht in Trilemma-Fallen, in „Monopol-Pluralismen, kurzum: in parteiliche Unparteilichkeit“[105]. Gerade bei der Diskussion um Reuter läßt sich dies gut beobachten. So wird bsp. der Einwand, die Vorschläge Reuters führten bei bestimmten Problemlagen zu einem faktischen Druck zur Rechtsformwahl der Kapital- statt wie bisher der Personengesellschaft und verwiesen damit vor allem mittelständischen Unternehmen auf einen Kapitalmarkt, den es praktisch nicht gäbe[106], von Reuter theorieintern sofort wieder durch den Hinweis aufgefangen, das Fehlen des Kapitalmarkts sei Produkt einer verfehlten kautelarjurisprudentiellen Praxis, die sich den volkswirtschaftlich mißliebigen Wünschen der Unternehmer beuge, statt für eine funktional auf Freiheitssicherung bezogene Privatautonomie zu optieren: Ändere sich die Praxis, institutionalisiere sich auch ein sachgerechter Kapitalmarkt[107]. Überspitzt gesagt: Reuter thematisiert Recht als Ordnungsfaktor der Wirtschaft, während oftmals gerade umgekehrt im Gesellschaftsrecht die Wirtschaft als Ordnungsfaktor des Rechts angesehen wird. Es kommt damit zu einem klassischen argumentativen Patt, wenn nicht der jeweilige wettbewerbstheoretische Hintergrund mitthematisiert wird, der den einschlägigen gesellschaftsrechtlichen Ansatz trägt. So könnte natürlich auch dem hier gegen Reuter vorgetragenen Kritikpunkt, er vernachlässige die familiaren Dimensionen des Rechts, selbstverständlich entgegengesetzt werden, der Ordoliberalismus würde schon bestreiten, daß es derartige familiare Dimensionen mit der hier proklamierten Relevanz für gesellschaftsrechtliche Fragen überhaupt gibt; der Paradigma-Abgrund ist hier augenfällig.

Die Situation wird mit Blick auf diese Paradigma-Abgründe einigermaßen prekär. Während der *wissenschafts*theoretische Meinungsaustausch die Möglichkeit einer paradigma-übergreifenden Kritik mehr und mehr wie-

---

104 Bei Lebensformen sind nach *Wittgenstein* rationale Einigungen per Diskurs nur noch – dies ist bsp. für einen Diskurstheoretiker schlichtweg skandalös (dazu siehe nur *Goebel,* Rechtsgespräch und kreativer Dissens, 91 ff.) – *innerhalb* gerade des gemeinsam geteilten sprachlichen Bedeutungssystems möglich, vgl. *Wittgenstein,* Über Gewißheit, § 403; dazu nur *Aarnio,* Denkweisen der Rechtswissenschaft, 157 ff., *Wellmer,* Ethik und Dialog, 72 ff. Allg. zum Problem vgl. auch *Ladeur,* Postmoderne Rechtstheorie, 1992.

105 *Wiethölter,* in: G. Teubner (Hrsg.), Entscheidungsfolgen, 89 (96).

106 *H. P. Westermann,* AcP 175 (1975), 375 (412); *Reinhardt,* ZGR 1975, 366 (370 f.); *Michalski,* Gesellschaftsrechtliche Gestaltungsmöglichkeiten, 97 ff.

107 Vgl. nur *Reuter,* Privatrechtliche Schranken, 84; *ders.,* AcP 181 (1981), 1 (17 Fn. 71). Die rechtsdogmatisch interessierende Frage wäre dann, wer die Risiken einer etwaigen Änderung der rechtstheoretischen Grundlegung des Gesellschaftsrechts zu tragen hat. Zu diesem Problem ausführlich *Langenbucher,* Die Entwicklung und Auslegung von Richterrecht, 116 ff., 121 ff., 132 ff., 134 ff.

der mit dem lange Zeit verabschiedeten Projekt der Vernunft auszuloten und damit die Paradigmaabgründe zu überbrücken sucht[108], befindet sich die *rechts*theoretische Diskussion noch weitgehend im Zustand tastender Problemnäherung[109]. Bei dieser Sachlage kann der Rechtswissenschaft als praktischer Handlungswissenschaft nicht empfohlen werden, den theoretischen Diskurs abwartend zu verfolgen. Vielmehr kann im Kontext rechtspraktischen Handelns nur davon ausgegangen werden, daß Kritik auch interparadigmatisch sinnvoll ist – doch wie dies gedacht werden kann, muß hier offen bleiben. Dies bedeutet letztlich nichts anderes, als daß – wie oftmals[110] – die Lösung in einer Paradoxie zu suchen ist: Wir müssen arbeiten nach den Regeln dessen, was getan sein wird[111]. Und dies schließt ein zu sagen, der Ordoliberalismus konzipiere das Verhältnis von Wirtschafts- und Privatrecht nicht einsichtig und vernachlässige sträflich beispielsweise die Wertungen familiarer Solidarität.

---

[108] Es kommt hier darauf an, jenseits klassischer Einheitsmodelle und postmodernistischer Heterogenitäts-Hypertrophie über Übergänge zwischen Paradigmen nachzudenken und so den alteuropäischen Begriff der Vernunft neu zu fassen. Vgl. dazu als Überblick *Welsch,* Vernunft, Zweites Hauptstück; *ders.,* Unsere postmoderne Moderne, 295 ff.; sowie *Lenk/Spinner,* in: Stachowiak (Hrsg.), Pragmatik, Bd. 3, 1 ff.

[109] Das Paradigmen-Problem stellt sich rechtstheoretisch in aller Schärfe dann, wenn nach dem Anfang einer jeden Interpretation von Recht gefragt und davon ausgegangen wird, man habe noch absolut keine Vorstellung, wie mit Rechtstexten umzugehen sei. Wenn Recht als fortlaufende Praxis normativer Vergewisserung der Erwartungsgrundlagen der Gesellschaft im Rechtsstab beschrieben wird, ist die Antwort einfach: „Recht muß nie ‚anfangen'" (*Luhmann,* Das Recht der Gesellschaft, 138). Wenn jedoch Recht aus dem Blickwinkel der Rechtswissenschaft betrachtet wird, stellt sich das Problem des Verhältnisses des gesetzestextlichen Zeichengeflechts zum interpretationsleitenden Paradigma in aller Schärfe – nur nicht als logisches Verhältnis zweier Sprachstufen. Denn die Entscheidung für eine bestimmte Form interpretativer Rationalität ist primär eine normative Wahl, für die Rechtsnormen sehr wohl Fingerzeige geben können. Das – im rechtstheoretisch orientierten Schrifttum systematisch einzig von der Strukturierenden Rechtslehre *Friedrich Müller*s aufgegriffene – Problem ist dann nicht das eines logischen, sondern das eines hermeneutischen Zirkels. Vgl. dazu *Goebel,* Zivilprozeßrechtsdogmatik und Verfahrenssoziologie, 322 f. (zum Parallelproblem einer Beurteilung der ökonomischen Analyse mittels rechtsdogmatischer Argumente).

[110] Dazu nur *Luhmann,* Die Wissenschaft der Gesellschaft, 93 ff.

[111] Dazu *Lyotard,* Regeln und Paradoxe, in: ders., Philosophie und Malerei im Zeitalter ihres Experimentierens, 97 (101 f., 105 ff.).

IV. Insbesondere: Stimmrechtszuordnung und ordoliberale Machtfrage

1. Fragestellung

Es ist über die bisherigen Einsichten hinaus auch fraglich, wieso bei einer Zuweisung des Stimmrechts an den Nießbraucher überhaupt der Kern ordoliberalen Denkens: die ordoliberale Machtfrage, berührt sein soll. Dem Ordoliberalismus geht es vor allem um die Anbindung des Anteilsnießbrauchers an das Gesellschaftsinteresse. Dies kann auf vielerlei Wegen geschehen. Hier interessiert nur, ob begründet behauptet werden kann, eine hinreichende Anbindung an das Gesellschaftsinteresse folge schon aus dem Ergebnis der bisherigen Überlegungen zum Selbstbestimmungsschutz des Besteller-Gesellschafters. Nach diesen Überlegungen ist Voraussetzung einer Stimmrechtszuordnung an den Anteilsnießbraucher, daß (i) diese Zuordnung zweifelsfrei dem Bestellungsakt entnommen werden kann, daß (ii) der Nießbraucher über eine entsprechende Widmung des Anteils gem. § 1036 II BGB in die gesellschaftsrechtliche Treuepflicht eingebunden ist, daß (iii) das Stimmrecht gem. den Wertungen des § 1071 II BGB bei den Grundlagengeschäften zwischen Besteller-Gesellschafter und Nießbraucher vergemeinschaftet ist und daß schließlich (iv) der Besteller-Gesellschafter das Stimmrecht wieder an sich ziehen kann, wenn ihm ein wichtiger, aus dem Verhältnis zur Gesellschaft oder aus dem Verhältnis zum Nießbraucher resultierender Grund hierfür zur Seite steht[112]. Die entscheidende Frage lautet: Ist der Nießbraucher wegen dieser Punkte (i) bis (iv) hinreichend an das Gesellschaftsinteresse gebunden?

2. Die ordoliberale Machtfrage bei Grundlagengeschäften

Die soeben gestellte Frage lautet bei Grundlagengeschäften genauer: Muß hier der Nießbraucher bei Betrachtung der o.g. Punkte (i) bis (iv) auch in die Gesellschafterhaftung eingebunden werden, um ihn zu einer Abstimmungsentscheidung im Sinne des Gesellschaftsinteresses zu motivieren? Die Antwort ist ein klares Nein. Bei einer gemeinschaftlichen Ausübung des Stimmrechts durch Nießbraucher und Besteller würde – nichts spricht schließlich dagegen – der Besteller als Gesellschafter nach allgemeinen Regeln gem. § 128 HGB haften. Würde der Nießbraucher nun allein deshalb, weil er aufgrund seiner fehlenden persönlichen Haftung risikogeneigter ist, bei Grundlagengeschäften eine Stimmpolitik verfolgen, die dem Gesellschaftsinteresse zuwiderläuft, würde der Besteller-Gesellschafter sich mit

---

[112] Siehe oben § 6 bis § 7.

dem Nießbraucher hinsichtlich der Ausübung des Stimmrechts wohl kaum einigen. Die Stimme verfiele dann; das Gesellschaftsinteresse wäre mithin nicht tangiert. Einigen sich beide hingegen, kommt darin zugleich die Einschätzung durch den Besteller-Gesellschafter zu Tage, daß die risikofreudige Geschäftspolitik des Nießbrauchers wohl doch nicht gegen das Gesellschaftsinteresse verstößt. Wäre dies ausnahmsweise doch der Fall, hätte der Besteller-Gesellschafter wohl auch dann gesellschaftsinteressenwidrig gestimmt, wenn sein Anteil nicht nießbrauchsbelastet wäre. Das Gesellschaftsinteresse würde also bei Grundlagengeschäften bei Lichte betrachtet durchweg nicht allein aufgrund der Anteilsbelastung und des daraus folgenden Stimmrechts des Nießbrauchers negativ berührt. Es bleibt zu prüfen, ob der Nießbraucher auch bei Beschlüssen über die Geschäftsführung an das Gesellschaftsinteresse gebunden ist.

3. Die ordoliberale Machtfrage bei Beschlüssen über Gegenstände der Geschäftsführung

Bei Beschlüssen über Angelegenheiten der Geschäftsführung entfällt nach den bisherigen Überlegungen ein Zustimmungsvorbehalt des Besteller-Gesellschafters[113]. Muß demnach zwar nicht aus Gründen des Selbstbestimmungsschutzes des Besteller-Gesellschafters, wohl aber aus anderen Gründen zumindest entweder eine Stimmrechtsvergemeinschaftung oder eine Hineinnahme des Nießbrauchers in die Gesellschafterhaftung stattfinden? Auch hier wieder ist die Antwort ein klares Nein. Die Anbindung an das Gesellschaftsinteresse wird für den Ordoliberalismus vornehmlich über die Treuepflichtigkeit und die akzessorische Gesellschafterhaftung gewährleistet[114]. Die Treuepflichtigkeit des Nießbraucher ist schon aus Gründen des Selbstbestimmungsschutzes Voraussetzung seiner Stimmrechtsbefugnis. Der Ordoliberalismus könnte demnach nur noch das Fehlen der nießbraucherischen Haftung beklagen, es sei denn, auch der Nießbraucher könnte der Gesellschafterhaftung nach § 128 HGB unterworfen werden.

Der Ordoliberalismus[115] ficht also mit Verve für einen rechtlichen Grundsatz der Einheit von Herrschaft und Haftung. Ein derartiges Gebot ist jedoch nicht ersichtlich. Der Schutz der Selbstbestimmung des Besteller-Gesellschafters erzwang diese Einheit nicht, wie gezeigt werden konnte[116]; insofern gilt der Satz „keine Haftung ohne Herrschaft“ so unumwunden zumindest dann nicht, wenn das oben[117] entwickelte Vier-Stufen-Schema des

113 Siehe oben die Zusammenfassung unter § 8 II 4; sowie unten § 12 II.

114 Zur Haftung siehe *Reuter,* Privatrechtliche Schranken, 154, und passim.

115 Neben Reuter siehe etwa noch *Immenga,* Kapitalgesellschaft, 118.

116 Oben § 5 VI 3.

117 Siehe oben § 8 IV 1.

Besteller-Gesellschafter-Schutzes beachtet wird[118]. Aber auch der umgekehrte Satz „keine Herrschaft ohne Haftung“[119] ist kein Satz des geltenden Personengesellschaftsrechts. In der Literatur wird dies für beide Sätze oftmals anders gesehen und die Einräumung eigenständiger Entscheidungsbefugnisse an Gesellschaftsfremde ohne das Korrektiv der persönlichen Haftung gegenüber den Gläubigern schlichtweg abgelehnt[120]. Tragend sind zumeist zwei Argumente: Die Einheit von Herrschaft und Haftung sei ein unabdingbar notwendiger Teil der Lenkungsmechanik in der Konkurrenzwirtschaft. Zudem wäre das unternehmerische Risiko beeinflußbar durch die Entscheidungen der Gesellschafter; ist dem so, solle auch nur der Entscheidende es tragen.

a) Die Lenkungsmechanik der persönlichen Haftung in der Konkurrenzwirtschaft

Eines der wichtigsten Begründungen für die Einheit von Herrschaft und Haftung ist der Rekurs auf die haftungsrechtlichen Sachgesetzlichkeiten der Konkurrenzwirtschaft. So heißt es, diese führten als spezialpräventiver Effekt auf der einen Seite zu einer sachgerechten Kapitallenkung und Kapitalerhaltung und sorgten auf der anderen Seite dort für einen prompten Marktaustritt, wo er sich kraft unternehmerischen Mißerfolgs als unausweichlich erweise[121].

---

[118] Zum nicht tragfähigen Aspekt des Gesellschafterschutzes im Rahmen der Diskussion um den Satz „keine Haftung ohne Herrschaft“ siehe nur jüngst *Weber,* Privatautonomie, 189 ff., sowie ausführlich oben § 5 VI 3.

[119] Siehe zu den beiden zumeist genannten Schlagwörtern zum Zusammenhang von Herrschaft und Haftung (nämlich „keine Haftung ohne Herrschaft“ auf der einen und „keine Herrschaft ohne Haftung“ auf der anderen Seite) nur *Teichmann,* Gestaltungsfreiheit, 125; *Wiedemann,* Übertragung, 326 ff.

[120] Siehe nur das BVerfG im Mitbestimmungsurteil (BVerfGE 50, 290 (348)); ansonsten Großkomm-*Habersack,* § 125 HGB Rn. 5; Großkomm-*Karsten Schmidt,* § 170 HGB Rn. 5; Großkomm-*Ulmer,* § 109 HGB Rn. 34; Schlegelberger-*Martens,* § 114 Rn. 15; Erman-*H. P. Westermann,* § 717 Rn. 3; MünchHdb-GesR-*Weipert,* § 50 Rn. 5; *Kübler,* GesR, § 20 II 3 c; *Wiedemann,* Übertragung, 327 ff.; im Ergebnis ebenfalls *Nitschke,* Personengesellschaft, 217; aus ordoliberalistischer Sicht etwa *Immenga,* Kapitalgesellschaft, 117 ff. Zumeist wird hierbei nur auf die Sentenz „keine Haftung ohne Herrschaft“ abgestellt.

[121] Exemplarisch insofern *Immenga,* Kapitalgesellschaft, 118; aus wirtschaftswissenschaftlicher Sicht darüber hinaus etwa *Lehmann,* ZGR 1986, 345 (357). Das Konzept wird stellenweise noch staatstheoretisch überhöht, indem eine Herrschaft ohne Risiko als weder im staatlichen, noch im gesellschaftlichen oder privaten Bereich tragbar angesehen und damit die vermögensrechtliche Verantwortung als ein tragendes Element sozialer Ordnung ausgemacht wird, so *Immenga,* Kapitalgesellschaft, 119; aus dem verfassungsrechtlichen Schrifttum siehe etwa *Suhr,* Entfaltung, 201 f.

aa) Die wohlfahrtsökonomische Lesart des Arguments

Dieses Argument kann einmal wohlfahrtsökonomisch verstanden werden. Es geht dann um ein genuines „makrojuristisches“ Gerechtigkeitskriterium: Nur die Haftung der Entscheidungsträger bürge für eine Optimierung der Wohlfahrt aller. Wenn dieses Argument kritisiert werden soll, wäre Bezugspunkt der Kritik der wohlfahrtsökonomische Ansatz als solcher. Eine so ausgerichtete Kritik ist voraussetzungsreich. Sie braucht hier freilich nicht geleistet zu werden. Denn Rechtsdogmatik fragt nicht nach dem wohlfahrtsökonomisch angemessenen „Gerechtigkeitsniveau“, sondern nach dem rechten Verständnis des Rechts. Dieses Verständnis mag zwar durchaus *hier und dort* von wohlfahrtsökonomischen Argumenten durchzogen sein. Läßt sich aber beim konkreten dogmatischen Problem nachweisen, daß die wohlfahrtsökonomisch ausgerichtete allgemeine Interpretation des Rechts beim konkreten Problem *hier und jetzt* nicht verfängt, reicht der Verweis auf das wohlfahrtsökonomische Gerechtigkeitskriterium für die konkrete Problemlösung eben nicht hin. Genau dies tritt bei dem konkreten Problem der Stimmrechtszuordnung bei einem der Versorgung des überlebenden Ehegatten oder des Alt-Gesellschafters zu dienen bestimmter Anteilsnießbrauch ein: Es war schon die Rede davon, daß aus Sicht des Rechtssystems hier wohlfahrtsökonomische Gesichtspunkte zurücktreten müssen[122]. Falls der Anteilsnießbrauch nun nicht der Versorgung des Nutzungsberechtigten zu dienen bestimmt ist, könnte man nun andere Wertungskriterien fordern, die das wohlfahrtsökonomische Gerechtigkeitskriterium im Einzelfall überspielen können. Ein derartiges Vorgehen ist jedoch nicht sinnvoll. Die Dogmatik des Anteilsnießbrauchs würde so komplex, daß die rechtssicherhafte Handhabung des dinglichen Rechts darunter leiden würde. Verfängt bei einem Versorgungsnießbrauch der Rekurs auf die Optimierung der Wohlfahrt aller nicht, kann dies aus Gründen der Rechtssicherheit bei anderen Anteilsnießbräuchen also nicht anders sein[123]. Der argumentative Rekurs auf die Lenkungsmechanik der Konkurrenzwirtschaft reicht daher in einem wohlfahrtsökonomisch ausgerichteten Verständnis bei einem Anteilsnießbrauch zur Kritik nicht hin.

bb) Die mikroökonomische Lesart des Arguments

Der Rekurs auf die haftungsrechtlichen Sachgesetzlichkeiten der Konkurrenzwirtschaft kann aber nicht nur wohlfahrtsökonomisch, sondern auch „mikrojuristisch“ auf den Schutz der Gesellschaftsgläubiger bezogen und

---

[122] Siehe oben § 10 III 1 b.

[123] Der Ausweg wäre ja nur, den Versorgungsnießbrauch allgemein für unzulässig zu erklären. Doch warum sollte dies zulässig sein?

dann so gelesen werden, daß eine Herrschaft ohne Haftung zu einem risikoreichen, verantwortungslosen Handeln zu Lasten der Gesellschaftergläubiger verleite[124]. Die Einheit von Herrschaft und Haftung wird dann als probates Mittel zur Verhaltenssteuerung mit dem Bezugspunkt „Sicherung eines verantwortungsvollen Handelns“ verstanden, der funktionale Mechanismus hierfür in dem handlungsmotivierendem Charakter des Verlustrisikos gesehen. Damit ist aber zugleich verbunden, daß funktionale Äquivalente, mit denen der Bezugspunkt ebenfalls erreicht werden kann, die Einheit von Herrschaft und Haftung ersetzen können. Ein funktionales Äquivalent zur Motivierung qua Verlustrisiko stellt aber durchaus die Zuweisung der Gewinnchance dar – zumindest, wenn der Verlust der Gewinnchance die Aussicht auf eine angenehme Versorgung stören würde, falls mithin Gewinnchance und existentielles Risiko gekoppelt ist. Genau so ist die Situation aber bei einem der Versorgung des Gatten im Alter dienenden Anteilsnießbrauch, wenn die Versorgung des überlebenden Teils weitgehend auf die Partizipation am Gewinn der Gesellschaft angelegt ist und die etwaig dem Ehegatten noch zur Verfügung stehenden sonstigen Versorgungsmodi zur angemessenen Lebensführung nicht hinreichen[125]; entsprechendes gilt für den Vorbehaltsnießbrauch. Ist dem so, bräche zugleich die funktionalistische Basis der Einheit von Herrschaft und Haftung zusammen. Zudem ist sowieso fraglich, ob die Einheit von Herrschaft und Haftung tatsächlich ein so hochwirksamen Mittel zur Verhaltenssteuerung darstellt. Schon das allen Gesellschaftern gemeinsame Ziel der Teilhabe am wirtschaftlichen Erfolg der Gesellschaft dürfte regulierend auf die Entscheidungsfindung dienen[126]. Es müsste mithin gar nicht auf das existentielle Interesse an einer gehörigen Versorgung abgestellt werden, um dem Duktus einer Einheit von Herrschaft und Haftung zu entgehen.

Doch selbst wenn der Nießbraucher nicht immer zu einer verantwortungsvollen Ausübung des ihm zugeordneten Stimmrechts in Geschäftsführungsangelegenheiten motiviert wäre, würde dies nichts daran ändern, daß

---

[124] So etwa *Wiedemann,* Übertragung, 369 ff.; Großkomm-*Ulmer,* § 109 Rn. 34; *Karsten Schmidt,* GesR, § 14 II 2 e; *Werra,* Stand, 93; je zum Parallelproblem bei der Selbstorganschaft.

[125] Hier greifen daher die etwa durch *Immenga,* Kapitalgesellschaft, 126, gegen derartige Überlegungen allgemein vorgetragenen Einwände nicht, der lebenstüchtige Unternehmer würde durch eine geschickte vermögensrechtliche Aufteilung seiner Geschäftsinteressen schon dafür Sorge tragen, daß er selbst – im Falle einer ceteris paribus einmal angenommenen beschränkten Unternehmenshaftung – in seinem Lebensstandard kaum Abstriche machen müsse. Beim Versorgungsnießbrauch dürfte dies allenfalls dann der Fall sein, wenn neben einer Versorgung, die an den Gewinnrisiken der Gesellschaft partizipiert, eine gehaltvolle risikoaverse Versorgung möglich ist.

[126] Ebenso allg. *Weber,* Privatautonomie, 171.

bisher noch nicht der Nachweis geführt werden konnte, daß das geltende Rechte einen notwendigen Zusammenhang zwischen unternehmerischer Leitungsmacht und gesellschaftsrechtlicher Verantwortung auch im Personengesellschaftsrecht kennt[127]. Gläubigerinteressen erzwingen einen derartigen Zusammenhang keineswegs; insbesondere ist nicht ohne weiteres ausgemacht, daß ein etwaiges Vertrauen der Gläubiger Schutz verdient, Leitungsmacht und unbeschränkte Haftung sei in der Person des gesellschaftsrechtlich Handelnden vereinigt. Hierauf hat schon früh Karsten Schmidt im Zusammenhang mit der unbeschränkten Haftung des Gesellschafters mit dem Privatvermögen aufmerksam gemacht[128]. Hier wie dort verdient das Vertrauen der Gläubiger nur Schutz, wenn der Zusammenhang von Herrschaft und Haftung tatsächlich ein Satz des geltenden Rechts ist; der Satz selbst kann daher nicht mit Interessen der Gläubiger begründet werden.[129] Im übrigen hat ebenfalls schon früh Harm Peter Westermann auf die Unstimmigkeiten verwiesen, in die die Annahme eines notwendigen Zusammenhangs zwischen Unternehmensleitung und Haftung gerät, wenn etwa eine bis zum Kernbereich der Mitgliedschaft ausgedehnte Stimmrechtsbeschränkung des unbeschränkt haftenden Gesellschafters und dessen Ausschluß von der Geschäftsführung oder beispielsweise das sehr variationsreiche Mischungsverhältnis von Einfluß und Haftungsbeschränkung beim Kommanditisten in den Blick kommt[130] – der auch vom Gesetz in §§ 19 II, 125 a I, 129 a, 130 a, 130 b, 172 VI, 172 a, 177 a HGB anerkannte Strukturwandel der KG zur GmbH & Co. KG tut das übrige[131].

Würde daher der Grundsatz einer Einheit von Herrschaft und Haftung ernstgenommen, müßte im Personengesellschaftsrecht das Innenverhältnis auf das Außenverhältnis durchschlagen und bsp. der Kommanditist trotz Einlageleistung nach außen unbeschränkt haften, wenn sich etwa die Komplementäre ihm gegenüber schuldrechtlich zu einem bestimmten gesellschaftsinternen Handeln verpflichtet haben[132]. Mit solchen Verdikten wür-

---

127 Ablehnend etwa BGHZ 45, 204 für die Auszeichnung der Einheit von Herrschaft und Haftung als wirtschaftsverfassungsrechtlichen Grundsatz; ansonsten siehe nur *Karsten Schmidt,* Stellung der oHG, 103 ff.; *Teichmann,* Gestaltungsfreiheit, 125 f.; *Westermann,* Vertragsfreiheit, 273 ff.; *Wiedemann,* Übertragung, 328; *Blaurock,* FS Stimpel, 553 (554 ff.).

128 *Karsten Schmidt,* Stellung der oHG, 106 f.; abgeschwächt in *ders.,* GesR, § 14 II 2 e; *ders.,* Gedächtnisschrift Knobbe-Keuk, 307 (315).

129 Allg. zum nicht tragfähigen Rekurs auf den Gläubigerschutz zur Begründung dees Zusammenhangs von Haftung und Herrschaft siehe im übrigen nur ausführlich *Weber,* Privatautonomie, 184 ff.

130 *Westermann,* Vertragsfreiheit, 276 f.

131 Siehe zu diesem alten Argument gegen den Satz „keine Herrschaft ohne Haftung" nur *Weber,* Privatautonomie, 183.

132 *Westermann,* Vertragsfreiheit, 260 ff., 262 ff., 270 ff., 282 f. *Blaurock,* FS Stimpel, 553 (569), hat ein ähnliches Argument für den umgekehrten Fall einer

den sinnvolle Flexibilisierungen im gesellschaftsrechtlichen Innenrecht aber schon weit vor dem Einwand eines Mißbrauchs der Haftungsbeschränkung beschnitten – ein Ergebnis, das wohl nur unter Zugrundelegung eines rigiden institutionalistischen oder typologistischen Gesellschaftsrechtsdenken einsichtig wäre. Mit dieser Kritik soll keinem instrumentellen Verständnis der gesellschaftsrechtlichen lex lata als reines Organisationsrecht applaudiert werden, das den Parteien Instrumente ihrer wirtschaftlichen und sozialen Autonomie zur Verfügung stellt und sich darüber hinaus jeglichen Rekurses auf einen zwingenden Gehalt des nichtzwingenden Rechts enthält[133]. Es geht vielmehr nur darum, zu verhindern, daß das Innovationspotential neuer gesellschaftsrechtlicher Verbandsformen implizit beschnitten wird, indem sich der Frage, ob die Innovation als Ausdruck einer neuen, unbedenklichen Form der Interessenkoordination oder als Signum einer verfehlten Instrumentalisierung des Gesellschaftsrechts in Abkehr vom geltenden Recht zu bewerten ist, quasi von der Lösung: einem fertigen, in dem typologischen Leitbild[134] eingeschlossenen Gerechtigkeitsbild, her genähert und damit zu einer unterschwelligen vermeintlichen Alternativlosigkeit der Problemlösung gefunden wird – die so alternativenlos aber gar nicht ist[135]. Vor diesem Hintergrund verfängt es nicht, aus dem gesetzlichen Normbestand Strukturmerkmale der OHG in Form der gesamthänderischen Rechtszuständigkeit und der persönlichen Haftung ihrer Mitglieder für die Schuld der Gesellschaft zu destillieren und im Gefolge dessen ein haftungsverursachendes Handeln innerhalb der Gesellschaft den Mitgliedern vorzubehalten[136]. Mit einer derartigen Vorentscheidung werden die Personengesellschaften inzident in dogmatische Kategorien im Kontext von Gesamthand und juristi-

---

„Haftung ohne Herrschaft" vorgetragen, daß es auch hier zu einem Durchschlagen des Innen- auf das Außenverhältnis kommen müßte, wenn der im Außenverhältnis persönlich haftende Gesellschafter im Innenverhältnis schuldrechtlichen Bindungen unterliegt. Siehe allg. auch *Wiedemann,* GesR, § 10 III 2 a. Die Vertreter eines ordoliberalistischen Rechtsdenkens ziehen in der Tat die Konsequenz, den die Personengesellschaft beherrschenden Kommanditisten persönlich haften zu lassen.

[133] So bsp. programmatisch für die Indienststellung des Gesellschaftsrechts in den Dienst der Organisationsbedürfnisse einer eher praktisch verstandenen Wirtschaft schon *Geiler,* Die wirtschaftsrechtliche Methode im Gesellschaftsrecht, in: Beiträge zur Erläuterung des deutschen Rechts, 1927, 593 ff.; vgl. ansonsten nur – trotz seines eher politischen Verständnisses von Rechtswissenschaft im übrigen – *Wiethölter,* in: Aktuelle Probleme der GmbH & Co. KG, 3. Aufl. 1974, 11 (15 ff., 33 ff.).

[134] Der gesellschaftsrechtliche Typologismus plaziert die Kategorie des Typus theoretisch unstimmig: Er ist ein Instrument *unter vielen,* nicht aber das ausschlaggebende im Rahmen der Arbeit am Recht. Die Bedeutung des Typus als Konkretisierungshilfe im Gesellschaftsrecht ist oft betont worden, so bsp. von *Wüst,* FS Duden, 749 (759); *Karsten Schmidt,* Gesellschaftsrecht, § 5 III 3 a.

[135] Zu diesem Problem vgl. nur *Oechsler,* Gerechtigkeit, 81 ff., 109 ff., 139 f., 298 ff.

[136] So paradigmatisch MünchHdb-GesR-*Weipert,* § 50 Rn. 5.

scher Person eingeordnet[137], ohne daß die Einordnung selbst näher reflektiert wird. Eine rechtlich gebotene Einheit von Herrschaft und Haftung muß nach all dem abgelehnt werden.

b) Risikobeherrschung als normative Grundlage einer Einheit von Herrschaft und Haftung

Der Grundsatz einer Einheit von Herrschaft und Haftung kann auch grundsätzlicher angegriffen werden. Denn sowohl der gerade zuvor genannte makrojuristische als auch der mikrojuristische Effekt dieser Einheit setzt inzident voraus, daß eine einsichtige Verbindung zwischen Handlung (Herrschaft) und Handlungsfolgen besteht. Diese Verbindung setzt ihrerseits voraus, daß das unternehmerische Risiko beherrschbar wäre. Die Einheit von Herrschaft und Haftung wird dann gewissermaßen von der Haftungsperspektive aus gelesen: Wo sich das unternehmerische Risiko – wie etwa bei der beschränkten Haftung des Reeders – als unbeherrschbar erweise, müsse eine Beschränkung der Haftung erfolgen; einer Risikobeherrschbarkeit folge umgekehrt zumindest im Personengesellschaftsrecht die Haftung[138]. Nun ist ein derartiges Konzept der Risikobeherrschung voraussetzungsreich. Es setzt einen bestimmten Zusammenhang zwischen sozialen Handeln und der Beherrschung seiner Folgen voraus. Im Rahmen dieses Zusammenhangs müßte nicht nur thematisiert werden, welchen Sinn die Rede von einer „Risikobeherrschung" hat, wenn soziales Handeln nur ein Handeln unter Ungewißheitsbedingungen ist[139]: Wem schreiben wir die Folgen von Ungewißheit als eigenverantwortlich zu tragen zu? Und es müßte nicht nur untersucht werden, ob mit der enormen Steigerung wirtschaftlicher Komplexität im Zuge einer globalisierenden Wirtschaft nicht notwendigerweise die Forderung einher geht, die unternehmensinterne Informationsverarbeitung funktional adäquat anzupassen[140] – widrigenfalls die Verantwortung für Folgen dem Unternehmen zugewiesen wird und im spiegelverkehrten Fall vom Unternehmen genommen wird? Vielmehr müßte ganz generell der Konnex zwischen Handeln und Folgen des Handelns[141] avisiert werden. Eine Parallele kann hier zur nicht nur die rechtstheoreti-

---

[137] Dazu nur jüngst *Th. Raiser,* AcP 199 (1999), 104 ff.; *ders.,* AcP 194 (1994), 495 ff.; *Ulmer,* AcP 198 (1998), 113 ff.

[138] Exemplarisch wiederum *Immenga,* Kapitalgesellschaft, 119. Siehe etwa auch *Roth,* ZGR 1986, 371 (373), aus Sicht der ökonomischen Analyse.

[139] Siehe zur rechtsdogmatischen Diskussion des Problems der „bounded rationality" (dazu nur *Eidenmüller,* Effizienz, 36 ff.) jüngst *Dauner-Lieb,* Unternehmen, 23 f., 25 ff.; *Mutter,* Unternehmerische Entscheidungen, 176 ff.

[140] Dazu in gesellschaftsrechtstheoretischer Perspektive etwa *Ladeur,* in: Hart (Hrsg.), Privatrecht im „Risikostaat", 137 ff., der die Lösung in der Implementierung von Lernfähigkeit sieht, siehe dazu auch *ders.,* KritV 1991, 241 (244 f.).

schen Diskussionen der 70er Jahre bestimmenden Debatte um die Steuerungsleistung des Rechts gezogen werden, die sich dieses Konnexes zwar aus einer anderen Perspektive annimmt, die aber gleichwohl die gleichen Probleme – nur potenziert durch die Normativität des Rechts – traktiert. In dieser Debatte werden die Steuerungsmöglichkeiten des sozialen Handelns zumeist – grobschlächtig gesagt – eher pessimistisch (paradigmatisch: die Systemtheorie im Gefolge Luhmanns), eher optimistisch (paradigmatisch: die ökonomische Analyse des Rechts) oder eher differenziert beurteilt.

Interessant ist nun, daß vor allem die dem methodischen Individualismus verpflichtete und damit jedem Systemischen abholde ökonomische Analyse des Rechts dem sozialen Handeln Steuerungsfähigkeit zuschreibt. In systemtheoretischer Perspektive wird freilich deutlich, daß die Verknüpfung von sozialem Handeln und Risikobeherrschung das Ergebnis eines kulturellen – besser: systeminternen, und damit auch: pluralen – Zuschreibungsprozesses darstellt, der normative Schnitte je nach der Eigenlogik des jeweilig zuschreibenden gesellschaftlichen Teilsystems legt. Anders gesagt: Innerhalb diverser Teilssysteme wird postuliert, der Handelnde könnte die Folgen seines Handeln beherrschen. Ob er dies tatsächlich kann, spielt dann für das jeweilige Teilsystem keine Rolle. Dies wiederum wird von anderen teilsystemischen Diskursen zum Anlaß genommen, den anderen Teilsystemen einen etwas lockeren Umgang mit der Welt des Tatsächlichen vorzuwerfen – obwohl auch dieser Vorwurf wiederum nur innerhalb des jeweiligen Teilsystems überzeugt, dem er entstammt[142]. Um im Beispiel zu bleiben: Die Interpretation des mit dem sozialen Handeln eines Reeders verbundenen Risikos als „unbeherrschbar“ ist nicht Ergebnis ontologischer Voraussetzungen des Handelns eines Reeders selbst, sondern Ertrag normativer Zurechnung, die so, aber auch anders ausfallen kann. Darüber hinaus sind im Innern des ökonomischen Diskurses Zuschreibungen der Art, ein Risiko sei „beherrschbar“, nicht nur normative Setzungen. Diese Zuschreibungen finden vielmehr auch eine materielle Basis in den handfesten sozialen Praktiken des Wirtschaftslebens selbst, in denen die Unterscheidung zwischen Beherrschbarkeit und Unbeherrschbarkeit des Risikos als spezifische Ordnungsleistung des Ökonomischen eingeschrieben ist. Zudem gründen die Zuschreibungen in den Reflexionstheorien der ökonomischen Wissenschaften[143], aus denen sie nicht nur ihre theoretische Rechtfertigung und den Anspruch universaler Geltung beziehen, sondern auch ihre Überhöhung

---

[141] Schon hierin liegt freilich ein Euphemismus: Ist doch gerade die Frage, ob in dieser vereinfachten Weise von „Folgen *des* (sic!) Handelns“ gesprochen werden kann.

[142] *Teubner,* ARSP-Beih. 65 (1996), 199 ff., sieht vor diesem Hintergrund die Aufgabe der Folgenorientierung im Recht, die miteinander konkurrierenden Sprachspiele durch ein rechtsinternes „Kollisionsrecht“ für das Recht bearbeitbar zu machen.

als Ausdruck einer spezifischen Vernunft erleiden, nämlich der ökonomischen Rationalität. Es überrascht in dieser Situation daher nicht, daß schon früh Jutta Limbach in der ökonomistischen Verknüpfung von Herrschaft und Risiko und dem damit verbundenen Gedanken einer möglichen Risikobeherrschung das Axiom einer individualistischen Gerechtigkeitsidee sah und von einer eher soziologisch ausgerichteten Warte aus für die Unbeherrschbarkeit des unternehmerischen Risikos focht. Und es überrascht auch nicht, daß *Immenga* zur Entgegnung einfach auf den theoretischen Verweisungszusammenhang der Wirtschaftswissenschaften hindeutet, obwohl er doch damit nur die in ihm eingelassene, implizit positiv konnotierte Wertung reproduziert, ein Handlungsrisiko sei beherrschbar. Es liegt hier geradezu auf der Hand, daß Immenga nur die eine, nämlich die ökonomische Seite innerhalb eines ganzen Spektrums von Diskurspluralitäten bemüht und die andere, von Limbach angesprochene Seite unthematisiert läßt[144].

Die Frage, die noch zu beantworten aufgegeben ist, ist: Wie geht man *rechtsdogmatisch* mit derartigen Diskurspluralitäten im Rahmen des partikularen Problems der Stimmrechtszuordnung beim Anteilsnießbrauch um? Und was macht man mit der den jeweiligen Teilsystemen innewohnenden Tendenz, ihre in geradezu hermeneutischer Geschlossenheit sich präsentierenden internen Eigenlogiken trotz dieser Geschlossenheit für systemübergreifend zu halten? Die hier vorgeschlagene Antwort lautet: Indem genau geschaut wird, wie beim konkreten dogmatischen Problem das Recht rechtsinterne Differenzierungen ins Werk setzt. Steht etwa der vermächtnisweise zu Versorgungszwecken zugewendete Anteilsnießbrauch in Rede, muß genau durchleuchtet werden, ob das Gesellschafts-, das Sachen- und das Erbrecht die post mortem durch die Versorgung des überlebenden Teils tradierte familiare Solidarität des Erblassers so bewertet, daß das mit ihr verbundene Risiko als hinnehmbar prämiert wird gegenüber anderslautenden teilssystemischen Imperativen wirtschaftswissenschaftlicher Provinienz. Abstrakt ausgedrückt geht es also darum, ob die rechtsexterne, ordoliberalistische Argumentation aus dem Blickwinkel des Rechtssystems *überhaupt zugelassen wird* und ob nicht zumindest verschiedene Aspekte der rechtsexternen Argumentation ausgeblendet werden müssen[145]. Dieses Vorgehen liegt eigentlich auf der Hand: Da der Topos „Risikobeherrschung" keine ontologische Kategorie der dinglichen Sachwelt markiert, sondern für ein

---

[143] Siehe zu derartige Reflexionstheorien als Selbstbeschreibungen der Teilsysteme der Gesellschaft nur *Luhmann,* Die Wissenschaft der Gesellschaft, 469 ff.

[144] Dies könnte durchaus als ein Beispiel für die von *Lyotard* konstatierte absolute Dominanz der Diskursart des Ökonomischen genommen werden. Die Strenge, mit der die Diskussion im übrigen geführt wird, errinnert fast an den durch *Lyotard* so plastisch herausgearbeiteten unversöhnlichen Widerstreit der Diskurse, siehe nur *ders.,* Der Widerstreit, passim.

[145] Siehe *Teubner,* ARSP-Beih. 65 (1996), 199 (210).

normatives Konzept steht, ist eine aus wirtschaftssysteminterner Sicht getroffene normative Wertung, eine Risikobeherrschung läge vor, aus rechtssysteminterner Sicht unbeachtlich, wenn aufgrund einer rechtlichen Norm die rechtsexterne Wertung des Wirtschaftssystems für Zwecke rechtlicher Entscheidung als unbedeutend erklärt wird. Dies kann ganz allgemein für das Unternehmensrecht erfolgen, indem das unternehmerische Risiko in rechtlicher Sicht für unbeherrschbar erklärt wird[146]; ob dieser normativen Setzung so allgemein zugestimmt werden kann, mag dahingestellt bleiben. Steht der vermächtnisweise zugewendete Versorgungsnießbrauch zur Bewertung an, ist es vielmehr hinreichend, daß das Rechtssystem eine praktizierte Ehegattensolidarität post mortem insofern schützt, als es ohne jeden Belang ist, ob das unternehmerische Risiko aus Sicht des ökonomischen Denkens als beherrschbar angesehen werden kann und muß oder nicht. Denn gerade hierin zeigt sich der hohe Wert der Testierfreiheit, der sich über ökonomische Sichtweisen auch dann hinwegsetzt, wenn wirtschaftlichen Sachzwänge rechtsintern der Status eines neuen „sozialen Naturrechts" zugebilligt wird[147]. Der suggestiven Kraft wirtschaftlicher Sachzwänge und der damit verbundenen Perspektive, das Verständnis rechtlicher Normierung sei ohne weiteres spezifischen Ordnungsvorstellungen zu unterwerfen (mithin: methodisches Gebot einer Ökonomisierung des Rechts), darf rechtlich daher nicht so ohne weiteres entsprochen werden[148].

Gleiche Bewertungen sind auch bei den sonstigen Formen des Anteilsnießbrauchs (Vorbehalts-, Sicherungs- und Ertragsverlagerungsnießbrauch) angezeigt. Beim Vorbehaltsnießbrauch geht es um den hohen Wert der intergenerationalen Nachfolge in die Unternehmerstellung – ein Wert, der nicht durch den Verweis auf etwaig unbeherrschbare Risiken torpediert werden sollte und daher rechtsdogmatisch gegen eine Einheit von Herrschaft und Haftung ins Feld geführt werden kann. Beim Sicherungsnießbrauch soll eine Darlehensschuld durch eine allmähliche Verrechnung mit den Anteils-

---

146 So etwa *Dauner-Lieb,* Unternehmen, 28, 26 ff., m. w. Nachw.

147 Der Vorwurf, der Rekurs auf ökonomische Grundsätze würde rechtsintern als eine Art neues Naturrecht rekonstruiert werden, wird des öfteren erhoben, siehe etwa *Wiedemann,* Übertragung, 328. Auch rechtstheoretisch ist der Rekurs auf das „wirtschaftlich Vertretbare" oder auf „ökonomische Sachzwänge" *als solcher* wenig einsichtig. Denn mit bloßen *Zweckmäßigkeits*erwägungen läßt sich ja nicht hinreichend einsichtig machen, wieso sie vor dem Forum *rechtlicher* Argumente überzeugungskräftig erscheinen können. Aus Sicht des Rechts könnte man ja immer einwenden, man verfolge mit den Zweckmäßigkeitserwägungen ein Ziel, welches mit wohlbegründeten Rechten unvereinbar ist. Rechte haben gegenüber Zielen dann den Charakter von „Trümpfen". Dazu siehe auf der Basis von *Dworkin* nur *Somek,* Rechtssystem, 241. Ansonsten siehe schon oben § 5 IV 2.

148 Zur wirtschaftlichen Betrachungsweise im Privatrecht siehe ausführlich *Christian Müller,* Die wirtschaftliche Betrachtungsweise im Privatrecht, insbes. Kap. 4 und 5.

nutzungen dinglich gesichert abgetragen werden. Das Stimmrecht bleibt typischerweise daher dem Gesellschafter zugeordnet, so daß sich das hiesige Risikobewertungsproblem gar nicht stellt. Gleiches gilt für den Nießbrauch zur Ertragsverlagerung. Nach all dem bleibt es demnach dabei, daß für die Stimmrechtszuordnung beim Anteilsnießbrauch ein Grundsatz der Einheit von Herrschaft und Haftung irrelevant ist.

V. Ergebnis zum ordoliberalistischen Angriff auf den Anteilsnießbrauch

Die Kritik an dem ordoliberalistischen Angriff gegen die Zulässigkeit, das Stimmrecht des vollhaftenden Personengesellschaftsanteils dem dinglich Nutzungsberechtigten zuzuordnen, hat gezeigt, daß dieser Angriff erfolgreich zurückgewiesen werden kann. Zwar verfolgt der Ordoliberalismus ein durchaus schätzenswertes Anliegen, nämlich die ordoliberale Machtfrage[149]. Gleichwohl überzeugt der Ansatz nicht. Denn er versucht nicht, die Einheit des Rechts durch eine Rückbesinnung auf primär rechtliche Wertungen zu bewerkstelligen. Er will vielmehr das Recht zu einer ökonomischen Theorie des Rechts und zu der in ihr verkörperten Rationalität hin öffnen und bereitet damit den Boden für ein usurpatorisches Übergreifen wirtschafts- und insbesondere kartellrechtlicher Wertungen auf das Privatrecht[150]. Das ordoliberalistisch umgeformte Zivilrecht setzt damit nicht auf die Eigenverantwortlichkeit und überläßt die Kontrolle ökonomischer Macht nicht primär dem Wettbewerbsrecht. Sehr abstrakt gesehen schneidet der Ordoliberalismus das Privatrecht nicht so zu, daß es als ein demokratisches Projekt gelesen werden kann, welches tatsächlich „allgemein“ ist – allgemein in dem Sinne, daß sich die Bürger als gemeinsame Autoren des Rechts letztendlich begreifen dürfen, ein Projekt, das man als Vision einer kantischen Republik bezeichnen kann. Indem der Ordoliberalismus den Vorrang eines in den Denkzusammenhängen der Wirtschaftstheorie ausgeformten Privatrechts reklamiert, geht die Allgemeinheit des Rechts verloren und wird der in den einzelnen Sektoren der Zivilgesellschaft lokalisierte normative Eigensinn nicht erfaßt. Dies konnte am Beispiel des vermächtnisweise zugewendeten Versorgungsnießbrauchs besonders plastisch verdeutlicht werden. Die Kritik konnte schließlich zugespitzt werden auf die Stimmrechtszuordnung beim Anteilsnießbrauch[151]. Ist dem so, kann dem ordoliberalistischen Gesellschaftsdenken nichts gegen das hiesige Projekt entnommen werden, dem Anteilsnießbraucher das Stimmrecht des belasteten Anteils zuordnen zu können.

---

[149] Dazu oben § 10 III 1 a.

[150] Dazu oben § 10 III 1 a.

[151] Dazu oben § 10 IV.

§ 11 Sonstige Aspekte der Ordnung der Gesellschaftsverfassung

Gegenstand der bisherigen Erörterungen zur Ordnungsfunktion der Gesellschaftsverfassung und ihrer Auswirkung auf die Stimmrechtszuordnung beim Anteilsnießbrauch waren bisher der institutionalistische und der ordoliberalistische Ansatz im Gesellschaftsrecht. Mit diesen beiden Ansätzen ist aber der Kranz derjenigen Konzepte, die sich der sachgerechten Ordnung der Gesellschaftsverfassung annehmen, noch nicht umrissen. Im folgenden werden die bisher noch offen gebliebenen Aspekte der Verbandssouveränität und der Richtigkeitsgewähr der verbandlichen Willensbildung untersucht und die Frage gestellt, ob von ihnen aus Argumente gegen die Zuordnung des Stimmrechts an den Anteilsnießbraucher gewonnen werden können.

I. Funktionalität der Gesellschaftsverfassung und der Gedanke der Verbandssouveränität

Es entspricht zumindest im Personengesellschaftsrecht weit verbreiteter Ansicht, daß die Satzungsgestaltung vor dem Hintergrund des öffentlichen Interesses an einem ausgewogenen Arrangement des gesellschaftlichen Innenrechts nicht wirksam in die Hände gesellschaftsfremder Dritter gelegt werden kann, der Verband insofern also im Grundsatz von rechtsverbindlichen Außeneinflüssen freizuhalten ist[152]. Ein derartig als grundlegend verstandenes personengesellschaftsrechtliches Organisationsprinzip der Verbandssouveränität ist durchaus einsichtig, da die Konstitution des Verbandes als ein „Handlungszentrum"[153] notwendig dessen Entscheidungssouveränität bedingt[154]. Was mit dem Gedanken der Entscheidungssouveränität aber nun genau gemeint ist, ist alles andere als klar. Zumindest im Rahmen dieser Frage kann durchaus darüber gestritten werden, ob eine Stimmrechtszuordnung an den Anteilsnießbraucher die Souveränität der Personengesellschaft unzulässig tangiert.

1. Verbandssouveränität als Gesellschafterschutz

Bedeutet Verbandssouveränität nichts anderes als Souveränität der Verbandsmitglieder – als „Schutzprinzip der Mitglieder vor Außeneinflüssen"[155] –, so ist diese bei der Stimmrechtszuordnung schon deshalb nicht

[152] Dazu siehe nur *Karsten Schmidt,* GesR, § 5 I 3.
[153] *Teubner,* ZGR 1986, 565 (568).
[154] Dazu nur *Flume,* PersGes, 207 ff.; *Teubner,* ZGR 1986, 565 (567 ff.).
[155] *Priester,* FS Werner, 657 (663).

berührt, weil die Mit-Gesellschafter der Nießbrauchsbestellung zugestimmt haben müssen. Steht Verbandssouveränität hingegen für einen rechtspaternalistischen Schutz der Mit-Gesellschafter auch gegen ihren privatautonom erklärten Willen, den Nießbrauch mit all seinen Folgen zu erdulden, so verschlägt Verbandssouveränität nicht gegen eine Stimmrechtszuordnung an den Nießbraucher, da die Selbstbestimmung der Mit-Gesellschafter in rechtspaternalistischer Sicht zumindest dann nicht berührt ist, wenn die Selbstbestimmung des Besteller-Gesellschafters nicht relevant angetastet ist, da der Schutz der Selbstbestimmung der Mit-Gesellschafter nicht weiter gehen kann als der des Besteller-Gesellschafters. Dieser wird aber schon durch das oben angeführte Vier-Stufen-Schema[156] hinreichend gewahrt. Wird mithin der Gedanke der Verbandssouveränität mit „Gesellschafterschutz" übersetzt, kann er nicht gegen eine Stimmrechtszuordnung an den Anteilsnießbraucher angeführt werden[157].

2. Verbandssouveränität und gesellschaftsinternes Beziehungsgeflecht

Wenn Verbandssouveränität indes im Gedanken festgemacht wird, es gelte das Beziehungsgeflecht zwischen den Gesellschaftern nicht durch eine Hereinnahme gesellschaftsfremder Dritter zu stören[158], wird das Beziehungsgeflecht auf das gesetzliche System von Macht und Kontrolle im Verband bezogen. Hier bleibt unklar, wie eine Stimmrechtszuordnung an den Nießbraucher dieses Beziehungsgeflecht stören soll. Zwei Varianten sind möglich.

a) Treuepflichtigkeit des Nießbrauchers gegenüber der Gesellschaft und den Mit-Gesellschaftern des Bestellers?

In der ersten Variante soll mit dem Rekurs auf das Beziehungsgeflecht zwischen den Gesellschaftern nur sichergestellt werden, daß die Gesellschafter pfleglich miteinander umgehen. Sedes materiae dieses Petitums ist

---

156 Oben § 8 IV 1.

157 Es besteht daher hier auch kein Bedarf, sich mit der Frage auseinanderzusetzen, ob „Gesellschafterschutz" überhaupt der sachgerechte Anknüpfungspunkt für das durch das Prinzip der Verbandssouveränität umrissene Sachproblem ist. Während etwa *Wiedemann,* GesR I, § 7 II 1 b; *ders.,* FS Schilling, 105 (111 ff.), Verbandssouveränität auf die „individualistische" Kategorie der Interessen der Gesellschafter bezieht, sieht *Teubner,* ZGR 1986, 565 (568 f.), genau hierin einen Kategorienfehler und schließt Souveränität im Verband an ein „objektiv" verstandenes Interesse der Gesellschaft an. Dieses auf die Organisation ausgerichtete Unternehmensinteresse wird im Rahmen dieser Untersuchung erst bei den folgenden Überlegungen angegangen.

158 So etwa *Teichmann,* Gestaltungsfreiheit, 191 f.

bei eigennützigen Formen gesellschaftsrechtlichen Handelns zumindest die gesellschaftsrechtliche Treuepflicht. Nun ist der Nießbraucher schon qua Anteilswidmung gem. § 1036 II BGB in die Treuepflichtigkeit dem Besteller-Gesellschafter gegenüber eingebunden[159]. Diese aus § 1036 II BGB sich ergebende Treuepflichtigkeit wirkt aber nur im Verhältnis zum Besteller-Gesellschafter. Mit Blick hierauf stellt sich dann notwendigerweise die Frage, ob es aus Sicht der Pflege des Beziehungsgeflechts zwischen den Gesellschafters notwendig ist, daß auch die Mit-Gesellschafter eine Einhaltung der Treuepflicht vom Anteilsnießbraucher fordern können. Das mit dieser Frage angesprochene Problem ist vielschichtig.

aa) Die Notwendigkeit einer Treuepflichtigkeit des Anteilsnießbrauchers gegenüber den Mit-Gesellschaftern

Einmal geht es ganz generell um die Frage, ob den Mit-Gesellschaftern zwingend Instrumente gegenüber dem treupflichtwidrig abstimmenden Nießbraucher in die Hand gegegeben werden müssen, damit das auf Loyalität und Rücksichtnahme gebaute Beziehungsgeflecht der Gesellschafter nicht zerrissen wird. Die Antwort hierzu kann sich nur aus der Funktion der Treuepflicht und von den Rechtsfolgen einer Treuepflichtverletzung her ergeben. Zwar ist die rechtsdogmatische Gründung der Treuepflicht hochumstritten. Sie wird im gesellschafterlichen Gemeinschaftsverhältnis, als gesellschaftsrechtliche Verdichtung des Prinzips von Treu und Glauben, als Ausdruck der mitgliedschaftlichen Förderpflicht oder als Bestandteil des Gewohnheitsrechts verortet[160]. Dieser Streit ist aber für das Verständnis der Funktion der Treuepflicht unerheblich. Denn allgemeiner Meinung nach besteht die Funktion der Treuepflicht darin, vor allem im Bereich der eigennützigen Mitgliedschaftsrechte in die Gesellschaft durch eine Kontrolle der Ausübung bestehender Rechte (limitierende Funktion der Treuepflicht) und durch eine Begründung selbständiger Nebenpflichten (pflichtbegründende Funktion der Treuepflicht) Rücksichtnahme und Loyalität gegenüber den Interessen der Mit-Gesellschafter zu implementieren[161]. Der Grad der tatsächlichen Implementierung von Rücksichtnahme und Solidarität wiederum hängt u. a. von der Schlagkraft ab, mit der eine Treuepflichtverletzung sanktioniert werden kann[162]. In Rede stehen hier Unterlassungsansprüche, Scha-

---

[159] Siehe oben § 6 V 2.

[160] Zu den verschiedenen Versuchen, den Geltungsgrund der Treuepflicht auszuloten, siehe nur *Karsten Schmidt,* GesR, § 20 IV 1 b; *Hüffer,* FS Steindorff, 59 (60).

[161] Schlegelberger-*Martens,* § 109 Rn. 23; *Hüffer,* FS Steindorff, 59 (62); *Lutter,* AcP 180 (1980), 84 (110 ff., 120 ff.).

densersatzansprüche, Nichtigkeitsfeststellungsklagen bzw. Anfechtungsklagen gegen treuwidrig gefaßte Beschlüsse sowie positive Stimmpflichten[163].

Könnte *nur* der Besteller-Gesellschafter gegen ein treuwidriges Stimmverhalten des Nießbrauchers klageweise vorgehen, ginge der verhaltensmotivierender Charakter der Sanktion und damit ihre Schlagkraft weitgehend ins Leere, da immer die Gefahr besteht, daß der Besteller-Gesellschafter seine Entscheidung, inwieweit er die Treuepflichtverletzung des Nießbrauchers geltend macht, von der Interessenverflechtung im nießbrauchsrechtlichen Innenverhältnis abhängig macht. Hieraus kann nur folgen, daß um des Schutzes des gesellschaftsinternen Beziehungsgeflechts von Loyalität und Rücksichtnahme willen auch die Mit-Gesellschafter gegen ein treuepflichtwidriges Stimmverhalten klagweise vorgehen können müssen. Es fragt sich dann nur: Wie? Eine direkte Einvernahme des Nießbrauchers in die Treuepflicht *wie ein Gesellschafter* scheidet ja aus, da der Nießbraucher nun einmal nicht Mitglied der Gesellschaft ist und auch nicht kraft Nießbrauchsrechts in die unmittelbar aus dem Gesellschaftsvertrag[164] fließende Pflichtenstellung des Besteller-Gesellschafters eingebunden ist. Er ist ja erst vermittelt über die nießbrauchsrechtliche Pflichtenstellung aus § 1036 II BGB dem Besteller-Gesellschafter so verpflichtet, *als wäre* er treuepflichtig *wie ein Gesellschafter*[165]. Wie kann nun der Nießbraucher auch gegenüber

---

162 Diese Aussage bemüht ersichtlich ein auf eine Beziehung zwischen Norm und Sanktion aufgebautes Modell zur Motivierung eines bestimmten Verhaltens, siehe dazu nur *Raiser,* Lebendes Recht, 248 ff.; *Röhl,* Rechtssoziologie, §§ 25, 26; *Rottleuthner,* Rechtssoziologie, 55 ff., mit seinem verbesserten *Opp-Dieckmann*-Modell. Inwieweit die getroffene Aussage zwischen Norm, Sanktion und Verhalten rechtssoziologisch überzeugt, ist privatrechtsdogmatisch weniger relevant, da es bei einer zu einem Vermögensschaden führenden Treuepflichtverletzung, bei der die Sanktionsdrohung also versagt hat, zu einen Umstellen der Ansprüche von der Primär- auf die Sekundärebene kommt. Idealiter wird das Vermögensinteresse der Gesellschafter also durch die Treuepflichtverletzung nicht tangiert – wohl aber eventuell ihr Interesse an einem profitablen Auftritt am Markt. Und hier reicht es aus, zu sagen, daß die Aussicht auf Sanktionen zu demjenigen symbolischen Instrumentarium gehört, an dem der Handelnde erkennt, ob er sich im Sinne des Rechts verhalten wird oder nicht (*Luhmann,* Recht der Gesellschaft, 134 f.). Es muß dann aber zumindest eine Aussicht auf Sanktion stabil implementiert sein – und mithin bei einer Treuepflichtwidrigkeit eine Sanktion erwartbar sein.

163 Dazu nur *Karsten Schmidt,* GesR, § 20 IV 4.

164 Siehe zur Gründung der Treuepflicht im Gesellschaftsvertrag *Hüffer,* FS Steindorff, 59 (65 ff.).

165 An diesem Problem ändert auch nichts, daß die widmungsgemäße Treuepflichtigkeit des Nießbrauchers nießbrauchsrechtlich auch aus § 1041 BGB folgt (dazu unten § 11 I 2 a bb). Denn auch diese Vorschrift greift nur im Verhältnis zwischen Nießbraucher und Besteller-Gesellschafter. Das Problem, wie die Mit-Gesellschafter auf diese Pflichtenstellung durch die Relativität des gesetzlichen nießbrauchsrechtlichen Schuldverhältnisses hindurch zugreifen können, bleibt mithin bestehen.

den Mit-Gesellschaftern des Bestellers treuepflichtig werden? In Frage kommen mehrere Möglichkeiten.

bb) Die Treuepflichtigkeit des Nießbrauchers gegenüber den Mit-Gesellschaftern

Die erste Möglichkeit besteht darin, den Besteller-Gesellschafter aufgrund seiner Treuepflicht grundsätzlich verpflichtet zu sehen, seine aus dem gesetzlichen Schuldverhältnis des Anteilsnießbrauchs fließenden Rechte gegenüber dem Nießbraucher geltend zu machen, falls dieser widmungswidrig bei seinem Stimmverhalten die Treuepflicht nicht beachtet. Praktikabel ist diese Möglichkeit nicht. Im schlimmsten Fall bestünde die Gefahr, daß zwei Prozesse geführt werden müßten, um der Treuepflicht Geltung zu verschaffen[166]. Auch in dem Falle, daß ausnahmsweise einmal die Gesellschafter verpflichtet wären, einer Änderung des Gesellschaftsvertrages zuzustimmen, wäre dies nicht anders. Denn auch bei einer treuepflichtwidrigen Verweigerung der Zustimmung zu einer Vertragsänderung ersetzt nach der Rechtsprechung[167] und der überwiegenden Literatur[168] grundsätzlich – abgesehen von einer im Hinblick auf die Funktions- und Existenzfähigkeit der Gesellschaft unentbehrlichen Sofortkorrektur ex lege[169] und dem einstweiligen Rechtsschutz[170] – erst ein rechtskräftiges Urteil die Mitwirkungshandlung. Zwar ist dies im Hinblick auf Stimmen in der Literatur nicht unumstritten, die bei bestimmten Sachgruppen über die Existenz- und Funktionsgefährung hinaus[171] oder bei Offenkundigkeit des Treueverstoßes[172] von

---

[166] Einmal müßten die Mit-Gesellschafter gegen den Besteller-Gesellschafter kraft Verletzung seiner gesellschaftsrechtlichen Treuepflicht, sodann dieser gegen den Nießbraucher kraft Verletzung seiner nießbrauchsrechtlichen Pflichten aus § 1036 II BGB vorgehen.

[167] Vgl. nur RGZ 97, 329 (331); BGH, LM Nr. 8 zu § 105 HGB; BGHZ 44, 40 (41); 64, 253 (257); 68, 81 (83); BGH ZIP 1988, 22 (24).

[168] Vgl. Schlegelberger-*Martens,* § 119 Rn. 48; *A. Hueck,* OHG, § 11 III 3; *Zöllner,* Stimmrechtsmacht, 420; *Winter,* Treuebindungen, 37; *Korehnke,* Treuwidrige Stimmen, 186 f.

[169] So vor allem BGH WM 1979, 1058 (1060); WM 1986, 1556 (1557); vgl. im übrigen auch BGH, NJW 1960, 434; NJW 1985, 974 f.; allg. zur Rspr. *Wiedemann,* FS Heinsius, 1991, 949 (955 f. m. w. Nachw.); *Stephan Korehnke,* Treuwidrige Stimmen im Personengesellschafts- und GmbH-Recht, 1997, 44 ff.

[170] Zu dieser prozessualen Lösung vgl. nur *Korehnke,* Treuwidrige Stimmen, 187 ff.; *Wiedemann,* FS Heinsius, 949 (957).

[171] Vgl.nur die Vorschläge bei Staub-*Ulmer,* § 105 Rn. 250: Differenzierung danach, ob der Beschluß Außenwirkung hat oder nicht; dem zustimmend Baumbach-*Hopt,* § 109 Rn. 28; Heymann-*Emmerich,* § 119 Rn. 20: Differenzierung, ob Eilfall oder nicht, wobei aus dem Verweis auf BGH WM 1986, 1556, hervorgeht, daß bei dem Eilfall zudem die Existenz der Gesellschaft auf dem Spiel stehen muß; bei Existenzgefährdung automatische Unbeachtlichkeit der treuwidrigen Stimmverwei-

dessen ex-lege-Wirkung ausgehen. Dies sind aber eher Ausnahmsfälle, die nichts daran ändern, daß bei den weitaus meisten Treueverstößen doch erst der Klageweg beschritten werden müßte. Eine derartige Verkomplizierung der Sanktionierung eines Treueverstoßes ist aber nicht hinnehmbar. Die erste Möglichkeit, in der die Mit-Gesellschafter den Nießbraucher zu einem treuepflichtgemäßen Handeln bewegen könnten, scheidet damit aus. Dies gilt auch für eine naheliegende Alternative, nämlich für die Abtretung der aus dem nießbrauchsrechtlichen Schuldverhältnis fließenden Ansprüche des Besteller-Gesellschafters an die Mit-Gesellschafter. Denn bei einer Abtretung verliert der Gläubiger seine Gläubigerstellung. Diese war jedoch bei der Treuepflichtigkeit des Nießbrauchers für den Besteller-Gesellschafter zum Zweck des Schutzes seiner Selbstbestimmung unabdingbar, so daß eine Abtretung ein nicht gangbarer Weg ist.

In Frage kommen daher nur zwei andere Möglichkeiten: Einmal ist es den Mit-Gesellschaftern unbenommen, vor der Bestellung des Nießbrauchs mit dem Nießbraucher einen schuldrechtlichen Vertrag des Inhalts zu schließen, daß der Nießbraucher auch ihnen gegenüber zur Treue verpflichtet sei. Sinnvollerweise machen sie hiervon auch ihre Zustimmung zur dinglichen Belastung abhängig. Fragen hinsichtlich der gesellschaftsrechtlichen Zulässigkeit derartiger Verträge sind nicht ersichtlich, so daß dies ein durchaus anempfehlenswerter Weg ist. Falls die Mit-Gesellschafter hingegen nicht so vorgehen, wird stellenweise behauptet, die aus den §§ 1036 II, 1041 BGB folgenden Pflichten des Nießbrauchers, aus denen im Rahmen dieser Untersuchung gefolgert worden ist, der Nießbraucher sei dem Besteller gegenüber verpflichtet, die Treuepflicht einzuhalten[173], oblägen dem Nutzungsberechtigten auch dem Besteller als Gesellschafter und der Gesellschaft gegenüber[174]. Begründet wird dies mit der Erwägung, aus den §§ 1036 II, 1041 BGB „wird man den Gedanken entnehmen können“[175], daß der Nießbraucher auch der Gesellschaft gegenüber treuepflichtig sei. Warum man diesen Vorschriften aber tatsächlich diesen sicherlich sinnvollen Gedanken entnehmen kann, wird nirgends dargelegt – obwohl doch gerade dies erforderlich ist, da man ansonsten mit dem Grundsatz in Konflikt kommt, daß

---

gerung wie in den o.g. Fällen der Rechtsprechung auch *Thomas Nonn,* Zustimmungspflichten des Kapitalgesellschafters, 1995, 63; Münchener Handbuch des Gesellschaftsrecht-*Weipert,* Bd. 1, § 6 Rn. 52: Differenzierung, ob Änderung des Gesellschaftsvertrages oder nicht.

[172] So bsp. *Wiedemann,* FS Heinius, 949 (957): Unbeachtlichkeit der mangelnden Zustimmung bei einstimmig zu fassenden Beschlüssen, wenn die Zustimmungsverweigerung offenkundig treuewidrig sei. Ebenso *Flume,* PersG, 268 ff.

[173] Siehe oben § 6 V 2.

[174] So dezidiert *Schüller,* MittRhNotK 1980, 97 (101, 102); *Queck,* Nießbrauch, 140 f.

[175] *Queck,* Nießbrauch, 140.

Rechte eines Schuldverhältnisses (wie des durch die §§ 1036 ff. BGB implementierten) nur relativ zwischen den Beteiligten gelten! Ein bloßes *Bedürfnis* für einen Einbezug Dritter in ein Schuldverhältnis ersetzt ja keine dogmatische Begründung dieses Einbezugs. Eine derartige Begründung ist aber möglich: Die Mit-Gesellschafter des Bestellers können analog der Rechtsfigur des Vertrags mit Schutzwirkung zugunsten Dritter in das nießbrauchsrechtliche Schuldverhältnis insoweit einbezogen werden, als es um die Geltendmachung der Treuepflicht geht. Aufgrund des Charakters des Anteilsnießbrauchs als dingliche Belastung einer im Rahmen einer Organisation eingespannten Mitgliedschaft und aufgrund der Mitbetroffenheit der im Vertrauen auf eine sachgerechte Einbindung des Nießbrauchers der Belastung zustimmenden Mit-Gesellschafter[176] kann durchaus eine Leistungsnähe, eine „Gläubigernähe“, die Erkennbarkeit und die Schutzbedürftigkeit der Mit-Gesellschafter angenommen werden – alles auch Voraussetzungen für einen Vertrag mit Schutzwirkung zugunsten Dritter[177].

Gegen diesen Rekurs auf den Vertrag mit Schutzwirkung zugunsten Dritter könnte freilich sofort der Einwand erhoben werden, diese Rechtsfigur gründe auf der ergänzenden Auslegung des schutzwirkenden Vertrages. Denn da das nießbrauchsrechtliche Schuldverhältnis nicht von vertraglicher, sondern von gesetzlicher Art sei, und da neben dem Bestellungsakt auch keine vertragliche Vereinbarung zwischen dem Besteller-Gesellschafter und dem Anteilsnießbraucher geschlossen würde, wenn die causa des dinglichen Rechts kein Vertrag, sondern ein Vermächtnis sei, müsse schon aus diesem Grunde das Vorhaben scheitern. Dieser Einwand überzeugt jedoch nicht. Einmal ist richtigerweise der Vertrag mit Schutzwirkung zugunsten Dritter kein Ergebnis einer ergänzenden Vertragsauslegung, sondern Ertrag einer sachgerechten Fortbildung des dispositiven Rechts[178]. Nichts steht daher entgegen, aufgrund einer Interpretation der Normen des gesetzlichen Schuldverhältnis der §§ 1030 ff., 1068 II BGB zu einem Ergebnis zu gelangen, welches funktional dem eines Vertrages mit Schutzwirkung zugunsten Dritter äquivalent ist. So ist es hier: Die Treuepflichtigkeit des Nießbrauchers gegenüber den Mit-Gesellschaftern ist notwendige Voraussetzung eines sachgerechten gesellschaftsinternen Beziehungsgeflechts. Aus dem gesetzlichen nießbrauchsrechtlichen Schuldverhältnis folgt zumindest beim Anteilsnießbrauch daher gem. § 1068 II BGB, daß sich auch die Mit-Ge-

---

[176] Siehe zum Kriterium des Vertrauenstatbestands und der Mitbetroffenheit nur MünchKomm-*Gottwald,* § 328 Rn. 65, 69; *Habersack,* Vertragsfreiheit und Drittinteressen, 95.

[177] Zu dessen Voraussetzungen siehe MünchKomm-*Gottwald,* § 328 Rn. 78, 86 ff.; Palandt-*Heinrichs,* § 328 Rn. 14 ff.

[178] So die herrschende Literatur, MünchKomm-*Gottwald,* § 328 Rn. 80; *Bayer,* JuS 1996, 475.

sellschafter auf die Treuepflichigkeit des Nutzungsberechtigten berufen können. Wem dies nicht überzeugt, bliebe immer noch der Ausweg, daß die Mit-Gesellschafter mit dem Nießbraucher einen Vertrag der Art schließen, er über auch gegenüber den Mit-Gesellschaftern das Stimmrecht treuepflichtgemäß aus. Die Mit-Gesellschafter können sich nach all dem demnach entweder vertraglich oder aufgrund des sie schützenden nießbrauchsrechtlichen Schuldverhältnisses dem Anteilsnießbraucher gegenüber auf ein treuepflichtgemäßes Stimmverhalten berufen.

cc) Das Verhältnis von Treuepflichtwidrigkeit und Beschlußwirksamkeit

Mit der soeben getroffenen Feststellung sind die mit der Treuepflichtigkeit des Nießbrauchers verbundenen Probleme noch nicht alle bewältigt. Denn die Treuepflichtigkeit des Nießbrauchers beruht auf einem jedenfalls *nicht*: auf dem Gesellschaftsvertrag. Vielmehr gründet sie entweder auf einem von dem Gesellschaftsvertrag zu unterscheidenden Vertrag zwischen Nießbraucher und Mit-Gesellschafter oder auf dem gesetzlichen Schuldverhältnis des dinglichen Nutzungsrechts. Sachlich handelt es sich daher bei der Treuepflichtigkeit des Nießbrauchers um eine den Mit-Gesellschaftern gegenüber bestehende schuldrechtliche Stimmbindung des Inhalts, nur treuepflichtgemäß das Stimmrecht auszuüben. Derartige Stimmbindungen wirken nur schuldrechtlich und bedürfen der Durchsetzung im Wege der Leistungsklage mit Vollstreckung gem. § 894 ZPO[179]. Die Treuepflichtigkeit aufgrund Nießbrauchs- oder Vertragsrechts läuft daher für die Rechtslage *vor* einer Stimmabgabe mit der Situation bei einer normalen Treuepflichtigkeit parallel.

Schwierig wird es nur, wenn eine Stimmrechtsausübung des Nießbrauchers vorliegt, welche gegen die kraft Nießbrauchs- oder Vertragsrecht begründeten, insofern „nicht-gesellschaftsvertraglichen" Treuepflicht verstößt. Ist bei einer *derartigen* treuepflichtwidrigen Stimmabgabe auch der Beschluß selbst mit der Folge fehlerhaft, daß er ex lege unwirksam[180] oder zumindest anfechtbar[181] ist? In anderen Worten: Schlägt der Verstoß gegen die schuldrechtliche Stimmbindung auf die Fehlerhaftigkeit des Gesellschaf-

---

179 Vgl. nur BGHZ 48, 163 (166 ff.); *Karsten Schmidt,* GesR, § 21 II 4 b aa; Heymann-*Martens,* § 119 HGB Rn. 27; MünchKomm-*Ulmer,* § 717 Rn. 26; *Weber,* Privatautonomie, 98 ff.; *Zöllner,* ZHR 155 (1992), 168 (185 f.).

180 Vgl. statt vieler nur Baumbach/*Hopt,* § 119 HGB Rn. 32; Schlegelberger-*Martens,* § 119 HGB Rn. 13; *Nitschke,* Personengesellschaft, 1970, 206 ff., 210 ff.; *H. Westermann,* Handbuch der Personengesellschaften, Rn. I 546 ff.; sowie den Überblick bei *Ulrich Noack,* Fehlerhafte Beschlüsse, 169 ff.

181 So *Karsten Schmidt,* GesR, § 15 II 3 b; *ders.,* FS Stimpel, 217 ff.

terbeschlusses durch, bildet also die nießbrauchs- oder vertragsrechtlich gegründete Treuepflicht zusammen mit Gesellschaftsvertrag und Gesetz eine gesellschaftliche Verbandsordnung im weiteren Sinne? Oder steht sie als Ausdruck der Relativität der Rechtsverhältnisse unverbunden neben der korporationsrechtlichen Sphäre, so daß ihre Verletzung daher allenfalls zu Schadensersatzansprüchen oder zu dem prozeßökonomisch etwas mißlichen Ergebnis führt, den Nießbraucher auf ein treuepflichtgemäßes Stimmverhalten zu verklagen, um sodann den zuvor gefaßten Beschluß zu kippen[182]? Hilfreich ist hier ein Gedankenexperiment. Bei schuldrechtlichen Stimmbindungen der Gesellschafter, die zum Inhalt haben, daß die Gesellschafter treupflichtgemäß abstimmen[183], wäre die Antwort einfach: Da der Verstoß gegen die schuldrechtliche Stimmbindung[184] zugleich ein Verstoß gegen verbandsrechtliche Pflichten (nämlich die gesellschaftsrechtliche Treuepflicht) darstellt, würde der Verstoß gegen die Stimmbindung auf den Gesellschafterbeschluß durchschlagen[185]. Der Unterschied zum hier relevanten Fall ist, daß formal aufgrund der Relativität der Rechtsverhältnisse der Beschluß nicht gegen die gesellschaftsrechtliche Treuepflicht verstoßen *kann,* da der Nießbraucher an *diese* ja nicht gebunden ist.

Nun ist die Relativität der Rechtsverhältnisse kein Selbstzweck, sondern Ausdruck einer Wertung, mit der Dritte geschützt werden sollen, die außerhalb des Rechtsverhältnisses stehen. Relativität korrespondiert insofern mit dem Verbot des Vertrages zu Lasten Dritter[186]. Eine gegenüber den Mit-Gesellschaftern wirkende Treuepflichtigkeit des Anteilsnießbrauchers stellt für diese jedoch nur einen lediglich rechtlichen Vorteil dar. Die Zuwendung der Treuepflichtigkeit des Nutzungsberechtigten ist nach dem Rechtsgedanken

---

182 Eine ähnliche Diskussion (mit umgekehrten Vorzeichen: schuldrechtliche Verpflichtung *aller* Gesellschafter!) wird im übrigen auch im Kapitalgesellschaftsrecht geführt. Dort wird gerade in jüngster Zeit intensiv erörtert, ob ein Verstoß gegen für alle Gesellschafter verbindliche, sog. omnilaterale schuldrechtliche Nebenabreden einen Gesellschafterbeschluß anfechtbar machen lasse, dazu vgl. nur *Hoffmann-Becking,* ZGR 1994, 442 (446 ff., 452 ff.); *Joussen,* Gesellschafterabsprachen, 141 ff.; *König,* Nebenvertrag, 68 ff.; *Korehnke,* Treuwidrige Stimmen, 74 ff., 87 ff., 131 ff.; *Ulrich Noack,* Gesellschaftervereinbarungen bei Kapitalgesellschaften, passim; *Nonn,* Zustimmungspflichten, 105 ff.; *Ulmer,* NjW 1987, 1849 ff.; *Winter,* ZHR 154 (1990), 259 (265 ff.); *ders.,* in: Henze/Timm/H. P. Westermann (Hrsg.), Gesellschaftsrecht 1995, 131 (134 ff.); *Zöllner,* in: Henze/Timm/H. P. Westermann (Hrsg.), ebda., 89 (95 ff.).

183 Solche Stimmbindungen kommen natürlich nicht vor, da die Gesellschafter schon von Gesetzes wegen zur Treue angehalten sind. Es geht denn hier auch nur um eine Problemverdeutlichung im Wege eines Gedankenexperiments.

184 Also die schuldvertraglich gegründete, mit der gesellschaftsrechtlichen Treuepflicht inhaltlich identische Treuepflicht.

185 *Karsten Schmidt,* GesR, § 21 II 4 b aa.

186 *Habersack,* Vertragsfreiheit und Drittinteressen, 24 f. Allg. *Henke,* Relativität, 28 ff.

des § 328 BGB zulässig und in Ansehung des § 333 BGB auch wirksam. Denn entweder sind die Mit-Gesellschafter selbst Partei des die Treuepflichtigkeit des Nießbrauchers begründenden Rechtsgeschäfts. Oder sie würden gegen Treu und Glauben verstoßen, wenn sie die Zuwendung der für sie lediglich rechtlich vorteilhaft wirkenden Treuepflichtigkeit des Nießbrauchers, welche aus dem nießbrauchsrechtlichen Schuldverhältnis mit Schutzwirkung zugunsten der Mit-Gesellschafter ins Werk gesetzt worden ist, ablehnen und zugleich der Nießbrauchsbelastung des Anteils zustimmen. Vor diesem Hintergrund und mit Blick auf die überragende Bedeutung der Treuepflichtigkeit des Nießbrauchers muß somit davon ausgegangen werden, daß der Treueverstoß des Nießbrauchers auf den Beschluß durchschlägt. Daß dies auch prozeßökonomisch gesehen ein sachgerechtes Ergebnis ist, spielt hingegen entgegen anders lautenden Überlegungen[187] schon deshalb keine Rolle, weil der Rekurs auf Prozeßökonomie eine dogmatische Begründung nicht ersetzen kann[188]. Obwohl die Treuepflichtigkeit des Nießbrauchers *nicht* im Gesellschaftsverhältnis, sondern im nießbrauchsrechtlichen Schuldverhältnis oder schuldvertraglich gründet ist, ist im Ergebnis der Nießbraucher daher an die gesellschaftsrechtliche Treuepflicht auch gegenüber den Mit-Gesellschaftern entgegen weit verbreiteter Meinung so gebunden, *als ob* er selbst Gesellschafter wäre.

b) Haftung des Nießbrauchers als Korrektiv für gesellschaftsinterne Macht?

Wird der Gedanke der Verbandssouveränität so übersetzt, daß das Beziehungsgeflecht zwischen den Gesellschaftern nicht durch eine Hereinnahme gesellschaftsfremder Dritter gestört werden darf[189], kann damit auch ein Haftungsaspekt gemeint sein. Verbandssouveränität bedeutet dann, daß die Entscheidungsgewalt im Verband deshalb allein bei den Mitgliedern angesiedelt sei, weil allein diese persönlich hafteten; persönliche Haftung sei insofern Korrektiv für gesellschaftsinterne Macht[190]. Eine derartige „Funktionshaftung" ist etwas durchaus anderes als der oben im Rahmen mit der Auseinandersetzung mit dem Ordoliberalismus besprochene Grundsatz eines Gleichlaufs von Herrschaft und Haftung, der dort „mikrojuristisch" auf den Schutz der Gesellschaftsgläubiger in dem Sinne bezogen wurde,

---

[187] BGH, NJW 1983, 1910; Scholz-*Karsten Schmidt,* § 45 GmbHG Rn. 116; *Noack,* Gesellschaftervereinbarungen, 157 f., je für die Kapitalgesellschaft.

[188] So auch *Winter,* in: Gesellschaftsrecht 1995, 131 (133 f.); *Hoffmann-Becking,* ZGR 1994, 442 (449 f.), je für die Kapitalgesellschaft.

[189] Oben § 11 I 2 vor a.

[190] So *Nitschke,* Personengesellschaft, 217, für die Selbstorganschaft. Anklänge auch bei *Priester,* FS Werner, 657 (663).

daß eine Herrschaft ohne Haftung zu einem risikoreichen, verantwortungslosen Handeln zu Lasten der Gesellschaftergläubiger verleite. Hier geht es vielmehr allein um den Zuschnitt des gesellschaftlichen Innenbereichs und um die dort lokalisierten Interessen der Mit-Gesellschafter und der Organisation. Doch dies hindert nicht daran, daß auch hier die oben gegen den Grundsatz einer Einheit von Herrschaft und Haftung vorgetragenen Argumente greifen: Hier wie dort ist funktionales Äquivalent zur Machtbegrenzung qua Haftung und dem damit verbundenen Verlustrisiko die Zuweisung der Gewinnchance – zumindest, wenn Gewinnchance und existentielles Risiko gekoppelt ist, wie dies bei einem der Versorgung im Alter dienenden Anteilsnießbrauch oft der Fall ist, wie schon oben ausgeführt wurde[191]. Der auf eine gehörige Versorgung angewiesene Nießbraucher ist demnach nicht irgendein Dritter, sondern eine durch eigene Vermögensinteressen der Gesellschaft eng verbundene Person. Und besteht dieser Konnex zwischen nießbraucherischer Gewinnchance und existentiellem Versorgungsrisiko einmal ausnahmsweise nicht, kann auch hier wieder auf die Unstimmigkeiten verwiesen werden, in die man kommt, wenn man annimmt, eine zwingende Haftung eines Stimmberechtigten sei unter dem Gesichtspunkt des Machtkorrektivs unvermeidlich. Denn wie sollte dann eine bis zum Kernbereich der Mitgliedschaft ausgedehnte Stimmrechtsbeschränkung des unbeschränkt haftenden Gesellschafters möglich sein?[192].

Wen auch all dies noch nicht überzeugt und wer von einer Notwendigkeit eines „Machtkorrektivs" ausgeht, dem sei die Frage gestellt, wieso es immer und überall inzident zu einer Vorrangrelation zwischen den (vermeintlichen) Wertungen des gesellschaftsrechtlichem Innenrecht (hier: Notwendigkeit eines Machtkorrektiv) und dem Aspekt familiarer Solidarität (hier: sachgerechte Versorgung des überlebenden Ehegatten oder vorweggenommene Erbfolge) kommen soll, ohne daß konkret die Notwendigkeit eines Machtkorrektivs mit der Notwendigkeit des Ehegattenschutzes oder der intergenerationalen Vermögensnachfolge ausbalanciert wird – von den Schwierigkeiten hinsichtlich der Interpretation der §§ 163, 164 HGB, in die die Lehre von der Haftung als zwingend notwendiges Machtkorrektiv kommt, ganz abgesehen[193]. Angesichts der bisherigen Überlegungen dürfte das Ergebnis daher auf der Hand liegen: Die topoi Ehegattenschutz und vorweggenommene Erbfolge genießen auch angesichts der Zustimmung aller Mit-Gesellschafter zur dinglichen Belastung und der auch machtkorrigierenden Treuepflichtigkeit des Nießbrauchers den Vorrang gegenüber abstrakten Überlegungen zur Korrektur einer vermeintlich nicht akzeptablen Macht im gesellschaftlichen Innenbereich.

---

[191] Oben § 10 IV 3 a.

[192] Siehe oben § 10 IV 3 a.

[193] Zu diesen Schwierigkeiten siehe nur *Westermann*, Vertragsfreiheit, 279 f.

3. Ergebnis: Verbandssouveränität und Stimmrechtszuordnung an den Nießbraucher

Als Ergebnis der bisherigen Überlegungen zu dem Zusammenhang zwischen dem Gedanken der Verbandssouveränität und einer Stimmrechtszuordnung an den Anteilsnießbraucher kann notiert werden, daß dieser Zuordnung die Souveränität der Gesellschaft unter keinem Aspekt entgegensteht. Die Verbandssouveränität ist vielmehr dadurch hinreichend geschützt, daß die gesellschaftliche Treuepflicht, welche der Nießbraucher kraft § 1036 II BGB an den Tag zu legen hat, auch gegenüber den Mit-Gesellschaftern des Besteller-Gesellschafters zu erfüllen ist. Der Verbandssouveränität ist damit – einher mit der Zustimmungspflichtigkeit des Anteilsnießbrauchs – hinreichend Rechnung getragen.

II. Funktionalität der Gesellschaftsverfassung und Richtigkeitsgewähr der verbandlichen Willensbildung

Bisher wurde das institutionalische Gesellschaftsrechtsverständnis und der ordoliberalistische Ansatz als Beispiel für eine wirtschaftsrechtstheoretische Grundlegung des Abspaltungsverbots und die daraus folgenden, auch für die Stimmrechtszuordnung beim Nießbraucher relevanten Wertungen sowie der Grundsatz der Verbandssouveränität besprochen. Der vierte Ansatz, der für das Abspaltungsverbot fruchtbar gemacht worden und nunmehr zu behandeln ist, greift auf den Gedanken der „inhaltlichen Richtigkeitsgewähr" der gesellschaftsrechtlichen Willensbildung zurück.

1. Richtigkeitsgewähr als Gerechtigkeitsgewähr

Stellvertretend für viele kann Karsten Schmidt als ein Vertreter genannt werden, welcher den Gedanken der Richtigkeitsgewähr der verbandlichen Willensbildung als Richtschnur der Verbandsverfassung bemüht[194]. Danach muß die Personengesellschaft selbst- und nicht fremdgesteuert handeln, weil ansonsten die Richtigkeitsgewähr der verbandlichen Willensbildung und der verbandlichen Kontrolle in Gefahr geriete. Dieser Gedanke ist schwer zu interpretieren. Der Ausgangspunkt der Argumentation Karsten Schmidts ist der von Flume übernommene Gedanke, eine Begebung der durch die Mitbestimmungsrechte gewährleisteten Selbstbestimmung dürfe und könne es nicht geben; die mitgliedschaftliche Selbstbestimmung sei Grundlage legitimer Willensbildung und Willensbetätigung von Verbänden

---

194 *Karsten Schmidt,* GesR, § 19 III 4. Siehe ansonsten etwa noch *Schön,* ZHR 158 (1994), 229 (257).

und notwendige Voraussetzung der Richtigkeitsgewähr der verbandlichen Willensbildung selbst. Nun wurde schon gezeigt, daß die Überlegung von Flume, ein Verbot der Selbstbegebung der Willensfreiheit sei der Privatautonomie inhärent, zumindest für die Stimmrechtsabspaltung wenig Konkretes hergibt[195].

Wenn das Abspaltungsverbot also stimmig überhaupt auf dem Gedanken der Richtigkeitsgewähr gegründet werden soll, muß „Richtigkeitsgewähr" vom Selbstbestimmungstopos abgelöst werden. Richtigkeitsgewähr würde in dem Fall wörtlich gelesen: als Gewährleistung der „Richtigkeit" der verbandlichen Willensbildung. Es geht dann nicht um ein *Selbstbestimmungs*problem, sondern um eine *Gerechtigkeits*frage in der Tradition Schmidt-Rimplers. Die verbandliche Willensbildung würde also als Mittel zur Herstellung typischerweise gerechtigkeitsverbürgender Entscheidungen begriffen. Die selbstbestimmte Entscheidung des Einzelnen wird dann nicht als Selbstzweck (wie bei *Flume*), sondern als Mittel im Rahmen der gerechtigkeitsverbürgenden Ordnungsfunktion des Gesellschaftsrechts begriffen. Schön bsp. faßt dies so, daß eine „sinnvolle" Führung des gemeinschaftlichen Unternehmens und eine „funktionsfähige" Unternehmenstruktur sicherzustellen sei[196]. Wenn da nicht die Anschlußfrage wäre: Was ist in diesem Sinne „sinnvoll", was „funktionsfähig"?

2. Kritik des Richtigkeitsgewährsgedankens

a) Die Bezugskategorie „Gerechtigkeit"

aa) Allgemeines

Das Ergebnis vorweg: Für diese Fragen gibt der Topos der Richtigkeitsgewähr nichts her. Fraglich ist schon, was überhaupt unter Richtigkeitsgewähr sinnvoll verstanden werden kann[197]. Für Schmidt-Rimpler, auf den der Gedanke der Richtigkeitsgewähr des (Austausch-)Vertrages zurückgeht, stand die Ordnungsfunktion des Vertrages im Vordergrund, nämlich zum einen das Problem, wie ohne hoheitliche Regelung der Vertrags*inhalt* eine ethisch verstandene Gerechtigkeit i.e.S. sowie eine „Gemeinzweckmäßigkeit" verwirklichen könne, zum anderen das Verhältnis der Rechts- und

---

[195] Siehe oben § 5 VI 1.

[196] *Schön,* ZHR 158 (1994), 229 (257).

[197] Die Diskussion zur Theorie der Richtigkeitsgewähr (im Vertragsrecht) ist weit gefächert. Vgl. dazu nur die umfassenden Nachweise bei *Fastrich,* Richterliche Inhaltskontrolle im Privatrecht, 51 ff.; *Oechsler,* Gerechtigkeit im modernen Austauschvertrag, 125 ff.; *Enderlein,* Rechtspaternalismus, 119 ff.; *Singer,* Selbstbestimmung und Verkehrsschutz im Recht der Willenserklärungen, 9 f.

Verkehrssicherheit zur inhaltlichen Richtigkeit des Vertrages[198]. Kann all dies überhaupt auf den Gesellschafterbeschluß übertragen werden? Ceteris paribus sei dies einmal der Fall. Der Gesellschafterbeschluß würde bei Anwendung der Theorie Schmidt-Rimplers dann unmittelbar mit inhaltlicher Gerechtigkeit verknüpft. Ist dies sinnvoll? Hier sind – entgegen zahlreichen, auf die Richtigkeitsgewähr allerdings des Vertrages und nicht des Gesellschafterbeschlusses sich beziehenden Stimmen in der Literatur[199] – starke Zweifel angebracht. Die Kategorie des Gesellschafterbeschlusses gerät ansonsten unausweichlich in eine Schräglage: in die Schräglage, typischerweise ungerechte Inhalte zu produzieren[200]. Dies zeigt ein Blick auf gängige Theorien der Gerechtigkeit – ein solcher Blick ist ja unausweichlich, wenn Richtigkeitsgewähr praktisch als Gerechtigkeitsgewähr begriffen wird.

bb) Richtigkeitsgewähr im Prüfstand gängiger Theorien der Gerechtigkeit

Die Frage ist: Kann der topos „inhaltliche Richtigkeit einer Regelung" mit der Kategorie des Gesellschafterbeschlusses verbunden werden? Bei einem Blick auf drei prominente Gerechtigkeitstheorien werden die Zweifel hieran überdeutlich. Wenn Richtigkeit – erste Theorie – im Sinne der prozeduralen Diskurstheorien gedeutet wird[201], würde eine Großzahl, wenn nicht die überwältigende Mehrheit der Gesellschafterbeschlüsse pathologisiert. Denn typischerweise entspricht die gesellschafterliche Abstimmungsprozedur nicht der ungezwungenen diskursiven Abstimmung unter Gleichgeordneten, wie dies die Diskurstheorien unter dem Vorbild ihrer „idealen Sprechsituation" avisieren[202]. Zudem bemühen sich die Diskurstheorien ihrem eigenen

---

[198] *Schmidt-Rimpler,* AcP 147 (1941), 130 (132 f.); *ders.,* FS Ludwig Raiser, 1974, 3 (10, dort das Zitat).

[199] Positiv stehen dem Gedanken einer Richtigkeitsgewähr des Vertrages aus jüngerer Zeit etwa gegenüber *Fastrich,* Inhaltskontrolle, 51 ff.; *Habersack,* Vertragsfreiheit und Drittinteressen, 42 ff.

[200] Der Vorwurf ist nicht neu. So hat schon *Ludwig Raiser* früh *Schmidt-Rimpler* vorgeworfen, aufgrund des typischerweise gegebenen Machtungleichsgewichts könne von einer inhaltlichen Richtigkeitsgewähr nicht die Rede sein, siehe *ders.,* FS DJT, 101 (118 f.). *Schmidt-Rimpler* hat daraufhin sein Modell auf machtgleichgewichtige Vertragspartner bezogen (*Schmidt-Rimpler,* FS Raiser, 3 (12 f.)). Doch selbst dann kann die grundsätzliche Frage gestellt werden, ob es überhaupt sinnvoll ist, die Vertragskategorie oder die Kategorie der Gesellschafterbeschlüsse auf das Bezugssystem der Gerechtigkeitstheorien hin zu entwerfen, ohne dadurch sich unterschwellig vor allem Theorien utilitaristischen Einschlags auszuliefern. Dazu sogleich.

[201] Etwa analog zur Sonderfallthese von *Robert Alexy,* vgl. *ders.,* Theorie der juristischen Argumentation, 263 ff.

Anspruch nach um eine kommunikationstheoretisch untermauerte, insofern sprachtheoretischen Ansprüchen genügende Reformulierung des Kategorischen Imperativs in der Tradition Kants, der dann nichts anderes als die Implementierung eines Verfahrens der Abstimmung darstellt. Mit derartigen Imperativen haben Gesellschafterbeschlüsse jedoch nichts zu schaffen; bei ihnen steht das profitable Bestehen am Markt im Mittelpunkt. Die Diskurstheorien würden demnach die Kategorie des Gesellschafterbeschlusses durchweg pathologisieren, so daß nicht ernsthaft der Gedanke der Richtigkeitsgewähr auf dieses Gerechtigkeitsverständnis gegründet werden kann.

Wenn Richtigkeit – zweite Theorie – im Sinne der Kantischen Gerechtigkeitslehre verstanden würde, wäre dies kaum anders, müßten sich die Gesellschafter auch hier ständig Gedanken machen, ob die im Gesellschafterbeschluß enthaltenen Regelungen Inhalt eines allgemeinen Gesetzes sein könnten, was völlig illusorisch ist[203]. Ein Ausweg könnte allenfalls eröffnet sein, falls die Kantische Lehre durch die Brille v. Savignys gelesen wird, der den ethischen Personalismus Kants so umgeformt hat, daß für den Juristen unter Gerechtigkeitsgesichtspunkten vor allem der tatsächliche, der empirische Wille als sinnlich-psychologisches Faktum wichtig ist, womit gleichzeitig die Freiheitssemantik empiristisch aufgeladen und die kantisch verstandene Autonomie zunehmend aus ihrer Vernunftgründung gelöst würde[204]. Wenn die Kantische Lehre mit dieser empiristischen Wende nicht zugleich ihren spezifischen Gerechtigkeitsgehalt verlieren will, wäre der Rekurs auf den empirischen Willen nur dann einsichtig, wenn – wie dies mancherorts als Standpunkt der führenden Theoretiker der Historischen Rechtsschule erwähnt wird[205] – das kantische Projekt einer Vermittlung von Natur und Freiheit als vom historischen Recht in der Sache nach immer schon vollzogen erachtet wird. Überzeugend ist ein derartiges geschichtliches Vernunftvertrauen heute freilich nicht mehr. Der Rekurs auf den empirischen Willen wandelt sich dann notgedrungen tendentiell eher utilitaristischen Gerechtigkeitstheorien an[206, 207].

---

[202] Vgl. allg. zum Problem (beim Vertrag) nur *Schmidt-Rimpler,* FS Ludwig Raiser, 3 (13 ff.).

[203] Bezogen auf die Vertragsfreiheit führt hier *Jürgen Schmidt,* Vertragsfreiheit und Schuldrechtsreform, 108, unmißverständlich aus, daß „bei konsequenter Durchführung des Kantschen Denkens der gesamte Gerechtigkeitsgehalt in den Inhalt des Schuldverhältnisses einfließen müßte und dieses in seinem Inhalt *nur* in insoweit begründet wäre, wie es diesen Gerechtigkeitsgehalt aufwiese“ (Hervorhebung i.O.).

[204] Zur *v. Savigny*schen Umformung des subjektiven Rechts siehe nur *Jürgen Schmidt,* Vertragsfreiheit, 95 ff.; *Fezer,* Teilhabe, 261 ff.

[205] So *Somek,* Rechtssystem und Republik, 89 f.

[206] Damit soll nicht gesagt werden, *v. Savigny* müßte eigentlich ein Befürworter *Jhering*schen Denkens sein. Gerade dem steht die von *Somek,* Rechtssystem und Republik, 88, Fn. 383, als „romantischer Naturbegriff“ bezeichnete Vorstellung der

Utilitaristische, rechtstheoretisch der Tradition Jherings nahestehende Gerechtigkeitstheorien – dritte Theorie – stellen nun zwar die gerechtigkeitsverbürgende Kraft der Verfolgung des Eigeninteresses in den Vordergrund[208] und sind insofern auch mit der Theorie des subjektiven Rechts in der Ausprägung des rechtlichen geschützten Interesses verträglich[209]. Sie sehen sich aber – neben anderen Einwände – bsp. mit der schlagenden Entgegnung konfrontiert, die utilitaristisch proklamierte Verklammerung des Einzelnutzens mit dem Gemeinwohl sei nicht einsichtig zu begründen[210]. Damit würde aber zugleich eine tragfähige innere Rechtfertigung entfallen, warum überhaupt der Wille des einzelnen – etwa der Gesellschafter – gerechtigkeitsverbürgend sein soll. Auch ein Rekurs auf den Utilitarismus als geltungstheoretisch die Richtigkeit des Beschlusses verbürgende Theorie geht mithin ins Leere. Die Vorstellung einer Richtigkeitsgewähr des Gesellschafterbeschlusses kann daher insgesamt gesehen nicht überzeugend mit den soeben vorgetragenen, die derzeitige Diskussion bestimmenden[211] Gerechtigkeitstheorien in Einklang gebracht werden.

Überraschend ist dies nicht. Denn schließlich geht es bei der Beschlußfassung nicht um ein ethisch vertretbares Handeln am Markt. Nicht die Eigenlogik der Moral, sondern das Nutzenmaximierungsstreben des Wirtschaftssystems geben nun einmal in der Gesellschaftspraxis den Ton an[212]. Ist dem so, würde ein Insistieren auf der Richtigkeitsgewähr der verbandlichen Willensbildung nicht nur eine ständige Pathologisierung der Beschluß-

---

Historischen Rechtsschule entgegen, Natur und Freiheit seien im historischen Recht schon immer vermittelt.

[207] Der Ansatz von *Schmidt-Rimpler* ist denn auch – soweit es um die Vertragsfreiheit geht – oft zu utilitaristischen Rechtfertigungsstrategien der Privatautonomie gerechnet worden, vgl. bsp. nur *Jürgen Schmidt,* Vertragsfreiheit, 103 ff., 148 ff.

[208] Hier wäre etwa die Ökonomische Analyse des Vertragsrechts mit ihrem utilitaristischen Unterbau als Leitbild zu zitieren.

[209] Dem Ansatz der Richtigkeitsgewähr liegt im Kern eine utilitaristische oder zumindest eine hobbesianische Rechtfertigungskonzeption der Vertragsfreiheit zugrunde, dazu *Jürgen Schmidt,* Vertragsfreiheit, 148.

[210] Vgl. nur *Jürgen Schmidt,* Vertragsfreiheit, 150 ff. (zu *Schmidt-Rimpler*) mit 127 f.; und aus der unübersehbaren Literatur ansonsten *Eidenmüller,* Effizienz als Rechtsprinzip, 187 ff.

[211] Die kommunitaristischen Ansätze, die für einen Vorrang des „guten Leben" vor den Ansinnen des (vom Guten dann gerade entgegengesetz zum Liberalismus als abhängig gedachten) Gerechten votieren, und die derzeit mit dem Liberalismus im Brennpunkt der politischen Philosophie steht, sollen hier einmal außen vor bleiben. Auch dem Kommunitarismus wäre eine rigide Richtigkeitsgewähr des empirischen Willens suspekt. Siehe ansonsten zur Diskussion um Kommunitarimus und Liberalismus nur *Reese-Schäfer,* Grenzgötter der Moral, 1997; *Forst,* Kontexte der Gerechtigkeit, 1996; *Kymlicka,* Politische Philosophie heute, 1997; sowie die Beiträge in den Sammelbänden von *Honneth* (Hrsg.), Kommunitarismus, 1993; *Brumlik/Brunkhorst* (Hrsg.), Gemeinschaft und Gerechtigkeit, 1993.

kategorie nach sich ziehen, sondern gerade deshalb auch den Ruf nach einer verstärkten Inhaltskontrolle provozieren, wie sie ja bsp. bei Wiedemann für einige Sonderfälle denn auch konsequent gefordert wurde[213]. In dieser Situation hilft auch nicht, daß Schmidt-Rimpler für eine Richtigkeitsgewähr genügen läßt, daß Richtigkeitsgewähr als „Richtigkeitswahrscheinlichkeit" gelesen wird und daß dem Vertrag eine „Tendenz zur Gerechtigkeit" inne wohne[214]. Denn damit verliert doch die Theorie jeglichen Bezugspunkt, denn Tendenzen und Wahrscheinlichkeiten können mal mehr, mal weniger vorliegen; insofern formuliert in anderen Worten der Rekurs auf „Richtigkeitswahrscheinlichkeit" und „Tendenz zur Gerechtigkeit" nur, daß einer freiheitlichen Rechtsordnung Richtigkeit und Gerechtigkeit als regulatives normatives Ideal in all ihren Facetten (also auch im Vertrag) inhärent ist[215]. Nach all dem gilt also, daß der Gedanke der Richtigkeitsgewähr der verbandlichen Willensbildung nicht mit dem Schmidt-Rimplerschen Ansatz zusammengedacht werden kann.

b) Die Bezugskategorie „Selbstbestimmung"

Die soeben formulierte Einsicht, der Gedanke der Richtigkeitsgewähr und die gängigen Theorien der Gerechtigkeit könnten nicht sinnvoll verschwistert werden, ist nicht überraschend. Denn die Lehre von der Richtigkeitsgewähr formuliert ein durchaus berechtigtes Anliegen. Ihr geht es

---

212 Eine ausgearbeitete diskurstheoretische Konzeption des Vertrags fehlt noch, siehe aber *Enderlein,* in: Bydlinski/Mayer-Maly (Hrsg.), Die ethischen Grundlagen des Privatrechts, 53 (66 ff.).

213 *Wiedemann* sieht bsp. bei den Gesellschaftsverträgen solcher Personengesellschaften, die weitgehend durch einen Erblasser durch Verfügung von Todes wegen auf eine Perpetuierung des erblasserischen Willens hin festgezurrt worden sind, wegen der fehlenden Richtigkeitsgewähr des Gesellschaftsvertrags einen erhöhten Inhaltskontrollbedarf, siehe *ders.,* FS H. Westermann, 585 ff.; *ders.,* GesR, § 3 II 3. Für die GmbH ebenfalls *Lutter/Hommelhoff,* GmbHG, § 3 Rn. 53. Später führt *Wiedemann* hingegen aus, daß der Schutz einer privaten Rechtsposition nicht davon abhängt, ob der Beteiligungsbesitz durch Erbgang erworben worden sei, *ders.,* FS Fischer, 883 (898). Zur Kritik siehe nur ablehnend insbes. MünchKomm-*Ulmer,* § 705 Rn. 108; ders./Brandner/Hensen-*ders.,* AGBG, § 23 Rn. 27; *Fastrich,* Inhaltskontrolle, 136 f.; *Grunewald,* Der Ausschluß aus Gesellschaft und Verein, 138; *Barbara Kesselmeier,* Ausschließungs- und Nachfolgeregelung in der GmbH-Satzung, 1989, 11 f.; *Röttger,* Die Kernbereichslehre im Recht der Personengesellschaften, 40 f.; *Uwe H. Schneider,* ZGR 1978, 1 (9 mit Fn. 23); *Hans Schulte,* ZGR 1976, 97 (103); eher kritisch auch *H. P. Westermann,* AcP 175 (1975), 376 (410 ff.).

214 *Schmidt-Rimpler,* FS Raiser, 3 (12, 16).

215 Dies war aber immerhin im Zeitpunkt der ersten Ausformulierung der *Schmidt-Rimpler*schen Lehre im Jahre 1941, als *Schmidt-Rimpler* die Kategorie des Vertrags gegenüber Zugriffen des nationalsozialistischen Regimes verteidigen wollte, noch ganz anders.

nämlich um den rechtlichen Schutz des einzelnen vor seiner Überwältigung durch den Vertragspartner oder durch objektive Machtstrukturen. Zur Bewältigung dieses Anliegen trägt sie aber kaum etwas bei. Insofern ist es nur folgerichtig, daß schon im Vertragsrecht die Lehre Schmidt-Rimplers nicht mehr so gelesen wird, als ob sie den Topos der normativen „Richtigkeit" oder den Gedanken der tauschvertraglichen Interessenverschränkung am Markt auf den Vertragsinhalt beziehen möchte, sondern daß sie einen Bezug zur Selbstbestimmung herstellen will: Sie steckt einen Bereich ab, innerhalb dessen der Grundsatz autonomer Entscheidung zwingend gilt[216]. Mit *dieser* Ausrichtung Richtigkeitsgewährsgedankens kann jedoch die Zuordnung des Stimmrechts an den Anteilsnießbraucher nicht mehr hinterfragt werden. Denn daß Selbstbestimmungsaspekte gegen diese Zuordnung nicht ins Feld geführt werden können, wurde oben[217] schon ausführlich gezeigt.

c) Die Bezugskategorie „rechtsinterner Diskurs"

Kann die Richtigkeitsgewähr des Gesellschafterbeschlusses nicht sinnvoll auf die Kategorie „Gerechtigkeit" bezogen werden und scheidet auch ein Rekurs auf Selbstbestimmung als Fluchtpunkt der Richtigkeitsgewähr aus, kann die Bezugskategorie der Richtigkeitsgewähr nur noch innerhalb des sonstigen rechtlichen Diskurses gefunden werden. Richtigkeitsgewähr kann dann nur bedeuten, daß der Gesellschafterbeschluß die Zustände herstellen muß, die der rechtswissenschaftliche und rechtspraktische Diskurs als richtig bezeichnet[218]: Es gilt, den Gesellschafterbeschluß auf das Erfordernis einer *im* rechtlichen Diskurs entworfenen objektiven Ordnung und auf das

---

216 So etwa *Habersack,* AcP 189 (1989), 403 (407 ff.); *Hager,* Gesetz- und sittenkonforme Auslegung, 143 Fn. 75; *Lüderitz,* Auslegung, 88.

217 Oben § 5 bis § 8.

218 Die auf den ersten Blick paradoxale Formulierung (salopp: „Richtigkeit aufgrund Richtigkeit") kommt nicht von ungefähr. Paradoxal wäre die Formulierung freilich nur, wenn die rechtliche Beurteilung der Richtigkeitsgewähr abstrakt an Theorien eben über die Richtigkeit gekoppelt würde. Dabei würde jedoch übersehen, daß sich zwischen der rechtlichen Beurteilung und den Richtigkeitstheorien im Rechtssystem das institutionalisierte Netzwerk der Rechtspraxis schiebt, das einher mit der ebenfalls institutionalisierten Rechtswissenschaft die Voraussetzungen dafür schafft, das Rechtssystem intern zu schließen und damit auch von den intrikaten Voraussetzungen rechtsphilosophischer Richtigkeitslehren tendentiell unabhängig zu machen. Dies kann hier im einzelnen nicht näher dargelegt werden, vgl. daher zu derartigen Überlegungen nur ausführlich *Somek,* Rechtssystem und Republik, insbes. 305 ff., 441 ff. und passim; *ders.,* Der Gegenstand der Rechtserkenntnis, insbes. 100 ff., 114 ff. und passim; *ders./Nikolaus Forgó,* Nachpositivistisches Rechtsdenken, passim; *Friedrich Müller/Christensen/Sokolowski,* Rechtstext und Textarbeit, 1997, insbes. 99 ff. und passim.

Wertungsgeflecht des Rechts insgesamt funktional zu beziehen. Mit dieser Aussage wird zugleich das Rechtssystem rechtsintern nach außen – bsp. gegen die ordoliberalistische Usurpation des Rechts durch Wettbewerbstheorie – geschlossen[219]. Was ergibt sich dann hinsichtlich des Gedankens der Richtigkeitsgewähr der verbandlichen Willensbildung? Doch wohl folgendes:

aa) Die verbandliche Willensbildung und die Interessen der Stimmberechtigten

Innerhalb des rechtswissenschaftlichen und rechtspraktischen Diskurses wird die prinzipielle Zuständigkeit der Gesellschafter für die Willensbildung mit dem Umstand begründet, daß sich die Einzelinteressen im Verband durch ein „gleichartiges ‚Betroffensein' der Mitglieder"[220] zu einem den Gesamtzweck förderlichen Verhalten ergänzen, wobei ein gleichartiges Betroffensein typischerweise dann gegeben sei, wenn die Vermögensinteressen der Gesellschafter mit den Gesamtinteressen der Gesellschaft parallel laufen[221]. Dieser „Gleichlauf in der Interessenbasis" wurde ähnlich auch schon vom Ordoliberalismus bemüht, als dort für eine Stimmrechtszuweisung an den Nießbraucher vorausgesetzt wurde, daß dieser materiell Inhaber des Gesellschaftsinteresses[222] ist. Nur war der „Gleichlauf"-Gedanke dort mit einem theoretischen Überbau verbrämt, der es nicht zuließ, die Stimmrechtsverteilung beim Anteilsnießbrauch näher zu bewältigen.

Kommt es bei einem Anteilsnießbraucher zu einem Stimmrechtszuordnung an den Nutzungsberechtigten, wird ein Gleichlauf zwischen den Interessen der Stimmberechtigten und der Gesellschaft oft schon deshalb bestritten, weil der Nießbraucher kurzfristigen Ertragsinteressen nachhinge und damit den gesellschaftlichen Gesamtzweck, der zumeist auf eine ausgewo-

---

219 Dies hat weitreichende Konsequenzen. So stellt sich bsp. nicht die Frage, ob die Wettbewerbstheorie dem Recht vorgängig ist, wie dies der Ordolíberalismus proklamiert, sondern immer nur die Frage, ob die Wettbewerbstheorie, besser: die Wettbewerbstheorien, innerhalb des Rechtssystems überhaupt verarbeitet werden können, und wie dies von statten geht. Also welche Aussagen der Wettbewerbstheorie(n) das Rechtssystem übernimmt und welche nicht.

220 *Wiedemann,* Übertragung, 281 (Hervorhebung i. O.).

221 Siehe zu dieser, üblicherweise im Rahmen der Richtigkeitsgewähr-Metaphorik vorgetragenen Aussage BGHZ 51, 209 (216); 65, 93 (97 f.); *Wiedemann,* Übertragung, 281; *ders.,* GesR, § 7 II 1 b; *Schön,* ZHR 158 (1994), 229 (258).

222 Der Topos „Gesellschaftsinteresse" gibt im übrigen zur Problembewältigung wenig her. Er stellt bei Lichte betrachtet nur die Kurzformel für all die Probleme bereit, die mit einer Interessenverfolgung durch Organisationen verbunden sind. In ihm wird also der „materielle Mehrwert" eingeschlossen, der gerade im *verbandlichen,* also im *„systemischen"* Handeln gegründet ist. Für die Bewältigung der mit dem Systemischen auftretenden Herausforderungen gibt er aber keinerlei Hinweise.

gene Ertragsmaximierung vor, während und nach Beendigung des dinglichen Nutzungsrechts ausgerichtet ist, tendentiell mißliebig gegenüberstehe[223]. Für den Besteller-Gesellschafter gilt Gleiches, da er seinen langfristigen Investitionsinteressen nachgehen wird[224]. Die Vermögensinteressen von Nießbraucher und Besteller sind folglich zwar in dem gerade beschriebenen Sinn antagonistisch zwischen kurzfristigem Ertrag und langfristiger Kapitalakkumulation eingespannt. Sie laufen aber gerade deshalb nicht mit dem Gesellschaftszweck parallel, da dieser typischerweise auf eine *ausgewogene* Ertragsmaximierung vor, während und nach Beendigung des dinglichen Nutzungsrechts ausgerichtet sein wird. Wegen dieses Gegenlaufs des langfristigen Kapitalakkumulationsinteresses versus des kurzfristigen Ertragsmaximierungsinteresses gewährleisten sowohl beim Nießbraucher als auch beim Besteller die bewährten Steuerungsmittel des Marktes, also Gewinnchance und Verlustrisiko, kein Handeln für den Gesellschaftszweck. Hieraus müßte eigentlich der Schluß gezogen werden, nicht nur der Nießbraucher dürfe das Stimmrecht nicht ausüben, vielmehr dürfte das Stimmrecht auch dem Besteller-Gesellschafter nicht zustehen. *Dieser* Schluß wird aber nirgends gezogen, obwohl er folgerichtig wäre.

Bei einem vermächtnisweise zugewandten Versorgungsnießbrauch kommt – wie oben schon ausgeführt[225] – hinzu, daß das Kapitalakkumulationsinteresse des Besteller-Gesellschafters im Verhältnis zum Nießbraucher gegenüber dessen Versorgungs- und daraus resultierenden kurzfristigen Ertragsmaximierungsinteresse durchweg weniger schutzwürdig ist. Interessen des Erben-Gesellschafters werden – in erbrechtlicher Perspektive – im übrigen nur im Rahmen des § 138 I BGB berücksichtigt. Weitere Ausnahmen sind – in gesellschaftsrechtlicher Perspektive – zudem dann gegeben, falls das Gesellschaftsrecht eine vorrangige Beachtung des Besteller-Gesellschaftersinteresses reklamiert, was aber jeweils am konkreten Problem in einer Punkt-zu-Punkt-Zuordnung von Wertung, Norm und Interesse aufzuzeigen wäre – und hierfür haben sich bisher keinerlei Anhaltspunkte ergeben.

bb) Folge: Steuerungspatt

Es kommt also sowohl bei der Stimmrechtszuordnung an den Nießbraucher als auch bei der Zuordnung an den Besteller-Gesellschafter zu so etwas wie einem Steuerungspatt: Die Stimmausübung des belasteten Anteils

---

[223] Siehe oben § 4 I 1. Das Ertragsinteresse des Nießbrauchers wird sich aber oft innerhalb der Gesellschaft nicht durchsetzen, wie ebenda schon ausgeführt wurde. Insofern relativiert sich die Relevanz einer Rede von einem an einem schnellen Ertrag orientierten Interesse des Nießbrauchers doch erheblich.

[224] Siehe Fn. zuvor.

[225] Oben § 4 I 1.

würde aus Sicht des Gesellschaftsinteresses *nie* richtig „funktionieren“. Und das gleiche würde selbst dann eintreten, wenn es zu einer treuhänderischen Anteilsübertragung auf den Nießbraucher käme[226], da dieser auch dann daran interessiert sein wird, primär sein kurzfristiges Ertragsinteresse auf Kosten des langfristigen Kapitalakkumulationsinteresses des Bestellers und des Gesellschaftsinteresses zu maximieren. Wenn in dieser Situation dennoch auf den Gedanken der Richtigkeitsgewähr der verbandlichen Willensbildung gepocht würde, müßte konsequent gedacht im Endeffekt selbst ein Anteilsnießbrauch in der Weise der Treuhandschaft unzulässig sein, da ja auch dort die Richtigkeit des Gesellschafterbeschlusses nicht mehr gewährleistet wäre. Dies wiederum wird nirgendwo vertreten. Es existiert also die allgemein anerkannte Wertung, daß der Anteilsnießbrauch zumindest zulässig ist, wenn der Weg der Treuhandschaft gewählt wird. Ist dem so, muß aber auch für den echten Anteilsnießbrauch, bei dem dem Nutzungsberechtigten das Stimmrecht zugeordnet ist, davon ausgegangen werden, daß die mit dieser Zuordnung herbeigeführten Schwierigkeiten, das Gesellschaftsinteresse zu erreichen, letztlich unbeachtlich sind – letztlich wären ja hier die gleichen Risiken zu befürchten wie bei der Treuhandschaft. Hier sieht man sehr deutlich, daß der Gedanke der Richtigkeitsgewähr der Stimmrechtszuordnung an den Nießbraucher nicht entgegensteht, wenn der Gesellschafterbeschluß auf das Erfordernis einer *im* rechtlichen Diskurs entworfenen objektiven Ordnung bezogen wird – wovon hier ja ausgegangen wurde.

d) Ergebnis zum Richtigkeitsgewährsgedanken

Es bleibt mithin dabei, daß der Bezug des gesellschaftlichen Innenrechts auf eine rechtsintern entworfene objektive Ordnung schon mit den bisherigen Erörterungen geleistet wurde: Schutz der Selbstbestimmung des Besteller-Gesellschafters über das Vier-Stufen-Schema[227] – Schutz der Selbstbestimmung der Mit-Gesellschafter durch ihren Zustimmungsvorbehalt zur Nießbrauchsbestellung[228] – Schutz der verbandlichen Willensbildung durch Einbindung des Nießbrauchers in die gesellschaftliche Treuepflicht mit Wirkung gegenüber sämtlichen Gesellschaftern[229]. Angesichts dessen spricht demnach auch der Gedanke der Richtigkeitsgewähr der verbandlichen Willensbildung nicht gegen eine Stimmrechtszuordnung an den Anteilsnießbraucher. Der Gedanke der Richtigkeitsgewähr ist schon seinem eigenen Anspruch nach durch eine Stimmrechtszuordnung an den Nießbraucher gar nicht tangiert. Ist dem so, bedarf es keiner weiteren Überlegungen, ob typi-

---

[226] Dazu oben § 2 II 4.

[227] Oben § 8 IV 3.

[228] Oben § 5 V.

[229] Oben § 6 V 2, § 11 I 2 a.

scherweise bei einer Personengesellschaft eine Richtigkeitsgewähr der gesellschafterlichen Entscheidung auch dann gegeben ist, wenn diese beschließen, einen Außeneinfluß auf Gesellschafterbeschlüsse zuzulassen. Zwar wird dies etwa mit der Überlegung zu begründen versucht, mögliche wirtschaftliche Abhängigkeiten des Gesellschafters oder der Gesellschafter gegenüber Dritten seien für die Beurteilung der Richtigkeitsgewähr gesellschafterlicher Beschlüsse generell unbeachtlich, solange kein – nicht erkennbares – *strukturelles* Ungleichgewicht zwischen dem Gesellschafter und dem Dritten vorhanden sei[230]. Diese Überlegung ist sehr voraussetzungsreich. Ob sie so in sich stimmig ist, kann hier dahingestellt, da – wie gesagt – der Gedanke der Richtigkeitsgewähr schon in sich bei der Stimmrechtszuordnungsfrage nicht einschlägig ist.

III. Ergebnis

Die Diskussion der Auswirkungen einer funktional sinnvollen Ordnung der Gesellschaftsverfassung auf die Grenzen und Modalitäten einer Stimmrechtszuordnung an den Anteilsnießbraucher wurde anhand des institutionalistischen Rechtsdenkens, des ordoliberalistischen Zugriffs auf das Gesellschaftsrecht, dem Gedanken der Verbandssouveränität, dem Gebot einer Klarheit der Zuordnung mitgliedschaftlicher Rechte sowie schließlich unter Rekurs auf den Topos der Richtigkeitsgewähr der innerverbandlichen Willensbildung geführt. Die Diskussion hat gezeigt, daß über das aus unabdingbaren Gründen des Schutzes der Selbstbestimmung des Besteller-Gesellschafters gebotene Vier-Stufen-Schema[231] hinaus aus dem öffentlichen Interesse an einer ausgewogenen Ordnung des gesellschaftlichen Innenrechts keine weiteren Vorgaben hinsichtlich der Stimmrechtszuordnung an den Anteilsnießbraucher folgen. Auch der Gedanke einer rechtlich gewünschten Klarheit institutionell gezogener Grenzen für die korporationsrechtliche Gestaltung der Mitgliedschaftsrechte steht einer Stimmrechtszuordnung an den Nießbraucher nicht im Wege. Nachdem im Rahmen der Diskussion des Selbstbestimmungsschutzes des Besteller-Gesellschafters das vermeintlich dem geltenden Recht zugrundeliegende Prinzip einer Einheit von Herrschaft und Haftung einer Kritik aus einer rechtspaternalistischen Perspektive unterzogen werden konnte, konnte nunmehr aus dem Blickwinkel objektiver Gründe einer funktional sachgerechten Ordnung gezeigt werden, daß das gesetzliche System von Macht und Kontrolle sowie von Herrschaft und Verantwortung nicht dazu führt, den Nießbraucher zwingend der Haftung aus § 128 HGB anheimfallen zu lassen, wenn ihm das Stimmrecht zugeordnet wird.

---

[230] So jüngst *Weber,* Privatautonomie, 176 f.

[231] Dazu oben § 8 IV 3.

§ 12 Ergebnis zur Zuordnung der Mitverwaltungsrechte

I. Das Stimmrecht

1. Nochmals: Zusammenfassung

Wenn dem Anteilsnießbraucher das Stimmrecht des belasteten Anteils zukommen soll, haben die bisherigen Erörterungen ergeben, daß dies nur zulässig ist, wenn die Mit-Gesellschafter der Anteilsbelastung zustimmen. Zudem kommt die Stimmrechtszuordnung an den dinglich Nutzungsberechtigten nur nach Maßgabe eines abgestuften und differenzierten Instrumentariums in Betracht. Dieses Instrumentarium dient dem Schutz der Selbstbestimmung des Besteller-Gesellschafters und war Frucht einer vergleichenden Schau diverser Wertungsvorgaben der Rechtsordnung. Über dieses Instrumentarium hinaus ließen sich aus dem Gedanken einer funktional sinnvollen Ordnung der Gesellschaftsverfassung und der verbandlichen Willensbildung keine Einwände gegen die Stimmrechtszuordnung an den Anteilsnießbraucher entwickeln; Voraussetzung für die Stimmrechtszuordnung war nur, daß der Nießbraucher auch den anderen Gesellschaftern gegenüber treuepflichtig ist. Auch der Gedanke einer rechtlich gewünschten Klarheit institutionell gezogener Grenzen für die korporationsrechtliche Gestaltung der Mitgliedschaftsrechte steht dem nicht entgegen. Vor diesem Hintergrund ist bei der Stimmrechtszuordnung beim Anteilsnießbrauch folgendes zu beachten:

Einmal greift eine Zweifelsregelung ein. Bei Zweifeln über den Umfang der Stimmrechtszuordnung gilt die im Rahmen des gesellschaftsrechtlichen Bestimmtheitsgrundsatzes durch die Rechtsprechung entwickelte abgestufte Trias von Auslegungsregeln. Danach gilt: Ist schon die Stimmrechtszuordnung an den Nießbraucher selbst zweifelhaft, verbleibt es bei der Zuordnung des Stimmrechts an den Besteller-Gesellschafter. Bestehen keine Zweifel an der Zuordnung des Stimmrechts an den Nießbraucher, wohl aber hinsichtlich des Umfangs der Zuordnung, ist das Stimmrecht im Zweifel nur hinsichtlich der Beschlußfassung über Gegenstände der Geschäftsführung dem Nießbraucher zugeordnet. Sieht die Nießbrauchsbestellung auch eine Stimmrechtszuordnung an den Nießbraucher bei Beschlußgegenständen über die Änderung des Gesellschaftsvertrages vor, so ergreift diese Stimmrechtszuordnung im Zweifel nur übliche Vertragsänderungen. Für außergewöhnliche Vertragsänderungen schließlich ist das Stimmrecht nur dann dem Nießbraucher zugeordnet, wenn dies dem nießbrauchsrechtlichen Bestellungsakt ohne jeden Zweifel entnommen werden kann.

Selbst wenn nach diesen Zweifelsregelungen eine Stimmrechtszuordnung an den Nießbraucher in Betracht kommt, heißt dies nicht, daß er das Stimmrecht auch alleine unter Verdrängung des Besteller-Gesellschafters ausüben kann. Vielmehr kommt es im Bereich der nicht lediglich rechtlich vorteilhaften Grundlagengeschäfte aufgrund der Regelung des § 1071 II BGB zu einer Stimmrechtsvergemeinschaftung zwischen Besteller-Gesellschafter und Nießbraucher. Können sich Besteller-Gesellschafter und Nießbraucher nicht über die Stimmausübung einigen, verfällt die Stimme. Steht dem Besteller-Gesellschafter zudem ausnahmsweise ein wichtiger, *aus seinem Verhältnis zur Gesellschaft* folgender Grund zur Seite, entscheidet er allein über Grundlagenänderungen, mag auch ansonsten eine Stimmrechtsvergemeinschaftung im Grundsatz durch den nießbrauchsrechtlichen Bestellungsakt vorgegeben sein.

Soll nach all dem das Stimmrecht dem Nießbraucher – wenn auch eventuell nur vergemeinschaftet mit dem Besteller-Gesellschafter – zustehen, ist die Zuordnung gleichwohl nur zulässig, wenn der Besteller-Gesellschafter den Anteil so i. S. § 1036 II BGB gewidmet hat, daß der Nießbraucher *ihm gegenüber* treuepflichtig ist. Voraussetzung ist weiter, daß der Nießbraucher auch gegenüber den anderen Gesellschaftern in die Treuepflicht eingebunden ist. Dies kann einmal erreicht werden durch eine vertragliche Vereinbarung zwischen Nießbraucher und den Gesellschaftern des Inhalts, daß der Nießbraucher auch ihnen gegenüber zur Treue verpflichtet sei. Darüber hinaus werden die Gesellschafter analog der Rechtsfigur des Vertrags mit Schutzwirkung zugunsten Dritter in das nießbrauchsrechtliche Schuldverhältnis insoweit einbezogen, als es um die Geltendmachung der Treuepflicht geht. Die Mit-Gesellschafter können sich also entweder vertraglich oder aufgrund des sie schützenden nießbrauchsrechtlichen Schuldverhältnisses dem Anteilsnießbraucher gegenüber auf ein treuepflichtgemäßes Stimmverhalten berufen.

Schließlich kann der Besteller-Gesellschafter bei Vorliegen eines *aus seinem Verhältnis zum Nießbraucher folgenden* wichtigen Grundes trotz grundsätzlicher Stimmrechtszuordnung an den Nießbraucher von diesem verlangen, daß er, der Besteller-Gesellschafter, das Stimmrecht ausnahmsweise ausübt. Stimmt der Nießbraucher trotzdem ab, wirkt dies zwar grundsätzlich nur im Innenverhältnis zum Besteller-Gesellschafter. Bei Vorliegen eines Mißbrauchs der Stimmrechtsbefugnis oder eines Unterlassungsurteils kann der Besteller-Gesellschafter die Rechtswidrigkeit der Stimmabgabe durch den Nießbraucher jedoch einwendungsweise auch den Mit-Gesellschaftern entgegensetzen.

2. Die „Maximal-Lösung" einer Stimmrechtszuordnung an den Nießbraucher

Die „Maximal-Lösung" einer Stimmrechtszuordnung an den Nießbraucher sieht demnach folgendermaßen aus: (i) Alleine unter Verdrängung des

Besteller-Gesellschafters kann der Nießbraucher das Stimmrecht bei Beschlußgegenständen außerhalb der Grundlagengeschäfte ausüben. (ii) Bei nicht lediglich rechtlich vorteilhaften Grundlagengeschäften ist nur eine Vergemeinschaftung des Stimmrechts zwischen Besteller-Gesellschafter und Nießbraucher möglich. (iii) Bei Vorliegen eines wichtigen Grundes kann der Besteller-Gesellschafter sowohl bei Grundlagengeschäften als auch bei Beschlüssen über Maßnahmen der Geschäftsführung alleine das Stimmrecht des belasteten Anteils ausüben. Stammt der wichtige Grund aus dem Innenverhältnis zwischen Besteller-Gesellschafter und Nießbraucher ist ein trotz Vorliegen eines wichtigen Grundes durch den Nießbraucher abgegebene Stimme grundsätzlich wirksam. Anders ist dies, wenn der wichtige Grund aus dem Verhältnis zwischen dem Besteller-Gesellschafter zur Gesellschaft oder zu den Mit-Gesellschaftern folgt. Hier ist ein dennoch unter Mitwirkung des Nießbrauchers gefaßter Beschluß fehlerhaft, wenn sich die Stimme des belasteten Anteils auf das Beschlußergebnis ausgewirkt hat.

3. Abstufungen: Privatautonome Flexibilisierung der Stimmrechtszuordnung

a) Die zwei Komponenten der Flexibilisierung der Stimmrechtszuordnung

Dem Nießbraucher kann nicht über die soeben geschilderten Grenzen hinaus das Stimmrecht zugeordnet werden. Dies bedeutet aber nicht, daß das Stimmrecht ausschließlich in dieser weiten Fassung dem Nießbraucher zugeordnet werden darf. Das Stimmrecht kann vielmehr – dies war die hier vertretene erkenntnisleitende These zum Stimmrechtsproblem[232] – abgestuft zugeordnet werden. Die beiden Extrempunkte werden hierbei mit der zuvor beschriebenen weitest zulässigen Stimmrechtszuordnung an den Nießbraucher und dem vollständigen Stimmrechtsverbleib beim Besteller-Gesellschafter markiert. Dazwischen bleibt es aber dem Besteller-Gesellschafter und dem Nießbraucher unbenommen, das Stimmrecht privatautonom ganz unterschiedlich zuzuordnen. Die dem jeweiligen Einzelfall angemessene Koordination der involvierten Interessen bleibt insofern dem Erfindungsreichtum der Kautelarjurisprudenz überlassen. So kann etwa dem Nießbraucher nur hinsichtlich der Bilanzentscheidungen zusammen mit dem Besteller-Gesellschafter das Stimmrecht zugeordnet und für sämtliche anderen Beschlußgegenstände versagt werden. Oder hinsichtlich Maßnahmen der Geschäftsführung wird entweder für sämtliche oder für Maßnahmen ab einem bestimmten Geschäftsumfang eine Stimmrechtsvergemeinschaftung eingeführt und im übrigen das Stimmrecht in Geschäftsführungsdingen dem Nießbrau-

[232] Siehe oben § 4 II 3 b.

cher zugeordnet. Mit diesem privatautonomen „Abstufungsmodell" der Stimmrechtszuordnung werden nun gänzlich andere Weichen gestellt, als dies herkömmlich bei den bisher vorliegenden Vorschlägen zur Stimmrechtsverteilung der Fall ist. Diese Vorschläge rekonstruierten die Stimmrechtsverteilung als unmittelbaren Ausfluß nießbrauchsrechtlicher Normen oder gesellschaftsrechtlicher Wertungen. Ergebnis der hiesigen Erörterungen ist demgegenüber, daß die Stimmrechtszuordnung nicht von Gesetzes wegen erfolgt, sondern primär Angelegenheit privatautonomer Regelungen der Parteien des Nießbrauchs ist. Das gesetzliche Normen- und Wertungsgeflecht stellt für diese Regelungen nur Grenzen der Stimmrechtszuordung bereit.

Das hier vertretene Konzept zulässiger Stimmrechtszuordnungen hat demnach zwei Komponenten: Die eine Komponente beschreibt äußerste Grenzen einer den Besteller-Gesellschafter verdrängenden Stimmrechtszuordnung an den Nießbraucher. Der Nachweis dieses Grenzziehungscharakters des objektiven Rechts war Gegenstand der vorhergehenden Überlegungen. Die andere Komponente überantwortet die Stimmrechtszuordnung innerhalb der beschriebenen Grenzen dem privatautonomen Willen der Parteien des Nießbrauchsrechts. Der Nachweis, daß auch diese Komponente des hiesigen Konzepts Bestandteil des geltenden Rechts ist, wurde bisher noch nicht geführt. Dies gilt es nunmehr nachzuholen:

b) Vorgaben des Nießbrauchsrechts für eine privatautonome Flexibilisierung der Stimmrechtszuordnung?

Der Nachweis, daß das Gesetz privatautonome Regelungen hinsichtlich der Stimmrechtszuordnung zuläßt, kann geführt werden. Er setzt zweierlei voraus: Einmal gilt es aufzuzeigen, daß nicht schon das objektive Recht die Stimmrechtszuordnung zwingend regelt – was nach dem bisher Gesagten einfach belegt werden kann. Denn einmal konnte schon nachgewiesen werden, daß die nießbrauchsrechtliche Dichotomie von Nutzung und Substanz nicht ohne weiteres Fingerzeige für die Stimmrechtsverteilung gibt[233]. Insbesondere konnte darlegt werden, daß sich im Recht des Anteilsnießbrauchs jegliches substanzhaftes Verständnis des dinglichen Nutzungsrechts verbietet, welches in Parallelen zur im Sachnießbrauch durch die physische Natur der Sache quasi naturwüchsig vorgegebenen Körperlichkeit der Sache seinen Grund findet[234]. Darüber hinaus konnte auch die Rechtsfigur „Mitgliedschaft" nicht dazu herhalten, in die Rechtsfolgen des Anteilsnießbrauchs einen normativen Schnitt der Art zu legen, daß die einen Rechtsfolgen schon kraft der Rechtsnatur der Mitgliedschaft und der Belastung als

---

233 Siehe oben § 4 II 2.

234 Oben § 3 II.

solcher den Nießbraucher und die anderen Rechtsfolgen den Besteller-Gesellschafter treffen[235]. Zum anderen konnte nachgewiesen werden, daß das Gesellschaftsrecht zwar aus dem Schutz der Selbstbestimmung des Besteller-Gesellschafters und dem Gedanken einer objektiv sachgerechten Verbandsordnung fließende Wertungsvorgaben für die Stimmrechtsverteilung erstellt, daß diese aber zugleich nur als Grenze einer Zuordnung des Stimmrechts an den Nießbraucher, nicht aber als Vorgabe einer derartigen Stimmrechtszuordnung als einzig zulässige verstanden werden können. Es bestehen daher für die Stimmrechtsverteilung keine Vorgaben des Nießbrauchs- und Gesellschaftsrechts über die aufgezeigten Grenzen einer Stimmrechtszuordnung hinaus.

c) Das Erfordernis einer nießbrauchsrechtlichen Verankerung einer privatautonomen Regelung der Stimmrechtszuordnung

Mit dem zuvor Gesagten ist aber noch nicht ausgemacht, daß die Parteien es auch in der Hand haben, innerhalb der gezeigten Grenzen das Stimmrecht zuzuordnen. Es muß zweitens gezeigt werden, daß der nießbrauchsrechtliche Normenbestand überhaupt Raum für derartige privatautonomen Stimmrechtszuordnungen läßt. Mit anderen Worten: Der Rekurs auf die privatautonom flexiblisierte Stimmrechtszuordnung bedarf eines nießbrauchsrechtlichen „Aufhängers". Nun ist der Nießbrauch ein ausgestaltbarer Rechtstyp und besitzt insofern ein „janusköpfiges" Gesicht: Er enthält auf der einen Seite eine Zuordnung dinglicher Befugnisse (in der Metaphorik der Abspaltung: Zuordnung von „Eigentumssplitter") und auf der anderen Seite ein relatives gesetzliches Schuldverhältnis zwischen dem Inhaber des belasteten Rechts und dem dinglich Berechtigten[236]. Beide Seiten des Nutzungsrechts dürfen aber nicht voneinander getrennt betrachtet werden. Vielmehr stehen Rechtsinhalt und Legalschuldverhältnis in einem untrennbaren, gewissermaßen komplementären Zusammenhang[237]. Die Frage nach dem richtigen „Aufhänger" der privatautonom flexiblisierten Stimmrechtszuordnung darf sich deshalb nicht in dem vermeintlichen Problem verlieren, ob dieser Aufhänger im Inhalt des dinglichen Nutzungsrechts oder im Legalschuldverhältnis gesucht werden muß. Dies wäre eine unsinnige Frage. Relevant ist vielmehr nur ein direkter Zugriff auf den nießbrauchsrechtlichen Normenbestand. Hier fallen zwei Regelungen ins Auge, an denen die privatautonome Flexibilisierung der Stimmrechtszuordnung festgemacht werden könnte: Zum einen kann der Nießbrauch gem. § 1030 II BGB durch den Ausschluß einzelner Nutzungen beschränkt werden. Mithin

---

[235] Oben § 3 III.

[236] *Heß,* AcP 198 (1998), 489 (502).

[237] *Schön,* Nießbrauch, 260 f.; *Heß,* AcP 198 (1998), 489 (502 f.).

könnte daran gedacht werden, auch das Stimmrecht könne privatautonom zugeordnet werden, wenn die Wahrnehmung des Stimmrechts eine Nutzung des belasteten Anteils ist. Zum anderen muß gem. § 1036 II BGB der Nießbraucher bei der Ausübung des Nutzungsrechts die dem Anteil durch den Besteller-Gesellschafter beigelegte Widmung beachten. Es war schon des öfteren davon die Rede, daß der Eigentümer die Sachwidmung i. S. § 1036 II BGB festlegt und daß nichts anderes für den Besteller-Gesellschafter für die Widmung des zu belasteten Anteils gelten kann. Insofern könnte versucht werden, die Stimmrechtszuordnung als Ausdruck einer spezifischen Widmung des Anteils zu verstehen.

Der praktische Unterschied beider Wege – also Anknüpfung an § 1030 II BGB oder an § 1036 II BGB – liegt einmal darin, daß ein Ausschluß einzelner Nutzungen einer Vereinbarung beider Parteien des Nießbrauchs bedarf, während die Anteilswidmung einseitig durch den Besteller-Gesellschafter festgelegt wird. Hier kann allenfalls die causa des dinglichen Nutzungsrechts dem Besteller gewisse Vorgaben zur Widmung des belasteten Gegenstands machen. Darüber hinaus und praktisch wichtiger wäre bei einer Anknüpfung der Problematik der Stimmrechtszuordnung an die Vorschrift des § 1030 II BGB davon auszugehen, daß ohne besondere Vereinbarungen dem Nießbraucher das Stimmrecht weitmöglichst zugeordnet ist, da dem Nießbraucher die gesamten Nutzungen zustehen, es sei denn, privatautonom würde etwas anderes vereinbart (§ 1030 II BGB). Umgekehrt würde bei einer Anknüpfung an § 1036 II BGB das Stimmrecht vollends beim Besteller-Gesellschafter verbleiben, wenn dieser den Anteil nicht so gewidmet hat, daß der Nießbraucher das Stimmrecht in der ein oder anderen Weise ausüben kann.

Sowohl für den einen als auch für den anderen Weg spricht einiges. So könnte für die Anknüpfung an § 1036 II BGB angeführt werden, daß diese Vorschrift sich auf die Aktionsberechtigung des Nießbrauchers, nämlich seinen Handlungsrahmen, bezieht[238] und damit genau den Fall der Stimmrechtsausübung trifft. Darüber hinaus kann der Weg über § 1036 II BGB nicht mit der Begründung verworfen werden, Regelungen über das Stimmrecht könnten nicht als Bestandteil der „wirtschaftlichen Bestimmung" der belasteten Mitgliedschaft verstanden werden, von der § 1036 II BGB spricht. Schön verweist zu Recht darauf, daß Bestimmung in diesem Sinne der Zweck des belasteten Gegenstands, dieser Zweck wiederum ein beliebiges künftiges Ereignis ist, auf dessen Verwirklichung ein Rechtssubjekt seinen Willen richtet[239]. Die Widmung i. S. § 1036 II BGB kann daher nicht als eine irgendwie geartete objektive Eigenschaft des belasteten Gegen-

---

[238] Siehe *Schön,* Nießbrauch, 63 und öfters, sowie schon oben § 4 II 1.

[239] *Schön,* Nießbrauch, 57.

stands begriffen werden, sondern stellt einen Akt des Widmenden gegenüber dem Belastungsgegenstand dar[240]. Vor diesem Hintergrund hindert den Besteller-Gesellschafter nichts daran, die Förderung des Gesellschaftszwecks als den einen Zweck und die Ausübung des Stimmrechts durch den Nießbraucher als einen weiteren Zweck der belasteten Mitgliedschaft aufzufassen. Gesellschaftsrechtliche Wertungen stehen dem nicht entgegen, da die Anteilswidmung nur im Verhältnis zwischen Besteller und Nießbraucher und nicht im Verhältnis zwischen Besteller-Gesellschafter und den Mit-Gesellschaftern wirkt.

d) Das Stimmrecht als Gebrauchsvorteil des Anteils

aa) Allgemeines

Dennoch erscheint sachgerecht einzig eine Anknüpfung an die Regelung des § 1030 II BGB. Denn nur sie gewährleistet, daß mangels anderweitiger Regelung im Grundsatz von einer Stimmrechtszuordnung an den Nießbraucher – immer in den oben beschriebenen Grenzen – ausgegangen werden darf, § 1030 I BGB. Griffe § 1030 II BGB, wäre für den gesetzlichen Regelfall vorgesehen, daß die Partizipation am Ertrag und Einfluß auf das Zustandekommen dieser Partizipation parallel laufen. Dies entspricht dem herkömmlichen Grundverständnis des Nießbrauchs als eines Rechts, bei dem der Nießbraucher selbst tätig wird, die Sache gebraucht und Nutzungen zieht. Die grundsätzliche Zuordnung des Stimmrechts an den Nießbraucher – vorbehaltlich anderer Regelungen gem. § 1030 II BGB – trägt diesem Leitbild Rechnung – und darf ihm auch Rechnung tragen, wie nunmehr aufgrund des Durchgangs durch den Komplex gesellschafts- und sonstiger rechtlicher Wertungen deutlich geworden ist. Die durch § 1030 II BGB gewährleistete Regelzuordnung des Stimmrechts an den Nießbraucher berücksichtigt zudem den Gedanken, daß die Teilhabe an der Verwaltung der Personengesellschaft den Ertrag des Anteils entscheidend beeinflussen kann. Bei einer Regelzuordnung des Stimmrechts an den Nießbraucher kann dieser das Stimmrecht außerhalb der Grundlagengeschäfte alleine und im Bereich der Grundlagengeschäfte nur in Gemeinschaft mit dem Besteller-Gesellschafter ausüben. Damit dürfte die Wahrscheinlichkeit, daß einer der beiden Beteiligten des dinglichen Nutzungsrechts das Stimmrecht ertragsmanipulativ ausübt – um etwa den Ertrag möglichst in die Zeit nach Beendigung des Nießbrauchs zu verschieben[241] – tendentiell geringer sein als bei einer Stimmrechtszuordnung allein zum Besteller-Gesellschafter.

---

[240] Siehe zur Gegenstandswidmung nach § 1036 II BGB im übrigen ausführlich schon § 3 III.

Zudem kann gegen den Weg über § 1030 II BGB auch nicht angeführt werden, die Stimmrechtsausübung stelle keine Nutzung des belasteten Anteils dar. Das Stimmrecht kann vielmehr sehr wohl als Gebrauchsvorteil des Anteils verstanden werden[242]. Zwar wurde ein derartiges Verständnis oben noch abgelehnt[243]. Der Grund hierfür lag aber nicht in der Begrifflichkeit von Nutzung und Gebrauchsvorteil, sondern darin, daß nicht einfach mittels einer Zuordnung des Stimmrechts zu den Anteilsnutzungen der Frage ausgewichen werden darf, ob die Wertungen des Abspaltungsverbots oder sonstige Vorentscheidungen der Rechtsordnung der Stimmrechtszuordnung an den Anteilsnießbraucher entgegenstehen. Nunmehr kann aber – geläutert durch die bisherigen Überlegungen zu den Grenzen einer Stimmrechtszuordnung an den Anteilsnießbraucher – die Frage, ob die Stimmrechtsausübung einen Gebrauchsvorteil des Anteils darstellt, in einem ganz anderen Licht, quasi im Lichte eines Durchgangs durch den hermeneutischen Zirkel der Rechtsproduktion und der Anlehnung an dogmatische Vorentscheidungen, beantwortet werden: Wertungen des Abspaltungsverbots und sonstige Wertungen stehen einem derartigen Verständnis des Stimmrechts als Gebrauchsvorteil des Anteils zumindest dann nicht entgegen, wenn die aufgezeigten Grenzen der Stimmrechtszuordnung beachtet werden. Darüber hinaus hindert auch der Begriff des „Gebrauchsvorteils“ einen Einbezug des Stimmrechts in § 1030 II BGB nicht. Zwar ist – wie schon ausgeführt – das Stimmrecht eher zur Aktionsberechtigung zu rechnen. Dennoch folgt aus dieser Feststellung nicht, daß § 1030 II BGB i.V.m. §§ 99 f. BGB überhaupt nicht für die Stimmrechtszuordnung einschlägig ist. Denn § 1030 BGB ist auf den Sachnießbrauch zugeschnitten[244]. § 1068 II BGB ordnet aber nur eine „entsprechende“ Anwendung der auf den Sachnießbrauch zugeschnittenen Vorschrift des § 1030 II BGB auf den Rechts- und damit den Anteilsnießbrauch an und läßt Raum für eine sachangemessene Modifikation der sachnießbrauchsrechtlichen Regelungen[245].

bb) Die Abgrenzung zum Recht der beschränkten persönlichen Dienstbarkeit

Schließlich könnte gegen eine Verankerung der privatautonom geregelten Stimmrechtszuordnung in § 1030 II BGB noch angeführt werden, zumindest der vollständige Ausschluß des Nießbrauchers vom Stimmrecht ver-

---

[241] Siehe zur Interessenkonstellation zwischen Nießbraucher und Besteller-Gesellschafter oben § 4 I 1.

[242] So auch *Bender,* DB 1979, 1445 (1446); *Enneccerus-Nipperdey,* § 127 IV.

[243] Siehe oben § 4 II 1.

[244] Unklar insoweit *Schön,* ZHR 158 (1994), 229 (249).

[245] Siehe dazu näher oben § 3 II 2.

stoße gegen die zwingende Vorgabe des § 1030 II, daß bei einem Nießbrauch nur von einzelnen Nutzungen ausgeschlossen werden könne, nicht aber der Nießbrauch auf einzelne Nutzungen beschränkbar sei, weil ansonsten die Grenze zur beschränkten persönlichen Dienstbarkeit überschritten würde. Diese Annahme beruht auf einem bestimmten Verständnis des Systems der dinglichen Rechte und damit einhergehend auf einer bestimmten Abgrenzung der verschiedenen Arten der nutzenden Dienstbarkeiten herkömmlicher Art untereinander. Richtschnur der Abgrenzung soll sein, daß der gesetzlich vorgesehenen Harmonie zwischen dem Umfang der mit dem jeweiligen beschränkten dinglichen Recht verbundenen Nutzungsmöglichkeit und der Lastentragung im Zuschnitt der dinglichen Rechte hinreichend Rechnung getragen werden müsse. Bei einer zu starken Ausdehnung der Nutzungskomponente bei einer Dienstbarkeit würde ein Nießbrauch in Dienstbarkeitsform geschaffen, ohne daß die Lastentragungspflichten nach §§ 1036 ff. BGB greifen würden. Entsprechend käme es bei einer weitreichende Verringerung der Nutzungsmöglichkeiten des Nießbrauchs (wie sie beim Ertragsnießbrauch vorläge) zu einer Dienstbarkeit in Nießbrauchsform mit den Lastentragungspflichten nach §§ 1036 ff. BGB, ohne daß dem eine umfassende Nutzung des Inhabers des dinglichen Nutzungsrechts entspräche[246]. Es wird also so etwas erstrebt wie eine Harmonie zwischen Nutzung und Last, mit der verhindert werden soll, daß eine Dienstbarkeit ermöglicht wird, aus der dem beschränkt dinglich Berechtigten nur die Vorteile, aber keine Nachteile erwachsen und in deren Vollzug eine ordnungsgemäße Bewirtschaftung der belasteten Sache kaum wahrscheinlich wäre[247]. Der vollständige Ausschluß des Nießbrauchers vom Stimmrecht könnte diese Harmonie stören.

Dennoch überschreitet ein vollständiger Entzug des im Regelfall gem. § 1030 II BGB dem Nießbraucher zugewiesenen Stimmrechts nicht die Grenze, daß nur „einzelne Nutzungen" ausgeschlossen werden dürfen – und zwar ganz abgesehen von dem Streit, ob der Begriff der „einzelnen Nutzung" bei § 1030 II BGB anders als im Recht der Dienstbarkeit (§ 1018 BGB) nicht materiell[248], sondern entsprechend der herrschenden Ansicht[249] formell zu verstehen ist[250], so daß ein Nießbrauch dann als unzulässig zu

---

[246] *Stürner,* AcP 194 (1994), 265 (270); siehe auch *Schön,* Nießbrauch, 305 ff.

[247] *Schön,* Nießbrauch, 305 f.

[248] So etwa BayObLGZ 1987, 359 (361 f.); BayObLG, NJW-RR 1990, 208; *Schöner,* DNotZ 1982, 416 (420 f.); *Stürner,* AcP 194 (1994), 265 (282).

[249] Etwa Staud-*Frank,* § 1030 Rn. 55; MünchKomm-*Petzoldt,* § 1030 Rn. 30; Soergel-*Stürner,* § 1030 Rn. 10 m.w.Nachw., nunmehr aufgegeben in *ders.,* AcP 194 (1994), 265 (282).

[250] Die Bezeichnungen sind hierbei je nach Perspektive austauschbar, so versteht *Schöner,* DNotZ 1982, 416 (419), die eine Meinung als „formell", die *Stürner,* AcP 194 (1994), 264 (270 f.), als „materiell" bezeichnet.

erachten wäre, wenn die Nutzung lediglich auf eine einzelne Nutzungsart beschränkt ist, mag auch materiell die Nutzungsmöglichkeit der Sache ausgeschöpft sein. Denn selbst wenn dem Nießbraucher das Stimmrecht vollends nicht zugeordnet ist, verbleiben ihm noch ein ganzer Strauß an Nutzungsbefugnissen – etwa Ertragspartizipation –, so daß schlechterdings nicht die Rede davon sein kann, dem Nießbraucher würden nicht nur „einzelne Nutzungen" genommen.

e) *Ergebnis*

Nach all dem gibt § 1030 II BGB einen tauglichen Anknüpfungspunkt ab, eine privatautonome Regelung der Stimmrechtszuordnung zu eröffnen. Damit ist zugleich umgekehrt dem Besteller-Gesellschafter der Weg versperrt, die Stimmrechtszuordnung über die Anteilswidmung gem. § 1036 II BGB zu stören, indem er den zu belastenden Anteil hinsichtlich der Stimmrechtszuordnung anders widmet, als die Parteien des dinglichen Nutzungsrechts dies im Rahmen des § 1030 II BGB vorsehen wollen. Eine derartige Störung wäre dem Besteller-Gesellschafter an sich eröffnet, da sich der Gebrauch eines belasteten Gegenstands im Rahmen seiner „wirtschaftliche Bestimmung" i. S. § 1036 II BGB bewegen muß[251]. Hätte es der Besteller-Gesellschafter daher in der Hand, über die Anteilswidmung die Stimmrechtszuordnung festzulegen, könnte er eine anders lautende, nach § 1030 II BGB getroffene Stimmrechtszuordnung unterlaufen. Der Rekurs auf § 1030 II BGB war aber u. a. Ergebnis einer wertenden Interessenbetrachtung. Es geht aber nicht an, diese Interessenbewertung durch § 1036 II BGB wieder zu hintertreiben. Es bleibt daher dabei: Sedes materiae der privatautonomen Regelung der Stimmrechtszuordung ist allein § 1030 II BGB.

4. Die Stimmrechtszuordnung beim Quotennießbrauch

Ist der Nießbrauch nur an einer Quote der Mitgliedschaft bestellt, ändert sich an dem bislang diskutierten Rahmen für die Stimmrechtszuordnung nichts. Wenn bei einem zu 2/3 quotal am Anteil bestellten Nießbrauch dem Nutzungsberechtigten etwa das Stimmrecht in Geschäftsführungsangelegenheiten unter Ausschluß des Besteller-Gesellschafters zugeordnet ist, heißt dies nicht, daß das Stimmrecht des Anteils zu Zweidrittel der Nießbraucher und zu einem Drittel der Besteller-Gesellschafter ausübt; es verbleibt vielmehr entsprechend dem Willen der Beteiligten in toto beim Nießbraucher. Demgegenüber wird beim Sachnießbrauch davon ausgegangen, daß bei einem Quotennießbrauch die Nutzungen zwischen dem Eigentümer und

---

[251] *Schön,* Nießbrauch, 66 ff.

dem Nießbraucher nach dem Verhältnis ihrer Berechtigungen zu teilen sind und daß die die Ausübung der Nutzung ermöglichenden Besitz- und Verwaltungsrechte sowohl dem Eigentümer als auch dem Nießbraucher gemeinschaftlich zustehen[252]. Dem entsprechend wollen denn auch Teile in der Literatur bei einem Quotennießbrauch die belastete Mitgliedschaft entsprechend der Quote teilen, dem Besteller-Gesellschafter beide Mitgliedschaften unter ausnahmsweise zulässiger Abweichung vom Verbot der Mehrfachmitgliedschaft zuweisen, die eine als nießbrauchsbelastet ansehen und das Stimmrecht der einen Mitgliedschaft dem Nießbraucher, das der anderen dem Besteller-Gesellschafter zuordnen[253]. Für den der Versorgung des Ehegatten dienenden Anteilsnießbrauch wäre eine derartige Lösung oftmals nicht interessengerecht. Denn das Versorgungsinteresse des Nießbrauchers kann nicht nur auf eine Teilhabe an den finanziellen Erträgnissen des Anteils, sondern auch an einer sachgerechten Einflußnahme auf die Ausübung der Mitgliedschaftsrechte des belasteten Anteils – also auf die das Versorgungsinteresse berührenden unternehmerischen Entscheidungen – gerichtet sein. Besteht freilich ein Interesse an einer quotalen Teilung des Stimmrechts, hat seine quotale Teilung durchaus etwas für sich. Nießbrauchsrechtlich ist eine Quotelung durchaus zulässig. Denn das Stimmrecht ist richtigerweise ein Gebrauchsvorteil des Belastungsgegenstands[254]; ist nur eine Anteilsquote belastet, verschlägt eine Teilung des Stimmrechts mithin nießbrauchsrechtlich nicht. Gesellschaftsrechtlich käme man freilich eher zu einer Stimmrechtsvergemeinschaftung, wobei die Abstimmungsgewichte im Innenverhältnis zwischen Besteller-Geselschafter und Nießbraucher wiederum frei vereinbart werden können.

5. Ergebnis zur Stimmrechtszuordnung

Als Frucht der bisherigern Erörterungen kann festgehalten werden: Das Stimmrecht ist ein Gebrauchsvorteil der belasteten Mitgliedschaft. Es steht ohne anders lautende Vereinbarungen zwischen Besteller-Gesellschafter und Nießbraucher im Regelfall dem Nutzungsberechtigtem gem. § 1030 I BGB zu. Dies gilt aber nur für Beschlußgegenstände außerhalb der Grundlagengeschäfte. Bei Grundlagengeschäften findet eine Vergemeinschaftung des Stimmrechts zwischen den Parteien des dinglichen Nutzungsrechts statt. Zudem entfällt ausnahmsweise bei Vorliegen eines wichtigen Grundes sowohl bei Grundlagen- als auch bei sonstigen Geschäften eine Stimmrechtsaus-

---

[252] Staud-*Frank,* § 1030 Rn. 39; MünchKomm-*Petzoldt,* § 1030 Rn. 3; Soergel-*Stürner,* § 1066 Rn. 1 a; *Schön,* Nießbrauch, 311.

[253] *Hepp-Schwab,* Mitgliedschaft, 198 f.; ähnlich für den Fall der „Kapitalerhöhung" *Mentz,* Nießbrauch, 170.

[254] Siehe oben § 12 I 3 d.

übung durch den Nießbraucher; für den jeweilig zur Entscheidung anstehenden Beschlußgegenstand ist dann der Besteller-Gesellschafter allein stimmberechtigt. Diese Stimmrechtszuordnung – alleiniges Stimmrecht des Nießbrauchers im Bereich der Geschäftsführung, Stimmrechtsvergemeinschaftung im Bereich der Grundlagengeschäfte, alleiniges Stimmrecht des Besteller-Gesellschafters bei Vorliegen eines wichtigen Grundes – ist die Regelzuordnung bei einem Anteilsnießbrauch.

Von dieser Regelzuordnung können die Parteien durch einen privatautonomen Ausschluß einzelner Nutzungen gem. § 1030 II BGB abweichen. Sie können das Stimmrecht dem Nießbraucher in Geschäftsführungsangelegenheiten etwa nur bis zu einem bestimmten Geldbetrag zuordnen oder auch für die Beschlußfassung über Maßnahmen der Geschäftsführung eine Stimmrechtsvergemeinschaftung vorsehen. Ausgeschlossen ist nur eine alleinige Stimmrechtszuordnung an den Nießbraucher im Bereich der Grundlagengeschäfte und ein privatautonomer Ausschluß der Rückholbarkeit des dem Nießbraucher im Grundsatz zugeordnetem Stimmrechts bei Vorliegen eines wichtigen Grundes. Innerhalb dieser Grenzen steht die Stimmrechtszuordnung der Parteivereinbarung offen.

II. Geschäftsführung

Die bisherigen Überlegungen kreisten um die Möglichkeiten, in denen dem Anteilsnießbraucher zulässigerweise das Stimmrecht des belasteten Anteils zugeordnet werden kann. In dem Stimmrecht erschöpfen sich jedoch keineswegs die gesellschaftsrechtlichen Mitverwaltungsrechte. Zu prüfen bleibt daher, wie es um die Zuordnung des Geschäftsführungsrechts sowie der Informations-, Kontroll- und Klagerechte bestellt ist. Zuerst sei die Zuordnung der Geschäftsführungsbefugnis diskutiert.

Geschäftsführung ist nach der prägnanten Definition von Karsten Schmidt „die auf Verwirklichung des Gesellschaftszwecks im Innenverhältnis gerichtete Tätigkeit“[255]. Schon hieraus wird deutlich, daß die Frage, ob dem Anteilsnießbraucher die Geschäftsführungsbefugnis zugeordnet werden kann, bei einem auf Versorgung des überlebenden Teils gerichteten Nutzungsrecht durchweg nicht im Mittelpunkt der Überlegungen stehen wird, da der zu Versorgende durchweg nicht mit den Mühen des alltäglichen unternehmerischen Handelns belastet werden soll. Die Zuordnung des Stimmrechts hingegen gab bei einem Versorgungsnießbrauch noch Sinn, da damit dem Nießbraucher ein im Außenverhältnis zu den Mit-Gesellschaftern wirkender, „dinglicher“ Einfluß etwa auf die Bilanzfeststellung und damit auf die letztendlich verwirklichten Erträgnisse seines Nutzungsrechts gewähr-

255 *Karsten Schmidt,* GesR, § 47 V 1.

leistet werden kann. Bei der Geschäftsführung wird ihre Zuordnung an den Nießbraucher schließlich häufig mit dem Interesse der Mit-Gesellschafter kollidieren, die Geschäftsführung den Gesellschaftern selbst vorzubehalten[256]; ob die Zuordnung der Geschäftsführung dem Versorgungsinteresse des Nießbrauchers signifikant helfen wird, ist sowieso eine andere Frage.

Abgesehen von der Interessenlage beim Versorgungsnießbrauch bleibt gleichwohl zumindest für den Vorbehaltsnießbrauch die Frage im Raum, ob dem Anteilsnießbraucher die Geschäftsführungsbefugnis zugeordnet werden kann. Der Ausgangspunkt für die Frage nach der Zulässigkeit einer Zuordnung der Geschäftsführungsbefugnis an den Nießbraucher ist die Einsicht, daß die Geschäftsführung bei der OHG gem. § 114 I HGB den Gesellschaftern obliegt – und gemäß dem Grundsatz der Selbstorganschaft nur ihnen[257]. Die Organfunktion ist demnach nach herrschender Auffassung an die Mitgliedschaft gebunden. Nur folgt hieraus noch nicht, daß ohne weiteres eine Zuordnung der Geschäftsführung an den Nießbraucher zwingend ausscheidet. Denn dem personengesellschaftsrechtlichen Verbot der Fremdorganschaft und dem Abspaltungsverbot liegen ähnliche Wertungsgrundlagen zugrunde[258]. Die Zuordnung der Geschäftsführung kann mit Blick hierauf um der Vermeidung eines Wertungswiderspruchs willen nicht in einem anderen Rahmen zulässig sein als die Zuordnung des Stimmrechts[259]. Das Stimmrecht in Geschäftsführungsangelegenheiten war im Regelfall gem. § 1030 I BGB dem Nießbraucher zugeordnet; die Parteien konnten freilich anderes vereinbaren[260]. Entsprechend kommt dem Nießbraucher als gesetzlicher Regelfall die Geschäftsführung zu, wenn nichts anderes ausbedungen ist[261]. Da im übrigen diese Regelzuordnung der Geschäftsführungsbefugnis an den Nießbraucher typischerweise bei einem Versorgungsnießbrauch dem Ansinnen widerspricht, den zu versorgenden Teil von der alltäglichen Unternehmensführung zu entlasten, muß der dann erforderliche Ausschluß des

---

[256] Darauf verweist zu Recht Großkomm-*Ulmer,* § 105 HGB Rn. 127; *ders.,* FS Fleck, 383 (395).

[257] Zum Prinzip der Selbstorganschaft siehe nur *Karsten Schmidt,* GesR, § 14 II 2; ausführlich *Werra,* Stand, passim.

[258] *Westermann,* Vertragsfreiheit, 153, 155, 329; siehe als Übersicht jüngst *Weber,* Privatautonomie, 79 ff. Mit Blick hierauf ordnen auch *Schön,* ZHR 158 (1994), 229 (262 f.), sowie *Ulmer,* FS Fleck, 383 (395), die Geschäftsführungsbefugnis parallel zur Stimmrechtszuordnung zu.

[259] Im Ergebnis ähnlich Großkomm-*Ulmer,* § 105 HGB Rn. 127; *ders.,* FS Fleck, 383 (395); *Queck,* Nießbrauch, 252 f., 259 ff.

[260] Siehe oben § 8 II, § 12 I 3 d.

[261] Anderer Ansicht folgerichtig *Teichmann,* ZGR 1972, 1 (13); *Hepp-Schwab,* Mitgliedschaft, 199 f.; *Kruse,* RNotZ 2002, 69 (77); siehe auch *M. Wolf,* EWiR 1999, 117 (118).

Nießbrauchers von der Geschäftsführung bei der Nießbrauchsbestellung vorgesehen werden.

III. Das Informations- und Kontrollrecht

1. Grundlagen

Das Gesetz kennt kein personengesellschaftsrechtliches Informationsrecht. Der gesetzliche Normenbestand der §§ 716 BGB, 118 HGB und 166, 233 HGB hat nur ein Recht auf Unterrichtung oder auf Einsicht in diverse Unterlagen im Blick. Die Rechtslehre hat sich mit derartigen eher rudimentären Anknüpfungen nicht aufgehalten und ein mitgliedschaftliches Informationsrecht begründet, welches auch das Recht auf Auskunft über und das Recht auf Einsicht in Geschäftsvorgänge der Gesellschaft als untergeordnete Bestandteile enthält[262]. In diesem weiten Sinne umfaßt das Informationsrecht des Personengesellschafters sämtliche Unterrichtungsmöglichkeiten, also Auskunft, Rechenschaftslegung, Berichterstattung und Erläuterung, Einsicht in den Jahresabschluß und andere Unterlagen der Gesellschaft[263]. Vor diesem Hintergrund gilt zu Recht das gesellschaftsrechtliche Informationsrecht als Voraussetzung einer verantwortlichen Mitentscheidung und Kontrolle im Verband [264].

Das Informationsrecht hat unterschiedliche Funktionen. Im Zusammenhang mit einer anstehenden Abstimmung kann es als ein regelrechtes „Hilfsrecht" zum Stimmrecht angesehen werden[265]. Hier dient es dazu, eine sachgerechte Ausübung des Stimmrechts zu ermöglichen. Der Hilfsfunktion der Information zur Wahrnehmung eines administrativen Rechts entspricht demgemäß eine Beschränkung des funktional erforderlichen Umfangs des Informationsrechts: Auskunft braucht nur insofern gegeben werden, als dies zur sachgemäßen Beurteilung des Beschlußgegenstandes erforderlich ist. Gesetzlich vorgesehen ist dies bsp. im Aktienrecht beim Auskunftsrechts des Aktionärs gem. § 131 I AktG, bei dem das Auskunftsrecht aufgrund der Kontrollkompetenz des Aufsichtsrats (§ 111 I AktG) sich nur auf das Stimmrecht beziehen kann und von dieser Warte aus vom Gesetz beschränkt wird[266]. Und im Personengesellschaftsrecht wird der über die rudi-

---

[262] *Wiedemann,* GesR I, § 7 II 2 a bb; *ders.,* WM 1992, Beil. 7, 1 (42); *Karsten Schmidt,* GesR, § 21 III 1; umfassend *ders.,* Informationsrechte, passim.

[263] Siehe nur *Wiedemann,* WM 1992, Beil. 7, 1 (42 f.).

[264] Siehe nur *Karsten Schmidt,* GesR, § 21 III 1; *Wiedemann,* GesR I, § 7 II 2 a aa.

[265] Siehe zum Hilfscharakter des Informationsrechts nur BGH, ZIP 1992, 758 (759 f.); *Grunewald,* ZHR 146 (1982), 211 (216 ff.); *Habersack,* Mitgliedschaft, 81; *Hermanns,* Mitverwaltungsrechte, 105.

mentären Anknüpfungen der §§ 716 BGB, 118 HGB und 166, 233 HGB hinaus angenommene Informationsanspruch stellenweise an den Nachweis eines Informationsbedürfnisses[267] oder eines Befundes geknüpft, daß die Information zur Ausübung anderer Mitgliedschaftsrechte erforderlich ist[268].

Neben dieser Funktion als „Hilfsrecht" zum Stimmrecht steht die Funktion, unabhängig von konkret zur Beschlußfassung anstehenden Gegenständen sich einen Überblick über den Stand der Gesellschaftsangelegenheiten zu verschaffen. Das Informationsrecht dient hier eher der Kontrolle und sollte daher besser als informationelles Kontrollrecht bezeichnet werden[269]. Der Kontrollfunktion entspricht es, das auf Überwachung bezogene Informationsrecht im Umfang nicht zu begrenzen und es insbesondere nicht von einem Informationsbedürfnis abhängig zu machen[270]. Alles andere würde die Frage provozieren, warum denn Information erforderlich sei. Dies wiederum ist aber nichts anderes als die Frage nach dem Grund für Kontrolle. Hier auf einen begründeten Verdacht abzustellen und insofern nur bei Verdachtsmomenten ein Informationsbedürfnis anzunehmen, würde das Instrument der Kontrolle zu sehr entwerten und eine nachhaltige und schlagkräftige Kontrolle im Verband unterdrücken.

2. Die Verteilung des Informations-, Kontroll- und Klagerechts beim Anteilsnießbrauch

a) Der Ansatz der herrschenden Meinung

Wie steht es mit Blick auf diese unterschiedlichen Funktionen und der großen Bedeutung des Stimmrechts mit der Verteilung des Informationsrechts zwischen Besteller-Gesellschafter und Nießbraucher beim Anteilsnießbrauch? Überwiegend ordnet die herrschende Lehre dem Anteilsnießbraucher das Informationsrecht zu[271]. Als Folge tritt durchweg eine Verdoppelung der Zuständigkeiten ein; das Informationsrecht wird insofern trotz (von der h.M. ja als zwingend angesehener) Zuordnung des Stimmrechts an den Besteller-

---

[266] Siehe dazu nur KölnKomm-*Zöllner,* § 131 AktG Rn. 2 f.; *Karsten Schmidt,* Informationsrechte, 48 f.

[267] So *Karsten Schmidt,* Informationsrechte, 35 ff.

[268] So Heymann-*Horn,* § 166 HGB Rn. 19; Schlegelberger-*Martens,* § 166 HGB Rn. 18; *Grunewald,* ZGR 1989, 545 (552).

[269] Ebenso (ohne Zusatz informationell) *Wiedemann,* WM 1990, Beil. 8, 1 (20).

[270] Im Ergebnis ebenso *Wiedemann,* WM 1992, Beil. 7, 1 (44).

[271] *Blaurock,* Unterbeteiligung, 147 f.; Staud-*Frank,* Anh zu §§ 1068, 1069 Rn. 71; Schlegelberger-*Karsten Schmidt,* Vorbem. § 335 HGB Rn. 16; MünchHdb-GesR-*Rodin,* § 30 Rn. 68; *Wiedemann,* Übertragung, 419 f.; *Kruse,* RNotZ 2002, 69 (77).

Gesellschafter sowohl diesem als auch dem Nießbraucher zugeordnet[272]. Zumeist wird der Umfang der Information zugleich auf die zur Nachprüfung der Gewinnansprüche bezogene Informationsmenge begrenzt[273]. Dem Ansatz der herrschenden Ansicht kann nicht gefolgt werden. Richtigerweise ist wie folgt nach Fallgruppen zu unterscheiden. Sämtlichen Fallgruppen ist dabei die Vorgabe inhärent, daß der Nießbraucher in keinem größerem Umfang Information verlangen kann, als dies der Besteller-Gesellschafter könnte[274]. Dies folgt schon aus der abgeleiteten Natur des nießbraucherischen Informationsrechts, als Folge einer Belastung der Mitgliedschaft auf die Wahrnehmung der aus dieser resultierenden Rechte beschränkt zu sein.

b) Fallgruppen

aa) Fallgruppe 1: Stimmrecht allein beim Nießbraucher

Das Informationsrecht ist ein Mitverwaltungsrecht. Es kann daher nicht schon deshalb einfach als quasi akzessorisches Recht zum Stimmrecht dem Nießbraucher in den Bereichen zugeordnet werden, in denen dieser das Stimmrecht ausüben darf. Vielmehr steht auch die Zuordnung des Informationsrechts an den Nießbraucher unter der Prämisse, daß die Zuordnung nicht mit Wertungen des Abspaltungsverbots oder sonstiger Vorentscheidungen der Rechtsordnung kollidiert. Für eine derartige Kollision ist aber nichts ersichtlich. Die Selbstbestimmung der Mit-Gesellschafter und des Besteller-Gesellschafters ist nicht berührt, da diese dem Nießbrauch zustimmen müssen und jener durch ein Informationsbegehren des Nutzungsberechtigten in seiner Selbstbestimmung erst recht nicht tangiert ist, wenn der Nießbraucher das Stimmrecht ausüben darf. Auch Aspekte einer rechten Ordnung der inneren Gesellschaftsverfassung sprechen nicht gegen die Zuordnung des Informationsrechts an den Nießbraucher. Zwar erhält ein Gesellschaftsfremder Einblick in gesellschaftliche Interna. Dies gebietet aber allein schon der auch eine sinnvolle verbandliche Willensbildung wenn schon nicht garantierende, so doch fördernde Gedanke, daß beim Stimmrecht eine sachgerechte Information und die verantwortliche Mitentscheidung und Kontrolle im Verband korrespondieren. Ein Stimmrecht des Nießbrauchers ohne ihm zwingend zugleich akzessorisch zugeordnetes Informationsrecht wäre demnach dem Anliegen einer objektiv sachgerechten Ordnung der Personengesellschaft unzuträglich. Ein berechtigtes Geheimhaltungsinteresse der Gesellschaft wird demnach durch die Zubilligung des

---

[272] So etwa Staud-*Frank,* Anh zu §§ 1068, 1069 Rn. 71; *Wiedemann,* Übertragung, 419 f.

[273] *Wiedemann,* Übertragung, 419 f.; MünchHdb-GesR-*Rodin,* § 30 Rn. 68.

[274] Im Ergebnis ebenso *Wiedemann,* Übertragung, 419 f.

Informationsrechts an den Nießbraucher nicht berührt. In den Bereichen, in denen dem Nießbraucher die Stimmrechtsausübung alleine zugeordnet ist, hat dieser nach all dem auch einen Informationsanspruch gegenüber der Gesellschaft. Da dieser Informationsanspruch funktional auf die Stimmrechtsausübung gerichtet ist, ist er zugleich auf die Informationen beschränkt, die für die sachgerechte Ausübung des Stimmrechts erforderlich sind. Dies entspricht dem oben geschilderten allgemeinen Zuschnitt des Informationsanspruchs[275].

bb) Fallgruppe 2: Stimmrechtsvergemeinschaftung

Ist das Stimmrecht zwischen Besteller-Gesellschafter und Nießbraucher vergemeinschaftet, wird stellenweise[276] ein eigenständiges Informationsrecht sowohl des Besteller-Gesellschafters als auch des Nießbrauchers für nicht überzeugend erachtet. Die Argumentaion führt über das Stimmrecht zum Klagrecht und dann zum Informationsrecht: Bei einer Stimmrechtsvergemeinschaftung sei es nicht einsichtig, dem Nießbraucher – wie dies die herrschende Meinung vorschlage – ein Klagrecht gegen rechtswidrige Beschlüsse zuzubilligen, vielmehr müsse auch dieses Recht vergemeinschaftet werden[277]. Ist das Klagerecht insofern vergemeinschaftet, bestünde aber keine Veranlassung, daß der Nießbraucher ohne Mitwirkung des Besteller-Gesellschafters die Gesellschaft auf Information in Anspruch nehmen könne. Denn sinnvoll sei dies nur, wenn er auch allein gegen den Beschluß klageweise vorgehen könne; genau dies sei aber nicht der Fall[278]. Der Stimmrechtsvergemeinschaftung entspräche daher auch eine Vergemeinschaftung des Informationsrechts. Die Parteien könnten jedoch mit Zustimmung der Mitgesellschafter eine Verdoppelung der gesellschaftsrechtlichen Informationsbefugnisse vereinbaren; erforderlich sei hierfür aber die Änderung des Gesellschaftsvertrages[279].

Die Argumentation steht und fällt mit der Annahme, auch das Klagerecht gegen rechtswidrige Beschlüsse sei bei einer Stimmrechtsvergemeinschaftung notwendigerweise vergemeinschaftet. Davon kann jedoch nicht ausge-

---

[275] Ablehnend gegenüber der Ausbildung eines Tatbestandsmerkmals „Angewiesensein auf die Information" etwa *Wiedemann,* WM 1992, Beil. 7, 1 (45), der aber dennoch nicht umhinkommt, immanente Grenzen des Informationsanspruchs aufzuzeigen, siehe *ders.,* GesR I, § 7 II 2 a. Der Rekurs auf das Erfordernis eines Informationsbedürfnisses ist insofern konturenreicher und verdeutlicht den institutionellen Zuschnitt des Rechts, siehe dazu *Karsten Schmidt,* GesR, § 21 III 1 a.

[276] *Schön,* ZHR 158 (1994), 229 (263 f.).

[277] *Schön,* ZHR 158 (1994), 229 (264); für die Kapitalgesellschaft ebenso *Teichmann,* ZGR 1972, 1 (12).

[278] *Schön,* ZHR 158 (1994), 229 (264).

[279] *Schön,* ZHR 158 (1994), 229 (264).

gangen werden. Richtigerweise steht das Klagerecht – und zwar unabhängig davon, ob dieses Klagrecht als Anfechtungs- oder Feststellungsklage verstanden wird – vielmehr auch bei den Beschlußgegenständen, bei denen das Stimmrecht vergemeinschaftet ist, sowohl dem Besteller-Gesellschafter als auch dem Nießbraucher zu. Die Stimmrechtsvergemeinschaftung dient schließlich nur dem unabdingbar erforderlichen Schutz der Selbstbestimmung des Besteller-Gesellschafters. Diesem Schutz entspricht aber keineswegs auch eine Vergemeinschaftung des Klagrechts. Zwar ist es nicht überzeugend, dem Nießbraucher das Klagrecht schon deshalb zuzubilligen, weil die Interessen des Besteller-Gesellschafters bei einem rechtswidrigem Beschluß nicht schützenswert seien. Denn die Entscheidung über die klaglose Hinnahme eines rechtswidrigen Handelns ist Ausübung der Privatautonomie. Der Grund, warum auch dem Nießbraucher allein ein Klagrecht zusteht, liegt darin, daß es nicht einsichtig wäre, die Verwirklichung der Interessen des Nießbrauchers durch eine Vergemeinschaftung des Klagrechts vom Willen des Besteller-Gesellschafters abhängig zu machen. Zwar verfällt bei einem vergemeinschafteten Stimmrecht die Stimme, wenn sich Besteller-Gesellschafter und Nießbraucher nicht auf die Ausübung einigen können; ein Gesellschafterbeschluß kann dann auch nicht in den Kernbereich der belasteten Mitgliedschaft eingreifen. Dennoch besteht hier ein Interesse des Nießbrauchers, genau dies feststellen zu lassen, da der Kernbereich oftmals Gegenstand heikler Abwägungen ist. Darüber hinaus können bei Geltung des Mehrheitsprinzips Grundlagengeschäfte außerhalb des Kernbereichs auch ohne Zustimmung der belasteten Mitgliedschaft wirksam sein, man denke etwa an die Feststellung – nicht der Aufstellung – der Bilanz, die Organisation der Geschäftsführung einschließlich der Verleihung und Entziehung von Geschäftsführungs- und Vertretungsbefugnissen sowie an die Genehmigung der Veräußerung eines nach dem Gesellschaftsvertrags übertragbaren Gesellschaftsanteils[280]. Wieso sollte hier der Nießbraucher kein berechtigtes Interesse bsp. an einer klagweisen Geltendmachung der Rechtswidrigkeit der Bilanzfeststellung auch gegen den Willen des Besteller-Gesellschafters haben? Und gleiches gilt umgekehrt für den Besteller-Gesellschafter: Wieso sollte ihm die Möglichkeit genommen sein, ohne Zustimmung des Nießbrauchers gegen vermeintlich rechtswidrige Beschlüsse vorzugehen? Zudem wird durch die Zubilligung des Klagrechts an den Nießbraucher auch die gesellschaftsrechtliche Willensbildung als solche abgesichert. Nach alldem hat der Nießbraucher das Klagrecht auch in den Bereichen des vergemeinschafteten Stimmrechts. Dann aber muß ihm notwendigerweise auch das Informationsrecht zugebilligt werden, da ein Klagrecht ohne Informationsrecht ins Leere ginge.

---

[280] Siehe zu derartigen Grundlagengeschäfte oben § 7.

cc) Fallgruppe 3: Stimmrecht allein beim Besteller-Gesellschafter

Falls schließlich das Stimmrecht allein dem Besteller-Gesellschafter zugeordnet ist, bedeutet dies nicht, daß ihm auch das Informationsrecht allein zusteht. Aufgrund der entscheidenden Bedeutung von Information zur Ermittlung der Erträgnisse des belasteten Anteils folgt vielmehr zwingend, daß aus dem nießbraucherischen Recht zur Nutzung des Anteils sich auch das Recht ergibt, die zur Bestimmung der auf den Nießbraucher entfallenden Nutzungen erheblichen Informationen zu ermitteln[281]. Das Informationsinteresse ist damit durch die Informationen aus der allein belasteten Vermögensseite der Mitgliedschaft begrenzt. Das Informationsrecht bezieht sich vor diesem Hintergrund zumindest auf die eventuell unter Zuhilfenahme eines Sachverständigen zu bewerkstelligende Einsichtnahme in den Jahresabschluß einschließlich der Gewinnverwendung, auf Mitteilungen über Kapitalbewegungen auf allen Gesellschaftskonten des belasteten Anteils sowie auf Einblicke in das Entstehen und die Höhe des Auseinandersetzungsguthabens des Besteller-Gesellschafters und auf Gewinne aus noch schwebenden Geschäften[282]. Weitergehenden Informationsansprüchen stehen Teile der Literatur kritisch gegenüber[283]. Dies soll selbst für das für Kommanditisten geltende Einsichtsrecht in die Geschäftsbücher (§ 166 I HGB) gelten[284]. Der Grund hierfür wird durchweg in einer vermeintlich nicht vorhandenen Treuepflichtigkeit des Anteilsnießbrauchers gesehen[285]. Nun wäre ein weitgehendes Informationsrecht ohne gleichzeitiger Treueeinbindung sicherlich verfehlt[286]. Der Nießbraucher unterliegt aber – wie nun schon des öfteren bemerkt wurde – der Treuepflicht, wenn der Besteller-Gesellschafter den zu belastenden Anteil in diesem Sinne gem. § 1036 II BGB gewidmet hat. Zwar muß dies bei einer fehlenden Stimmrechtszuordnung an den Besteller-Gesellschafter nicht der Fall sein[287]. Soll aber der Nießbraucher ein weitergehendes Informationsrecht erlangen, muß zwingend eine derartige Anteilswidmung erfolgen. Ist diese erfolgt, kann dem Nießbraucher auch ein weitgehendes Informationsrecht zugebilligt werden.

---

[281] Ganz h. M., siehe nur *Blaurock,* Unterbeteiligung, 147 f.; Staud-*Frank,* Anh zu §§ 1068, 1069 Rn. 71; Schlegelberger-*Karsten Schmidt,* Vorbem. § 335 HGB Rn. 16; MünchHdb-GesR-*Rodin,* § 30 Rn. 68; *Wiedemann,* Übertragung, 419 f.

[282] Siehe nur *Blaurock,* Unterbeteiligung, 147.

[283] Etwa *Blaurock,* Unterbeteiligung, 147 f.

[284] *Blaurock,* Unterbeteiligung, 148.

[285] *Blaurock,* Unterbeteiligung, 148.

[286] *Wiedemann,* GesR I, § 7 II 2 a aa.

[287] Oben § 6 VI wurde nur gesagt, daß bei einer Stimmrechtszuordnung an den Nießbraucher der Anteil zwingend in Richtung seiner Treuepflichtigkeit zu widmen ist.

Wie weit es ihm zugebilligt worden ist, ist durch Auslegung des Nießbrauchsbestellungsakts zu ermitteln. Hier dürfte bei fehlenden ausdrücklichen Regelungen folgendes gelten: Falls der belastete Anteil gem. § 1036 II BGB zur Versorgung des Nutzungsberechtigten derartig gewidmet worden ist, daß der Besteller-Gesellschafter das ihm allein zugeordnete Stimmrecht im Rahmen der Treuepflicht und der sonstigen gesellschaftsrechtlich zwingenden Vorgaben so auszuüben hat, daß die Versorgung optimiert ist und falls der Nießbraucher der Treuepflicht unterliegt, sind dem Nutzungsberechtigten im Zweifel all die Informationsrechte zugeordnet, die auch der Besteller-Gesellschafter besitzt. Falls eine derartige Versorgungsorientierung des Stimmrechts nicht stattfindet, würde ein dem § 118 HGB angelehntes Informations- und Auskunftsrecht das wohlverstandene Informationsbedürfnis des Nießbrauchers übersteigen. Hier steht er zweifellos einem Kommanditisten näher. Der Nießbraucher ist daher in diesem Falle nur berechtigt, eine abschriftliche Mitteilung des Jahresabschlusses (Bilanz sowie Gewinn- und Verlustrechnung, § 242 III HGB) zu verlangen und dessen Richtigkeit unter Einsicht der Bücher und Papiere zu prüfen. Darüber hinaus steht ihm analog § 166 III HGB bei Vorliegen eines wichtigen Grundes ein weitergehendes Recht auf Auskunft, da richtiger Ansicht nach[288] im Wege der Rechtsfortbildung die Kommanditistenrechte aus § 166 III HGB auch ohne gerichtliche Anordnung greifen.

c) Informationsrecht und Kontrollfunktion

Bisher war nur die Rede von einem funktional auf die Ausübung des Stimmrechts oder auf die Überprüfung der Erträgnisse des belasteten Anteils bezogenen Informationsanspruch des Nießbrauchers. Das Informationsrecht ist aber nicht nur Hilfsrecht, sondern auch eine Befugnis, sich unabhängig von konkret zur Beschlußfassung anstehenden Gegenständen einen Überblick über den Stand der Gesellschaftsangelegenheiten zu verschaffen, wie oben schon dargelegt wurde. Dieses informationelle Kontrollrecht ist nicht von einem Informationsbedürfnis abhängig. Steht es dem Nießbraucher zu? Durchweg wird dies zu verneinen sein. Es ist nicht Aufgabe des Nießbrauchers, gesellschaftliche Interna zu kontrollieren. Sein Informationsbedürfnis ist durch die ihm zugeordneten materiellen Aspekte wie Stimmrecht oder Beteiligung an der Vermögensberechtigung des belasteten Anteils begrenzt. Dies bedeutet zugleich, daß ein Informationsrecht, welches nicht durch ein auf das Stimmrecht oder die Ertragsprüfung bezogenes Informationsbedürfnis beschränkt ist, nicht als eine Art der Nutzungen i. S.

---

[288] *Karsten Schmidt,* GesR, § 53 III 3 b; *ders.,* Informationsrechte in Gesellschaften und Verbände, 68 ff.; Baumbach-*Hopt,* § 166 Rn. 8; *Wiedemann,* GesR I, § 7 II 2 a bb.

§ 1030 BGB aufgefaßt werden kann. Die Parteien des dinglichen Nutzungsrechts können ein derartiges Informationsrecht daher auch nicht privatautonom durch einen besonderen Zuschnitt des Nießbrauchs vereinbaren. Zudem haftet der Nießbraucher nicht, wie noch gezeigt werden wird[289]. Allein dieser Gesichtspunkt würde es aber rechtfertigen, sich umfassend über Gesellschaftsinterna informieren zu dürfen. Im Ergebnis bleibt das Informationsrecht des Nießbrauchers daher ein funktional durch die Anbindung an das Stimmrecht oder an die Prüfung der Erträgnisse auf ein Informationsbedürfnis beschränktes Recht.

IV. Klagrechte

Der Mitgliedschaft stehen Klagrechte gegen ein rechtswidriges Verhalten des Verbands zur Seite. Zu unterscheiden ist hierbei die actio pro socio, bei der das Mitglied Sozialansprüche des Verbands im eigenen Namen geltend macht, und der Schutz der Mitgliedschaft, wenn diese durch die eingetretene oder bevorstehende Rechtswidrigkeit im gesellschaftlichen Handeln betroffen ist. Findet eine Zuordnung dieser Klagrechte an den Nießbraucher statt? Auch bei den Klagrechten gilt wieder, daß dem Nießbraucher in keinem größerem Umfange als dem Besteller-Gesellschafter Klagrechte zustehen. Dies folgt abermals aus der abgeleiteten Natur nießbraucherischer Rechte, als Folge einer Belastung der Mitgliedschaft auf die Wahrnehmung der aus dieser resultierenden Rechte beschränkt zu sein.

1. Actio pro socio

a) Interessenlage

Der Ausgangspunkt für die Frage nach der Zuordnung der actio pro socio an den Nießbraucher ist dessen Interesse. Die Nichterfüllung gesellschafterlicher Pflichten der Mit-Gesellschafter des Besteller-Gesellschafters kann sich durchaus auf die Höhe des Ertrags und damit auf das Vermögensinteresse des Nießbrauchers auswirken, man denke etwa nur an die Fälle ausstehender Beiträge, der Rückzahlung von Entnahmen, der Verletzung eines Wettbewerbsverbots durch einen Mehrheitsgesellschafter oder der pflichtwidrigen Geschäftsführung[290]. Es erscheint daher nicht als prima facie abwegig, unter Interessengesichtspunkten dem Nießbraucher die actio pro socio zuzubilligen. Hiergegen könnte freilich sprechen, daß mit der actio pro socio Ansprüche der Gesellschaft geltend gemacht werden und daß diese

---

[289] Zur Haftungssituation des Anteilsnießbrauchers siehe unten § 14 III 1.

[290] Beispiele für die actio pro socio etwa bei Baumbach-*Hopt,* § 109 HGB Rn. 34.

Ansprüche gerade nicht nießbrauchsbelastet sind. Doch darum geht es bei der Zuordnungsfrage nicht. Denn die mit der actio pro socio vermittelte prozessuale Befugnis einer Prozeßstandschaft[291] ist ohne Zweifel der Mitgliedschaft inhärent und steht damit auch konstruktiv einer Belastung mit einem Nutzungsrecht offen.

Falls dem Nießbraucher die actio pro socio nicht zugeordnet würde, bliebe er auf seine vor allem aus § 1036 II BGB analog resultierenden Rechte auf ein ertragssicherndes Gesellschafterhandeln des Bestellers verwiesen[292]. Besteht dieses Handeln in der Erhebung der actio pro socio, hätte es der Nießbraucher also schon oftmals über § 1036 II BGB in der Hand, über eine Klage gegen den Besteller-Gesellschafter praktisch dessen actio zu erzwingen. Im praktischen Ergebnis macht es aber für die Mit-Gesellschafter keinen Unterschied, warum es zur actio kommt, wenn diese erhoben wird. Zudem belastet eine prozessualen Befugnis des Nießbrauchers, die actio pro socio zu erheben, die Mit-Gesellschafter nicht stärker als die Zuordnung des Stimmrechts an den Nutzungsberechtigten. Aus all dem folgt, daß sich die Frage, ob dem Anteilsnießbraucher die actio pro socio zugeordnet ist, sich mangels ausdrücklicher Vereinbarung allein nach dem Innenverhältnis zwischen Besteller-Gesellschafter und Nießbraucher entscheidet.

b) Parallelität der Zuordnung der actio pro socio und der Stimmrechtszuordnung

Kann das maßgebliche Kriterium für die Zuordnung der actio pro socio allein im Innenverhältnis zwischen Besteller-Gesellschafter und Nießbraucher gefunden werden, gilt folgendes: Soll der Nießbraucher auf eine Partizipation an den Vermögensrechten beschränkt sein und sind ihm infolgedessen keine Stimmrechte zugeordnet, soll der Nießbraucher nach dem Zuschnitt des dinglichen Nutzungsrechts keinen direkten Zugriff auf die Gesellschaft und die Mit-Gesellschafter des Bestellers haben. Hier muß eine actio pro socio ausscheiden und kann auch nicht dadurch eingeführt werden, daß die Parteien des Nießbrauchs privatautonom dekretieren, die actio sei eine Nutzung i. S. § 1030 HGB. Ist dem Nießbraucher auch das Stimmrecht zugeordnet, entspricht dem ein direkter Zugriff auf gesellschaftliche Interna ohne Umweg über eine Klage gegen den Besteller-Gesellschafter. Hierbei muß es unbeachtlich sein, ob dem Nießbraucher in weitest zulässigem Umfang oder verringert das Stimmrecht zugebilligt worden ist.

---

[291] *Karsten Schmidt,* GesR, § 21 IV 1 c, 4; Schlegelberger-*ders.,* § 105 HGB Rn. 172; Baumbach-*Hopt,* § 109 HGB Rn. 32; Großkomm-*Ulmer,* § 105 HGB Rn. 262.

[292] Dazu siehe ausführlich unten § 15 III.

Die actio kann keineswegs nur soweit zugebilligt werden, als es um die Verletzung solcher Sozialansprüche geht, die den Bereichen entsprechen, für die das Stimmrecht eingeräumt ist. Alles andere würde zu nicht hinnehmbaren Abgrenzungsschwierigkeiten führen. Dem Nießbraucher steht daher die actio pro socio zur Seite, falls ihm das Stimmrecht – in welcher Intensität auch immer – eingeräumt ist.

2. Klagerechte außerhalb der actio pro socio

Bei dem Schutz der Mitgliedschaft vor einem rechtswidrigen Verhalten des Verbands stehen zwei Fallgrupen im Vordergrund. In dem einen Fall geht es um die Anfechtungsklage gegen einen rechtswidrigen Beschluß bzw. (nach h. M.) um die Klage auf Feststellung der Nichtigkeit eines Beschlusses. Hier gelten die Ausführungen zur actio pro socio entsprechend: Ist dem Nießbraucher das Stimmrechts – in welcher Intensität auch immer – zugeordnet, steht ihm auch die Befugnis zu, gegen rechtswidrige Beschlüsse der Gesellschaft klagweise vorzugehen. Ansonsten ist er auf seine Rechte aus dem Innenverhältnis zum Besteller-Gesellschafter verwiesen und muß nötigenfalls diesen durch Klage anhalten, gegen den rechtswidrigen Beschluß vorzugehen. In dem zweiten Fall geht es um den verbandsinternen Schutz der Mitgliedschaft als absolutes Recht im Unterschied zum Schutz der mitgliedschaftsrechtlichen Sonderbeziehung zwischen Mitglied und Verband[293]. Hier tritt das Mitglied aufgrund der Verletzung eines absoluten Rechts dem Verband gegenüber außerhalb der Sonderverbindung auf. Dennoch gründet sein Recht letztlich in der Beziehung zum Verband. Die Frage, ob ein Außenstehender in das verbandliche Internum klagweise einwirken können soll, stellt sich hier in gleicher Frage, wie bei der actio pro socio und den Klagen gegen rechtswidrige Beschlüsse. Die bisherigen Differenzierungskriterien hinsichtlich der Klagrechtszuordnung bleiben daher auch beim Schutz der Mitgliedschaft als absolutem Recht anwendbar: Ist das Stimmrecht dem Nießbraucher zugeordnet, so ist es auch das auf den deliktischen Schutz der Mitgliedschaft gestützte Klagrecht. Kommt das Stimmrecht nicht dem Nießbraucher zu, bleibt dieser wiederum auf seine Rechte aus dem Innenverhältnis zum Besteller-Gesellschafter verwiesen, nötigenfalls den Schadensersatzanspruch wegen Verletzung der Mitgliedschaft geltend zu machen.

---

[293] Dazu umfassend *Habersack,* Mitgliedschaft, 117 ff.

Kapitel 5

Sonstiges zur Mitgliedschaft – Außenhaftung – Verlusttragung

Der Gegenstand der vorangegangenen § 7 bis § 12 war das stark umstrittene Problem, wie die Mitverwaltungsrechte des mit einem Nießbrauch belasteten Anteils an einer OHG zwischen dem Besteller-Gesellschafter und dem Nutzungsberechtigten verteilt werden können. Im Mittelpunkt der Erörterungen stand dabei das Stimmrecht der belasteten Mitgliedschaft. Nunmehr gilt es, für die vermögensrechtlichen Rechte und Pflichten zu klären, welche Zuordnungen hier in Frage kommen. Dabei ist zu erwarten, daß die rechtlichen Schwierigkeiten bei der Verteilung der vermögensrechtlichen Rechte und Pflichten der Mitgliedschaft um einiges geringer sind als bei den Mitverwaltungsrechten. Im Vordergrund steht dabei zum einen die Zuordnung des Gewinns, zum anderen die Haftungslage.

§ 13 Die vermögensrechtlichen Rechte – die Kündigung der Mitgliedschaft

I. Die Zuordnung des Gewinns

1. Streitstand hinsichtlich thesaurierter Gewinne

Nach den §§ 1068 II, 1030 I BGB ist der Nießbraucher berechtigt, die Nutzungen aus der Mitgliedschaft zu ziehen. Ihm stehen damit nach den §§ 99 II, 100 Alt. 2 BGB[1] im Verhältnis zum Besteller diejenigen „Erträge" und „Vorteile" zu, die das subjektive Recht[2] „Gesellschaftsanteil" seiner Bestimmung gemäß (und dies kann nur heißen: seiner Widmung gemäß) gewährt. Was hierunter genau zu verstehen ist, ist gerade in jüngerer Zeit umstritten. Soweit die Zuordnung des Gewinns in Rede steht, dreht sich der Streit vornehmlich um die Zuordnung des nicht entnahmefähigen Gewinns.

---

[1] Siehe zur Frage, ob § 100 Alt. 2 BGB, § 99 I BGB oder § 99 II BGB der richtige „Aufhänger" für die Einordnung des Gewinnanteils als Nutzung darstellt, nur den Überblick bei *Queck*, Nießbrauch, 68 ff.

[2] Siehe zum Problem „subjektives Recht" und „Mitgliedschaft" oben § 2 II 3 d.

Zu den dem Nießbraucher zugeordneten Früchten der Beteiligung zählen nach herrschender Ansicht nicht der volle tatsächlich erwirtschaftete bilanzmäßige Gewinn – erst Recht nicht der festgestellte Gewinn, welcher nach §§ 121, 120 II HGB auf die einzelnen Kapitalkonten der Gesellschafter zu verteilen ist[3] –, sondern nur die nach § 717 S. 2 BGB, § 122 I Alt. 2 HGB an ihn als Nießbraucher gem. § 99 II BGB auskehrbaren Erträge[4], also „der nach Bildung entsprechender Rücklagen von den Gesellschaftern als ‚Überschuß' erklärte und damit gleichzeitig freigegebene Anteil am Gesellschaftsvermögen"[5], einschließlich der laufenden Verzinsung von Gesellschafter-Privatkonten[6] sowie – wenn die Gesellschafter Gewinne weder thesaurieren, noch voll ausschütten, sondern zur Stärkung der finanziellen Basis der Gesellschaft auf ein Darlehnskonto buchen wollen[7] – einschließlich der auf dem Darlehnskonto verbuchten Gewinnanteile; letztere können dabei entnommen werden, wenn sie fällig sind[8]. Die herrschende Meinung ordnet also die in ein Rücklagenkonto gebuchten Gewinne und Wertsteigerungen des Gesellschaftervermögens, die nach gesellschaftlicher Beschlußlage nicht entnahmefähig sind, sondern in Gewinnrücklagen eingestellt oder zur Kapitalerhöhung[9] aus Gesellschaftsmitteln eingesetzt werden, allein dem Besteller-Gesellschafter zu.

All dies ist nicht unumstritten geblieben. Vereinzelt wird auch der volle bilanzmäßige Gewinn dem Nießbraucher zugewiesen. Unterschiede bestehen freilich hinsichtlich der Art und Weise der Gewinnzuweisung[10].

---

[3] Dazu *Queck,* Nießbrauch, 78 ff.; zur Rechtsnatur des Kapitalanteils siehe oben § 1 II 4.

[4] BGHZ 58, 316 (320); BGH, NJW 1981, 1560 (1561); BFH, NJW 1995, 1918 (1919); MünchKomm-*Petzoldt,* § 1068 Rn. 21; *ders.,* GmbHR 1987, 381 (384); *ders.,* DStR 1992, 1171 (1175); Staud-*Frank,* Anh zu §§ 1068, 1069 Rn. 81; Soergel-*Stürner,* § 1068 Rn. 7 g; Schlegelberger-*Karsten Schmidt,* vor § 335 HGB Rn. 13; *ders.,* GesR, § 61 II 3; *ders.,* ZGR 1999, 601 (606 Fn. 21); Baumbach-*Hopt,* § 105 Rn. 45; Großkomm-*Ulmer,* § 105 HGB Rn. 121; MünchKomm-*ders.,* § 705 Rn. 84; *ders.,* FS Fleck, 383 (391 f.); Heymann-*Emmerich,* § 105 HGB Rn. 66; *v. Godin,* Nutzungsrecht, 94 ff.; *Wiedemann,* Übertragung, 404 f.; *Huber,* Vermögensanteil, 416; *Blaurock,* Unterbeteiligung, 139; *Bechtold,* Nießbrauch, 111; *Hepp-Schwab,* Mitgliedschaft, 163; *Queck,* Nießbrauch, 90; *Teichmann,* ZGR 1972, 1 (7 f.); *Bunke,* DNotZ 1968, 5 (15); *v. Schilling,* DB 1954, 561 (562).

[5] *Wiedemann,* Übertragung, 295, wörtlich übernommen durch BGHZ 58, 316 (320 f.).

[6] BGH, WM 1985, 1343 ff.

[7] Zum Problem der Abgrenzung von Kapitalkonto und Darlehnskonto siehe nur BGH, BB 1978, 630 (631); Heymann-*Emmerich,* § 120 HGB Rn. 28; Schlegelberge-*Martens,* § 120 HGB Rn. 36 f.; *Huber,* ZGR 1988, 1 (66 f.).

[8] Dazu nur Staud-*Frank,* Anh zu §§ 1068, 1069 Rn. 81; *Queck,* Nießbrauch, 87 f., 90.

[9] Dazu sogleich im Folgendem.

[10] Siehe auch den Überblick bei *Queck,* Nießbrauch, 86 ff.

Während teilweise der nicht ausgeschüttete Gewinn auf das Nießbraucherkapitalkonto bzw. Nießbraucherdarlehenskonto gebucht und sodann bei Beendigung des Nutzungsrechts als zur Auszahlung an den Nießbraucher anstehend angesehen werden soll[11], ordnen andere den nichtentnommenen Gewinn zwar dem Nießbraucher zu, binden diesen Gewinn aber an die gesellschaftsrechtlichen Entnahmebeschränkungen und billigen ihm daher nur dann einen auf den thesaurierten Gewinn gerichteten Auszahlungsanspruch zu, wenn die Auseinandersetzung ansteht; steht diese an und ist das Nutzungsverhältnis bereits beendet, soll das Auseinandersetzungsguthaben ungeschmälert dem Besteller-Gesellschafter zufallen[12]. Schön wiederum verlagert die Zuordnungsfrage aus dem Verhältnis innerhalb der Gesellschaft in das Verhältnis zwischen Nießbraucher und Besteller-Gesellschafter und gibt hier dem Nießbraucher nach Ablauf des Nutzungsrechts für die unterbliebene Ausschüttung einen Anspruch auf Wertausgleich analog § 1049 I BGB nach Maßgabe der Entwicklung der Gesellschaftsbilanz; anspruchsberechtigt soll der Nießbraucher aber nur sein, wenn die belastete Mitgliedschaft die Anteilsmehrheit umfaßt[13].

2. Gesellschaftsrechtliche Thesaurierung und nießbrauchsrechtliche Wertzuweisung

a) Präjudizialität der gesellschaftsrechtlichen Gewinnausschüttungsregelung für die sachenrechtliche Wertzuweisung?

Ausführliche Begründungen für den Ansatz der herrschenden Meinung finden sich kaum. Als Ausgangspunkt dient zumeist der Satz, dem Nießbraucher könne keine stärkere Position zukommen, als sie der Besteller-Gesellschafter inne habe[14]. Dies ist im Verhältnis zu den Gesellschaftern sicherlich zutreffend. Auch die für die Nießbrauchsbestellung erforderliche Zustimmung der Mit-Gesellschafter kann ja nicht dazu führen, daß dem Nutzungsberechtigten während der Zeit des Nießbrauchs eine vom Besteller-Gesellschafter verschiedene Rechtsstellung zuerkannt wird, falls nicht zugleich der Gesellschaftsvertrag selbst geändert wird. Zudem entsteht der Gewinnanspruch erst aufgrund des Bilanzfeststellungs- und Gewinnverwen-

---

[11] So *Sudhoff,* Handbuch der Unternehmensnachfolge, 307 f.; *ders.,* NJW 1971, 481 (483); unklar *ders.,* NJW 1974, 2205 (2209).

[12] *Finger,* DB 1977, 1033 (1038 mit Fn. 101).

[13] *Schön,* ZHR 158 (1994), 229 (241 ff.).

[14] BGHZ 58, 316 (320); MünchKomm-*Petzoldt,* § 1068 Rn. 21; *ders.,* GmbHR 1987, 381 (384); *ders.,* DStR 1992, 1171 (1175); *Bunke,* DNotZ 1968, 5 (15); *Queck,* Nießbrauch, 82 (zu *Sudhoff*), 91.

dungsbeschlusses[15] als Frucht des Gesellschaftsanteils. Mit Blick hierauf ist die Bildung stiller Reserven oder die Zuführung von Gewinn zu den offenen Rücklagen zwecks Eigenfinanzierung der Gesellschaft ein Teil der Gewinnverwendung und nicht der Gewinnausschüttung[16]. Hieraus wird gefolgert, nichtentnahmefähig gestellte Gewinne seien keine Nutzung des Gesellschafters[17].

Dennoch trifft der von der herrschenden Meinung gewählte Ausgangspunkt gar nicht das für die Gewinnzuordnung relevante Sachproblem. Relevant ist nicht die Frage, ob der Nießbraucher den Gesellschaftern gegenüber *gesellschaftsrechtlich* berechtigt ist, auf thesaurierte Gewinne zuzugreifen – das kann er zweifellos nicht, da seine, des Nießbrauchers Rechte gegenüber der Gesellschaft oder den Mit-Gesellschaftern akzessorisch an die mitgliedschaftliche Rechtsstellung des Besteller-Gesellschafters geknüpft sind. Im Verhältnis zur Gesellschaft und zu den Mit-Gesellschaftern hat der Nießbraucher daher nur einen Anspruch auf den entnahmefähig gestellten Gewinn. Eine ganz andere Frage ist es aber, was der Nießbraucher im Innenverhältnis zum Besteller-Gesellschafter *nießbrauchsrechtlich* verlangen kann – ob ihm also im Verhältnis zum Besteller-Gesellschafter nießbrauchsrechtlich der Wert des nichtentnommenen Gewinns zuzuordnen ist. Eine derartige Zuordnung könnte auch dann erfolgen, wenn der Besteller-Gesellschafter oder der Nießbraucher im Verhältnis zu den Mit-Gesellschaftern auf den Gewinn nicht zugreifen kann. Die herrschende Meinung koppelt inzident ohne nähere Begründung die nießbrauchsrechtliche Wertzuweisung an die gesellschaftsrechtliche Möglichkeit zur Wertrealisierung[18]. Einsichtig wäre dies nur, worauf Schön kürzlich eindringlich verwiesen hat[19], wenn es einen prima facie sinnvollen Zusammenhang zwischen der gesellschaftsrechtlichen Entnahmefähigkeit von Gewinnen und der „Bestimmungsmäßigkeit“ von Vermögensmehrungen im Verhältnis zwischen Nießbraucher und Besteller-Gesellschafter gibt. Gerade für eine derartige Präjudizialität der gesellschaftsrechtlichen Entnahmeregelung für die sachenrechtliche Wertzuweisung ist aber auf den ersten Blick nichts ersichtlich[20].

---

[15] Heute allgemeine Meinung: RGZ 98, 318 (320); BGHZ 80, 357 (358); Schlegelberger-*Martens,* § 121 HGB Rn. 6 m. w. Nachw.; MünchHdb-GesR-*v. Falkenhausen,* § 57 Rn. 50.

[16] *Priester,* FS Quack, 373 (386); Schlegelberger-*Martens,* § 120 HGB Rn. 12 ff.

[17] So etwa *Hepp-Schwab,* Mitgliedschaft, 163.

[18] Es ist deshalb auch nicht einzusehen, einen nießbraucherischen Zugriff auf den Wert der thesaurierten Gewinne mit dem Argument zu bestreiten (so MünchKomm-*Ulmer,* § 705 Rn. 84; *Kruse,* RNotZ 2002, 69 (78)), dem Nießbraucher gebührten aufgrund seines Rechts an der bloßen Mitgliedschaft nur die Erträgnisse eben dieses Rechts, nicht die Gewinne des Unternehmens.

[19] *Schön,* ZHR 158 (1994), 229 (240 f.).

[20] *Schön,* ZHR 158 (1994), 229 (240 f.).

Die gesellschaftsrechtliche Entnahmefähigkeit von Gewinnen und die nießbrauchsrechtliche Bestimmungsmäßigkeit von Vermögensmehrungen sind zwei verschiedene Dinge. Es muß also erst noch begründet werden, warum eine Präjudiziabilität der gesellschaftsrechtlichen Entnahmeregelung für die nießbrauchsrechtliche Gewinnzuweisung anzunehmen ist. Das Hauptargument der h. M. bricht damit fürs erste zusammen.

Für eine derartige Präjudiziabilität ist angeführt worden, die aus Gewinnen gebildeten Rücklagen müßten der nießbrauchsrechtlichen Kategorie „Substanz" zugeschlagen werden, womit sie dem Zugriff des Nießbrauchers ausweislich der §§ 1068 II, 1030 BGB i. V. m. §§ 99 II, 100 BGB entzogen seien[21]. In dieser Weise vorgebracht trägt das Argument jedoch schon aus Methodengründen nicht, weil es doch gerade die Frage ist, ob nichtentnommene Gewinne zur Substanz der Mitgliedschaft zu rechnen sind. Weiterführend ist hier allein ein Rekurs auf die Vermögensordnung der Gesamthand. Schon Wiedemann wies zu Recht darauf hin – Ulmer[22] und der BGH[23] haben sich ihm angeschlossen –, daß Gegenstand des Nießbrauchs nicht die Gegenstände des Betriebsvermögens sind oder das Unternehmen selbst ist, sondern die Mitgliedschaft.

Konstruktiv gebühren dem Nießbraucher somit nur die Erträge dieses Rechts, nicht die Gewinne des Unternehmens[24]. Diese Feststellung gilt konstruktiv ganz unabhängig von der umstrittenen Frage, ob Träger des Gesellschaftsvermögens die Gesellschafter in ihrer gesamthänderischen Verbundenheit sind oder ob die Gesamthand selbst Rechtsträgerin ist[25]. Nur ist wiederum fraglich, ob die von Wiedemann angesprochene konstruktive Lage nießbrauchsrechtlich durchhaltbar ist. Denn *wertmäßig* gehört das Reinvermögen anteilig den einzelnen Gesellschaftern[26]; die nicht zur Ausschüttung vorgesehenen Gewinne werden infolgedessen auf das Rücklagenkonto gebucht[27]. Ist dem so, stellt sich wieder die Frage: Ist nießbrauchs-

---

21 MünchKomm-*Petzoldt,* § 1068 Rn. 21; *ders.,* DStR 1992, 1171 (1175); *Bunke,* DnotZ 1968, 5 (15).

22 MünchKomm-*Ulmer,* § 705 Rn. 84.

23 BGHZ 58, 316 (320).

24 *Wiedemann,* Übertragung, 404 f.; siehe allg. auch *ders.,* FS Odersky, 925 (927).

25 Vgl. zu dieser Kernfrage nach der rechten Theorie der Gesamthand aus dem weitreichenden Schrifttum nur auf der einen Seite *Karsten Schmidt,* GesR, § 8 III; MünchKomm-*Ulmer,* § 705 Rn. 127 ff.; *ders.,* AcP 198 (1998), 113 ff.; II. Zivilsenat des BGH, BGHZ 146, 341, auf der anderen Seite *Zöllner,* FS Gernhuber, 563 ff.; *ders.,* FS Kraft, 701 ff.; *Weber-Grellet,* AcP 182 (1982), 316 ff.; *Hueck,* FS Zöllner, 275 ff. Siehe jüngst *Raiser,* AcP 194 (1994), 495 ff.; *ders,* FS Zöllner, 469 ff.; *ders.,* AcP 199 (1999), 104 (107 f.); *Mülbert,* AcP 199 (1999), 38 (47 ff., 62 ff.).

26 Richtig *Finger,* DB 1977, 1033 (1038).

rechtlich der wirtschaftliche Wert der Beteiligung (Folge: der thesaurierte Gewinn unterliegt im Verhältnis zwischen Nießbraucher und Besteller-Gesellschafter *seinem Wert nach* der ausgegliederten Fremdnutzung) oder die gesamthänderische Bindung (Folge: Zuordnung des thesaurierten Gewinns *auch dem Wert nach* unter die Kategorie „Substanz") entscheidend?

Da im Außenverhältnis zur Gesellschaft oder zu den Mit-Gesellschaftern die gesamthänderische Bindung nicht überspielt werden kann, spricht vieles dafür, die Antwort auf diese Frage in den Regelungen des nießbrauchsrechtlichen gesetzlichen Schuldverhältnisses zu suchen. Damit ändert sich aber auch die Frage: Nicht mehr die im Außenverhältnis ziehbaren Nutzungen des Anteils, sondern die interne Wertzuordnung zwischen Nießbraucher und Besteller-Gesellschafter steht zur Rede. Was dies bedeutet, erhellen folgende Überlegungen:

b) Der Wertausgleichsanspruch analog § 1049 I BGB: Allgemeines

Im Verhältnis zwischen Nießbraucher und Besteller-Gesellschafter ist Ertrag des Nießbrauchs jener Betrag, welcher gem. § 99 II BGB dieser „seiner Bestimmung gemäß gewährt". Die interne Wertzuordnung zwischen Nießbraucher und Besteller-Gesellschafter hängt damit nicht primär von der gesellschaftsrechtlichen Entnahmefähigkeit des Ertrags, sondern davon ab, ob dieser Ertrag eine bestimmungsgemäße Nutzung des Anteils darstellt, § 1030 I BGB i. V. m. §§ 99 f. BGB.

aa) Substanz – Nutzung – Anteilswidmung

Nun war schon des öfteren die Rede davon, daß ein *einfacher* Verweis auf „Substanz" als Argument für die nießbrauchsrechtliche Wertzuweisung an den Besteller so ohne weiteres nicht trägt[28]. Mit dem Rekurs auf „Substanz" wird aber dennoch in die richtige Richtung gewiesen. Nur der Ausgangspunkt von einer feststehenden Kategorie „Substanz" ist verfehlt. Denn ihm liegt die Vorstellung einer festen, dem Eigentümer zugewiesenen Einkommensquelle mit periodischen, dem Nießbraucher zugeordneten Bezügen zugrunde, bei der jede Wertminderung der Quelle zu einem Substanzeingriff führt[29]. Nießbrauchsrechtlich relevant ist aber nicht ein derartiges Modell, welches davon ausgeht, dem Eigentümer stünde die gleichsam ontologisch festgefügte Substanz unverbrüchlich zu, während der Nießbraucher

---

[27] *Wiedemann,* FS Odersky, 925 (931 ff.); *v. Godin,* Nutzungsrecht, 95; allg. *Winnefeld,* Bilanzhandbuch, Rn. A 487, A 489, F 643.

[28] Siehe oben § 7 II 1.

[29] Allg. dazu *Schön,* Nießbrauch, 38.

auf die aus der Nutzung resultierende periodische Rente zurückgreifen könne. Vielmehr kommt es für die Frage, ob ein Substanzeingriff gegeben ist, darauf an, ob der Nießbraucher den wirtschaftlichen Bestand der Sache bewahrt, der sich durch ein ordnungsgemäßes Wirtschaften ergibt (dann Nutzung trotz Verminderung des Werts der Einkommensquelle), mögen dabei auch Eingriffe in die gemeinhin als „Substanz" verstandene körperliche Beschaffenheit des Belastungsgegenstands zu verzeichnen sein. Daneben finden sich in § 1039 I BGB und in § 1067 BGB rentenmäßige Residuen[30], die subsidiär – aber eben bloß subsidiär – zur Idee der gesamtwirtschaftlich vorteilhaften Maximierung des Sachnutzens[31] das Verständnis des Nießbrauchs als einer Kapitalrente stützen.

Der Erhalt des Kapitalwerts ist daher gerade nicht Aufgabe des Nießbrauchers[32], dieser darf vielmehr den belasteten Gegenstand nach Maßgabe seiner subjektiven, also widmungsmäßigen wirtschaftlichen Bestimmung und den objektiven Regeln einer ordnungsgemäßen Wirtschaft verwalten und ist nur zum gewöhnlichen Unterhalt verpflichtet (§ 1041 S. 2 BGB)[33]. Mit anderen Worten: Die Frage, ob ein Eingriff in die Substanz des belasteten Gegenstands vorliegt, entscheidet sich nicht nach dem subjektiven Erhaltungsinteresse des Eigentümers, sondern danach, ob der sich aus einer ordnungsgemäßen Wirtschaft ergebende wirtschaftliche Bestand der Sache nach Maßgabe ihrer Widmung gewahrt bleibt; wird er gewahrt, liegt im Grundsatz eine Nutzung vor. Das Dogma vom Substanzeingriff als Grenze der Nutzungsbefugnisse des Nießbrauchers ist damit „bloßer Reflex des gesamtwirtschaftlichen Interesses, die Nutzung des belasteten Gegenstands insgesamt zu optimieren"[34]; entsprechend ist selbst beim Sachnießbrauch die physische Sachsubstanz kein eigenständiges nießbrauchsrechtliches Schutzgut[35]. Ausschlaggebend für die Differenzierung zwischen Nutzung und Substanz ist somit die Widmung des belasteten Anteils und die aus gesamtwirtschaftlicher Sicht optimale Sachbewirtschaftung. Die optimale Bewirtschaft bewegt sich dabei *im Rahmen eben der Widmung*[36]. Es bleibt also dabei: Die Differenzierung zwischen Nutzung und Substanz richtet sich nach der Widmung des belasteten Anteils und den Regeln der optimalen Sachbewirtschaftung im Rahmen der Widmung. Steht zudem die Frage

---

30 Dazu schon oben § 7 II 1.

31 Es wurde schon des öfteren vermerkt, daß dieser Gedanke der optimalen Sachnutzung eines der wichtigsten Wertungen des Nießbrauchsrechts darstellt, siehe nur oben § 7 II 1.

32 *Schön,* Nießbrauch, 81, für den Sachnießbrauch unter Verweis auf Mot. III, 497.

33 *Schön,* Nießbrauch, 267.

34 *Schön,* Nießbrauch, 257.

35 *Schön,* Nießbrauch, 88.

36 Dazu siehe oben § 3 III 3.

der Ersatzfähigkeit von Verwendungen auf den belasteten Gegenstand in Rede, muß zwischen gewöhnlichen und außergewöhnlichen Unterhaltungsmaßnahmen unterschieden werden.

bb) Gewöhnliche Unterhaltungskosten – außergewöhnliche Verwendungen

Wie weiter zu verfahren ist, klärt ein Blick auf die Verteilung der Kosten für den gewöhnlichen Unterhalt des belasteten Gegenstands und für außergewöhnliche Verwendungen auf ihn. Diese Verteilung regelt § 1049 I BGB. Hinsichtlich thesaurierter Gewinne hat Schön vorgeschlagen, den Ersatzanspruch des § 1049 I BGB auf den Wertausgleich hinsichtlich der nichtentnahmefähigen Gewinne analog anzuwenden[37]. Danach habe der Besteller-Gesellschafter nach Ablauf des dinglichen Nutzungsrechts für Verwendungen, zu denen der Nießbraucher nicht verpflichtet ist, diesem nach den Regeln der Geschäftsführung ohne Auftrag einen Ausgleich zu gewähren. Da aufgrund der Gesellschafterentscheidung zur Gewinnthesaurierung die „Verwendungen" des Nießbrauchers als genehmigt gelten dürfen, fände voller Ersatz analog § 1049 I BGB i.V.m. §§ 684 S. 2, 683 S. 1 BGB statt. Es liegt auf der Hand, daß dieser Ersatz auf die Höhe der Quote des Gewinns beschränkt ist, für die der Nießbrauch bestellt ist.

Was ist davon zu halten? Gegen einen derartigen Anspruch auf Wertausgleich nach § 1049 I BGB ist jüngst vorgetragen worden, es käme dann zu einer nach § 707 BGB i.V.m. § 105 III HGB ungerechtfertigten Nachschußpflicht des Besteller-Gesellschafters[38]. Überzeugend ist dieser Einwand indes nicht. Der Wertausgleich nach § 1049 I BGB situiert im nießbrauchsrechtlichen Schuldverhältnis und hat daher nichts mit dem allein im Innenverhältnis zwischen den Gesellschaftern anzusiedelnden[39] Gesellschafterschutz nach § 707 BGB zu schaffen. Auch die gesellschaftsrechtliche Treuepflicht gebietet es nicht, dem Besteller-Gesellschafter Mittel aus dem Gesellschaftsvermögen zur Verfügung zu stellen, um mit diesen Mitteln seinen nießbrauchsrechtlichen Wertausgleichspflichten nachkommen zu können[40]; es steht vielmehr nur die Beteiligung des Nießbrauchers an außer-

---

[37] *Schön,* ZHR 158 (1994), 229 (243 f.), der eine Wertausgleichspflicht zumindest dann annimmt, wenn die belastete Mitgliedschaft einen so erheblichen Einfluß auf das Schicksal der Gesellschaft habe, daß von einer mitunternehmerischen Teilhabe am Gesellschaftsunternehmen gesprochen werden könnte. Sieht der Gesellschaftsvertrag die Beschlußfassung nach dem Mehrheitsprinzip vor, sei dies dann gegeben, wenn der belastete Anteil die Mehrheit der Anteile ausmacht.

[38] So *Hepp-Schwab,* Mitgliedschaft, 176 f.

[39] Dazu nur Palandt-*Thomas,* § 707 Rn. 2.

[40] *Queck,* Nießbrauch, 95 f.

halb des Gesellschaftsverhältnisses realisierten Gewinnthesaurierungen in Rede[41]. Eine Beitragserhöhung liegt in dem Wertausgleich somit nicht[42].

Grundlage des Wertausgleichsanspruchs ist, daß der Nießbraucher Verwendungen auf die Sache tätigt, zu denen er im Grundsatz nicht verpflichtet ist – denn ansonsten, greift § 1049 I BGB ja schon tatbestandlich nicht. Nun ist der Nießbraucher nach den §§ 1036 ff. BGB durchaus zu gewissen Verwendungen verpflichtet, insbesondere trägt er nach § 1041 S. 1 die gewöhnlichen Unterhaltungskosten des belasteten Gegenstands[43]. An diesem gesetzlichen Verteilungskonzept kommt ein Wertausgleichsanspruch, der auf dem nießbrauchsrechtlichen Verwendungsersatz aufbaut, nicht vorbei. Mit Blick hierauf könnte nun wie folgt argumentiert werden: Das Stehenlassen der Gewinne stärke die Eigenkapitalbasis der Gesellschaft und würde zudem zur Vornahme von Investitionen oder oftmals sogar zum Ausgleich früherer Verluste verwendet. Zu einem derartigen Fluß von Kapital in die Gesellschaft sei der Nießbraucher nicht verpflichtet; ein derartiger Fluß ziele auch nicht auf die Erhaltung des belasteten Gegenstands, des Anteils. Der Nießbraucher stünde mithin so da, als ob er und nicht der Besteller-Gesellschafter in die Gesellschaft Finanzmittel in Höhe des Werts der nichtentnahmefähigen Gewinne fließen ließe (während im Verhältnis zwischen Besteller-Gesellschafter und der OHG das Stehenlassen der Gewinne nach der Vermögensordnung der Gesamthand allein den Gesellschaftern zuzurechnen sei). Mithin tätige der Nießbraucher *im Verhältnis zum Besteller-Gesellschafter* gewissermaßen „Verwendungen" auf die Mitgliedschaft. Die nunmehr interessierende Frage lautet: Sind Thesaurierungen durchweg gewöhnliche Unterhaltungsmaßnahmen i.S. § 1041 BGB? Wäre dies der Fall, schiede ein Wertausgleichsanspruch analog § 1049 BGB notwendigerweise aus. Oder lassen sich wenigstens zum Teil Thesaurierungen ausmachen, die als außergewöhnliche Unterhaltungsmaßnahmen angesehen werden können.

cc) Die Gewöhnlichkeit von Verwendungen I: Die Normalfälle

Nach Teilen der Literatur[44] liegt in der Gewinnthesaurierung quasi eine „gewöhnliche Unterhaltungsmaßnahme", wenn – erster Fall – der Gesellschaftsvertrag bereits zur Zeit der Bestellung des Nutzungsrechts eine jährliche Bildung von Gewinnrücklagen vorsah oder wenn – zweiter Fall – die Rücklagenbildung in der Gesellschafterversammlung beschlossen worden ist und weder der Besteller-Gesellschafter noch der Nießbraucher dies mit

---

[41] So plastisch *Schön,* ZHR 158 (1994), 229 (242).

[42] Ebenso *Queck,* Nießbrauch, 95 f.

[43] MünchKomm-*Petzoldt,* § 1041 Rn. 1.

[44] *Queck,* Nießbrauch, 98 ff.

Hilfe des Stimmrechts haben verhindern können. In diesen beiden Fällen fände daher kein Wertausgleich analog § 1049 I BGB statt, da die tatbestandsmäßigen Voraussetzungen der Norm nicht vorlägen. Begründet wird dies im ersten Fall mit der Erwägung, der Anteilsnießbrauch sei hier von vornherein auf die Erträge des Rechts gerichtet, wie sie sich nach Feststellung, Verteilung und Entnahme des Gewinns ergeben würden. Die Nießbrauchsabrede beziehe sich hier nur aus solche Nutzungen, die der belastete Anteil nach dem zugrunde liegenden Gesellschaftsvertrag bestimmungsgemäß gewähre[45]. In der Tendenz ähnlich ist die Begründung zum zweiten Fall; hier sei die Nutzungsmöglichkeit zwar nicht gesellschaftsvertraglich, wohl aber gesellschaftsrechtlich von vornherein unter den Vorbehalt gestellt, daß die Gesellschafterversammlung die Gewinnausschüttung verhindern kann[46].

Der Ausgangspunkt dieser Ansicht ist die Widmung des belasteten Anteils. Denn es heißt ja etwa zum ersten Fall, die Nießbrauchsabrede beziehe sich nur auf die Nutzungen, die nach dem ihr zugrunde liegenden Gesellschaftsvertrag *bestimmungsgemäß* gewährt werden. Dieser Ausgangspunkt ist nach dem hier vertretenen Konzept des Anteilsnießbrauchs, welches die Anteilswidmung focussiert[47], folgerichtig. Ist die Anteilswidmung mithin von vornherein auf die gesellschaftsvertragliche gewöhnliche Nutzung (o. g. erster Fall) oder auf die gesellschaftsrechtliche gewöhnliche Nutzung (o. g. zweiter Fall) beschränkt, verlängert sich die gesellschaftsrechtliche Pflicht zur Hinnahme der Gewinnthesaurierung gewissermaßen in die nießbrauchsrechtliche Unterscheidung von gewöhnlichen und außergewöhnlichen Verwendungen. Ein Wertausgleichsanspruch analog § 1049 I BGB scheidet daher in den o. g. beiden Fällen zu Recht aus. Hiergegen kann nicht vorgebracht werden, bei Lichte betrachtet könnte es zu einer ungerechtfertigten Vermögensmehrung beim Besteller-Gesellschafter kommen, da die Thesaurierung eben der Eigenkapitalbildung diene und damit zu investiven Maßnahmen führen oder frühere Verluste ausgleichen könnte – alles Umstände, die sich auch noch nach Ablauf des dinglichen Nutzungsrechts und damit vermögensmehrend auswirken könnten[48]. Derartige Auswirkungen können nicht relevant sein, da sie durch die Entscheidung der Gesellschafterver-

---

[45] *Queck,* Nießbrauch, 98.

[46] *Queck,* Nießbrauch, 99.

[47] Dazu oben § 3 III.

[48] Bei einem Unternehmensnießbrauch wird dem Eigentümer stellenweise (*Schön,* Nießbrauch, 216 f.; Staud-*Frank,* Anh zu §§ 1068, 1069 Rn. 50; Münch-Komm-*Petzoldt,* § 1085 Rn. 15) eine volle Ausgleichspflicht analog § 1049 I BGB auferlegt, wenn sich die durch den Nießbraucher getätigte Investition im Zeitpunkt der Rückgabe des Unternehmens in diesem noch auswirkt und daher das Vermögen des Bestellers weiterhin mehrt.

sammlung mediatisiert und damit in den o. g. beiden Fällen dem einzelnen Gesellschafter nicht zugerechnet werden können.

Anderes gilt freilich, wenn (i) der Gesellschaftsvertrag nicht bereits zur Zeit der Bestellung des Nutzungsrechts eine jährliche Bildung von Gewinnrücklagen vorgesehen hat und falls (ii) mit dem Stimmrecht des belasteten Anteils die Thesaurierung hätte verhindert werden können, wenn also der Anteil die Mehrheitsbeteiligung darstellt, in Pattsituationen, in denen es gerade auf die Stimme des belasteten Anteils ankommt, oder bei der Geltung des Einstimmigkeitsprinzips bei der Beschlußfassung. Da grundsätzlich ein breites Ermessen hinsichtlich der Art und Weise besteht, in der der Gewinn verwendet wird, sind diese Situationen – worauf Queck zu Recht hinweist – mit der Lage eines Sachnießbrauchers vergleichbar, welcher ausweislich der §§ 1041, 1042 BGB zwar zu Ausbesserungs- und Erneuerungsmaßnahmen berechtigt, dazu bei *außergewöhnlichen* Maßnahmen aber nicht verpflichtet ist und dafür den Wertausgleich nach § 1049 I BGB erhält[49]. Es ist dann interessengerecht, dem Anteilsnießbraucher dafür einen Wertausgleichsanspruch gegen den Besteller-Gesellschafter zu geben[50]. Freilich ist nicht jede Rücklagenbildung ungewöhnlich; vielmehr ist die gehörige Akkumulation von Eigenkapital ein Gebot wirtschaftlicher Vernunft. Nun schreibt § 1041 BGB dem Nießbraucher die Kosten für *gewöhnliche* Verwendungen zu. Es kann daher nicht sein, daß eine *jede* Gewinnthesaurierung einen entsprechenden Ausgleichsanspruch nach sich zieht. Denn damit wäre eine derart ungewöhnliche Schwächung der Eigenkapitalakkumulation verbunden, die der Gewöhnlichkeit der Thesaurierung widerstreitet. Es kommt also darauf an, gewöhnliche von ungewöhnlichen Gewinnthesaurierungen zu unterscheiden – ein Vorhaben, welches zwar einfach zu bewältigen ist, wenn der Gesellschaftsvertrag fortlaufende Thesaurierungen vorschreibt (o. g. Fall 1), aber doch ansonsten angesichts der Unvertretbarkeit der unternehmerischen Entscheidung von vornherein zum Scheitern verurteilt zu sein scheint, wenn man klare Quotelungen nach dem konkreten „Maß der Gewöhnlichkeit“ verlangt.

---

[49] *Queck,* Nießbrauch, 101.

[50] Ebenso *Queck,* Nießbrauch, 101. Zur Unterscheidung zwischen gewöhnlichen und außergewöhnlichen Verwendungen siehe schon oben § 13 I 2 b bb. Bestätigt wird der Wertausgleich durch einen Blick auf das Recht des Sachnießbrauchs. Erbringt danach der Sacheigentümer außergewöhnliche Maßnahmen auf die Sache, erfolgt nach § 951 I 1 BGB i. V. m. § 949 S. 3 BGB ein Bereicherungsausgleich in Form einer Geldrente in Höhe der Vorteile, die der Nießbraucher aus der außergewöhnlichen Maßnahme des Eigentümers gewinnt. Es kommt also zu einem rentenmäßigen Abzug der durch den Eigentümer ermöglichten Mehrnutzungen, siehe *Schön,* Nießbrauch, 160 ff., 162 ff., und unten § 13 II 2 b bb. Der Wertausgleich zugunsten des Nießbrauchers nach § 1049 I BGB ist quasi spiegelbildlich hierzu.

c) *Der Wertausgleichsanspruch analog § 1049 I BGB: Einzelheiten*

aa) Vergleich mit der Regelung beim Sachnießbrauch

Wie grenzt sich also der gewöhnliche Erhaltungsaufwand i. S. § 1041 BGB, der vom Nießbraucher aufzuwenden ist, von den vom Eigentümer zu tragenden außergewöhnlichen Aufwendungen nach §§ 1049 I, 1041 S. 2 BGB ab? Im Sachnießbrauchsrecht wird zumeist die „Gewöhnlichkeit" der Maßnahme davon abhängig gemacht, ob sie nach dem normalen Lauf der Dinge von Zeit zu Zeit in kürzeren Abständen notwendig werden[51]. Bei Lichte betrachtet verbergen sich hinter dieser Formulierung drei Verständnisweisen von „Gewöhnlichkeit": Gewöhnlichkeit i. S. von „Vorhersehbarkeit" oder „Berechenbarkeit", Gewöhnlichkeit i. S. einer zu erwartenden Amortisation des Aufwands während der Nutzungszeit oder Gewöhnlichkeit i. S. einer bestimmten qualitativen Beziehung zwischen Häufigkeit und Umfang der Aufwendung[52]. Sämtliche drei Aspekte (Vorhersehbarkeit, Amortisationsdauer, Maß des Aufwands) prägen das Verständnis der h. M. von der „Gewöhnlichkeit" der Ausbesserung i. S. § 1041 BGB[53]. Das rechte Mischungsverhältnis zwischen diesen drei Aspekten ist richtigerweise eine Frage der systematischen und teleologischen Interpretation des Begriffs der „Gewöhnlichkeit". Die Leitlinien für diese Interpretation können sich nur aus den teleologischen Grundkonzepten ergeben, die im Nießbrauchsrechts verwirklicht sind[54].

Das eine Grundkonzept ist das schon des öfteren beschriebene ökonomische Modell des Nießbrauchs[55], das gesamtwirtschaftliche Interesse an einer optimalen Nutzung der Sachgüter zu verwirklichen. Nach den Handlungsvorgaben dieses Konzepts wird eine notwendige Erhaltungsmaßnahme auch dann erfolgen, wenn sie nicht vorhersehbar oder regelmäßig (also: gewöhnlicherweise) vorzunehmen ist. Maßgeblich für das Handeln der sachbewirtschaftenden Person ist nach den Vorgaben dieses ersten Grundkonzepts allein, ob ein einsichtiger Eigentümer nach den Regeln ordnungsgemäßer Wirtschaft Aufwendungen auf die Sache tätigen würde[56]. Nun geht aus der Regelung des § 1042 BGB hervor, daß das Gesetz *innerhalb* dieser Aufwendungen, die ein einsichtiger Eigentümer in die Sache investieren würde, außergewöhnliche und gewöhnliche unterscheidet. Hieraus folgt

---

[51] So im Anschluß an die Motive (Mot. III, 511) Staud-*Frank,* § 1041 Rn. 5; MünchKomm-*Petzoldt,* § 1041 Rn. 2; Soergel-*Stürner,* § 1041 Rn. 3.

[52] *Schön,* Nießbrauch, 113.

[53] *Schön,* Nießbrauch, 113.

[54] Vgl. dazu und zum folgenden *Schön,* Nießbrauch, 114 ff.

[55] Zu diesem Modell siehe oben § 7 II 1; § 13 I 2 b aa.

[56] *Schön,* Nießbrauch, 114.

zwingend, daß eine Aufwendung nicht schon dann als „gewöhnliche“ qualifiziert werden kann, wenn sie durch die Grundsätze einer ordnungsgemäßen Wirtschaft geboten sind[57]. Für die Abgrenzung von gewöhnlicher und außergewöhnlicher Aufwendung ist deshalb das erstgenannte Grundkonzept untauglich. Hilfreich ist hier das zweite Grundkonzept, welches dem Nießbrauch zugrundeliegt. Nach diesem zweiten Konzept soll der Nießbrauch nach dem Parteiwillen dem Nießbraucher stets ein regelmäßiges Einkommen aus der Sache zu gewähren[58]. Ist dem so, wird der Nießbraucher nur vorhersehbare Aufwendungen erbringen müssen – diese sind dann „gewöhnlich“. Ansonsten wäre die von den Parteien bei der Nießbrauchsbestellung antizipierte Nutzenverteilung gefährdet, nach der das dem Nießbraucher aus dem Nutzungsrecht zustehende Einkommen sich ex ante gesehen als Summe der sich aus der ordnungsgemäßen Bewirtschaftung der belasteten Sache ergebenden Vorteile ergibt. Erste Voraussetzung für die „Gewöhnlichkeit“ einer Aufwendung ist mithin, daß die Parteien sie bei Begründung des Nießbrauchs voraussehen und in ihre Willensbildung aufnehmen konnten[59].

Nun sind durchaus auch solche Aufwendungen vorhersehbar, die sich aufgrund ihres Umfangs erst nach Beendigung des Nutzungsrechts voll amortisieren. Wären dies auch „gewöhnliche“ Aufwendungen, wäre der Nießbraucher zu einem Werttransfer in die Sache verpflichtet, ohne daß dies durch ziehbare Vorteile aus der Sachnutzung aufgehoben würde. Schön hat daher zu Recht darauf aufmerksam gemacht, daß dem Nießbraucher nur solche Kosten aufgebürdet werden dürfen, die in einem inneren Zusammenhang mit den ihm zustehenden Nutzungen stehen, wie dies bsp. in § 994 I 2 BGB angesprochen ist[60]. Man kann dies kurz und bündig als „Konnex von Nutzung und Aufwand“ bezeichnen. Ein derartiger Konnex kann beim Sachnießbrauch sinnvollerweise nur darin gesehen werden, daß dem Nießbraucher all die vorhersehbaren Aufwendungen auferlegt sind, die sich vornehmlich während der Dauer seines Nutzungsrechts amortisieren werden[61]. Bestätigt wird dies durch die Überlegung, daß die Erstattungsnorm für außergewöhnliche Aufwendungen (§ 1049 I BGB) auf die Regeln über die Geschäftsführung ohne Auftrag verweist, die aber ein Eigeninteresse des Eigentümers an der Vornahme der Aufwendung voraussetzen; dieses wiederum kann nur darin gesehen werden, daß die Aufwendungen deutlich über die Zeit des Nutzungsrechts hinaus wirken[62]. Nach all dem bestimmt

---

57 *Schön,* Nießbrauch, 114.

58 *Schön,* Nießbrauch, 114 f.

59 *Schön,* Nießbrauch, 115.

60 *Schön,* Nießbrauch, 116.

61 *Schön,* Nießbrauch, 117 f.

62 *Schön,* Nießbrauch, 119.

sich die „Gewöhnlichkeit“ einer Aufwendung nach ihrer Voraussehbarkeit und ihrer Amortisation während der Laufzeit des Nutzungsrechts. Dies ist die Rechtslage beim Sachnießbrauch. Was gilt nun beim Anteilsnießbrauch?

bb) Folgerungen

Ein Beispiel: Eine treuepflichtgemäße Rücklagenbildung durch Thesaurierung dürfte nach den Kriterien wirtschaftlichen Handelns und damit zumeist durch die Grundsätze einer ordnungsgemäßen Wirtschaft dann geboten sein, wenn eine zu geringe Eigenkapitalbasis den Bestand der Gesellschaft oder die Erreichung des Gesellschaftszwecks gefährdet[63]. Dieses wirtschaftliche Gebotensein ist jedoch – wie gerade gezeigt wurde – für die Abgrenzung von gewöhnlichen und außergewöhnlichen Verwendungen nicht relevant. Diese richtet sich vielmehr nach den Kriterien der Vorhersehbarkeit und der Amortisation. Die praktische Handhabung dieser Kriterien wiederum ist ein schwieriges Geschäft. Nun geht es nicht an, einfach (zu Lasten des Nießbrauchers) von der Gewöhnlichkeit oder (zu Lasten des Besteller-Gesellschafters) von der Ungewöhnlichkeit einer jeden Thesaurierung auszugehen – wo näme man die Kriterien her, sich mal für die eine, mal für die andere Seite zu entscheiden. Gleichzeitig stärken Thesaurierungen aufgrund der Rücklagenbildung langfristig die Ertragskraft der Gesellschaft, was dem Interesse des Besteller-Gesellschafters entspricht. Zugleich wird die Gesellschaft auch im ganzen stabilisiert und damit das Interesse des Nießbrauchers an einem *sicheren* Ertrag unterfangen; der Nießbraucher zieht demnach durchaus vor Ablauf seines Nutzungsrechts Vorteile aus der Rücklagenbildung – es fragt sich nur, in welcher Höhe. Angesichts derartiger Abgrenzungsschwierigkeiten bietet es sich an, bei einer jeden im Gesellschaftsvertrag nicht vorgeschriebenen Thesaurierung einen Ausgleich zur Hälfte der gebildeten Rücklage vorzusehen; in dieser Höhe läge quasi eine ungewöhnliche Verwendung vor. Eine solche Hälftelung ist rechtssicher; andere Quotelungen würden nur die Wertzuschreibungen mal zu Lasten des Nießbrauchers, mal zu Lasten des Besteller-Gesellschafters verschieben. Falls die Parteien mit diesem Hälftigkeitsprinzip nicht zufrieden sind, steht ihnen angesichts der Abdingbarkeit des § 1049 I BGB[64] die Möglichkeit anderweitiger Vereinbarungen offen.

---

[63] Siehe zu diesem Extremfall im Wechselspiel zwischen den gesellschaftlichen Thesaurierungsinteressen und den gesellschafterlichen Ausschüttungsinteressen nur Schlegelberger-*Martens,* § 122 HGB Rn. 7.

[64] Dazu Staud-*Frank,* Vorbem. zu §§ 1030 ff., Rn. 14; Soergel-*Stürner,* vor § 1030 Rn. 11 a.

Die Richtigkeit der bisherigen Befunde wird bestätigt durch die gesetzliche Grundkonzeption des Nießbrauchs, nach dem sich die Unterscheidung von Nutzung und Substanz richtet. Nach diesem Konzept soll der nießbrauchsbelastete Gegenstand einer optimalen Nutzung zugeführt werden[65]. Da im Verhältnis zur Gesellschaft der Nießbraucher auf den nichtentnahmefähigen Gewinn nicht zugreifen kann, ist das öffentliche Allokationsinteresse an einer prosperierenden Gesellschaft nicht tangiert. Es bleibt das Verhältnis zwischen Nießbraucher und Besteller-Gesellschafter. Nun richtet sich der Wertausgleich analog § 1049 BGB nach den Vorschriften über die Geschäftsführung ohne Auftrag. Ist der belastete Anteil die Mehrheitsbeteiligung und ist das Stimmrecht dieses Anteils dem Nießbraucher zugeordnet, greift der Wertausgleich (auf die Hälfte des thesaurierten Betrages, siehe soeben) mithin nur, wenn der Besteller-Gesellschafter die Thesaurierung genehmigt oder sie interessen- und willensgemäß ist, § 683 S. 1 BGB; ansonsten wird der Nießbraucher auf die Abschöpfung der noch vorhandenen ungerechtfertigten Bereicherung verwiesen, § 684 S. 1 BGB. Aus diesem System folgt, daß angesichts der Modalitäten des Wertausgleichs der (stimmberechtigte) Nießbraucher eher geneigt sein wird, sich langfristig wirtschaftlich vernünftigen Investitionsmaßnahmen nicht zu verschließen, während umgekehrt der Besteller-Gesellschafter nur dann die Thesaurierung bevorzugen wird, wenn er sich tatsächlich eine langfristige Steigerung der Ertragskraft der Gesellschaft verspricht[66] – eine Konstellation, die die wirtschaftlich sinnvolle Nutzung des belasteten Gegenstands durchaus optimieren dürfte und damit dem o. g. gesetzlichen Grundkonzept des Nießbrauchs entspricht.

cc) Der Entstehungszeitpunkt des Wertausgleichsanspruchs analog § 1049 I BGB

Beim Sachnießbrauch kann der Nießbraucher den Wertausgleich nach § 1049 I BGB h. M. nach bereits bei der Vornahme der Verwendungen vom Eigentümer einfordern[67]. Dementsprechend lassen Teile der Literatur es auch beim Anteilsnießbrauch zu, daß der Nießbraucher den Wertausgleich bereits bei der Thesaurierung fordern kann und nicht darauf angewiesen ist, bis zur Beendigung des Nutzungsrechts zu warten[68]. Nach anderen sei Wertersatz erst nach der Rückgabe der Sache zu leisten[69]. Denn der Nieß-

[65] Dazu oben § 7 II 1, sowie unten § 13 I 2 b aa und *Schön,* Nießbrauch, 31 ff., 49 ff.

[66] Hierauf weist auch *Queck,* Nießbrauch, 102 f., hin.

[67] Siehe RG, HRR 1937 Nr. 1444; Planck-*Brodmann,* § 1049 Anm. 2; Erman-*Michalski,* § 1049 Rn. 1; MünchKomm-*Petzoldt,* § 1049 Rn. 3; RGRK-*Rothe,* § 1049 Rn. 3; Soergel-*Stürner,* § 1049 Rn. 1.

[68] So *Queck,* Nießbrauch, 102 f.

braucher könne durchaus vor der Beendigung seines Nutzungsrechts noch Vorteile aus den von ihm getätigten außergewöhnlichen Erhaltungsmaßnahmen ziehen und würde daher nicht nur im Besteller-, sondern auch im eigenen Interesse tätig[70]. Auf der anderen Seite kämen die Verwendungen auch dem Eigentum an sich zugute; zudem ergebe sich aus § 1057 S. 2 BGB i. V. m. § 558 II BGB und aus dem Grundgedanken des § 999 II BGB, daß Verwendungsansprüche durchweg erst nach der Beendigung des Nutzungsrechts geltend gemacht werden sollen[71]. Was gilt nun beim Anteilsnießbrauch?

Das Kriterium, der Nutzungsberechtigte werde auch im eigenen Interesse tätig, ergo entfalle der sofortige Ausgleich, überzeugt nicht. Denn im Recht der Geschäftsführung ohne Auftrag ist anerkannt, daß derjenige, der zugleich ein eigenes und ein fremdes Geschäft besorgt, gleichwohl Aufwendungsersatz verlangen kann, wenn die sonstigen Voraussetzungen des § 683 BGB vorliegen[72]. Die Frage nach dem Entstehungszeitpunkt des Wertausgleichsanspruch richtet sich vielmehr nach den allgemeinen Abgrenzungskriterien zwischen Nutzung und Substanzeingriff. Diese Abgrenzung wiederum orientiert sich nach dem gesamtwirtschaftlichen Interesse, die Nutzung des belasteten Gegenstands insgesamt zu optimieren[73]. Ist der Anteil dem gewöhnlichen Gebrauch zu dienen gewidmet, wäre es dieser Optimierung mehr als hinderlich, den Zeitpunkt des Verwendungsersatzes mit den Zeitpunkt der Verwendung selbst gleichzusetzen. Denn käme es schon im Zeitpunkt der Thesaurierung zum Wertausgleich, müßte der Besteller-Gesellschafter ggfls. auf sein Privatvermögen zugreifen und Mittel nachschießen, um den Anspruch erfüllen zu können. Nun dominiert in der Fallgruppe, in der es allein zu einem Wertausgleich überhaupt nur kommen kann, der belastete Anteil die Entscheidung in der Gesellschafterversammlung, ob Rücklagen gebildet werden oder nicht; ansonsten bestünde der Ausgleichsanspruch ja noch nicht einmal[74]. Ob thesauriert wird, entscheidet also in den hier interessierenden Fällen die Stimme des belasteten Anteils.

Falls nun dem Besteller-Gesellschafter das Stimmrecht zugeordnet ist, hat eine vorgezogene Wertausgleichspflicht die unter wirtschaftlichen Optimierungsgesichtspunkten mißliche Folge, daß der Besteller-Gesellschafter sich bei seiner Thesaurierungsentscheidung eher von seinem Eigeninteresse an einem durchgreifenden Schutz seines Privatvermögens denn von ökonomischen Gewinnmaximierungsinteressen leiten lassen würde. Auch ein öko-

---

[69] So *Schön,* Nießbrauch, 133, 135; Staud-*Frank,* § 1049 Rn. 9.

[70] *Schön,* Nießbrauch, 133, 135.

[71] Staud-*Frank,* § 1049 Rn. 9.

[72] Siehe nur Palandt-*Sprau,* § 677 Rn. 6.

[73] Siehe dazu nur oben § 7 II 1 und öfters.

[74] Siehe soeben § 13 I 2 b cc.

nomisch denkender Gesellschafter wird wegen seiner sich gleichzeitig verwirklichenden Wertausgleichsverpflichtung vor einer Rücklagenbildung auch dann zaudern, wenn er sich davon eine langfristige Stärkung der Ertragskraft der Gesellschaft und damit eine Verbesserung seines Investments verspricht. Ein derartiges Zaudern und die mit im verbundene schleichende Auszehrung der Eigenkapitalbasis der Gesellschaft wäre aber bei einer so wichtigen Angelegenheit wie die der Eigenkapitalbildung wirtschaftlich suboptimal. Falls nun das Stimmrecht dem Nießbraucher zugeordnet ist, besteht diese Gefahr einer Schwächung der gesellschaftlichen Eigenkapitalbasis weniger. Der Nießbraucher braucht keine privaten Mittel in einen Wertausgleich schießen, sondern partizipiert zwar nicht sofort zum Zeitpunkt der Thesaurierung, wohl aber am Ende seines Nutzungsrechts von der Rücklagenbildung per Wertausgleich. Sein derzeitiger Konsumverzicht wird damit aufgefangen. Zudem besteht das nießbraucherische Eigeninteresse auch darin, eine die Sicherheit seiner Nutzung konsolidiere starke Eigenkapitalbasis zu gewährleisten. Der Nießbraucher ist mithin in das Spannungsfeld von Eigenkapitalbildung und Gewinnausschüttung durchaus eingespannt; es lassen sich keine nießbraucherischen Interessen feststellen, daß nur eine der beiden Seiten dieses Feldes einseitig bevorzugt wird. Nach all dem muß um der optimalen Bewirtschaftung des Anteils willen der Wertausgleich zum Zeitpunkt der Beendigung des Nutzungsrechts erfolgen. Nur in dem Fall, daß der Zeitpunkt der Beendigung des dinglichen Rechts und damit der des Wertausgleichs mit dem Tode des Nutzungsberechtigten zusammenfällt (wie durchweg beim Versorgungsnießbrauch), ist eine andere Beurteilung veranlaßt[75]. Alles in allem wird mit dem auf den Zeitpunkt der Beendigung des dinglichen Nutzungsrechts angelegten Wertausgleich in Höhe der Hälfte des thesaurierten Betrages die optimale Verhaltenssteuerung von Nießbraucher und Besteller-Gesellschafter erreicht[76].

d) Die Gewöhnlichkeit von Verwendungen II: Der Sonderfall des Versorgungsnießbrauchs

Die bisherigen Überlegungen zum Wertausgleich analog § 1049 I BGB betrafen Fälle, bei denen (i) der belastete Anteile von vornherein auf die gesellschaftsrechtlich gewöhnliche Nutzung hin gewidmet ist und bei denen (ii) entweder der Gesellschaftsvertrag die Thesaurierung nicht vorgeschrieben hat oder bei denen mit dem Stimmrecht des belasteten Anteils die Thesaurierung hätte verhindert werden können[77]. Gesetzt den Fall diese beiden

[75] Dazu sogleich.

[76] Wird der belastete Anteil von einem Dritten erworben, sollte der Dritte seine Wertausgleichspflicht am Ende des Nießbrauchs in den Erwerbsmodalitäten berücksichtigen.

Voraussetzungen lägen vor, kann der Anteil im konkreten Fall durchaus auch ungewöhnlich – etwa primär versorgungsgerecht – gewidmet sein. Ist er ausschließlich so gewidmet, daß der Nutzungsberechtigte voll versorgt sein soll, bedeutet dies nicht, daß er nunmehr umstandslos an sämtlichen Erträgen der Mitgliedschaft partizipieren dürfte. Auch bei einem derartig gewidmeten Anteil steht der Nießbraucher im Falle einer Thesaurierung wertungsmäßig nicht immer so da, als ob er Verwendungen vorgenommen hätte, zu denen er nicht verpflichtet war. Ansonsten gäbe es im Bereich der Rücklagenbildung überhaupt keine gewöhnlichen Verwendungen auf die Sache, desgleichen fänden bestandssichernde Erhaltungsmaßnahmen nach § 1041 S. 1 BGB nicht statt. Auch bei einem reinen Versorgungsnießbrauch müssen daher gewöhnliche von außergewöhnlichen Thesaurierungen zu trennen sein. Mangels anderer Kriterien wird auch hier wieder eine Hälftelung der Rücklagen der rechtssicher einzig gangbare Weg sein. Anders als bei einem dem gewöhnlichen Gebrauch zu dienen bestimmter Nießbrauch findet bei einem reinen Versorgungsnießbrauch der Wertausgleich des thesaurierten Gewinns jedoch nicht zum Zeitpunkt der Beendigung des dinglichen Nutzungsrechts statt, sondern zum Zeitpunkt der Thesaurierung selbst. Denn nur so wird die Bewirtschaftung des Belastungsgegenstands *in Ansehung seiner Widmung* optimiert. Wenn der Besteller-Gesellschafter sein Privatvermögen nicht angreifen will, kommt es mit einem derartigen Wertausgleich praktisch zu einem erheblichen Kapitalabfluß aus der Gesellschaft; zudem wird die Eigenkapitalakkumulation merklich erschwert. Beides kann die Unternehmung durchaus schwächen[78]. Werden diese Folgen als ökonomisch mißlich eingeschätzt, können Besteller-Gesellschafter und Nießbraucher durch anderweitige Vereinbarungen sowie – bei einem vermächtnisweise zugewendeten Versorgungsnießbrauch – der Erblasser durch einen anderen Zuschnitt des Vermächtnisses die Wertausgleichspflichten des gesetzlichen Schuldverhältnisses ändern und damit durch privatautonome Vereinbarungen einer Wertauszehrung der Gesellschaft vorbeugen.

Ist der Anteil hälftig dem Versorgungsinteresse und dem Interesse des Besteller-Gesellschafters gewidmet, ist es sachgerecht, dem Nießbraucher im Zweifel und vorbehaltlich anderer Vereinbarungen einen Wertausgleich wiederum in Höhe der Hälfte des thesaurierten Betrages zuzusprechen – abermals nur für den Fall, daß der Gesellschaftsvertrag die Thesaurierung nicht fordert und daß mit dem Stimmrecht des belasteten Anteils die Thesaurierung hätte verhindert werden können. Aufgrund der besonderen Widmung und der damit verbundenen Berücksichtigung der Interessen des Besteller-Gesellschafters und des Nießbrauchers je zur Hälfte kann der

---

[77] Siehe oben § 13 I 2 b cc.

[78] Der Wertausgleich wird daher allgemein in der Literatur oftmals kritisch bewertet, siehe etwa *Janssen/Nickel,* Unternehmensnießbrauch, 43.

Nießbraucher schon mit der Thesaurierung auf die Hälfte des ihm zustehenden Werts zugreifen; der Rest steht ihm erst bei der Beendigung seines Nutzungsrechts zu. Ein Viertel des thesaurierten Betrags ist demnach schon mit der Thesaurierung, das andere Viertel mit der Beendigung des Nießbrauchs fällig.

Die bisherigen Überlegungen zum Wertausgleich bei einem Anteil, der nicht auf die gewöhnliche gesellschaftsrechtliche Bestimmung hin gewidmet ist, scheinen freilich gegen die Einsicht zu verstoßen, nach dem gesetzlichen Modell erfolge die Abgrenzung von Substanz und Nutzung nach dem gesamtwirtschaftlichen Interesse, die Nutzung des belasteten Gegenstands insgesamt zu optimieren[79] – und von einer derartigen Optimierung könne angesichts der gerade geschilderten Folge für die Kapitalbasis der Gesellschaft keine Rede sein. Ein derartiger Einwurf übersieht, daß die Nutzenoptimierung nur *innerhalb* der Anteilswidmung stattfinden kann, da man ja ansonsten unterschwellig nur doch wieder von einem Konzept ausgeht, es gäbe so etwas wie eine objektiv jedem Gegenstand beizulegende Widmung. Dies ist jedoch nicht der Fall[80]; ergo geht der Einwand ins Leere.

e) Ergebnis

Es bleibt festzuhalten: (1) Im Verhältnis zur Gesellschaft und den Mit-Gesellschaftern kann der Nießbraucher qua Nutzungsrecht *ausschließlich* auf den ausschüttungsfähigen Gewinn entsprechender der Quote am Ertrag zugreifen, zu dem der Nießbrauch bestellt ist. (2) Im Verhältnis zum Besteller-Gesellschafter findet – vorbehaltlich anderer Vereinbarungen zwischen Nießbraucher und Besteller-Gesellschafter – bei einer Thesaurierung kein Wertausgleich analog § 1049 I BGB hinsichtlich der nichtentnahmefähigen Gewinne statt, wenn weder der Besteller-Gesellschafter noch der Nießbraucher die Thesaurierung mit Hilfe des Stimmrechts haben verhindern können. (3) Anders ist dies nur, wenn – erste Voraussetzung – im Gesellschaftsvertrag zur Zeit der Bestellung des Nutzungsrechts keine Regelung vorhanden ist, nach der eine jährliche Bildung von Gewinnrücklagen zu erfolgen hat, und falls – zweite Voraussetzung – der Anteil die Mehrheitsbeteiligung darstellt, in Pattsituationen, in denen es gerade auf die Stimme des belasteten Anteils ankommt, oder falls bei der Beschlußfassung das Einstimmigkeitsprinzip gilt. Liegen derartige Situationen vor, findet bei einem Anteil, der der gesellschaftsrechtlich gewöhnlichen Nutzung zu dienen bestimmt ist, zum Zeitpunkt der Beendigung des Nutzungsrechts ein Wertausgleich im Zweifel in Höhe der Hälfte der thesaurierten Gewinne analog

[79] Siehe dazu nur oben § 3 III 2 c aa, § 7 II 1 und öfters.

[80] Dazu oben § 3 III.

§ 1049 I BGB statt. (4) Ist der Anteil ausschließlich dem Versorgungsinteresse des Nießbrauchers (Fall 1) oder sowohl dem Interesse des Besteller-Gesellschafters als auch dem des Nutzungsberechtigten (Fall 2) zu dienen bestimmt, findet ebenfalls ein Wertausgleich in Höhe der Hälfte der gebildeten Gewinnrücklagen analog § 1049 I BGB statt. Im ersten Fall besteht der Wertausgleichsanspruch jedoch schon im Zeitpunkt der Thesaurierung, während im zweiten Fall der Nießbraucher im Zeitpunkt der Thesaurierung auf die Hälfte und bei der Beendigung des Nutzungsrechts auf die andere Hälfte des ihm zustehenden Betrages zugreifen kann. Beides gilt wiederum nur für den Fall, daß mit dem Stimmrecht des belasteten Anteils die Thesaurierung hätte verhindert werden können und daß der Gesellschaftsvertrag nicht schon zur Zeit der Bestellung des Nutzungsrechts fortlaufende Thesaurierungen vorsah. Der Wertausgleich steht unter dem Vorbehalt anderweitiger Vereinbarungen.

3. Außerordentliche Erträge

a) Streitstand

Spiegelbildlich zu den nichtentnahmefähigen Gewinnen verhalten sich die als ausschüttungsfähig gestellten außerordentlichen Erträge, die etwa aus der Auflösung stiller Reserven durch Veräußerung von Gegenständen des Anlagevermögens oder aus der Auflösung von Rücklagen folgen. Hier interessieren neben der Auflösung stiller Reserven einmal die außerordentlichen Erträge, die aus Gewinnrücklagen finanziert werden, die aus thesaurierten Gewinnen stammen, die *während* des Bestehens des dinglichen Nutzungsrechts erwirtschaftet worden sind. Daneben sind auch die außerordentlichen Erträge zu erörtern, die aus der Rücklagenauflösung solcher Gewinne kommen, die aus der Zeit *vor* der Bestellung des Nutzungsrechts gewonnen worden sind. Nießbrauchsrechtlich weisen Rechtsprechung und Schrifttum durchweg dem Besteller-Gesellschafter außerordentliche Erträge zu[81]; der Nießbrauch setze sich an ihnen jedoch fort, so daß dem Nießbraucher die Verzinsung der außerordentlichen Erträge bis Ablauf des Nutzungsrechts gebühre[82]. Als Argumente werden vorgetragen: Bei einem außerordentlichen Ertrag läge keine „Nutzung“ des Gesellschaftsanteils vor, da

[81] BFH, NJW 1995, 1918 (1919); MünchKomm-*Petzoldt,* § 1068 Rn. 22; *ders.,* DStR 1992, 1171 (1175 f.); *Bechtold,* Nießbrauch, 114 Fn. 36; *Schön,* ZHR 158 (1994), 229 (245); *Binz,* DB 1987, 1506; als angemessene Richtung bei privatautonomer Regelung *Flume,* PersGes, § 17 VI aE. BGH, WM 1975, 174, hat es für zulässig erachtet, daß die Gesellschafterversammlung außerordentliche Erträge nicht ausschüttungsfähig stellt, sondern einer Investitionsrücklage zuführt.

[82] *Petzoldt,* DStR 1992, 1171 (1176); *Schön,* ZHR 158 (1994), 229 (245); siehe auch *Flume,* PersGes, § 17 VI aE.

seine Ausschüttung eine Anteilsminderung zur Folge habe und damit sich als Rückzahlung der Substanz darstelle[83]. Das Argument trägt freilich nicht weit, da schon des öfteren darauf hingewiesen wurde, daß ein *einfacher* Verweis auf „Substanz“ als Argument für die nießbrauchsrechtliche Wertzuweisung an den Besteller so ohne weiteres nicht aussagekräftig ist; es kommt vielmehr darauf an, ob der wirtschaftliche Bestand des belasteten Gegenstands „nach Maßgabe ihrer subjektiven wirtschaftlichen Bestimmung und den objektiven Regeln einer ordnungsgemäßen Wirtschaft“[84] gewahrt bleibt; wird er gewahrt, liegt im Grundsatz eine Nutzung vor, mag auch in das eingegriffen worden sein, was landläufig als „Substanz“ des Belastungsgegenstands angesehen wird[85]. Wenig einsichtig ist es auch, *abstrakt* wegen ihres außergewöhnlichen Charakters derartige Erträge nicht als „bestimmungsgemäßer“ Ertrags i. S. §§ 99 f., 1030 I, 1068 II BGB aufzufassen[86]. Was „bestimmungsgemäß“ ist, hängt nun einmal von der *konkreten* Widmung des belasteten Gegenstands ab[87].

b) Die sachgerechte Lösung: Der Rekurs auf die Wertungsvorgabe des § 1039 I BGB

aa) Differenzierende Betrachtung

Plausibler ist demgegenüber, die Lösung aus der Regelung des § 1039 I BGB zu entfalten. § 1039 I 1 BGB unterscheidet aus Gründen der Rechtsklarheit in der Kompetenzzuordnung zwischen der dinglichen und der schuldrechtlichen Rechtslage[88]. Damit soll erreicht werden, daß um der Optimierung der sachgerechten Gegenstandsnutzung willen mögliche Konflikte zwischen Nießbraucher und Besteller in das Innenverhältnis zwischen beiden verlagert werden und die Konflikte nicht in Rechtsbeziehungen Dritter ausstrahlen[89]. Dies bedeutet: Zieht der Nießbraucher nicht nur diejenigen Früchte, die er nach § 1036 II BGB den Regeln einer ordnungsgemäßen Wirtschaft gemäß ziehen darf, sondern Früchte im Übermaß, ordnet das Gesetz diese Übermaßfrüchte gleichwohl dinglich dem Nießbraucher zu; dieser hat also in dinglicher Hinsicht eine stärkere Stellung als sie seinen

83 So BFHE 167, 90 ff.; MünchKomm-*Petzoldt,* § 1068 Rn. 22; *ders.,* DStR 1992, 1171 (1175 f.).

84 *Schön,* Nießbrauch, 267.

85 Siehe oben § 7 II 1; § 13 I 2 b aa. Anders gewendet: Erst am *Ende* eines Argumentationsprozesses steht die Bewertung eines Vermögensgegenstands als „Substanz“ oder als „Nutzung“.

86 *Schön,* ZHR 158 (1994), 229 (245).

87 Siehe auch *Schön,* Nießbrauch, 63 ff.

88 Siehe nur MünchKomm-*Petzoldt,* § 1039 Rn. 1; *Queck,* Nießbrauch, 106.

89 *Queck,* Nießbrauch, 106 f.

Pflichten nach §§ 1036 ff. BGB entspricht[90]. Auch solche Wirtschaftsgüter sind demnach Früchte (wenn auch nur Übermaßfrüchte), die unter Eingriff in die Substanz des belasteten Gegenstands gezogen wurden. Dieser Gedanke läßt sich – worauf Queck[91] mit Recht hinweist – auf den Anteilsnießbrauch übertragen. Denn es dient dem Interesse der Gesellschaft an Rechtsklarheit, die Person des Gewinnberechtigten zur Erfüllung ihrer Verpflichtungen eindeutig mit der Folge bestimmen zu können, daß Konflikte zwischen den Parteien des dinglichen Nutzungsrechts in ihr Innenverhältnis verlagert werden, wo sie gesellschaftlich nicht stören. Dem Nießbraucher stehen daher im *Außen*verhältnis zur Gesellschaft sämtliche Gewinne zu, die durch Gewinnverwendungsbeschluß während der Dauer seiner Nutzungsrechts ausgeschüttet werden, mag es sich auch gesellschaftsrechtlich um außerordentliche Erträge aus der Auflösung stiller Reserven oder sonstiger Rücklagen handeln.

Aus dieser Regelung des Außenverhältnisses folgt freilich nicht, daß der Nießbraucher im *Innen*verhältnis zum Besteller die außerordentliche Erträge behalten darf. Vielmehr ergibt sich aus § 1039 I 2 BGB, daß außergewöhnliche, unvorhersehbare Nutzungen entweder zur ordnungsgemäßen Bewirtschaftung reinvestiert oder nach Ablauf des dinglichen Nutzungsrechts dem Eigentümer ersetzt werden müssen. Dem Nießbraucher verbleiben mithin nur solche Früchte, die er bei ordnungsgemäßer Bewirtschaftung gezogen hätte; seine überschießende Rechtsmacht im Außenverhältnis ist im Innenverhältnis zum Besteller-Gesellschafter daher entsprechend auszugleichen. Unabhängig von der Gesellschaftsrechtslage wird daher vereinzelt vertreten, außerordentliche Erträge stünden im nießbrauchsrechtlichen Innenverhältnis dem Besteller-Gesellschafter und nicht dem Nutzungsberechtigten zu[92]. Demgegenüber wird andernorts nach dem Zeitpunkt der Reservenbildung differenzt[93]. Was gilt? Nun sind Bestandteil des wirtschaftlichen Werts der Beteiligung neben den offenen Rücklagen auch die stillen Reserven, die zum Zeitpunkt der Begründung des Nießbrauchs bereits gelegt waren. Wird nun während der Dauer des dinglichen Nutzungsrechts ein Gegenstand angeschafft, teilweise abgeschrieben und sodann wieder veräußert, wirkt sich die Abschreibung zu Lasten des Nießbrauchers gewinnmindernd aus. Die Auflösung stiller Reserven beeinträchtigt in diesem Falle nicht die Substanz der dem Anteilsinhaber zustehenden Beteiligung. Denn zum einen erzwingt die Substanzerhaltungspflicht der §§ 1036, 1041 BGB nicht, daß Gegenstände des Betriebsvermögens nicht veräußert werden dürfen, wenn dabei

---

[90] MünchKomm-*Petzoldt,* § 1039 Rn. 1.

[91] *Queck,* Nießbrauch, 107.

[92] *Schön,* ZHR 158 (1994), 229 (245); ebenso *Janssen/Nickel,* Unternehmensnießbrauch, 45.

[93] Bei *Queck,* Nießbrauch, 108 ff.

die Regeln ordnungsgemäßer Wirtschaft nicht verletzt würden. Geht es um während des Nutzungsrechts angeschaffte Gegenstände, stehen die Gewinne, die aus der Auflösung der in ihnen verborgenen Reserven fließen, daher als Erträge einer ordnungsgemäßen Wirtschaft auch im Innenverhältnis dem Nießbraucher zu; eine Wertersatzpflicht entfällt demnach[94]. Demgegenüber ist die Auflösung stiller Reserven wertausgleichspflichtig, die etwa von solchen Gegenständen stammten, die sich schon zum Zeitpunkt der Belastung im Betriebsvermögen befanden[95].

Diese Differenzierung überzeugt schon deshalb, weil mit ihr gesichert wird, daß das Abstimmungsverhalten in der Gesellschafterversammlung von ökonomischen Erwägungen bestimmt bleiben kann[96]. Ist etwa das Stimmrecht dem Besteller-Gesellschafter zugeordnet und stünde ihm bei einer Verringerung stiller Reserven kein Wertausgleichsanspruch zu[97], wird er eher darauf drängen, eine wirtschaftlich sinnvolle Realisierung stiller Reserven herauszuschieben. Besitzt umgekehrt der Nießbraucher das Stimmrecht und greift der Wertausgleichsanspruch, wird er in der Gesellschafterversammlung nur dann auf eine Realisierung stiller Reserven drängen, wenn dies wirtschaftlich zweckmäßig ist. Alles in allem trägt die skizzierte Differenzierung zwischen Nutzung und Substanz bei der Realisierung stiller Reserven einer aus gesamtwirtschaftlicher Sicht optimalen Bewirtschaftung des Anteils Rechnung – und dies wiederum sind genau die Kriterien, anhand derer Substanz und Nutzung unterschieden werden können[98].

Anders ist hingegen die Rechtslage bei der Auflösung von Rücklagen. Geht es um während des Nutzungsrechts erfolgte Thesaurierungen – erster Fall –, findet eine Thesaurierung entweder mit oder ohne Wertausgleich analog § 1049 I BGB statt[99]. Findet sie mit Wertausgleich statt, ist das Ertragsinteresse des Nießbrauchers bereits befriedigt. Die Auflösung dieser durch die Thesaurierung gebildeten Rücklagen realisiert dann notgedrungen die Substanz des Anteils, da sich wertausgeglichene Thesaurierungen für den Nießbraucher nicht anders darstellen können, wie vor der Bestellung des Nutzungsrechts gebildete Rücklagen. Im Innenverhältnis zum Besteller-Gesellschafter stehen die Rücklagen daher diesem zu; Folge ist ein Wertausgleich nach § 1039 I 2 BGB. Findet die Thesaurierung hingegen ohne Wertausgleich statt, war sie Folge der nießbraucherischen Verpflichtung zu gewöhnlichen Unterhaltungsmaßnahmen nach § 1041 S. 2 BGB. Werden diese Rücklagen nunmehr in Form einer Ausschüttung von außerordentli-

---

[94] Dazu *Queck,* Nießbrauch, 110.
[95] *Queck,* Nießbrauch, 110.
[96] Dazu auch *Queck,* Nießbrauch, 111.
[97] So *Hepp-Schwab,* Mitgliedschaft, 176.
[98] Dazu oben § 7 II 1; § 13 I 2 b aa.
[99] Dazu oben § 13 I 2 e.

chen Erträgen aufgelöst, zeigt sich im Rückblick, daß die gewöhnliche Unterhaltungsmaßnahme nicht in der ersatzlosen Hingabe des thesaurierten Gewinns, sondern darin bestand, der Gesellschaft Kapital zuzuführen, mit dem sie arbeiten kann. Ist die Arbeit gleichsam getan und wird das Kapital zurückgegeben, steht es demnach dem Nießbraucher ebenso zu, wie nicht thesaurierte Gewinne. Die gewöhnliche Unterhaltungsmaßnahme bestand demnach darin, der Gesellschaft die Aufnahme von zu verzinsenden Fremdkapital zu ersparen. Ein Wertausgleich nach § 1039 I 2 BGB zu Gunsten des Besteller-Gesellschafters muß dann entfallen.

Schüttet die Gesellschaft Gewinne aus, die aus Gewinnrücklagen finanziert werden, die aus der Zeit *vor* der Bestellung des Nutzungsrechts stammen – zweiter Fall –, geht es aus den gleichen Gründen wie bei der Auflösung stiller Reserven nicht an, den Wert dieser Rücklagen im Innenverhältnis dem Nießbraucher zuzuweisen. Schön führt zu Recht aus, daß sich § 1039 I BGB bei Gewinnausschüttungen aus früheren Gewinnrücklagen als Grundlage eines Ausgleichsanspruchs des Besteller-Gesellschafters gegen den Nießbraucher verstehen läßt[100]. Nach Beendigung des Nutzungsrechts müssen daher auch die aus früheren Gewinnrücklagen finanzierten Gewinne an den Besteller-Gesellschafter zurückgegeben werden.

Schließlich gilt sowohl für die Auflösung stiller Reserven als auch für die von Rücklagen, daß im Falle eines Wertausgleichs nach §§ 1039 I 2, 1068 II BGB gleichwohl dem Nutzungsberechtigten bis zur Beendigung des Nießbrauchs die Verzinsung des an ihn von den Gesellschaftern ausgekehrten Ertrags zusteht, da der Wertausgleich erst *nach* Ablauf des Nutzungsrecht stattfinden muß[101].

bb) Der Blick auf die Anteilswidmung

Die bisherigen Erörterungen gingen davon aus, daß die Anteilswidmung gem. § 1036 II BGB auf die gewöhnliche gesellschaftsrechtliche Bestimmung eines Anteils hin gerichtet ist. Nur dann besteht in den genannten Fällen gem. § 1039 I 2 BGB in der Tat zum Teil eine Wertersatzpflicht des Nießbrauchers hinsichtlich der außerordentlichen Erträge. Nun kann sich die nießbrauchsrechtliche „Außergewöhnlichkeit" einer Nutzung nur auf die „wirtschaftliche Bestimmung" des Belastungsgegenstands – also auf die Anteilswidmung – und damit auf die grundlegende Regelung des § 1036 II

[100] *Schön,* ZHR 158 (1994), 229 (243).

[101] Staud-*Frank,* § 1039 Rn. 5 a; MünchKomm-*Petzoldt,* § 1039 Rn. 3; *Queck,* Nießbrauch, 112; *Schön,* ZHR 158 (1994), 229 (245). *Queck,* ebda., gibt Hinweise für die Bewältigung der Nachweisprobleme, die sich bei der hiesigen Lösung stellen.

BGB beziehen. Dies folgt schon aus der einfachen Überlegung, daß die Regeln einer ordnungsgemäßen Wirtschaft nur dann überhaupt sinnvoll aufgestellt werden können, wenn sie auf einen Bewirtschaftungszweck bezogen werden[102]. Nach § 1036 II BGB wiederum darf der Nießbraucher nur diejenigen Nutzungen ziehen, welche nach den Regeln einer ordnungsgemäßen Wirtschaft innerhalb der vorgegebenen Gegenstandswidmung als Ertrag gelten können. Wird entgegen diesen Regeln, aber innerhalb der Widmung gehandelt, werden Raubfrüchte i.S. § 1039 I BGB gezogen. Auch das „Übermaß" der Übermaßfrüchte, die aufgrund eines besonderen Ereignisses gezogen worden sind, bezieht sich auf den der Nutzung zugrundeliegenden Bewirtschaftungsplan[103] und damit auf nichts anderes als eben auf die Widmung des belasteten Gegenstands[104]. Aus all dem folgt zugleich: Bewirtschaftet der Nießbraucher den belasteten Gegenstand im Rahmen seiner Widmung und hält er hierbei die Regeln ordnungsgemäßer Wirtschaft ein, scheiden sowohl Raub- als auch Übermaßfrüchte i.S. des § 1039 I BGB zwingend aus. Nun war schon des öfteren die Rede davon, daß die nießbrauchsrechtliche Widmung von der gesellschaftsrechtlichen Zweckbestimmung der Mitgliedschaft im Außenverhältnis zur Gesellschaft zulässigerweise durchaus verschieden sein kann[105]. Wegen der subjektiven Bestimmung der Anteilswidmung wird daher auch der Zuschnitt des § 1039 I BGB und die Kategorie „Raubfrüchte" in Ansehung der Widmung zu bestimmen sein.

Damit ist das weitere klar: Es müssen die schon des öfteren angewendeten Differenzierungen greifen, nach denen gilt: Ist – bei einem Versorgungsnießbrauch – der Anteil ausschließlich der Befriedigung des Versorgungsinteresses gewidmet, soll der Anteil so bewirtschaftet werden, daß dem überlebenden Ehegatten der bestmögliche Ertrag zufließt. Dann muß der als ausschüttungsfähig gestellte außerordentliche Ertrag ein gewöhnlicher Ertrag im Sinne des Nießbrauchsrechts darstellen, der damit nach allgemeinen Regeln – bei einem Quotennießbrauch entsprechend der Quote – dem versorgungsberechtigten Nießbraucher zufließt[106]. Auch der durch die Auflösung stiller Reserven geschöpfte Ertrag steht demnach voll dem Nießbraucher zu. Gesondert zu behandeln ist der Fall, daß in den außerordentlichen Ertrag aufgelöste

---

102 Dazu siehe ausführlich oben § 3 III 3 und *Schön,* Nießbrauch, 84 ff., 268.

103 Staud-*Frank,* § 1039 Rn. 2.

104 Siehe auch *Schön,* Nießbrauch, 64 f., 214 f. (für den Unternehmensnießbrauch).

105 Oben § 3 III 2.

106 Hierin liegt kein Widerspruch zu der oben, § 13 I 2, getroffenen Wertung hinsichtlich der Zuordnung thesaurierter Gewinne. Bei diesen geht es um die Zuordnung von Finanzmitteln, die als Verwendungen die Eigenkapitalbasis der Gesellschaft stärken, bei den außerordentlichen Erträgen steht hingegen von vornherein das Ausschüttungsinteresse im Vordergrund.

Rücklagen eingegangen sind, die aus thesaurierten Gewinnen stammen, die während der Belastung mit dem Nutzungsrecht angefallen sind. Hat der Nießbraucher bereits durch einen Wertausgleich an diesen Gewinnen partizipiert[107], ist für eine nochmalige Gewinnpartizipation ist – wie auch im Fall eines dem gewöhnlichen Gebrauch gewidmeten Anteils[108] – kein Grund ersichtlich. Der entsprechende Betrag ist daher nicht dem Nießbraucher zuzuordnen; Folge ist wiederum ein Wertausgleich nach § 1039 I 2 BGB zugunsten des Besteller-Gesellschafters. Die sonstigen während der Zeit des Nutzungsrechts thesaurierten Gewinne, bei denen kein Wertausgleich stattfand, stehen demgegenüber dem Nießbraucher zu[109]. Der Nießbraucher kann zudem auf diejenigen außerordentlichen Erträge zugreifen, die aus der Auflösung von Rücklagen stammen, die vor der Laufzeit des dinglichen Nutzungsrechts gebildet worden sind. Bei einem dem gewöhnlichen Gebrauch zu dienen bestimmter Anteil war dieser nießbraucherische Zugriff ausgeschlossen, weil nur so die Wertungsparallele zur Behandlung der stillen Reserven hergestellt werden konnte. Bei einem ausschließlich der Versorgung dienlichem Anteil ist diese Paralelle ebenfalls angängig. Da aber hier – wie gerade gezeigt wurde – die stillen Reserven voll dem Nießbraucher als Nutzung zustehen, muß gleiches auch für die Auflösung der „alten" Rücklagen gelten. Abgesehen von dem Abzug der während des Nießbrauchs thesaurierten Gewinne (wenn der ausgeschüttete außerordentliche Ertrag aus solchen Rücklagen gebildet worden ist), gebührt mithin der restliche außerordentliche Ertrag dem Nutzungsberechtigten.

Diese doch recht umfängliche Ertragszuordnung an den Nießbraucher wiederum widerspricht auch nicht dem – den §§ 1030 ff. BGB ja als Grundkonzeption zugrundeliegenden – gesamtwirtschaftlichen Interesse, den nießbrauchsbelasteten Gegenstand einer optimalen Nutzung zuzuführen[110]. Zwar könnte hiergegen eingewendet werden, das wirtschaftliche Optimum würde gerade dann nicht erreicht, wenn der belastete Anteil die Mehrheit in der Gesellschafterversammlung besitzt – denn dann würde ja nicht das am Gesellschaftsinteresse, sondern das am Versorgungsinteresse orientierte Verhalten des belasteten Anteils die Entscheidung über die Ausschüttung dominieren; man tendiere daher etwaig auch in solchen Situationen zur Aussschüttung und damit zum privaten Konsum, in denen verantwortungsvolle Gesellschafter auf eine gute Eigenkapitalbasis bedacht gewesen wären. Ein derartiger Einwand überzeugt nicht. Einmal ist schon nicht einsichtig, ob tatsächlich der belastete Mehrheitsanteil immer selbst dann

[107] Dazu oben § 13 I 2 e.

[108] Dazu oben § 13 I 3 b aa.

[109] Dazu oben § 13 I 3 b aa.

[110] Zu dieser Grundkonzeption oben § 7 II 1, § 13 I 2 b aa und *Schön,* Nießbrauch, 31 ff., 49 ff.

für eine Ausschüttung des außerordentlichen Ertrags votiert würde, wenn die Ausschüttung ökonomisch nicht sachgerecht ist. Das Versorgungsinteresse wird durchweg auch darauf gerichtet sein, sich durch ökonomisch unsinnige Entscheidungen nicht einer Existenzgefährdung auszusetzen[111]. Darüberhinaus wird mit dem Einwand übersehen, daß die optimale Nutzung i. S. des Nießbrauchsrechts nur diejenige ist, die die konkrete Widmung des belasteten Gegenstands optimiert. Gesellschaftsrechtlich spricht gegen einen derartig zugeschnitteten Nutzungsbegriff nichts. Denn das Stimmrecht beispielsweise ist ein eigennütziges Recht, welches nicht unter die Kuratel des Gesellschaftsinteresses gestellt ist[112]. Ob mithin das Stimmrecht aus Versorgungsmotiven heraus spezifisch ausgeübt wird oder ob ihm rein ökonomische Beweggründe unterliegen, ist daher gesellschaftsrechtlich unbeachtlich. Die Grenze bildet hier allein die Treuepflicht[113] – und falls dem Nießbraucher das Stimmrecht zugeordnet ist, ist er in diese zwangsläufig eingebunden[114]. Ist der belastete Anteil nicht die Mehrheitsbeteiligung, kommt eine suboptimale Anteilsnutzung sowieso kaum in Frage, da die nießbrauchsrechtliche Nutzung gewissermaßen durch die Gewinnverwendungsentscheidung der Gesellschaft mediatisiert ist.

Auch die Interessen des Besteller-Gesellschafter können nicht gegen die Zuweisung des Ertrags an den Nießbraucher vorgebracht werden. Hat er als Erbe-Gesellschafter den Nießbrauch in Erfüllung eines Nießbrauchsvermächtnisses so gewidmet, daß er ausschließlich dem Versorgungsinteresse des Vermächtnisnehmers zu dienen bestimmt ist, sind seine Interessen schon bei der Beurteilung der Wirksamkeit der die Anteilswidmung vorgebenden letztwilligen Verfügung nach § 138 I BGB eingeflossen und können daher hier nicht nochmals relevant werden[115]. Und hat der Besteller-Gesellschafter ohne ein derartiges Vermächtnis den Anteil entsprechend versorgungsgerecht gewidmet, ist er nicht schutzwürdig, da er sich anders hätte entscheiden können.

Bei einem gemischt auf die Befriedigung der Interessen beider Teile (des Besteller-Gesellschafters und des Nutzungsberechtigten) gleichrangig ausgerichteten Anteil – wenn die Mitgliedschaft also sowohl der Versorgung des Nießbrauchers als auch den ökonomischen Interessen des Besteller-Gesell-

---

[111] Zur Koppelung von Gewinnchance und existentiellem Risiko schon oben § 10 IV 3 a bb.

[112] Siehe oben § 4 II 2; und ausführlich unten § 15 III 2 b aa.

[113] Siehe zur limitierenden und pflichtbegründenden Funktion der Treuepflicht oben § 11 I 2 a aa.

[114] Dazu oben § 11 I 2 a.

[115] Daher überzeugt die Wertung *Quecks*, Nießbrauch, 113, nicht, der Anteilsinhaber bedürfe beim Vermächtnisnießbrauch, der Versorgungszwecken diene, des Schutzes. Dieser Schutz wird gerade nur über § 138 I BGB gewährleistet.

schafters zu dienen bestimmt ist – kann man ebenso argumentieren: In „Höhe" des Interesses des Besteller-Gesellschafters gehört nießbrauchsrechtlich der (gesellschaftsrechtlich als außerordentlich bezeichnete) Ertrag zur Substanz der Mitgliedschaft, während in „Höhe" des Versorgungsinteresses der Ertrag sich als gewöhnlicher Ertrag i. S. des Nießbrauchsrechts klassifizieren läßt. Wiederum müsste von dem Gesamtbetrag der außerordentliche Erträge vor der Halbierung der Wert der während des Nutzungsrechts gebildeten Rücklagen abgezogen werden, wenn der ausgeschüttete außerordentliche Ertrag aus solchen Rücklagen gebildet worden ist und wenn analog § 1049 BGB ein Wertausgleich stattgefunden hat; in Höhe dieser vorher schon analog § 1049 BGB wertausgeglichenen Rücklagen findet notwendigerweise ein voller Wertausgleich gem. § 1039 I 2 BGB statt. Die notwendige Quotelung müßte entsprechend der jeweiligen Interessenberücksichtigung erfolgen; typischerweise wird als Auslegungskriterium der Anteilswidmung auf das der Nießbrauchsbestellung zugrundeliegende Kausalverhältnis zurückgegriffen werden können. Haben die Beteiligten keine genaue Quoten hinsichtlich der Verteilung des außergewöhnlichen Ertrags im gesellschaftsrechtlichen Sinne und damit eine besondere Interessengewichtung vorgegeben, kommt im Zweifel allein eine hälftige Teilung des Teils des Ertrags in Betracht, der der Quote des Nießbrauchs entspricht. Es muß dann die eine Hälfte dieses außerordentlichen Ertrags dem Besteller-Gesellschafter und die andere Hälfte dem Nießbraucher zugeordnet werden – wie gesagt, unter vorheriger Abrechnung des o. g. Werts bestimmter Rücklagen.

Ist ein Vorbehaltsnießbrauch unter schenkweiser Hingabe des belasteten Anteils bestellt, wird in der Literatur[116] zu Recht betont, daß eine Wertausgleichspflicht des Nießbrauchers hinsichtlich solcher außerordentlicher Erträge unzuträglich ist, die bei einem „normalen" Nießbrauch ausgleichspflichtig wären. Denn falls bsp. die vor der Nießbrauchsbestellung gelegten stillen Reserven an den Nießbraucher ausgekehrt würden, geht dies zwar technisch zu Lasten der Substanz des belasteten Gegenstands. Bei dieser Wertung würde aber übersehen, daß eine Wertausgleichspflicht praktisch zu Lasten des Nießbrauchers in seiner damaligen Eigenschaft als Gesellschafter ginge. Er würde gleichsam doppelt belastet, einmal durch die Gewinnminderungen, welche mit den vor der Anteilsübertragung gelegten Reserven verbunden sind, sodann durch den Wertersatz im Falle ihrer Realisierung[117]. Eine Wertersatzpflicht des Vorbehaltsnießbrauchers entfällt damit. Um dies zu erreichen, braucht freilich nicht auf den Nießbrauchsbestellungsvertrag zurückgegriffen werden, in dem im Zweifel die Wertausgleichspflicht abbedungen sei[118]. Denn über die Anteilswidmung nach

---

[116] *Queck,* Nießbrauch, 113 f.

[117] *Queck,* Nießbrauch, 114.

[118] So aber *Queck,* Nießbrauch, 114.

§ 1036 II BGB ist regelmäßig das gleiche Ergebnis zu erzielen – und da dieser Weg nun schon so oft als der Königsweg beschrieben worden ist, auf dem sachgerecht Wertzuweisungen nach dem Parteiwillen gesteuert werden können, sollte dieser Weg auch hier beschritten werden. Bei der vorweggenommenen Erbfolge anhand der Einräumung eines Vorbehaltsnießbrauchs sollte der Alt-Gesellschafter daher vor der schenkweisen Hingabe seiner Mitgliedschaft an den Nachfolger darauf drängen, daß die zu belastende Mitgliedschaft entsprechend dem Wertrealisierungsinteresse des Vorbehaltsnießbrauchers zu dienen bestimmt ist. Liegt dem Vorbehaltsnießbrauch hingegen eine entgeltliche Anteilsübertragung zugrunde, bei der dem Kaufpreis der Verkehrswert der Mitgliedschaft samt der stillen Reserven zugrundegelegt wurde, dürfte eine derartige Widmung regelmäßig nicht veranlaßt sein; es greifen dann die o.g. allgemeinen Regeln, die für eine dem gewöhnlichen Gebrauch zu dienen bestimmte Mitgliedschaft gelten. Bei einer teilweise entgeltlichen Übertragung des Anteils ist entsprechend des Verhältnisses Entgeltlich – Unentgeltlich der vom Nießbraucher als Wertausgleich auszukehrende Betrag zu quoteln.

c) *Ergebnis*

Dem Nießbraucher stehen im *Außen*verhältnis zur Gesellschaft sämtliche Gewinne aus der Auflösung stiller Reserven oder sonstiger Rücklagen zu, die durch Gewinnverwendungsbeschluß während der Dauer seiner Nutzungsrechts ausgeschüttet werden. Im *Innen*verhältnis zum Besteller-Gesellschafter verbleiben ihm hingegen ausweislich der Regelung des § 1039 I 2 BGB nur solche Früchte, die der Nutzungsberechtigte bei ordnungsgemäßer Bewirtschaftung gezogen hätte; seine überschießende Rechtsmacht im Außenverhältnis ist im Innenverhältnis zum Besteller-Gesellschafter also entsprechend durch eine Wertausgleichspflicht nach § 1039 I BGB auszugleichen. Ist ein Wertausgleich nach § 1039 I 2 BGB veranlaßt, erfolgt er erst nach Ablauf des Nutzungsrechts. Dem Nießbraucher steht alles in allem daher als Nutzung bis zur Beendigung des Nießbrauchs die Verzinsung des an ihn ausgekehrten außerordentlichen Ertrags zu.

Ist der Anteil dem gewöhnlichen Gebrauch zu dienen bestimmt, gilt folgendes[119]: Geht es um während des Nutzungsrechts angeschaffte Gegenstände, stehen die Gewinne aus der Auslösung der in ihnen verborgenen stillen Reserven auch im Innenverhältnis dem Nießbraucher zu; eine Wertersatzpflicht entfällt. Demgegenüber ist die Auflösung stiller Reserven wertausgleichspflichtig, die von solchen Gegenständen stammten, die sich schon zum Zeitpunkt der Belastung im Betriebsvermögen befanden. Bei der Auf-

---

119 Siehe oben § 13 I 3 b aa.

lösung von Rücklagen kommen dem Nießbraucher solche Rücklagen zu, die aus Gewinnen stammen, die während des Nießbrauchs thesauriert wurden und bei denen ein Wertausgleich analog § 1049 BGB nicht stattfand. Ansonsten stehen die Rücklagen dem Besteller-Gesellschafter zu.

Steht hingegen ein Anteil in Rede, der ausschließlich dem Versorgungsinteresse zu dienen gewidmet ist, greift der interne Wertausgleich nach § 1039 I 2 BGB nicht; dem Nießbraucher ist vielmehr auch im Verhältnis zum Besteller-Gesellschafter der volle außerordentliche Ertrag zugeordnet – freilich abzüglich des Werts der während des Nutzungsrechts gebildeten Rücklagen vom Gesamtbetrag, wenn der ausgeschüttete außerordentliche Ertrag aus solchen Rücklagen gebildet worden ist und falls ein Wertausgleich analog § 1049 BGB für die Thesaurierung erfolgte[120]; in dieser Höhe findet gem. § 1039 I 2 BGB ein Wertausgleich statt. Ist der Anteil gemischt sowohl auf die Befriedigung der Interessen des Besteller-Gesellschafters als auch der des Nutzungsberechtigten gleichrangig ausgerichtet, muß entsprechend der jeweiligen Interessenberücksichtigung – wiederum unter vorheriger Abrechnung des o. g. Werts der während des Nutzungsrechts gebildeten und analog § 1049 BGB wertausgeglichenen Rücklagen – gequotelt werden. Mangels konkreter Angaben in dem der Nießbrauchsbestellung zugrundeliegenden Kausalverhältnis wird eine hälftige Teilung des Teils des Ertrags zu erfolgen haben, der der Quote des Nießbrauchs entspricht. Es muß dann die eine Hälfte dieses außerordentlichen Ertrags dem Besteller-Gesellschafter (Folge: in dieser Höhe Wertausgleich gem. § 1039 I 2 BGB) und die andere Hälfte dem Nießbraucher intern zugeordnet werden.

Bei einem Vorbehaltsnießbrauch unter schenkweiser Hingabe des belasteten Anteils entfällt schließlich eine Wertausgleichspflicht des Nießbrauchers, wenn die belastete Mitgliedschaft auf das Wertrealisierungsinteresse des Nutzungsberechtigten zu dienen bestimmt wird.

II. Erhöhungen des Eigenkapitals

Die Eigenkapitalaufbringung erfolgt bei den Personengesellschaften entweder im Wege der Außenfinanzierung durch Leistungen in das Gesellschaftsvermögen oder im Wege der Selbstfinanzierung durch wertmäßige Umschichtungen innerhalb des Gesellschaftsvermögens zugunsten des Eigenkapitals[121]. Bei der Außenfinanzierung wird das Eigenkapital durch die Zuführung neuer Vermögensmittel effektiv erhöht. Bei der Selbstfinan-

---

[120] Siehe oben § 13 I 3 b bb.

[121] Dazu und zum folgenden nur *Wiedemann,* FS Odersky, 925 (938 ff.); ausführlich *Sieker,* Eigenkapital und Fremdkapital der Personengesellschaft, 1991.

zierung werden aus thesaurierten Gewinnen Rücklagen gebildet – davon war soeben die Rede –; sodann werden diese Rücklagen in festes Geschäftskapital umgewandelt. Hier stellt sich die Frage, was dem Nießbraucher bei einer selbstfinanzierten Kapitalerhöhung[122] zukommt.

1. Recht auf „neue Anteile"[123]?

Als Ausgangspunkt bleibt festzuhalten, daß der Nießbraucher keinesfalls den Anteilszuwachs als ihm bestandsmäßig gebührenden Vermögenswert auch über den Ablauf des dinglichen Nutzungsrechts hinaus beanspruchen kann[124]. Einmal führt bei den Personengesellschaften ein erhöhtes Eigenkapital nicht zu weiteren Geschäftsanteilen, sondern lediglich zu einer Erhöhung der Kapitaleinlage; der Nennbetrag der Kapitalanteile wird mehr oder weniger dem wahren Wert des Gesellschaftsvermögens angeglichen[125]. Bei einer Umwandlung von Rücklagen in Haftkapital gibt es deshalb keine zusätzlichen Beteiligungsquoten. In der Personengesellschaft scheidet ein Erwerb derartiger Quoten (quasi von „jungen Anteilen") also schon aus gesellschaftsrechtlichen Gründen aus. Selbst wenn es anders wäre, gäbe es aus nießbrauchsrechtlichen Gründen keine Möglichkeit des Nießbrauchers, auf einen Geschäftsanteil zuzugreifen. Denn andernfalls würde der Besteller-Gesellschafter entgegen den §§ 1041, 1055 BGB i.V.m. § 1068 II BGB einen verhältnismäßigen Substanzverlust erleiden, an dem nicht nur vermögensmäßige Folgen geknüpft wären, sondern der sich auch auf das Stimmrecht auswirkt, wenn dieses an die Höhe des Kapitalanteils gebunden ist.

Ein Anrecht des Nießbrauchers auf den „neuen Anteil" ergibt sich auch nicht aus der Überlegung, daß die Kapitalerhöhung aus thesaurierten Gewinnen stammt, sie deshalb als eine Form der nachträglichen Gewinnausschüttung betrachtet werden könne und von dieser Warte aus ein Zugriff des Nießbrauchers als eine Art „Nutzungssurrogat" für die fehlende Barausschüttung bejaht werden müsse. Dies geht schon deshalb fehl, weil der Ge-

---

[122] Die aus dem Kapitalgesellschaftsrecht stammende Begrifflichkeit „Kapitalerhöhung" ist dem Personengesellschaftsrecht an sich fremd, da es dort keinen durch die Satzung festgesetzten und von den Gesellschaftern aufzubringenden Kapitalbetrag gibt. Wenn der auf dem Kapitalkonto I ausgewiesene Kapitalanteil des Personengesellschafters wertmäßig erhöht wird, soll gleichwohl hier von einer „Kapitalerhöhung" die Rede sein, dies entspricht immerhin dem Sprachgebrauch des BGH, siehe BGHZ 58, 316 (316, 318).

[123] Der BGH spricht zur Verdeutlichung (und in Anführungszeichen) von „neuen Anteilen", siehe BGHZ 58, 316 (16, 319) und von einem „jungen Kommanditanteil", so BGHZ 58, 316 (317).

[124] Dazu und zum folgenden siehe die überzeugenden Ausführungen von BGHZ 58, 316 (319 ff.).

[125] BGHZ 58, 316 (318).

sellschaft gegenüber Ertrag des Nießbrauchsrechts allein der ausgeschüttete Gewinn ist. Nur im Innenverhältnis zum Besteller-Gesellschafter ergibt sich hier etwas anderes[126]. Dieses Innenverhältnis muß aber bei der Frage nach einem Bezugsrecht auf „junge Anteile" außen vor bleiben. Denn den Gesellschaftern kann im Grundsatz nicht zugemutet werden, Änderungen im Gesellschafterbestand allein deshalb zu akzeptieren, weil in einem Drittverhältnis (dem o. g. Innenverhältnis) etwaig ein Wertfluß zu erfolgen hat und das Bezugsrecht ein funktionales Äquivalent für diesen Wertfluß darstellen würde. Das in die Einlageerhöhung eingebrachte oder als gebundenes Darlehen stehengelassene Kapital bleibt schließlich ein durch die Treuepflicht gebundenes Kapital, welches erst mit der Ausschüttung aus der mitgliedschaftlichen Treuepflicht entlassen wird[127]. Ein Bezugsrecht des – ja nicht notwendigerweise treuepflichtigen[128] – Nießbrauchers würde mit dieser Treuebindung des Kapitals zwangsläufig kollidieren[129].

2. Die Ertragszuordnung bei der Kapitalerhöhung

a) Kapitalerhöhung qua Selbstfinanzierung durch interne Umschichtung

Der erhöhte Kapitalanteil des Besteller-Gesellschafters steht nach dem Zuvorgesagten auch weiterhin allein diesem zu. Für die Zuordnung der auf den erhöhten Kapitalanteil entfallenen entnahmefähigen Gewinnanteile gilt anderes. Wird die Kapitalerhöhung allein aus stehengelassenen Gewinnen gespeist, die bei Ausschüttung dem Nießbraucher zugeflossen wären, umfaßt der Nießbrauch auch die Erträgnisse aus dem erhöhten Anteil[130]. Durch eine buchmäßig aus Gesellschaftsmitteln gespeisten Kapitalerhöhung wird ja durch die Umbuchung der Realwert der Beteiligung nicht verändert[131].

---

[126] Siehe dazu gerade oben § 13 I 2. Insofern unscharf BGHZ 58, 316 (320 f.).

[127] BGHZ 58, 316 (321).

[128] Siehe zur Einsicht, daß über die Anteilswidmung die Treuepflichtigkeit des Nießbrauchers hergestellt werden kann, oben § 6 V 2. Zur Frage, ob der Nießbraucher schon über die Belastung des Anteils der Nießbraucher regelmäßig in die Treuepflicht einbezogen wird, unten § 14 II 2.

[129] Ebenso *Hepp-Schwab,* Mitgliedschaft, 174.

[130] BGH, GmbHR 1983, 148 (149); *Blaurock,* Unterbeteiligung, 145 f.; Schlegelberger-*Karsten Schmidt,* Vorbem. § 335 HGB Rn. 12, 15; Staud-*Frank,* Anh zu §§ 1068, 1069 Rn. 83; MünchKomm-*Ulmer,* § 705 Rn. 84; Großkomm-*ders.,* § 105 HGB Rn. 121 m. w. Nachw. in Fn. 264; *Bechtold,* Nießbrauch, 126; *Mentz,* Nießbrauch, 166 f.; *Teichmann,* ZGR 1972, 1 (17).

[131] BGH, GmbHR 1983, 148 (149); *Blaurock,* Unterbeteiligung, 145 f.; *Bechtold,* Nießbrauch, 126; *Ulmer,* FS Fleck, 383 (392).

b) Kapitalerhöhung qua Fremdfinanzierung durch den Besteller-Gesellschafter

aa) Streitstand

Schwieriger ist die Gewinnzuordnung bei der außenfinanzierten Kapitalerhöhung[132]. Durchweg wird hier der der Kapitalerhöhung entsprechende, ausschüttungsfähige Mehrgewinn dem Besteller-Gesellschafter zugesprochen[133]. Umstritten ist freilich, ob zum einen der Nießbraucher zunächst den Anspruch auf den Mehrgewinn erhält und ihn an den Besteller-Gesellschafter auskehren oder als Teilanspruch abtreten muß, wenn nicht das nießbraucherische Kausalgeschäft etwas anderes bestimmt[134], oder ob zum anderen der Nießbrauch sich zwar auf den ganzen Anteil erstreckt, er aber quotal von vornherein entsprechend dem Mehrgewinn zu mindern ist[135], wobei wiederum strittig ist, ob bei der Quotenbildung der Realwert[136] der Kapitalanteile vor und nach der Kapitalerhöhung oder ihr Nominalwert[137] zugrundezulegen ist.

bb) Wertungsabgleich mit dem Recht des Sachnießbrauchs

Der sachgemäße Anhaltspunkt für die Ertragszuordnung kann nicht schon allein in der Tatsache gesehen werden, daß die Kapitalerhöhung durch den Besteller-Gesellschafter finanziert wurde[138]. Schließlich wird auch sonst im Sachenrecht der genaue Zuschnitt der Rechtsstellung eines dinglich Berechtigten grundsätzlich nicht schon allein davon abhängig gemacht, ob der Eigentümer den Wert des belasteteten Gegenstands aus eigenen Mitteln erhöht hat. Es muß vielmehr eine einsichtige Verbindung zwischen der Tatsache der Fremdfinanzierung aus Eigenmitteln des Besteller-Gesellschafters

---

132 Diese wurde vom BGH offengelassen, siehe BGHZ 58, 316 (318 f.).

133 Staud-*Frank,* Anh zu §§ 1068, 1069 Rn. 84; MünchKomm-*Petzoldt,* § 1068 Rn. 24; *ders.,* DStR 1992, 1171 (1176); Soergel-*Stürner,* § 1068 Rn. 7 g; MünchKomm-*Ulmer,* § 705 Rn. 84; Großkomm-*ders.,* § 105 HGB Rn. 121; Münchhdb-GesR-*Rodin,* § 30 Rn. 56; *Blaurock,* Unterbeteiligung, 146; *Bechtold,* Nießbrauch, 127 ff.; *Hepp-Schwab,* Mitgliedschaft, 175; *Teichmann,* ZGR 1972, 1 (18); *Finger,* DB 1977, 1033 (1040).

134 So *Teichmann,* ZGR 1972, 1 (18); *Finger,* DB 1977, 1033 (1040).

135 So *Blaurock,* Unterbeteiligung, 146; *Bechtold,* Nießbrauch, 128 f.; *Hepp-Schwab,* Mitgliedschaft, 175, 195 f.; ähnlich *Mentz,* Nießbrauch, 170.

136 So BGH, GmbHR 1983, 148 (149); *Bechtold,* Nießbrauch, 129 f.; *Hepp-Schwab,* Mitgliedschaft, 175; MünchHdb-GesR-*Rodin,* § 60 Rn. 20.

137 So *Blaurock,* Unterbeteiligung, 146.

138 So aber etwa *Bechtold,* Nießbrauch, 127. Anklänge auch bei *Ulmer,* FS Fleck, 383 (392); *Hepp-Schwab,* Mitgliedschaft, 175.

und der Wertung (Zuordnung des Mehrgewinns) geschaffen werden, die nicht schon mit der Finanzierung als solche begründet wird. Ein Wertungsabgleich mit dem Recht des Sachnießbrauchs hilft hier weiter. Zwei Fälle gilt es zu unterscheiden.

In dem ersten Fall kann die außenfinanzierte Kapitalzufuhr aus wirtschaftlichen Gründen angezeigt sein, um der Gesellschaft bsp. den Marktaustritt zu ersparen. Insofern läge in der Zufuhr von außenfinanzierten Eigenkapital eine außergewöhnliche Maßnahme zum Erhalt des belasteten Gegenstands vor, da diese grundsätzlich nicht nach dem gewöhnlichen Lauf der Dinge von Zeit zu Zeit in kürzeren Abständen zu erwarten ist[139]. Bei einem Sachnießbrauch bräuchte der Eigentümer zwar etwaig erforderliche außergewöhnliche Maßnahmen nicht zu erbringen[140]. Erbringt er sie aber, erfolgt gemäß § 951 I 1 BGB i.V.m. § 949 S. 3 BGB ein Bereicherungsausgleich in Form einer Geldrente in – in Anlehnung an die Regelung des § 912 II BGB – der Höhe der Vorteile, die der Nießbraucher aus der außergewöhnlichen Maßnahme des Eigentümers gewinnt; es erfolgt mithin ein rentenmäßiger Abzug der durch die Mittel des Eigentümers ermöglichten künftigen Mehrnutzungen[141]. Diesen Bereicherungsausgleich kann der Nießbraucher nicht mit dem Verweis auf die Grundsätze der aufgedrängten Bereicherung verweigern, weil er nach § 1044 BGB zur Duldung der außergewöhnlichen Instandhaltung verpflichtet ist. Entsprechend zu dieser Lage beim Sachnießbrauch wäre gem. § 1068 II BGB beim Anteilsnießbrauch nicht einzusehen, warum die auf der Zufuhr von außenfinanzierten Eigenkapital beruhenden Erträgnisse der Beteiligung dem Nießbraucher wertmäßig zugewiesen werden sollten.

In dem zweiten Fall geht es nicht um außergewöhnliche Verwendungen, sondern um eine bloß „nützliche" Eigenkapitalzufuhr. Beim Sachnießbrauch wäre der Nießbraucher hier zwar nicht zur Duldung nach § 1044 BGB verpflichtet. Und er könnte mit Blick hierauf daran denken, den Bereicherungsausgleich als aufgedrängte Bereicherung (Kondiktionssperre des §§ 687 II, 996 BGB)[142] abzulehnen, seine Bereicherung nach der subjektiven Methode[143] zu berechnen oder Rückgängigmachung des Vermögenszuwachses zu verlangen[144, 145]. Nützen würde ihm all dies aber nicht, da Grundlage jeder aufgedrängten Bereicherung die Tatsache ist, daß die mit

---

139 So die Definition von gewöhnlichen Maßnahmen i.S. § 1041 BGB bei Mot III, 511. Ausführlich siehe *Schön,* Nießbrauch, 113 ff.

140 Mot. III, 511; BGHZ 52, 234 (237); BGH, NJW 1991, 837; Soergel-*Stürner,* § 1041 Rn. 3; Staud-*Frank,* § 1041 Rn. 7; *Schön,* Nießbrauch, 158 ff.

141 Dazu überzeugend *Schön,* Nießbrauch, 160 ff., 162 ff.

142 So etwa allg. im Fall der aufgedrängten Bereichung BGHZ 39, 186 (189).

143 So etwa allg. im Fall der aufgedrängten Bereichung *Esser/Weyers,* SchuldR BT, § 51 I 4 e.

der Bereicherung verbundene Wertsteigerung für den Erwerbenden kein Interesse hat[146]. Liegt eine Wertsteigerung vor und wird der Bereicherte weder zum Rückgriff auf Liquiditätsreserven oder zur Kreditaufnahme gezwungen, noch in seiner Dispositionsfreiheit bezüglich des Gegenstands beschränkt, auf den die Verwendung hin erbracht wurde, entspricht es der Abschöpfungsfunktion des Bereicherungsrechts, den Bereicherungswert ohne subjektive Berechnung an den Verwender herauszugeben[147]. Canaris führt als Beispiel an, daß der Eigentümer eines unbefugtermaßen auf seinem Grundstück errichteten Hauses den aus dessen Vermietung anfallenden Reingewinn, soweit er auf das Haus und nicht auf das Grundstück entfällt, an den Erbauer abzuführen hat[148]. Entsprechend ist auch beim Sachnießbrauch nicht einzusehen, wieso bei einer bloß nützlichen Verwendung der Sachnießbraucher ohne weiteren Ausgleich an den Vorteilen der Verwendung partizipieren soll, solange der Ausgleich aus dem Gesamtwert der aufgrund der Verwendungen erhöhten Nutzungen getragen werden kann. Dies wiederum bedeutet für den Anteilsnießbrauch, daß auch bei einer aus bloß „nützlichen" Erwägungen hervorgegangenen Kapitalerhöhung eine Auskehr des der Kapitalerhöhung entsprechenden Ertrags seitens des Nießbrauchers angemessen ist.

Beide Fallgestaltungen – die der außergewöhnlichen und die der nützlichen Verwendung – haben gezeigt, daß bei jeglicher Kapitalerhöhung im Grundsatz der der Erhöhung entsprechende Ertrag dem Besteller-Gesellschafter zugeordnet werden muß. Nur so läßt sich ein Wertungswiderspruch zum Recht des Sachnießbrauchs vermeiden, § 1068 II BGB. Der Vergleich mit dem Recht des Sachnießbrauchs ergibt zugleich, daß es nicht zu einem Quotennießbrauch kommt, sondern daß der Besteller-Gesellschaft nur Auskehr des der Kapitalerhöhung entsprechenden Mehrertrags vom Anteilsnießbraucher bzw. Abtretung des entsprechenden Teils des Gewinnanspruchs verlangen kann. Dies liegt schon daran, daß nicht einzusehen ist, warum beim Sachnießbrauch der Eigentümer, der auf einen schuldrechtlichen Bereicherungsausgleich mit dem Nießbraucher verwiesen ist, aufgrund dieses bloß schuldrechtlichen Ausgleichs das Insolvenzrisiko des Nießbrauchers tragen soll, der Besteller-Gesellschafter beim Anteilsnießbrauch hingegen nicht, da ihm bei einem Quotennießbrauch der Anspruch auf die Erträge in Höhe der jeweiligen Quote auch dinglich zugeordnet wäre. Zudem ist die-

---

144 So etwa allg. im Fall der aufgedrängten Bereichung *Baur/Stürner,* SachenR, § 53 c III 2 c bb.

145 Siehe allgemein zum Bereicherungsausgleich bei bloß nützlichen Verwendungen des Eigentümers beim Sachnießbrauch *Schön,* Nießbrauch, 165.

146 Siehe nur Palandt-*Bassenge,* § 951 Rn. 18.

147 *Larenz/Canaris,* SchuldR II/2, § 72 IV 2 a.

148 *Larenz/Canaris,* SchuldR II/2, § 72 IV 2 a.

ses Ergebnis auch aus Sicht der Gesellschaft sinnvoll, da diese von internen Abrechnungsproblemen zwischen Nießbraucher und Besteller-Gesellschafter verschont bleibt und nur mit dem Nutzungsberechtigten abrechnen muß.

3. Ergebnis

Als Ergebnis bleibt festzuhalten: Bei einer „Kapitalerhöhung" muß der der Erhöhung entsprechende Ertrag dem Besteller-Gesellschafter zugeordnet werden.

III. Entnahmen

Ohne Rücksicht auf den Jahresgewinn steht vorbehaltlich anderweitiger gesellschaftsvertraglicher Regelungen einem jeden Gesellschafter einer OHG bis zu 4 vom Hundert seines für das letzte Geschäftsjahr festgestellten Kapitalanteils zu, § 122 I HS 1 HGB. Abhebungen gehen zu Lasten seines Kapitalkontos und mindern damit den Kapitalanteil des entnehmenden Gesellschafters[149]. Aufgrund der Gewinnunabhängigkeit des Entnahmerechts müssen in ertragsschwachen Jahren die für die Zahlung erforderlichen Finanzmittel dem (etwaig sogar durch die Hineinnahme von Fremdkapital aufgestockten) Gesellschaftsvermögen entnommen werden[150]. Entnahmen sind daher funktional von Gewinnausschüttungen streng zu trennen[151].

1. Herkömmliche Ansätze

a) Streitstand

Ob bei einem echten Anteilsnießbrauch[152] dem Nutzungsberechtigten dieses gewinnunabhängige Entnahmerecht des Gesellschafters nach § 122 I HGB gebührt, ist umstritten. Zwei Ebenen gilt es auseinanderzuhalten: auf der einen Seite die Frage, wer berechtigt ist, das Entnahmerecht auszuüben, auf der andere Seite die Frage, wem letztlich die Entnahmen bei einem ausgeübten Entnahmerecht ihrem Wert nach gebühren. Wie hier zu entscheiden ist, ist umstritten. Die beiden Extrempositionen ordnen die Ausübung so-

---

[149] Siehe allg. zum Entnahmerecht nur *Karsten Schmidt,* GesR, § 47 IV 3.

[150] Siehe Schlegelberger-*Martens,* § 122 HGB Rn. 4, 7.

[151] Dazu Schlegelberger-*Martens,* § 122 HGB Rn. 5.

[152] Zur Lage bei einer Vollübertragung der Beteiligung im Zuge der Treuhandlösung und bei einem Nießbrauch an den vermögensrechtlichen Bezugsrechten des Gesellschafters siehe den Überblick bei Staud-*Frank,* Anh zu §§ 1068, 1069 Rn. 86 f.

wohl des Entnahmerechts als auch des Werts der Entnahme entweder allein dem Nießbraucher zu; das Entnahmerecht wird damit zu den Vermögensrechten gerechnet, die als Bestandteil der Mitgliedschaft von einem an ihr bestellten Nießbrauch erfaßt werden[153]. Oder das Entnahmerecht wird seiner Ausübungsbefugnis und seinem Wert nach aus dem Kreis der vom Nießbrauch ergriffenen mitgliedschaftlichen Vermögensrechten ausgegliedert und allein dem Besteller-Gesellschafter zugeordnet[154]. Auch Mittelwege werden beschritten. So weisen die einen die Ausübungsbefugnis im Außenverhältnis zur Gesellschaft dem Besteller-Gesellschafter, den Wert der getroffenen Entnahme im nießbraucherischen Innenverhältnis hingegen dem Nießbraucher zu[155], während andere umgekehrt die Ausübungsbefugnis dem Nießbraucher und den Wert der nicht durch einen entsprechenden Gewinn gedeckten Entnahme aufgrund eines Wertersatzanspruchs aus § 1039 BGB dem Besteller-Gesellschafter zuschreiben[156], stellenweise wird auch hier die Ausübungsbefugnis nur dann dem Nießbraucher erteilt, wenn die Entnahme durch entsprechenden Gewinn gedeckt wäre[157].

b) Übersicht über die Argumentation und Kritik

Gegen eine Zuweisung sowohl der Ausübungsbefugnis als auch des Entnahmewerts an den Nießbraucher werden vier Argumente vorgetragen. Einmal – erstes Argument – diene das Entnahmerecht seinem wirtschaftlichen Sinn nach dem Lebensunterhalt des auf die Entnahme angewiesenen Gesellschafters und könne schon deshalb nicht unter die dingliche Belastung fallen; der Gesellschafter könne daher auch nicht durch eine Nießbrauchsbestellung auf sein gesetzlich garantiertes Mindesteinkommen verzichten[158]. Überzeugend ist dies schon deshalb nicht, weil der Besteller-Gesellschafter durch die dingliche Belastung seiner Mitgliedschaft sein eigenes Recht auf Erträge aufgegeben hat[159], so daß es von dieser Warte aus widersprüchlich

[153] So *v. Godin,* Nutzungsrecht, 97; soweit das Entnahmerecht abtretbar ist auch Staud-*Frank,* Anh zu §§ 1068, 1069 Rn. 88.

[154] So *Hadding,* in: ders./Schneider (Hrsg.), Gesellschaftsanteile, 37 (74); *Huber,* Vermögensanteil, 416.

[155] So *Wiedemann,* Übertragung, 405; *Blaurock,* Unterbeteiligung, 141 f.; *v. Schilling,* DB 1954, 562.

[156] Es wird demnach danach differenziert, ob die Entnahmen durch den Gewinn gedeckt sind oder nicht, so Großkomm-*Ulmer,* § 139 HGB Anm. 90; *ders.,* FS Fleck, 383 (392); *Mentz,* Nießbrauch, 156 f.; *Bunke,* DNotZ 1968, 5 (15 mit Fn. 54); *Kruse,* RNotZ 2002, 69 (79).

[157] So MünchHdb-GesR-*Rodin,* § 60 Rn. 21; Soergel-*Stürner,* § 1068 Rn. 7 g.

[158] RGZ 67, 13 (18); Schlegelberger-*Martens,* § 122 HGB Rn. 13; *Hadding,* in: ders./Schneider (Hrsg.), Gesellschaftsanteile, 37 (74).

[159] Staud-*Frank,* Anh zu §§ 1068, 1069 Rn. 88.

wäre, sich auf die seinen Unterhalt dienende Vorschrift des § 122 HGB zu berufen. Zudem kann der Einkommensschutz des Besteller-Gesellschafters auch deshalb nicht der richtige Ansatzpunkt sein, weil ansonsten der Gesellschafter hier besser geschützt wäre als ein Arbeitnehmer, auf dessen Einkommen bis zur Pfändungsfreigrenze zugegriffen werden kann[160]. Und umgekehrt kommt eine analoge Heranziehung der Schuldnerschutzbestimmungen der ZPO zugunsten eines unabweislich dem Besteller-Gesellschafters verbleibenen Mindestentnahmebetrages nicht in Frage[161]. Mit anderen Worten: Will der Besteller-Gesellschafter sein Einkommen gesichert sehen, mag er entsprechend in dem dem Nießbrauch zugrundeliegenden Kausalgeschäft hierfür Vorsorge treffen und die Entnahmen nießbrauchsfrei stellen.

Daneben wird – zweites Argument – angeführt, das Entnahmerecht sei ausweislich § 717 S. 1 BGB nicht übertragbar; das Nießbrauchsrecht erfasse aber nur die übertragbaren Vermögensrechte[162]. Dies wäre bei der Entnahme auch sinnvoll, da die Ausübung des Entnahmerechts durch die Treuepflichtigkeit des Gesellschafters beeinflußt sei. Mit dieser Treuepflichtigkeit wäre ein sachgerechter Interessenausgleich zwischen den Selbstfinanzierungsinteressen der Gesellschaft und den Ausschüttungsinteressen der Gesellschafter intendiert[163]. Nur vor diesem Hintergrund sei das Entnahmerecht für die Mit-Gesellschafter und die Gesellschaft erträglich[164]. Dieses Argument geht schon deshalb ins Leere, weil richtigerweise der Anteil so gewidmet werden kann, daß auch der Nießbraucher im Ergebnis der mitgliedschaftlichen Treuepflicht in Form ihr gleichkommender funktionaler nießbrauchsrechtlicher Äquivalente unterliegen kann[165]. Und soweit die fehlende Übertragbarkeit des Entnahmerechts angesprochen ist, gilt auch hier, daß die fehlende Abtretbarkeit eines Rechts beim Anteilsnießbrauch keine Rolle spielt, wenn die Wertungen des Abspaltungsverbots – wie hier bei der Entnahmefrage – nicht tangiert sind[166].

---

[160] Ebenso *Teichmann,* ZGR 1972, 1 (8 f.); *Blaurock,* Unterbeteiligung, 141; *Queck,* Nießbrauch, 137 f.; siehe auch Staud-*Frank,* Anh zu §§ 1068, 1069 Rn. 88, der meint, der Besteller-Gesellschafter habe sich durch die Bestellung des Nießbrauchs dafür entschieden, nicht mehr auf die Erträgnisse aus der Beteiligung zuzugreifen; sei dem so, könne er sich auch nicht mehr auf die seinem Unterhalt dienende Vorschrift des § 122 HGB berufen.

[161] Dazu siehe nur *Queck,* Nießbrauch, 137 f.

[162] *Hadding,* in: ders./Schneider (Hrsg.), Gesellschaftsanteile, 37 (74); Staud-*Frank,* Anh zu §§ 1068, 1069 Rn. 88. Zur sehr strittigen Frage nach der Abtretbarkeit, Verpfändbarkeit und Pfändbarkeit des Entnahmerechts siehe nur Schlegelberger-*Martens,* § 122 HGB Rn. 13, auf der einen, und MünchKomm-*Ulmer,* § 717 Rn. 30, auf der anderen Seite.

[163] Dazu BGHZ 132, 263 (276 f.).

[164] *Blaurock,* Unterbeteiligung, 141 f.; *Wiedemann,* Übertragung, 295 f., 296, 405.

[165] Siehe oben § 6 V 2.

Mit dem gerade skizzierten zweiten Argument hängt der dritte Einwand eng zusammen. Danach soll der Nießbraucher nicht auf die Entnahmen zugreifen können, weil das Entnahmerecht ein höchstpersönliches Recht sei, da es auch gegen den Willen der Mit-Gesellschafter durchsetzbar sei; es müsse deshalb auf dem Vertrauen unter den Gesellschaftern gründen – was gegenüber dem Nießbraucher nicht unbedingt gegeben sei[167]. Mit diesem Einwand wird freilich übersehen, daß schutzwürdige Belange der Mit-Gesellschafter durch den Nießbrauch schon deshalb nicht verletzt werden, weil sie ihm zugestimmt haben müssen. Sie hätten sich anläßlich der Zustimmung vorbehalten können, daß die Entscheidung über die Entnahme und der Zufluß des Werts der Entnahme allein dem Besteller-Gesellschafter zukommt und daß dieser daher mit dem Nießbraucher eine Nutzungsbeschränkung nach § 1030 II BGB vereinbaren solle. Haben sie dies nicht getan, sind sie nicht schutzwürdig[168].

Des weiteren soll – als viertes und nunmehr nießbrauchsrechtliches Argument – eine Zuweisung von Ausübungsbefugnis und Entnahmewert an den Nießbraucher auch daran scheitern, daß in ertragslosen Jahren eine Entnahme zu Lasten der Substanz des Belastungsgegenstands ginge[169]. In der Tat ermöglicht das Entnahmerecht einen Zugriff auf das Gesellschaftsvermögen auch in den Jahren, in denen kein Gewinn erzielt worden ist. Es kommt dann – gesellschaftsrechtlich gedacht – gewissermaßen zu einer außerordentlichen Vermögensverteilung, so daß sich das Entnahmerecht von der Partizipation am Gewinn stark unterscheidet[170]. Fraglich ist aber, ob diese gesellschaftsrechtliche Perspektive auch nießbrauchsrechtlich die einzig richtige ist, ob also ein nießbrauchsrechtlicher Substanzeingriff vorliegt. Schon des öfteren war die Rede davon, daß ein *einfacher* Verweis auf „Substanz" als Argument für die nießbrauchsrechtliche Wertzuweisung an den Besteller so ohne weiteres nicht trägt[171]. Für die Frage, ob ein Eingriff in die Substanz des belasteten Gegenstands vorliegt, steht nicht das subjektive Erhaltungsinteresse des Eigentümers im Vordergrund, sondern die Frage, ob (i) der sich aus einer ordnungsgemäßen Wirtschaft ergebende wirtschaftliche Bestand der Sache (ii) nach Maßgabe ihrer Widmung ge-

---

166 Es gelten hier die gleichen Erwägungen, die oben zum Stimmrecht diskutiert wurden, siehe § 4 bis § 8. Ansonsten wie hier im Ergebnis (freilich unter Übernahme der Metaphorik einer Belastung des Anteils „als ganzes" statt einer „Abspaltung") *Queck,* Nießbrauch, 135.

167 *Wiedemann,* Übertragung, 405; *Blaurock,* Unterbeteiligung, 141 f.

168 So auch *Queck,* Nießbrauch, 141 f.

169 Soergel-*Stürner,* § 1068 Rn. 7 g; Großkomm-*Ulmer,* § 105 Rn. 122; *ders.,* FS Fleck, 383 (392); *Huber,* Vermögensanteil, 416; *Mentz,* Nießbrauch, 152 f.; *Bechthold,* Nießbrauch, 114.

170 Siehe nur Schlegelberger-*Martens,* § 122 Rn. 5; *Queck,* Nießbrauch, 133 f.

171 Siehe oben § 7 II 1; § 13 I 2 b aa.

wahrt bleibt; wird er gewahrt, liegt im Grundsatz eine Nutzung vor. Der Rekurs auf die gesellschaftsrechtliche Substanz des Belastungsgegenstands ist daher so zuerst einmal unbeachtlich und muß erst noch in die nießbrauchsrechtliche Dichotomie von Substanz und Nutzung eingestellt werden.

2. Die Zuordnung der Ausübungsbefugnis an den Nießbraucher

Zuvor sei ein Blick auf die Zuordnung der Ausübungsbefugnis geworfen. Gegen ihre Zuordnung an den Nießbraucher wurde vorgetragen, dies dürfe schon deshalb nicht sein, weil allein der Gesellschafter in seiner Treuepflichtigkeit sachgerecht über die Entnahme entscheiden könne[172]; zudem sei das Entnahmerecht von höchstpersönlicher Natur[173]. Der Bezug auf die Treuepflichtigkeit geht indes fehl; der Nießbraucher ist schließlich schon dann treuepflichtig, wenn der Anteil entsprechend gewidmet wurde[174]. Und der Verweis auf die Höchstpersönlichkeit ist allein vor dem Hintergrund des Abspaltungsverbots verständlich, dessen Wertungen bei einer Zuordnung der Ausübungsbefugnis an den Nießbraucher gar nicht berührt sind. Das weitere ist dann einfach. Kann gesellschaftsrechtlich oder nießbrauchsrechtlich nichts gegen die Zuordnung der Ausübungsbefugnis zur Entnahme an den Nießbraucher vortragen werden, ist diese Zuordnung zulässig. Den Beteiligten bleibt es indes unbenommen, anderweitige Zuordnungen vorzusehen.

3. Entnahme durch den Nießbraucher

Ist dem Nießbraucher im Verhältnis zu den Gesellschaftern die Befugnis zur Ausübung der Entnahme zugeordnet, ist damit noch nicht präjudiziert, ob getätigte Entnahmen im Innenverhältnis zum Besteller-Gesellschafter dem Nutzungsberechtigten gebühren. Dies entscheidet sich vielmehr danach, wem der Wert der Entnahme zugeordnet werden kann. Zweierlei ist hier zu beachten. Einmal die allgemeine Frage, ob und gegebenfalls in welcher Höhe die Entnahmen dem Nießbraucher überhaupt dem Wert nach gebühren (dazu sogleich a)). Falls danach dem Nießbraucher dem Werte nach nur ein Teil der Entnahmen gebühren, steht sodann die Frage im Raum, ob er auch nur in der Höhe des ihm im Verhältnis zum Besteller-Gesellschafters gebührenden Werts der Entnahme an die Gesellschaft herantreten kann. Oder ob er gleichwohl im Außenverhältnis zur Gesellschaft berechtigt ist,

---

172 *Blaurock,* Unterbeteiligung, 141 f.

173 *Wiedemann,* Übertragung, 405.

174 Siehe oben § 6 V 2.

die volle Entnahme zu fordern – und gegebenenfalls dafür einem Wertausgleichsanspruch des Besteller-Gesellschafters gem. § 1039 I 2 BGB entgegenzusehen (dazu unten b)).

a) Die Zuordnung der Entnahmen im nießbrauchsrechtlichen Innenverhältnis

Vor dem Hintergrund der nießbrauchsrechtlichen Dichotomie von Substanz und Nutzung ist das Dogma vom Substanzeingriff als Grenze der Nutzungsbefugnisse des Nießbrauchers bloßer Reflex des gesamtwirtschaftlichen Interesses, die Nutzung des belasteten Gegenstands insgesamt zu optimieren; entsprechend kommt selbst beim Sachnießbrauch der physischen Sachsubstanz nicht die Relevanz eines eigenständigen nießbrauchsrechtlichen Schutzgutes zu[175]. Ausschlaggebend für die Entscheidung, ob eine bestimmungsgemäße Nutzung im Sinne des Nießbrauchsrechts vorliegt, ist damit ein Blick auf die Widmung der belasteten Mitgliedschaft. Hierbei sind zwei Ebenen zu trennen:

aa) Die gesellschaftsrechtliche Deckelung der Entnahmen

Die erste Ebene ist *gesellschafts*rechtlicher Natur. Hier geht es um die Frage, wann gesellschaftsrechtlich ein Substanzeingriff bei Entnahmen vorliegt. Durch die Einbindung der Entnahmebefugnis in die mitgliedschaftsrechtliche Treuepflicht schimmert durch, daß bei dieser Frage die Interessen der Mit-Gesellschafter und der Gesellschaft im Vordergrund stehen. In dieser Perspektive kommt es für die Entscheidung, ob ein Substanzeingriff vorliegt, daher nicht darauf an, wie sich das Versorgungsinteresse des Nießbrauchers oder das Eigeninteresse des Besteller-Gesellschafters auf die Kategorie „Substanz" auswirkt, sondern darauf an, ob ein verantwortungsbewußt handelnder Gesellschafter, der die Zukunft der Gesellschaft im Auge hat, in der konkreten Entnahmesituation der Gesellschaft liquide Mittel entziehen wird oder nicht. Würde er nicht entnehmen, läge bei einer dennoch vorgenommenen Entnahme ein Eingriff in die Substanz vor, umgekehrt wäre eine Nutzung gegeben. Oftmals wird diese Unterscheidung parallel laufen mit der o.g. Differenzierung, ob die Entnahme durch einen Gewinn gedeckt ist oder nicht; insbesondere bei einer hinreichend starken Eigenkapitalbasis der Gesellschaft ist dies freilich nicht zwingend.

Als Ergebnis hinsichtlich der Zuweisung des Werts der Entnahme bleibt damit auf der gesellschaftsrechtlichen Ebene festzuhalten, eine derartige Zuweisung setzt zumindest voraus, daß ein verantwortungsvoller Gesell-

---

[175] Siehe oben § 13 I 2 b aa.

schafter in der konkreten Situation Entnahmen getätigt hätte. Diese gesellschaftsrechtliche Vorgabe begrenzt die im folgenden dargestellte nießbrauchsrechtliche Wertzuweisung. Denn andernfalls würde dem Nießbraucher möglicherweise ein größerer Wert zugewiesen, als der Besteller-Gesellschafter im Außenverhältnis zur Gesellschaft per Entnahme realisieren könnte. Falls zudem der Anteil so gewidmet ist, daß auch der Nießbraucher die gesellschaftsrechtliche Treuepflicht wahrzunehmen hat[176], liegt es auf der Hand, daß er an die gesellschaftsrechtlichen Vorgaben qua Nießbrauchsrecht (§ 1036 II BGB) gebunden ist. Doch selbst wenn eine entsprechende „Treuepflicht-Widmung" nicht gegeben ist, würde eine entgegen den gesellschaftsrechtlichen Bestimmungen erfolgende Entnahme die optimale Nutzung des belasteten Gegenstands hintertreiben. Nießbrauchsrechtlich läge dann allemal ein Substanzeingriff vor.

bb) Die Beziehung zwischen der Entnahme und der Anteilswidmung

Stand bei der gesellschaftsrechtlichen Ebene die Verantwortlichkeiten des Gesellschafters im Vordergrund, hängt auf der zweiten, *nießbrauchs*rechtlichen Ebene der wirtschaftliche Bestand der Mitgliedschaft – auch hierzu wurde allgemein schon des öfteren etwas gesagt – von der wirtschaftlichen Bestimmung des Nießbrauchsgegenstands, diese wiederum von der Anteilswidmung, die Anteilswidmung indes im Zweifel von den Vorgaben des Kausalgeschäfts ab. Insofern gilt für den Fall, daß der Nießbraucher entnehmen will: Notwendige, wenngleich noch nicht ohne weiteres zugleich auch hinreichende Voraussetzung für die Einordnung der Entnahmen als nießbrauchsrechtliche Nutzungen[177] des Anteils ist, daß – erste Voraussetzung – auch ein verantwortungsvoller Gesellschafter entnommen hätte (siehe soeben) und daß – zweite Voraussetzung – die Entnahme dem Versorgungsinteresse des Nießbrauchers (bei einem ausschließlich diesem Interesse gewidmeten Anteil) oder diesem Versorgungsinteresse und dem Eigeninteresse des Besteller-Gesellschafters (bei einem beiden Interessen gewidmeten Anteil) entspricht.

Die zweite der beiden o.g. Voraussetzungen gründet sich auf folgenden Überlegungen. Ist der Anteil ausschließlich dem Versorgungsinteresse des Nießbrauchers zu dienen bestimmt, wäre die Entnahme durch den Nießbraucher dann ein Eingriff in die Substanz, wenn dieses Versorgungsinteresse die Entnahme nicht trägt. Trägt hingegen das Versorgungsinteresse die Entnahme, könnte gleichwohl noch ein Substanzeingriff gegeben sein,

---

[176] Dazu oben § 6 V 2.

[177] Nutzung in der Weise einer Rechtsfrucht des Anteils, §§ 99 II, 100 BGB (dazu nur *Queck*, Nießbrauch, 135 f.).

wenn die Entnahme dazu führt, daß der Kapitalanteil unter den bei der Nießbrauchsbestellung vorhandenen Wert absinkt – denn immerhin wird vielfach gefordert, daß sich das Nutzungsrecht des Nießbrauchers nur auf die gewinngedeckten Erträge der Mitgliedschaft beziehen dürfe[178]. Gleichwohl liegt bei ausschließlich dem Versorgungsinteresse gewidmeten Anteilen selbst bei nicht-gewinngedeckten Entnahmen durchweg kein Eingriff in die Substanz vor. Denn welche Vermögenswerte nießbrauchsrechtlich unter die Substanz der Mitgliedschaft zu rechnen sind, entscheidet sich eben in Ansehung ihrer Widmung und mit Blick auf die Frage, ob der Gegenstand wirtschaftlich optimal so bewirtschaftet wird, daß die Widmung tatsächlich erreicht wird. Das Versorgungsinteresse deckelt damit gewissermaßen die Substanz des im Hinblick auf die Widmung optimal bewirtschafteten Anteils. Ein derartiger Ansatz an dem Maß des widmungsmäßig geschützten Versorgungsinteresses ist auch aus einem anderen Gedanken her folgerichtig. Tätigt der Besteller-Gesellschafter eine nicht durch Gewinne gedeckte Entnahme, mindert dies sein Kapitalkonto durch Abschreibung des entnommenen Betrags. Dies wiederum würde den Gewinnanteil des nächsten Jahres zu Lasten des Nießbrauchers verringern, § 121 II 2 HGB. Hier wird ganz deutlich ersichtlich, daß umgekehrt bei einer Ausübung der Entnahmebefugnis durch den Nießbraucher die Entscheidung über die Entnahme nur dann nießbrauchsrechtlich zulässig sein kann, wenn sie im Versorgungsinteresse liegt, da ansonsten ein Verstoß gegen § 1036 II BGB gegeben wäre.

Bei einer ausschließlich auf die Versorgung ausgerichteten Anteilswidmung werden mithin dem zu versorgenden Nießbraucher die Entnahmewerte regelmäßig im Grundsatz in voller Höhe entsprechend der Quote zuzuweisen sein, zu der der Nießbrauch bestellt ist. Nun siedelt das Entnahmerecht nach § 122 Abs. 1 HGB zwischen einer Nutzung des Anteils und einer zwar nicht am individuellen Tätigkeitsaufwand, wohl aber an dem kapitalistischen Gesellschafterbeitrag anknüpfenden Tätigkeitsvergütung des Gesellschafters an[179]. Damit trägt die Regelung dem gesetzlichen Leitbild der OHG als Arbeits- und Haftungsgemeinschaft Rechnung, in der der Gesellschafter seine berufliche Tätigkeit entfaltet[180]. Falls der Besteller-Gesellschafter in der Gesellschaft mitarbeitet und vor diesem Hintergrund gesellschaftsvertraglich eine Vergütung für diese Tätigkeit vereinbart worden ist, die durch einen Teil der Entnahmen aufgebracht werden soll, muß daher der den Wert der Arbeitsleistung repräsentierende Teil der Entnahme dem

---

178 Siehe nur Großkomm-*Ulmer,* § 105 Rn. 122; *ders.,* FS Fleck, 383 (392); *Hepp-Schwab,* Mitgliedschaft, 164, 174; *Huber,* Vermögensanteil, 416.

179 Dazu Schlegelberger-*Martens,* § 122 HGB Rn. 1; Staub-*Fischer,* 3. Aufl. 1973, § 122 HGB Rn. 2.

180 Röhricht/Graf v. Westphalen-*v. Gerkan,* § 122 HGB Rn. 1.

Besteller-Gesellschafter verbleiben. Arbeitet umgekehrt allein der Nießbraucher in der Gesellschaft mit, steht ihm auch die Tätigkeitsvergütung als Nutzung des Anteils zu. Alles in allem wird dem Nutzungsberechtigten der Zugriff auf eine feste gewinnunabhängige Einkunftsquelle eröffnet – was die Attraktivität des Anteilsnießbrauchs für eine gehörige, dinglich abgesicherte Versorgung erhöhen wird.

Ist eine auf die Interessen beider Teile ausgerichtete Anteilswidmung erfolgt, kann eine Entnahme dem Versorgungsinteresse des Nießbrauchers entsprechen und dem Eigeninteresse des Besteller-Gesellschafters gerade umgekehrt widersprechen. Im Maß der jeweiligen Interessen läge damit mal eine dem Nießbraucher zustehende Nutzung, mal keine ihm zustehende Nutzung vor. Im Zweifel wird die Entnahme hälftig zu teilen sein[181]; der der o. g. Tätigkeitsvergütung entsprechende Betrag ist vorab zugunsten des Tätigen abzuziehen.

Allerdings wird bei sehr hohen Entnahmen davon auszugehen sein, daß im Zweifel nach dem Willen der Beteiligten weder dieser Halbteilungsgrundsatz (bei einer beiden Interessen zu dienen gewidmeten Anteil) noch die volle Zuordnung der Entnahmen an den Nießbraucher (bei einem rein der Versorgung dienenden Anteil) gelten soll, sondern der dem Versorgungsberechtigten gebührende Anteil an den Entnahmen bis zu einer Sättigungsgrenze beschränkt ist, wie sie im Unterhaltsrecht bei außerordentlich gehobenen Einkommensverhältnissen anerkannt wird. Im Unterhaltsrecht kommt eine Beschränkung des Unterhalts auf solche Mittel in Betracht, die nach objektiven Maßstäben eine Einzelperson auch unter Berücksichtigung hoher Ansprüche für einen billigungswerten Lebensbedarf sinnvoll ausgehen kann[182]. Ist anhand dieser Maßstäbe die Versorgung gesichert und das Versorgungsinteresse damit sachgerecht begrenzt, ist der Anteilswidmung auch dann hinreichend Rechnung getragen, wenn der dem Nießbraucher zustehende Anteil an den Entnahmen wie beschrieben gedeckelt ist.

---

181 Ist die Entnahme durch den laufenden Gewinn gedeckt, könnte man auf den Gedanken kommen, daß sie zumindest in dieser Höhe dem Nießbraucher als Nutzung zufließen müsste. Begründet werden könnte dies mit dem Hinweis, ansonsten bestünde ein Wertungswiderspruch zur Zuordnung der Entnahmen bei einem dem gewöhnlichen Gebrauch zu dienen bestimmter Anteil (dazu siehe sogleich unten), bei denen in Höhe der Gewinndeckung die Entnahmen dem Nießbraucher zustünden. Ein derartiger Wertungswiderspruch besteht jedoch nich. Denn maßgebliches Kriterien für die Zuordnung der Entnahmewerte ist hier das Maß der beteiligten Interesse. Sind die Partizipationsinteressen des Besteller-Gesellschafters mit den Versorgungsinteressen des Nießbrauchers gleichrangig, kann daher durchaus etwas keine Nutzung sein, was im gewöhnlichen Fall gerade als Nutzung eingeschätzt werden muß.

182 Siehe nur Palandt-*Brudermüller,* § 1578 Rn. 39, und OLG Bamberg, FamRZ 1999, 513; OLG Hamm, FamRZ 2000, 21; OLG Koblenz, FamRZ 2000, 605, als Bsp. für konkrete Bedarfsberechnungen.

Ist der Anteil der gewöhnlichen Nutzung zu dienen bestimmt, kann das Maß der Interessen des Nießbrauchers und des Besteller-Gesellschafters den Wert der beiden Beteiligten zuzuordnenden Entnahmeteile notwendigerweise nicht abgrenzen. Vielmehr muß hier danach unterschieden werden, ob die Entnahme gewinngedeckt ist oder nicht. Eine Entnahme, welche nicht durch Gewinne gedeckt ist, die während der Laufzeit des Nutzungsrechts eingebracht worden sind[183], kann zu einer Verschiebung der Anteilsverhältnisse führen. In Höhe der fehlenden Gewinndeckung muß die Entnahme daher als Substanz der Mitgliedschaft dem Besteller-Gesellschafter zustehen, da aufgrund der Gewinnunabhängigkeit der Entnahmen das Gesellschaftsvermögen angegriffen wird – etwaige Ausgleichsansprüche unter den Beteiligten des dinglichen Nutzungsrechts werden noch zu thematisieren sein[184]. Sind die Entnahmen durch Gewinne gedeckt, stehen sie hingegen in dieser Höhe dem Nießbraucher zu – wiederum abzüglich der o.g. Tätigkeitsvergütung, wenn der Besteller-Gesellschafter die der Vergütung entsprechenden Tätigkeiten für die Gesellschaft erbringt.

b) Die Zuordnung der Entnahmen im Außenverhältnis zur Gesellschaft: Dingliche Rechtslage und schuldrechtlicher Ausgleich gem. § 1039 I 2 BGB

Bisher war abstrakt von der Zuordnung des Werts der Entnahmen an den Nießbraucher oder an den Besteller-Gesellschafter die Rede. Es wurde nicht danach unterschieden, ob die Entnahmen im Außenverhältnis zur Gesellschaft dem Nießbraucher nur in der Höhe zugeordnet werden, die eben dem gerade herausgearbeiteten Maß seiner Partizipation an den Entnahmen entspricht. Hat etwa der Nießbraucher bei einem den Interessen beider Parteien des Nutzungsrechts zu dienen bestimmter Anteil gegen die Gesellschaft nur einen Zahlungsanspruch in Höhe der Hälfte der möglichen Entnahmen? Oder steht ihm im Außenverhältnis das Entnahmerecht in voller Höhe zu – womit die Frage eines etwaigen Wertausgleichsanspruchs im Innenverhältnis zum Besteller-Gesellschafters gestellt ist?

Nun wurden mit Blick auf § 1039 I BGB die außergewöhnlichen Erträge im Außenverhältnis zur Gesellschaft dem Nießbraucher gegen Wertaus-

---

183 Finanzieren sich die Entnahmen wenigstens zum Teil aus während der Laufzeit des Nutzungsrechts thesaurierten Gewinnen, würde eine Zuweisung des *diesen* Gewinnen entsprechenden Betrages an den Nießbraucher als Nutzung der Wertung widersprechen, daß unter gewissen Umständen der Besteller-Gesellschafter thesaurierte Gewinne zur Hälfte an den Nießbraucher ausgleichen muß. Käme es bei der auf thesaurierte Gewinne zurückgreifenden Entnahme erneut zum Wertausgleich, würde der Nießbraucher also gleichsam doppelt partizipieren, der Besteller-Gesellschafter umgekehrt doppelt belastet – was nicht sein darf. Ebenso *Queck,* Nießbrauch, 147.

184 Siehe unten § 13 III 4.

gleich im Innenverhältnis zum Besteller-Gesellschafter zugeordnet[185]. Stehen dem Nießbraucher im Außenverhältnis zur Gesellschaft aber selbst diejenigen außerordentlichen Erträge zu, die aus der Auflösung solcher Rücklagen stammen, die vor der Bestellung des dinglichen Nutzungsrechts gebildet wurden, muß gleiches auch für die gewinnunabhängigen Entnahmen gelten. Es war schon die Rede davon, daß § 1039 I 1 BGB aus Gründen der Rechtsklarheit in der Kompetenzzuordnung zwischen der dinglichen und der schuldrechtlichen Rechtslage unterscheidet, damit zwecks Optimierung der sachgerechten Gegenstandsnutzung etwaige Konflikte zwischen Nießbraucher und Besteller in das Innenverhältnis zwischen beiden verlagert werden, wo sie gesellschaftlich nicht stören[186]. Hieraus folgt, daß Früchte, die der Nießbraucher entgegen den Regeln einer ordnungsgemäßen Wirtschaft und damit unter Verstoß gegen § 1036 II BGB zieht (also Übermaßfrüchte), gleichwohl dinglich dem Nießbraucher zuzuordnen sind. Dies bedeutet freilich nicht, daß der Nießbraucher diese Früchte auch im Innenverhältnis zum Besteller-Gesellschafter dem Wert nach behalten darf. Der überschießenden dinglichen Rechtsmacht des Nießbrauchers wird vielmehr bei einer übermäßigen (also widmungswidrigen oder zwar der Widmung entsprechend, aber wirtschaftlich hinsichtlich der Widmung suboptimalen) Entnahme durch einen Wertausgleichsanspruch des Besteller-Gesellschafters nach § 1039 I 2 BGB entgegenzutreten sein[187]. Der Wertausgleich umfaßt auch die Entnahmen, die oberhalb der genannten Sättigungsgrenze angesiedelt werden können. Hinzukommt der Ausgleich für die zuvor erwähnte Tätigkeitsvergütung, wenn eine solche gesellschaftsvertraglich ausbedungen ist und der Besteller-Gesellschafter für die Gesellschaft tätig ist.

Dieser Unterscheidung zwischen Außen- und Innenverhältnis könnte mit der Überlegung entgegengetreten werden, damit käme es bei Lichte betrachtet zu einem Substanzverlust beim Besteller-Gesellschafter. Denn es könnte ja sein, daß bei einer Zuordnung des Entnahmerechts an den Nießbraucher dieser stetig entnimmt und im Gefolge dessen der Kapitalanteil des Besteller-Gesellschafters unter den jeweiligen Vorjahresstand gedrückt wird – mit unter Umständen gravierenden Folgen nicht nur vermögensrechtlicher Natur, sondern auch hinsichtlich der Mitwirkungsrechte, wenn diese an die Höhe des Kapitalanteils gebunden sind[188]. Hierin wäre ein klarer verhältnismäßiger Substanzverlust zu erblicken, ergo müssten nicht-gewinngedeckte Entnahmen dem Besteller-Gesellschafter zuzuordnen sein. Ein der-

---

185 Dazu oben § 13 I 3 b.

186 Dazu oben § 13 I 3 b aa.

187 So i. E. auch *Queck,* Nießbrauch, 146 f.

188 Für Gewinndeckelung der dem Nießbraucher zustehenden Entnahmen der Höhe nach deshalb Großkomm-*Ulmer,* § 105 Rn. 122; *ders.,* FS Fleck, 383 (392); *Hepp-Schwab,* Mitgliedschaft, 164, 174; *Huber,* Vermögensanteil, 416.

artiger Einwand verfängt jedoch nicht. Queck weist zu Recht daraufhin, daß die gravierenden Entwicklungen beim Abfluß von Gesellschaftsvermögen kein Problem der nießbrauchsrechtlichen Zuordnung der Entnahmen darstellen, sondern sich aus dem gesetzlichen Leitbild der veränderlichen Kapitalanteile nach §§ 120 II, 121 II HGB ergeben[189]. Würden alle Gesellschafter gleichermaßen in der Weise entnehmen, daß sich an den Beteiligungsverhältnissen nichts ändern würde, wäre der Substanzverlust weniger einsichtig. Das Problem einer entnahmebedingten Verschiebung der Anteilsverhältnisse darf demnach zwar durch eine gesellschaftsvertragliche Vereinbarung fester Kapitalanteile[190], nicht jedoch funktionswidrig durch ein Durchschlagen des nießbrauchsrechtlichen Innenverhältnisses auf das Aussenverhältnis zur Gesellschaft bewältigt werden. Es bleibt demnach dabei, daß die Entnahmen im Außenverhältnis dem Nießbrauch gegen etwaigen Wertausgleich im Innenverhältnis gem. § 1039 I 2 BGB zuzuordnen sind. Alles in allem trägt die Wertausgleichspflicht schließlich auch dazu bei, eine rigorose Kapitalentnahmepolitik des Nießbrauchers zu vermeiden und eine Harmonisierung der gegensätzlichen Interessen von Nießbraucher und Besteller-Gesellschafter zu stützen. Hier schließt sich der Kreis: Indem durch diese Harmonisierung die optimale Nutzung des belasteten Gegenstands erreicht wird, wird dem schon öfters vorgestellten Nutzungsmodell des Nießbrauch[191] bestmöglich Rechnung getragen. Dies wiederum spricht für die Richtigkeit der hier vertretenen Lösung.

4. Entnahme des Besteller-Gesellschafters

Stellenweise findet sich in der Literatur folgender Satz: Hat „der Besteller in ertragslosen Jahren Entnahmen getätigt und führen diese in den Folgejahren dazu, daß an sich entnahmefähige Gewinne zur Wiederauffüllung des um die Entnahmen verminderten Kapitalkontos verwendet werden, so ist er dem Nießbraucher zum Ersatz verpflichtet“[192]. In dieser Weite ist dies mißverständlich. Die Entnahme ist Nutzung des Anteils und gebührt dinglich im Außenverhältnis zur Gesellschaft dem Nießbraucher. Eine Entnahme durch den Besteller-Gesellschafter kann mithin nur erfolgen, wenn ihm die Ausübungsbefugnis über das Entnahmerecht zugeordnet ist[193]. Zudem stehen auch im Innenverhältnis zum Nießbraucher dem Besteller-Gesellschafter etwaige Tätigkeitsvergütungen zu, die ihm gesellschaftsver-

---

189 *Queck,* Nießbrauch, 143.

190 Ebenso *Queck,* Nießbrauch, 143.

191 Dazu siehe oben § 7 II 1; § 13 I 2 b aa.

192 *Ulmer,* FS Fleck, 383 (392); Großkomm-*ders.,* § 105 HGB Anm. 122; ebenso MünchHdb-GesR-*Rodin,* § 60 Rn. 21.

193 Dazu oben § 13 III 2.

traglich als Ausgleich für eine Tätigkeit in der Gesellschaft ausbedungen worden sind; der Wert des die Arbeitsleistung repräsentierenden Teils der Entnahme muß notgedrungen dem Besteller-Gesellschafter verbleiben[194]. Die sich sodann stellende Frage lautet: Ist der Besteller dem Nießbraucher für den Rest ersatzpflichtig?

a) Die Zustimmungspflichtigkeit gem. § 1071 II BGB

Im Schrifttum ist schon die Vorfrage aufgeworfen und im Ergebnis bejaht worden, ob der Besteller-Gesellschafter wegen § 1071 II BGB vor der Entnahme genötigt ist, zuvor die Zustimmung des Nießbrauchers einzuholen[195]. Nach dem herkömmlichen Verständnis des § 1071 II BGB, das eng an § 877 BGB angelehnt ist und von dieser Warte aus eine beeinträchtigende Rechtsänderung recht formal faßt[196], wäre es freilich schwer, in der Entnahme, die zu einer bloßen Veränderung am beweglichen Kapitalkonto des entnehmenden Gesellschafters führt, eine rechtstechnische Änderung des belasteten Rechts „Mitgliedschaft" zu sehen. Im Rahmen dieser Untersuchung wurde demgegenüber vorgeschlagen, von einem materiellen Verständnis des § 1071 II BGB auszugehen und dementsprechend zumindest die Stimmabgabe bei sämtlichen Grundlagengeschäften unter den Begriff „Inhaltsänderung" im Grundsatz zu verbuchen[197]. Selbst wenn nun für die Festsetzung des entnahmefähigen Betrages ein Gesellschafterbeschluß erforderlich sein sollte[198], bleibt der Beschluß eine Geschäftsführungsmaßnahme[199]; diese kann aber regelmäßig nicht als Rechtsänderungen i. S. § 1071 II BGB verstanden werden[200].

Dennoch liegt im Ergebnis in einer den Wert der o. g. Tätigkeitsvergütung übersteigenden Entnahme durch den Gesellschafter eine relevante Rechtsänderung i. S. § 1071 II BGB vor. Denn diese Entnahme ist zugleich eine Verletzung der „Substanz" der Mitgliedschaft. Und derartige „Substanzverletzungen" fallen grundsätzlich unter den Begriff einer benachteiligenden Rechtsänderung i. S. § 1071 II BGB. Dafür spricht auch, daß aufgrund der gesetzlichen Vorgaben des Sachnießbrauchs bei Substanzverlet-

---

194 Dazu oben § 13 III 3 a bb.

195 So *Mentz,* Nießbrauch, 155 f.; *v. Godin,* Nutzungsrecht, 97.

196 Siehe dazu oben § 7 III 4 b.

197 Siehe oben § 7 III 4 b.

198 Gesellschaftsvertraglich kann vorgesehen sein, daß hinsichtlich der Festsetzung des entnahmefähigen Betrages ein Gesellschafterbeschluß erforderlich ist, siehe nur MünchHdb-GesR-*v. Falkenhausen,* § 37 Rn. 68, 72.

199 So wohl auch MünchHdb-GesR-*v. Falkenhausen,* § 37 Rn. 72; *Barz,* FS Knur, 25 (36).

200 Siehe oben § 7 III 4 c.

zungen, die durch den Eigentümer erfolgen, der Nießbraucher diese Substanzverletzungen schon deshalb rein tatsächlich abwehren kann, weil er sich im Besitz der Sache befindet, § 1036 I BGB. Das Mittel, welches das Gesetz dem Nießbraucher zur Verfügung stellt, um sein Erhaltungsinteresse zu befriedigen, ist damit der Besitz der belasteten Sache. Bei einem Rechtsnießbrauch ist ein derartiges Schutzinstrumentarium offensichtlich unbrauchbar. Dem beim Sachnießbrauch faktisch durch die Besitzerstellung gewährten Schutz kommt beim Rechtsnießbrauch nur ein Recht des Nießbrauchers gleich, welches „Substanzverletzungen" des Rechtsinhabers von vornherein verhindert. Vor diesem Hintergrund muß § 1071 II BGB als Mittel zum Schutz des Erhaltungsinteresses des Nießbrauchers vor einem Eingriff in die „Substanz" des belasteten Rechts durch den Rechtsinhaber begriffen werden.

b) Der Wertausgleichsanspruch des Nießbrauchers

Ist die substanzverletzende Entnahme ohne Zustimmung des Nießbrauchers erfolgt, könnte – parallel zum Ausgleich thesaurierter Gewinne[201] – ein Wertausgleichsanspruch analog § 1049 I BGB in Rede stehen. Gleichwohl dürfte eine derartige Analogie nicht angängig sein. Anders als bei thesaurierten Gewinnen, bei denen es zu einem Wertfluß in die Gesellschaft kommt, kann bei wertverzehrenden Entnahmen schwerlich die Parallele zu Verwendungen gezogen werden, von denen in § 1049 BGB die Rede ist. In der Wertung ist gleichwohl ein Ausgleich veranlaßt. Konstruktiv weist hier § 1071 II BGB den Weg. Denn stimmt der Nießbraucher der substanzverletzenden Entnahme durch den Besteller-Gesellschafter nicht zu, obwohl die Zustimmung im Innenverhältnis erforderlich ist, hat der Besteller-Gesellschafter das gesetzliche Schuldverhältnis zwischen ihm und dem Nießbraucher verletzt. Mit Blick hieraus steht dem Nießbraucher nach allgemeinen Regeln ein Ersatzanspruch aus Verletzung des gesetzlichen nießbrauchsrechtlichen Schuldverhältnisses zur Seite, wenn ein Vertretenmüssen des Besteller-Gesellschafters vorliegt, § 280 I BGB. Der Anspruch geht auf Ersatz in Höhe des Betrages, für den an sich entnahmefähige Gewinne zur Wiederauffüllung des um die Entnahmen verminderten Kapitalkontos verwendet werden[202]. Der Besteller-Gesellschafter wird durchweg sein Vertretenmüssen nicht mit dem Hinweis ausschließen können, er sei schließlich auf die Entnahme zwingend angewiesen, da er nur so seinen Unterhalt sicherstellen könne. Bei der Verletzung des gesetzlichen Schuldverhältnisses

---

[201] Dazu oben § 13 I 2 e.

[202] Im Ergebnis hinsichtlich der Höhe des Ersatz ebenso *Ulmer,* FS Fleck, 383 (392); Großkomm-*ders.,* § 105 HGB Anm. 122; ebenso MünchHdb-GesR-*Rodin,* § 60 Rn. 21.

steht nicht das Versorgungsinteresse des Besteller-Gesellschafters zur Debatte, sondern die Modalitäten, unter denen er dieses Interesse befriedigen kann, eben die zuvor erforderliche Zustimmung des Nießbrauchers. Hierauf bezieht sich seine Pflichtverletzung. Soll schließlich eine nießbrauchsunabhängige Versorgung des Besteller-Gesellschafters möglich sein, muß dies im Kausalgeschäft vorgesehen werden und entsprechend verfügt worden sein, daß das Entnahmerecht belastungsfrei gestellt ist.

5. Ergebnis

Folgendes bleibt festzuhalten: Ist der Anteil ausschließlich auf die Versorgung ausgerichtet, stehen dem Nießbraucher die Entnahmen ihrem Wert nach durchweg in voller Höhe entsprechend der Nießbrauchsquote zu. Von diesem Betrag ist eine Tätigkeitsvergütung abzuziehen, wenn der Besteller-Gesellschafter in der Gesellschaft mitarbeitet und die Entnahme gesellschaftsvertraglich als Vergütung vorgesehen ist; der Wert des seine Arbeitsleistung repräsentierenden Teils der Entnahme darf nicht an den Nießbraucher fließen. Liegt eine auf die Interessen beider Teile ausgerichtete Anteilswidmung vor, liegt im Maß des jeweiligen Nießbraucherinteresses eine dem Nutzungsberechtigten zustehende Nutzung vor; im Zweifel wird die Entnahme hälftig zu teilen sein; der der o. g. Tätigkeitsvergütung entsprechende Betrag ist vorab jeweils zugunsten des tätigen Besteller-Gesellschafters abzuziehen. Bei sehr hohen Entnahmen wird der dem Nießbraucher zukommende Anteil bis zu einer Sättigungsgrenze beschränkt, wie sie im Unterhaltsrecht bei außerordentlich gehobenen Einkommensverhältnissen anerkannt wird. Ist der Anteil der gewöhnlichen Nutzung zu dienen bestimmt, ist danach zu unterscheiden, ob die Entnahme gewinngedeckt ist oder nicht. Nur die gewinngedeckten Entnahmen stehen in dieser Höhe dem Nießbraucher zu – wiederum abzüglich der o. g. Tätigkeitsvergütung, wenn der Besteller-Gesellschafter die der Vergütung entsprechenden Tätigkeiten für die Gesellschaft erbringt[203]. Dogmatisch ist die Entnahme im Außenverhältnis dinglich voll dem Nießbraucher zugeordnet; im Innenverhältnis zum Besteller-Gesellschafter findet ein Wertausgleich nach § 1039 I 2 BGB statt, wenn der entnommene Betrag den dem Nießbraucher gebührende Betrag übersteigt[204].

Die Entnahmebefugnis kann dem Nießbraucher zugeordnet werden, wenn er über die entsprechende Anteilswidmung in die gesellschaftsrechtliche Treuepflicht eingebunden ist. Ist die Entnahmebefugnis dem Besteller-Gesellschafter zugeordnet, kann eine Entnahme eine benachteiligende Rechts-

---

[203] Siehe oben § 13 III 3 a.
[204] Siehe oben § 13 III 3 b.

änderung i. S. § 1071 II BGB darstellen und daher unter einen Zustimmungsvorbehalt gestellt sein. Ist die Entnahme ohne die erforderliche Zustimmung des Nießbrauchers erfolgt, steht bei Vertretenmüssen dem Nießbraucher ein Ersatzanspruch aus Verletzung des gesetzlichen nießbrauchsrechtlichen Schuldverhältnisses nach § 280 I BGB zur Seite, der auf Ersatz desjenigen Betrages geht, für den an sich entnahmefähige Gewinne zur Wiederauffüllung des um die Entnahmen verminderten Kapitalkontos verwendet werden[205].

IV. Liquidation – Abfindung

1. Streitstand

Wird die Gesellschaft liquidiert, fällt mit dem Nutzungsgegenstand auch das Nutzungsrecht weg. Im Falle des Ausscheidens des Besteller-Gesellschafters wächst das ihm zukommende Gesellschaftsvermögen dem Ausscheidenden ab und den anderen Gesellschaftern an, § 738 I 1 BGB, § 105 III HGB[206]; hierbei geht der Anteil des Ausscheidenden und damit auch die Belastung unter[207]. Bei der Liquidation soll nach überwiegender Ansicht der aus der Erstattung der Einlagen und der Verteilung des Überschusses nach § 155 HGB fließende Wert allein dem Besteller-Gesellschafter zufallen; gleiches soll für das Abfindungsguthaben nach § 738 I 2 BGB, § 105 III HGB als Surrogat der Beteiligung für den Fall des Ausscheidens aus der Gesellschaft gelten[208]. Ob sich der Nießbrauch an dem Abfindungs- oder Auseinandersetzungsguthaben fortsetzt, wird entweder als automatische Folge dinglicher Surrogation analog §§ 1074, 1075 BGB[209] oder als Ergebnis einer Neubegründung des Nutzungsrechts aufgrund eines diesbezüglichen Anspruchs des Nießbrauchers aus § 1079 BGB analog[210] angesehen.

---

205 Siehe oben § 13 III 4.

206 Zu dieser Ab- und Anwachsung siehe nur *Karsten Schmidt,* GesR, § 45 II 5.

207 So richtig *Queck,* Nießbrauch, 150.

208 Für das Auseinandersetzungsguthaben BFH, NJW 1995, 1918 (1919); ansonsten h. M., siehe Staud-*Frank,* Anh zu §§ 1068, 1069 Rn. 91; Schlegelberger-*Karsten Schmidt,* Vorbem. § 335 HGB Rn. 14; MünchKomm-*Ulmer,* § 705 Rn. 84; Großkomm-*ders.,* § 105 Rn. 123; *ders.,* FS Fleck, 383 (393); MünchHdb-GesR-*Rodin,* § 60 Rn. 22; *v. Godin,* Nutzungsrecht, 99 f.; *Wiedemann,* Übertragung, 403; *Huber,* Vermögensanteil, 416; *Bechtold,* Nießbrauch, 131; *Mentz,* Niessbrauch, 160 f.; *Hepp-Schwab,* Mitgliedschaft, 186; *Queck,* Nießbrauch, 153 f.; *Bunke,* DNotZ 1968, 5 (16); *Haegele,* BWNotZ 1974, 24 (27); *v. Schilling,* DB 1954, 561 (562); *Schüller,* MittRhNotK 1980, 97 (103); zu Differenzierungen siehe *Schön,* ZHR 158 (1994), 229 (267 f.).

209 So MünchKomm-*Ulmer,* § 705 Rn. 84; Großkomm-*ders.,* § 105 HGB Rn. 123; *ders.,* FS Fleck, 383 (393); *Huber,* Vermögensanteil, 416; *Petzoldt,* GmbHR 1987, 381 (385).

Zugleich wird stellenweise betont, aus den Vereinbarungen mit den Beteiligten müsse sich jeweils ergeben, daß das Nutzungsrecht die Mitgliedschaft überdauern solle[211]. Setzt sich der Nießbrauch fort, steht dem Nießbraucher das Nutzungsrecht an dieser Kapitalforderung zu. Fraglich ist nur – wie soeben ausgeführt –, ob er nach §§ 1074, 1075 BGB einen uneigentlichen Nießbrauch am Geld erhält oder nach §§ 1077 ff. BGB eine neue verzinsliche Anlageform wählen kann. Keinesfalls seien Abfindungssummen oder Auseinandersetzungsguthaben als Ertrag zu behandeln, und zwar selbst dann nicht, wenn in ihnen nichtentnommene Gewinne enthalten seien[212]. Demgegenüber vertritt – soweit ersichtlich einzig – Schön die Ansicht, in dem Umfang, in dem dem Nießbraucher auch die thesaurierten Gewinne gebühren (was nach der Schönschen Lösung jedenfalls dann der Fall ist, wenn der belastete Anteil die Mehrheitsbeteiligung darstellt), stehe ihm auch aus eigenem Recht der bei der Abfindung oder Auseinandersetzung anfallende Überschuß zu[213].

2. Die Beziehung der Anteilswidmung zum Auseinandersetzungs- oder Abfindungsguthaben

a) Substanz – Nutzung – Anteilswidmung

Die dogmatische Begründung für die Zuordnung des Auseinandersetzungs- oder Abfindungsguthabens an den Besteller-Gesellschafter wird durchweg darin gefunden, dieses Guthaben sei ein funktionales Äquivalent für die Substanz der Mitgliedschaft, so daß es sich nicht um „Früchte“ nach §§ 99 II, 100 BGB, sondern um ein Surrogat der Beteiligungssubstanz handele[214]. Schön weist zu Recht darauf hin, daß die Einordnung des Abfindungs- und Auseinandersetzungsguthabens als Surrogat der Beteiligung so ohne weiteres zuerst einmal nur überzeugt hinsichtlich des vom Besteller-Gesellschafter eingebrachten „Kapitals“, also bezüglich der geleisteten Einlagen einschließlich der bis zur Begründung des Nießbrauchs angesammelten Gewinnrücklagen und sonstiger Zuzahlungen [215]. Schön macht ebenfalls

---

[210] So Schlegelberger-*Karsten Schmidt,* Vorbem. § 335 HGB Rn. 14; *v. Godin,* Nutzungsrecht, 99; *Wiedemann,* Übertragung, 403; *Bechtold,* Nießbrauch, 132 ff.; *Mentz,* Niessbrauch, 163 f.; *Queck,* Nießbrauch, 159 ff.

[211] Schlegelberger-*Karsten Schmidt,* Vorbem. § 335 HGB Rn. 14; Staud-*Frank,* Anh zu §§ 1068, 1069 Rn. 90; kritisch hierzu *Queck,* Nießbrauch, 157.

[212] Deutlich etwa Staud-*Frank,* Anh zu §§ 1068, 1069 Rn. 91.

[213] *Schön,* ZHR 158 (1994), 229 (246 f.).

[214] Schlegelberger-*Karsten Schmidt,* Vorbem. § 335 Rn. 14; MünchKomm-*Ulmer,* § 705 Rn. 84; *ders.,* FS Fleck, 383 (393); *Wiedemann,* Übertragung, 403; *v. Godin,* Nutzungsrecht, 99; *Bechtold,* Nießbrauch, 131; *Mentz,* Niessbrauch, 160; *Petzoldt,* GmbHR 1987, 381 (385); ansonsten siehe nur die o.g. Nachweise in Fn. 208.

darauf aufmerksam, daß schon die Regelung des § 734 BGB von der Einlagenrückgewähr die Verteilung des vom Gesetz nach Maßgabe des Gewinnbezugsrechts zugeordneten „Überschusses" unterscheidet. „Substanz" ist daher allenfalls die geleistete Kapitaleinlage, „Ertrag" somit der Kapitalzuwachs abzüglich der Kapitaleinlage, bereinigt um die bis zur Begründung des Nießbrauchs akkumulierten Gewinnrücklagen und sonstigen Zuzahlungen[216].

b) Wertungsparallele zur Zuordnung außerordentlicher Erträge

Ausgangsgröße für die Entwicklung des (rechnerischen) Eigenkapitals des Gesellschafters ist zunächst seine Einlage, die er bei der Errichtung der Gesellschaft oder bei seinem Eintritt erbringt. Dieser Kapitalanteil ändert sich während des Geschäftsjahres durch Gewinne, weitere Einlagen, Verluste und Entnahmen des Gesellschafters[217]. Wenn die h.M. mit Blick auf diese Erwägungen ohne weiteres das Abfindungs- und Liquidationsguthaben dem Besteller-Gesellschafter zuweist, hat sie ihm daher bei Lichte betrachtet das Ergebnis der Tätigkeit dem Wert nach voll zugeordnet, ohne sich zuvor überhaupt die Frage zu stellen, wieso sie hier vom Regelfall der Zuordnung an den Nießbraucher abweicht, nach dem das Ergebnis der Tätigkeit des Nutzenden als Nutzung erscheint, wenn diese Tätigkeit einen bestimmungsmäßigen „Gebrauch" des Anteils im nießbrauchsrechtlichen Sinne (§ 1030 I BGB, §§ 99 f. BGB) darstellt. Der „Gewinn" eines Unternehmens ist eben – worauf Schön zu Recht hinweist – „immer nur der Substanzzuwachs i.S. einer Vermögensmehrung" und „nicht eine vom ‚Stammvermögen' zu sondernde Nutzung"[218]. Da die sich im Abfindungs- oder Auseinandersetzungsguthaben niederschlagenden Gewinne aber eben nicht als ausschüttungsfähig gestellt bzw. nicht entnommen worden sind, kann sich die Zuordnung des relevanten Kapitalzuwachses (Auseinandersetzungs- oder Abfindungsguthaben abzüglich der Kapitaleinlage und bereinigt um die bis zur Begründung des Nießbrauchs akkumulierten Gewinnrücklagen und sonstigen Zuzahlungen) beim Anteilsnießbrauch hinsichtlich der ste-

---

215 *Schön,* ZHR 158 (1994), 229 (246).

216 *Schön,* ZHR 158 (1994), 229 (246).

217 *Winnefeld,* Bilanz-Handbuch, Rn. F 660.

218 *Schön,* ZHR 158 (1994), 229 (246). Ansonsten müßte ja auch eine klare Aufteilung der Beteiligung des Gesellschafters an stillen oder offenen Reserven und seines Rechts auf Gewinne, die zwar bereits auf einen Kapitalanteil gutgeschrieben worden sind, die er aber freiwillig nicht abgehoben hat oder die einer vertraglichen Ausschüttungssperre unterliegen, an einen Inhaber eines „Gewinnstammrechts" i.S. *Sieberts* (dazu siehe oben § 2 III 4 c) und an den Inhaber des Auseinandersetzungsanspruchs klar und eindeutig nach rationalen Kriterien möglich sein. Gerade dies wird aber bsp. von *Huber,* Vermögensanteil, 415, zu Recht vehement bestritten.

hengelassenen Gewinne eben darum im Grundsatz eigentlich nicht anders darstellen als die Zuordnung nichtentnommener Gewinne[219]. Freilich verbleiben bei diesem Ansatz die während der Laufzeit des Nutzungsrecht gelegten stillen Reserven außen vor, obwohl der Nießbraucher auf ihren Wert im Grundsatz durchaus zugreifen kann, wenn die während des Nießbrauchs angelegten stillen Reserven aufgelöst und als außerordentlicher Gewinn ausgeschüttet worden sind[220]. Nun ist nicht einzusehen, wieso die Auflösung stiller Reserven vor der Liquidation der Gesellschaft oder vor dem Ausscheiden des Besteller-Gesellschafters aus der Gesellschaft zu einem Wertzuwachs beim Nießbraucher führen soll, bei der Liquidation und beim Ausscheiden hingegen nicht; im Liquidations- oder Abfindungsguthaben findet sich gleichsam der Wertung nach der größtmögliche außerordentliche Ertrag. Der Wertung nach muß daher die Verteilung des Liquidations- oder Abfindungsguthabens unter den Beteiligten des dinglichen Nutzungsrechts nach den gleichen Maßstäben erfolgen, die bei der Zuordnung der außerordentlichen Erträge angelegt worden sind. Hiergegen ist jüngst eingewendet worden, bei der Zuordnung des außerordentlichen Ertrags hätte die Regelung des § 1039 BGB Pate gestanden; dieser Weg über § 1039 BGB sei mangels Anteilsfrucht beim Auseinander- und Abfindungsguthaben aber versperrt[221]. Überzeugend ist dieser Einwand nicht. Träte man ihm bei, wären Wertungswidersprüche zur Zuordnung der Nutzungen bei der Ausschüttung außerordentlicher Erträge vorprogrammiert, was nicht sein darf. Zudem würde man sich geradewegs wieder Vorstellungen einer festgefügten „Substanz“ der Mitgliedschaft nähern, was nach dem zuvor Gesagten nicht einsichtig ist. Schließlich betrifft § 1039 I 1 BGB die Zuordnung des nießbraucherischen Zugriffs im Außenverhältnis zur Gesellschaft und den internen Wertausgleich im Innenverhältnis zum Besteller-Gesellschafter nach § 1039 I 2 BGB. Die diesem Wertausgleich zugrundeliegenden Wertungen, inwiefern Wertschöpfungen im Rahmen der Mitgliedschaft als Nutzung an den Nießbraucher verteilt werden können, bleiben aber von dieser Differenzierung zwischen Außen- und Innenverhältnis unberührt.

c) Differenzierungen nach der Art der Anteilswidmung

Die Schönsche Antwort auf die Zuordnung des Abfindungsguthabens überzeugt daher in der Linie, nicht jedoch im Detail. Die Zuordnung des

---

219 Für *Schön* bedeutet dies – nach seinem Ansatz auch folgerichtig –, daß bei einem Nießbrauch am Mehrheitsgesellschafteranteil dem Nießbraucher das Auseinandersetzungsguthaben zusteht, da dieser auf den Wert der nichtentnahmefähigen Gewinne im Innenverhältnis zum Besteller-Gesellschafter hätte zugreifen können.

220 Dazu siehe oben § 13 I 3 c.

221 So *Queck*, Nießbrauch, 154.

Kapitalzuwachses[222] richtet sich nicht nach den für die Zuordnung nichtentnommener Gewinne, sondern nach den für die Verteilung außerordentlicher Erträge geltenden Regeln. Für diese Regeln wiederum ist leitende Richtschnur aber nicht, ob der Mehrheitsanteil belastet ist, sondern – wieder einmal sei dies gesagt – die Anteilswidmung[223]. Ist daher der Anteil dem gewöhnlichen Gebrauch zu dienen bestimmt, gilt für den Fall der Auseinandersetzung folgendes[224]: Das im Außenverhältnis zur Gesellschafter auf den Besteller-Gesellschafter entfallene Guthaben aus der Auslösung der stillen Reserven, die in solchen Gegenständen verborgen sind, die während des Nutzungsrechts angeschafft worden sind, stehen dem Nießbraucher zu. Demgegenüber wird der Wert aus der Auflösung stiller Reserven, die von solchen Gegenständen stammen, die sich schon zum Zeitpunkt der Belastung im Betriebsvermögen befanden, dem Besteller-Gesellschafter zugeordnet. Bei der Auflösung von Rücklagen kommen dem Nießbraucher solche Rücklagen zu, die aus Gewinnen stammen, die während des Nießbrauchs thesauriert wurden und bei denen ein Wertausgleich analog § 1049 BGB nicht stattfand. Ansonsten stehen die Rücklagen dem Besteller-Gesellschafter zu; gleiches gilt für den Rest des Kapitalzuwachses (also Abfindungs- und Auseinandersetzungsguthaben, verringert um den Wert der Kapitaleinlage, die bis zur Begründung des Nießbrauchs akkumulierten Gewinnrücklagen und sonstigen Zuzahlungen). Im Fall der Abfindung müssen diese Regelungen entsprechend heruntergebrochen werden auf Modifikationen im Rahmen von Abfindungsklauseln (wie etwa Buchwertklauseln).

Steht ein Anteil in Rede, der ausschließlich dem Versorgungsinteresse zu dienen gewidmet ist, wird bei der Ausschüttung außerordentlicher Erträge dem Nießbraucher im Verhältnis zum Besteller-Gesellschafter der volle außerordentliche Ertrag zugeordnet, wobei der Wert der während des Nutzungsrechts gebildeten Rücklagen vom Gesamtbetrag abgezogen wird, falls bei diesen Rücklagen ein Wertausgleich analog § 1049 BGB für die Thesaurierung erfolgt ist[225]. Wird bei der Auseinandersetzung die Wertungsparallele zur Verteilung außerordentlicher Erträge gezogen, gebührt dem Nießbraucher der Teil des Guthabens, der sämtlichen Rücklagen (abzüglich erfolgter Wertausgleiche analog § 1049 BGB) und der Realisierung sämtlicher stiller Reserven entspricht. Bei Abfindungen, die nicht den genauen

---

[222] Im Grundsatz: Auseinandersetzungs- oder Abfindungsguthaben abzüglich der Kapitaleinlage und bereinigt um die bis zur Begründung des Nießbrauchs akkumulierten Gewinnrücklagen und sonstigen Zuzahlungen; zu einer wichtigen Modifizierung siehe sogleich.

[223] Siehe oben § 13 I 3 b bb.

[224] Siehe oben die Parallele bei der Verteilung des außerordentlichen Ertrags § 13 I 3 b aa.

[225] Siehe oben § 13 I 3 b bb.

Wert der Beteiligung widerspiegeln, muß der dem Nießbraucher zukommende Teil der Abfindung wiederum im Verhältnis des tatsächlichen Abfindungsbetrags zum wirtschaftlichen Wert der Mitgliedschaft entsprechend errechnet werden. Da all dies nur zum Teil dem Willen der Beteiligten des Nutzungsrechts entsprechen wird, sollten diese für den Fall der Auseinandersetzung oder der Abfindung Sonderregelungen vereinbaren.

Ist der Anteil gemischt sowohl auf die Befriedigung der Interessen des Besteller-Gesellschafters als auch der des Nutzungsberechtigten gleichrangig ausgerichtet, muß bei der Verteilung des außerordentlichen Ertrags entsprechend des Maßes der jeweiligen Interessenberücksichtigung – wiederum unter vorheriger Abrechnung des Werts der während des Nutzungsrechts gebildeten und analog § 1049 BGB wertausgeglichenen Rücklagen – gequotelt werden; im Zweifel wird zwischen Nießbraucher und Besteller-Gesellschafter eine hälftige Teilung des Teils des Ertrags stattzufinden haben, der der Quote des Nießbrauchs entspricht[226]. Bei der Zuordnung des Auseinandersetzungsguthabens bedeutet dies wiederum, daß im Zweifel der Teil des Guthabens dem Nießbraucher zuzuordnen ist, der die Hälfte sämtlicher Rücklagen (abzüglich erfolgter Wertausgleiche analog § 1049 BGB) und die Hälfte der Realisierung sämtlicher stiller Reserven umfaßt. Bei der Abfindung findet wiederum eine diesen Vorgaben entsprechende verhältnismäßige Berechung statt.

Das Auseinandersetzungs- oder Abfindungsguthaben ist eine Forderung des Besteller-Gesellschafters. Stehen dem Nießbraucher die genannten Werte zu, kann er auf den diesen Werten entsprechenden Teil der Forderung nach § 1030 I BGB als Nutzung zugreifen. Am Rest der Kapitalforderung des Besteller-Gesellschafters setzt sich der Nießbrauch für die Dauer seiner Restlaufzeit in der Weise fort, daß in entsprechender Anwendung des § 1079 BGB das Auseinander- oder Abfindungsguthaben vom Nießbraucher und Besteller-Gesellschafter verzinslich anzulegen und am wieder angelegten Kapital ein neuer Nießbrauch zu bestellen ist[227]. Der Nießbraucher ist vor ungerechtfertigten Rechtsverlusten in der Schwebezeit bis zur Neuanlage hinreichend geschützt, da der Besteller-Gesellschafter das Guthaben analog § 1077 I BGB nur in Gemeinschaft mit dem Nießbraucher von der Gesellschaft einziehen kann; leistet die Gesellschaft an beide Teile, erwirbt der Besteller-Gesellschafter mithin das Eigentum und der Nießbraucher rangwahrend daran ein Nutzungsrecht[228].

---

[226] Siehe oben § 13 I 3 b bb.

[227] Dazu siehe nur *Queck,* Nießbrauch, 159 ff.

[228] Siehe überzeugend *Queck,* Nießbrauch, 163.

d) Das Sonderproblem der Auseinandersetzung aufgrund einer Kündigung der Gesellschaft durch den Besteller-Gesellschafter

Fall die Auseinandersetzung deshalb erfolgt, weil der Besteller-Gesellschafter die Gesellschaft gekündigt hat, könnte gegen die Zuordnung eines Teils des Auseinandersetzungsguthabens an den Nießbraucher der Umstand sprechen, daß eine ordentliche Kündigung durch den Besteller-Gesellschafter richtiger Ansicht nach dem Zustimmungsvorbehalt des § 1071 II BGB unterfällt[229]; wenn aber – so könnte ausgeführt werden – der Nießbraucher es praktisch wegen seiner für die Kündigung erforderlichen Zustimmung in der Hand hat, eine Partizipation am Gewinn der werbenden Gesellschaft oder an der Anlage der Abfindung zu wählen, sei es widersprüchlich, dem Zustimmenden auch noch einen Teil des Abfindungsguthabens zuzuordnen. Dies ist aber kein Einwand gegen die oben getroffene Zuordnungsmaxime. Denn mit diesem Einwand wäre schon den berechtigten Interessen des Besteller-Gesellschafters nicht geholfen, der nur schwer eine Zustimmung zur Kündigung vom Nießbraucher erhalten wird, wenn dieser sein Versorgungsinteresse bei einer Kündigung des Besteller-Gesellschafters nicht mehr angemessen gesichert sieht. Zudem ist nicht ersichtlich, warum die Zustimmung zur Kündigung den Nießbraucher den Zugriff auf die Anlage „Abfindung“ versperren soll, liegt doch weder ein Widerspruch im eigenen Verhalten vor, noch dürfte eine derartige Sperre dem Willen des Nießbrauchers entsprechen. Es bleibt also bei den genannten Zuordnungsmaximen.

e) Besonderheiten bei der Abfindung

Von der bisherigen Linie muß freilich eine gewichtige Abweichung erfolgen. Bei der im Rahmen der Ermittlung der Abfindung erforderlichen Bestimmung des Unternehmenswerts hat sich in der Rechtspraxis in den letzten Jahren die Ertragswertmethode durchgesetzt, nach der sich der Unternehmenswert in erster Linie nach dem Ertragswert des betriebsnotwendigen Vermögens richtet, fallbezogen ergänzt durch die gesonderte Bewertung des Beteiligungsbesitzes und des nicht-betriebsnotwendigen Vermögens[230]. Erfaßt wird damit der Wert des fortgeführten Unternehmens, bezogen auf eine Alternativinvestition am Kapitalmarkt[231]. Es wird zu bestimmen versucht, welche Erträge es in der Zukunft erwirtschaften kann, die dann auf den Bewertungsstichtag abgezinst und dadurch zum Ertragswert kapitalisiert werden[232].

---

[229] Siehe unten § 13 V 2.

[230] Dazu BGH, BB 1996, 687; *Winnefeld,* Bilanz-Handbuch, N 481; *Karsten Schmidt,* Handelsrecht, § 4 II 2.

[231] Baumbach-*Hopt,* Einl § 1 Rn. 36.

Nun wird bei den Berechnungen der Ertragswertmethode von einer unterstellten *unbegrenzten* Lebensdauer des Unternehmens ausgegangen[233]. Es liegt auf der Hand, daß dies für die Verteilung des Abfindungsguthabens zwischen Nießbraucher und Besteller-Gesellschafter wichtig ist. Denn der Nießbrauch ist gesetzlich zwingend zumindest auf den Tod des Nutzungsberechtigten zeitlich *begrenzt,* § 1061 S. 1 BGB. Dies bedeutet aber nichts anderes, als daß dem Nießbraucher nicht der Teil des Abfindungsguthabens zugeordnet werden kann, der dem kapitalisierten Teil des Unternehmenswerts entspricht, der in dem Zeitraum nach dem mutmaßlichen Ende des Nießbrauchs als anfallend unterstellt wird. Insofern gilt es, das Abfindungsguthaben mit dem mutmaßlichen Todeszeitpunkt des Nutzungsberechtigten zu korrelieren und nur den auf die mutmaßliche Dauer des Nutzungsrechts bezogenen Teil der Abfindung – abzüglich der o. g. Posten – dem Nießbraucher je nach Anteilswidmung als auf ihn entfallenden Betrag zuzuordnen. Am Rest setzt sich der Nießbrauch sodann nicht im Wege dinglicher Surrogation fort, da dieser Rest den Unternehmenswert nach der Beendigung des Nutzungsrechts ausdrückt. Der Nießbraucher partizipiert demnach nicht am Zinsertrag am Rest. Bei der Liquidation der Gesellschaft wird hingegen nicht mehr unterstellt, die Gesellschaft würde weiterhin unbegrenzt am Markt werbend auftreten. Eine Abschichtung nach der mutmaßlichen Lebenszeit des Nutzungsberechtigten braucht hier daher nicht stattzufinden. Insofern braucht der Nießbraucher bei einer Liquidation nicht die Abstriche hinzunehmen, die ihm bei der Berechnung des Abfindungsguthabens angesonnen werden müssen.

3. Ergebnis

Die Verteilung des Auseinandersetzungs- und des Abfindungsguthabens richtet sich wertungsmäßig parallel zu den Grundsätzen der Zuordnung außerordentlicher Erträge[234]. Ist der Anteil dem gewöhnlichen Gebrauch zu dienen bestimmt[235], stehen dem Nutzungsberechtigten die stillen Reserven zu, die in während des Nießbrauchs angeschafften Gegenständen verborgen sind. Ebenfalls dem Nutzungsberechtigten zugeordnet wird der Wert der Rücklagen, die sich aus während des Nießbrauchs thesaurierten Gewinnen ergeben, bei denen kein Wertausgleich analog § 1049 BGB stattfand. Alles andere steht dem Besteller-Gesellschafter zu. Im Fall der Abfindung muß

---

[232] *Winnefeld,* Bilanz-Handbuch, N 482; *Lausterer,* Unternehmensbewertung, 41 ff., 124 ff.

[233] *Winnefeld,* Bilanz-Handbuch, N 483.

[234] Dazu oben § 13 IV 2 b.

[235] Dazu und zum folgenden oben § 13 IV 2 c.

diese Verteilung entsprechend auf Modifikationen im Rahmen von Abfindungsklauseln entsprechend angepaßt werden.

Steht ein Anteil in Rede, der ausschließlich dem Versorgungsinteresse zu dienen gewidmet ist, gebührt dem Nießbraucher der Teil des Guthabens, der sämtlichen Rücklagen (abzüglich erfolgter Wertausgleiche analog § 1049 BGB) und der Realisierung sämtlicher stiller Reserven entspricht; bei Abfindungen muß wiederum der dem Nießbraucher zukommende Teil der Abfindung im Verhältnis des tatsächlichen Abfindungsbetrags zum wirtschaftlichen Wert der Mitgliedschaft errechnet werden. Andere Vereinbarungen stehen den Beteiligten offen. Ist der Anteil gemischt sowohl auf die Befriedigung der Interessen des Besteller-Gesellschafters als auch der des Nutzungsberechtigten gleichrangig ausgerichtet, muß im Zweifel der Teil des Guthabens dem Nießbraucher zuzuordnen ist, der die Hälfte sämtlicher Rücklagen (abzüglich erfolgter Wertausgleiche analog § 1049 BGB) und die Hälfte der Realisierung sämtlicher stiller Reserven umfaßt; bei der Abfindung muß abermals entsprechend diesen Vorgaben verhältnismäßig umgerechnet werden.

Das Abfindungsguthaben muß schließlich bei einer jeden Widmung mit dem mutmaßlichen Todeszeitpunkt des Nutzungsberechtigten korreliert werden. Dem Nutzungsberechtigten steht nur der auf die mutmaßliche Dauer des Nutzungsrechts bezogene Teil des auf ihn entfallenen Teils der Abfindung zu; am Rest findet kein Nießbrauch an der Abfindungsforderung statt[236]. Technisch erfolgt die Wertzuordnung in der Weise, daß der Nießbraucher nach § 1030 I BGB auf den Teil des Auseinandersetzungs- oder Abfindungsguthabens zugreifen kann, der dem Wert seiner ihm gebührenden Nutzung entspricht. Der Rest der Kapitalforderung wird entsprechend § 1077 I BGB an den Besteller-Gesellschafter und den Nießbraucher gemeinsam ausgekehrt und von beiden sodann verzinslich angelegt; an dem wieder angelegten Guthaben wird analog § 1079 BGB ein neuer Nießbrauch bestellt. Der Nießbraucher ist hierbei über § 1077 I BGB analog vor einem zwischenzeitlichen Rechtsverlust geschützt[237].

V. Das Sonderproblem: Die Kündigung der Gesellschaft durch den Besteller-Gesellschafter

Gesetzt den Fall, gesellschaftsrechtlich ist dem Besteller-Gesellschafter die Kündigung der Gesellschaft eröffnet. Fraglich ist dann nur, ob nießbrauchsrechtlich etwas der Kündigung entgegenstehen kann. Dies könnte der Fall sein, wenn der Besteller-Gesellschafter die Gesellschaft nach

---

236 Dazu oben § 13 IV 2 e.

237 Dazu oben § 13 IV 2 c.

§ 1071 II BGB nur mit Zustimmung des dinglich Nutzungsberechtigten kündigen könnte[238]. Es ist zwischer der außerordentlichen und der ordentlichen Kündigung zu unterscheiden.

1. Der Zustimmungsvorbehalt des § 1071 II BGB und die außerordentliche Kündigung

Es dürfte Einigkeit darüber zu erzielen sein, daß ein Mitspracherecht des Nießbrauchers bei den Gegenständen ausscheiden muß, die zum Schutze des Gesellschafters diesem zwingend zur alleinigen Entscheidung zugewiesen sind, wie dies bei den außerordentlichen Gestaltungsrechten aus §§ 133, 139 HGB der Fall ist[239]. Der Besteller-Gesellschafter kann also auch ohne Zustimmung des Nießbrauchers seine Mitgliedschaft aufheben, wenn ihm ein wichtiger Grund hierfür zur Seite steht. Dies wiederum ist der Fall, wenn der Gesellschaftszweck nachhaltig beeinträchtigt und die Fortsetzung der Gesellschaft oder ein Fortbestehen des Gesellschaftsvertrags ohne Änderung deshalb dem Gesellschafter unzumutbar ist[240]. Der wichtige Grund ist auf die Verhältnisse in der Gesellschaft bezogen. Die außerordentliche Kündigung steht dem Besteller-Gesellschafter nach all dem auch ohne Zustimmung des Nießbrauchers bei Vorliegen ihrer tatbestandlichen Voraussetzungen offen.

2. Der Zustimmungsvorbehalt des § 1071 II BGB und die ordentliche Kündigung

a) Kündigung und Selbstbestimmung: Streitstand

Eine Veräußerung des Anteils unterfällt nach einhelliger Meinung nicht dem Zustimmungsvorbehalt des § 1071 II BGB, da aufgrund der Dinglichkeit des Nutzungsrechts der Nießbrauch gegen den Erwerber durchgesetzt werden kann[241]. Die Einigkeit zerbricht aber schon bei der Frage, ob über die gerade angesprochenen Fälle einer Kündigung aus wichtigem Grund (§ 133 HGB) hinaus das einseitige Lösungsrecht nicht vollends von den

---

[238] Zu § 1071 II BGB siehe schon oben § 7 III, IV.

[239] Dazu *Flume,* PersGes, § 17 VI; Großkomm-*Ulmer,* § 105 HGB Rn. 125; *ders.,* FS Fleck, 383 (394); *Schön,* ZHR 158 (1994), 229 (268); *Teichmann,* ZGR 1972, 1 (15 f.); *Wiedemann,* Übertragung, 417 f.; *Kruse,* RNotZ 2002, 69 (82).

[240] Siehe nur *Karsten Schmidt,* GesR, § 52 III 7 b m.w.Nachw. Der Gesellschafter muß als gegenüber der Auflösungsklage milderes Mittel in eine Änderung des Gesellschaftsvertrages einwilligen, wenn ihm dies zumutbar ist; siehe nur Baumbach-*Hopt,* § 133 HGB Rn. 6; im einzelnen ist vieles streitig.

[241] Siehe nur *Schön,* ZHR 154 (1994), 229 (267).

Beschränkungen des § 1071 BGB hinauszunehmen ist. Wiedemann will entgegen der überwiegenden Literatur das ordentliche Kündigungsrecht zustimmungsfrei ausgestalten[242]. Er begründet dies mit dem Schutz des Besteller-Gesellschafters vor einer übermäßigen Einschränkung seiner persönlichen Freiheit: Was diesem ausweislich der §§ 105 III HGB, 723 III BGB gegenüber den Mit-Gesellschaftern eröffnet sei (nämlich die unausschließbare ordentliche Kündigung), dürfe ihm gegenüber dem Nießbraucher nicht verschlossen sein[243].

b) Selbstbestimmung und § 723 III BGB

Es gilt also zu untersuchen, ob aus einem Wertungsabgleich mit § 723 III BGB i.V.m. § 105 III HGB folgt, daß bei einem Anteilsnießbrauch der nießbrauchsrechtliche Zustimmungsvorbehalt zur ordentlichen Kündigung i.S. § 1071 II BGB nicht greifen darf. Hierfür spricht nichts. Zwar liegt dies nicht schon allein daran, daß für unternehmenstragende Gesellschaften die rechtspolitische Sinnhaftigkeit von § 723 III BGB unterschiedlich beurteilt wird[244]; eine Regelung muß auch dann angewendet werden, wenn sie rechtspolitisch mißglückt ist. Bei Lichte betrachtet gibt § 723 III BGB, § 105 III HGB aber gar kein Wertungsvorbild für die hier interessierende Frage ab, ob das ordentliche Kündigungsrecht unter den Vorbehalt des § 1071 II BGB fällt. Warum dies so ist, folgt aus der Teleologie des § 723 III BGB. Diese ist umstritten. Im folgenden werden daher die einzelnen dem § 723 III BGB unterlegten Teleologien daraufhin durchgemustert, ob sich aus ihnen etwas für die Tauglichkeit dieser Vorschrift für ein Wertungsvorbild im Recht des Anteilsnießbrauchs ergibt. Die erste der vertretenen Teleologien des § 723 III BGB lautet, diese Vorschrift solle verhindern, daß ein Gesellschaftsverhältnis durch Vertrag unauflöslich gemacht wird[245]. Vor dem Hintergrund dieser Zweckbestimmung von § 723 III BGB ist die Eignung dieser Regelung als Wertungsvorbild zumindest zweifelhaft. Denn gem. § 1061 BGB besteht die aus dem Zustimmungsvorbehalt folgende Einschränkung der ordentlichen Kündigung nur für die Lebenszeit des Nießbrauchers. Diese Lebenszeit ist nicht bestimmt und auch nicht bestimmbar. Falls aber der Besteller-Gesellschafter den Nießbraucher überlebt, entfällt der Nießbrauch (§ 1061 S. 1 BGB). Beim Anteilsnießbrauch

[242] *Wiedemann,* Übertragung, 417.

[243] *Wiedemann,* Übertragung, 417.

[244] Siehe etwa *Karsten Schmidt,* in: Gutachten, Bd. 3, 413 (540, 562): rechtspolitisch mißglückte Regelung, auf der einen und *Reuter,* Privatrechtliche Schranken, 279 ff., auf der anderen Seite.

[245] So *Karsten Schmidt,* GesR, § 50 IV 2 c cc, unter Rekurs auf die Materialien zum BGB.

mit Zustimmungserfordernis zur ordentlichen Kündigung ist das Gesellschaftsverhältnis daher für eine zwar unbestimmte, zugleich aber definitiv begrenzte Zeitspanne unauflöslich, ansonsten aber auflöslich. Beim Anteilsnießbrauch käme es also gerade nicht zu einem Gebilde, welches § 723 III BGB ausweislich seiner bisher diskutierten Teleologie verhindern will: Es läge kein Gesellschaftsverhältnis vor, welches durch Vertrag unauflöslich gemacht worden wäre.

Die mangelnden Eignung des § 723 III BGB als Wertungsvorbild wird deutlicher, wenn eine weitere Teleologie des § 723 III BGB betrachtet wird, nach der der Sinn und Zweck dieser Regelung unter Rückgriff auf den Topos der Richtigkeitsgewähr der privatautonomen Entscheidung festgemacht worden ist. Es heißt dann, die Vorschrift wolle dafür Sorge tragen, daß die Dauer eines personengesellschaftlichen Investments zwingend erträglichen Planungsreichweiten und -intensitäten angepaßt werden könne. Anders gesagt: Eine richtigkeitsverbürgende *rationale* (sic!) Selbstbindung soll nur auf einer Entscheidungsgrundlage erfolgen können, die dem besonders unübersichtlichen und großen Risiko einer Teilnahme am wirtschaftlichen Wettbewerb einigermaßen angemessen sei[246]. Dieses Petitum verfängt bei einem Anteilsnießbrauch nicht. Zwei Fälle gilt es zu unterscheiden. Beruht die belastete Mitgliedschaft auf einer letztwilligen Zuwendung – erster Fall –, ist der Bezugspunkt, auf den hin die Richtigkeitsgewähr der Selbstbindung des Erben-Besteller-Gesellschafters bezogen werden kann, die Verfügung von Todes wegen, die ihm die Mitgliedschaft verschafft hat. Denn der Erben-Gesellschafter könnte ja ausschlagen, wenn er meint, er könne die auf ihn zukommenden Gefahren des Markts wegen des vermächtnisweise einem Dritten eingeräumten Nießbrauchs nicht überblicken. Ist der Bezugspunkt der Richtigkeitsgewähr der Selbstbindung des Gesellschafters aber die Verfügung von Todes wegen, gibt der Topos der Richtigkeitsgewähr aber überhaupt keinen Sinn – denn richtigerweise muß die Testierfreiheit als ein funktionales Persönlichkeitsrecht begriffen werden, was andernorts ausführlich gezeigt wurde[247]. In erbrechtlicher Perspektive kann daher noch nicht einmal sinnvoll danach gefragt werden, ob die Ausübung der letztwilligen Selbstbestimmung des Erblasser rechtsdogmatisch als etwas Rationales abgebildet werden soll. Aus dieser Perspektive ist es daher geradezu entlarvend, daß der Bezugspunkt der Richtigkeitsgewähr nur die *rationale* Selbstbestimmung ist und damit entsprechend der liberalistischen Trennung zwischen Vernunft und Begehren das Andere der Selbstbestimmung (nämlich: Irrationalität – oder auch: bloßer Wille) unterschlagen und als dogmatisch zwielichtig aus dem Kreis der argumentativ sinnvoll einbringbaren Topoi entfernt wird. Vor diesem Hintergrund ist es daher unbe-

---

[246] So *Reuter,* Privatrechtliche Schranken, 279 ff.

[247] Siehe *Goebel,* Testierfreiheit als Persönlichkeitsrecht, § 3 III 2.

achtlich, ob der Besteller-Gesellschafter die ihm aufgrund des mit der Nießbrauchsbestellung verbundenen Zustimmungsvorbehalts ins Haus stehenden Risiken überblicken kann oder nicht, wenn er die Mitgliedschaft auf der Basis einer Verfügung von Todes wegen erhält. Die Risikoübernahme ist ihm vielmehr qua Verfügung von Todes wegen aufgegeben. Der Besteller-Gesellschafter ist im übrigen auch nicht schutzwürdig, wenn er die letztwillige Zuwendung nicht ausgeschlagen hat; sein Selbstbestimmungsschutz im übrigen wird über § 138 I BGB angemessen gewahrt[248]. Beruht die Mitgliedschaft nicht auf einer letztwilligen Verfügung, hat demnach der Gesellschafter den Nießbrauch nicht in Erfüllung eines Vermächtnisses bestellt – zweiter Fall –, gilt nichts anderes. Denn bei einem zeitlich unüberschaubar unauflösliches, zugleich für eine definitiv begrenzte Zeitspanne eingegangenes Investment hängt die Erträglichkeit der Planungsreichweiten und -intensitäten für den Besteller-Gesellschafter auch von dem Maß des ihn belasteten Risikos ab. Dieses Risikio kann erstens darin bestehen, während der Laufzeit des dinglichen Nutzungsrechts die in die Personengesellschaft investierten und über die Kündigung der Mitgliedschaft mehr oder weniger freiwerdenden Finanzmittel nicht anderweitig neu anzulegen. Dieser Umstand dürfte aber bei der Bestellung des Nießbrauchs in die Kalkulation der Bestellung selbst eingeflossen und daher unbeachtlich sein. Das Risiko kann zweitens darin bestehen, daß der Besteller-Gesellschafter sich Haftungen (gleich welcher Art) ausgesetzt sieht. Hier kann er vertraglich mit dem Nießbraucher interne Regresse vorsehen[249] und damit das Risiko überschaubar gestalten. Nach all dem greift daher auch im zweiten Fall die dem § 723 III BGB vindizierte Teleologie nicht ein. Insgesamt gesehen kann diese gesellschaftsrechtliche Regelung daher nicht als Wertungsvorbild für die Frage herangezogen werden, ob die ordentliche Kündigung des Gesellschaftsverhälnisses von § 1071 II BGB erfaßt wird.

Neben diesem Rekurs auf die Teleologie des § 723 III BGB kann diese Vorschrift auch aus anderen Gründen nicht zum Wertungsvorbild dafür taugen, die ordentliche Kündigung aus dem Zustimmungsvorbehalt des § 1071 II BGB herauszunehmen. Der Nießbrauch soll sich laut Wiedemann nach erfolgter Kündigung aufgrund dinglicher Surrogation auf das Abfindungsguthaben erstrecken. Eine Neuanlage des Abfindungsguthabens steht dem Ertrag der früheren Dividende zumeist nicht gleich. In dieser Situation soll sich nach Wiedemann der Besteller-Gesellschafter schadensersatzpflichtig machen, wenn er vertragswidrig durch seine Verfügung den Nießbrauch be-

---

[248] Siehe auch *Wiedemann,* Übertragung, 329 f., der dies in die schöne Formulierung vom „freiwilligen Zwang“ kleidet.

[249] Wenn einmal außer Acht gelassen wird, wer letztendlich in die Außenhaftung der Personengesellschaft genommen wird, der Nießbraucher oder der Besteller-Gesellschafter, dazu siehe unten § 14 III.

einträchtigt[250]. Aber wie soll das gehen? Ist dem Besteller-Gesellschafter die Kündigung unabweislich aus Gründen des Selbstbestimmungsschutzes eröffnet, kann doch die Kündigung selbst nicht im Verhältnis zum Anteilsnießbraucher rechtswidrig sein, was aber Voraussetzung für einen Schadensersatzanspruch wäre. Und erreicht die durch den Zustimmungsvorbehalt nach § 1071 II BGB geschaffene Lage nicht diese Qualität, daß in ihr ein unzulässiger Eingriff in das Selbstbestimmungsrecht des Besteller-Gesellschafters gesehen werden müßte, entfallen schon die Bedenken, die ordentliche Kündigung zu den Verfügungen i.S. § 1071 II BGB zu rechnen – womit wiederum ein Schadensersatz entfiele, da der Nießbraucher schon deshalb geschützt wäre, weil nun die Wirksamkeit der ordentlichen Kündigung gem. § 1071 II BGB von seiner Zustimmung abhinge[251]. Falls die ordentliche Kündigung daher aus dem Kreis der Verfügungen i.S. § 1071 II BGB herausgenommen würde, bliebe der Nießbraucher demnach – ohne daß ihm ein Schadensersatzanspruch zur Seite stünde – auf die gegenüber dem ursprünglichen Anteilsnießbrauch geringerwertige Nutzung der Abfindung beschränkt[252], während die Mit-Gesellschafter durchweg durch Abfindungsklauseln im Rahmen des Zulässigen dem Ausscheidenden nicht den vollen Verkehrswert seiner Beteiligung auszahlen werden. Der Nießbraucher ist daher schutzwürdiger als die Mit-Gesellschafter. Und diese größere Schutzwürdigkeit kann im Rahmen der Bewertung des unabdingbar erforderlichen Selbstbestimmungsschutzes des Besteller-Gesellschafter nicht außen vor bleiben. Vor diesem Hintergrund ist nicht ersichtlich, wieso die künftige Selbstbestimmung des Besteller-Gesellschafters, frei kündigen zu können, rechtlich durch den Zustimmungsvorbehalt zur ordentlichen Kündigung aus Sicht des Rechts nicht hinnehmbar eingeschränkt sein soll. In dieser Situation muß (entsprechend der rechtspaternalistischen Grundwertung[253]) der Schutz der gegenwärtigen Wahlfreiheit, das ordentliche Kündigungsrecht einem Zustimmungsvorbehalt zu unterwerfen, höher gewichtet werden als der Schutz der Wahlfreiheit, künftig frei kündigen zu können. Fordert somit nach all dem die Wertungen des § 723 III BGB nicht, daß die ordentliche Kündigung der belasteten Mitgliedschaft zustimmungsfrei ist, könnte noch aus sonstigen, nämlich persönlichkeitsrechtlich motivierten Gründen ihre Zustimmungsfreiheit zu fordern sein.

---

[250] *Wiedemann,* Übertragung, 417 f.

[251] Die gleiche Situation gilt auch bei der Abschichtung zwischen unzulässigen und zulässigen Abfindungsklauseln oder unzulässigen und zulässigen Kündigungsfristen vor dem Hintergrund des Schutzes des § 723 BGB vor Umgehung (dazu nur *Karsten Schmidt,* GesR, § 50 IV 2 c): entweder sind die Klauseln wirksam und nicht rechtswidrig oder eben nicht.

[252] Zur Lage bei der Liquidation der Gesellschaft oder beim Ausscheiden aus ihr siehe oben § 13 IV.

[253] Dazu siehe ausführlich oben § 8 IV 2 c.

c) Ordentliche Kündigung und Persönlichkeitsschutz

aa) Allgemeines

Nun scheinen in der Tat persönlichkeitsrechtliche Wertungen die Zustimmungsfreiheit der ordentlichen Kündigung zu erzwingen, wenn das Stimmrecht dem Besteller-Gesellschafter zugeordnet ist oder er aus sonstigen gesellschaftsrechtlichen Gründen zu einem Tun oder Unterlassen verpflichtet ist – denn ist ihm bsp. das Stimmrecht zugeordnet, ist er kraft der gesellschaftsrechtlichen Zweckförderungspflicht verpflichtet, es seinen Pflichten gemäß auszuüben; entsprechendes gilt für sonstige Verpflichtungen. Man käme also ohne einem Recht zur ordentlichen Kündigung zu einer fortlaufenden Handungsverpflichtung. Plastisch wird dies etwa in dem Schönschen Diktum[254], der Besteller-Gesellschafter dürfe nicht zum „Sklaven" des Nießbrauchers degradiert werden. Hierin kommt eine persönlichkeitsrechtlich motivierte Kritik zum Ausdruck, die schon seit längerem beim Nießbrauch an einem einzelkaufmännischen Unternehmen als Argument gegen dessen Zulässigkeit vorgetragen wurde[255]. Derartige Überlegungen schimmern auch bei der Entscheidung des BGH durch, Nutzungen eines Gewerbebetriebs, die auf persönlichen Leistungen oder Fähigkeiten des Betriebsinhabers beruhen, von sonstigen Nutzungen des Unternehmens zu differenzieren[256]. Einsichtig ist all dies alles freilich in dieser allgemeinen Weise nicht. Das Selbstbestimmungsrecht des Besteller-Gesellschafters steht einer aus dem Nießbrauch folgenden und insofern aufgrund § 1036 II BGB „verdinglichten" Pflicht zum unternehmerischen Handeln (also der Ausübung des Stimmrechts) grundsätzlich nicht entgegen:

---

[254] *Schön,* ZHR 158 (1994), 229 (268), schließt sich zwar *Wiedemann* und dessen Rekurs auf den Selbstbestimmungsschutz an; zugleich will er aber – insofern widersprüchlich – eine ordentliche Kündigung grundsätzlich nur zulassen, wenn der Nießbraucher seine Zustimmung erklärt.

[255] Siehe dezidiert *Gösele,* Nießbrauch, 55 ff.; implizit – für den Unternehmensnießbrauch – auch *Bökelmann,* JR 1974, 202 (203). Das Argument weist ersichtlich in die Richtung, das Recht am Unternehmen als Teil eines neben dem allgemeinen Persönlichkeitsrecht stehenden „wirtschaftlichen Persönlichkeitsrechts" zu etablieren (so *Fikentscher,* Wirtschaftsrecht II, § 21 III 3, 22 I 2) oder zu einem Recht auf freie Berufsausübung umzubauen (so Soergel-*Zeuner,* § 823 Rn. 97, 129 ff.). Zudem liegt ihm unterschwellig ein doppelseitig als Einheit von Unternehmer und Unternehmensgegenstand, von Wirken und Werk verstandener Unternehmensbegriff zugrunde, wie ihn schon früh *Schönfeld* (dazu *Raisch,* Geschichtliche Voraussetzungen, 135) und später unter noch stärkerer Betonung des Unternehmens als „Willensakt" *Brecher,* Unternehmen, 121 ff., entwickelt hat. Ein Nachhall zum *Laband*schen Petitum, die Verselbständigung des Unternehmens sei ein Angriff auf die Integrität des Persönlichkeitsbegriffs (dazu *Raisch,* ebda., 85 f.), mag ebenfalls nicht ganz auszuschließen sein.

[256] BGHZ 7, 208 (218); BGH, NJW 1978, 1578; 92, 892.

Der Rekurs auf das Persönlichkeitsrecht des Gesellschafters als Unternehmer ist ein zwiespältiges Argument. In der Entwicklung der Immaterialgüterrechte wurde gerade in der schöpferischen Persönlichkeit des Unternehmers ein Anhaltspunkt gesehen, dem Verständnis des Unternehmens als Immaterialgüterrecht den Boden zu bereiten[257]. Der Rekurs auf die Unternehmerpersönlichkeit führte hier geradewegs zur Vergegenständlichung des Unternehmens als ein marktgängiges Gut. Wie dem auch sei, festzuhalten bleibt folgendes: Ist dem Gesellschafter eine ordentlich Kündigung seiner Mitgliedschaft nicht möglich, ist er qua gesellschaftsrechtlicher Förderungspflicht weiterhin verpflichtet, sein Stimmrecht auszuüben – ceteris paribus wurde ja davon ausgegangen, das Stimmrecht sei dem Besteller-Gesellschafter zugeordnet[258]. Die Grenze dieser Verpflichtung liegt zum einen in der Zumutbarkeit ihrer selbst, da im Falle der Unzumutbarkeit die außerordentliche Kündigung greift[259]. Fraglich ist zum anderen nur, ob neben dieser Grenze noch aus persönlichkeitsrechtlichen Gründen eine ordentliche Kündigung auch nießbrauchsrechtlich nicht verschlossen sein darf. Zwei Punkte gilt es zu beachten:

bb) Insolvenznähe und Zustimmungsvorbehalt

Beim normalen Nießbrauch ist weder der Eigentümer noch der Nießbraucher im Rahmen des dinglichen Rechtsverhältnisses verpflichtet, außergewöhnliche Verwendungen zu tätigen, da das Gesetz für den Bereich der Instandhaltung das individuelle Interesse an einer gerechten Verteilung der Vor- und Nachteile zwischen Eigentümer und Nießbraucher dem gesamtwirtschaftlichen Interesse an einer optimalen Bewirtschaftung der Sache vor-

---

[257] Das Verständnis des Unternehmens als Immaterialgut sollte nicht so ohne weiteres abgelehnt werden. Es dürfte mit Blick auf ein besonderes Schutzbedürfnis des unternehmerisch Handelnden in einer historischen Situation ins Werk gesetzt worden sein, in der der eingerichtete und ausgeübte Gewerbebetrieb noch nicht in der Breite, wie dies heute der Fall ist, als schutzfähiges Rechtsgut im Rahmen des Deliktsrechts angesehen und durch Sonderprivat- und Wirtschaftsrechte in spezifischer Weise umhegt worden ist. Im deliktischen Schutz des Gewerbebetriebs soll aber gerade die Willensbetätigung des Gewerbetreibenden im eingerichteten und ausgeübten Gewerbebetrieb ihre gegenständliche Verkörperung gefunden haben (RGZ 58, 24 (27 ff.)) und die wirtschaftliche Handlungsfreiheit auch jenseits der §§ 826, 823 II BGB geschützt sein, so die Einschätzung bei *Larenz/Canaris,* Schuldrecht II/2, § 81 I 1 b. Das immaterialgüterrechtliche Verständnis des Unternehmens und die Wertungsgrundlagen der Gewerbebetriebsrechtsprechung weisen daher auffallende Parallelen auf. Es verwundert daher nicht, daß die Kritik am deliktischen Schutz des Gewerbebetriebs denn auch teilweise genau die Argumente aufgreift, die auch gegen das immaterialgüterrechtliche Verständnis des Unternehmens vorgetragen wurden, siehe nur *Larenz/Canaris,* Schuldrecht II/2, § 81 II 1, IV.

[258] Siehe oben § 7 III vor 1.

[259] Siehe oben § 7 III 1.

zieht[260]. Auch beim Anteilsnießbrauch kann dies mit Blick auf diese Wertentscheidung nicht anders sein. Bei einer insolvenzgefährdeten Gesellschaft ist der Besteller-Gesellschafter daher nicht durch den Nießbrauch gezwungen, seine Mit-Gesellschafter für etwaige risikoreiche Konsolidierungsmaßnahmen zu gewinnen; vielmehr darf ihm hier die ordentliche Kündigung nießbrauchsrechtlich nicht über einen Zustimmungsvorbehalt des Nießbrauchers verwehrt werden, wenn sie denn gesellschaftsrechtlich überhaupt zulässig ist. Auch hierin kann ein Stück Persönlichkeitsschutz des Unternehmers gesehen werden. Im einzelnen besteht freilich auch hier ein weiter Bereich unternehmerischen Ermessens. Die Insolvenz wird häufig – anders als in zahlreichen Fällen des Sachnießbrauchs, in denen die nicht erfolgte außergewöhnliche Instandsetzung nicht zum Untergang der Sache führt – im Gefolge der Liquidation der Gesellschaft den Untergang des nießbrauchsbelasteten Gegenstands (also der Mitgliedschaft) zur Folge haben. Dies liegt in der Konsequenz dieses Gegenstands selbst, der im wesentlichen wertschöpfende Tätigkeit am Markt ist und damit notwendig untergeht, wenn die Tätigkeit infolge der Insolvenz der Gesellschaft eingestellt wird.

cc) Einschränkungen in der sachlichen und zeitlichen Dimension

Wenn dem Besteller-Gesellschafter das Stimmrecht zugeordnet ist, ist er gesellschaftsrechtlich zu einer gehörigen Ausübung desselben verpflichtet. Müßte er nun als Ausfluß des Anteilsnießbrauchs den gesamten erwirtschafteten Gewinn aus seiner Mitgliedschaft dem Nießbraucher zur Verfügung stellen, müßte er seine Leistung (die Stimmrechtsausübung) ohne jede Gegenleistung erbringen – und dies obendrein ohne Kündigungsmöglichkeit. Die Veräußerung der Mitgliedschaft ist wegen ihrer Nießbrauchsverhaftetheit und den hieraus resultierenden Folgen am Markt keine ernsthafte Alternative für den Besteller-Gesellschafter. Aus diesem Befund können wichtige Folgerungen gezogen werden: Einmal darf der Anteilsnießbrauch nur dazu führen, daß lediglich ein Teil des Ertrages an den Nießbraucher abzuführen ist, wenn das Stimmrecht dem Besteller-Gesellschafter zugeordnet wird. Zulässig ist daher bloß ein Quotennießbrauch oder ein Bruchteilsnießbrauch. Ein Quotennießbrauch belastet zwar die ganze Mitgliedschaft, ist aber nur auf die Auskehr einer festgelegten Quote des Gewinns gerichtet. Ein Bruchteilsnießbrauch belastet von vornherein nur einen Teil der Mitgliedschaft, so daß auch der Nießbraucher nur auf einen Teil des Ertrags zugreifen kann.

Das Mindestmaß des dem Besteller-Gesellschafters verbleibenden Ertrags hängt im übrigen vom Einzelfall ab. Leitlinie der Entscheidung ist hier eine

---

[260] *Schön,* Nießbrauch, 120 f.

Ausbalacierung der wirtschaftlichen Handlungsfreiheit des unternehmerisch tätigen Gesellschafters auf der einen mit dem Interesse des Nießbrauchers an einer gehörigen Gewinnpartizipation. Es muß also abgewogen werden. Denn es gilt ja, auszuschließen, daß in das Persönlichkeitsrecht des Besteller-Gesellschafters eingegriffen wird. Es ist daher angezeigt, an die Dogmatik des allgemeinen Persönlichkeitsrechts anzuknüpfen, welches von der herrschenden Meinung als ein offenes Rahmenrecht[261] mit generalklauselartigem Charakter[262] beschrieben wird, bei dem die Eingriffsgrenzen des Persönlichkeitsrechts in jedem Fall durch die Abwägung mit anderen Rechtspositionen und Interessen jeweils neu bestimmt werden müssen[263]. Die Abwägung kann sich an dem vorliegenden Rechtsprechungsmaterial zur sittenwidrigen Knebelung im Wirtschaftsbereich orientieren, welche maßgeblich auf den objektiven Umfang der Freiheitsbeschränkung abstellt[264].

Ist dem Besteller-Gesellschafter das Stimmrecht zugeordnet, muß der Anteilsnießbrauch wegen der fehlenden Kündigungsmöglichkeit nicht nur in der Sachdimension auf eine Quote beschränkt, sondern zum Schutz der wirtschaftlichen Handlungsfreiheit des Besteller-Gesellschafters auch in der zeitlichen Dauer begrenzt sein; Leitlinie der Entscheidung kann auch hier die Judikatur zur sittenwidrigen Knebelung im Bereich des wirtschaftlichen Handelns sein. Bei einem Versorgungszwecken dienenden Nießbrauch an der Mitgliedschaft verbieten sich feste Grenzen von vornherein, da dem unternehmerisch Tätigen das frühzeitige Versterben des dinglich Berechtigten zugleich menschliche Bürde, aber auch wirtschaftliche Chance ist. Um die zeitliche Höchstdauer des Anteilsnießbrauchs zu ergründen, muß – entsprechend dem Verständnis des Persönlichkeitsrechts als eines offenen Rahmenrechts, s.o. – die Belastung des Besteller-Gesellschafters mit den Interessen des Nießbrauchers abgewogen werden[265]. Im Ergebnis dürfte freilich in den praktisch weitaus meisten Anwendungsfällen des Anteilsnießbrauchs diese

---

[261] Etwa BGHZ 24, 72 (80); *Larenz/Wolf,* AllgT, § 8 Rn. 28.

[262] Dazu insbes. *v. Caemmerer,* FS DJT, 49 (102 ff.). Ansonsten nur BGHZ 13, 334 (338); Staud-*Hager,* § 823 Rn. C 16.

[263] Zur Notwendigkeit einer einzelfallbezogenen Güter- und Interessenabwägung siehe BVerfGE 7, 198 (208 f., 210 ff.); 30, 173 (195); 34, 269 (282); 35, 202 (221, 224 ff., 232); 50, 234 (241); 54, 208 (219); 73, 120 (124); 84, 192 (195); 85, 1 (16); 85, 23 (33); 86, 1 (11); BGHZ 13, 334 (337); 24, 72 (80); 30, 7 (11 f.); 31, 308 (312); 36, 77 (82 f.); 45, 296 (306 ff.); 50, 133 (143); 84, 237 (238 f.); 128, 1 (10); Erman-*Ehmann,* Anh. zu § 12 Rn. 58 ff.; MünchKomm-*Schwerdtner,* § 12 Rn. 188, 203; Soergel-*Zeuner,* § 823 Rn. 73; *Fikentscher,* SchuldR, Rn. 1225; *Gernhuber,* Bürgerliches Recht, § 21 III; *Medicus,* SchuldR II, Rn. 814; *Hubmann,* Persönlichkeitsrecht, 207 ff.

[264] Siehe etwa MünchKomm-*Mayer-Maly,* § 138 Rn. 64 ff.; Soergel-*Hefermehl,* § 138 Rn. 116 ff.; Staud-*Sack,* § 138 Rn. 258 ff.; Palandt-*Heinrichs,* § 138 Rn. 39.

[265] Dies entspricht der Abwägung bei der Frage, ob in das Persönlichkeitsrecht unzulässig eingegriffen worden ist.

Abwägung kaum einmal dazu führen, daß eine begrenzte Höchstdauer des Nutzungsrechts erreicht wird.

3. Ergebnis zum Verhältnis des § 1071 II BGB zur Kündigung

Als Ergebnis bleibt insgesamt gesehen festzuhalten, daß die außerordentliche Kündigung nicht, die ordentliche Kündigung jedenfalls dann dem Zustimmungsvorbehalt des § 1071 II BGB unterfällt, wenn die aus dem Persönlichkeitsrecht des Besteller-Gesellschafters fließenden Einschränkungen beachtet werden[266]. Der Anteilsnießbrauch muß mithin auf eine Quote beschränkt und in seiner Zeitspanne nicht übermäßig sein, wenn dem Besteller-Gesellschafter das Stimmrecht zugeordnet ist oder er aus sonstigen gesellschaftsrechtlichen Gründen zu einem Tun oder Unterlassen verpflichtet ist. Sind derartige Verpflichtungen nicht ersichtlich, greift der Zustimmungsvorbehalt des § 1071 II BGB für einen jeden Nießbrauch bei der ordentlichen Kündigung voll durch.

§ 14 Pflichten, Außenhaftung, Verlusttragung

Gegenstand der bisherigen Überlegungen war die Verteilung der mitgliedschaftlichen Verwaltungsrechte und der Vermögensrechte zwischen dem Besteller-Gesellschafter und dem Nutzungsberechtigten. Offen blieb die Zuordnung der mitgliedschaftlichen Pflichten, der Außenhaftung nach § 128 HGB und der internen Verlusttragung.

I. Vorüberlegungen

1. Die Doppelnatur des Belastungsgegenstands und die Pflichtenzuordnung

Wieso ist die Zuordnung von mitgliedschaftlichen Pflichten überhaupt erörterungsbedürftig? Schließlich wird der Nießbrauch an einem Recht, eben dem Anteil, bestellt. Und, so könnte fortgefahren werden, etwaige Pflichten könnten deshalb allenfalls aus dem nießbrauchsrechtlichen gesetzlichen

266 Die Verweigerung der Zustimmung kann freilich rechtsmißbräuchlich sein, wenn die Mit-Gesellschafter dem Anteilsnießbraucher eine Übernahme des Nießbrauchs anbieten, die dem status quo entspricht. Ob in dieser Situation die Kündigung des Besteller-Gesellschafters aber ohne weiteres auch ohne die Zustimmung des Nießbrauchers wirksam ist, wie dies *Schön,* ZHR 158 (1994), 229 (267 f.), annimmt, erscheint hingegen fraglich. Methodisch läge dann eine teleologische Reduktion des § 1071 II BGB vor. Der Rekurs auf den Rechtsmißbrauch hat demgegenüber den Vorteil, flexibler auf den Einzelfall reagieren zu können.

Schuldverhältnis, keinesfalls aber aus dem belasteten Recht folgen. Bei der Mitgliedschaft liegt aber gerade dies nicht prima facie auf der Hand. Denn der Mitgliedschaft wohnt ja die eigentümliche Doppelnatur inne, Inbegriff mitgliedschaftlicher Rechte und zugleich mitgliedschaftlicher Pflichten zu sein[267]. Vor diesem Hintergrund ist die Frage nicht abwegig, ob aus der dinglichen Belastung eines Rechts auch Verpflichtungen des dinglich Berechtigten resultieren, die sich nicht aus dem gesetzlichen Schuldverhältnis ergeben, sondern „innerhalb" des belasteten Rechts angelegt sind[268]. Ist der Anteilsnießbrauch das Produkt einer Rechtsfortbildung des Sachenrechts, muß dann aber nicht auch als Ausdruck eben einer konsequenten Rechtsfortbildung allein schon aus der Zulassung des Anteilsnießbrauchs automatisch gefolgert werden, der Nießbraucher müsse nun auch die Pflichten aus der Mitgliedschaft erfüllen? Davon kann nicht ausgegangen werden. Die Zuordnung der mitgliedschaftlichen Pflichten an den Nießbraucher kann nicht schon allein aus der Belastung des auch Pflichten beinhaltenden Rechts „Mitgliedschaft" gefolgert werden. Einmal spricht bereits dagegen, daß die Pflichtenstellung des Nießbrauchers dann eine Nutzung des Anteils darstellen müßte – eine Vorstellung, die den allein auf die Ziehung von Vorteilen ausgerichteten §§ 99 f. BGB zuwiderläuft. Allerdings ist dies ein schwaches Argument, da nun einmal eine Rechtsfortbildung im Raum stünde, die dann die §§ 99 f. BGB gegebenenfalls modifizieren müßte; zudem könnte vorgetragen werden, aus § 1068 II BGB folge in weiter Auslegung, daß auch die Regelungen der §§ 99 f. BGB auf den Anteilsnießbrauch nur abgewandelt angewendet werden können. Ausschlaggebend gegen eine Vorstellung, die Pflichtenstellung des Nießbrauchers folge schon als „Nutzung" aus dem Nießbrauchsrecht selbst, spricht, daß damit die differenzierten Regelungen des nießbrauchsrechtlichen gesetzlichen Schuldverhältnis ausgehebelt würden, welche den Erhaltungsaufwand und die Aufwendungen auf den belasteten Gegenstand nach nuancierten Wertungen verteilen. Sinnvoll ist es daher, nicht vom Belastungsgegenstand selbst, sondern von den Pflichten auszugehen, die der Nießbraucher nach dem gesetzlichen Schuldverhältnis zu erfüllen hat.

2. Die Regelung beim Sachnießbrauch

Ausgehen könnte man von den §§ 1068 II, 1041 BGB. Nach dieser Regelung hat der Nießbraucher als wirtschaftliches Korrelat zur Nutznießung auch die mit dem Belastungsgegenstand verbundenen Erhaltungslasten zu tragen. Seltsamerweise wird die Bedeutung dieser Regelung im Recht des

---

[267] Siehe oben § 2 II 3 d.

[268] MünchKomm-*Ulmer,* § 705 Rn. 84 a, macht dies dadurch deutlich, der Nießbraucher sei in das mitgliedschaftliche Rechtsverhältnis „einbezogen".

Anteilsnießbrauchs durchweg nicht erörtert[269], obwohl doch im Sachnießbrauchsrecht die Frage, in welchem Verhältnis der Nießbraucher und der Eigentümer berechtigt oder verpflichtet sind, die im Laufe der Sachbewirtschaftung anfallenden Ausbesserungs- und Erneuerungsarbeiten durchzuführen und zu finanzieren, zu den zentralen Regelungsbereichen des Nießbrauchsrechts zu rechnen ist[270]. Infolgedessen ist die Frage durchaus nicht abwegig, ob der Nießbraucher nicht etwaige nach dem Gesellschaftsvertrag fortlaufend zu leistende finanzielle Beitragspflichten des Besteller-Gesellschafters zu erbringen hat, um damit für den Erhalt der Mitgliedschaft „in ihrem wirtschaftlichen Bestande zu sorgen" (§ 1041 S. 1 BGB). Unterlassene Beitragspflichten können ja je nach den Umständen nicht nur nach § 140 HGB zur Ausschließung des nicht leistenden Gesellschafters führen und damit das Recht in seinem Bestand gefährden, sondern die wirtschaftliche Schlagkraft der Gesellschaft und damit den wirtschaftlichen Bestand der Mitgliedschaft unterminieren. Freilich kann der Besteller-Gesellschafter derartig rigide Folgen abwenden, indem er selbst den Beitrag erbringt.

Die Frage, die im Rahmen der §§ 1041 ff. BGB im Recht des Anteilsnießbrauchs folglich gestellt werden muß, ist daher die, warum gerade der Nießbraucher und nicht der Besteller-Gesellschafter aus § 1041 BGB zur Erfüllung der mitgliedschaftlichen Pflichten verpflichtet sein soll. Im Recht des Sachnießbrauchs wird die mit dieser Frage angesprochene, durch die §§ 1041 ff. BGB ins Werk gesetzte Abgrenzung der Sphären des Nießbrauchers und des Eigentümers als Ausprägung der allgemeinen Regelung des § 1036 II BGB verstanden, da die Pflicht, zwecks Erhaltung der Sache positive Maßnahmen zu ergreifen, sich bereits aus den Regeln ordnungsgemäßen Wirtschaftens i.S. § 1036 II BGB ergibt; die Kostenlast des Nießbrauchers folgt insofern aus dem Umstand, daß dieser die Sache nicht im Interesse des Eigentümers, sondern aus eigenem Interesse an einem nutzbringenden Einsatz bewirtschaftet und deshalb Instandhaltungsmaßnahmen trifft[271]. Der eigenständige Gehalt des § 1041 S. 1 BGB erschöpft sich nach dieser Lesart des Gesetzes dann darin, dem Eigentümer bereits während des Laufs des Nutzungsrechts einen einklagbaren Anspruch gegen den Nießbraucher zu gewähren[272]. Nun konnte schon gezeigt werden, daß sich im Recht des Sachnießbrauchs die „Gewöhnlichkeit" einer Aufwendung nach ihrer Voraussehbarkeit und ihrer Amortisation während der Laufzeit des Nutzungsrechts bestimmt[273]. Wie gestaltet sich vor diesem sachnießbrauchsrechtlichen Hin-

---

[269] Eine Ausnahme findet sich bei *Teichmann,* ZGR 1972, 1 (14), der die §§ 1068, 1041 BGB zumindest anspricht.

[270] *Schön,* Nießbrauch, 110.

[271] Ausführlich *Schön,* Nießbrauch, 110 f.

[272] *Schön,* Nießbrauch, 111, unter Verweis auf Mot. III, 504.

[273] Siehe oben § 13 I 2 b bb, c aa.

tergrund die Abgrenzung von Gewöhnlichkeit und Außergewöhnlichkeit von Aufwendungen beim Anteilsnießbrauch, wenn „Aufwendungen" in die Kategorie „mitgliedschaftliche Pflicht" übersetzt wird?

II. Mitgliedschaftliche Pflichten und nießbrauchsrechtlicher Erhaltungsaufwand

Im weiteren soll es nur um die wichtigste vertragliche Mitgliedschaftspflicht, die Beitragspflicht, und die wichtigste gesetzliche Mitgliedschaftspflicht, die Treuepflicht, gehen[274]. Darüber hinaus wird noch ein Blick auf die gesellschaftsrechtliche Außenhaftung des Nießbrauchers geworfen werden.

1. Modifikationen der Sachnießbrauchsregelung des § 1041 BGB?

Im Recht des Sachnießbrauchs wird für die Abgrenzung des Erhaltungs- und Erneuerungsaufwands u.a. die Vorschrift des § 1041 BGB herangezogen. Diese Regelung verwendet die Begrifflichkeit „Ausbesserung" und „Erneuerung". Sie geht damit erkennbar davon aus, daß der Belastungsgegenstand körperlich faßbar ist. Wegen § 1068 II BGB ist beim Rechtsnießbrauch die Vorschrift deshalb nur modifiziert anwendbar[275]. Die Teleologie der Norm und die Besonderheiten des Belastungsgegenstands „Mitgliedschaft" gilt es auch hier wieder sachgerecht aufeinander zu beziehen[276]. Dies gilt einmal für die in § 1041 BGB verwendeten Begriffe „Ausbesserung" und „Erneuerung". Drei Gesichtspunkte bestimmen nach den vorhergehenden Überlegungen die Interpretation dieser Begriffe: Erstens ist § 1041 BGB eine Ausprägung der allgemeinen Regelung des § 1036 II BGB[277]. Die Auslegung von „Ausbesserung" und „Erneuerung" muß daher mit Blick auf die Widmung des belasteten Gegenstand erfolgen. Zweitens wird in diesen Begriff der soeben[278] formulierte Konnex von Nutzung und Aufwand eingefangen, nach dem dem Nießbraucher all die vorhersehbaren Leistungen auferlegt sind, die sich vornehmlich während der Dauer seines Nutzungsrechts amortisieren werden. Drittens ist der weiteste Kreis dessen, was beim Anteilsnießbrauch unter „Ausbesserung" oder „Erneuerung"

---

[274] Vgl. zu diesen beiden wichtigsten Erscheinungen mitgliedschaftlicher Pflichten nur *Karsten Schmidt,* GesR, § 19 III 3 b.

[275] Zu § 1068 II BGB siehe oben § 3 II 2.

[276] Ebenso für den Nießbrauch an einem Einzelunternehmen *Schön,* Nießbrauch, 216 f.

[277] Siehe dazu, daß § 1041 BGB eine besondere Ausprägung der allgemeinen Norm des § 1036 II BGB darstellt, oben § 14 I 2 a.

[278] Oben § 13 I 2 c aa.

verstanden werden kann, mit der Erfüllung mitgliedschaftlicher Pflichten abschließend umschrieben. Ansonsten würde der Nießbraucher nießbrauchsrechtlich verpflichtet sein, Leistungen zugunsten des Anteils zu erbringen, die der Besteller-Gesellschafter im Verhältnis zur Gesellschaft nicht hätte erbringen müssen. Dann würde aber der in § 1041 BGB implementierte Konnex zwischen Nutzen und Aufwand verlassen, da die Leistung des Nießbrauchers im Innenverhältnis der Gesellschaft nicht als Leistung verstanden würde und damit auch nicht ertragssteigernd oder -erhaltend wirken kann. Gegen die Beschränkungen der „Ausbesserung" und „Erneuerung" auf die Erfüllung mitgliedschaftlicher Pflichten spricht auch nicht, daß der Besteller-Gesellschafter aufgrund irgendwelcher Vorzugsrechte berechtigt sein kann, durch vermögenswerte Leistungen in die Gesellschaft seinen persönlichen Ertrag zu steigern. Etwaige aus der Ausübung derartiger Vorzugsrechte fließende Pflichten können schon deshalb nicht als „Ausbesserung" oder „Erneuerung" verstanden werden, weil die Ausübung der Vorzugsrechte durch den Besteller-Gesellschafter bei der Bestellung des Nutzungsrechts für den Nießbraucher regelmäßig nicht vorhersehbar sein wird; Vorhersehbarkeit war aber Voraussetzung für die Zuordnung des Erhaltungsaufwands an den Nießbraucher[279].

Wenn sämtliche drei Gesichtspunkte zusammengezogen werden, ist Voraussetzung für eine Zuordnung des Erhaltungsaufwands beim Anteilsnießbrauch folgendes: (i) Erhaltungsaufwand ist die Erfüllung mitgliedschaftlicher Pflichten. (ii) Die Erfüllung dieser Pflichten dient vornehmlich dem während der Zeit des Nutzungsrechts gezogenen Nutzen und hat demnach keine positiven Auswirkungen auf das Nutzungsinteresse des Besteller-Gesellschafters nach Ablauf des Nießbrauchs[280]. (iii) Die Pflichten müssen bei Bestellen des Nutzungsrechts vorhersehbar sein. Bei diesen zuletzt genannten beiden Voraussetzungen geht es um die o. g. Abgrenzung zwischen dem gewöhnlichen und dem außergewöhnlichen Erhaltungsaufwand. (iv) Die Pflichterfüllung muß von der allgemeinen Vorschrift des § 1036 II BGB, also von der Anteilswidmung her, überhaupt geschuldet sein. Mit dieser Voraussetzung wird der Erhaltungsaufwand von einem sonstigen Aufwand abgegrenzt.

2. Zuordnung der mitgliedschaftlichen Treuepflicht

Werden die o. g. vier Voraussetzungen an die Treuepflicht angelegt, ist fraglich, ob ihre Erfüllung neben dem Besteller-Gesellschafter grundsätzlich

---

279 Siehe oben § 13 I 2 c aa.

280 Im Recht des Sachnießbrauchs hieß es, der Aufwand müsse sich zur Zeit des Nutzungsrechts vornehmlich amortisieren.

auch dem Nießbraucher obliegt. Zwar sind bei der Treuepflichtigkeit des Nießbrauchers keine in die Zeit nach Ablauf des Nutzungsrechts hineinwirkende Vermögensvorteile für den Besteller-Gesellschafter ersichtlich. Zudem ist die Treuepflicht als Bestandteil des zwingenden Gesellschaftsrechts als solche vorhersehbar mit der Belastung des Anteils verbunden. Gleichwohl reicht diese Vorhersehbarkeit nicht aus, dem Nießbraucher schon als bloße Folge der Belastung als solche die Treuepflicht zuzuordnen. Denn die konkreten Rechtsfolgen, die aus einer Treuepflichtigkeit resultieren, sind kaum vorauszusehen; die Treuepflicht erfüllt nun einmal die Funktion, in die Gesellschaft Rücksichtnahme und Solidarität zu implementieren[281] – und dies kann sinnvoll nur im Hinblick auf den Einzelfall geschehen. Mit Blick hierauf ist es sachgerechter, die Treuepflichtigkeit des Nießbraucher aufgrund der allgemeinen Regel des § 1036 II BGB, nicht aber schon aufgrund der dinglichen Belastung der Mitgliedschaft als solche ins Werk zu setzen[282].

3. Zuordnung der mitgliedschaftlichen Beitragspflicht

Der Begriff des Beitrags wird – wie Karsten Schmidt zu Recht moniert[283] – in Literatur und Rechtsprechung mit sehr unterschiedlichen Inhalten gefüllt. Im Rahmen dieser Untersuchung ist Beitrag „jede als Primärpflicht vom Mitglied geschuldete Zweckförderungsleistung“[284]. Wem ist im Innenverhältnis zum Nießbraucher die Erfüllung dieser Primärpflicht gem. § 1041 BGB zugeordnet?

a) Beitragspflichten in Form unvertretbarer Dienstpflichten

Einmal sind diejenigen Beitragspflichten, die in der Erfüllung unvertretbarer persönlicher Dienstpflichten bestehen, wegen ihrer Unvertretbarkeit allein dem Besteller-Gesellschafter zugeordnet. Ansonsten würde den Mit-Gesellschaftern ein Handelnder aufgezwungen, obwohl gerade die Unvertretbarkeit der Handlung sie hiervor bewahren wollte. Selbst wenn die Mit-Gesellschafter ad hoc der Dienstleistung durch den Nießbraucher zustimmen würden, ändert dies nichts ihrer Zuordnung an den Besteller-Gesellschafter, da die Zustimmung für den Nießbraucher regelmäßig unvorhersehbar ist. Es bleiben die vertretbaren Beitragspflichten.

---

281 Dazu oben § 11 I 2 a aa bzgl. der widmungsgemäßen Treue.

282 Dazu siehe oben § 6 V 2.

283 *Karsten Schmidt,* GesR, § 20 II 1 a.

284 So die prägnante Definition von *Karsten Schmidt,* GesR, § 20 II 1 a.

b) *Vertretbare Beitragspflichten*

aa) Beitragserhöhung

Falls dem Besteller-Gesellschafter nach Bestellung des Nutzungsrechts erhöhte Beitragspflichten auferlegt werden, sind sie im Grundsatz schon deshalb dem Besteller-Gesellschafter zuzuordnen, weil eine derartige Erhöhung regelmäßig nicht vorhersehbar sein wird. Dies ist im übrigen auch interessengerecht. Denn im Zweifel fließt der aus einer außenfinanzierten Kapitalerhöhung resultierende Mehrertrag dem Besteller-Gesellschafter zu[285]. Ist dem so, soll der Nießbraucher auch die Beitragspflicht nicht zu tragen brauchen. Zudem werden die Beteiligten schon deshalb hinreichend geschützt, weil für die Beitragserhöhung nach dem Belastungsverbot grundsätzlich ein einstimmiger Gesellschafterbeschluß erforderlich sein wird[286]. Einstimmigkeit wiederum liegt bei dem Grundlagengeschäft der Beitragserhöhung nur vor, wenn die Stimme des belasteten Anteils vom Nießbraucher und Besteller-Gesellschafter gemeinsam abgegeben wird (§ 1071 II BGB)[287]. Selbst wenn im Einzelfall die Zustimmung zur Beitragserhöhung ausnahmsweise aufgrund der Treuepflicht geschuldet sein mag[288], braucht dies den Nießbraucher nicht zu interessieren. Denn bei derartigen Ausnahmefällen liegt es klar zu Tage, daß jegliche Risikobeherrschung des „Erneuerungsaufwands“ durch den Nießbraucher i. S. einer „Vorhersehbarkeit“ ausfällt. Damit würde die Verpflichtung zum Mittelzufluß die von den Parteien bei der Nießbrauchsbestellung antizipierte Nutzenverteilung gefährden. Soll diese Nutzenverteilung geändert werden, ist daher eine Änderung des dinglichen Nutzungsrechts selbst vonnöten. Nach all dem wird die erhöhte Beitragspflicht vollends dem Besteller-Gesellschafter zugeordnet.

bb) Sonstige Beitragspflichten

Die Zuordnung der sonstigen, schon zur Zeit der Bestellung des Nutzungsrechts bestehenden und daher vorhersehbaren, fortlaufend zu erbringenden vertretbaren Beitragspflichten hängt davon ab, inwiefern sie sich

---

285 Dazu oben § 13 II 3.

286 Der Besteller-Gesellschafter muß durchweg der Beitragserhöhung zustimmen, da im Personengesellschaftsrecht eine Beitragserhöhung aufgrund des Belastungsverbots grundsätzlich nur einstimmig erfolgen kann, es sei denn, der Gesellschaftsvertrag regele etwas anderes. Zum Belastungsverbot im Personengesellschaftsrecht siehe nur *Karsten Schmidt,* GesR, § 16 III 3 b cc.

287 Zur Stimmrechtsvergemeinschaftung bei Grundlagengeschäften siehe oben § 7 III 4 d.

288 Siehe zu positiven Stimmpflichten nur Karsten Schmidt, GesR, § 21 II 3 c; sowie ausführlich *Zöllner,* Anpassung, passim.

während der Laufzeit des Nießbrauchs amortisieren. Eine derartige Amortisation könnte einerseits durchaus als Regelfall angenommen werden, da die Beitragspflicht Ausdruck des do ut des einer Hauptleistungspflicht im schuldrechtlichen Sinne darstellt[289]. Eine kontinuierliche Beitragsleistung erweckt daher den Anschein, der regelmäßigen Gewinnausschüttung zu entsprechen – womit inzident eine fortlaufende Amortisation der Beitragsleistungen während des Nießbrauchs vorzuliegen scheint, was wiederum eine Zuordnung der Beitragspflicht an den Nießbraucher zur Folge hätte. Andererseits stabilisiert jede Beitragsleistung die Gesellschaft als Organisation und ermöglicht ihr Fortbestehen als Sozialsystem im Laufe der Zeit. Insofern wirkt jede Beitragsleistung auch in der Zeit nach dem Nießbrauch noch ertragssteigernd für den Besteller-Gesellschafter.

Nun wurde oben[290] zum Recht des Sachnießbrauchs ausgeführt, daß es so etwas wie einen „Konnex zwischen Nutzen und Aufwand" gibt. Mit dieser etwas kryptischen Formulierung sollte kurz und bündig klargestellt werden, daß dem Nießbraucher nur all die vorhersehbaren Aufwendungen auferlegt sind, die sich vornehmlich während der Dauer seines Nutzungsrechts amortisieren werden. Nun kann dieser Konnex zwischen Nutzen und Aufwand vor dem Hintergrund der soeben dargelegten Überlegungen bei einem Anteilsnießbrauch nicht wie bei einem Sachnießbrauch einfach unter Verweis auf die nach betriebswirtschaftlichen Grundsätzen mutmaßlich eintretende Amortisation des Erhaltungsaufwands bestimmt werden. Denn bei der Personengesellschaft amortisiert sich der Beitrag ja während der Zeit des Nutzungsrechts und ist gleichzeitig über diese Zeit hinweg wirksam, in dem er das *Sozial*system „Personengesellschaft" stabilisiert. Ist dem so, hilft bei dem Anteilsnießbrauch nur weiter, anhand normativer Erwägungen abzugrenzen, welcher Aspekt des Beitrags mehr dem Nießbraucher und welcher mehr dem Besteller-Gesellschafter für die Zeit nach der Beendigung des Nutzungsrechts nützt. Anders gesagt: Der Konnex zwischen Nutzen und Aufwand kann beim Anteilsnießbrauch nur als ein normatives Konstrukt verstanden werden, welches die Sphären des Nießbrauchers und des Besteller-Gesellschafters so voneinander abgrenzt, daß einsichtig gesagt werden kann, der Aufwand des Nießbrauchers komme vornehmlich auch seinem Nutzungsinteresse zu. Das Nutzungsinteresse wiederum hängt von dem Handlungsrahmen ab, innerhalb dessen der Nießbraucher überhaupt Nutzen ziehen darf. Dieser Handlungsrahmen schließlich hängt gem. § 1036 II BGB von der Widmung der Mitgliedschaft ab. Es gilt deshalb: Darf sich

---

[289] Siehe *Karsten Schmidt,* GesR, § 20 III 2 b; MünchKomm-*Ulmer,* § 705 Rn.; Erman-*Westermann,* § 705 Rn. 42; RGRK-*v. Gamm,* § 705 Rn. 8. Diese Aussage ist unabhängig von der höchst umstrittenen Frage der Anwendbarkeit der §§ 320 ff. BGB auf die Personengesellschaft.

[290] Dazu siehe nochmals oben § 13 I 2 c aa.

das Nutzungsinteresse des Nießbrauchers ausweislich der Anteilswidmung sehr weitgehend „ausleben“, darf er sein Nutzungsinteresse unter gleichzeitiger Minimierung des erforderlichen Aufwands optimieren. Ein „Erhaltungsaufwand“ kommt in *diesem* Falle folglich nicht dem Nutzungsinteresse des Nießbrauchers zugute; als Folge muß damit die Beitragspflicht dem Besteller-Gesellschafter zugeordnet werden.

Bei einem dem gewöhnlichen Gebrauch zu dienen gewidmeter Anteil richtet sich mangels besonderer Vereinbarungen das Maß der den Nießbraucher treffenden Beitragspflichten nach seinem Nutzungsinteresse. Da dieses sich häufig nicht wird beziffern lassen, dürfte im Zweifel eine hälftige Teilung der Beitragspflichten zwischen Nießbraucher und Besteller-Gesellschafter veranlaßt sein. Bei einem der Versorgung des Nutzungsberechtigten dienenden Anteilsnießbrauchs gilt deshalb: Ist der Anteil ausschließlich dem Versorgungsinteresse zu dienen gewidmet, würde jede Beitragspflichtigkeit des Nießbrauchers dessen zu optimierendes Nutzungsinteresse beeinträchtigen. Die Beitragspflicht muß deshalb dem Besteller-Gesellschafter zugeordnet werden. Wollen das die Parteien des dinglichen Nutzungsrechts oder will dies der Erblasser nicht, der den Versorgungsnießbrauch vermächtnisweise dem zu Versorgenden zuwendet, möge etwas anderes vorgesehen werden. Bei einer dem Versorgungsinteresse und dem Interessen des Besteller-Gesellschafters gewidmeten Mitgliedschaft ist die Lage schwieriger. Müßte hier der Nießbraucher Finanzmittel flüssig zu halten, um der eventuellen Beitragspflicht zu genügen, würde die Versorgungstauglichkeit des dinglichen Nutzungsrechts erheblich entwertet. Hier muß genau geprüft werden, ob tatsächlich der Versorgungsberechtige zu nachschießenden Beiträgen entsprechend dem Maß seines durch die Widmung geschützten Interesses angehalten sein soll. Im Zweifel wird indes auch hier wieder der Mittelweg zwischen einer ausschließlich der Versorgung (Folge: der Besteller-Gesellschafter trägt die Beiträge voll) und einer ausschließlich dem gewöhnlichen Gebrauch zu dienenden Mitgliedschaft (Folge: der Besteller-Gesellschafter trägt die Beiträge zur Hälfte) zu beschreiten sein. Dies bedeutet, daß dem Besteller-Gesellschafter im Zweifel hier drei Viertel der zur Erfüllung der Beitragspflicht aufzubringenden Beträge zugewiesen werden müssen.

Gegen dieses Ergebnis scheint noch eine Erwägung zu sprechen: Nach den bisherigen Überlegungen erfolgt die Abgrenzung des gewöhnlichen Erhaltungsaufwand von den sonstigen Aufwendungen auf den Belastungsgegenstand anhand der getroffenen Widmung der Mitgliedschaft. Banalerweise erfolgt diese Widmung durch den Willen des Widmenden. Damit wird die Norm des § 1041 BGB im Endeffekt einer Einflußnahme der Beteiligten des dinglichen Nutzungsrechts geöffnet. Bei der Widmung geht es zwar um etwas anderes als um direkte Vereinbarungen der Parteien über die

Lastentragung hinsichtlich des Erhaltungsaufwands; § 1041 BGB wird also nicht abbedungen. Der Weg über die Anteilswidmung kommt aber im Ergebnis einer parteiautonomen Regelung zum Erhaltungsaufwand recht nahe. Es könnte deshalb eingewendet werden, § 1041 BGB sei richtigerweise nicht abdingbar[291], infolgedessen wäre auch der skizzierte Weg über die Widmung unzulässig. Soweit der zwingende Charakter des § 1041 S. 2 BGB von dem Grundsatz der Substanzerhaltung her begründet wird[292], greift der Einwand schon deshalb nicht, weil die Abgrenzung von Substanz und Nutzung ihrerseits wieder u.a. von der Anteilswidmung abhängig ist[293]. Einsichtig ist der zwingende Charakter des § 1041 S. 2 BGB hingegen vor dem Hintergrund, daß § 1041 S. 2 BGB nur als Ausprägung der zwingenden Regelung des § 1036 II BGB verstanden werden kann; ist diese zwingender Natur, kann jene nicht dispositiv sein[294]. Doch auch dies ist kein Argument gegen die hier vorgeschlagene Anbindung des § 1041 BGB an die Vorgaben der Parteien, da nun einmal auch die zwingende Norm des § 1036 II BGB einer privatautonomen Festlegung der Anteilswidmung offensteht. Auch die gegen die Abdingbarkeit des § 1041 S. 1 BGB vorgetragenen sonstigen Argumente stehen einer über die Widmung ins Werk gesetzten Anbindung des § 1041 BGB an die Vorgaben der Parteien nicht entgegen. So wird generell eine Dritten gegenüber wirkende Abänderung des gesetzlichen Schuldverhältnisses mit der Erwägung abgelehnt, diese setze eine Offenkundigkeit der Abänderung voraus, die es allenfalls beim Grundstücksnießbrauch ausweislich des Grundbuches gäbe[295]. Nun ist aber für einen Anteilsnießbrauch gem. §§ 1069 I, 398, 413 BGB Publizität kein relevantes Thema[296]. Der auf den Inhalt des gesetzlichen Schuldverhältnisses bezogene gute Glaube eines Dritten ist damit nicht geschützt[297].

Darüberhinaus wurde gegen die Zulässigkeit einer privatautonom gewollten Überwälzung der außergewöhnlichen Erhaltungskosten auf den Nießbraucher ohne gleichzeitiger Pflicht des Besteller-Eigentümers zum anteiligen Aufwendungsersatz nach § 1049 S. 1 BGB eingewandt, diese führe zu

291 So *Schön,* Nießbrauch, 278 ff.; Palandt-*Bassenge,* § 1041 Rn. 1; Erman-*Michalski,* § 1041 Rn. 1; anders die wohl überwiegende Ansicht: Staud-*Frank,* § 1041 Rn. 8. Abdingbarkeit nur zu Lasten des Nießbrauchers erwähnen BayObLGZ 1985, 6 ff.; BayObLG, DNotZ 1986, 151 ff.; Soergel-*Stürner,* § 1041 Rn. 3.

292 So etwa Erman-*Michalski,* § 1041 Rn. 1.

293 Siehe oben § 3 III 2 c aa; § 7 II 1; § 13 I 2 b aa.

294 *Schön,* Nießbrauch, 278.

295 So etwa *Janssen/Nickel,* Unternehmensnießbrauch, 26.

296 Dazu schon oben § 3 III 2 c aa.

297 Siehe zum Problem nur BayObLG, DNotZ 1978, 99; *Queck,* Nießbrauch, 27 f.

einer ineffizienten Ordnung zwischen den Beteiligten, da der Besteller-Eigentümer nach Ablauf des Nießbrauchs ohne eigenes finanzielles Opfer in den anteiligen Genuß dieser Aufwendungen komme[298]. Die oben vorgenommene Abgrenzung der gewöhnlichen und außergewöhnlichen Erhaltungskosten entlastet aber gerade den Nießbraucher, so daß schon deshalb das Argument nicht greift. Allerdings könnte wiederum vorgetragen werden, gerade diese Entlastung des Nutzungsberechtigten führe zu einer ineffizienten Ordnung zwischen den Beteiligten. Hier heißt es aber, konsequent zu bleiben: Ist die Anteilswidmung zu Recht den Parteien überlassen, kann diese Grundsatzentscheidung nicht bei der Abgrenzung des Erhaltungsaufwands wieder zurückgenommen werden – wie denn auch, es gibt schließlich keine „objektive" Anteilswidmung. Die Effizienz der nießbrauchsrechtlichen Ordnung als Ausdruck des schon oft angesprochenen ökonomischen Modells des Nießbrauchs, das gesamtwirtschaftliche Interesse an einer optimalen Nutzung der Sachgüter zu verwirklichen[299] muß demnach im Rahmen der nießbrauchsrechtlichen Widmung des belasteten Gegenstands herzustellen versucht werden[300].

4. Ergebnis

Beitragserhöhungen trägt allein der Besteller-Gesellschafter. Für sonstige Beitragspflichten gilt für die Abgrenzung zwischen dem gewöhnlichen und dem außergewöhnlichen Erhaltungsaufwand: Bei einem dem gewöhnlichen Gebrauch zu dienen gewidmeter Anteil trägt der Besteller-Gesellschafter im Zweifel die Hälfte der Beiträge, bei einem ausschließlich der Versorgung des Nutzungsberechtigten dienenden Anteilsnießbrauch im Zweifel die vollen Beiträge und bei einem beider Interessen dienenenden Anteil drei Viertel der Beiträge; der Nießbraucher trägt jeweils den Rest. Schließlich ist der Nießbraucher in die gesellschaftsrechtliche Treuepflicht nicht schon aufgrund der Belastung als solcher, sondern erst über die entsprechende Anteilswidmung eingebunden[301].

---

[298] *Schön,* Nießbrauch, 279 f.

[299] Zu diesem Modell siehe oben § 7 II 1; § 13 I 2 b aa.

[300] Dazu oben § 13 I 2 b aa.

[301] Siehe oben § 14 II 2.

III. Sonderproblem: Außenhaftung und Verlusttragung

1. Außenhaftung

a) Gesellschaftsrechtliche und nießbrauchsrechtliche Vorgaben?

Die Übernahme der persönlichen Haftung nach § 128 HGB kann nach der h. M. zumindest dann einen Beitrag i. S. §§ 705 f. BGB darstellen, wenn durch die Haftung die Kreditwürdigkeit der Gesellschaft erhöht wird[302]. Folgt allein hieraus schon, daß nießbrauchsrechtlich die Haftung dem Besteller-Gesellschafter gemäß der gerade diskutierten Regelung des § 1041 BGB obliegt? Diese Frage muß schon deshalb verneint werden, weil richtigerweise – wie soeben gezeigt werden konnte – im Zweifel aus § 1041 BGB nicht folgt, daß der Nießbraucher die Beitragspflichten des Besteller-Gesellschafters diesem gegenüber zu erfüllen hat. Zudem wirkt die Pflicht aus § 1041 BGB nur im Verhältnis zwischen den Beteiligten des gesetzlichen Schuldverhältnisses des Nießbrauchs, so daß die Gesellschaftsgläubiger vom Nießbraucher erst Zahlung verlangen könnten, wenn sie auf den Anspruch des Besteller-Gesellschafters aus § 1041 BGB über § 128 HGB zugegriffen hätten[303].

Nun scheint ein gutes Argument gegen die Zuordnung der gesellschaftsrechtlichen Außenhaftung im nießbrauchsrechtlichen Innenverhältnis zwischen Besteller-Gesellschafter und Nießbraucher gewonnen zu sein, wenn gesellschaftsrechtlich die Außenhaftung nicht zu dem Kreis der das mitgliedschaftliche Rechtsverhältnis ergebenden Rechte und Pflichten zählen würde. Letzteres wird in der Tat vertreten[304]. Ist die Außenhaftung aber keine mitgliedschaftliche Verpflichtung des Besteller-Gesellschafters, scheint die Folgerung nahezuliegen, sie würde damit auch nicht vom Nießbrauch „überlagert" und könne schon deshalb nicht dem Nießbraucher obliegen. Derartige Folgerungen aus Vorgaben des Gesellschaftsrechts sind jedoch nießbrauchsrechtlich erst dann relevant, wenn begründet wird, warum dies so sein soll; die gesellschaftsrechtliche Einordnung entlastet ja nicht von der nießbrauchsrechtlichen Wertung, wer im nießbrauchsrechtlichen

---

302 Das Erfordernis einer Erhöhung der Kreditwürdigkeit beruht auf RGZ 37, 58 (61 f.); siehe ansonsten Heymann-*Emmerich,* § 105 HGB Rn. 227; Schlegelberger-*Karsten Schmidt,* § 105 HGB Rn. 154; *ders.,* GesR, § 20 II 2 a; *Hueck,* oHG, § 1 I 1 c.

303 Dieser Zugriff auf den Nießbraucher über den Besteller-Gesellschafter wurde wohl von *Queck,* Nießbrauch, 168, übersehen.

304 So etwa *Habersack,* Mitgliedschaft, 93 f.; wohl auch Schlegelberger-*Karsten Schmidt,* § 128 HGB Rn. 2. Für ein Verständnis der Außenhaftung als mitgliedschaftliche Pflicht etwa *Flume,* PersGes, § 9.

Innenverhältnis letztlich für die Wahrnehmung der Außenhaftung zuständig ist. Diese Aufgabe bleibt nach wie vor aufgegeben.

b) Die herrschende Meinung: Keine Außenhaftung des Anteilsnießbrauchers

Bei einem echten Anteilsnießbrauch trifft nach wohl herrschender Ansicht im Außenverhältnis Gesellschaft – Gesellschaftsgläubiger die Haftung aus § 128 HGB den Besteller-Gesellschafter und nicht den Nießbraucher, da dieser bei einem echten Anteilsnießbrauch anders als bei einer treuhänderischen Anteilsübertragung im Rahmen der Treuhandlösung[305] nun einmal nicht Gesellschafter werde[306]. Dieses eher rechtstechnische Argument überzeugt freilich für den Fall nicht, in dem der Nießbraucher in seiner Person die Merkmale verwirklicht, auf denen die Haftung des Gesellschafters beruht[307]. Dieses gilt auch für den weiteren Einwand gegen eine Haftung des Nießbrauchers, diese führe zu einer bedenklichen Vermischung zwischen echtem Anteilsnießbrauch und Treuhand[308]. Einsichtiger ist es, die Haftungsproblematik vor dem Hintergrund der konkreten Nießbrauchsausgestaltung anzugehen. Es heißt dann, die Haftung des Nutzungsberechtigten könne nicht gerechtfertigt sein, weil dieser auf das Entstehen der Verbindlichkeit noch nicht einmal einen mittelbaren Einfluß habe, da ihm grundsätzlich die Ausübungsbefugnis der mitgliedschaftlichen Verwaltungsrechte nicht zustünde[309]. Obendrein sei dessen Haftung auch deshalb nicht akzeptabel, weil dieser nur auf die ausgeschütteten Gewinne, der außenhaftende Gesellschafter hingegen im Wege des Innenregresses nach § 110 HGB auf die Gesellschaft zugreifen könne[310]. Haftet hiernach im Außenverhältnis zu den Gesellschaftsgläubigern allein der Besteller-Gesellschafter, soll ein etwaiger Ausgleich zwischen diesem und dem Nießbraucher nach Maßgabe ihres Innenverhältnisses erfolgen[311], während andere eine

---

305 In dieser Außenhaftung des Nießbrauchers liegt ja denn auch die entscheidende Schwäche der Treuhandlösung, die diese bei anderen als volleingezahlten Kommanditeinlagen höchst unattraktiv werden läßt, worauf zu Recht *Blaurock,* Unterbeteiligung, 148, hinweist.

306 Staud-*Frank,* Anh zu §§ 1068, 1069 Rn. 92; MünchHdb-GesR-*Rodin,* § 60 Rn. 60; Heymann-*Emmerich,* § 105 HGB Rn. 68; Schlegelberger-*Karsten Schmidt,* Vorbem. § 335 HGB Rn. 19; *ders.,* GesR, § 61 II 3; *Blaurock,* Unterbeteiligung, 148; *Hepp-Schwab,* Mitgliedschaft, 185; *Queck,* Nießbrauch, 169 ff.; *Finger,* DB 1977, 1033 (1039); *Rohlff,* NJW 1971, 1337 (1341).

307 *Blaurock,* Unterbeteiligung, 148; *Queck,* Nießbrauch, 169.

308 Schlegelberger-*Karsten Schmidt,* Vorbem. § 335 HGB Rn. 19.

309 *Teichmann,* ZGR 1972, 1 (14).

310 *Blaurock,* Unterbeteiligung, 148.

311 Schlegelberger-*Karsten Schmidt,* Vorbem. § 335 HGB Rn. 19.

irgendwie geartete Einstandspflicht des Nießbrauchers im Innenverhältnis ablehnen[312].

c) Das Gegenmodell: Die Außenhaftung des Nießbrauchers

aa) Diskussionsstand

Diesem Konzept der h. M. setzten Flume, Ulmer und Schön ein deutliches Votum für eine Außenhaftung des Nießbrauchers neben der des Besteller-Gesellschafters entgegen[313] – und zwar beim echten Anteilsnießbrauch, nicht nur im Rahmen der treuhänderischen Übertragung des Gesellschaftsanteils auf den Nießbraucher, bei denen sich die Haftung des Gesellschafter-Nießbrauchers zwanglos aus den allgemeinen handelsrechtlichen Haftungsregeln ergibt[314]. Flume zieht aus der vermeintlichen, „außer Frage"[315] stehenden Außenhaftung des echten Anteilsnießbrauchers ausdrücklich zugleich den Schluß, dieses Nutzungsrecht eigne sich nicht zur Versorgung des überlebenden Ehegatten[316]. In der Tat würde eine Haftung des Ehegatten für die Außenhaftung des Besteller-Gesellschafters die Nützlichkeit des Anteilsnießbrauchs zur Versorgung des Nutzungsberechtigten erheblich entwerten. Die Argumente für einen Einbezug des Nießbrauchers in die Außenhaftung können daher gar nicht ernst genug genommen werden.

Teilweise wird der Grund für einen Einbezug schon in der dinglichen Mitberechtigung am Anteil gesehen[317]. Überzeugend ist dies freilich schon deshalb nicht, weil schon die Rede davon war, daß aus der „Überlagerung" der Mitgliedschaft und ähnlichen dogmatischen Konstruktionen allein nichts für die Zuordnung der mitgliedschaftlichen Rechte und Pflichten gefolgert werden darf[318]. Der tragende Grund für einen Einbezug des Nießbrauchers

---

312 *Blaurock,* Unterbeteiligung, 148.

313 Großkomm-*Ulmer,* § 105 HGB Rn. 128; MünchKomm-*ders,* § 705 Rn. 84 a; *ders.,* FS Fleck, 383 (396); *Flume,* PersGes, § 17 VI; *Schön,* ZHR 158 (1994), 229 (256). Als h. M. bezeichnet BFH, NJW 1995, 1918 (1919), die Zuweisung der Außenhaftung an den Nießbraucher. Unklar *Hepp-Schwab,* Mitgliedschaft, 186, nach dem bei einer Zuweisung der Stimmbefugnis an den Nießbraucher dieser auch „in gesellschaftliche Beziehungen und Bindungen" hineinwächst.

314 Deshalb für eine Haftung des Nießbrauchers bei der Treuhandlösung: *A. Hueck,* OHG, § 27 II 8; *Bitz,* DB 1987, 1506; *Kreifels,* FS Hengeler, 158 (163); *Petzoldt,* BB 1975 Beil. 6, S. 12; *ders.,* GmBHR 1987, 381 (381, 384). Von der gesellschaftsrechtlichen Außenhaftung ist natürlich das nießbrauchsrechtliche Innenverhältnis unberührt, zum Freistellungsanspruch des Treuhänders gegen den Treugeber siehe nur *Beuthien,* ZGR 1974, 26 (48).

315 *Flume,* PersGes, § 17 VI.

316 *Flume,* PersGes, § 17 VI.

317 So *Ulmer,* FS Fleck, 383 (396).

318 Siehe oben § 5 I.

in die Außenhaftung wird denn auch eher in einem Konnex zwischen Herrschaft und Haftung gesehen: Wäre der Nießbraucher für die Ausübung der mitgliedschaftlichen Verwaltungsrechte zuständig, müsse seine persönliche Haftung die notwendige Folge sein[319]. Hieraus folgt freilich zugleich, daß eine Hineinnahme des Nießbrauchers in die Haftung für Flume, Ulmer und Schön ausscheidet, wenn der Nutzungsberechtigte keinen Anteil an der Ausübung der gesellschaftsrechtlichen Mitverwaltungsrechte hat. Doch wie steht es ansonsten?

bb) Kritik

Die Folgerung „Zuständigkeit für die Mitverwaltungsrechte" ergo „Haftung" ist schwierig zu interpretieren, da unklar bleibt, aus welchen Gründen eine notwendige Verbindung zwischen Einfluß und Haftung hergestellt wird. Sind es nießbrauchsrechtliche Gründe, ist das Argument unvollständig, da diese Gründe nicht näher offengelegt werden. Sind es hingegen gesellschaftsrechtliche Gründe, stellt das Argument nur eine besondere Ausprägung der allgemeinen Aussage dar, Herrschaft und Haftung sei gesellschaftsrechtlich notwendigerweise gekoppelt. Hiergegen hat schon die nießbrauchsrechtliche Literatur eingewandt, eine derartige Koppelung sei nicht ersichtlich und führe nur zu einer mißlichen Vermischung von Anteilsnießbrauch und Nutzungstreuhand[320]; aus hiesiger Sicht ist desgleichen ausführlich dargetan worden, daß gesellschaftsrechtlich sich Herrschaft und Haftung nicht akzessorisch zueinander verhalten[321]. Die bisher für eine Außenhaftung des Nießbrauchers vorgetragenen Argumente scheitern daher.

Damit ist aber dennoch die Zuordnung der Außenhaftung an den Nießbraucher noch nicht aus dem Weg geräumt. Denn das *nießbrauchsrechtlich* auf den ersten Blick schlagende Argument kam in der Literatur noch gar nicht zur Sprache: Eine Außenhaftung des Nießbrauchers könnte schon deshalb zwingend sein, weil es ansonsten zu einer ineffizienten Ordnung des nießbrauchsrechtlichen Innenverhältnisses kommen könnte, was wiederum dem schon öfters angesprochenenen, dem Nießbrauchsrecht zugrundeliegenden ökonomischen Modell des Nießbrauchs zuwiderlaufen scheint, das gesamtwirtschaftliche Interesse an einer im Rahmen der Gegenstandswidmung optimalen Nutzung der Sachgüter zu verwirklichen[322]. Insofern wäre zwar

[319] Großkomm-*Ulmer,* § 105 HGB Rn. 128; MünchKomm-*ders,* § 705 Rn. 84 a; *ders.,* FS Fleck, 383 (396); *Flume,* PersGes, § 17 VI; *Schön,* ZHR 158 (1994), 229 (256); siehe auch *Gösele,* Nießbrauch, 57, 68.

[320] *Blaurock,* Unterbeteiligung, 149; *Mentz,* Nießbrauch, 249 ff.; *Queck,* Nießbrauch, 171 f.; siehe auch *Karsten Schmidt,* Vorbem. zu § 335 HGB Rn. 19.

[321] Siehe oben § 5 VI 3, § 6 III, § 7 I, § 8 II 1, § 10 IV 3, § 11 I 2 b.

[322] Zu diesem Modell siehe oben § 7 II 1; § 13 I 2 b aa.

nicht gesellschaftsrechtlich, wohl *aber nießbrauchsrechtlich* eine Haftung des Nießbrauchers entsprechend dem Satz erforderlich, daß unter Steuerungsaspekten bei einem in wirtschaftlichen Zusammenhängenden Handelnden allein schon die Belastung mit dem Haftungsrisiko zu einer ressourcen- und verantwortungsgerechten Handhabe der Entscheidungsmacht führe. Dennoch trägt diese Argumentation nicht eine Zuordnung der Haftung an den Nießbraucher. Dies liegt einfach daran, daß sie zumindest bei einem Nießbrauch an der Mitgliedschaft, der zur Versorgung des überlebenden Ehegatten bestellt worden ist, viel zu abstrakt ist: Sie entbehrt einer klaren Gründung in einer konkreten nießbrauchsrechtlichen Norm. § 1036 II BGB scheidet als Basis für eine dem o. g. ökonomischen Modell geschuldete Belastung des Nießbrauchers mit dem Haftungsrisiko schon deshalb aus. Denn ist der Anteil auch nur teilweise dem Versorgungsinteresse des Nutzungsberechtigten zu dienen gewidmet, wäre damit eine Haftung schlichtweg unverträglich und würde die Widmung unterlaufen. Aus dem gleichen Grund scheidet eine Verbuchung der Haftung des Nießbrauchers als „gewöhnlicher Erhaltungsaufwand“ gem. §§ 1041 S. 2, 1068 II BGB aus. Desgleichen scheidet eine Deutung der gesetzlichen Haftung als eine „privatrechtliche Last“ i. S. § 1047 – immerhin „lastet“ ja die Haftung auf der Mitgliedschaft wie ein dingliches Recht auf dem Eigentum – selbst bei einem sehr weiten Verständnis des § 1068 II BGB aus. Dies gilt unabhängig von den unterschiedlichen Interpretationen des § 1047 BGB. Nach der einen Interpretation werden unter Lasten all jene Zahlungen subsumiert, die im Rahmen der Gegenstandswidmung auch der Eigentümer in Kauf nehmen würde, um die aus der Sache gezogenen Vorteile zu maximieren und die Nachteile zu minimieren[323]. § 1047 BGB wird hier aufgrund der Bezugnahme auf die Anteilswidmung in einen Zusammenhang zu § 1036 II BGB gebracht – was wiederum bedeutet, daß angesichts einer versorgungsgerechten Anteilswidmung die Haftung keine „Last“ sein kann. Nach der anderen, herrschenden Interpretation des § 1047 BGB ist diese Regelung Ausdruck der Erwägung, daß „der Nießbraucher die Nutzungen nur insoweit haben soll, als sie bei ordnungsgemäßer Wirtschaft den Reinertrag bilden“[324]. Auch danach scheidet ein Verständnis der Haftung als „Last“ aus, da die Haftung nach § 128 HGB akzessorisch an das Bestehen einer Schuld der Gesellschaft gekoppelt ist und mithin der „Reinertrag“ sowieso gemindert ist; der Rückgriffsanspruch des Gesellschafters nach § 110 HGB tut hier sein Übriges. Da sonstige Regelungen des Nießbrauchsrechts, an denen die Haftung des Nießbrauchers „aufgehängt“ werden könnte, nicht ersichtlich sind, kann

323 So *Schön,* Nießbrauch, 168 f.

324 RGZ 153, 29; Staud-*Frank,* § 1047 Rn. 1; MünchKomm-*Petzoldt*, § 1047 Rn. 1; Soergel-*Stürner,* § 1047 Rn. 1; *Crome,* Sachenrecht, § 435 III 1 c; *Wieling,* Sachenrecht, § 14 I 1 d aa.

konkret betrachtet dem ökonomischen Modell des Nießbrauchsrechts eben gerade nicht entnommen werden, eine Haftung des Nutzungsberechtigten sei aus Gründen sachgerechter Handlungssteuerung erforderlich, wenn dieser in der Gesellschaft mitspracheberechtigt sei. Eine Haftung des Nießbrauchers für die Außenhaftung des Besteller-Gesellschafters nach § 128 HGB scheidet damit im Außenverhältnis zu den Gesellschaftsgläubigern aus. Damit ist aber noch nicht zugleich entschieden, ob der Besteller-Gesellschafter auch im Innenverhältnis zum Nießbraucher die Verluste der Gesellschafter zu tragen hat. Dies ist ein Problem der Verlusttragung.

2. Verlusttragung

Zwei Punkte gilt es bei der Verlusttragung zu unterscheiden. Auf der einen Seite steht die Frage, in welchem Umfang eine Verrechnung von Verlust mit Gewinn im Verhältnis zwischen Besteller-Gesellschafter und Nießbraucher stattfindet. Auf der anderen Seite muß untersucht werden, ob eine Verlustausgleichspflicht des Nießbrauchers im Innenverhältnis zum Besteller-Gesellschafter gegeben ist.

a) Verlusttragung aufgrund Verrechnung mit Rücklagen und Gewinn späterer Jahre

Hinsichtlich des zuerst genannten Punkts findet sich in der Literatur der Satz, der Anteilsnießbraucher sei schon deshalb häufig vom erwirtschafteten Verlust betroffen, weil dieser oftmals aus Rücklagen oder mit den Gewinnen späterer Jahre ausgeglichen würde und sich dadurch die Ausschüttung vermindere[325]. Dem kann zwar zugestimmt werden; in der Begründung ist aber eine gewisse Nuancierung erforderlich. Denn man könnte sich auf den Standpunkt stellen, soweit die Rücklagen, mit denen der während des Nutzungsrechts entstandene Verlust verrechnet werden soll, aus Gewinnen stammen, die *während* der Zeit des dinglichen Nutzungsrechts thesauriert worden sind, vermindere ein Ausgleich Rücklage gegen Verlust nicht den Ertrag des Nießbrauchers. Denn dem Nießbraucher käme nun einmal unter den oben[326] beschriebenen Voraussetzungen je nach Art und Weise der Anteilswidmung durchaus gewisse außerordentliche Erträge zu, die aus der Auflösung von Rücklagen stammen, welche aus *während* der Zeit des Bestehens des Nutzungsrechts thesaurierten Gewinnen gebildet worden sind. Würden nun mit solchen Gewinnen Verluste verrechnet, würde wirt-

[325] So etwa Staud-*Frank,* Anh zu §§ 1068, 1069 Rn. 91; MünchKomm-*Petzoldt,* § 1068 Rn. 25; *ders.,* DStR 1992, 1171 (1176); siehe auch BFH, BStBl 1973 II, 528 (530); *Jansen/Jansen,* Nießbrauch, Rn. 259.

[326] Siehe oben § 13 I 3 b.

schaftlich gesehen der Nießbraucher im Verhältnis zum Besteller-Gesellschafter so dastehen, als habe er Mittel in die Gesellschaft gegeben. Mit Blick hierauf habe er quasi Verwendungen auf die Gesellschaft mit der Folge getätigt, daß ihm § 1049 I BGB analog ein Wertausgleich in Höhe des verrechneten Gewinns angesonnen werden müsse, falls ohne die Verrechnung mit den Verlusten der einstmals thesaurierte Gewinn als außerordentlicher Ertrag ausgekehrt worden wäre.

Ein derartiger Vortrag wäre nicht überzeugend. Die Wertungsparallele zu der Verteilung der außerordentlichen Erträge im Innenverhältnis zwischen Besteller-Gesellschafter und Nießbraucher geht nicht an, da nichts ausschüttungsfähig gestellt worden ist. Allenfalls könnte in der Verrechnung des Verlusts mit Rücklagen oder mit den Gewinnen späterer Jahre gewissermaßen eine Art „nochmaliger Thesaurierung" erblickt werden. Doch auch diese etwas überzogene Parallele überzeugt nicht. Denn wird ein Verlust mit Rücklagen verrechnet, geht dies dem Nießbraucher nichts an, da seinem Nutzungsinteresse schon bei der Rücklagenbildung selbst Rechnung getragen worden ist[327]. Und soweit die Verrechnung mit dem Gewinn späterer Jahre in Rede steht, gilt gleiches. Schließlich kann der Nießbraucher an Gewinnen aus früheren, vor der Nießbrauchsbestellung gelegenen Jahre sowieso nicht partizipieren[328]. Er muß daher auch eine Verlustverrechnung mit derartigen früheren Gewinnen hinnehmen. Insgesamt gesehen muß der Nießbraucher somit die Verrechnung des Verlusts mit Rücklagen oder mit dem Gewinn späterer Jahre hinnehmen.

b) Die Zuordnung der sonstigen Verlusttragung

aa) Allgemeines und praktische Bedeutung

Von der Verrechnung Gewinn/Rücklagen gegen Verlust zu unterscheiden ist die Teilhabe an Verlusten des Gesellschaftsanteils. Nach überwiegender Ansicht ist der Nießbraucher bei einem echten Anteilsnießbrauch – anders als bei einer treuhänderischen Übernahme der Gesellschafterstellung[329] – von einer derartigen Teilhabe zumindest dann ausgeschlossen, wenn ein reiner Ertragsnießbrauch vorliegt und dem Nießbraucher insofern also keinerlei Verwaltungsrechte zugeordnet sind[330]. Demgegenüber soll ausnahms-

[327] Dazu oben § 13 I 2 e.

[328] Siehe oben § 13 I 3 a, c.

[329] Staud-*Frank,* Anh zu §§ 1068, 1069 Rn. 91; Schlegelberger-*Karsten Schmidt,* Vorbem. § 335 HGB Rn. 18.

[330] BFH, NJW 1995, 1918 (1919); Staud-*Frank,* Anh zu §§ 1068, 1069 Rn. 91; MünchKomm-*Petzoldt,* § 1068 Rn. 25; Schlegelberger-*Karsten Schmidt,* Vorbem. § 335 HGB Rn. 18; MünchHdb-GesR-*Rodin,* § 30 Rn. 60; Großkomm-*Ulmer,*

weise der Nießbraucher für einen Verlust haften, wenn er an der gesellschaftsinternen Willensbildung mitzuwirken berechtigt ist und ihn hier ein Verschulden trifft[331]. Diese Verlusthaftung tritt nicht aufgrund irgendwelcher Haftungstatbestände des Gesellschaftsrechts gegenüber der Gesellschaft oder Dritten ein, es geht vielmehr nur darum, ob der Nießbraucher bei Ablauf seines Nutzungsrechts einen im Gesellschaftsvermögen entstandenen Kapitalverlust dem Besteller-Gesellschafter gegenüber ausgleichen muß[332].

Bei einem für die Lebenszeit des Berechtigten bestellten Versorgungsnießbrauch wäre eine derartige Verlustausgleichspflicht bei Beendigung des Nutzungsrechts für die Befriedigung des Versorgungsinteresses des Nießbrauchers oftmals nicht weiter hinderlich, da sie regelmäßig erst nach dessen Tode als dem regelmäßigen Zeitpunkt des Nießbrauchsendes (§ 1061 S. 1 BGB) eintreten würde. Bei einem vermächtnisweise bestellten Versorgungsnießbrauch ginge – falls der Besteller-Gesellschafter zugleich (wie häufig in Familien) Alleinerbe des Versorgungsnießbrauchers ist – die Ausgleichsverpflichtung sowieso wegen Konfusion grundsätzlich ins Leere[333]. Bei einer insolventen und in der Folge der Liquidation zugeführten Gesellschaft würde das Nutzungsrecht freilich aufgrund des Wegfalls des Belastungsgegenstands erlöschen; hier würde die Verlustausgleichspflicht auch des Versorgungsnießbrauchers relevant werden. Auch beim Versorgungsnießbrauch wird die Frage nach der dogmatischen Begründung einer etwaigen Verlustausgleichspflicht des Nießbrauchers daher eminent praktisch.

bb) Verschuldensabhängige Verlustausgleichspflicht als Ausgangspunkt

Nun hat Schön zu Recht darauf hingewiesen, daß sich eine Verlustausgleichspflicht des Nießbrauchers nicht mit der Überlegung rechtfertigen läßt, Kapitalverluste könnten als Eingriffe in die „Substanz" der Mitgliedschaft gelten[334]. Der Grund für diese Einsicht liegt in der gesetzlichen Wertung des § 1050 BGB. Das Nießbrauchsrecht kennt ausweislich des § 1050 BGB grundsätzlich für den Sachnießbraucher keine Ausgleichspflicht für Sachverluste, die aus einer ordnungsgemäßen Bewirtschaftung des Nießbrauchsgegenstands resultieren[335]. Für die durch ordnungsgemäßen Ge-

---

§ 105 HGB Rn. 121; *ders.*, FS Fleck, 383 (392); *v. Godin*, Nutzungsrecht, 100; *Bökelmann*, Nutzungen, 225; *Teichmann*, ZGR 1972, 1 (14).

331 Staud-*Frank*, Anh zu §§ 1068, 1069 Rn. 91; Großkomm-*Ulmer*, § 105 HGB Rn. 121; *v. Godin*, Nutzungsrecht, 92; *Bökelmann*, Nutzungen, 225.

332 Siehe *Schön*, ZHR 158 (1994), 229 (247).

333 Zur Konfusion bei schuldrechtlichen Beziehungen zwischen Erblasser und Alleinerbe siehe nur MünchKomm-*Leipold*, § 1922 Rn. 65.

334 So aber *Biergans*, DStR 1985, 327 (333).

brauch entstehende Abnutzung des belasteten Gegenstands ist der Nießbraucher also nicht verantwortlich; seine Substanzerhaltungspflicht aus §§ 1041, 1036 II BGB fängt damit übliche Abnutzungen nicht auf[336]. Die Kapitalminderung trifft daher beim Sachnießbrauch den Eigentümer. Eine Verlustausgleichspflicht wäre damit auf jeden Fall bei einem nicht ordnungsgemäßen Wirtschaften als Verletzung des gesetzlichen nießbrauchsrechtlichen Schuldverhältnisses begründbar, wenn diese Verletzung schuldhaft erfolgt. Praktisch wäre ein derartiger Ausgleich indes nicht. Denn es wären – es geht schließlich um die Bewertung unternehmerischen Handelns – derart komplexe Zurechnungen erforderlich, die die Unterscheidung zwischen verschuldeten und unverschuldeten Vermögensminderungen kaum nachvollziehbar erscheinen lassen[337]. Denn wie gesagt: Es müßte die Verletzung der Regeln wirtschaftlich ordnungsgemäßen Handelns und ein Vertretenmüssen hinsichtlich dieser Verletzung auseinandergehalten und begründet werden – hinzutritt die Schwierigkeit, daß für den Nießbraucher beides auf die Anteilswidmung bezogen sein wird, was die Sache nochmals verkompliziert. Praktikabel ist dies alles nicht.

cc) Verlustunabhängige Verlustausgleichspflicht?

Mit Blick auf diese Praktikabilitätsprobleme hat Schön[338] vorgeschlagen, zumindest für einen Nießbrauch am Anteil eines die Gesellschaft beherrschenden Gesellschafters, bei dem die Mitwirkungsrechte dem Nießbraucher zugeordnet sind, für eine verschuldensunabhängige Verlustausgleichspflicht des selbstbewirtschaftenden Nießbrauchers zu streiten, wenn dem Nutzungsberechtigten die gesellschaftsrechtlichen Mitverwaltungsrechte zugeordnet sind[339]. Er korrelliert damit Verlustausgleich und unternehmerische Verantwortung. Begründet wird die Zuweisung der Verlusttragung an den Nießbraucher mit den Besonderheiten des Belastungsgegenstands „Unternehmen" bzw. „Unternehmensbeteiligung". Die Vorschrift des § 1050 BGB könne hier nicht so einfach angewendet werden wie bei einem Sachnießbrauch. § 1050 BGB sei auf abnutzbare Wirtschaftsgüter zugeschnitten und regele deshalb auch nur das Risiko einer typischen Abnutzung. Bei einem Unternehmen und bei Unternehmensbeteiligungen könne von einer Abnutzung aber sinnvoll nicht gesprochen werden. Falls dem Nießbraucher hingegen die Erträgnisse zustünden und er als Unternehmer frei handelnd

---

335 *Schön,* ZHR 158 (1994), 229 (247 f.).

336 Dazu allg. Staud-*Frank,* § 1050 Rn. 1; MünchKomm-*Petzoldt,* § 1050 Rn. 1.

337 Siehe auch *Finger,* DB 1977, 1033 (1037).

338 Dazu und zum folgenden *Schön,* ZHR 158 (1994), 229 (248). Zustimmend einer verschuldensunabhängigen Ausgleichspflicht *Kruse,* RNotZ 2002, 69 (81).

339 *Schön,* ZHR 158 (1994), 229 (248).

am Markt auftrete, sei bei einem Nießbrauch an einem einzelkaufmännischen Unternehmen die Zuweisung des Verlusts an den Nießbraucher sachgerecht[340]. In der Wertung spricht vieles in der Tat für eine Verlustzuweisung an den Nießbraucher. Denn wird ihm ein Wertausgleich – wie bei Schön im Falle eines belasteten Mehrheitsanteils – für die thesaurierten Gewinne gewährt und nimmt insofern der Nießbraucher an der prosperierenden Entwicklung der Gesellschaft teil, erscheint es als ein Gebot der Billigkeit und der Folgerichtigkeit, dem Nießbraucher in dem Verhältnis, in dem er auf den thesaurierten Gewinn zugreifen kann, auch die Übernahme der Wertverluste als Ausgleich für erlittene Nachteile des Besteller-Gesellschafters anzudienen[341].

Dennoch muß eine verschuldensunabhängige Verlustausgleichspflicht letztlich beim Anteilsnießbrauch ausscheiden. Bei einem Versorgungsnießbrauch ist eine Verlusttragung des Nutzungsberechtigten in der Regel letztlich schon deshalb nicht veranlaßt, weil ihm im Regelfall ja noch nicht einmal das Geschäftsführungsrecht zugeordnet ist[342]. Doch selbst wenn im Einzelfall die Mitverwaltungsrechte dem Nießbraucher zugeordnet sind, scheidet ein interner Verlustausgleich aus. Einmal partizipiert der Nießbraucher analog § 1049 I BGB am Wert thesaurierter Gewinne bei einem Anteil im Zweifel nur in Höhe der Hälfte der thesaurierten Gewinne[343]; folgerichtig dürfte seine Verlustausgleichspflicht ebenfalls auf die Hälfte des Verlusts beschränkt sein. Somit wäre allenfalls eine auf die Hälfte der Verluste bezogene Ausgleichspflicht des Nießbrauchers statthaft. Doch selbst diese Pflicht ist nicht begründbar. Denn eine derartige Pflicht resultiert nach Schön aus der Überlegung, es entspräche dem Gebot der Billigkeit, dem Nießbraucher auch die Verluste intern zuzuweisen, wenn er auf die thesaurierten Gewinne zurückgreifen könne. Ein Zugriff auf die thesaurierten Gewinne in der geschilderten Höhe ist dem Nießbraucher aber nur eröffnet, wenn im Gesellschaftsvertrag zur Zeit der Bestellung des Nutzungsrechts keine Regelung vorhanden ist, nach der eine jährliche Bildung von Gewinnrücklagen zu erfolgen hat, und falls die Stimme des belasteten Anteils die Thesaurierung verhindern könnte[344]. Der Zugriff auf die thesaurierten Gewinne setzt damit ein gewisses Maß an unternehmerischer Alleinverantwortlichkeit voraus, was notwendigerweise dann auch für den nießbraucherischen Verlustausgleich gelten muß. Dieses Maß an Alleinverantwortlichkeit wiederum ließe sich nur dann konsequent durchhalten, wenn etwa das dem Nießbraucher zugeordnete Stimmrecht durchweg auch ausschließlich

---

340 *Schön,* Nießbrauch, 219.

341 So auch *Queck,* Nießbrauch, 176 f.

342 Siehe oben § 12 II.

343 Dazu oben § 13 I 2 b, c.

344 Siehe oben § 13 I 2 b, c.

nur durch ihn ausgeübt werden könnte. Genau dies ist aber nicht der Fall. Vielmehr ist das Stimmrecht bei Beschlußgegenständen über Grundlagengeschäfte vergemeinschaftet[345]. Der Nießbraucher übt deshalb gerade nicht das Maß an alleiniger unternehmerischer Verantwortung aus, das eine verschuldensunabhängige Zurechnung des Verlusts tragfähig machen würde; vielmehr ist er in ein in sich versponnenes Konglomerat von Entscheidungen eingespannt. Man müsste damit seinen Verantwortungsbeitrag genau fixieren können. Genau dies weist aber in die Richtung eines verschuldensabhängigen Verlustausgleichs – der nach dem zuvor Gesagten wenig praktikabel ist. Eine verschuldensunabhängige Verlustausgleichspflicht des Nießbrauchers muß daher unterbleiben.

3. Ergebnis

Eine Haftung des Nießbrauchers für die Außenhaftung des Besteller-Gesellschafters nach § 128 HGB scheidet im Außenverhältnis zu den Gesellschaftsgläubigern aus. Der Nießbraucher ist gegenüber dem Besteller-Gesellschafter intern verlustausgleichspflichtig, wenn ihm ein nicht ordnungsgemäßes Wirtschaften als Verletzung des gesetzlichen nießbrauchsrechtlichen Schuldverhältnisses zur Last gelegt werden kann, wenn diese Verletzung schuldhaft erfolgt. Notwendigerweise setzt der Verlustausgleich daher voraus, daß die Mitverwaltungsrechte dem Nießbraucher zugeordnet sind. Eine verschuldensunabhängige Verlustausgleichspflicht läßt sich indes nicht begründen. Für die durch ordnungsgemäßen Gebrauch entstehende Abnutzung des belasteten Gegenstands ist der Nießbraucher also nicht verantwortlich.

IV. Zusammenfassung

Fassen wir die Ergebnisse zur Zuordnung der mitgliedschaftlichen Pflichten, der Außenhaftung und der Verlusttragung zusammen. Beitragserhöhungen muß allein der Besteller-Gesellschafter tragen. Die Zuordnung der sonstigen Beitragspflichten richtet sich nach den Regeln, die für die Abgrenzung zwischen dem gewöhnlichen und dem außergewöhnlichen Erhaltungsaufwand greifen. Danach gilt: Bei einem dem gewöhnlichen Gebrauch zu dienen gewidmeter Anteil sind dem Besteller-Gesellschafter im Zweifel die Hälfte der Beiträge zur Zahlung zugeordnet, bei einem ausschließich der Versorgung des Nutzungsberechtigten dienenden Anteilsnießbrauch im Zweifel die vollen Beiträge und bei einem beider Interessen dienenenden Anteil drei Viertel der Beiträge; der Nießbraucher trägt jeweils den Rest.

---

[345] Siehe oben § 7 III 4 d.

Soweit die Haftung und die Verlustbeteiligung in Rede steht, haftet der Nießbraucher im Außenverhältnis nicht. Ein Verlustausgleich im Innenverhältnis zum Besteller-Gesellschafter setzt voraus, daß dem Nießbraucher die Mitverwaltungsrechte des belasteten Anteils zugeordnet sind und daß er schuldhaft gegen seine Pflicht zur ordnungsgemäßen Bewirtschaftung des belasteten Gegenstands verstoßen hat.

Kapitel 6

Versorgungsnießbrauch und der Nießbrauch bei der GmbH & Co. KG

§ 15 Der vermächtnisweise zugewendete Versorgungsnießbrauch

Die bisherigen Überlegungen haben gezeigt, daß das Recht des Anteilsnießbrauchs ein außerordentlich weites Anpassungspotential aufweist, um das dingliche Nutzungsrecht auf die spezifischen Erfordernisse der Gestaltung im Einzelfall zurechtzuschneiden. Bisher fehlte eine systematische Gesamtschau über das Leistungspotential des Anteilsnießbrauchs hinsichtlich der Möglichkeiten, mit denen bei einem vermächtnisweise zugewendeten Versorgungsnießbrauch eine gehörige Versorgung sichergestellt werden kann. Als prototypisches Beispiel soll auch hier wieder der Fall diskutiert werden, bei dem der Erblasser-Gesellschafter seinem überlebenden Ehegatten zu Versorgungszwecken einen Nießbrauch an seiner Mitgliedschaft vermächtnisweise zuwendet und ansonsten seinen Anteil im Wege der herkömmlichen Gestaltungen einem Abkömmling als seinem Erben zukommen läßt.

I. Die Interessenlage bei einer risikopartizipativen Versorgung

Bei einem Nießbrauch nimmt der überlebende Teil am unternehmerischen Risiko teil und partizipiert zu einer bestimmten Quote am unternehmerischen Gewinn. Die Versorgung ist insofern nicht nur Risiko, sondern auch Chance, indem der Ehegatte an einer prosperierenden Entwicklung der Personengesellschaft ohne weiteres teil hat. Die Versorgung des überlebenden Teils kann daher als „risikopartizipativ" bezeichnet werden – als eine Versorgung mithin, die durchaus risikoreich ist[1]. Diese mit der Risikoparti-

---

[1] Die gegenteilige Versorgung könnte man in Anlehnung an einen Sprachgebrauch der ökonomischen Analyse (siehe etwa *Adams,* Ökonomische Analyse des Zivilprozesses, 66 ff., 93 ff.; *ders.,* Ökonomische Analyse der Gefährungs- und Verschuldenshaftung, 210 f.; sowie grundlegend *Kenneth J. Arrow,* Essays in the Theory of Risk Bearing, 29 f.) als „risikoavers" bezeichnen. Mit „Risikoaversion" wird gemeinhin ein Verhalten bezeichnet, bei dem der Handelnde die hohen Risi-

zipation verbundenen Risiken können in gewisser Weise dadurch aufgefangen werden, daß das unternehmerische Handeln des Erben-Gesellschafters zum Teil oder zur Gänze unter die Handlungsmaxime gestellt wird, eine angemessene Versorgung des überlebenden Teils auch bei den jeweils anstehenden unternehmerischen Entscheidungen von Investition und Konsum zu berücksichtigen. Dem Erblasser kann bsp. daran gelegen sein, daß der Erbe seines Personengesellschaftsanteils innerhalb der unternehmenstragenden Personengesellschaft im Rahmen des gesellschaftsrechtlich Zulässigen darauf drängt, die Gesellschaftspolitik versorgungsadäquat auszugestalten, etwa durch eine entsprechende Art und Weise der Ausübung des Stimmrechts. Es gilt also, dem Überlebenden ein gewisses Maß an Einflußnahmemöglichkeiten zu verschaffen. Die Risiken einer risikopartizipativen Versorgung können abgefedert werden, indem der überlebende Teil durch eine bestimmte Pflichtenstellung des Erben hinsichtlich dessen unternehmerischen Handelns gesichert ist. Dieses Handeln wird – so kann man sagen – „versorgungsgerecht" ausgerichtet und gleichsam unter die „Aufsicht" des Ehegatten gestellt. Dem Überlebenden soll – als Beispiel – ein rechtlich abgesicherter Einfluß auf die Managemententscheidungen per Stimmrecht eingeräumt werden, damit er für seinen gehörigen Unterhalt auch dort Sorge tragen kann, wo etwa eine auf eine langfristige Unternehmensentwicklung setzende Unternehmensleitung in der Gegenwart eher auf Gewinnverzicht durch Thesaurierung plädieren würde.

Oftmals wird sich dem Erblasser gar nicht die gerade aufgeworfene Frage stellen, ob es rechtliche Instrumentarien gibt, mit denen der Überlebende die Unternehmenspolitik des Erben-Gesellschafters beeinflussen kann. Denn falls sein Nachfolger in die Mitgliedschaft zu den gemeinschaftlichen Abkömmlingen der Gatten gehört, wird dem Versorgungsanliegen des überlebenden Teils oftmals schon durch die zwischen ihm und dem Erben-Abkömmling bestehenden affektiven Beziehungen und Solidaritäts-Routinen hinreichend Rechnung getragen und insofern die Unternehmenspolitik der risikopartizipativen Versorgung sachgerecht angepaßt werden. Indem der Erblasser aber versucht, die risikopartizipative Versorgung mit diversen, noch näher zu diskutierenden Instrumentarien zu koppeln, mittels derer der Überlebende auf die Unternehmenspolitik einen auch *rechtlich* gesicherten Einfluß erhält, verschafft er dem Versorgungsanliegen des über-

---

ken, mit denen das eine Handeln verbunden ist, scheut und daher ein anderes Handeln vorzieht, bei dem das Handlungsrisiko geringer und für ihn daher akzeptabler ist. Eine risikoaverse Versorgung ist wiederum in zwei Ausgestaltungen praktikabel. In der ersten Ausgestaltung wird dem Ehegatten nur ein Leibrentenvermächtnis ausgesetzt ohne dingliche Sicherung dieser obligatorischen Verpflichtung des Erben. In der zweiten Ausgestaltung wird dem Ehegatten zusätzlich zur Leibrente in Vollzug eines darauf gerichteten Vermächtnisses eine dingliche Sicherung eingeräumt, etwa eine Reallast am Grundstück.

lebenden Teils ein sehr viel stärkeres Gewicht, als er dies täte, wenn er einzig auf familiare Solidarität und affektive Verbundenheit bauen würde. Wie dies vonstatten gehen soll, steht nunmehr im Vordergrund der Erörterungen.

II. Das Sicherungspotential einer risikopartizipativen Versorgung

1. Die versorgungsgerechte Ausübung der Mitgliedschaftsrechte des belasteten Anteils

Bei einem Nießbrauch an der Mitgliedschaft ist das Spektrum möglicher Instrumente einer versorgungsgerechten Ertragserwirtschaftung umfangreich. Dies kommt nicht von ungefähr, da die Einflußmöglichkeiten auf die unternehmerische Entscheidung durch das Bestehen der gesellschaftlichen Organisation mediatisiert sind. Insofern gibt es – analytisch gesehen – zwei Möglichkeiten der Einflußnahme: zum einen durch die Mitwirkung an der verbandlichen Willensbildung selbst im Verhältnis zwischen Nießbraucher und Gesellschaft, zum anderen durch die Mitwirkung an der Willensbildung des Besteller-Gesellschafters im Verhältnis zwischen diesem und dem Nießbraucher. Bei beiden Möglichkeiten sei entsprechend dem typischen Erscheinungsbild der Ehegattenversorgung davon ausgegangen, daß es dem Erblasser nicht daran gelegen sein wird, dem Ehegatten die alltäglichen unternehmerischen Entscheidungen der Geschäftsführung zuzumuten. Er soll vielmehr einen Einfluß nur auf diejenigen Entscheidungen erhalten, die sein Versorgungsinteresse tangieren, ohne daß diese Einflußmöglichkeit mit einer Verpflichtung gekoppelt wäre, den Einfluß auch tatsächlich auszuüben. Vor diesem Hintergrund stehen dem Erblasser zwei grundlegende Modi zur Verfügung, mit denen der Nießbraucher-Ehegatte auf die Ausübung der Mitgliedschaftsrechte des belasteten Anteils Einfluß nehmen kann. Einmal kann er verfügen, daß das Stimmrecht dem Ehegatten zugeordnet wird, wobei er vielfältige Abstufungen hinsichtlich der Stimmrechtsgegenstände vorsehen kann. Als zweites Instrument kann er zum reinen Ertragsnießbrauch greifen, bei dem die Einflußnahme des Ehegatten auf den Besteller-Gesellschafter in einer analogen Anwendung des § 1036 II BGB lokalisiert ist.

2. Rückschau: Allgemeines zur Ehegattensicherung

Bevor diese beiden zuvor genannten grundlegenden Instrumente näher erläutert werden, soll nochmals darauf hingewiesen werden, daß bei einem nießbrauchsbelasteten Anteil, der der Versorgung des überlebenden Teils zu dienen gewidmet ist, sich das Versorgungsinteresse des Ehegatten auch dann gegenüber dem Nutzenmaximierungsinteresse des Besteller-Gesellschafters im Zweifel durchsetzt, wenn sich dieser einmal gesellschaftsintern nicht dem Versorgungsinteresse des Ehegatten gemäß verhalten sollte: Werden etwa außerordentliche Erträge ausgeschüttet, stellt sich dieser Ertrag im Innenverhältnis zwischen Nießbraucher und Besteller-Gesellschafter im Zweifel als gewöhnlicher Ertrag dar, der dem Nutzungsberechtigten wiederum entweder entsprechend seiner Quote voll oder im Zweifel hälftig zusteht[2]. Hat der Erblasser hier keine abweichenden Vorgaben getroffen, hängt mit Blick auf die Anteilswidmung die Partizipation des Nießbrauchers an erwirtschafteten Werten nicht mehr von einem entsprechenden Stimmverhalten des Besteller-Gesellschafters ab. Es verbleibt dann nur die Frage, inwiefern dem Nießbraucher ein Einfluß auf die der Gewinnthesaurierung und der Ausschüttung außerordentlicher Erträge zugrundeliegenden Entscheidungen der Gesellschaft verschafft werden kann. Immerhin können hier wirtschaftliche Risiken verborgen sein, die auf lange Sicht gesehen trotz kurzfristiger Ertragssteigerung das Versorgungsinteresse negativ berühren können. Bei einer risikopartizipativen Versorgungsweise sollte dem Ehegatten daher ein gewisser Einfluß auf die Ausübung der Mitgliedschaftsrechte auch dann zukommen können, wenn er die Mitverwaltungsrechte nicht selbst ausübt. Gleiches gilt, wenn andere Entscheidungen anstehen. Es ist demnach weiterhin aufgegeben, für sämtliche unternehmerische Entscheidungen des Besteller-Gesellschafters Einflußmöglichkeiten des Nießbrauchers zu erschließen. Zuerst soll die Gestaltung aufgegriffen werden, in der dem Nießbraucher die Mitverwaltungsrechte nicht zugeordnet sind (siehe § 15 III). Sodann werden nochmals kurz Möglichkeiten thematisiert, dem Nutzungsberechtigten auch im Außenverhältnis zur Gesellschaft über die Ausübung von Mitverwaltungsrechten einen gehörigen Einfluß auf das Schicksal seiner Versorgung zu verschaffen (siehe § 15 IV).

III. Die Einflußnahme auf die Ausübung der Mitgliedschaftsrechte des belasteten Anteils beim reinen Ertragsnießbrauch

1. Die Zulässigkeit des Ertragsnießbrauchs

Ein Ertragsnießbrauch an einer Mitgliedschaft ist ein Nutzungsrecht, welches ausschließlich ein dingliches Gewinnbezugsrechts vermittelt, ohne daß dem Nießbraucher irgendeine Teilhabe an den Verwaltungsrechten des Anteils zugewiesen ist[3]. Zwar ist strittig, ob ein derartiger Nießbrauch *sachen-*

---

[2] Oben § 13 I 3 b.

[3] Siehe nur die Begriffsbestimmung bei Soergel-*Stürner,* 1068 Rn. 7e; sowie MünchKomm-*Petzoldt,* § 1068 Rn. 30; Großkomm-*Ulmer,* § 105 HGB Rn. 132 und oben § 2 I 1.

rechtlich zulässig ist; Befürworter[4] und Gegner[5] halten sich in etwa die Waage. An seiner sachenrechtlichen Zulässigkeit bestehen recht gesehen indes keine Zweifel, weil ansonsten ein Wertungswiderspruch zur Zulässigkeit des Ertragsnießbrauchs an einem einzelkaufmännischen Unternehmen vorliegen würde[6].

Es bleibt die Frage nach der *gesellschafts*rechtlichen Zulässigkeit des Ertragsnießbrauchs an einer OHG-Mitgliedschaft. In der Literatur wird stellenweise ein derartiges Nutzungsrecht wegen eines nicht hinnehmbaren Verstoßes gegen das Abspaltungsverbot zwar nicht im sachenrechtlichen, wohl aber im gesellschaftsrechtlichen Sinn für unzulässig erachtet[7]: Durch die Abspaltung von vermögensmäßiger und mitwirkungsrechtlicher Beteiligung würde – so etwa Schön – eine Situation geschaffen, die den Inhaber der Verwaltungsrechte zur Schädigung des anderen Teils anreizen und somit die Richtigkeitsgewähr der verbandlichen Willensbildung zerstören könne – ein Argument, welches schon Ulrich Huber gegen den Nießbrauch am Gewinnstammrecht eingewendet hat[8], der in der Verteilung der Vermögens- und der Mitwirkungsrechte funktional dem reinen Ertragsnießbrauch entspricht[9]. Schön fordert daher nichts anderes als eine zwingende Zuweisung der – seinem Ansatz nach ja zwischen Besteller-Gesellschafter und Nießbrauch vergemeinschafteten[10] – Mitverwaltungsrechte an den Nießbraucher.

Überzeugend ist dies nicht. Einmal kommt ein reiner Ertragsnießbrauch aus persönlichkeitsrechtlichen Gründen nur – wie schon gezeigt wurde[11] und wie nochmals im Anschluß aufgegriffen werden wird[12] – als ein Nieß-

---

[4] BayObLGZ 1973, 168 ff.; *Beyerle,* JZ 1955, 257 ff.; Staud-*Frank,* Anh. Zu §§ 1068 f. Rn. 33; RGRK-*Rothe,* vor § 1085 Rn. 4; Palandt-*Bassenge,* § 1085 Rn. 4; *Karsten Schmidt,* Handelsrecht, § 6 III 3 a Fn. 92; *Wehrens,* Das Einzelunternehmen, Rn. 411; wohl auch *Langenfeld,* Testamentsgestaltung, Rn. 384; Soergel-*Stürner,* § 1085 Rn. 6, in Abkehr von *ders.,* JuS 1972, 653 (657 mit Fn. 38).

[5] *Gösele,* Nießbrauch, 49 ff., mit Übersicht zur älteren, den Ertragsnießbrauch zumeist ablehenden Literatur auf S. 48 ff.; *Bökelmann,* JR 1974, 202 (203); *Walter,* BB 1983, 1151; *Schön,* Nießbrauch, 310; *Jansen/Jansen,* Nießbrauch, Rn. 52; *Nieder,* Testamentsgestaltung, Rn. 571; *Langenfeld/Gail* IV Rn. 99; wohl auch Erman-*Michalski,* § 1085 Rn. 11; *Wieling,* Sachenrecht, § 14 III vor a.

[6] Die Zulässigkeit eines Ertragsnießbrauchs an einem einzelkaufmänischen Handelsgeschäft kann hier nicht näher ausgeführt werden, siehe deshalb hier nur *Goebel,* Testierfreiheit und Ehegattenschutz, § 28 I, § 35, § 36; siehe auch *Schön,* ZHR 158 (1994), 229 (264 f.).

[7] Dazu und zum folgenden *Schön,* ZHR 158 (1994), 229 (266).

[8] *Huber,* Vermögensanteil, 414.

[9] Siehe dazu auch *Gösele,* Niessbrauch, 9.

[10] Siehe oben § 4 II 3 a.

[11] Oben § 13 V 2 c cc.

[12] Unten § 15 III 2 a.

brauch in Frage, bei dem der Nießbraucher nur quotal an den finanziellen Erträgnissen partizipiert. Sowohl das Kapitalakkumulationsinteresse des Besteller-Gesellschafters als auch das Ertragsmaximierungsinteresse des Nießbrauchers sind demnach tendentiell nicht in der harrschen Weise auf eine Schädigung des je anderen Teils gerichtet, wie Schön und Huber dies glauben machen wollen[13]. Zudem war schon die Rede davon, daß der Topos der Richtigkeitsgewähr der verbandlichen Willensbildung einer Stimmrechtszuordnung an den Nießbraucher nicht entgegensteht[14]. Bei einer derartigen Stimmrechtszuordnung wären aber ähnliche Interessenantagonismen wie bei einem reinen Ertragsnießbrauch zu befürchten. Vor diesem Hintergrund dürfte bei einem Ertragsnießbrauch an der Mitgliedschaft die Richtigkeitsgewähr der verbandlichen Willensbildung nicht relevant tangiert sein. Ein derartiger Nießbrauch ist daher auch gesellschaftsrechtlich zulässig.

2. Die verdinglichte Leistungspflicht des Besteller-Gesellschafters analog § 1036 II BGB

a) Sachen- und persönlichkeitsrechtliche Zulässigkeit

Bei dem Ertragsnießbrauch „bewirtschaftet" nicht der Nießbraucher, sondern der Besteller-Gesellschafter den belasteten Gegenstand, nämlich die Mitgliedschaft; dem Nießbraucher ist ja keinerlei Teilhabe an den Verwaltungsrechten des Anteils zugewiesen. Die nießbrauchsrechtlich normalerweise vorliegenden Rollen der Rechtsinhaber (untätiger Eigentümer hier, tätiger Sachnutzer dort) sind mithin vertauscht. Die Interessenlage zwischen dem Besteller-Gesellschafter und dem Ertragsnießbraucher ist also eine ganz andere als bei einem herkömmlichen Nießbrauch. Zwar geht das Interesse des Ertragsnießbrauchers auch hier dahin, daß der unternehmerisch handelnde Besteller-Gesellschafter einen möglichst hohen Ertrag erwirtschaftet, der nicht investiv in der Gesellschaft angelegt, sondern als Gewinn ausgeschüttet wird, während demgegenüber das Interesse des Besteller-Gesellschafters darauf gerichtet sein wird, das Gewinninteresse des Nießbrauchers nicht in den Vordergrund seines, des Gesellschafters Handelns zu stellen. Der Ertragsnießbraucher hat aber – anders als der normale Nießbraucher, der die Sache selbst bewirtschaftet – auf die Gegenstandsbewirtschaftung keinen Einfluß. Der Ertragsnießbraucher befindet sich gegenüber dem Besteller-Gesellschafter mithin in genau der Lage, die bei einem normalen Nießbrauch der Eigentümer zum Sachnießbraucher einnimmt: Er bedarf eines Kontrollinstruments gegenüber dem unternehmerischen Handeln des Besteller-Gesellschafters. Anders gesagt: Der Ertragsnießbraucher muß

---

[13] Siehe zum Interessenantagonismus schon oben § 4 I 1.

[14] Oben § 11 II.

über die gleichen Kontrollrechte verfügen, die gewöhnlich dem Eigentümer gegenüber dem Nießbraucher zustehen. Möglich wäre dies, wenn das gesetzliche Schuldverhältnis der §§ 1036 ff. BGB mit gleichsam umgekehrten Vorzeichen versehen werden kann[15]: Schuldner müßte also der Besteller-Gesellschafter, Gläubiger der Nießbraucher sein. Andernorts wurde gezeigt, daß bei einem Ertragsnießbrauch an einem einzelkaufmännischen Unternehmen eine derartige spiegelbildliche Umkehrung der aus dem gesetzlichen Schuldverhältnis folgenden Bewirtschaftungspflicht des § 1036 II BGB zulässig ist[16]. Beim Ertragsnießbrauch an der Mitgliedschaft kann dies nicht anders sein; auch hier muß um der Vermeidung eines Wertungswiderspruchs mit dem sonstigen Recht des Ertragsnießbrauchs willen eine derartige Umkehrung zulässig sein.

Der Besteller-Gesellschafter ist daher im nießbrauchsrechtlichen Innenverhältnis zum Nutzungsberechtigten analog § 1036 II BGB zu einer den Regeln ordnungsgemäßer Wirtschaft gemäßen Verwaltung der Mitgliedschaft im Rahmen ihrer Widmung verpflichtet. Dies folgt schon daraus – nochmals sei dies gesagt –, daß bei einem Anteilsnießbrauch eine Analogie *sachen*rechtlich nicht auf einmal unzulässig sein kann, die beim Unternehmensnießbrauch unter den gleichen Verhältnissen gerechtfertigt werden konnte[17]. Der Besteller-Gesellschafter ist demnach gegenüber dem Nießbraucher mit einer Leistungspflicht belastet. Diese Pflicht fließt aus dem Nießbrauch und trifft daher auch den Anteilserwerber im Falle der Anteilsveräußerung. Man kann daher von einer „dinglichen“ Leistungspflicht sprechen. Die Inhalte dieser Pflicht ergeben sich wiederum aus der Art und Weise, in der der belastete Anteil gewidmet ist[18]. Im Vordergrund des Interesses steht dabei naturgemäß die Frage, ob der Besteller-Gesellschafter bei einer allein auf die Befriedigung des Versorgungsinteresses ausgerichteten Anteilswidmung aufgrund des Nießbrauchs analog § 1036 II BGB dazu verpflichtet ist, auf eine möglichst umfassende Ausschüttung hinzuwirken[19]. Die Frage kann entgegen anders lautenden Stimmen in der Literatur[20] durchaus bejaht werden. Auf den ersten

---

[15] Vgl. nur *Beyerle,* JZ 1955, 257 (259) zum Ertragsnießbrauch an einem einzelkaufmännischen Unternehmen.

[16] Zur Rechtslage beim Unternehmensertragsnießbrauch siehe *Goebel,* Testierfreiheit und Ehegattenschutz, § 28 I, § 35, § 36.

[17] Siehe zur analogen Anwendung des § 1036 II BGB auf den Unternehmer beim Unternehmensertragsnießbrauch nochmals *Goebel,* Testierfreiheit und Ehegattenschutz, § 28 III, IV.

[18] Siehe zur Anteilswidmung oben § 3 III.

[19] Übt der Besteller-Gesellschafter seine gesellschaftsrechtlichen Mitwirkungsrechte nicht widmungsgemäß aus, stehen dem Nießbraucher zudem die gleichen Rechtsbehelfe wie beim Unternehmensnießbrauch zur Verfügung, dies kann hier nicht näher ausgeführt werden, siehe dazu vielmehr nur *Goebel,* Testierfreiheit und Ehegattenschutz, § 29 I.

Blick könnte freilich auch hier wiederum eingewendet werden, ein Hinwirken auf eine möglichst umfassende Ausschüttung sei mit der nießbrauchsrechtlich aus § 1036 II BGB analog folgenden Pflicht zur Aufrechterhaltung einer ordnungsgemäßen Wirtschaft unvereinbar. Mit einem derartigen Einwand würde die nun schon mehrmals betonte Einsicht übersehen, daß die Ordnungsgemäßheit des Wirtschaftens im Sinne § 1036 II BGB nicht objektiv-abstrakt bestimmt werden darf, sondern immer an die konkrete Widmung des nießbrauchsbelasteten Gegenstands anknüpft – und ist diese Widmung auf eine optimale Versorgung des Überlebenden ausgerichtet, gilt gleiches für die Regeln, die für die ordnungsgemäße Bewirtschaftung des Anteils anzulegen sind.

Es liegt auf der Hand, daß eine derartige Verpflichtung des Besteller-Gesellschafters zu einer versorgungsgerechten „Bewirtschaftung" des belasteten Anteils eine persönlichkeitsrechtlich orientierte Kritik herausfordern muß, die in dieser Pflicht einen nicht hinnehmbaren Verstoß gegen das Persönlichkeitsrecht des unternehmerisch tätigen Nießbrauchsbestellers verortet[21]. Denn wird bei einem Ertragsnießbrauch an einer Mitgliedschaft nicht so etwas wie die Rechtsfigur eines „Gebrauchsvorteils an der Person des Unternehmers" kreiert, der durch den Nießbraucher ziehbar ist? Dies ist indes nicht der Fall. Damit durch eine derartige Leistungspflicht das Persönlichkeitsrecht des unternehmerisch handelnden Besteller-Gesellschafters nicht unstatthaft verletzt wird, ist die geschilderte Pflichtenstellung des Besteller-Gesellschafters nur zulässig, wenn der Anteilsnießbraucher auf eine Quote des finanziellen Ertrags beschränkt ist. Hiervon war schon die Rede, auf die dortigen Ausführungen sei daher hier verwiesen[22].

b) Gesellschaftsrechtliche Zulässigkeit und Grenzen

Die bisherigen Überlegungen fanden auf einer rein sachen- und persönlichkeitsrechtlichen Ebene statt. Ausgeblendet blieb bisher, ob gegen eine dingliche Leistungspflicht des Besteller-Gesellschafters nicht *gesellschafts*rechtliche Wertungen ins Feld geführt werden können, etwa der Art, die aus

---

[20] Etwa Staud-*Frank,* Anh zu §§ 1068, 1069 Rn. 81.

[21] So dezidiert für den Ertragsnießbrauch an einem einzelkaufmännischen Unternehmen *Gösele,* Nießbrauch, 55 ff.; implizit – für den Unternehmensnießbrauch – auch *Bökelmann,* JR 1974, 202 (203).

[22] Oben § 13 V 2 c. Die Rechtslage beim Ertragsnießbrauch an einem einzelkaufmännischen Unternehmen ist gleich, auch auf diese sei hier daher verwiesen, dazu *Goebel,* Testierfreiheit und Ehegattenschutz, § 28 II 5 b. Mit Blick hierauf geht auch der ebenso gegen den Ertragsnießbrauch zu Lasten eines Gesellschaftsanteils wie zu Lasten eines Einzelunternehmens geäußerte Einwand *Gösele*s, Nießbrauch, 68 f., ins Leere, ein Ertragsnießbrauch sei aus persönlichkeitsrechtlichen Erwägungen heraus unzulässig.

dem verbandlichen Innenrecht folgenden Bindungen des Besteller-Gesellschafters ließen eine die Anteilswidmung umsetzende *nießbrauchs*rechtliche Leistungspflicht analog § 1036 II BGB nicht zu.

aa) Normative Bindungen der Stimmrechtsausübung des Besteller-Gesellschafters?

In der Literatur findet sich der Satz, selbst wenn der Besteller-Gesellschafter dem Nießbraucher schuldrechtlich gegenüber verpflichtet sei, auf eine umfassende Gewinnausschüttung hinzuwirken, ginge in jedem Fall das Interesse der Gesellschaft an einer sachgerechten Entscheidung über Ausschüttung oder Thesaurierung vor[23]. Von einer derartig weitreichenden Vorrangigkeit kann jedoch nicht ausgegangen werden. Schon der Anknüpfungspunkt für einen zwingenden Vorrang des Gesellschaftsinteresses ist nicht einsichtig. Das Stimmrecht ist schließlich kein uneigennütziges, sondern ein eigennütziges Mitwirkungsrecht des Gesellschafters, welches dieser grundsätzlich im eigenen Interesse ausübt und welches nur ausnahmsweise unter die Kuratel des Gesellschaftsinteresses gestellt ist[24]. Ob das gesellschafterliche Eigeninteresse im Innenverhältnis zum Nießbraucher Bindungen unterliegt, ist dabei erst einmal – wie die anerkannte Rechtsfigur schuldrechtlicher Stimmbindungen zeigt[25] – ohne Belang. Insofern weist schon Wiedemann zu Recht darauf hin, daß es eine Frage der Stimmrechtsausübung ist, ob der Gesellschafter verpflichtet ist, die Höhe des zu verteilenden Gewinns nicht zuungunsten des Nutzungsberechtigten zu beeinflussen[26]. Der Besteller-Gesellschafter kann freilich nießbrauchsrechtlich nicht zu einem Verstoß gegen zwingendes Gesellschaftsrecht verpflichtet sein, da das dingliche Nutzungsrecht ansonsten drittwirkend auf die Rechtsverhältnisse zwischen den Gesellschaftern Einfluß nehmen würde, was nicht sein darf; das Gesellschaftsrecht deckelt insofern das Nießbrauchsrecht. Insofern ist der Besteller-Gesellschafter selbst dann nicht zu einer das Versorgungsinteresse optimal befriedigenden Ausübung der gesellschaftsrechtlichen Mitwirkungsrechte verpflichtet, wenn diese zwar der Anteilswidmung entsprechen, zugleich aber auch einen Verstoß gegen die gesellschaftsrechtliche Treuepflicht darstellen würde[27].

---

[23] So Staud-*Frank,* Anh zu §§ 1068, 1069 Rn. 81.

[24] Siehe oben § 4 II 2.

[25] Zur Zulässigkeit schuldrechtlicher Stimmbindungen siehe nur *Karsten Schmidt,* GesR, § 21 II 4.

[26] *Wiedemann,* Übertragung, 405.

[27] Im Recht schuldrechtlicher Stimmbindungen wird freilich vertreten, bei einer treuepflichtwidrigen schuldrechtlichen Stimmbindung handele es sich um einen Fall der Eingehung kollidierender Verpflichtungen, aus denen entgegen der h. M. grundsätzlich nicht die Unwirksamkeit der schuldrechtlichen Stimmbildung folge, so etwa

Ist ein Mehrheitsanteil nießbrauchsbelastet, wird im Ergebnis bei einer stringenten Durchführung des hier vertretenen Konzepts, mittels der Ausübung der Mitgliedschaftsrechte das Versorgungsinteresse des Ehegatten gehörig zu befriedigen, die Gesellschaft faktisch auf das Versorgungsinteresse ausgerichtet. Bei Lichte betrachtet wäre der Besteller-Mehrheitsgesellschafter nießbrauchsrechtlich dazu verpflichtet, mit der Ausübung des Stimmrechts für sich (wegen seiner Verpflichtung dem Nießbraucher gegenüber) und einen Dritten (dem Überlebenden als Nutzungsberechtigten) Sondervorteile (Befriedigung des Versorgungsinteresses) zu erlangen zu suchen. Seine Grenze findet dieses Bemühen in dem an einen Mehrheitsgesellschafter gerichtete Verbot, sich oder einem Dritten zum Schaden der Gesellschaft oder der Mit-Gesellschafter durch die Stimmrechtsausübung Sondervorteile zu verschaffen. Dieses Verbot der Verfolgung von Sondervorteilen ist zwar nur in § 243 II 1 AktG ausdrücklich angesprochen, es ist aber als Ausprägung der Treuepflicht auch Bestandteil des allgemeinen Verbandsrechts[28]. Aufgrund der Eigennützigkeit des Stimmrechts darf freilich nicht jeder Vorteil gleich als schädlicher Sondervorteil gebrandmarkt werden. Karsten Schmidt bringt es auf den Punkt: „Die Durchsetzung der Mehrheitsherrschaft oder der Egoismus des hierin verfolgten Zieles macht allein noch keinen verbotenen Sondervorteil“[29]. Das Verbot der Verfolgung von Sondervorteilen kann vielmehr nur als eine Ausprägung des Mißbrauchsgedankens gelesen werden. Insofern muß die Befriedigung des Versorgungsinteresses zurückstehen, wenn das Zurückstellen des Gesellschaftsinteresses und der Interessen der Mit-Gesellschafter nach den allgemeinen Regeln der Sittenwidrigkeitskontrolle nicht angängig wäre. Daß im Einzelfall hier schwierige Zurechnungs- und Bewertungsfragen zu bewältigen sind, ist dabei kein Einwand gegen das hier vertretene Konzept einer Einflußnahme des Ehegatten auf die Ausübung der Mitgliedschaftsrechte des belasteten Anteils über § 1036 II BGB analog. Denn Zurechnung und Bewertung sind der Treuepflicht genuin immanent. Unter diesen Vorzeichen ist eine dingliche Leistungspflicht des Besteller-Gesellschafters analog § 1036 II BGB auch gesellschaftsrechtlich ohne weiteres zulässig.

Zöllner, ZHR 155 (1991), 168 (172 ff.). Hier geht es indes nicht um parteiautonom eingegangene Pflichtenkollisionen, sondern um das rechte Ins-Verhältnis-Setzen von Nießbrauchsrecht und Gesellschaftsrecht.

[28] So zu Recht *Karsten Schmidt,* GesR, § 21 II 3 b; *Zöllner,* Schranken, 309.

[29] *Karsten Schmidt,* GesR, § 28 I 4 b (zum Aktienrecht).

bb) Normative Bindungen der Geschäftsführung des Besteller-Gesellschafters?

Während nach dem Vorhergesagten die Stimmrechtsausübung gem. § 1036 II BGB analog normativen Bindungen unterliegt, kann dies entsprechend bei der Ausübung der Geschäftsführung nicht ohne weiteres angenommen werden. Denn immerhin ist das Geschäftsführungsrecht anders als das Stimmrecht kein eigennütziges, sondern ein pflichtgebundenes uneigennütziges Recht[30]. Bei dessen Ausübung muß der Gesellschafter die Belange der Gesellschaft „und nicht seinen eigenen Nutzen oder den Vorteil anderer" im Auge haben. Die Mit-Gesellschafter dürfen insofern darauf vertrauen, daß der geschäftsführende Gesellschafter „seine Tätigkeit dem Gesellschaftszweck widmen und sich uneigennützig für das gemeinsame Ziel einsetzen werde"; dieser darf sich deshalb bei der Geschäftsführung „nur von dem Gesellschaftsinteresse leiten lassen und muß seine eigenen Interessen hintansetzen"[31]. Bei der Wahrnehmung von Geschäftsführungsaufgaben darf der Besteller-Gesellschafter daher nur dann das Versorgungsinteresse des Ehegatten berücksichtigen, wenn das Gesellschaftsinteresse hierfür einen Spielraum beläßt. Der Nießbraucher bleibt insofern darauf verwiesen, analog § 1036 II BGB darauf zu drängen, daß für die ihm wichtige Geschäftsführungsmaßnahme ein Gesellschafterbeschluß herbeigeführt wird. Bei der diesbezüglichen Stimmrechtsausübung kommt dann wiederum sein Versorgungsinteresse zur Geltung, freilich – insbesondere bei einem nießbrauchsbelasteten Mehrheitsanteil, im Rahmen der o. g. Schranken.

c) Ein Beispiel: Die Einflußnahme auf die Bildung stiller Reserven i. S. § 253 IV HGB

Bei der Personengesellschaft sind Abschreibungen – und damit auch die Bildung stiller Reserven – im Rahmen vernünftiger kaufmännischer Buchführung zulässig[32]. Nach der Rechtsprechung des Bundesgerichtshofs besteht für die Bildung stiller Reserven – entgegen anderslautender Stimmen in der Literatur[33] – kein unantastbares Bilanzierungsermessen des geschäftsführenden Gesellschafters, da solche Bilanzierungsentscheidungen, die der Sache nach Ergebnisverwendungen seien, nur durch alle Gesellschafter gemeinschaftlich getroffen werden könnten, solange der Gesellschaftsvertrag nicht etwas anders anordne[34]. Die Gesellschafter können also bei der Bil-

---

[30] Siehe oben § 4 I 2.

[31] Zitate bei BGH, NJW 1986, 584 (585).

[32] Siehe generell zur Befugnis zur Bildung stiller Reserven nur *Baumbach/Hopt*, § 253 HGB Rn. 25 ff.

[33] Siehe *Hopt*, FS Odersky, 799 (801 f.); *A. Hueck*, OHG, § 17 I 3.

dung erhöhter Abschreibungen, welche ihren bilanzmäßig ausgewiesenen Gewinn mindern, ihre Interessen artikulieren und ggfls. auch durchsetzen. Es liegt auf der Hand, daß dem Nießbraucher daran gelegen sein wird, anläßlich der Gewinnfeststellung weitere Reservenbildungen zu Lasten des Gewinnanspruchs des belasteten Anteils zu verhindern. Selbst wenn ihm nicht das Stimmrecht zugeordnet worden ist, hat er gleichwohl über § 1036 II BGB ein Mittel gegen den Besteller-Gesellschafter in der Hand, das Stimmrecht so auszuüben, daß das Versorgungsinteresse des Nutzungsberechtigten nicht tangiert wird.

IV. Ausübung der Mitgliedschaftsrechte und Stimmrecht des Nießbrauchers

Die dingliche Leistungspflicht des Besteller-Gesellschafters analog § 1036 II BGB stellt nicht das einzige Mittel für den Erblasser dar, für eine gehaltvolle Einflußnahme des überlebenden Teils auf eine versorgungsgerechte Ausübung der Mitgliedschaftsrechte des belasteten Anteils Sorge zu tragen. Er kann dem Ehegatten-Nießbraucher auch zu einem unmittelbaren Einfluß auf die verbandliche Willensbildung durch eine Zuordnung der gesellschaftsrechtlichen Mitwirkungsrechte, insbes. des Stimmrechts, verhelfen. Die Einflußnahme auf die Ausübung der Mitgliedschaftsrechte findet dann schon im Außenverhältnis zur Gesellschaft statt.

1. Randbedingungen

Soll dem Ehegatten das Stimmrecht des belasteten Anteils zugeordnet werden, ist freilich – wie schon ausgeführt[35] – zu beachten, daß schon die Vorgabe einer Stimmrechtszuordnung an den Nießbraucher im Nießbrauchsvermächtnis hinreichend deutlich zu erfolgen hat; bleiben Zweifel zurück, verbleibt es bei der Zuordnung des Stimmrechts an den Besteller-Gesellschafter. Falls zumindest hinsichtlich des Ob der Zuordnung des Stimmrechts an den Nießbraucher keine, wohl aber hinsichtlich des Umfangs der Zuordnung Zweifel bestehen, wird der Erblasser in der Regel nur hinsichtlich der Beschlußfassung über Gegenstände der Geschäftsführung das Stimmrecht dem Nießbraucher zugewiesen haben. Ordnet das Nießbrauchsvermächtnis auch das Stimmrecht über die Änderung des Gesellschaftsvertrages dem Nießbraucher zu, so ergreift diese Stimmrechtszuordnung im Zweifel nur übliche Vertragsänderungen. Außergewöhnliche Vertragsände-

---

[34] BGHZ 132, 263; ebenso *Karsten Schmidt,* GesR, § 47 IV 1; Heymann-Emmerich, § 120 HGB Rn. 18; Schlegelberger-*Martens,* § 120 HGB, Rn. 15.

[35] Oben § 6 VI.

rungen werden nur dann erfaßt, wenn dies dem nießbrauchsrechtlichen Bestellungsakt ohne jeden Zweifel entnommen werden kann.

Die weitestmögliche Stimmrechtszuordnung gestaltet sich wie folgt[36]: Dem Nießbraucher kann unter Verdrängung des Besteller-Gesellschafters das Stimmrecht bei Beschlußgegenständen außerhalb der Grundlagengeschäfte zugeordnet werden, während es im Bereich der nicht lediglich rechtlich vorteilhaften Grundlagengeschäfte aufgrund der Regelung des § 1071 II BGB zu einer Stimmrechtsvergemeinschaftung zwischen Besteller-Gesellschafter und Nießbraucher kommt. Ausnahmsweise kann der Besteller-Gesellschafter bei Vorliegen eines wichtigen Grundes sowohl bei Grundlagengeschäften als auch bei Beschlüssen über Maßnahmen der Geschäftsführung alleine das Stimmrecht des belasteten Anteils ausüben.

2. Die Flexibilität einer Einflußnahme auf die Ausübung der Mitgliedschaftsrechte des belasteten Anteils qua Stimmrecht

Die Pointe der Zuordnung der Mitwirkungsrechte beim Anteilsnießbrauch besteht nun – wie schon ausgeführt[37] – darin, daß Nießbraucher und Besteller-Gesellschafter je nach den Vorgaben des Nießbrauchsvermächtnisses das Stimmrecht ganz unterschiedlich zuordnen können, solange nur die Kautelen der o. g. „Maximalzuordnung" gewahrt sind. Der Erblasser kann daher das Stimmrecht dem Nießbraucher in Geschäftsführungsangelegenheiten etwa nur bis zu einem bestimmten Geldbetrag zuordnen oder auch für die Beschlußfassung über Maßnahmen der Geschäftsführung eine Stimmrechtsvergemeinschaftung vorsehen. Wird für einen Beschlußgegenstand das Stimmrecht nicht dem Nießbraucher zugewiesen, greift hier subsidiär die Bewirtschaftungspflicht des Besteller-Gesellschafters analog § 1036 II BGB. Der Schutz des Versorgungsinteresses des Nießbrauchers fällt demnach bei den Beschlußgegenständen, bei denen das Stimmrecht allein dem Besteller-Gesellschafter zukommt, nicht aus, sondern ist in das Innenverhältnis zwischen ihm und dem Besteller-Gesellschafter verschoben. Außerhalb der Stimmrechtsausübung wird die Einflußnahme auf die Ausübung der Mitgliedschaftsrechte des belasteten Anteils sowieso analog § 1036 II BGB gewährleistet. Ausgeschlossen ist nur eine alleinige Stimmrechtszuordnung an den Nießbraucher im Bereich der Grundlagengeschäfte und ein privatautonomer Ausschluß der Rückholbarkeit des dem Nießbraucher im Grundsatz zugeordnetem Stimmrechts bei Vorliegen eines wichtigen Grun-

---

[36] Siehe oben § 12 I 2.

[37] Oben § 12 I 3.

des[38]. Innerhalb dieser Grenzen steht die Stimmrechtszuordnung der Parteivereinbarung offen.

V. Endergebnis zur Versorgungsgerechtigkeit eines Nießbrauchs an der Mitgliedschaft in einer OHG

Die bisherigen Überlegungen haben gezeigt, daß das Gesetz mit dem Nießbrauch an einer OHG-Beteiligung ein überaus probates Mittel bereit stellt, mit dem das Versorgungsinteresse des überlebenden Teils sachgerecht befriedigt werden kann. Bei einem Anteilsnießbrauch haftet der Nießbraucher nicht für die Schulden der Gesellschaft gem. § 128 HGB; desgleichen kommt es nicht zu einem internen Verlustausgleich zwischen Ehegatten-Nießbraucher und Besteller-Gesellschafter. Dem Interesse des Ehegatten, von einer Haftung mit seinem Privatvermögen für Schulden der Gesellschaft verschont zu werden, ist damit Genüge getan. Desgleichen bewerkstelligt es das Recht des Anteilsnießbrauchs, daß dem Ehegatten ein ganzes Spektrum an Einflußnahmemöglichkeiten auf die Ausübung der Mitgliedschaftsrechte des belasteten Anteils gewährt werden können. Je nachdem, wie der Erblasser die unternehmerische Handlungsfähigkeit seines Gatten einschätzt, kann er anordnen, daß dem Überlebenden etwa das Stimmrecht soweit, wie zulässig, übertragen wird – eine Gestaltung, welche durchweg dem unternehmerisch erfahrenen Gatten vorbehalten bleiben wird. Der Erblasser kann den anderen Teil aber auch auf einen reinen Ertragsnießbrauch an dem Anteil setzen. Der Überlebende kann dann ausschließlich im Innenverhältnis zum Besteller des dinglichen Nutzungsrechts über dessen dingliche Leistungspflicht analog § 1036 II BGB auf die Geschicke der Gesellschaft – und vor allem auf die Entscheidung über Gewinnausschüttung und -thesaurierung – Einfluß nehmen. Das Interesse des Gatten, nur gemäß seiner Fähigkeiten und des Maßes seiner Schutzbedürftigkeit an der Führung der Gesellschaft beteiligt zu sein, wird mithin beim Anteilsnießbrauch in geradezu beispielhafter Weise gestillt. Schließlich werden die Interessen des Überlebenden auch bei einer Veräußerung des Anteils gewahrt. Denn der Anteilserwerber kann ja von vornherein nur die mit dem dinglichen Nutzungsrecht belastete Mitgliedschaft erwerben. Er muß dementsprechend insbesondere die dingliche Leistungspflicht aus § 1036 II BGB analog in Person erfüllen. Nach all dem sollte dem Institut des Anteilsnießbrauchs innerhalb des Kranzes der Modi, mit denen der Ehegatte insbesondere hinsichtlich seiner Versorgung geschützt werden soll, innerhalb der Kautelarjurisprudenz vermehrt Aufmerksamkeit geschenkt werden.

---

[38] Siehe dazu, daß im Falle eines wichtigen Grundes der Besteller-Gesellschafter das Stimmrecht selbst dann ausüben kann, wenn es ansonsten dem Nießbraucher zugeordnet ist, oben § 8 II 3.

§ 16 Der Anteilsnießbrauch bei der GmbH & Co. KG

Die bisherigen Überlegungen focussierten den Nießbrauch an der Mitgliedschaft in einer offenen Handelsgesellschaft. Überaus weit verbreitet ist freilich die GmbH & Co. KG. Um vor allem das Bild einer anhand des Nießbrauchs bewerkstelligten Ehegattensicherung abzurunden, soll daher auch ein kurzer Blick auf den Nießbrauch an dem Anteil an einer GmbH geworfen werden. Es wird sich zeigen, daß die Zulässigkeit und die Ausgestaltung eines derartigen Nießbrauchs nicht anders zu beurteilen ist, als bei einem dinglichen Nutzungsrecht an einer vollhaftenden Beteiligung an einer Personengesellschaft. Dies wiederum ist bei der GmbH & Co. KG für die Abstimmung des nießbrauchsrechtlichen Rechtsregimes bei der Belastung eines Persongesellschaftsanteils und eines Kapitalgesellschaftsanteils wichtig.

I. Der Anteilsnießbrauch im Rahmen der GmbH & Co. KG

1. Die Bestellbarkeit des Nießbrauchs an einem GmbH-Anteil

Der Geschäftsanteil an einer GmbH kann gem. § 1069 II BGB Gegenstand eines Nießbrauchs sein, da er nach § 15 GmbHG grundsätzlich übertragbar ist. Ist die Anteilszession nach dem Gesellschaftsvertrag generell ausgeschlossen, ist nach h. M. eine Bestellung eines Nießbrauchs nicht möglich[39]. Überzeugend ist dies in dieser Weise nicht. Auch der Anteil an einer Personengesellschaft kann mit einem Nießbrauch belastet werden, soweit nur die Mit-Gesellschafter der Belastung zustimmen[40]. Die Interessen der Mit-Gesellschafter werden durch einen Nießbrauch in einer ganz anderen Weise betroffen als durch einen neuen Anteilseigner. Es steht ja bei der Nießbrauchsbestellung nicht ein Wechsel der Mitgliedschaft zur Rede. Vielmehr ist die Abspaltung von Mitgliedschaftsrechten das eigentliche Problem des Nießbrauchs an einem Gesellschaftsanteil[41]. Es ist daher im Wege teleologischer Reduktion des § 1069 II BGB sinnvoll, bei der Belastung von Gesellschaftsanteilen die Frage, ob der Anteil belastet werden kann, ausschließlich von den Wertungen des Gesellschaftsrechts her zu behandeln. Mithin sollte es nur darauf ankommen, ob die Gesellschafter der Belastung

---

[39] MünchKomm-*Petzoldt,* § 1068 Rn. 31; Staud-*Frank,* Anh zu §§ 1068, 1069 Rn. 93; Hachenburg-*Zutt,* Anh § 15 GmbHG Rn. 58; Rowedder-*Rowedder,* § 15 GmbHG Rn. 33; Scholz-*Winter,* § 15 GmbHG Rn. 188; *Reichert/Schlitt/Düll,* GmbHR 1998, 565 (566).

[40] Siehe nur die Diskussion zur vermeintlichen Erforderlichkeit einer treuhänderischen Anteilsübertragung oben § 2 III 4 a.

[41] *Schön,* ZHR 158 (1994), 229 (239).

auch dann zustimmen, wenn die Anteilszession gesellschaftsvertraglich ausgeschlossen ist[42].

2. Der Umfang des dinglichen Nutzungsrechts

Hinsichtlich der möglichen Varianten des Nießbrauchs und hinsichtlich der Rechtsstellung des Nutzungsberechtigten kann auf die Ausführungen zum Nießbrauch an Personengesellschaftsbeteiligungen verwiesen werden[43]. Damit fallen dem Nießbraucher entgegen der h. M.[44] nicht nur die Vermögensrechte zu[45], während die Mitverwaltungsrechte beim Besteller-Gesellschafter verbleiben. Vielmehr kann er in den aufgewiesenen Grenzen auch die Mitverwaltungsrechte des belasteten Anteils geltend machen, ohne daß dem der sozialrechtliche Charakter der Mitgliedschaft entgegenstünde[46]. Denn die Erwägungen, mit denen oben der echte Nießbrauch an einem Personengesellschaftsanteil begründet worden sind, greifen auch im GmbH-Recht. Petzoldt führt hier zu Recht aus, daß die Interessenlage bei einem GmbH-Geschäftsanteil kaum anders ist[47].

II. Die Sicherung eines gehörigen Ertrags beim Anteilsnießbrauch im Rahmen der GmbH & Co. KG

Hinsichtlich des Nießbrauchs über einen Personengesellschaftsanteil konnte gezeigt werden, daß der überlebende Gatten über seine auf die Versorgung gerichtete Anteilswidmung in die Lage versetzt wird, auf eine versorgungsgerechte Ausübung der Mitgliedschaftsrechte des belasteten Anteils zu insistieren, falls diese nicht dem Nießbraucher, sondern dem Bestel-

---

[42] Ebenso Palandt-*Bassenge,* § 1068 Rn. 4; *Schön,* ZHR 158 (1994), 229 (239); wohl auch *Karsten Schmidt,* GesR, § 61 II 2.

[43] So auch MünchKomm-*Petzoldt,* § 1068 Rn. 33.

[44] Siehe nur OLG Koblenz, MittBayNot 1992, 284; Baumbach/Hueck-*Hueck,* § 15 GmbHG Rn. 52; Hachenburg-*Zutt,* Anh zu § 15 GmbHG Rn. 61; Rowedder-*Rowedder,* § 15 GmbHG Rn. 37; Scholz-*Winter,* § 15 GmbHG Rn. 192; Erman-*Michalski,* § 1081 Rn. 7, 8; Palandt-*Bassenge,* § 1068 Rn. 4; RGRK-*Rothe,* § 1069 Rn. 11; Soergel-*Stürner,* § 1068 Rn. 8; Staud-*Frank,* Anh zu §§ 1068, 1069 Rn. 100; *Reichert/Schlitt/Düll,* GmbHR 1998, 565 (567).

[45] Nun ist es in der Gesellschaftspraxis durchweg so, daß bei der GmbH & Co. KG für die GmbH in der Regel keine oder nur geringe Erträge erwirtschaftet werden. Die weiteren Ausführungen sind daher eher „theoretischer" Natur und dienen vornehmlich der Befriedigung eines dogmatischen Systembedürfnisses.

[46] Ebenso MünchKomm-*Petzoldt,* § 1068 Rn. 34; Hachenburg-*Hüffer,* § 47 GmbHG Rn. 51; Hachenburg-*Raiser,* § 14 Rn. 34.

[47] MünchKomm-*Petzoldt,* § 1068 Rn. 34; siehe auch *Schön,* ZHR 158 (1994), 229 (239 f., 248 ff.).

ler-Gesellschafter zugeordnet sind[48]. Besonderheiten aus dem Recht der GmbH, die einer Übertragung dieser Erkenntnis auf den Nießbrauch an einem GmbH-Geschäftsanteil entgegenstehen könnten, sind nicht ersichtlich. Mithin kann der Erblasser durch die Vorgabe, bei der Bestellung des dinglichen Nutzungsrechts den GmbH-Anteil versorgungsgerecht zu widmen, seinem überlebenden Gatten ein Instrument in die Hand geben, auf die unternehmerische Politik des Besteller-Gesellschafters so einzuwirken, daß sein Versorgungsinteresse gewahrt bleibt.

III. Die Abstimmung des nießbrauchsrechtlichen Rechtsregimes in der GmbH & Co. KG

Die Erörterung des Nießbrauchs an einem GmbH-Geschäftsanteil hat ergeben, daß dieser und ein an einer Personengesellschaftsbeteiligung bestellter Nießbrauch in ihrem Rechtsregime weitgehend parallel laufen können. Es ist den Beteiligten der dinglichen Nutzungsrechte und – bei einem vermächtnisweise zugewendeten Nießbrauch – dem Erblasser mithin zu raten, um der Abstimmung innerhalb der GmbH & Co. KG willen, im Umfang weitgehend gleiche Nießbräuche zu bestellen, wenn ein abgestimmtes Nutzungsregime in der GmbH & Co. KG gewährleistet sein soll. Selbstverständlich bleibt den Beteiligten unbenommen, für die GmbH und für die KG einen jeweils unterschiedlichen Zuschnitt des dinglichen Nutzungsrechts vorzugeben.

---

48 Siehe oben § 15.

Kapitel 7

Schluß

§ 17 Zusammenfassung

I. Die allgemeinen Grundlagen des Anteilsnießbrauchs

1. Ziel und Anlaß der Studie

Das Ziel der vorliegenden Studie bestand darin, die rechtlichen Voraussetzungen, Ausgestaltung und Grenzen eines der praktisch wichtigsten Gestaltungsinstrumente für eine dinglich gesicherte Nutzziehung aus einer vollhaftenden Mitgliedschaft an einer Personengesellschaft – typischerweise eines OHG-Anteils – zu skizzieren. Im Vordergrund stand dabei der Versorgungsnießbrauch, welcher vermächtnisweise dem überlebenden Ehegatten des Gesellschafters zu Versorgungszwecken zugewendet worden ist, wobei nach den allgemein gebräuchlichen Klauseln ein Dritter (zumeist einer der Abkömmlinge des Alt-Gesellschafters) in die Gesellschafterstellung nach dem Tode des Alt-Gesellschafters als dessen Erbe einrückt[1]. Bei diesem Versorgungsnießbrauch soll der überlebende Ehegatte typischerweise nur an den Erträgnissen der Mitgliedschaft partizipieren, ansonsten aber unternehmerisch nicht tätig sein. Neben dieser Unternehmensnachfolge von Todes wegen wurde kurz auch die vorweggenommene Erbfolge aufgegriffen. Hier wurde der Vorbehaltsnießbrauch thematisiert, bei dem der Alt-Gesellschafter unter Lebenden die Mitgliedschaft auf einen Dritten überträgt und sich hierbei den Nießbrauch an dieser Mitgliedschaft vorbehält; dabei sind typischerweise die Mitverwaltungsrechte weiterhin dem dinglich Nutzungsberechtigten zugeordnet[2]. Die Frage war: Sind derartige Nießbräuche nießbrauchsrechtlich und gesellschaftsrechtlich zulässig?

[1] Dazu oben § 1 II 1, 2.

[2] Dazu oben § 1 II 1, 2.

2. Die Mitgliedschaft als mit einem Nießbrauch belastungsfähiges Recht

Die Mitgliedschaft stellt als solche einen mit einem dinglichen Nutzungsrecht belastungsfähigen Gegenstand dar[3]. Ersatzlösungen wie der Nießbrauch an den vermögensrechtlichen Bezügen, die Treuhandschaft oder der Nießbrauch am Gewinnstammrecht sind daher nicht erforderlich[4]. Der Nießbrauch ist vielmehr als echter Anteilsnießbrauch rechtlich zulässig. Mit dieser Feststellung war freilich noch keinerlei Aussage verbunden, welche Rechte und Pflichten wem (dem Besteller-Gesellschafter oder dem Nießbraucher) in welcher Weise (ex lege oder qua Vereinbarung) zugeordnet sind, wenn der Anteil mit dem dinglichen Nutzungsrecht belastet wird. Die Belastungsfähigkeit des Anteils betrifft vielmehr allein einen konstruktiven Aspekt, besitzt jedoch noch keinen Wertungen präjudizierenden Gehalt.

3. Drei grundlegende Aussagen zum Recht des Anteilsnießbrauchs

Diesen Wertungen kommt man näher, wenn man sich drei grundlegende Weichenstellungen im Recht des Anteilsnießbrauchs näher vor Augen führt. Erstens[5] darf die konstruktive Belastungsfähigkeit des Anteils nicht dazu benutzt werden, Wertung durch Konstruktion zu ersetzen. Es muß deshalb streng zwischen der nießbraucherischen Belastung der Mitgliedschaft und der Beteiligung am mitgliedschaftlichen Rechtsverhältnis getrennt werden – ein Trennung, die dazu führt, Punkt für Punkt jegliche mitgliedschaftliche Befugnis und Verpflichtung danach zu untersuchen, ob sie dem Nießbraucher, dem Besteller-Gesellschafter oder beiden zuzuordnen ist. Zweitens[6] bleibt festzuhalten, daß die Regelungen des Sachnießbrauchs nach § 1068 II BGB „entsprechend" anzuwenden sind – was bedeutet, daß im Recht des Anteilsnießbrauchs die Unkörperlichkeit des Belastungsgegenstands nicht übersehen werden darf und in Folge dessen irgendwelche Parallelen zur Körperlichkeit der Sache gezogen werden dürfen. „Entsprechende Anwendung" i.S. § 1068 II BGB heißt deshalb entweder, daß die sachnießbrauchsrechtlichen Vorschriften für die Belange des Rechtsnießbrauchs adäquat zugeschnitten werden, oder daß „Vorschriften" i.S. § 1068 II BGB nicht die konkreten Normen des Sachnießbrauchs sind, sondern die den Normen zugrundeliegenden Wertungen. Drittens[7] schließlich bleibt zu betonen, daß nießbrauchsrechtlich nicht einfach die Mitgliedschaft belastet wird, sondern

[3] Siehe oben § 2.
[4] Dazu oben § 2 II.
[5] Dazu oben § 3 I.
[6] Oben § 3 II.
[7] Oben § 3 III.

daß der Gegenstand des Nießbrauchs eine einem bestimmten Zweck zu dienen bestimmte Mitgliedschaft ist. Diese Einsicht hat sich für das weitere Verständnis des Anteilsnießbrauchs als fundamental erwiesen. Über die Widmung der belasteten Mitgliedschaft werden sich zahlreiche Affekte erzielen lassen, die dieses Rechtsinstitut als ein hochflexibles Instrument zur Nutzziehung erweisen lassen.

II. Die Zuordnung des Stimmrechts I: Grenzen der Zuordnung aufgrund des Selbstbestimmungsschutzes des Besteller-Gesellschafters

Im Mittelpunkt der weiteren Überlegungen stand zunächst die Frage, ob und inwieweit dem Nießbraucher das Stimmrecht der Mitgliedschaft zugeordnet werden kann. Pars pro toto und leitende Arbeitsplattform der Untersuchung war hier die Gestaltung, daß das Stimmrecht bei sämtlichen Stimmrechtsgegenständen weitestgehend dem Nutzungsberechtigten zugeordnet sein soll. Eine derartige Stimmrechtszuordnung wirkt im weitesten Fall sowohl bei Mitwirkungs- als auch bei Mitbestimmungsgegenständen wie eine unwiderrufliche, verdrängende und weisungsungebundene Stimmrechtsvollmacht[8]. Die Frage war: Ist eine derartige Zuordnung zulässig und wo liegen Grenzen?

1. Der Abgleich mit den Wertungen des Abspaltungsverbots

Der erste Ansatzpunkt zur Beantwortung dieser Frage war ein Blick auf das Abspaltungsverbot, welches sich im historischen Rückblick auf den rechtsdogmatischen Ausgangspunkt für die Beurteilung der gesellschaftsrechtlich zulässigen Stimmrechtszuordnung beim Anteilsnießbrauch als wirkmächtigsten gezeigt hat[9]. Nach diesem Abspaltungsverbot ist eine „Abspaltung" einzelner mitgliedschaftlicher Positionen, wie bsp. des Stimmrechts, sowie des in der Beteiligung verkörperten Vermögensanteils des Gesellschafters von dem Anteil selbst ausgeschlossen, ergo soll nach weitverbreiteter Meinung eine Stimmbefugnis des Nießbrauchers nicht zulässig sein. Unmittelbar ist das Abspaltungsverbot beim Anteilsnießbrauch freilich nicht einschlägig, da die dingliche Belastung zu einer unmittelbaren Mitberechtigung des Nießbrauchers am Anteil im ganzen führt. Es kommt also nicht zu einer „Abspaltung" der Rechte des Besteller-Gesellschafters, sondern zu ihrer Überlagerung. Mit dieser Einsicht war zwar rechtstechnisch-konstruktiv ein schlagendes Argument gegen den Einwand formuliert, eine

[8] Siehe oben § 4 II 3 c.
[9] Oben § 5 I.

Stimmrechtszuordnung an den Anteilsnießbraucher verstieße gegen das Abspaltungsverbot. Doch war dieser Einwand eben nur rechtstechnisch-konstruktiv. Die Frage, ob sich in der Wertung Widersprüche finden lassen, wenn die Zuordnung des Stimmrechts an den Nießbraucher zugelassen wird, ist dann noch nicht einmal ansatzweise gestellt – und sie muß gestellt werden, wenn die rechtstechnisch von der Abspaltung zu trennende Überlagerung zu ganz ähnlichen Folgen wie eine Stimmrechtsabspaltung führt. Im weiteren blieb daher aufgegeben, die Wertungsgrundlagen des Abspaltungsverbots daraufhin durchzumustern, ob sie einer Stimmrechtszuordnung an den Nießbraucher im Wege stehen oder zumindest zu Modifikationen in der Art und Weise der Stimmrechtszuordnung führen.

Im weiteren mußte daher ein Wertungsabgleich mit den tragenden Wertungen gesucht werden, mit denen bislang das Abspaltungsverbot begründet worden sind. Diese tragenden Wertungen fanden sich schlagwortartig in einem „phänomenologischen" (Rekurs auf das Wesen der Personengesellschaft)[10], einem privatautonomistischen (Schutz der Mit-Gesellschafter)[11], einem rechtspaternalistischen (Schutz des Besteller-Gesellschafters)[12], einem rechtskonstruktivistischen (Schutz des Systems dinglicher Rechte und der mit ihnen verbundenen Rechtserscheinungen)[13] und einem funktionalistischen (in je verschiedener Ausprägung: Schutz der Wirtschaftsverfassung, Schutz der Verbandssouveränität, Schutz des Gesellschaftsinteresses, Schutz der gesellschaftlichen Funktion der Personengesellschaft)[14] Ansatz. Frucht dieser Erörterungen war, daß die dem Abspaltungsverbot zugrundeliegenden Wertungen eine Stimmrechtszuordnung an den Nießbraucher zwar nicht verhindern. Unter dem Aspekt der hinreichend zu wahrenden Selbstbestimmung des Besteller-Gesellschafters war jedoch deutlich geworden, daß in dessen angemessenen Schutz eines der Hauptprobleme der Stimmrechtszuordnung an den Nießbraucher verborgen ist[15] – das andere, zuerst einmal noch offen gelassene Hauptproblem besteht in der Frage, ob sich aus der Organisationsstruktur der Personengesellschaft Wertungen finden lassen, die gegen eine Stimmrechtszuordnung an den Nießbraucher ins Feld geführt werden können. Vor dem Hintergrund des zuerst interessierenden Selbstbestimmungsschutzes mußten Wertungsvorbilder, die diesen Selbstbestimmungsschutz näher ausformen, mit der Stimmrechtszuordnung an den Nießbraucher ins Verhältnis gesetzt werden. Insofern gilt: Da die Stimmrechtszuordnung wegen ihrer den Besteller-Gesellschafter verdrän-

---

[10] Dazu § 5 II.

[11] Dazu § 5 V.

[12] Dazu § 5 VI.

[13] Dazu § 5 IV.

[14] Dazu § 9 II, § 10, § 11.

[15] Oben § 5 VI.

genden Wirkung wie ein Stimmrechtsverzicht wirkt, ist sie auch nur unter den Voraussetzungen eines Stimmrechtsverzichts zulässig, es sei denn, es fänden sich Gründe, die ausnahmsweise eine Abweichung von diesem Wertungsvorbild zulassen[16]. Da die Stimmrechtszuordnung einen gegenüber dem Stimmrechtsverzicht überschießenden Gehalt besitzt und zudem wie eine unwiderrufliche und weisungsungebundene Stimmrechtsvollmacht wirkt, muß auch der Wertungsabgleich mit der Dogmatik der unwiderruflichen Vollmacht und mit dem Recht der Stimmrechtsvollmacht gesucht werden.

2. Der Abgleich mit den Wertungen des Stimmrechtsverzichts

Soweit der Wertungsabgleich mit der Dogmatik des Stimmrechtsverzichts in Rede steht, zeigt dieser Abgleich, daß eine Stimmrechtszuordnung an den Nießbraucher als Mindestbedingung folgendes voraussetzt[17]: (i) Die Zuordnung muß ohne jeden Zweifel erklärt sein. Im Zweifel verbleibt es bei der Zuordnung des Stimmrechts an den Besteller-Gesellschafter. (ii) Der Gesellschaftsanteil muß bei der Bestellung des dinglichen Nutzungsrechts in spezifischer Weise gewidmet werden. Diese Widmung geht dahin, die Bewirtschaftung des Anteils (und damit auch die Ausübung des Stimmrechts) habe so zu erfolgen, daß der Nießbraucher der gesellschaftsrechtlichen Treuepflicht Folge leisten muß. Fehlt eine dementsprechende Anteilswidmung, scheidet eine Stimmrechtszuordnung an den Nießbraucher zwingend aus. (iii) Im Recht des Anteilsnießbrauchs müssen Instrumentarien vorhanden sein, die funktional im Innenverhältnis zwischen Nießbraucher und Besteller-Gesellschafter dem Kernbereichsschutz und dem Belastungsverbot, welche im Verhältnis zwischen den Gesellschaftern gelten, entsprechen. Diese Instrumente nehmen gleichsam den Aspekt einer gesellschaftsrechtlichen unzulässigen Selbstentmündigung in sich auf.

3. Die Suche nach funktionalen nießbrauchsrechtlichen Äquivalenten zum Kernbereichsschutz

Im weiteren mußte daher untersucht werden, ob es funktional dem Kernbereichschutz und dem Belastungsverbot entsprechende Instrumente im Recht des Anteilsnießbrauchs gibt. Der Ausgangspunkt für diese Erörterungen waren dabei die gesellschaftsrechtlichen Grundlagengeschäfte, an denen sich punktgenau der Zusammenhang erweisen läßt, der zwischen dem Verbot der Selbstentmündigung der Rechtsperson und der Stimmrechtszu-

---

16 Siehe oben § 5 VII.

17 Siehe § 6 V.

ordnung an den Nießbraucher besteht. Im weiteren konnte dann gezeigt werden, daß das gesuchte Instrument in der Regelung des § 1071 II BGB gefunden werden konnte[18]. Nach dieser Regelung kommt es im Falle der Stimmrechtszuordnung an den Nießbraucher zu einer Stimmrechtsvergemeinschaftung zwischen dem Nutzungsberechtigten und dem Besteller-Gesellschafter bei nicht lediglich rechtlich vorteilhaften Grundlagengeschäften[19]. Die sich nunmehr anschließende Frage war, ob dieses durch § 1071 II BGB hergestellte Schutzniveau schon hinreicht, um einen angemessenen Schutz der Selbstbestimmung des Besteller-Gesellschafters zu wahren. Mit Blick auf das Wertungsvorbild des Stellvertretungsrechts konnte diese Frage noch nicht einfach bejaht werden. Es schien daher noch eine Auseinandersetzung mit den Wertungen des Rechts der Stimmrechtsvollmacht erforderlich zu sein. Im näheren zeigte sich dann aber, daß recht besehen das Recht der Stimmrechtsvollmacht als taugliches Wertungsvorbild für die Stimmrechtszuordnung beim Anteilsnießbrauch ausscheidet[20].

Sodann mußte ein Blick auf die Geschäfte der Gesellschaft, die nicht Grundlagengeschäfte sind, geworfen werden[21], um hinreichend zu klären, welche Risiken für den Besteller-Gesellschafter zu vergegenwärtigen sind, wenn es zu einer Stimmrechtszuordnung hinsichtlich der diese Geschäfte betreffenden Beschlußgegenständen kommt. Hier zeigte vor dem Hintergrund eines Wertungsabgleichs mit dem allgemeinen Stellvertretungsrecht, daß das Nießbrauchsrecht eine „Temporalisierung" des Selbstbestimmungsschutzes des Besteller-Gesellschafters bereit stellt, die dem des Stellvertretungsrechts mit seiner zwingenden Widerruflichkeit einer unwiderruflichen Vollmacht bei Vorliegen eines wichtigen Grundes funktional äquivalent ist[22]. Einmal ist der Anteil zwingend so zu widmen, daß der Nießbraucher bei Vorliegen eines wichtigen Grundes das Stimmrecht nicht ausüben darf. Hier darf dann der Besteller-Gesellschafter abstimmen. Hat der Nießbraucher gleichwohl abgestimmt, wirkt dieser Verstoß gegen die durch § 1036 II BGB sanktionierte Anteilswidmung grundsätzlich nicht auch gegen die Mit-Gesellschafter. Eine Ausnahme greift jedoch dann, falls die Grundsätze über den Mißbrauch der Stimmrechtsbefugnis greifen oder ein Unterlassungsurteils gegen den Nießbraucher vorliegt. Hier sind sowohl die Mit-Gesellschafter als auch die Strukturen der verbandlichen Willensbildung nicht schützenswert. Die Stimmabgabe durch den Nießbraucher ist dann im Verhältnis zu den Mit-Gesellschaftern unwirksam; der Besteller-Gesellschafter kann sich einwendungsweise hierauf berufen. Gilt das Mehrheitsprinzip, ist

[18] Siehe § 7 II 2.

[19] Siehe § 7 III, IV.

[20] Siehe § 8 I 4.

[21] Siehe § 8 II.

[22] Siehe § 8 II 3.

der Beschluß hingegen dennoch wirksam, wenn es im Ergebnis auf die Stimme des belasteten Anteils nicht ankam und der Gegenstand einer mehrheitlichen Beschlußfassung offen stand. Ist der Beschlußgegenstand mehrheitsfest und mußte der belastete Anteil dem Beschluß zustimmen, ist indes nicht nur die Stimme, sondern auch der Beschluß selbst unwirksam. Die Folgen für den Beschluß richten sich dann nach den allgemeinen Regeln zur Beurteilung fehlerhafter Beschlüsse.

4. Das vierstufige gesetzliche Modell zum Schutz des Selbstbestimmungsrechts des Besteller-Gesellschafters

Mit diesem Rekurs auf das Stellvertretungsrecht konnte die Diskussion des angemessenen Schutzes der Selbstbestimmung des Besteller-Gesellschafters abgeschlossen werden. Es konnte gezeigt werden, daß dem Besteller-Gesellschafter ein abgestuftes und sehr differenziertes Instrumentarium zur Seite steht, mittels dessen seine Selbstbestimmung entsprechend vergleichbaren Wertungsvorgaben der Rechtsordnung angemessen geschützt werden kann. Mehrere Ebenen des Selbstbestimmungsschutzes lassen sich unterscheiden.

Ebene 1:
Einmal greift eine Zweifelsregelung ein. Bestehen Zweifel über den Umfang der Stimmrechtszuordnung, gilt die im Rahmen des gesellschaftsrechtlichen Bestimmtheitsgrundsatzes durch die Rechtsprechung entwickelte abgestufte Trias von Auslegungsregeln. Falls danach schon die Stimmrechtszuordnung an den Nießbraucher selbst zweifelhaft ist, verbleibt es bei der Zuordnung des Stimmrechts an den Besteller-Gesellschafter.

Ebene 2:
Der Besteller-Gesellschafter kann den Anteil in spezifischer Weise widmen. Er kann in so widmen, daß der Anteilsnießbraucher über § 1036 II BGB darauf verpflichtet wird, die durch die gesellschaftsrechtliche Treuepflicht notwendigen Vorgaben an die Ausübung seiner gesellschaftlichen Rechte zu erfüllen. Ist der Anteil nicht derartig gewidmet, ist eine Stimmrechtszuordnung an den Nießbraucher unzulässig.

Ebene 3:
Im Bereich der Grundlagengeschäfte ist der Besteller-Gesellschafter durch eine Stimmrechtsvergemeinschaftung geschützt; sedes materiae dieser Einsicht ist § 1071 II BGB. Können sich Besteller-Gesellschafter und Nießbraucher nicht über die Stimmausübung einigen, verfällt die Stimme. Steht dem Besteller-Gesellschafter ausnahmsweise ein wichtiger, *aus seinem Ver-*

hältnis zur Gesellschaft folgender Grund zur Seite, entscheidet er allein über die anstehende Grundlagenänderung.

Ebene 4:
Der Anteil ist zwingend so zu widmen, daß der Nießbraucher bei Vorliegen eines wichtigen, *aus seinem Verhältnis zum Besteller-Gesellschafter folgenden* Grundes das Stimmrecht des belasteten Anteils nicht ausüben darf. Besteht ein derartiger Grund, ist der Besteller-Gesellschafter stimmberechtigt. Ein Verstoß gegen diese Vorgaben wirkt zwar grundsätzlich nur im Innenverhältnis zum Besteller-Gesellschafter. Bei Vorliegen eines Mißbrauchs der Stimmrechtsbefugnis oder eines Unterlassungsurteils kann der Besteller-Gesellschafter die Rechtswidrigkeit der Stimmabgabe durch den Nießbraucher jedoch einwendungsweise auch den Mit-Gesellschaftern entgegensetzen. Bei Geltung des Mehrheitsprinzips ist der Beschluß hingegen dennoch wirksam, wenn es im Ergebnis auf die Stimme des belasteten Anteils nicht ankam und der Gegenstand einer mehrheitlichen Beschlußfassung offen stand.

Vor dem Hintergrund dieses vierstufige Instrumentarium konnte sodann die Frage beantwortet werden, ob nunmehr die Selbstbestimmung des Besteller-Gesellschafters hinreichend geschützt ist. Anhand von Überlegungen aus der Diskussion um den Rechtspaternalismus konnte die Frage bejaht werden. Die beim Bestellungsakt gegenwärtige privatautonome Entscheidung des Besteller-Gesellschafters, sein Stimmrecht verdrängend, weisungsungebunden und für die Zeit des dinglichen Nutzungsrechts unwiderruflich dem Nießbraucher zuzuordnen, kann damit nicht durch einen Rekurs auf einen vermeintlich notwendigen Schutz der künftigen Selbstbestimmung, sprich Änderung der alten Entscheidung, konterkarriert werden[23]; dies gilt auch für den Fall eines vermächtnisweise zugewendeten Anteilsnießbrauch, bei dem die Stimmrechtszuordnung dem Besteller-Gesellschafter-Erben von Todes wegen vorgeschrieben wird[24]. Durch die aufzeigten vier Ebenen wird ein sehr dichter Schutz der Selbstbestimmung des Besteller-Gesellschafters gewährleistet; der damit aufgewiesene Standard des Selbstbestimmungsschutzes ist ein zwingend einzuhaltender Mindeststandard[25]. Durch dieses zwingende Vierebenenmodell werden die Interessen des Besteller-Gesellschafters sowohl im Verhältnis zum Nießbraucher als auch im Verhältnis zur Gesellschaft oder zu den Mit-Gesellschaftern angemessen geschützt, da der Besteller-Gesellschafter bei Vorliegen eines wichtigen Grundes das Stimmrecht wieder „zurückholen“ und allein ausüben kann. Dies gilt sowohl für den Fall, daß sich der wichtige Grund aus dem Verhältnis des Be-

[23] Siehe § 8 IV.

[24] Siehe § 8 IV 2 b.

[25] Siehe § 8 IV 3.

steller-Gesellschafters zum Nießbraucher ergibt, als auch beim Vorliegen eines wichtigen Grundes, der sich aus Verhältnissen in der Gesellschaft ergibt. Greift ein wichtiger Grund, entscheidet der Besteller-Gesellschafter somit immer zwingend alleine, mag auch das Stimmrecht in toto ansonsten dem Anteilsnießbraucher überantwortet worden sein.

Nachdem der Selbstbestimmungsschutz des Besteller-Gesellschafters thematisiert worden ist, bleibt als nunmehr noch offene Frage aufzugreifen, ob sich nicht aus dem objektiven Aspekt der sachgerechten Ordnung der Gesellschaftsverfassung Hinweise auf weitere Voraussetzungen und Grenzen der Stimmrechtszuordnung an den Nießbraucher aufzeigen lassen.

III. Die Zuordnung des Stimmrechts II: Grenzen der Zuordnung und die sachgerechte Ordnung der Gesellschaftsverfassung

Der objektive Aspekt einer sachgerechten Ordnung der Gesellschaftsverfassung bringt überindividuelle Ordnungsinteressen in die Diskussion ein, ob es in Organisationen angezeigt ist, für ein bestimmtes Maß an unentziehbarer Selbstbestimmung auch dort zu plädieren, wo unter einem rein individuellen Schutzkonzept der Grad einer untragbaren Einschränkung privatautonomer Freiheit noch nicht erreicht ist. Insofern könnte die Stimmrechtszuordnung an den Nießbraucher funktional der anzustrebenden Ordnungsstruktur der Gesellschaft nicht angemessen sein[26]. Vor diesem Hintergrund wurden vier Ansätze erörtert, anhand derer der sachliche Gehalt einer „funktionsfähigen Gesellschaftsstruktur" näher herausgearbeitet worden ist. Es waren dies der gesellschaftsrechtliche Institutionalismus[27], der Ordoliberalismus[28], der Verweis auf den Gedanken der Verbandssouveränität[29] sowie schließlich der Rekurs auf die Richtigkeitsgewähr der verbandlichen Willensbildung[30]. Die Diskussion dieser Ansätze zeigte, daß einzig das aus unabdingbaren Gründen des Schutzes der Selbstbestimmung des Besteller-Gesellschafters gebotene Vier-Stufen-Schema[31] einer Stimmrechtszuordnung an den Nießbraucher Grenzen setzte. Aus dem öffentlichen Interesse an einer ausgewogenen Ordnung des gesellschaftlichen Innenrechts folgen hingegen keine weiteren Vorgaben. Auch der Gedanke einer rechtlich gewünschten Klarheit institutionell gezogener Grenzen für die korporations-

---

[26] Dazu oben § 9 I.
[27] Oben § 9 II.
[28] Oben § 10.
[29] Oben § 11 I.
[30] Oben § 11 II.
[31] Dazu oben § 8 IV 3, sowie soeben § 17 II 4.

rechtliche Gestaltung der Mitgliedschaftsrechte steht einer Stimmrechtszuordnung an den Nießbraucher nicht im Wege. Nachdem schon im Rahmen der Diskussion des Selbstbestimmungsschutzes des Besteller-Gesellschafters das vermeintlich dem geltenden Recht zugrundeliegende Prinzip einer Einheit von Herrschaft und Haftung einer Kritik aus einer rechtspaternalistischen Perspektive unterzogen werden konnte[32], konnte zudem unter dem Blickwinkel objektiver Gründe einer funktional sachgerechten Ordnung gezeigt werden, daß das gesetzliche System von Macht und Kontrolle sowie von Herrschaft und Verantwortung nicht dazu führt, den Nießbraucher zwingend der Haftung aus § 128 HGB anheimfallen zu lassen, wenn ihm das Stimmrecht zugeordnet wird. Alles in allem spielen bei der Stimmrechtszuordnung an den Nießbraucher überindividuelle Aspekte einer sachgerechten Verbandsverfassung mithin keine tragende Rolle.

IV. Die Zuordnung der sonstigen Mitverwaltungsrechte

Nachdem die Voraussetzungen und Grenzen der Stimmrechtszuordnung geklärt werden konnten, konnte die Zuordnung der sonstigen Mitverwaltungsrechte (Geschäftsführung, Informations- und Kontrollrecht, Klagrechte) angegangen werden. Hier bleibt festzuhalten:

1. Die Zuordnung des Rechts zur Geschäftsführung

Nach dem Grundsatz der Sebstorganschaft obliegt die Geschäftsführung bei der OHG gem. § 114 I HGB allein den Gesellschaftern. Die Organfunktion ist demnach nach herrschender Auffassung an die Mitgliedschaft gebunden. Da diesem Verbot der Fremdorganschaft und dem Abspaltungsverbot ähnliche Wertungsgrundlagen zugrundeliegen, kann die Zuordnung der Geschäftsführung um der Vermeidung eines Wertungswiderspruchs willen nicht in einem anderen Rahmen zulässig sein als die Zuordnung des Stimmrechts. Da das Stimmrecht in Geschäftsführungsangelegenheiten im Regelfall gem. § 1030 I BGB vorbehaltlich anderer Vereinbarungen dem Nießbraucher zugeordnet ist[33], kommt dem Nießbraucher als gesetzlicher Regelfall die Geschäftsführung zu, wenn nichts anderes ausbedungen ist[34].

---

32 Zum Problemausgang siehe oben § 5 VI 3 b.

33 Siehe oben § 8 II, § 12 I 3 d.

34 Siehe oben § 12 II.

2. Die Zuordnung des Informations- und Kontrollrechts

Das von der Rechtslehre entwickelte mitgliedschaftliche Informationsrecht[35] ist in nach Fallgruppen differenzierter Weise zuzuordnen. Sämtlichen Fallgruppen ist dabei angesichts der abgeleiteten Natur des nießbraucherischen Informationsrechts gemein, daß der Nießbraucher in keinem größerem Umfang Information verlangen kann, als dies der Besteller-Gesellschafter könnte[36]. Ist dem Nießbrauch das Stimmrecht zugeordnet, kommt ihm aufgrund der abgeleiteten Natur des Informationsrechts auch dieses zu[37]. Da dieser Informationsanspruch funktional auf die Stimmrechtsausübung gerichtet ist, ist er zugleich auf die Informationen beschränkt, die für die sachgerechte Ausübung des Stimmrechts erforderlich sind. Ist das Stimmrecht zwischen Besteller-Gesellschafter und Nießbraucher vergemeinschaftet, haben der Besteller-Gesellschafter sowie der Nießbraucher je für sich das Informationsrecht[38]. Falls schließlich das Stimmrecht allein dem Besteller-Gesellschafter zugeordnet ist, bedeutet dies nicht, daß ihm auch das Informationsrecht allein zusteht. Vielmehr folgt aus der entscheidenden Bedeutung von Informationen zur Ermittlung der Erträgnisse des belasteten Anteils das Recht, die zur Bestimmung der auf den Nießbraucher entfallenden Nutzungen erheblichen Informationen zu ermitteln; das Informationsinteresse ist dabei durch die Informationen aus der allein belastete Vermögensseite der Mitgliedschaft begrenzt[39].

Steht dem Nießbraucher mithin durchaus das Informationsrecht zur Seite, ist dies bei dem mitgliedschaftlichen Kontrollrecht nicht der Fall, da es nicht Aufgabe des Nießbrauchers ist, gesellschaftliche Interna zu kontrollieren. Sein Informationsbedürfnis ist durch die ihm zugeordneten materiellen Aspekte wie Stimmrecht oder Beteiligung an der Vermögensberechtigung des belasteten Anteils begrenzt[40].

3. Die Zuordnung der Klagrechte

Auch bei den Klagrechten gilt kraft der abgeleiteten Natur nießbraucherischer Rechte wieder, daß dem Nießbraucher in keinem größerem Umfange als dem Besteller-Gesellschafter Klagrechte zustehen. Hinsichtlich der actio pro socio gilt der Satz, daß die Zuordnung der actio pro socio und die des Stimmrechts parallel verlaufen. Die actio pro socio steht mithin dem Nieß-

35 Dazu oben § 12 III 1.
36 Siehe oben § 12 III 2 a.
37 Oben § 12 III 2 b aa.
38 Oben § 12 III 2 b bb.
39 Oben § 12 III 2 b cc.
40 Oben § 12 III 2 c.

braucher dann zu, wenn ihm auch das Stimmrecht zugeordnet ist; ansonsten nicht[41]. Soweit die übrigen Klagrechte in Rede stehen, gilt[42]: Hinsichtlich der Anfechtungsklage gegen einen rechtswidrigen Beschluß oder (nach h. M.) hinsichtlich der Klage auf Feststellung der Nichtigkeit eines Beschlusses gelten die Ausführungen zur actio pro socio entsprechend. Ist dem Nießbraucher mithin das Stimmrecht zugeordnet, steht ihm auch die Befugnis zu, gegen rechtswidrige Beschlüsse der Gesellschaft klagweise vorzugehen; ansonsten ist er auf seine Rechte aus dem Innenverhältnis zum Besteller-Gesellschafter verwiesen. Gleiches gilt für den verbandsinternen Schutz der Mitgliedschaft als absolutes Recht im Unterschied zum Schutz der mitgliedschaftsrechtlichen Sonderbeziehung zwischen Mitglied und Verband.

V. Die Zuordnung der vermögensrechtlichen Seite der Mitgliedschaft

Hinsichtlich der Zuordnung des Gewinns, der Ertragsverteilung bei Erhöhungen des Eigenkapitals, der Zuordnung der Entnahmen und der Entnahmebefugnis, der Rechtslage bei Liquidation und hinsichtlich Abfindungen sowie des Sonderproblems der Kündigung der Gesellschaft durch den Besteller-Gesellschaft bleibt zusammenfassend zu notieren:

1. Die Zuordnung des Gewinns

a) Die Zuordnung thesaurierter Gewinne

Im Verhältnis zur Gesellschaft und den Mit-Gesellschaftern kann der Nießbraucher *ausschließlich* auf den ausschüttungsfähig gestellten Gewinn entsprechender der Quote am Ertrag zugreifen, zu dem der Nießbrauch bestellt ist[43]. Vorbehaltlich anderer Vereinbarungen zwischen Nießbraucher und Besteller-Gesellschafter findet in ihrem Innenverhältnis bei einer Thesaurierung kein Wertausgleich analog § 1049 I BGB hinsichtlich der nichtentnahmefähigen Gewinne statt, wenn weder der Besteller-Gesellschafter noch der Nießbraucher die Thesaurierung mit Hilfe des Stimmrechts haben verhindern können[44]. Anders ist dies nur, wenn – erste Voraussetzung – im Gesellschaftsvertrag zur Zeit der Bestellung des Nutzungsrechts keine Regelung vorhanden ist, nach der eine jährliche Bildung von Gewinnrück-

---

[41] Oben § 12 IV 1 b.

[42] Oben § 12 IV 2.

[43] Dazu oben § 13 I 2 a.

[44] Dazu oben § 13 I 2 b.

lagen zu erfolgen hat, und falls – zweite Voraussetzung – mit der Stimme des belasteten Anteils die Thesaurierung hätte verhindert werden können. Liegen diese Situationen vor, findet bei einem Anteil, der der gesellschaftsrechtlich gewöhnlichen Nutzung zu dienen bestimmt ist, bei der Beendigung des dinglichen Nutzungsrechts ein Wertausgleich im Zweifel in Höhe der Hälfte der thesaurierten Gewinne analog § 1049 I BGB statt. Ist der Anteil ausschließlich dem Versorgungsinteresse des Nießbrauchers zu dienen gewidmet, kommt es zum Wertausgleich schon zum Zeitpunkt der Thesaurierung. Ist der Anteil sowohl dem Interesse des Besteller-Gesellschafters als auch dem des Nutzungsberechtigten zu dienen bestimmt, hat der Nießbraucher einen Wertausgleichsanspruch in Höhe von je einem Viertel der gebildeten Rücklagen im Zeitpunkt der Rücklagenbildung und im Zeitpunkt der Beendigung des Nutzungsrechts. Der Wertausgleich steht unter dem Vorbehalt anderweitiger Vereinbarungen.

b) Die Zuordnung außerordentlicher Erträge

Dem Nießbraucher kann im *Außen*verhältnis zur Gesellschaft auf sämtliche Gewinne aus der Auflösung stiller Reserven oder sonstiger Rücklagen zugreifen, die durch Gewinnverwendungsbeschluß während der Dauer seiner Nutzungsrechts ausgeschüttet werden. Im *Innen*verhältnis zum Besteller-Gesellschafter ist dann jeweils zu fragen, ob dem Nutzungsberechtigten diese Erträge verbleiben. Dies ist ausweislich der Regelung des § 1039 I 2 BGB nur bei solchen Früchten der Fall, die der Nutzungsberechtigte bei ordnungsgemäßer Bewirtschaftung gezogen hätte; seine überschießende Rechtsmacht im Außenverhältnis ist im Innenverhältnis zum Besteller-Gesellschafter also entsprechend durch eine Wertausgleichspflicht nach § 1039 I BGB auszugleichen. Ist ein Wertausgleich nach § 1039 I 2 BGB veranlaßt, erfolgt er erst nach Ablauf des Nutzungsrechts. Dem Nießbraucher steht daher als Nutzung bis zur Beendigung des Nießbrauchs die Verzinsung des an ihn ausgekehrten außerordentlichen Ertrags zu.

Bei einem Anteil, welcher dem gewöhnlichen Gebrauch zu dienen gewidmet ist, gilt folgendes[45]: Geht es um während des Nutzungsrechts angeschaffte Gegenstände, stehen die Gewinne aus der Auslösung der in ihnen verborgenen stillen Reserven auch im Innenverhältnis dem Nießbraucher zu; eine Wertersatzpflicht entfällt. Demgegenüber ist die Auflösung stiller Reserven wertausgleichspflichtig, die von solchen Gegenständen stammten, die sich schon zum Zeitpunkt der Belastung im Betriebsvermögen befanden. Bei der Auflösung von Rücklagen kommen dem Nießbraucher solche Rücklagen zu, die aus Gewinnen stammen, die während des Nießbrauchs thesauriert

---

[45] Siehe oben § 13 I 3 b aa.

wurden und bei denen ein Wertausgleich analog § 1049 BGB nicht stattfand. Ansonsten stehen die Rücklagen dem Besteller-Gesellschafter zu.

Soweit die Widmung des Anteils ausschließlich auf das Versorgungsinteresse des Nießbrauchers bezogen ist, greift der interne Wertausgleich nach § 1039 I 2 BGB nicht; dem Nießbraucher ist vielmehr auch im internen Verhältnis zum Besteller-Gesellschafter der volle außerordentliche Ertrag zugeordnet – freilich abzüglich des Werts der während des Nutzungsrechts gebildeten Rücklagen vom Gesamtbetrag, wenn der ausgeschüttete außerordentliche Ertrag aus solchen Rücklagen gebildet worden ist und falls ein Wertausgleich analog § 1049 BGB für die Thesaurierung erfolgte[46]; in dieser Höhe findet gem. § 1039 I 2 BGB ein Wertausgleich statt. Ist der Anteil gemischt auf die Interessen beider Parteien des dinglichen Nutzungsrechts ausgerichtet, muß entsprechend der jeweiligen Interessenberücksichtigung – wiederum unter vorheriger Abrechnung des o. g. Werts der während des Nutzungsrechts gebildeten und analog § 1049 BGB wertausgeglichenen Rücklagen – gequotelt werden. Mangels konkreter Angaben in dem der Nießbrauchsbestellung zugrundeliegenden Kausalverhältnis wird eine hälftige Teilung des Teils des Ertrags zu erfolgen haben, der der Quote des Nießbrauchs entspricht. Es muß dann die eine Hälfte dieses außerordentlichen Ertrags dem Besteller-Gesellschafter (Folge: in dieser Höhe Wertausgleich gem. § 1039 I 2 BGB) und die andere Hälfte dem Nießbraucher intern zugeordnet werden. Bei einem Vorbehaltsnießbrauch unter schenkweiser Hingabe des belasteten Anteils entfällt schließlich eine Wertausgleichspflicht des Nießbrauchers, wenn die belastete Mitgliedschaft auf das Wertrealisierungsinteresse des Nutzungsberechtigten zu dienen bestimmt wird.

2. Die Rechtslage bei einer Erhöhung des Eigenkapitals

Bei einer „Kapitalerhöhung" muß der der Erhöhung entsprechende Ertrag dem Besteller-Gesellschafter zugeordnet werden[47].

3. Die Zuordnung der Entnahmen und der Entnahmebefugnis

Hinsichtlich der Zuordnung des Werts der Entnahmen gilt folgendes: Ist der Anteil ausschließlich auf die Versorgung ausgerichtet, stehen dem Nießbraucher die Entnahmen ihrem Wert nach durchweg in voller Höhe entsprechend der Nießbrauchsquote zu. Von diesem Betrag ist eine Tätigkeitsvergütung abzuziehen, wenn der Besteller-Gesellschafter in der Gesellschaft

[46] Siehe oben § 13 I 3 b bb.
[47] Siehe oben § 13 II 3.

mitarbeitet und die Entnahme gesellschaftsvertraglich als Vergütung vorgesehen ist. Liegt eine auf die Interessen beider Teile ausgerichtete Anteilswidmung vor, wird im Zweifel die Entnahme hälftig zu teilen sein – wiederum unter Vorwegabzug der der o. g. Tätigkeitsvergütung. Bei sehr hohen Entnahmen wird der dem Nießbraucher zukommende Anteil bis zu einer Sättigungsgrenze beschränkt, wie sie im Unterhaltsrecht bei außerordentlich gehobenen Einkommensverhältnissen anerkannt wird. Ist der Anteil der gewöhnlichen Nutzung zu dienen bestimmt, ist danach zu unterscheiden, ob die Entnahme gewinngedeckt ist oder nicht. Nur die gewinngedeckten Entnahmen stehen in dieser Höhe dem Nießbraucher zu – wiederum abzüglich der o. g. Tätigkeitsvergütung, wenn der Besteller-Gesellschafter die der Vergütung entsprechenden Tätigkeiten für die Gesellschaft erbringt[48]. Dogmatisch ist die Entnahme im Außenverhältnis dinglich voll dem Nießbraucher zugeordnet; im Innenverhältnis zum Besteller-Gesellschafter findet ein Wertausgleich nach § 1039 I 2 BGB statt, wenn der entnommene Betrag den dem Nießbraucher gebührende Betrag übersteigt[49].

Hinsichtlich der Zuordnung der Entnahmebefugnis gilt folgendes: Sie kann nur dann dem Nießbraucher zugeordnet werden, wenn er über die entsprechende Anteilswidmung in die gesellschaftsrechtliche Treuepflicht eingebunden ist. Ist die Entnahmebefugnis dem Besteller-Gesellschafter zugeordnet, kann eine Entnahme eine benachteiligende Rechtsänderung i. S. § 1071 II BGB darstellen und daher unter einen Zustimmungsvorbehalt gestellt sein. Ist die Entnahme ohne die erforderliche Zustimmung des Nießbrauchers erfolgt, steht bei Vertretenmüssen dem Nießbraucher ein Ersatzanspruch aus Verletzung des gesetzlichen nießbrauchsrechtlichen Schuldverhältnisses nach § 280 I BGB zur Seite, der auf Ersatz desjenigen Betrages geht, für den an sich entnahmefähige Gewinne zur Wiederauffüllung des um die Entnahmen verminderten Kapitalkontos verwendet werden[50].

4. Die Rechtslage bei Liquidation und der Zahlung von Abfindungen

Die Verteilung des Auseinandersetzungs- und des Abfindungsguthabens richtet sich wertungsmäßig parallel zu den Grundsätzen der Zuordnung außerordentlicher Erträge[51]. Mit Blick hierauf gilt also: Ist der Anteil dem gewöhnlichen Gebrauch zu dienen bestimmt[52], stehen dem Nutzungsberechtigten die stillen Reserven zu, die in solchen Gegenständen verborgen sind, die während des Nießbrauchs angeschafft worden sind. Ebenfalls dem Nut-

[48] Siehe oben § 13 III 3 a.
[49] Siehe oben § 13 III 3 b.
[50] Siehe oben § 13 III 4.
[51] Dazu oben § 13 IV 2 b.
[52] Dazu oben § 13 IV 2 c.

zungsberechtigten zugeordnet wird der Wert der Rücklagen, die sich aus während des Nießbrauchs thesaurierten Gewinnen ergeben, bei denen kein Wertausgleich analog § 1049 BGB stattfand. Alles andere steht dem Besteller-Gesellschafter zu. Im Fall der Abfindung muß diese Verteilung entsprechend auf Modifikationen im Rahmen von Abfindungsklauseln (etwa Buchwertklauseln) angepaßt werden.

Soweit der Anteil ausschließlich dem Versorgungsinteresse zu dienen gewidmet ist, gebührt dem Nießbraucher der Teil des Guthabens, der sämtlichen Rücklagen (abzüglich erfolgter Wertausgleiche analog § 1049 BGB) und der Realisierung sämtlicher stiller Reserven entspricht; bei Abfindungen muß wiederum der dem Nießbraucher zukommende Teil der Abfindung im Verhältnis des tatsächlichen Abfindungsbetrags zum wirtschaftlichen Wert der Mitgliedschaft errechnet werden. Andere Vereinbarungen stehen den Beteiligten offen. Ist der Anteil gemischt auf die Interessen beider Teile ausgerichtet, muß im Zweifel der Teil des Guthabens dem Nießbraucher zuzuordnen ist, der die Hälfte sämtlicher Rücklagen (abzüglich erfolgter Wertausgleiche analog § 1049 BGB) und die Hälfte der Realisierung sämtlicher stiller Reserven umfaßt; bei der Abfindung muß abermals entsprechend diesen Vorgaben verhältnismäßig umgerechnet werden.

Das Abfindungsguthaben muß schließlich bei einer jeden Widmung mit dem mutmaßlichen Todeszeitpunkt des Nutzungsberechtigten korreliert werden, da dem Nutzungsberechtigten nur der auf die mutmaßliche Dauer des Nutzungsrechts bezogene Teil des auf ihn entfallenen Teils der Abfindung zusteht; am Rest findet kein Nießbrauch an der Abfindungsforderung statt[53]. Technisch erfolgt die Wertzuordnung in der Weise, daß der Nießbraucher nach § 1030 I BGB auf den Teil des Auseinandersetzungs- oder Abfindungsguthabens zugreifen kann, der dem Wert seiner ihm gebührenden Nutzung entspricht. Der Rest der Kapitalforderung wird entsprechend § 1077 I BGB an den Besteller-Gesellschafter und den Nießbraucher gemeinsam ausgekehrt und von beiden sodann verzinslich angelegt; an dem wieder angelegten Guthaben wird analog § 1079 BGB ein neuer Nießbrauch bestellt. Der Nießbraucher ist hierbei über § 1077 I BGB analog vor einem zwischenzeitlichen Rechtsverlust geschützt[54].

5. Das Sonderproblem der Kündigung der Gesellschaft durch den Besteller-Gesellschafter

Bei der Kündigung des Gesellschaftsvertrags durch den Besteller-Gesellschafter steht die Frage im Raum, ob diese Kündigung nach § 1071 II BGB

---

[53] Dazu oben § 13 IV 2 e.

[54] Dazu oben § 13 IV 2 c.

der Zustimmung des Nießbrauchers bedarf[55]. Dies ist bei der außerordentlichen Kündigung nie, bei der ordentlichen Kündigung jedenfalls dann der Fall, wenn die aus dem Persönlichkeitsrecht des Besteller-Gesellschafters fließenden Einschränkungen beachtet werden. Der Anteilsnießbrauch muß mithin auf eine Quote beschränkt und in seiner Zeitspanne nicht übermäßig sein, wenn dem Besteller-Gesellschafter das Stimmrecht zugeordnet ist oder er aus sonstigen gesellschaftsrechtlichen Gründen zu einem Tun oder Unterlassen verpflichtet ist. Sind derartige Verpflichtungen nicht ersichtlich, greift der Zustimmungsvorbehalt des § 1071 II BGB für einen jeden Nießbrauch bei der ordentlichen Kündigung voll durch.

6. Der Anteilsnießbrauch als Quotennießbrauch

Im Rahmen der Diskussion des nießbraucherischen Zustimmungsvorbehalts bei der ordentlichen Kündigung hat sich eine gewichtige Einschränkung hinsichtlich des zulässigen Zuschnitts des Anteilsnießbrauchs ergeben, wenn dem Besteller-Gesellschafter die Mitverwaltungsrechte zugeordnet sind[56]. Denn sind ihm diese Rechte zugeordnet und müsste er als Ausfluß des Anteilsnießbrauchs den gesamten erwirtschafteten Gewinn aus seiner Mitgliedschaft dem Nießbraucher zur Verfügung stellen, müßte er seine Leistung ohne jede Gegenleistung erbringen. Zulässig ist daher bloß ein Quotennießbrauch oder ein Bruchteilsnießbrauch. Das Mindestmaß des dem Besteller-Gesellschafters verbleibenden Ertrags hängt dabei vom Einzelfall ab. Zudem muß der Anteilsnießbrauch zum Schutz der wirtschaftlichen Handlungsfreiheit des Besteller-Gesellschafters auch in der zeitlichen Dauer begrenzt sein; die zulässige Grenze ist wiederum anhand einer Abwägung im Einzelfall zu ermitteln. Im Ergebnis dürfte freilich in den praktisch weitaus meisten Anwendungsfällen des Anteilsnießbrauchs diese Abwägung kaum einmal dazu führen, daß die Höchstdauer des Nutzungsrechts erreicht wird.

VI. Die Zuordnung der mitgliedschaftlichen Pflichten, der Außenhaftung und der Verlusttragung

Es bleibt nunmehr noch, die Erträge der bisherigen Diskussion hinsichtlich der Zuordnung der mitgliedschaftlichen Pflichten, der Außenhaftung und der Verlusttragung zusammenfassend zu skizzieren:

---

55 Dazu oben § 13 V.

56 Dazu oben § 13 V 2 c cc; sowie § 15 III 2 a.

1. Die Zuordnung der mitgliedschaftlichen Pflichten

Beitragserhöhungen trägt allein der Besteller-Gesellschafter. Für sonstige Beitragspflichten richtet sich ihre Zuordnung nach den für die Abgrenzung zwischen dem gewöhnlichen und dem außergewöhnlichen Erhaltungsaufwand geltenden Regeln. Danach gilt: Bei einem dem gewöhnlichen Gebrauch zu dienen gewidmeter Anteil trägt der Besteller-Gesellschafter im Zweifel die Hälfte der Beiträge, bei einem ausschließich der Versorgung des Nutzungsberechtigten dienenden Anteilsnießbrauch im Zweifel die vollen Beiträge und bei einem beider Interessen dienenenden Anteil drei Viertel der Beiträge; der Nießbraucher trägt jeweils den Rest. Schließlich ist der Nießbraucher in die gesellschaftsrechtliche Treuepflicht nicht schon aufgrund der Belastung als solcher, sondern erst über die entsprechende Anteilswidmung eingebunden[57].

2. Die Außenhaftung und die Verlusttragung

Im Außenverhältnis findet eine Haftung des Nießbrauchers nach § 128 HGB nicht statt. Der Nießbraucher ist gegenüber dem Besteller-Gesellschafter freilich intern verlustausgleichspflichtig, wenn ihm ein schuldhaftes nicht ordnungsgemäßes Wirtschaften als Verletzung des gesetzlichen nießbrauchsrechtlichen Schuldverhältnisses zur Last gelegt werden kann. Eine derartige Verletzung setzt notwendigerweise voraus, daß der Nießbraucher rechtlich in der Gesellschaft handeln kann. Die Haftung setzt daher voraus, daß die Mitverwaltungsrechte dem Nießbraucher zugeordnet sind. Eine verschuldensunabhängige Verlustausgleichspflicht scheidet indes aus. Für die durch ordnungsgemäßen Gebrauch entstehende Abnutzung des belasteten Gegenstands ist der Nießbraucher also nicht verantwortlich.

VII. Der Versorgungsnießbrauch und die Sicherung eines gehörigen Ertrags

Mit dem Nießbrauch an einer OHG-Beteiligung stellt das Gesetz ein überaus probates Mittel bereit, das Versorgungsinteresse des überlebenden Teils sachgerecht zu befriedigen. Dem Interesse des Ehegatten, von einer Haftung mit seinem Privatvermögen für Schulden der Gesellschaft verschont zu werden, wird durch die nießbrauchsrechtliche Haftungsordnung hinreichend Genüge getan. Desgleichen ermöglicht das Recht des Anteilsnießbrauchs, dem Ehegatten ein ganzes Spektrum an Einflußnahmemöglichkeiten auf die Ausübung der Mitgliedschaftsrechte des belasteten Anteils zu

---

[57] Siehe oben § 14 II 2.

gewähren. Ob und in welcher Weise dem überlebenden Teil welche Mitverwaltungsrechte eingeräumt werden sollen, wird der Erblasser nach dem Maß der unternehmerischen Handlungsfähigkeit seines Gatten und dem Grad seiner Belastbarkeit einschätzen. Will er etwa den Ehegatten ganz aus unternehmerischen Entscheidungszusammenhängen fern halten, kann er den Überlebenden auf einen reinen Ertragsnießbrauch an dem Anteil setzen. Der Überlebende kann dann ausschließlich im Innenverhältnis zum Besteller des dinglichen Nutzungsrechts über dessen dingliche Leistungspflicht analog § 1036 II BGB auf die Geschicke der Gesellschaft – etwa auf die Entscheidung über Gewinnausschüttung und -thesaurierung – Einfluß nehmen. Das Interesse des Gatten, nur gemäß seiner Fähigkeiten und des Maßes seiner Schutzbedürftigkeit an der Führung der Gesellschaft beteiligt zu sein, wird mithin beim Anteilsnießbrauch also beispielhaft gestillt. Schließlich werden die Interessen des Überlebenden auch bei einer Veräußerung des Anteils gewahrt. Denn der Anteilserwerber kann ja von vornherein nur die mit dem dinglichen Nutzungsrecht belastete Mitgliedschaft erwerben. Er muß dementsprechend insbesondere die dingliche Leistungspflicht aus analog § 1036 II BGB in Person erfüllen.

§ 18 Schlußbemerkungen

Das dingliche Nutzungsrecht an der vollhaftenden Mitgliedschaft in einer Personengesellschaft hat sich als eine Rechtsfigur von einem eminent hohen dogmatischen Reiz erwiesen, deren zugleich praktische Relevanz unabweislich ist. Im Schnittpunkt vermögensrechtlicher und persönlichkeitsrechtlicher Wertungen und eingespannt in ein Spannungsfeld von individueller Selbstbestimmung und überindividuellen Ordnungsinteressen eignet dem Anteilsnießbrauch eine hohe rechtliche Komplexität. Für die kautelarjurisprudentielle Praxis ist dies Fluch und Chance zugleich. Dem Anteilsnießbrauch ist es zu gönnen, wenn er künftig den seiner hohen Funktionalität gebührenden Platz in der privatautonomen Rechtsgestaltung einnehmen wird.

Literaturverzeichnis

Aarnio, Aulis, Denkweisen der Rechtswissenschaft, Wien/New York, 1979.

Adams, Michael, Ökonomische Analyse der Gefährungs- und Verschuldenshaftung, Heidelberg, 1985.

– Ökonomische Analyse des Zivilprozesses, Königstein/Ts., 1981.

Adomeit, Klaus, Heteronome Gestaltungen im Zivilrecht?, (Stellvertretung, Weisungsbefugnis, Verbandsgewalt), in: Festschrift für Hans Kelsen zum 90. Geburtstag, Wien, 1971, 9.

Aicher, Josef, Eigentum als subjektives Recht, Zugleich ein Beitrag zur Theorie des subjektiven Rechts, Berlin, 1975.

Alexy, Robert, Theorie der Grundrechte, Frankfurt a. M., 1986.

– Theorie der juristischen Argumentation, Frankfurt a. M., 2. Aufl. 1991.

Alexy, Robert/*Peczenik,* Aleksander, The Concept of Coherence and Its Significance for Discursive Rationality, Ratio Juris 3 (1990), 130.

Alternativkommentar, Kommentar zum Bürgerlichen Gesetzbuch, Neuwied, 1979 ff.

– Kommentar zum Grundgesetz für die Bundesrepubik Deutschland in zwei Bänden, Bd. 1, Neuwied, Darmstadt, 1984.

Arnim, Hans Herbert von, Gemeinwohl und Gruppeninteressen, Die Durchsetzungsschwäche allgemeiner Interessen in der pluralistischen Demokratie, Ein Beitrag zu verfassungsrechtlichen Grundfragen der Wirtschaftsordnung, Frankfurt a. M., 1977.

Arrow, Kenneth J., Essays in the Theory of Risk Bearing, Amsterdam, 1976.

Assmann, Heinz-Dieter, Die Transformationsprobleme des Privatrechts und die Ökonomische Analyse des Rechts, in: ders., Christian Kirchner, Erich Schanze (Hrsg.), Ökonomische Analyse des Rechts, Kronberg/Ts., 1978, 21.

– Wirtschaftsrecht in der Mixed Economy, Königstein/Ts., 1980.

– Zur Steuerung gesellschaftlich-ökonomischer Entwicklung durch Recht, in: ders., Gert Brüggemeier, Dieter Hart, Christian Joerges, Wirtschaftsrecht als Kritik des Privatrechts, Königstein/Ts., 1980, 239.

Athanasiadis, Marianna, Die Beschränkung der Haftung Minderjähriger, Frankfurt a. M. u. a., 2000.

Baecker, Dirk, Die Form des Unternehmens, Frankfurt a. M., 1999.

Bälz, Ulrich, Der Treuhandkommanditist, Treuhänder der Kommanditisten und Anlegerschutz, ZGR 1980, 1.

Barz, Die vertragliche Entnahmeregelung bei OHG und KG, FS Alexander Knur, 1972, 25.

Baston-Vogt, Marion, Der sachliche Schutzbereich des zivilrechtlichen allgemeinen Persönlichkeitsrechts, Tübingen, 1997.

Baumbach, Adolf, Verschulden und Sittenwidrigkeit im Wettbewerbsrecht, JW 1930, 1643.

Baumbach, Adolf/*Duden,* Konrad/*Hopt,* Klaus J., Handelsgesetzbuch, 29. Aufl. München, 1995.

Baumbach, Adolf/*Hefermehl,* Wolfgang, Wettbewerbsrecht, 21. Aufl., München, 1997.

Baumbach, Adolf/*Hueck,* Alfred, GmbH-Gesetz, 16. Aufl., München, 1996.

Baumbach, Adolf/*Lauterbach,* Wolfgang/*Albers,* Jan/*Hartmann,* Peter, Zivilprozeßordnung, 58. Aufl., München, 2000.

Baur, Fritz, Besprechung von Ennecerus-Nipperdey, Allgemeiner Teil des bürgerlichen Rechts, JZ 1961, 334.

Baur, Fritz/*Baur,* Jürgen/*Stürner,* Rolf, Lehrbuch des Sachenrechts, 17. Aufl., München, 1998.

Bayer, Walter, Der Vertrag zugunsten Dritter, Tübingen, 1995.

– Vertraglicher Drittschutz, JuS 1996, 473.

Bechtold, Joachim, Der Nießbrauch am Kommanditanteil, diss. Mainz, 1991.

Beck'sches Handbuch der Personengesellschaften, hrsg. v. Welf Müller, Wolf-Dieter Hoffmann, München, 1999.

Behrends, Okko, Struktur und Wert, Zum institutionellen und prinzipiellen Denken im geltenden Recht, in: Rechtsdogmatik und praktische Vernunft, Göttingen, 1990, 138.

Behrens, Peter, Die ökonomischen Grundlagen des Rechts, Politische Ökonomie als rationale Jurisprudenz, Tübingen, 1986.

Bender, Karl, Nießbrauch und Unterbeteiligung an Personengesellschaftsanteilen, DB 1979, 1445.

Berger, Christian, Rechtsgeschäftliche Verfügungsbeschränkungen, Tübingen, 1998.

Beuthien, Volker, Treuhand an Gesellschaftsanteilen, ZGR 1974, 26.

Beyerle, Franz, Ertragsbeteiligung als dingliches Recht, JZ 1955, 257.

Biedenkopf, Kurt H., Über das Verhältnis wirtschaftlicher Macht zum Privatrecht, Festschrift für Franz Böhm, Karlsruhe, 1965, 113.

Biergans, Enno, Der Nießbrauch am Einzelunternehmen und Mitunternehmeranteilen in der Einkommenssteuer, DStR 1985, 327.

Binz, Horst, Der Nießbrauch an Personengesellschaftsanteilen, DB 1987, 1506.

Blaurock, Uwe, Einfluß im Unternehmen und die gesellschaftsrechtliche Haftungsstruktur, Festschrift für Walter Stimpel, Berlin/New York, 1985, 553.

– Unterbeteiligung und Treuhand an Gesellschaftsanteilen, Baden-Baden, 1981.

Böckenförde, Ernst-Wolfgang, Die verfassungstheoretische Unterscheidung von Staat und Gesellschaft als Bedingung individueller Freiheit, Opladen, 1973.

– Recht, Staat, Freiheit, Studien zur Rechtsphilosophie, Staatstheorie und Verfassungsgeschichte, Frankfurt a. M., 1991.

Böhm, Franz, Die Forschungs- und Lehrgemeinschaft zwischen Juristen und Volkswirten an der Universität Freiburg in den dreißiger und vierziger Jahren des 20. Jahrhunderts, in: ders., Reden und Schriften, hrsg. v. Ernst-Joachim Mestmäker, Karlsruhe, 1960, 158.

– Privatrechtsgesellschaft und Marktwirtschaft, Ordo 17 (1966), 75, wiederabgedruckt in: ders., Freiheit und Ordnung in der Marktwirtschaft, 1980, 105.

Bökelmann, Dieter, Anm. zu BayObLG, Beschluß v. 3.7.1973, BReg 2 Z 25/73, JR 1974, 202.

– Nutzungen und Gewinn beim Unternehmensnießbrauch, Tübingen, 1971.

Bötticher, Eduard, Besinnung auf das Gestaltungsrecht und das Gestaltungsklagerecht, in: Festschrift für Hans Dölle, Bd. 1, Tübingen, 1963, 41.

– Gestaltungsrecht und Unterwerfung im Privatrecht, Berlin, 1964.

Brändel, Oliver C., Änderungen der Gesellschaftsvertrages durch Mehrheitsentscheidung, in: Festschrift für Walter Stimpel, Berlin/New York, 1985, 95.

Brandner, Hans Erich, Das einzelkaufmännische Unternehmen unter Testamentsvollstreckung, in: Festschrift für Walter Stimpel zum 68. Geburtstag, Berlin/New York, 1985, 993.

– Die Testamentsvollstreckung am Kommanditanteil ist zulässig, Festschrift für Alfred Kellermann zum 70. Geburtstag, Zeitschrift für Unternehmens- und Gesellschaftsrecht Sonderheft 10 (1991), Berlin u. a., 37.

Brecher, Fritz, Das Unternehmen als Rechtsgegenstand, Bonn, 1953.

– Funktionsaufteilung als Zivilrechtsproblem, in: Festschrift für Heinrich Lange, München, 1970, 123.

Brüggemeier, Gert, „Zeitgemäße Privatrechtstheorie" als Aufgabe, ARSP 64 (1978), 87.

– „Wirtschaftsordnung und Staatsverfassung" – „Mischverfassung des demokratischen Interventionskapitalismus" – „Verfassungstheorie des Sozialstaats", Drei Modelle der Verflechtung von Staat und Wirtschaft?, Eine Problemskizze, JRR 8 (1982), 60.

– Deliktsrecht, Baden-Baden, 1986.

– Die Entwicklung des Rechts im organisierten Kapitalismus, Frankfurt a. M., Bd. 1, 1977, 18 ff., Bd. 2, 1979.

– Probleme einer Theorie des Wirtschaftsrechts, in: Heinz-Dieter Assmann, Gert Brüggemeier, Dieter Hart, Christian Joerges, Wirtschaftsrecht als Kritik des Privatrechts, Königstein/Ts., 1980, 9.

Brumlik, Micha/*Brunkhorst,* Hauke (Hrsg.), Gemeinschaft und Gerechtigkeit, Frankfurt a. M., 1993.

Bucher, Eugen, Das subjektive Recht als Normsetzungsbefugnis, Tübingen, 1965.

Bunke, Erwin, Der Nießbrauch an einer Beteiligung an einer Personengesellschaft, DNotZ 1968, 5.

Bydlinski, Franz, „Privatrechtsgesellschaft“ und Rechtssystem, Festschrift für Peter Raisch, Köln, 1995, 7.

– Das Privatrecht im Rechtssystem einer „Privatrechtsgesellschaft“, Wien/New York, 1994.

– Kriterien und Sinn der Unterscheidung von Privatrecht und öffentlichem Recht, AcP 194 (1994), 319.

– Privatrecht und umfassende Gewaltenteilung, Festschrift für Walter Wilburg, Graz, 1975, 53.

– System und Prinzipien des Privatrechts, Wien/New York, 1996.

Caemmerer, Ernst von, Bereicherung und unerlaubte Handlung, in: Festschrift für Ernst Rabel, Sonderdruck 1956, 333.

Canaris, Claus-Wilhelm, Die Vertrauenshaftung im deutschen Privatrecht, München, 1971.

– Verfassungs- und europarechtliche Aspekte der Vertragsfreiheit in der Privatrechtsgesellschaft, Festschrift für Peter Lerche, München, 1993, 873.

Coing, Helmut, Zur Auslegung der Verträge von Personengesellschaften, ZGR 1978, 659.

Comes, Heinrich, Der Ausschluß vom Stimmrecht im Recht der Offenen Handelsgesellschaft (I), DB 1974, 2189.

Crome, Carl, System des Deutschen Bürgerlichen Rechts, Bd. III Rechte an Sachen und an Rechten, 1905, Bd. V Erbrecht,Tübingen, 1912.

Damm, Reinhard, Risikosteuerung im Privatrecht – Rechtsgüterschutz und Regelungsinstrumente, in: Dieter Hart (Hrsg.), Privatrecht im „Risikostaat“, Baden-Baden, 1997, 13.

– Risikosteuerung im Zivilrecht – Privatrecht und öffentliches Recht im Risikodiskurs –, in: Wolfgang Hoffmann-Riem, Eberhard Schmidt-Aßmann (Hrsg.), Öffentliches Recht und Privatrechtz als wechselseitige Auffangordnungen, Baden-Baden, 1996, 85.

Dauner-Lieb, Barbara, Unternehmen im Sondervermögen, Haftung und Hafungsbeschränkung, Zugleich ein Beitrag zum Unternehmen im Erbgang, Tübingen, 1998.

Deckert, Martina Renate, Folgenorientierung in der Rechtsanwendung, München, 1994.

Dernburg, Heinrich, Das Bürgerliche Recht des Deutschen Reichs und Preußens, Bd. 3, 3. Aufl., Halle a. S., 1904.

Dieckmann, Albrecht, Rückkehr zum Verschuldensprinzip im nachehelichen Unterhaltsrecht, FamRZ 1984, 946.

Düringer, Adelbert/*Hachenburg,* Max, Das Handelsgesetzbuch, 3. Aufl., Mannheim/Berlin/Leipzig, 1930–1932.

Eckert, Jörn, Sittenwidrigkeit und Wertungswandel, AcP 199 (1999), 337.

Eidenmüller, Horst, Effizienz als Rechtsprinzip, Möglichkeiten und Grenzen der ökonomischen Analyse des Rechts, Tübingen, 1995.

Eiselt, Gerhard, Zum Ausschluß des Gesellschafters minderen Rechts unter Buchwertabfindung, in: Festgabe für Ulrich v. Lübtow zum 80. Geburtstag, Berlin, 1980, 642.

Emmerich, Volker, Kartellrecht, 7. Aufl., München, 1994.

Enderlein, Wolfgang, Abwägung in Recht und Moral, Freiburg i. Br./München, 1992.

– Diskursethik und Privatrecht, in: Franz Bydlinski, Theo Mayer-Maly (Hrsg.), Die ethischen Grundlagen des Privatrechts, Wien/New York, 1994, 53.

– Rechtspaternalismus und Vertragsrecht, München, 1996.

Erman, Walter, Handkommentar zum Bürgerlichen Gesetzbuch, 2 Bde., 9. Aufl., München, 1993.

Esch, Günter/*Schulze zur Wiesche,* Dieter, Handbuch der Vermögensnachfolge, 4. Aufl., Berlin, 1992.

Esser, Josef/*Weyers,* Hans-Leo, Schuldrecht Bd. 2, Besonderer Teil, 6. Aufl., Heidelberg, 1993.

Eucken, Walter, Grundsätze der Wirtschaftspolitik, Hamburg, 1959.

Fabricius, Fritz, Zur Theorie des stückelosen Effektengiroverkehrs mit Wertrechten aus Staatsanleihen, AcP 162 (1963), 456.

Fasselt, Theo, Nachfolge in Familienunternehmen, Stuttgart, 1992.

Fastrich, Lorenz, Richterliche Inhaltskontrolle im Privatrecht, München, 1992.

Fezer, Karl-Heinz, Teilhabe und Verantwortung, Die personale Funktionsweise des subjektiven Privatrechts, München, 1986.

Fikentscher, Wolfgang, Schuldrecht, 9. Aufl., Berlin, 1997.

– Umweltsoziale Marktwirtschaft – als Rechtsproblem –, Heidelberg, 1991.

– Vertrag und wirtschaftliche Macht, Festschrift für Wolfgang Hefermehl, Heidelberg, 1971, 41.

– Wirtschaftsrecht, Bd. 2, München, 1983.

Finger, Peter, Der Nießbrauch am Geschäftsanteil einer Personengesellschaft, DB 1977, 1033.

Fischer, Robert, Neue Wege im Recht der Personengesellschaften?, Eine Besprechung des Buches „Die Personengesellschaft“ von Werner Flume, ZGR 1979, 251.

Fleck, Hans-Joachim, Stimmrechtsabspaltung in der GmbH?, in: Festschrift für Robert Fischer, Berlin, 107.

Flume, Werner, Allgemeiner Teil des Bürgerlichen Recht, Bd. 1,1: Die Personengesellschaft, Berlin, 1977; Bd. 1,2: Die juristische Person, Berlin, 1983; Bd. 2: Das Rechtsgeschäft, 3. Aufl., Berlin, 1979.

Forkel, Gebundene Rechtsübertragungen, Köln u. a., 1977.

Forst, Rainer, Kontexte der Gerechtigkeit, Politische Philosophie jenseits von Liberalismus und Kommunitarismus, Frankfurt a. M., 1996.

Gernhuber, Joachim, Bürgerliches Recht, 3. Aufl., München, 1991.

– Die verdrängende Vollmacht, JZ 1995, 381.

– Handbuch des Schuldrechts, Bd. 8: Das Schuldverhältnis, Tübingen, 1989.

Gernhuber, Joachim/*Coester-Waltjen,* Dagmar, Lehrbuch des Familienrechts, 4. Aufl., München, 1994.

Gerstenberg, Oliver, Gesellschaftliche und private Autonomiesphären und Regulierung durch Privatrecht: Von der Privatautonomie zur deliberativen Autonomie, Jahrbuch Junger Zivilrechtswissenschaftler 1993, 25.

Göbel, Meinhard, Mehrheitsentscheidungen in Personengesellschaften, Baden-Baden, 1992.

Godin, Reinhard von, Nutzungsrechte an Unternehmen und Unternehmensbeteiligungen, Berlin, 1949.

Goebel, Joachim, Das System privatrechtlicher Wertung und die demokratische Genese des Rechts, Überlegungen zum internen Zusammenhang der Privatrechtsordnung mit der Idee der kantischen Republik, Archiv für Rechts- und Sozialphilosophie 89 (2003), 372.

– Rechtsgespräch und kreativer Dissens, Zugleich ein Beitrag zur Bedeutung der Sprache in der interpretativen Praxis des Zivilprozesses, Berlin, 2001.

– Testierfreiheit als Persönlichkeitsrecht, Zugleich ein Beitrag zur Dogmatik des Allgemeinen Persönlichkeitsrechts, Berlin, 2004.

– Testierfreiheit und Ehegattenschutz, Zum Schutz der Vermögensinteressen und der Persönlichkeitsrechte des überlebenden Ehegatten, Berlin, 2004.

– Zivilprozeßrechtsdogmatik und Verfahrenssoziologie, Berlin, 1994.

Gösele, Jörg Hermann, Nießbrauch als Ertragsbeteiligung am Unternehmen und am Anteil einer Personengesellschaft, diss. Tübingen, 1964.

Gotthold, Jürgen, Wirtschaftliche Entwicklung und Verfassungsrecht, Köln, 1975.

– Zur ökonomischen „Theorie des Eigentums“, ZHR 144 (1980), 545.

Grimm, Dieter, Entscheidungsfolgen als Rechtsgründe, Zur Argumenationspraxis des deutschen Bundesverfassungsgerichts, in: Gunther Teubner (Hrsg.), Entscheidungsfolgen als Rechtsgründe, Folgenorientiertes Argumentieren in rechtsvergleichender Sicht, Baden-Baden, 1995, 139.

Großkommentar zum Handesgesetzbuch, begründet von Hermann Staub, 3. Aufl., Berlin, 1970, 1973, 4. Aufl., Berlin, 1987, 1989.

Grunewald, Barbara, Der Ausschluß aus Gesellschaft und Verein, Köln u. a., 1987.

- Die Auslegung von Gesellschaftsverträgen und Satzungen, ZGR 1995, 68.
- Einsichts- und Auskunftsrecht des GmbH-Gesellschafters nach neuem Recht, ZHR 146 (1982), 211.
- Zum Informationsrecht in der GmbH & Co. KG, ZGR 1989, 545.

Gschwendtner, Hubertus, Nießbrauchsbestellung am Anteil einer Personengesellschaft, NJW 1995, 1875.

Günther, Klaus, „Ohne weiteres und ganz automatisch"?, Zur Wiederentdeckung der „Privatrechtsgesellschaft", RJ 11 (1992), 473.

Haarmeyer, Hans/*Wutzke,* Wolfgang/*Förster,* Karsten, Handbuch zur Insolvenzordnung, München, 1997.

Häberle, Peter, Arbeit als Verfassungsproblem, JZ 1984, 345

Habermas, Jürgen, Die Einbeziehung des Anderen, Studien zur politischen Theorie, Frankfurt a. M., 1999.

- Faktizität und Geltung, Beiträge zur Diskurstheorie des Rechts und des demokratischen Rechtsstaats, Frankfurt a. M., 1992.
- Über den internen Zusammenhang von Rechtsstaat und Demokratie, in: Preuß (Hrsg.), Zum Begriff der Verfassung, Frankfurt a. M., 1994, 82.

Habersack, Mathias, Die Mitgliedschaft – subjektives und „sonstiges" Recht, Tübingen, 1996.

- Vertragsfreiheit und Drittinteressen, Eine Untersuchung zu den Schranken der Privatautonomie unter besonderer Berücksichtigung der Fälle typischer gestörter Vertragsparität, Berlin, 1992.
- Richtigkeitsgewähr notariell beurkundeter Verträge, AcP 189 (1989), 403.

Hachenburg, Max, Großkommentar zum GmbH-Gesetz, 8. Aufl., Berlin/New York, 1989 ff.

Hadding, Walther, Pfandrecht und Nießbrauch an der Mitgliedschaft in einer OHG oder KG als Kreditsicherheit, in: ders., Uwe H. Schneider, Gesellschaftsanteile als Kreditsicherheit, Berlin, 1979, 37.

- Rechtsverhältnis zwischen Person und Sache, JZ 1986, 926.
- Verfügungen über Mitgliedschaftsrechte, in: Festschrift für Ernst Steindorff, Berlin u. a., Berlin/New York, 1990, 31.

Haegele, Karl, Nießbrauch bei einem Handelsgeschäft sowie bei Personen- und Kapitalgesellschaften, BWNotZ 1974, 24.

Hager, Johannes, Gesetzes- und sittenkonforme Auslegung und Aufrechterhaltung von Rechtsgeschäften, München, 1983.

Handbuch des Staatsrechts der Bundesrepublik Deutschland, hrsg. von Josef Isensee, Paul Kirchhof, Band VI Freiheitsrechte, Heidelberg, 1989.

Hart, Dieter, Vom bürgerlichen Recht zur politischen Verwaltung, KritJ 1974, 274.

– Zur Instrumentierung des Wirtschaftsrechts am Beispiel der Wirtschaftsverfassung, ZHR 140 (1976), 31.

– Zur konzeptionellen Entwicklung des Vertragsrechts, AG 1984, 66.

Heck, Philipp, Grundriß des Sachenrechts, Tübingen, 1930.

Hecker, Damian, Eigentum als Sachherrschaft, Paderborn, 1990.

Henke, Horst-Eberhard, Die sog. Relativität des Schuldverhältnisses, Berlin, 1989.

Hennerkes, Brun-Hagen/*Binz,* Mark K., Abschied vom Bestimmtheitsgrundsatz, Zur Zulässigkeit von Mehrheitsbeschlüssen bei Personengesellschaften, BB 1983, 713.

Hepp-Schwab, Hermann, Die Mitgliedschaft des Personengesellschafters und der Nießbrauch an seinem Gesellschaftsanteil, Zur Abgrenzung von Personen- und Vermögensrecht im Recht der Personengesellschaften, Berlin, 1998.

Hepting, Reinhard, Ehevereinbarungen, Die autonome Ausgestaltung der ehelichen Lebensgemeinschaft im Verhältnis zu Eherecht, Rechtsgeschäftslehre und Schuldrecht, München, 1984.

Herfs, Achim, Einwirkung Dritter auf den Willensbildungsprozeß der GmbH, Baden-Baden, 1994.

Hermanns, Marc, Bestimmtheitsgrundsatz und Kernbereichslehre – Mehrheit und Minderheit in der Personengesellschaft, ZGR 1996, 103.

– Der Nießbrauch am Gesellschaftsanteil, MittRhNotK 1999, 235.

– Unverzichtbare Mitverwaltungsrechte des Personengesellschafters, Köln, 1993.

Heß, Burkhard, Dienstbarkeit und Reallast im System dinglicher Nutzungs- und Verwertungsrechte, AcP 198 (1998), 489.

Hesse, Konrad, Verfassungsrecht und Privatrecht, Heidelberg, 1988.

Heymann, Ernst, Handelsgesetzbuch, 2. Aufl., Berlin/New York, 1995 ff.

Hoffmann-Becking, Der Einfluß schuldrechtlicher Gesellschaftervereinbarungen auf die Rechtsbeziehungen in der Kapitalgesellschaft, ZGR 1994, 442.

Hoffmann-Riem, Wolfgang/*Schmidt-Aßmann,* Eberhard (Hrsg.), Öffentliches Recht und Privatrecht als wechselseitige Auffangordnungen, Baden-Baden, 1996.

Honneth, Axel (Hrsg.), Kommunitarismus, Eine Debatte über die moralischen Grundlagen moderner Gesellschaften, 3. Aufl., Frankfurt a. M./New York, 1995.

Hopt, Klaus J., Bilanz, Reservenbildung und Gewinnausschüttung bei der OHG und der KG, in: Festschrift für Walter Odersky, Berlin/New York, 1996, 799.

Huber, Ulrich, Der Ausschluß des Personengesellschafters ohne wichtigen Grund, ZGR 1980, 177.

– Gesellschafterkonten in der Personengesellschaft, ZGR 1988, 1.

– Vermögensanteil, Kapitalanteil und Gesellschaftsanteil an Personalgesellschaften des Handelsrechts, Heidelberg, 1970.

Hubmann, Heinrich, Persönlichkeitsrecht, 2. Aufl., Köln u. a., 1967.

Hueck, Alfred, Das Recht der offenen Handelsgesellschaft, 4. Aufl., Berlin/New York, 1971.

– Schuldenhaftung bei Vererbung eines Handelsgeschäfts, ZHR 108 (1941), 1.

Hueck, Götz, Drei Fragen zur Gesamthandsgesellschaft, in: Festschrift für Wolfgang Zöllner, Nd. 1, Köln u. a., 1989, 275.

Hüffer, Uwe, 100 Bände BGHZ: Personengesellschaftsrecht, ZHR 151 (1987), 396.

– Zur gesellschaftsrechtlichen Treupflicht als richterrechtlicher Generalklausel, in: Festschrift für Ernst Streindorff, Berlin/New York, 1990, 59.

Immenga, Ulrich, Die Minderheitsrechte des Kommanditisten, ZGR 1974, 385.

– Die personalistische Kapitalgesellschaft, Bad Homburg v.d.H., 1970.

Jansen, Nils, Die Struktur der Gerechtigkeit, Baden-Baden, 1998.

Jansen, Rudolf/*Jansen,* Martin, Der Nießbrauch im Zivil- und Steuerrecht, Herne, Berlin, 4. Aufl., 1985.

Janssen, Dirk/*Nickel*, Jörg R., Unternehmensnießbrauch, Bielefeld, 1998.

Jauernig, Othmar, Bürgerliches Gesetzbuch, 7. Aufl., München, 1994.

Joerges, Christian, Die Wissenschaft vom Privatrecht und der Nationalstaat, in: Dieter Simon (Hrsg.), Rechtswissenschaft in der Bonner Republik, Frankfurt a. M., 1994, 311.

– Verbraucherschutz als Rechtsproblem, Heidelberg, 1981.

Joussen, Edgar, Gesellschafterabsprachen neben Satzung und Gesellschaftsvertrag, Köln, 1995.

Kaufmann, Arthur, Analogie und Natur der Sache, Zugleich ein Beitrag zur Lehre vom Typus, Heidelberg, 2. Aufl. 1982.

– Das Verfahren der Rechtsgewinnung, München, 1999.

Kegel, Gerhard, Verpflichtung und Verfügung, in: Festschrift für F. A. Mann, München, 1977, 57.

Kelsen, Hans, Reine Rechtslehre, 2. Aufl. Wien, 1960.

Kemen, Klaus, Stimmrecht und Interessenkollision in der BGB-Gesellschaft, der Bruchteils- und der Erbengemeinschaft, Frankfurt a. M. u. a. 1992.

Kesselmeier, Barbara, Ausschließungs- und Nachfolgeregelung in der GmbH-Satzung, Köln, 1989.

Klinke, Ulrich, Causa und genetisches Synallagma, Zur Struktur der Zuwendungsgeschäfte, Berlin, 1983.

Klönne, Werner, Nießbrauch am Anteil einer offenen Handelsgesellschaft, diss. Bonn, 1971.

Klug, Ulrich, Rechtslücke und Rechtsgeltung, in: Festschrift für Hans Carl Nipperdey, München/Berlin, 1965, 79.

Klunzinger, Eugen, Die erbrechtliche Ermächtigung zur Auswahl des Betriebsnachfolgers durch Dritte, BB 1970, 1197.

Knieper, Rolf, Die Subjektivität des Rechtssubjekts, JRR 8 (1982), 116.

Köhler, Helmut, Unmöglichkeit und Geschäftsgrundlage bei Zweckstörungen im Schuldverhältnis, München, 1971.

Koller, Ingo/*Roth,* Wulf-Henning/*Morck,* Winfried, Handelsgesetzbuch, München, 1996.

Kölner Kommentar zum Aktiengesetz, hrgs. von Wolfgang Zöllner, 2. Aufl. Köln u. a., 1988 ff.

König, Wolfgang, Der satzungsergänzende Nebenvertrag, Baden-Baden, 1996.

Kraft, Alfons, Gedanken zum allgemeinen Persönlichkeitsrecht juristischer Personen, in: Beiträge zum Schutz der Persönlichkeit und ihrer schöpferischen Leistungen, Festschrift für Heinrich Hubmann, Frankfurt a. M., 1985, 201.

Kramer, Ernst A., Krise des liberalen Vertragsdenkens, München/Salzburg, 1974.

Kreifels, Max, Nießbrauch am Anteil von Personengesellschaften, in: Festgabe für Hans Hengeler, Berlin/Heidelberg/New York, 1972, 158.

Kruse, Viola, Nießbrauch an der Beteiligung an einer Personengesellschaft, RNotZ 2002, 69.

Kübler, Friedrich, Effizienz als Rechtsprinzip, Festschrift für Ernst Steindorff, Berlin u. a., 1990, 687.

– Gesellschaftsrecht, Die privatrechtlichen Ordnungsstrukturen und Regelungsprobleme von Verbänden und Unternehmen, 4. Aufl., Heidelberg, 1994.

– Juristisches Vorverständnis zwischen Ideologieverdacht und universaler Diskursverpflichtung, in: Liber Amicorum Josef Esser, Heidelberg, 1995, 91.

– Privatrechtsordnung und Demokratie, Zur Aktualität gesellschaftstheoretischer Vorstellungen in der Jurisprudenz, Festschrift Ludwig Raiser, Tübingen, 1974, 697.

– Rechtsfähigkeit und Verbandsverfassung, Berlin, 1971.

– Über die praktischen Aufgaben zeitgemäßer Privatrechtstheorie, Karlsruhe, 1975.

Kübler, Friedrich/*Schmidt,* Reinhard H., Gesellschaftsrecht und Konzentration, Berlin, 1988.

Kuhn, Thomas S., Die Struktur wissenschaftlicher Revolutionen, Frankfurt a. M., 1973.

Kühne, Eberhard, Versprechen und Gegenstand, AcP 140 (1935), 1.

Kymlicka, Will, Politische Philosophie heute, Frankfurt a. M./New York, 1997.

Ladeur, Karl-Heinz, Postmoderne Rechtstheorie, Selbstreferenz – Selbstorganisation – Prozeduralisierung, Berlin, 2. Aufl. 1995.

– Postmoderne Verfassungstheorie, in: Ulrich K. Preuß (Hrsg.), Zum Begriff der Verfassung, Frankfurt a. M., 1994, 304.

– Prozeduralisierung des Unternehmens, in: Dieter Hart (Hrsg.), Privatrecht im „Risikostaat", Baden-Baden, 1997, 137.

– Risikowissen und Risikoentscheidung, KritV 74 (1991), 241.

– Verrechtlichung der Ökonomie – Ökonomisierung des Rechts?, JRR 8 (1982), 74.

Langenbucher, Katja, Die Entwicklung und Auslegung von Richterrecht, München, 1996.

Langenfeld, Gerrit, Das Ehegattentestament, Köln, 1994.

– Testamentsgestaltung, 2. Aufl., Köln, 1998.

Langenfeld, Gerrit/*Gail,* Winfried, Handbuch der Familienunternehmen, Köln, 8. Aufl., Loseblatt 1994 ff.

Larenz, Karl, Allgemeiner Teil des deutschen Bürgerlichen Rechts, 7. Aufl., München, 1989.

Larenz, Karl/*Canaris,* Claus-Wilhelm, Lehrbuch des Schuldrechts, Bd. 2, Besonderer Teil, Halbbd. 2, 13. Aufl., München, 1994.

Larenz, Karl/*Wolf,* Manfred, Allgemeiner Teil des Bürgerlichen Rechts, 8. Aufl., München, 1997.

Lausterer, Martin, Unternehmensbewertung zwischen Betriebswirtschaftslehre und Rechtsprechung, Baden-Baden, 1997.

Leenen, Detlef, „Bestimmtheitsgrundsatz" und Vertragsänderungen durch Mehrheitsbeschluß im Recht der Personengesellschaft, in: Festschrift für Karl Larenz, München, 1983, 371.

Lehmann, Michael, Das Prinzip Wettbewerb, JZ 1990, 61.

– Das Privileg der beschränkten Haftung und der Durchgriff im Gesellschafts- und Konzernrecht, ZGR 1986, 345.

Lenk, Hans, Schemaspiele, Von Deutungen zu Wertungen, Eine Einführung in aktuelles Philosophieren, Frankfurt a. M., 1994.

Lenk, Hans/*Spinner,* Helmut, Rationalitätstypen, Rationalitätskonzepte und Rationalitätstheorien im Überblick, Zum Rationalismuskritik und Neufassung der „Vernunft heute", in: Herbert Stachowiak (Hrsg.), Pragmatik, Bd. 3, Hamburg, 1989, 1.

Lieb, Manfred, Grundlagen einer Schuldrechtsreform, AcP 183 (1983), 327.

– Sonderprivatrecht für Ungleichgewichtslagen?, AcP 178 (1978), 196.

Liebs, Detlef, Bereicherungsausgleich wegen Mißerfolgs und Wegfall der Geschäftsgrundlage, JZ 1978, 697.

Liebs, Rüdiger, Die unbeschränkbare Verfügungsbefugnis, AcP 175 (1975), 1.

Lockowandt, Peter, Stimmrechtsbeschränkungen im Recht der Personengesellschaften, Kernbereichslehre und Stimmrechtsausschluß, Berlin, 1996.

Loewenheim, Ulrich, Bereicherungsrecht, München, 1989.

Löffler, Joachim, Der Kernbereich der Mitgliedschaft als Schranke für Mehrheitsbeschlüsse bei Personengesellschaften, NJW 1989, 2656.

Lorz, Rainer, Testamentsvollstreckung und Unternehmensrecht, Ein Beitrag zur Fortschreibung unternehmensstrategischer Kompetenzen fremdnütziger Vermögensverwalter, München, 1995.

Lübtow, Ulrich von, Die Struktur der Pfandrechte und Reallasten, in: Festschrift für Heinrich Lehmann, Bd. 1, Berlin, 1965. 328.

Lüderitz, Alexander, Auslegung von Rechtsgeschäften, Eine vergleichende Untersuchung anglo-amerikanischen und deutschen Rechts, Karlsruhe, 1966.

Luhmann, Niklas, Beobachter, Konvergenz der Erkenntnistheorie?, München, 1990.

– Das Erkenntnisprogramm des Konstruktivismus und die unerkannt bleibende Realität, in: ders., Soziologische Aufklärung 5, Konstruktivistische Perspektiven, Opladen, 1990, 31.

– Das Recht der Gesellschaft, Frankfurt a. M., 1993.

– Die Codierung des Rechtssystems, RTh 1986, 171.

– Die Gesellschaft der Gesellschaft, Frankfurt a. M., 1997.

– Die Wirtschaft der Gesellschaft, 2. Aufl., Frankfurt a. M., 1989.

– Die Wissenschaft der Gesellschaft, Frankfurt a. M., 1990.

– Zweckbegriff und Systemrationalität, Über die Funktion von Zwecken in sozialen Systemen, 5. Aufl., Frankfurt a. M., 1991.

Lutter, Marcus, Theorie der Mitgliedschaft, Prolegomena zu einem Allgemeinen Teil des Korporationsrechts, AcP 180 (1980), 84.

Lutter, Marcus/*Hommelhoff,* Peter, GmbH-Gesetz, 14. Aufl., 1995.

Lyotard, François, Der Widerstreit, München, 2. Aufl. 1989.

– Regeln und Paradoxe, in: ders., Philosophie und Malerei im Zeitalter ihres Experimentierens, Berlin, 1986, 97.

Marbuger, Peter, Abschied vom Bestimmtheitsgrundsatz im Recht der Personengesellschaften?, NJW 1984, 2252.

Martens, Klaus-Peter, Der Bestimmtheitsgrundsatz und Mehrheitskompetenzen im Recht der Personengesellschaften, DB 1973, 413.

– Mehrheits- und Konzernherrschaft in der personalistischen GmbH, Köln, 1970.

– Rechtsgeschäft und Drittinteressen, AcP 177 (1977), 113.

Maus, Ingeborg, Zur Aufklärung der Demokratietheorie, Rechts- und demokratietheoretische Überlegungen in Anschluß an Kant, Frankfurt a. M., 1992 (1994).

Mayer-Maly, Theo, Was leisten die guten Sitten?, AcP 194 (1994), 105.

Mecke, Thomas, Vertragsändernde Mehrheitsbeschlüsse in der OHG und KG, BB 1988, 2258.

Medicus, Dieter, Schuldrecht II, Besonderer Teil, 8. Aufl., München, 1997.

Menk, Renate, Das Verhältnis des Bestimmtheitsgrundsatz zur Kernbereichslehre im Recht der OHG, diss. Hamburg, 1975.

Mentz, Alexander, Der Nießbrauch an OHG- und KG-Mitgliedschaftsrechten, diss. Frankfurt, 1972.

Mestmäcker, Ernst-Joachim, Wirtschaftsverfassung und Staatsverfassung, in: Festschrift für Franz Böhm zum 80. Geburtstag, 1975, 383.

– Das Privatrecht vor den Herausforderungen der wirtschaftlichen Macht, RabelsZ 60 (1996), 58.

– Der Kampf ums Recht in der offenen Gesellschaft, RTh 1989, 273.

– Die sichtbare Hand des Rechts, Über das Verhältnis von Rechtsordnung und Wirtschaftssystem, Baden-Baden, 1978.

– Die Wiederkehr der bürgerlichen Gesellschaft und ihres Rechts, RJ 10 (1991), 177.

– Macht – Recht – Wirtschaftsverfassung, ZHR 137 (1973), 97, wiederabgedruckt in: ders., Recht und ökonomisches Gesetz, Baden-Baden, 1978, 11.

– Recht und ökonomisches Gesetz, Baden-Baden, 1978.

– Regelbildung und Rechtsschutz in marktwirtschaftlichen Ordnungen, Tübingen, 1984.

– Über das Verhältnis des Rechts der Wettbewerbsbeschränkungen zum Privatrecht, AcP 168 (1968), 235.

Michalski, Lutz, Gesellschaftsrechtliche Gestaltungsmöglichkeiten zur Perpetierung von Unternehmen, Heidelberg/Hamburg, 1980.

Mittenzwei, Ingo, Teleologisches Rechtsverständnis, Wissenschaftstheoretische und geistesgeschichtliche Grundlagen einer zweckorientierten Rechtswissenschaft, Berlin, 1988.

Morlok, Martin, Selbstverständnis als Rechtskriterium, Tübingen, 1993.

Möschel, Wernhard, Wettbewerbspolitik aus ordoliberaler Sicht, Festschrift für Gerd Pfeiffer, Köln u. a., 1988, 707.

Mühl, Otto, Der Geschäftsanteil in einer Gesellschaft mit beschränkter Haftung als Kreditsicherheit (treuhänderische Übertragung, Verpfändung, Nießbrauch), in: Walther Hadding, Uwe H. Schneider, Gesellschaftsanteile als Kreditsicherheit, Berlin, 1979, 129.

Mülbert, Peter O., Die rechtsfähige Personengesellschaft, Rechtsfähigkeit, akzessorische Mitgliederhaftung und das Umwandlungsrecht, AcP 199 (1999), 38.

Müller, Christian, Die wirtschaftliche Betrachtungsweise im Privatrecht, dargestellt an den Kapitalaufbringungs- und erhaltungsvorschriften im Recht der GmbH, Berlin, 1997.

Müller, Friedrich, Juristische Methodik, Berlin, 7. Aufl. 1997.

– Strukturierende Rechtslehre, 2. Aufl. Berlin, 1994.

Müller, Klaus, Sachenrecht, 3. Aufl., Köln u. a., 1993.

Müller-Freienfels, Wolfram, „Vorrang des Verfassungsrechts“ und „Vorrang des Privatrechts“, Festschrift für Fritz Rittner, München, 1991, 423.

– Die Vertretung beim Rechtsgeschäft, Tübingen, 1955.

Münchener Handbuch des Gesellschaftsrechts, München, Bd. 1, Gesellschaft des Bürgerlichen Rechts, Offene Handelsgesellschaft, Partnerschaftsgesellschaft, 1996, Bd. 2, Kommanditgesellschaft, Stille Gesellschaft, 1991.

Münchener Kommentar zum BGB, München, 2. Aufl., 1984 ff., 3. Aufl., 1992 ff.

Münchener Kommentar zum HGB, Bd. 1, München, 1996.

Münchener Vertragshandbuch, Bd. 4, Bürgerliches Recht, 2. Halbband, hrsg. v. Gerrit Langenfeld, 4. Aufl., München, 1998.

Mutter, Stefan, Unternehmerische Entscheidungen und Haftung des Aufsichtsrat der Aktiengesellschaft, Köln, 1994.

Nawiasky, Hans, Allgemeine Rechtslehre als System der rechtlichen Grundbegriffe, 2. Aufl. Einsiedeln u. a., 1948.

Nieder, Heinrich, Handbuch der Testamentsgestaltung, München, 1992.

Nitschke, Manfred, Die körperschaftlich strukturierte Personengesellschaft, Bielefeld, 1970.

Noack, Ulrich, Fehlerhafte Beschlüsse in Gesellschaften und Vereinen, Köln u. a., 1989.

– Gesellschaftervereinbarungen bei Kapitalgesellschaften, Tübingen, 1994.

Nonn, Thomas, Zustimmungspflichten des Kapitalgesellschafters, Ein Beitrag zur Konkretisierung der Treuebindung bei den Kapitalgesellschaften unter Berücksichtigung der Rechtslage bei den Personengesellschaften, Rheinfelden/Berlin, 1995.

Nörr, Knut Wolfgang, Die Leiden des Privatrechts, Tübingen, 1994.

Oechsler, Jürgen, Gerechtigkeit im modernen Austauschvertrag, Die theoretischen Grundlagen der Vertragsgerechtigkeit und ihr praktischer Einfluß auf Auslegung, Ergänzung und Inhaltskontrolle des Vertrags, Tübingen, 1997.

Oertmann, Paul, Der Dinglichkeitsbegriff, JherJb 31 (1892), 415.

Ogorek, Regina, Gesucht: Rechtsethik, westlicher Typ, RJ 9 (1990), 403.

Ott, Claus, Recht und Realität der Unternehmenskorporation, Tübingen, 1977.

Palandt, Otto, Kommentar zum BGB, 59. Aufl., München, 2000.

Paulick, Heinz, Privatrechtliche Schranken der Perpetuierung von Unternehmen, ZHR 138 (1974), 387.

Paus, Bernhard, Der Unternehmensnießbrauch, BB 1990, 1675.

Pawlowski, Hans-Martin, Substanz- oder Funktionseigentum?, AcP 165 (1965), 395.

Petzoldt, Rolf, Nießbrauch an Kommanditanteilen und GmbH-Geschäftsanteilen, GmbHR 1987, 381 und 433.

– Nießbrauch an Personengesellschaftsanteilen, DStR 1992, 1171.

– Vorerbschaft und Nießbrauchsvermächtnis, BB 1975, Beil. 6.

Pisko, Oskar, Das kaufmännische Unternehmen, in: Victor Ehrenberg (Hrsg.), Handbuch des gesamten Handelsrechts, Leipzig, 1914, 195.

Planck, Gottlieb, Planck's Kommentar zum Bürgerlichen Gesetzbuch nebst Einführungsgesetz, Bd. V Erbrecht, Berlin/Leipzig, 4. Aufl. 1930.

Preuß, Ulrich K., Zum staatsrechtlichen Begriff des Öffentlichen, Stuttgart, 1969.

Priester, Werner, Drittbindung des Stimmrechts und Satzungsautonomie, in: Festschrift für Winfried Werner, Berlin/New York, 657.

Queck, Mathias, Der Nießbrauch am Anteil einer offenen Handelsgesellschaft, Eine Form der (un-)mittelbaren Unternehmensbeteiligung, Frankfurt a. M., 2000.

Radbruch, Gustav, Rechtsphilosophie, Stuttgart, 6. Aufl. 1963, Gesamtausgabe Bd. 2, Heidelberg, 1993.

Raible, Adalbert, Vertragliche Beschränkungen der Übertragbarkeit von Rechten, Tübingen, 1969.

Raisch, Peter, Geschichtliche Voraussetzungen, dogmatische Grundlagen und Sinnwandlung des Handelsrechts, Karlsruhe, 1965.

Raiser, Ludwig, Die Aufgabe des Privatrechts, Kronberg/Ts., 1977.

– Die Zukunft des Privatrechts, Berlin/New York, 1971.

Raiser, Thomas, 25 Jahre Unternehmensrecht in Deutschland, in: Festschrift für Hyung-Bae Kim, Berlin, 1995, 167.

– Das lebende Recht, Rechtssoziologie in Deutschland, 2. Aufl., Baden-Baden, 1995.

– Das Unternehmen als Organisation, Berlin, 1969.

– Der Begriff der juristischen Person, Eine Neubesinnung, AcP 199 (1999), 104.

– Gesamthand und Juristische Person im Licht des neuen Umwandlungsrechts, AcP 194 (1994), 495.

– Gesamthandgesellschaft und juristische Person, Eine Geschichte ohne Ende?, in: Festschrift für Zöllner, 1999, 469.

Rebe, Bernd, Privatrecht und Wirtschaftsordnung, Zur vertragsrechtlichen Relevanz der Ordnungsfunktionen dezentraler Interessenkoordination in einer Wettbewerbswirtschaft, Bielefeld, 1978.

Reese-Schäfer, Walter, Grenzgötter der Moral, Der neuere europäisch-amerikanische Diskurs zur politischen Ethik, Frankfurt a. M., 1997.

Reich, Norbert, Markt und Recht, Neuwied, 1977.

Reichert, Jochem/*Schlitt,* Michael/*Düll,* Alexander, Die gesellschafts- und steuerrechtliche Gestaltung des Nießbrauchs an GmbH-Anteilen, GmbHR 1998, 565.

Reichold, Hermann, Betriebsverfassung als Sozialprivatrecht, München, 1995.

– Von der „Sozialautonomie" zurück zur Privatautonomie, Möglichkeiten und Grenzen einer Privatrechtsgesellschaft heute, in: Rechtsfortbildung jenseits klassischer Methodik, Privatautonomie zwischen Status und Kontrakt, Privatrecht und Europa 1992, hrsg. von Stephan Breidenbach u. a., Stuttgart u. a., 1993, 63.

Reifner, Udo, Alternatives Wirtschaftsrecht am Beispiel der Verbraucherverschuldung, Neuwied, Darmstadt, 1979.

Reinhardt, Rudolf, Zum Ausscheiden und zur Abfindung von Gesellschaftern, ZGR 1975, 366.

Reuter, Dieter, Die „Wesenselemente" der Personengesellschaft in der neueren Rechtsprechung, GmbH-Rdsch 1981, 129.

– Die Bestandssicherung von Unternehmen – ein Schlüssel zur Zukunft des Handelsgesellschaftsrechts, AcP 181 (1981), 1.

– Die ethischen Grundlagen des Privatrechts – formale Freiheitsethik oder materiale Verantwortungsethik?, AcP 189 (1989), 199.

– Ein Plädoyer für das institutionelle Rechtsdenken, in: Festschrift für Ernst-Joachim Mestmäker, Baden-Baden, 1996, 271.

– Privatrechtliche Schranken der Perpetuierung von Unternehmen, Frankfurt a.M., 1973.

– Probleme der Unternehmensnachfolge, Gewerblicher Erbhof, verfaßtes Familienunternehmen, Unternehmen an sich, ZGR 1991, 467.

– Reszension von Mathias Habersack, Die Mitgliedschaft – subjektives und „sonstiges" Recht, Tübingen, 1996, AcP 197 (1997), 322.

– Richterliche Kontrolle der Satzung von Publikums-Personengesellschaften?, AG 1979, 321.

– Stimmrechtsvereinbarungen bei treuhänderischer Abtretung eines GmbH-Anteils, ZGR 1978, 633.

– Vermögensteilhabe der Arbeitnehmer, in: Volker Beuthien (Hrsg.), Arbeitnehmer oder Arbeitsteilhaber, Stuttgart, 1987, 89.

– Welche Maßnahmen empfehlen sich, insbesondere im Gesellschafts- und Kapitalmarktrecht, um die Eigenkapitalausstattung der Unternehmen langfristig zu verbessern?, Gutachten B, in: Verhandlungen des 55. Deutschen Juristentages, Bd. 1, München 1984.

– Wirtschaftsethische Einflüsse auf die Auslegung wirtschaftsrechtlicher Generalklauseln?, ZGR 1987, 489.

– Zur Abgrenzung von Vereins- und Gesellschaftsrecht, ZGR 1981, 364.

Ridder, Helmut, Die soziale Ordnung des Grundgesetzes, Leitfaden zur den Grundwerten einer demokratischen Verfassung, Düsseldorf, 1975.

Rittner, Fritz, Über das Verhältnis von Vertrag und Wettbewerb, AcP 188 (1988), 101.

– Über den Vorrang des Privatrechts, Festschrift für Wolfgang Müller-Freienfels, Baden-Baden, 1986, 509.

Rittstieg, Helmut, Eigentum als Verfassungsproblem, Zur Geschichte und Gegenwart des bürgerlichen Verfassungsstaates, Darmstadt, 1975.

Röhl, Klaus F., Rechtssoziologie, Köln u.a., 1987.

Rohlff, Reimer, Die Verwendung des Nießbrauchs am Anteil einer Personenhandelsgesellschaft zur Ersparung von Schenkungs- und Erbschaftssteuer, NJW 1971, 1337.

Roitzsch, Frank, Der Minderheitenschutz im Verbandsrecht, Königstein, 1981.

Roth, Günther H., Zur „economic analysis" der beschränkten Haftung, ZGR 1986, 371.

Röttger, Robert, Die Kernbereichslehre im Recht der Personengesellschaften, Heidelberg, 1989.

Rottleuthner, Hubert, Einführung in die Rechtssoziologie, Darmstadt, 1987.

Rowedder, GmbH-Gesetz, 3. Aufl., München, 1997.

Rupp, Hans Heinrich, Die Unterscheidung von Staat und Gesellschaft, in: Josef Isensee, Paul Kirchhof (Hrsg.), Handbuch des Staatsrechts, Bd. 1, Heidelberg, 1987, § 28.

Rüthers, Bernd, „Institutionelles Rechtsdenken" im Wandel der Verfassungsepochen, Band Homburg v.d.H., 1970.

Säcker, Franz Juergen, Gesellschaftsvertragliche und erbrechtliche Nachfolge in Gesamthandsmitgliedschaften, Bad Homburg v.d.H., 1970.

Schilling, Wolfgang von, Das Nießbrauchsrecht an einer Beteiligung, DB 1954, 561.

Schlegelberger, Franz, Handelsgesetzbuch, 5. Aufl., München, Bd. 3, 1. Halbbd., 1992, Bd. 3 2. Halbbd. 1986.

Schlosser, Hans, Außenwirkung verfügungshindernder Abreden bei der rechtsgeschäftlichen Treuhand, NJW 1970, 681.

Schlossmann, Siegmund, Ueber den Begriff des Eigenthums, JherJb 45 (1903), 289.

Schmidt, Eike, Von der Privat- zur Sozialautonomie, JZ 1980, 153.

Schmidt, Ingo, Wettbewerbspolitik und Kartellrecht, 4. Aufl., Stuttgart, 1993.

Schmidt, Jürgen, Vertragsfreiheit und Schuldrechtsreform, Überlegungen zur Rechtfertigung der inhaltlichen Gestaltungsfreiheit bei Schuldverträgen, Berlin, 1985.

Schmidt, Karsten, Die Beschlußanfechtungsklage bei Vereinen und Personengesellschaften, in: Festschrift für Walter Stimpel, Berlin/New York, 1985, 217.

– Die obligatorische Gruppenvertretung im Recht der Personengesellschaften und der GmbH, ZHR 146 (1982), 523.

– Gesellschaftsrecht, 3. Aufl., Köln u. a., 1997.

– Handelsrecht, 4. Aufl., Köln u. a., 1994.

– Informationsrechte in Gesellschaften und Verbänden, Ein Beitrag zur gesellschaftsrechtlichen Institutionenbildung, Heidelberg, 1984.

– Insolvenzordnung und Unternehmensrecht – Was bringt die Reform?, in: Kölner Schrift zur Insolvenzordnung, Berlin, 1997, 911.

– Institutionen eines künftigen Insolvenzrechts der Unternehmen, ZIP 1985, 713.

– Mehrheitsregelungen in GmbH & Co.-Verträgen, ZHR 158 (1994), 205.

– Selbstorganschaft, Gedächtnisschrift für Brigitte Knobbe-Keuk, Köln, 1997, 307.

– Stimmrecht beim Anteilsnießbrauch, ZGR 1999, 601.

– Zur Stellung der oHG im System der Handelsgesellschaften, Bonn, 1972.

Schmidt, Walter, Die Entscheidung des einzelnen zwischen staatlicher Herrschaft und gesellschaftlicher Macht, AöR 101 (1976), 24.

Schmidt-Rimpler, Walter, Grundfragen einer Erneuerung des Vertragsrechts, AcP 147 (1941), 130.

– Zum Vertragsproblem, Festschrift Ludwig Raiser, Tübingen, 1994, 3.

Schneider, Hans-Peter, Artikel 12 GG – Freiheit des Berufs und Grundrecht der Arbeit, VVDStRL 43 (1985), 7.

Schneider, Uwe H., Die Änderung des Gesellschaftsvertrages einer Personengesellschaft durch Mehrheitsbeschluß, ZGR 1972, 357.

– Die Inhaltskontrolle von Gesellschaftsverträgen, ZGR 1978, 1.

Scholz, Franz, Kommentar zum GmbH-Gesetz, Bd. 1, 9. Aufl., Köln, 2000.

Schön, Wolfgang, Der Nießbrauch am Gesellschaftsanteil, ZHR 158 (1994), 229.

– Der Nießbrauch an Sachen, Köln, 1992.

Schöner, Hartmut, Zur Abgrenzung von Dienstbarkeit und Nießbrauch, DNotZ 1982, 416.

Schüller, Hans-Christoph, Nießbrauch und Pfandrecht am Anteil einer Personengesellschaft, MittRhNotK 1980, 97.

Schulte, Hans, Besprechung der Entscheidung BGHZ 64, 238, ZGR 1976, 97.

Schwab, Dieter, Einführung in das Zivilrecht, Heidelberg, 12. Aufl. 1995.

Schwerdtner, Eberhard, Verzug im Sachenrecht, Berlin, 1973.

Siber, Heinrich, Das Verwaltungsrecht an fremdem Vermögen im Deutschen BGB, JhJerJb 67 (1917), 81.

Siebert, Wolfgang, Nießbrauch am Gewinnrecht des Gesellschafters einer offenen Handelsgesellschaft, BB 1956, 1126.

Sieckmann, Jan-Reinhard, Regelmodelle und Prinzipienmodelle des Rechtssystems, Baden-Baden, 1990.

Sieker, Susanne, Eigenkapital und Fremdkapital der Personengesellschaft, Köln, 1991.

Singer, Reinhard, Selbstbestimmung und Verkehrsschutz im Recht der Willenserklärungen, München, 1995.

Soergel, Hans Theodor, Bürgerliches Gesetzbuch mit Einführungsgesetz und Nebengesetzen, 12. Aufl., Stuttgart, 1987 ff.

Sojka, Jürgen, Der Schutz mittelbarer Gesellschaftsbeteiligungen gegen beeinträchtigendes Verwaltungshandeln der Gesellschafter, diss. iur. Köln, 1992.

Somek, Alexander, Der Gegenstand der Rechtserkenntnis, Epitaph eines juristischen Problems, Baden-Baden, 1996.

– Rechtssystem und Republik, Über die politische Funktion des systematischen Rechtsdenkens, Berlin/New York, 1992.

Somek, Alexander/*Forgó,* Nikolaus, Nachpositivistisches Rechtsdenken, Inhalt und Form des positiven Rechts, Wien, 1996.

Sontis, Johannes M., Strukturelle Betrachtungen zum Eigentumsbegriff, Festschrift für Karl Larenz, München, 1973, 981.

Speckmann, Werner, Aushöhlungsnichtigkeit und § 2287 BGB bei Erbverträgen und gemeinschaftlichen Testamenten, NJW 1974, 341.

Spellenberg, Ulrich, Verbotene Schenkungen gebundener Erblasser in der Rechtsprechung, NJW 1986, 2531.

Spinner, Helmut F., Die Wissensordnung, Opladen, 1994.

Staudinger, Julius von, Kommentar zum Bürgerlichen Gesetzbuch, 10./11. Aufl. – 11. Aufl., München/Berlin/Leipzig, 1934 ff., 12. Aufl., Berlin, 1978 ff., 13. Bearb., Berlin, 1994 ff.

– Kommentar zum Bürgerlichen Gesetzbuch, Band V, Erbrecht, 1. Teil, 11. Aufl., Berlin, 1954.

Steindorff, Ernst, Wirtschaftsordnung und -steuerung durch Privatrecht?, Festschrift für Ludwig Raiser, Tübingen, 1974, 621.

Stolleis, Michael, Auferstanden aus der Wende: Die bürgerliche Gesellschaft und ihr Recht?, RJ 11 (1992), 500.

Streit, Manfred E., Economic Order, Private Law and Public Policy, The Freiburg School of Law and Economics in Perspective, Journal of Institutional and Theoretical Economics/Zs gesamte Staatswissenschaft 148 (1992), 675.

Stürner, Rolf, Dienstbarkeit heute, AcP 194 (1994), 265.

Stürzebecher, Thomas, Rücktritt vom entgeltlichen Erbvertrag, Pfaffenweiler, 1987.

– Zur Anwendbarkeit der §§ 320 ff. BGB auf den entgeltlichen Erbvertrag, NJW 1988, 2717.

Sudhoff, Heinrich, Der Nießbrauch am Anteil einer Personengesellschaft, NJW 1971, 481.

– Handbuch der Unternehmensnachfolge, 3. Aufl., 1984.

– Nochmals: Der Nießbrauch am Gesellschaftsanteil, NJW 1974, 2205.

Suhr, Dieter, Entfaltung der Menschen durch die Menschen, Berlin, 1976.

Teichmann, Arndt, Ausstrahlungen des Umwandlungsgesetzes auf den Nießbrauch am Unternehmen und an Gesellschaftsanteilen, in: Festschrift für Marcus Lutter zum 70. Geburtstag, Köln, 2000, 1261.

Der Nießbrauch an Gesellschaftsanteilen, gesellschaftsrechtlicher Teil, ZGR 1972, 1.

– Der Nießbrauch an Gesellschaftsanteilen, Probleme der praktischen Gestaltung, ZGR 1972, 24.

– Gestaltungsfreiheit in Gesellschaftsverträgen, München, 1970.

Teubner, Gunther, Altera pars audiatur, Das Recht in der Kollision unterschiedlicher Universalitätsansprüche, ARSP-Beih 65 (1996), 199.

– Der Beirat zwischen Verbandssouveränität und Mitbestimmung, ZGR 1986, 565.

– Des Königs viele Leiber, Die Selbstdekonstruktion der Hierarchie des Rechts, Soziale Systeme 2 (1996), 229.

– Die Geschäftsgrundlage als Konflikt zwischen Vertrag und gesellschaftlichen Teilsystemen, Zur Fragwürdigkeit ihrer Re-Dogmatisierung, ZHR 146 (1982), 625.

– Nach der Privatisierung?, Diskurskonflikte im Privatrecht, ZfRSoz 1998, 7.

– Recht als autopoietisches System, Frankfurt a.M., 1989.

– Unternehmensinteresse, Das gesellschaftliche Interesse des Unternehmens „an sich", ZHR 149 (1985), 470.

Thiele, Wolfgang, Die Zustimmungen in der Lehre vom Rechtsgeschäft, Köln, 1966.

Thon, August, Rechtsnorm und subjectives Recht, Untersuchungen zur allgemeinen Rechtslehre, Weimar, 1878.

Thur, Andreas von, Der Allgemeine Teil des Deutschen Bürgerlichen Rechts, Berlin, Bd. I, 1910; Bd. II, 1. und 2. Hälfte, 1914/18.

Tiedtke, Klaus, Zur Bindung des überlebenden Ehegatten an das gemeinschaftliche Testament bei Ausschlagung der Erbschaft als eingesetzter, aber Annahme als gesetzlicher Erbe, FamRZ 1991, 1259.

Tilman, Winfried, Wirtschaftsrecht, Berlin, 1986.

Ulmer, Peter, Die Gesamhandsgesellschaft, Ein noch immer unbekanntes Wesen?, AcP 198 (1998), 113.

– Die Sonderzuordnung des vererbten OHG-Anteils, Gesellschaftsrecht und Unternehmensrecht, Festschrift für Wolfgang Schilling zum 65. Geburtstag, Berlin u.a. 1973, 79.

– Nachlaßzugehörigkeit vererbter Personengesellschaftsbeteiligungen, NJW 1984, 1496.

– Testamentsvollstreckung am Kommanditanteil, Voraussetzungen und Rechtsfolgen, NJW 1990, 73.

– Testamentsvollstreckung an Kommanditanteilen?, Ein Beitrag zu den Auswirkungen der Sondervererbung im Personengesellschaftsrecht auf letztwillige Verwaltungsanordnungen des Erblassers, ZHR 146 (1982), 555.

– Verletzung schuldrechtlicher Nebenabreden als Anfechtungsgrund im GmbH-Recht?, NJW 1987, 1849.

– Zur Bedeutung des gesellschaftsrechtlichen Abspaltungsverbots für den Nießbrauch am OHG (KG)-Anteil, in: Festschrift für Hans-Joachim Fleck, Berlin/New York, 1988, 383.

Ulrich, Peter, Die Zukunft der Marktwirtschaft: neoliberaler oder ordoliberaler Weg?, Eine wirtschaftsethische Perspektive, ARSP-Beih. 62 (1995), 33.

Vossius, Oliver, Sicherungsgeschäfte bei der Übertragung von Gesellschaftsanteilen, BB 1988, Beil. 5.

Walter, Norbert, Unternehmensnießbrauch, BB 1983, 1151.

Walz, W. Rainer, Privatautonomie oder rechtliche Intervention bei der Ausstattung und Änderung von Gesellschafterrechten?, in: Claus Ott, Hans-Bernd Schäfer (Hrgs.), Ökonomische Analyse des Unternehmensrecht, Heidelberg, 1993, 50.

– Sachenrecht für Nicht-Sachen?, KritV 1986, 131.

Weber, Christoph, Privatautonomie und Außeneinfluß im Gesellschaftsrecht, Tübingen, 2000.

Weber, Ralph, Einige Gedanken zur Konkretisierung von Generalklauseln durch Fallgruppen, AcP 192(1992), 516.

Weber-Grellet, Heinrich, Die Gesamthand – ein Mysterienspiel?, AcP 182 (1982), 316.

Wehrens, Hans Georg, Das Einzelunternehmen, Kiehl, 1981.

Weitnauer, Hermann, Die unverzichtbare Handlungsfreiheit, in: Festschrift für Friedrich Weber, Berlin/New York, 429.

Wellmer, Albrecht, Ethik und Dialog, Elemente des moralischen Urteils bei Kant und in der Diskursethik, Frankfurt a. M., 1986.

Welsch, Wolfgang, Unsere Postmoderne Moderne Berlin, 4. Aufl. 1993.

– Vernunft, Die zeitgenössische Vernuftkritik und das Konzept der transversalen Vernunft, Frankfurt a. M., 1996.

Werra, Matthias, Zum Stand der Diskussion um die Selbstorganschaft, Berlin, 1991.

Westermann, Harm Peter, Die causa im französischen und deutschen Zivilrecht, Berlin, 1964.

– Handbuch der Personengesellschaft, 4. Aufl., Köln, Losebl. 1994 ff.

– Kautelarjurisprudenz, Rechtsprechung und Gesetzgebung im Spannungsfeld zwischen Gesellschafts- und Wirtschaftsrecht, AcP 175 (1975), 375.

– Vertragsfreiheit und Typengesetzlichkeit im Recht der Personengesellschaften, Berlin/Heidelberg/New York, 1970.

Weyers, Hans-Leo, Der Schleier der Rechtswidrigkeit, in: Liber Amicorum Josef Esser, Heidelberg, 1995, 231.

Wieacker, Franz, Das Sozialmodell der klassischen Privatrechtsgesetzbücher und die Entwicklung der modernen Gesellschaft, 1953, wiederabgedruckt in: Industriegesellschaft und Privatrechtsordnung, Frankfurt a. M. 1974, 9.

– Industriegesellschaft und Privatrechtsordnung, Frankfurt a. M. 1974.

Wiedemann, Herbert, Anm. zu BGH, Urteil v. 13.3.1978, II ZR 63/77, JZ 1978, 612.

– Anm. zu BVerfG v. 7.2.1990 – 1 BvR 26/84, JZ 1990, 695.

– Der Gesellschaftsvertrag der Personengesellschaft, WM 1990, Beilage 8.

– Die Legitimationswirkung von Willenserklärungen im Recht der Personengesellschaften, in: Festschrift für Harry Westermann, Karlsruhe 1974, 585.

– Die Personengesellschaft – Vertrag oder Organisation?, ZGR 1996, 286.

– Die Übertragung und Vererbung von Mitgliedschaftsrechten bei Handelsgesellschaften, München, 1965.

– Die Zukunft des Gesellschaftsrechts, in: Festschrift für Robert Fischer, Berlin/New York, 1979, 883.

– Erfahrungen mit der Gestaltungsfreiheit im Gesellschaftsrecht, in: Gestaltungsfreiheit im Gesellschaftsrecht, ZGR-Sonderh. 13 (1998), 5.

– Gedanken zur Vermögensordnung der Personengesellschaft, in: Festschrift für Walter Odersky, Berlin/New York, 1996, 925.

– Gesellschaftsrecht, Bd. 1 Grundlagen, München, 1980.

– Rechte und Pflichten des Personengesellschafters, WM 1992 Beilage 7.

– Verbandssouveränität und Außeneinfluß, in: Festschrift für Wolfgang Schilling, Berlin/New York, 1973, 105.

– Zu den Treuepflichten im Gesellschaftsrecht, in: Festschrift für Theodor Heinsius, Berlin/New York, 1991, 949.

Wieling, Hans Josef, Sachenrecht, Bd. 1, Sachen, Besitz und Rechte an beweglichen Sachen, Berlin, 1990.

Wiethölter, Rudolf, Art. Wirtschaftsrecht, in: Axel Görlitz (Hrsg.), Handlexikon zur Rechtswissenschaft, München, 1972, 531.

– Die GmbH & Co. KG, Chancen und Grenzen, in: Aktuelle Probleme der GmbH & Co. KG, 3. Aufl., Köln, 1974, 11.

– Die Position des Wirtschaftsrechts im sozialen Rechtsstaat, in: Festschrift zum 70. Geburtstag für Franz Böhm, Karlsruhe, 1965, 41.

– Entwicklung des Rechtsbegriffs, JRR 8 (1982), 38.

– Privatrecht als Gesellschaftstheorie?, Bemerkungen zur Logik der ordnungspolitischen Rechtslehre, Festschrift Ludwig Raiser, Tübingen, 1974, 645.

– Thesen zum Wirtschaftsverfassungsrecht, in: Wolfgang Abendroth u. a., Der Kampf um das Grundgesetz, Frankfurt/Main, 1977, 158.

– Zum Fortbildungsrecht der (richterlichen) Rechtsfortbildung, Fragen eines lesenden Recht-Fertigungslehrers, KritV 1988, 1.

– Zur Argumentation im Recht: Entscheidungsfolgen als Rechtsgründe?, in: Gunther Teubner (Hrsg.), Entscheidungsfolgen als Rechtsgründe, Folgenorientiertes Argumentieren in rechtsvergleichender Sicht, Baden-Baden, 1995, 89.

Wilhelm, Jan, Sachenrecht, Berlin, 1993.

Winnefeld, Robert, Bilanzhandbuch, München, 1997.

Winter, Martin, Mitgliedschaftliche Treuebindungen im GmbH-Recht, München, 1988.

– Organisationsrechtliche Sanktionen bei Verletzung schuldrechtlicher Gesellschaftervereinbarungen?, ZHR 154 (1990), 259.

– Satzung und schuldrechtliche Gesellschaftervereinbarungen: Die Sicht der Praxis, in: Hartwig Henze, Wolfram Timm, Harm Peter Westermann (Hrsg.), Gesellschaftsrecht 1995, Köln, 1996, 131.

– Vertragsändernde Mehrheitsbeschlüsse im Personengesellschaftsrecht, GesRZ 1986, 74.

Wittgenstein, Ludwig, Über Gewißheit, hrsg. von G. E. M. Anscombe, G. H. von Wright, Frankfurt a.M., 1970.

Wohlleben, Hermann P., Informationsrechte des Gesellschafters, Köln, 1989.

Wolf, Martin, Kurzkommentar zu BGH, Urt. v. 9.11.1998 – II ZR 213/97, EWiR § 705 BGB 1/99, S. 144.

Zöllner, Wolfgang, Die Anpassung von Personengesellschaftsverträgen an veränderte Umstände, Heidelberg, 1979.

– Die politische Rolle des Privatrechts, JuS 1988, 329.

– Die Privatrechtsgesellschaft im Gesetzes- und Richterstaat, Köln, 1996.

– Die Schranken mitgliedschaftlicher Stimmrechtsmacht bei den privatrechtlichen Personenverbänden, Berlin, 1963.

– Inhaltsfreiheit bei Gesellschaftsverträgen, in: FS 100 Jahre GmbH, Köln, 1992, 85.

– Rechtsfähigkeit der BGB-Gesellschaft, Ein Sachverstands- oder Kommunikationsproblem, in: Festschrift für Alfons Kraft, Neuwied/Kriftel, 1998, 701.

– Rechtssubjektivität von Personengesellschaften?, Festschrift für Joachim Gernhuber, Tübingen, 1993, 563.

– Regelungsspielräume im Schuldvertragsrecht, AcP 196 (1996), 1.

– Wechselwirkungen zwischen Satzung und Gesellschaftervereinbarungen ohne Satzungscharakter, in: Hartwig Henze, Wolfram Timm, Harm Peter Westermann (Hrsg.), Gesellschaftsrecht 1995, Köln, 1996, 89.

– Zivilrechtswissenschaft und Zivilrecht im ausgehenden 20. Jahrhundert, AcP 188 (1988), 85.

– Zu Schranken und Wikrung von Stimmbindungsverträgen, insbesondere bei der GmbH, ZHR 155 (1991), 168.

Stichwortverzeichnis

Schriften zum Bürgerlichen Recht

261 Christoph Schuch
Der Einfluß der Forderungsverjährung auf dingliche Sicherungsrechte
237 S. 2002 ⟨3-428-10607-5⟩
€ 66,– / sFr 114,–

262 Julia Rödl
Die Spannung der Schuld
Welches Maß an geistiger, körperlicher und wirtschaftlicher Kraft hat der Schuldner zur Erfüllung der Schuld nach geltendem Recht einzusetzen?
146 S. 2002 ⟨3-428-10588-5⟩
€ 46,– / sFr 81,–

263 Hans-Joachim Bodenbenner
Bereicherungsrechtliche Rückabwicklung nach Belastung des rechtsgrundlos erlangten Gegenstandes mit einem Kreditsicherungsrecht
240 S. 2002 ⟨3-428-10524-9⟩
€ 60,– / sFr 104,–

264 Peer Gebauer
Naturalrestitution beim Schadensersatz wegen Nichterfüllung
230 S. 2002 ⟨3-428-10673-3⟩
€ 58,– / sFr 100,–

265 Frederik Pajunk
Die Beurkundung als materielles Formerfordernis der Auflassung
Eine Untersuchung zur Form der Rechtsgeschäfte
247 S. 2002 ⟨3-428-10674-1⟩
€ 74,– / sFr 128,–

266 Steffen Klumpp
Die Privatstrafe – eine Untersuchung privater Strafzwecke
Zivilrechtlicher Schutz vor Zwangskommerzialisierung
205 S. 2002 ⟨3-428-10648-2⟩
€ 62,– / sFr 105,–

267 Philipp Lamprecht
Die Zulässigkeit der mehrfachen Beteiligung an einer Personengesellschaft
Ein Beitrag zur Bedeutung des Personengesellschaftsanteils als Vermögensgegenstand
403 S. 2002 ⟨3-428-10515-X⟩
€ 72,– / sFr 122,–

268 André Pohlmann
Die Haftung wegen Verletzung von Aufklärungspflichten
Ein Beitrag zur culpa in contrahendo und zur positiven Forderungsverletzung unter Berücksichtigung der Schuldrechtsreform
217 S. 2002 ⟨3-428-10656-3⟩
€ 64,– / sFr 108,–

269 Alexandra Köth
Die fehlerhafte Ehe als Fall des fehlerhaften Dauerschuldverhältnisses
255 S. 2002 ⟨3-428-10750-0⟩
€ 58,80 / sFr 100,–

270 Timo Engelhardt
Die gerichtliche Entscheidung nach §§ 21 ff. InsO und ihre Auswirkungen auf die vermögensrechtliche Stellung des Insolvenzschuldners
300 S. 2002 ⟨3-428-10769-1⟩
€ 74,– / sFr 125,–

271 Ulrich Segna
Vorstandskontrolle in Großvereinen
467 S. 2002 ⟨3-428-10650-4⟩
€ 94,– / sFr 159,–

272 Senta Bingener
Probleme des § 1611 BGB
277 S. 2002 ⟨3-428-10396-3⟩
€ 72,– / sFr 122,–